LOS ARCANOS MAYORES DEL TAROT

ANÓNIMO

LOS ARCANOS MAYORES DEL TAROT

Meditaciones

Introducción de Hans Urs von Balthasar

Herder

Título original: Die Großen Arcana des Tarot Meditationen
Traducción: J. López de Castro
Diseño de la cubierta: A. Tierz

© 1983, Verlag Herder, Basilea
© 1987, Herder Editorial, S.L., Barcelona

ISBN: 978-84-254-5131-7

La reproducción total o parcial de esta obra sin el consentimiento expreso
de los titulares del *Copyright* está prohibida al amparo de la legislación vigente.

Imprenta: QPPRINT
Depósito legal: B-4.170-2024
Printed in Spain - Impreso en España

Herder
www.herdereditorial.com

ÍNDICE

Presentación, por Robert Spaemann 11
Introducción, por Hans Urs von Balthasar 15
Prólogo del autor 23

Carta I: *El Mago: El arcano de la mística* 25

Arcano, símbolo, misterio. Iniciación. Hermetismo cristiano al servicio de la fe. Pedro y Juan. Relación entre esfuerzo personal y realidad espiritual. Concentración sin esfuerzo. La zona de silencio. Transformar el trabajo en juego. Aligerar el yugo. La unidad del mundo. El método de la analogía. Símbolos y mitos. Arquetipos. Síntesis del consciente y el inconsciente. Deber y afición. Genialidad y charlatanería.

Carta II: *La Sacerdotisa o Papisa: El arcano de la gnosis* 51

Reflexión de la experiencia mística. Revelación y tradición. Renacer del agua y del Espíritu. La dualidad. Iniciación antes y después de Cristo. ¿Primacía del ser o del amor? El don de lágrimas. Los principios masculino y femenino. Nacimiento de las tradiciones. Hechizo de sistemas filosóficos. El sentido contemplativo. Memoria horizontal y vertical. La creación del mundo.

Carta III: *La Emperatriz: El arcano de la magia* 75

Magia sagrada, personal y perversa. Dominio de lo sutil sobre lo denso. Curaciones milagrosas. Peligros de la falsa magia. El Santo Grial. El misterio de la Sangre. Posesión. Egrégores y demonios. El despertar de la libre voluntad. Job. Liberarse de la duda, del temor, del odio, y de la desesperación. La Biblia, principal formulario de la magia sagrada. Esfuerzo, sufrimiento y muerte: mística, gnosis y magia. El árbol de la vida. «Yo soy el camino, la verdad y la vida.» Milagros. El ideal de la gran obra y el de la ciencia. Agente de crecimiento. El guardián del Edén. La Trinidad. Magia del arte. Escribas y fariseos. Fe, esperanza, amor. Purificación, iluminación, unión. La generación.

Carta IV: *El Emperador: El arcano de la filosofía hermética y de la obediencia* ... 99

Autoridad. Renuncia al movimiento, a la acción, a la libertad intelectual y a una misión personal. La idolatría del poder y el poder de la cruz. Problema de teodicea. La parábola del hijo pródigo. Amor divino y libertad humana. Jerarquías angélicas. *Tsimtsum*, «Retirada de Dios». Existencia (libertad) y esencia (chispa de amor). Panteísmo y materialismo. El puesto del emperador en Europa. La autoridad del iniciado. El sentido místico del tacto, el sentido gnóstico del oído, el sentido mágico de la vista, el sentido filosófico-hermético de la comprensión. Filosofía hermética y ciencias ocultas (cábala, astrología, magia, alquimia). Teoría de la reencarnación. El sentido metafísico y el sentido hermético (o de la iniciación). El hombre, imagen y semejanza de Dios. La rosacruz. Las cuatro llagas.

Carta V: *El Sumo sacerdote o Papa: El arcano de la trascendencia y de la pobreza* 123

La bendición. Respiración horizontal y vertical. Oración y gracia en la razón, el corazón y la voluntad. Amor a la naturaleza, al prójimo y a los seres jerárquicos. Purificación, iluminación y unión. El aspecto nocturno de la historia y de la vida individual. Las funciones de emperador y papa. Cosmos geocéntrico y heliocéntrico. Lógica de los hechos y lógica moral. La quinta llaga del Papa. El quinario (el pentagrama). Hágase tu voluntad, mi voluntad, nuestra voluntad. Fuerza o pureza de la voluntad. Los deseos de ser grande, de tomar, retener, avanzar y mantenerse. Los votos de obediencia (cruz), pobreza (pentagrama) y castidad (hexagrama). Las flores de loto. La victoria del bien sobre el mal. Estigmas. Limbo, purgatorio, paraíso. La misión del Papa. Las «puertas del infierno». Fe, esperanza, caridad.

Carta VI: *El Enamorado: El arcano de la iniciación y de la castidad* 149

El senario (el hexagrama): las tres tentaciones y los tres votos. Monjes y monjas. Amar y ser. La extensión del amor. Énstasis y éxtasis. Iniciación. La triple tentación en el paraíso. Dudas y experimentos. Obras y gracia. La naturaleza está herida, no destruida. Fórmula de la iniciación. La triple vía de san Buenaventura. Egrégores y fantasmas. El Anticristo. Las tres tentaciones en el desierto.

Carta VII: *El Carro: El arcano de la convalecencia* 175

La cuarta tentación: megalomanía, hipertrofia de la conciencia de sí, orgullo. Renuncia y recompensa. El movimiento de los ángeles. Lugares sagrados. Los siete milagros ejemplares y los siete «yo soy». El proceso de individuación. Arquetipos. «Ora y trabaja.» La humildad y su peligro subyacente. Los arcanos del tarot como advertencias e ideales. Señor de los cuatro elementos. Las virtudes cardinales. Las tres formas de experiencia mística. La visión beatífica. Alianza entre supraconsciente, consciente y subconsciente. El equilibrio de las siete fuerzas.

Carta VIII: *La Justicia: El arcano del equilibrio* 201

Equilibrio microcósmico y macrocósmico. La ley. Realidad de Dios y abstracciones de Dios. El primer mandamiento. «¡No juzguéis!» Intuición. Equidad. Justicia justa y decisión. Cantidad y calidad. El infierno eterno. La encarnación de Cristo. Griegos y judíos, realistas y nominalistas. Los tres motivos del ansia de saber. La Iglesia católica. Hermetismo e Iglesia. Hermetismo y ciencia. Jesucristo y el *Logos*.

Carta IX: *El Ermitaño: El arcano de la conciencia* 229

El tercer padre. El hermetismo y sus tres métodos de conocimiento. Las tres antinomias: idealismo-realismo, realismo-nominalismo, fe-ciencia empírica. El credo científico. La ciencia: ¿método o concepto del mundo? Síntesis de religión y ciencia. El don del negro perfecto. La prudencia. Soledad y silencio. El iniciado. Paz. Saber y querer. Vida contemplativa y activa. El Ermitaño en camino. Flores de loto. Los siete «yo soy».

Carta X: *La rueda de la Fortuna: El arcano de la naturaleza caída* 265

Relaciones entre animalidad y humanidad. Caída original y degeneración. La evolución. Perdición y salvación. El mito del círculo cerrado de la serpiente. La idea del eterno retorno. La caída cósmica. Enroscadura e irradiación. El cerebro. Paloma y serpiente. La redención. El inconsciente colectivo. Destino, voluntad y providencia. La esfinge. Callar, querer, osar, saber. La historia del tarot. El hermetismo.

Carta XI: *La Fuerza: El arcano de la virgen* 301

La religión natural. Percepción y reacción. Iluminación y fanatismo. Virgen y serpiente. Vida y electricidad. Virginidad. Enemigos transformados en amigos. Las técnicas de la tentación: duda, placer estéril, poder. Esclerosis. Modos de dormir y morir. Éxtasis. «Honra a tu padre y a tu madre». Agente de crecimiento. Tradición y progreso. Los diez mandamientos.

Carta XII: *El Colgado: El arcano de la fe* 339

Gravitación física, psíquica y espiritual. La caída original. Carne, alma, espíritu. Los padres del desierto. Jesús camina sobre las aguas. «Yo soy.» Éxtasis y énstasis. Tres categorías de levitación. *Kuṇḍālinī*. Enroscadura e irradiación. El poder perceptivo de la voluntad. Fe y obediencia. Revelación y entendimiento. Lógica moral. La parte y el todo. Pensamiento solar, voluntad zodiacal e imaginación lunar. Simbolismo de los números. Certeza de la fe y verosimilitud de la prueba. Herejías y sectas. La infalibilidad del papa. Visión imaginaria y visión intelectual. Alucinación e ilusión. Fe y saber. Job.

Carta XIII: *La Muerte: El arcano de la vida eterna* 375

Olvido, sueño y muerte. Recordar, despertar y nacer. Cuatro clases de memoria. La resurrección de Lázaro. Milagro y libertad. Hacer y funcionar. El Verbo creador. La vida de los santos después de la muerte. Ángeles custodios. Dos clases de nacimiento. Cristalización o irradiación. La promesa de la serpiente. Fantasmas y aparecidos. Dos clases de inmortalidad. Concentración, meditación, contemplación. Fe, esperanza, amor. Purificación, iluminación, unión. San Miguel arcángel. La torre de Babel y el descenso de la Jerusalén celeste. El sentido de la muerte.

Carta XIV: *La Templanza: El arcano de la inspiración* 409

El hombre, imagen y semejanza de Dios. Las cinco funciones del ángel custodio. La genialidad de los ángeles. Ángeles proféticos. Las alas de los ángeles. Hombres alados. La oración perpetua. La justa medida entre imagen y semejanza. María y Marta. El don de lágrimas. Judíos. Visión, inspiración, intuición. La humildad, condición preliminar de la inspiración. Esfuerzo y gracia.

Carta XV: *El Diablo: El arcano de la contrainspiración* 439

El mundo caótico del mal. Generación de los demonios. Su poder sobre quien los engendra. Ángeles caídos y seres artificialmente engendrados. Demonios engendrados individualmente. Egrégores engendrados colectivamente. Complejos. El comunismo. Silencio. Los cuatro grados de la tentación. Discernimiento de espíritus. ¿Hay egrégores buenos? Lugares sagrados. Cómo luchar contra los demonios. Cómo derrotar a los ángeles caídos. Job. Las burlas de Mefistófeles. Dioses paganos. Cuatro formas de paganismo.

Carta XVI: *La Torre: El arcano de la construcción* 469

El mal humano. No en la carne, sino en el alma. Ascetismo negativo y positivo. La caída, anterior a la vida terrena de la humanidad. El pecado original. ¿Ignorancia o conocimiento ilícito? Tradiciones oriental y occidental. Fratricidio de Caín, generación de los gigantes, torre de Babel. La Torre alcanzada por el rayo. Purgatorio. El *Magníficat*. Ensalzarse. Especialización. Construir o crecer. La rosacruz. Nada mecánico en el hermetismo. Matrimonio de los contrarios. Paz. Penitencia. La alquimia de la cruz. Concentración, meditación, contemplación. El sentido espiritual de los días de la semana.

Carta XVII: *La Estrella: El arcano del crecimiento y de la madre* 499

La savia de la vida. De lo ideal a lo real. El agente mágico y el agente de crecimiento. Creacionismo y transformismo. Fuego y agua. El veneno de la serpiente y la lágrima de la virgen. Contemplación y acción. La superación del dualismo. La esperanza. Los misterios de la madre. Evolución y salvación. Poesía. Magia divina y magia personal. El círculo cerrado de la magia personal y de la ciencia. La espiral de la magia divina. Milagros. Amor a Dios y al prójimo. Los cuatro aspectos del nombre divino. La preparación de la venida de Cristo. Oro, incienso y mirra. Esperanza, creatividad y tradición. Hermes Trismegisto.

Carta XVIII: *La Luna: El arcano de la inteligencia* 529

La inteligencia y la intuición de la fe. Sol, Luna y estrellas: luz creadora, reflejada y revelada. El postulado de la repetición. El todo y la parte. Primavera y otoño. «En el comienzo existía el Verbo.» El instinto. El árbol de las *sefirot*. Cabeza, corazón y voluntad. Transformación de la inteligencia en intuición. La inteligencia al servicio de la conciencia. El guardián del umbral. El *sacrificium intellectus*. Ritmo. El rosario. La sabiondez. Reducción y proyección psicológica. Las cuatro antinomias. Psicologizantes y espiritualizantes. ¿Cangrejo o águila?

Carta XIX: *El Sol: El arcano de la intuición* 565

Cooperación y lucha por la existencia. Simpatía. Conversación mediante fuerzas y mediante palabras. El pesebre. Resurrección. En pos de la estrella. Cooperación de la inteligencia humana con la sabiduría sobrehumana. «El que clama en el desierto.» La escolástica: bautismo de la inteligencia. Escépticos y místicos. Experiencia intuitiva del sí mismo trascendente. María-*Sophia*. La trinidad luminosa. Padre y Madre. El culto a María. Novena y rosario.

Carta XX: *El Juicio: El arcano de la resurrección* 595

El impulso terapéutico de las religiones proféticas. La quinta ascética. Despertar y resurrección. Olvido, sueño, muerte: recuerdo, despertar, nacimiento. Memoria automática, lógica y moral. La triple «crónica del *akasha*». El libro de la vida. El mejor de los mundos. La historia del mundo es el juicio del mundo. Sentido de la responsabilidad histórica y firmeza de la fe. La trompeta del ángel. Obras y gracia. La unión de la voluntad humana con la divina. «Padre nuestro...» El cuerpo de la resurrección. Herencia e individualidad. Inmortalidad del espíritu, alma y cuerpo. La preparación del cuerpo que ha de resucitar. La asunción de María. El juicio final.

Carta XXI: *El Loco: El arcano del amor* 631

Don Quijote. Orfeo. El judío errante. Don Juan. Till Eulenspiegel. Hamlet. Fausto. Transformación de la conciencia personal en conciencia cósmica. Dos clases de *sacrificium intellectus*. La unión de las sabidurías humana y divina. Judíos, griegos, cristianos. La piedra filosofal. La espera del que ha de venir. Fe en Dios: fe en el hombre. Avatares. Cristianización de la humanidad. El *Bodhisattva*. Fusión de oración y meditación. Oración mística, gnóstica, mágica.

Carta XXII: *El Mundo: El arcano de la alegría* 667

El mundo como obra de arte. La creación. Magia y arte. Alegría. El suicidio. Espejismos. Cinturón de la mentira o esfera del falso espíritu santo. Falsos profetas y mesías. Marxismo. Nacionalsocialismo. El espíritu casto. Verdad y mentira mezcladas. Cruz, oración y penitencia. Arte sagrado. La intensidad no es criterio de verdad. Lo numinoso. Peligros del inconsciente. Los cuatro animales sagrados. Los cuatro temperamentos. Los cuatro elementos del Nombre divino. Los arcanos menores del tarot. El iniciado. Purificación, iluminación, perfección.

Glosario 701

PRESENTACIÓN

Los tiempos parecen estar maduros para que salga a la luz este libro. No sabemos si admirar más los azarosos caminos recorridos por estas 22 cartas de ultratumba hasta su publicación en alemán por la editorial Herder (Basilea 1972) o la ciega seguridad con la que sin propaganda alguna han hallado a sus destinatarios, esos amigos desconocidos a quienes van dirigidas, hombres y mujeres de muchos países y continentes, ancianos y jóvenes, seguidores de un credo católico-dogmático, adeptos de una libertad de espíritu teosófica o antroposófica, mas todos partícipes de un afán común: averiguar el significado de la antigua palabra sabiduría.

Para llegar a comprender la fuerza de atracción, a la vez dulce e inexorable, que emana de estas meditaciones es preciso acudir por algún tiempo a la escuela del maestro que nos las brinda. Sus ejercicios nada tienen que ver con la ciencia ni con la fe. No hay en ellos ni argumentación metódica ni huella de dogmatismo; no revindican una objetividad universalmente válida o en toda circunstancia verificable, pero tampoco representan una mera experiencia subjetiva sin aspiraciones a la verdad. Nos enseñan a *ver* de un modo determinado, nos llevan de la mano por los senderos tradicionales de cierto tipo de *visión*, una visión que, en nuestra cultura, a menudo aparece espantosamente atrofiada. Trátase de una visión de fenómenos primordiales y *analogías* esenciales. Esta visión ni puede ni está llamada a ocupar el puesto de la ciencia o de la fe cristiana. A entrambas les sirve más bien de base y de raíz común. Al atrofiarse ésta, la ciencia y la fe degeneran inevitablemente: la ciencia se vuelve destructiva y la fe exangüe. La visión de las analogías precede a toda ciencia. El uso de conceptos sólo es posible cuando las cosas y acontecimientos se perciben como análogos. Todos vemos tales analogías. Lo que importa es aprender a distinguir las analogías *esenciales,* es decir, los fenómenos primordiales. Por ejemplo, allí donde no se llegue a apreciar el fenómeno del ser viviente, de la planta, del animal, o la belleza de una obra de arte, cualquier explicación científica acabará sencillamente por desfigurar dichos fenómenos o relegarlos al plano de visiones meramente subjetivas y sin importancia. La forma actual del pensamiento científico se caracteriza por esa falta de percepción y la correspondiente tendencia destructiva. La actual anemia de la fe resulta de la misma carencia. La fe ha renunciado hoy en gran parte a su pretensión cognoscitiva, la de interpretar en un sentido tan genuino como sustancial el mundo, la vida y la historia. A menudo tolera que el contenido más íntimo de los sucesos relativos a la salvación le sea declarado por una ciencia radicalmente incompetente en lo que toca a este hecho de índole única, quedando así ella misma reducida a una simple «actitud», una determinada forma de motivación moral. El conocimiento que viene de la fe, la gnosis, vive precisamente, como todo conocimiento, de un *ver* primordial. «Venid y lo veréis», responde Cristo a la pregunta de sus primeros discípulos: «Maestro, ¿dónde moras?» (Jn 1,38). «Hemos visto su gloria»: tal es el testimonio con que el Evangelio de Juan inaugura su mensaje. El conocimiento científico vive de la visión de analogías *horizontales;* la visión en que se apoya la fe se sustenta de analogías *verticales*: «Lo que está abajo es como lo que está arriba, y lo que está arriba es como lo que está abajo.» Las 22 cartas que nos ocupan no son, todas ellas, sino una exégesis de esta sentencia de la *Tabula smaragdina.*

Sólo si en esas palabras se encierra una verdad tendrá sentido cualquier discurso sobre Dios y no será el nuestro un hablar hueco, abstruso e incoherente; pues «a Dios mismo nadie lo ha visto jamás» (Jn 1,18). Un pensamiento que así percibe las cosas no se ciñe a considerar a Dios como un simple puntito trascendente que se coloca sobre la i del mundo y a dejar, a la postre, que el universo espiritual de lo invisible quede transformado en un insignificante residuo, pudiéndose éste derivar de un funcionalismo antropocéntrico. La realidad del «cielo, de las potencias celestiales y los gloriosos serafines» no se le descubre a quien comienza por la célebre «navaja de afeitar» de Occam, es decir, por la pregunta: «¿Acaso no podemos arreglárnoslas sin suponer su existencia?» Esta actitud, esta reducción del tesoro de la realidad a aquello «sin lo que no podemos arreglárnoslas», nos lleva de momento a exterminar en la tierra búfalos y elefantes, y nos hará acabar, de aquí al año 2000, con algunas decenas de millares más de especies naturales. La riqueza del mundo espiritual, a la que el autor de estas meditaciones nos permite echar alguna que otra mirada, se halla por suerte a salvo de nuestros desmanes. ¿No nos disminuimos a nosotros mismos, sin embargo, con un reduccionismo teológico igualmente destructor?

Los grandes portavoces del idealismo alemán –Schelling, Franz von Baader, Hegel– no ignoraban que también la filosofía degenera en pura ciencia formal sin esa visión de la trasparencia y analogía de los fenómenos. Por ello dieron entrada en sus obras, más o menos expresamente, a tradiciones portadoras de otro pensamiento: las tradiciones hermética, gnóstica y teosófica. Tales tradiciones permitían conciliar las verdades de la fe cristiana con lo que ordinariamente sabemos acerca del mundo. El autor de las 22 cartas que aquí publicamos se sitúa en esta tradición europea de sabiduría.

Dada la asombrosa similitud de auténticas experiencias espirituales en todas las épocas y culturas, la tradición que acabamos de mencionar engloba también elementos oriundos del Extremo Oriente, mientras que, por otra parte, la mayoría de las importaciones asiáticas hoy tan en boga se apoyan en un profundo desconocimiento de la historia occidental de la visión meditativa, y por eso tampoco ellas son comprendidas a fondo. Esta ignorancia no es casual. Guarda relación con ese déficit, esa falta de percepción a la que antes aludíamos. Tanto en lo tocante a la cultura como a la religión, cunde hoy un sentimiento general de marcha sin rumbo, en el vacío, sentimiento que corroe cada vez más las almas. Contra él combaten estas 22 cartas, trayéndonos esa especial visión de las cosas a la que damos el nombre de sabiduría.

Lo característico del autor de estos ejercicios es el papel que asigna a la tradición sapiencial hermética en el conjunto de nuestra vida espiritual. Esta tradición, en efecto, no encarna ya un saber herético que se sobrepone a la ciencia o a la Iglesia. El hermetismo no es fundamento de ninguna de ambas. El autor lo entiende como servicio prestado a la ciencia y a la fe, como puente tendido entre las dos, como fermento de nuestra cultura. Así, por poner un ejemplo, su sorprendente interpretación platónica de la teoría evolucionista no es opuesta a este paradigma científico, antes bien permite conciliarlo con la verdad básica y evidente de que lo más perfecto nunca puede derivarse de lo menos perfecto. Pero lo que en especial le interesa a nuestro autor es descubrirles a todos los buscadores de sabiduría, herméticos, teósofos, antropósofos, la Iglesia *una*, la Iglesia de los Apóstoles, la Iglesia de Dios hecho hombre; descubrírsela como su verdadero espacio vital, como la patria espiritual de la que todos ellos –lo quieran o no– viven cada día y sin cuyas plegarias y sacramentos las realidades que les tocan de cerca desaparecerían por completo de nuestro mundo. La gratitud del autor por ese espacio que Dios nos otorga rezuma una cálida y profunda emoción. Ningún agradecimiento espera él a cambio por parte de la Iglesia católica, sino sólo que ésta le reserve un humildísimo puesto, el último, precisamente a él, que en razón de su particular destino no es capaz más que de rastrear los grandes y pequeños secretos de la realidad por el camino de las analogías y correspondencias, haciendo así asombrosos descubrimientos. Que desde ese último puesto –en verdad privilegiado, como lo dijo el propio Cristo– surja a su vez en sentido contrario un nuevo impulso para la Iglesia y la lleve también a ella por las vías de la gratitud, no depende de la voluntad de los hombres, aunque van multiplicándose los signos que permiten conjeturarlo. Los cristianos del futuro «deberán ser esos cristianos gnósticos, maduros, inspirados», a quienes, según expresión del cardenal Carlo Martini, arzobispo de Milán, «se dirige en su totalidad el mensaje del Nuevo Testamento». En París, el papa Juan Pablo II interpeló a la nación francesa con las siguientes palabras: «Francia, ¿sigues siendo fiel a tu alianza con la sabiduría?» Este término no fue escogido por el sumo pontífice al azar en vez de cualquier otro, por ejemplo, fe. Según la doctrina cristiana, la fe es un don que nadie se otorga a sí mismo. La sabiduría, al contrario, es una disposición del espíritu que puede adquirirse mediante ejercicios como los que nos ofrecen estas 22 cartas. En la Iglesia oriental, el diácono exclama antes de dar lectura al Evangelio: «¡Sabiduría! ¡En pie!» Y más adelante, al iniciarse la celebración propiamente dicha de los sagrados misterios: «¡Permanezcamos decorosamente en pie!» Ambas parénesis dan a entender que para oír y hacerse presente la Palabra de Dios se requieren ciertas disposiciones espirituales y corporales. Estas mismas disposiciones impiden el hundimiento de una civilización.

Robert Spaemann

INTRODUCCIÓN

I

Al acceder a la demanda de prologar este libro, tan extraño para la mayoría de los lectores pero a la vez tan enriquecedor, me apresuro a confesar mi incompetencia en la materia que explora: no soy capaz de seguir ni de aprobar todos los razonamientos del autor, ni menos aún de someterlos a examen crítico. No obstante, es tal la abundancia de ideas y reflexiones dignas de atención, que a nadie pueden dejarle insensible.

Un pensador cristiano y piadoso de innegable probidad nos da a conocer los símbolos del hermetismo cristiano en sus distintos planos –mística, gnosis y magia– recurriendo a las ciencias cabalísticas y a ciertos aspectos de la alquimia y la astrología. Dichos símbolos aparecen en los llamados arcanos mayores del antiguo juego de cartas conocido por el nombre de *taroco* o, más comúnmente hoy, *tarot*. Con sus meditaciones, el autor trata de situarlos en el plano de la sabiduría más profunda, por lo universal, del misterio católico.

Recordemos, en primer lugar, que semejante tentativa no es única en la historia del pensamiento católico, teológico y filosófico. Por lo general, los padres de la Iglesia interpretaban ya los mitos nacidos de la fantasía y mentalidad paganas como vagas prefiguraciones del *Logos* plenamente revelado en Jesucristo (Schelling se dedicó a demostrarlo una vez más, extensamente, en su filosofía tardía). Sobre todo Orígenes, yendo hasta el final de esa línea de pensamiento, acometió como cristiano la empresa de esclarecer con la revelación bíblica no sólo la sabiduría filosófica de los paganos, sino también la «sabiduría de los príncipes de este mundo» (1Cor 2,6), por lo cual entendía él «algo así como la filosofía oculta de los egipcios» (aludiendo especialmente a los escritos herméticos atribuidos a Hermes Trismegisto, es decir, el dios egipcio Thot), «la astrología de los caldeos e hindúes, que prometen enseñar la ciencia de las cosas supraterrenas», y asimismo «las múltiples doctrinas de los griegos acerca de lo divino». Orígenes admite además la posibilidad de que las potencias del mundo no enseñen esta sabiduría suya «a los hombres para perjudicarlos, sino porque de veras creen en tales cosas»[1]. Ideas similares aparecen expuestas en la *Praeparatio evangelica* de Eusebio.

Todos sabemos cuán variados fueron durante el medievo, en parte por influjo árabe, los conceptos de potencias del mundo o inteligencias (interpretadas ya como pensamientos de Dios, ya como ángeles), conceptos que han contribuido a modelar la filosofía cristiana de la naturaleza, y en especial cómo a los más ilustres genios del renacimiento –época que prolongó este género de especulaciones– les preocupó la traducción de la cábala mágico-mística de los judíos en términos cristianos. Nos percatamos hoy de que muchos santos padres le habían ya reservado al misterioso Hermes Trismegisto un puesto de honor entre los profetas y sabios paganos[2] y que tanto en la alta como en la baja edad media circularon libros de hermetismo[3]. El renacimiento ve después en Hermes Trismegisto al gran contemporáneo de Moisés y antepasado de la sabiduría griega (ello nos hace pensar en su venerable imagen incrustada en el suelo de la catedral de Siena). Si poetas, artistas y teólogos van a buscar en él y en otros sabios paganos con respetuoso entusiasmo los dispersos rayos de la ciencia divina para traerlos a su foco cristiano, todavía es más importante esta otra repatriación: la de la cábala, cuya secreta tradición oral data igualmente, según se afirma, de la época de Moisés. Las primeras discusiones a favor o en contra de las misteriosas doctrinas cabalísticas se remontan a los judíos españoles, conversos o no, del siglo XII; más tarde Reuchlin en Alemania, Ficino y sobre todo Pico de la Mirándola en Italia se afanan por desentrañarlas[4], mientras el admirable cardenal Egidio de Viterbo (1469-1552) trata a su vez de interpretar las Sagradas Escrituras a la luz de la cábala *non peregrina sed domestica methodo* («usando un método no extraño, sino acorde con ellas»)[5]. Por orden de Clemente VII, este mismo príncipe de la Iglesia, tan celoso de reformas, redacta su turbulento tratado de la *Shekinah,* dedicado a Carlos V[6].

Junto a estos nombres célebres podríamos citar una plétora de

---

1. *Peri arkhon* III, 3, 1-3; en la ed. de Görgemanns-Karpp, Darmstadt 1976, p. 587-593. Más adelante se refiere a los «llamados magos y hechiceros», así como a los *daimones*, de quienes los hombres «purificados por una gran continencia» pueden llegar a recibir inspiraciones.
2. S. Gasparro, *L'ermetismo nelle testimonianze dei Padri*, «Studia Patristica» 11 (Berlin 1972), 58-64.
3. L. Thorndike, *A history of magic and experimental science* II, Nueva York 1947, 214-228.
4. F. Secret, *Les kabbalistes chrétiens de la renaissance*, Paris 1964.
5. J.W. O'Malley, *Giles of Viterbo on Church and Reform, Studies in medieval and reformation thought* V, Leiden 1968; G. Signorelli, *Il cardinale Egidio da Viterbo, Agostiniano, umanista e riformatore*, Florencia 1929; J. Blau, *The christian interpretation of the cabala in the renaissance*, Nueva York 1944.
6. Publicado en 1559, edición crítica de F. Secret en Edizione nazionale dei classici del pensiero italiano, serie II, Roma 1959, p. 10s.

precursores e imitadores de menor envergadura; lo importante aquí, sin embargo, es que esa penetración en la ciencia esotérica de judíos y paganos coincidía con el espíritu del humanismo que, reuniendo así las luces diseminadas de la revelación, esperaba dar nueva vida a la yerta teología cristiana, sin poner un solo instante en duda la posibilidad de realizar esa síntesis de elementos dispares en la fe auténtica. Pico, en especial, declara sin ambages que no aspira a ningún sincretismo: «Llevo en mi frente el nombre de Jesucristo y moriré dichoso por la fe que en él tengo. No soy ni mago, ni judío, ni ismaelita, ni hereje; a Jesús va mi culto, y su cruz es la que llevo en mi cuerpo»[7]. Lo mismo habría podido decir nuestro autor.

Otras análogas repatriaciones de la sabiduría hermética y cabalística en el pensamiento bíblico-cristiano han jalonado a su vez la historia. Citemos sobre todo las trasposiciones realizadas por Martin Buber al glosar en conceptos modernos la doctrina de los asideos, hondamente influida por la cábala; y la no menos genial refundición de la cristosofía de Jakob Böhme, que el filósofo Franz von Baader acertó a integrar en una visión católica del mundo. Mencionemos también de paso una tercera trasposición debida a C.G. Jung, la de la alquimia y la magia antiguas en las esferas de la psicología profunda. Las meditaciones de nuestro autor están en la línea de las grandes obras de Pico de la Mirándola y de Franz von Baader, aunque no dependen de ellas. Los afluentes místicos, mágicos y ocultos que alimentan el río de sus reflexiones son mucho más variados, lo que no impide que esas aguas mixtas vayan por fin a desembocar en una contemplación cristiana multiforme, cierto, pero intrínsecamente la misma.

II

Resulta curioso que estas *Meditaciones* arranquen de las antiguas imágenes simbólicas del juego de naipes. Por supuesto, el autor no ignora el uso mágico y divinatorio que se hace del tarot; pero, aun cuando él mismo emplee sin reparo alguno el complejo término magia, no muestra en sus meditaciones el más mínimo interés por la práctica de la cartomancia. Lo importante para él son sólo los símbolos o quintaesencias que aparecen en las cartas, considerados ya por

---

[7]. H. de Lubac, *Pic de la Mirandole*, Paris 1974, 90-113; cita p. 100 de la *Apologia* (Opp. 1572, 116). Naturalmente se da también, desde el medievo hasta la edad moderna pasando por el renacimiento, una fuerte corriente espiritual derivada de Gioacchino da Fiore, donde se trata de superar la fe eclesial y dogmática elevándola a un «tercer reino, el del Espíritu». Henri de Lubac ha recorrido este camino paso a paso en su obra *La postérité spirituelle de Joachim de Flore* I, 1979. Como dicha corriente nada tiene que ver con el libro que nos ocupa, no entraremos aquí en más detalles.

separado, ya en relación unos con otros; dada la frecuencia con que cita a C.G. Jung, podemos designarlos (aunque con cierta reserva) por el nombre de arquetipos. Guardémonos, con todo, de interpretarlos como meros datos del inconsciente colectivo, vinculados con la psicología interna. Ni siquiera el propio Jung lo hace de modo terminante. Tales símbolos también pueden entenderse como principios del cosmos objetivo, entrando entonces en el ámbito de lo que la Biblia llama «principados y potestades».

Los orígenes del tarot y las relaciones de sus símbolos con la historia del pensamiento humano (su representación, por lo demás, ha variado mucho desde el comienzo hasta ahora) se pierden en la noche de los tiempos. Parece extravagante ir a buscar dichos orígenes en la sabiduría egipcia o caldea; en cambio es verosímil que los gitanos hayan utilizado y difundido los naipes. La baraja más antigua que se conserva data de fines del siglo XIV. Sólo mucho más tarde, a últimos del siglo XVIII, se establecen las relaciones que guardan los símbolos del tarot con la cábala –el arqueólogo Court de Gébelin (1728-1784) fue el primero en suponerlas–, y el alfabeto hebreo con la astrología[8]. Muchos han sido los intentos de armonizar las ciencias cabalísticas y el tarot con la doctrina católica. La empresa más vasta en este sentido se debe a Éliphas Lévi (seudónimo del sacerdote Alphonse-Louis Constant), cuya primera obra titulada *Dogme et rituel de la haute magie* se publicó en 1854; nuestro autor la conoce bien y sustituye sus explicaciones, a menudo ingenuas, por otras más profundas. Hubo asimismo corrientes opuestas, como la de Arthur Edward Waite, de la llamada Orden Hermética del Alba Dorada (*Hermetic Order of the Golden Dawn*), que en 1910 publicó *The pictorial key to the tarot*, en parte para impedir el uso cristiano de los símbolos. Aún podemos citar entre las numerosas tentativas de interpretación la del teósofo ruso P.D. Ouspensky, emigrante y profesor preclaro[9] como nuestro autor anónimo, que lo menciona con espíritu crítico. En su libro *Un nuevo modelo del universo*[10] comentaba, fiel a la línea general de su propia imagen del mundo, los símbolos del juego de cartas, refiriéndose, por una parte, a las religiones orientales y, por otra, a una filosofía profunda imbuida de erotismo. Huelga proseguir hablando de los numerosos autores ocultistas, teosóficos y antroposóficos que el nuestro analiza, rechazándolos por insuficientes o, al contrario,

---

8. Para mayor información, en forma de breve resumen, sobre la historia del tarot, véase E. Gray, *A complete guide to the tarot*, Nueva York ³1972. Nuestro autor ofrece bibliografía al respecto en su carta 21.

9. Entre otros, fueron discípulos suyos J.D. Beresford, Algernon Blackwood, Christopher Isherwood y Aldous Huxley. Ouspensky nació en Moscú en 1878 y murió en Lyne Place (EE.UU.) en 1947.

10. Ed. alemana, *Ein neues Modell des Universums*, por Otto Wilhelm Barth, Weilheim Obb.

aprovechándose de un pensamiento que se le antoja valioso para incorporarlo en su meditación, ya se trate de interpretar las *sefirot* cabalísticas, ya las ideas de Böhme, Rudolf Steiner, Jung, Péladan, Encausse (Papus), Philippe de Lyón o cualesquiera otros. A menudo nos remite también a grandes filósofos y teólogos como Tomás, Buenaventura, Leibniz, Kant, Kierkegaard, Nietzsche, Bergson, Soloviev, Teilhard de Chardin, o a poetas como Shakespeare, Goethe, De Coster, Cervantes, Baudelaire, y a muchos otros.

La estructura espiritual básica de un autor se reconoce igualmente por la tradición cuyos representantes le son más afines y a quienes cita una y otra vez con amoroso respeto. Sin cesar aparecen aquí los nombres de san Antonio, san Alberto Magno y san Francisco, hallándose también extensas referencias a las obras de san Juan de la Cruz y santa Teresa de Jesús.

Nuestro autor anónimo se vuelca con afectuosa seriedad en los símbolos que desfilan ante sus ojos, dejándose llevar libremente por una imaginación que sondea las profundidades del mundo y el alma. Si de manera espontánea le vienen entonces ideas antaño conocidas o leídas, no es menos cierto que la agudeza de su visión reside no tanto en cuestiones de detalle –con frecuencia se entrecruzan las vías de su pensamiento– como en la firme seguridad, ya lo decíamos, de que todas las cosas en lo más íntimo de sí mismas están análogamente relacionadas y se remiten unas a otras; en la certidumbre, también, de que el magnetismo de una superior fuerza unificadora domina y mantiene bajo su influjo las más disímiles percepciones particulares. Para el autor, nada tiene que ver este yugo con el vulgar y mágico despotismo del hombre, ávido de domeñar la ciencia y el destino por medio de las fuerzas del mundo; trátase de algo muy distinto, algo que podríamos llamar la magia de la gracia y cuyo encanto brota de los misterios fundamentales de la fe católica. Ahora bien, la fe misma no es mágica ni pretende serlo, y por ello ese encanto nos remite a su contenido: la sumisión de todos los principados y potestades del cosmos al único reino de Cristo. El Nuevo Testamento describe esta sumisión de las potencias a Cristo como un proceso básicamente consumado, pero que todavía ha de durar hasta el fin de los tiempos[11]. Surge entonces una peligrosa contingencia: la de embelesarse prematuramente, por

---

11. Aquí podemos también referirnos al Apocalipsis, donde ciertas fuerzas cósmicas intervienen claramente, aunque siempre en posición subordinada, en el drama que se desarrolla entre Dios y la humanidad: ángeles de los vientos, del fuego, del agua. Hay que guardarse de interpretarlas en un sentido extremadamente mítico (como lo hace Boll en *Aus der Offenbarung Johannis, Hellenistische Studien zum Weltbild der Apokalypse*, Leipzig 1914), pero sí en cambio deben mantenerse en un segundo plano (v. Burch, *Anthropology and the Apocalypse: An interpretation of the Book of the Revelation in relation to the archaeology, folklore and religious literature and ritual of the Near East*, 1939).

curiosidad o afán de poderío, con las potencias cósmicas, en vez de abordarlas a partir del triunfo de Cristo sobre ellas; en esto último únicamente es capaz de confiar, a lo sumo, el sabio cristiano.

Para apreciar en lo justo la presente obra, que sin duda dejará perplejo a más de uno, es importantísimo comprender bien lo que acabamos de decir. Si tan soberanamente puede el autor entrar a fondo en todos los matices de las ciencias ocultas, es porque tales realidades sólo son para él penúltimas y sólo de veras accesibles cuando se vinculan al misterio absoluto del amor divino manifestado en Cristo. Ni de lejos concibe la esencia del cristianismo como una de las fisonomías, posibles o reales, de los arquetipos subjetivo-objetivos; éstos solamente constituyen el material cósmico en que se encarna de modo irrevocable y único la revelación cristiana, o también –por ser la encarnación divina la meta final de todo lo cósmico– el coro de alegorías y esquematismos que lo prefiguran como «en un espejo y enigmáticamente».

Para aclarar estas cuestiones podemos referirnos a una obra parecida, aunque de coloración diferente desde el punto de vista espiritual. Su autor es otro profundo pensador cristiano, interesado también en la magia de las cartas y en su superación religiosa. Se trata del libro publicado bajo el título *The greater trumps* (es decir, los arcanos mayores del tarot) por Charles Williams (1886-1945), el misterioso y erudito amigo de T.S. Eliot, C.S. Lewis, Tolkien y Dorothy Sayers. Cuando en una novela anterior, *The place of the lion* (1933)[12], introduce de pronto ideas platónicas como potencias en el mundo de los fenómenos, todo depende entonces del modo en que los hombres reaccionan ante ellas: uno se deja llevar por el miedo hasta lo irracional, otro se sume en extática adoración, un tercero aparece poseído de una furiosa rapacidad, de un ansia loca de dominar el mundo a partir de la idea; otro, por fin, adopta la única actitud adecuada, entregándose libremente a la gracia intrínseca de las potencias sea cual fuere la preponderancia de éstas. *The greater trumps* (1950)[13] describe los principios cósmicos del tarot que, una vez desencadenados, poseen terrible fuerza destructora por poco que la magia quiera servirse de ellos, pero que, en definitiva, cuando les hace cara un amor totalmente desprendido, quedan refrenados y sujetos a su Señor supremo.

Tanto en la obra de Williams como en la de nuestro autor nos topamos, aunque se nos presente revestida de un nuevo ropaje, con la antigua sabiduría cristiana que desde los primeros siglos luchó en-

---

12. Editada hoy por William B. Eerdmans Publ. Comp., Grand Rapids (Mich.) 1978.
13. Actualmente con un prólogo de William Lindsay Gresham, Avon (N.Y.) 1969.

carnizadamente contra todo fatalismo, y en especial contra la astrología, en nombre de la soberanía y libertad de Dios frente a todas las potencias cósmicas, sin negar por ello la existencia de causas segundas de orden terreno utilizadas por la Providencia para dirigir el curso de las cosas[14]. Recordemos una vez más la doctrina de san Pablo según la cual los elementos del mundo (venerados por muchos como potencias angélicas), las potestades y dominaciones, los príncipes de este siglo, son reconocidos en su realidad y eficiencia, pero han de ser también sojuzgados e incorporados al cortejo triunfal de Cristo (Col 2,15). Al cristiano deseoso de explorar esas causas segundas como parte de la realidad terrena[15] no le será fácil, según lo demuestra Williams con vigor, la empresa de desarrollar plenamente este tipo de ciencia manteniéndola siempre dentro del estrecho perímetro de la teología; de todos modos, le resultará mucho más difícil que trasponer meros conceptos de la filosofía pagana a la teología cristiana. La historia de la astrología en Bizancio y durante todos los siglos de nuestra cultura occidental lo prueba con suficiente claridad. No pocos son los aprendices de brujo que, jugando ineptamente con estas artes, han caído en las redes de una contextura existencial que les priva de la libertad del cristiano frente a Dios, libertad primordial en opinión de los padres de la Iglesia. El floreciente comercio de horóscopos de pacotilla y totalmente inadecuados para cada caso particular, al que se entregan cierta prensa quiosquera y otras publicaciones de la misma laya, remata la faena de sustituir la verdadera fe por una ilusoria superstición, allí donde harían falta no sólo una formación especializada y una seria responsabilidad moral, sino mucho más todavía una especie de sexto sentido y buen olfato para percibir los límites de lo comunicable, así como una respetuosa reserva ante el misterio de la vía religiosa propia de cada individuo.

El libro que presentamos se eleva muy por encima de esas múltiples imposturas. Considerado en conjunto, es únicamente meditación e incluso se abstiene de cualquier sugerencia concreta que pudiera incitar a la práctica de las ciencias ocultas bajo la tutela de la sabiduría cristiana. El autor, por otro lado, habría sido probablemente incapaz de suministrar al respecto datos de carácter general y exotérico. Lo interesante para él era producir algo análogo al tratado de san Buenaventura *De reductione artium ad theologiam*, en el que, recorriendo una por una las etapas del conocimiento profano tanto teórico como práctico, se demuestra que todas ellas convergen en la encarnación del

---

14. Para la doctrina teológica clásica sobre el destino (*fatum*), véase Tomás de Aquino, *Summa theologica* I, q. 116; *Contra gentes* III, 93; *Compend. theol.* c. 138; opusc. 28 *De fato* c. 2-3.
15. H. Schlier, *Mächte und Gewalten im Neuen Testament*, Quaest. Disp. 3, Herder, Friburgo de Br. 1958.

Logos y arquetipo divino para quedar ahí como suspendidas de una cadena. Otra comparación podría hacerse con la grandiosa imagen del mundo que hallamos en las visiones de santa Hildegarda, donde, quizá como en ninguna otra parte, se incluyen las potencias cósmicas (contempladas, claro está, a la manera de entonces) en el gran drama cristocéntrico que se desarrolla entre la creación y la redención, entre el cielo y la tierra; imagen del mundo, en verdad, donde «tienen cabida, oh Horacio, más cosas que las abarcadas por tu ciencia escolar».

Saber hasta qué punto la síntesis cristológica es posible o natural en esas esferas intermedias y diagnosticarlo con exactitud son cuestiones no pertinentes al objeto de esta nota introductoria y que, por otra parte, excederían nuestra competencia.

A buen seguro, el autor trata siempre y con gran escrupulosidad religiosa de atenerse al justo medio de la sabiduría cristiana. Cierto que en ocasiones llega a apartarse un poco de esta vía central dando un paso de más hacia la izquierda (por ejemplo, cuando dice que la doctrina de la reencarnación es al menos digna de examen desde la perspectiva cristiana) o hacia la derecha (al avecinar demasiado al dogma, de manera un tanto fundamentalista, simples opiniones o prácticas religiosas, o cuando de pronto se pone a hablar de los consejos evangélicos, la recitación del rosario y cosas parecidas). Con todo, la abundància casi aplastante de auténticas y fecundas luces que proyecta sobre nosotros bien justifica que un público más numeroso de lectores no se vea privado de estas meditaciones.

El autor ha insistido en conservar el anonimato a fin de que su obra hable enteramente por sí misma y no intervengan en ella cualesquiera factores personales. Respetamos sus motivos.

Hans Urs von Balthasar

PRÓLOGO DEL AUTOR

Estas meditaciones sobre los arcanos mayores del tarot son cartas dirigidas al amigo desconocido. Quien las lea en su totalidad sabrá con certeza, gracias a esa experiencia meditativa, en qué consiste el hermetismo cristiano. Sabrá también que el autor ha dicho en ellas más de sí mismo que lo que hubiera podido decir de otro modo. Lo conocerá así mejor que a través de cualquier otra fuente.

Originalmente han sido escritas en francés, ya que en Francia existe desde el siglo XVIII hasta nuestros días toda una literatura sobre el tarot, lo que no sucede en otras partes. Por lo demás, se da igualmente en Francia –y se mantiene con firmeza– una tradición continua de hermetismo en la que el espíritu de libre investigación corre parejas con el respeto a lo antiguo. De ahí que el contenido de estas cartas pueda encarnarse en lo tradicional, es decir, convertirse en parte integrante de la tradición y contribuir a su mantenimiento.

La tradición hermética se pierde en las brumas de la historia, remontándose a la legendaria época de Hermes Trismegisto. Nuestras cartas son una manifestación concreta de esa milenaria corriente de pensamiento, esfuerzos y hallazgos. No sólo tienen por objeto resucitar la tradición en este siglo XX, sino también –y sobre todo– sumergir en dicha corriente al lector, el amigo desconocido, por cierto tiempo o para siempre. Las numerosas citas de autores antiguos y modernos que en ellas aparecen no son ni meras digresiones literarias ni vanas muestras de erudición, sino evocaciones de los maestros tradicionales para que éstos, con sus impulsos y sus luces, se nos hagan presentes. En definitiva estas cartas constituyen veintidós ejercicios espirituales por cuyo medio tú, querido amigo desconocido, te sumirás en el raudal de la tradición viva y entrarás así a formar parte de la comunidad de quienes la sirvieron y la sirven.

Las citas no pretenden otra cosa que dar mayor relieve a esta comunidad, pues los eslabones de la cadena de la tradición no sólo son pensamientos y esfuerzos, sino ante todo los *seres vivos* en quienes tales pensamientos y esfuerzos se materializan. La esencia de la tradición no es una doctrina; es una comunidad de espíritus que perdura de época en época.

Nada me queda ya por decir en este prólogo, dado que toda cuestión ulterior acerca de estas cartas tiene su respuesta en ellas mismas.

Desde ultratumba, querido amigo desconocido, tu amigo te saluda.

Carta I

EL MAGO

El arcano de la mística

«El viento sopla donde quiere, y oyes su voz; mas no sabes de dónde viene ni adónde va. Así es todo el que ha nacido del Espíritu» (Jn 3,8).

«En la noche dichosa,
en secreto, que nadie me veía,
ni yo miraba cosa,
sin otra luz y guía,
sino la que en el corazón ardía»[1].

Querido amigo desconocido:

Las palabras del Maestro arriba citadas me han servido de clave para comprender el primero de los arcanos mayores del tarot, el Mago, que a su vez es la clave de todos los demás. Por eso las he utilizado como lema de esta carta. A continuación he citado una estrofa de las *Canciones del alma* de san Juan de la Cruz, porque esos versos tienen la virtud de reavivar las capas profundas del alma, a las que hay que recurrir para desentrañar el primer arcano y, consiguientemente, todos los arcanos mayores. Éstos, en efecto, son auténticos *símbolos*, es decir, operaciones mágicas, mentales, psíquicas y morales que evocan

---

1. Juan de la Cruz, *Noche oscura*, canción 3 del alma; cf. *Vida y obras completas de S.J. de la C.*, Ed. Católica (BAC 15), Madrid [5]1964, p. 539 y 615.

nuevos conceptos, ideas, aspiraciones y sentimientos, lo cual significa que exigen una actividad más profunda que la del estudio y explicación intelectuales. Debemos, pues, acercarnos a ellos en un estado de hondo y siempre renovado recogimiento. Cuando uno medita sobre los arcanos mayores del tarot, las capas profundas e íntimas del alma se vuelven activas y fructifican. De ahí que, cada vez que tiene lugar esta meditación, sea preciso hallarse en esa «noche» de la que habla san Juan de la Cruz, mantenerse en secreto y sumergirse en ella. Es un trabajo para ser ejecutado en la soledad y por solitarios.

Los arcanos mayores del tarot no constituyen ni alegorías ni secretos; las alegorías sólo son representaciones figuradas de conceptos abstractos; los secretos pueden ser cualesquiera hechos, procedimientos, métodos o doctrinas que uno guarda para sí por razones personales, pese a que también podrían entenderlos o ponerlos en práctica otras personas a quienes no se *quieren* revelar. Los arcanos mayores del tarot son auténticos símbolos. Al que los medita le ocultan o descubren su sentido según la profundidad con que haya sido capaz de recogerse.

Lo que revelan no son *secretos,* o sea cosas disimuladas por la voluntad humana, sino *arcanos,* algo muy distinto. Un arcano es lo que hay que saber para ser fecundo en un sector determinado de la vida espiritual. Debe estar activamente presente en nuestra conciencia –o incluso en nuestro subconsciente– para darnos la capacidad de hacer descubrimientos, engendrar nuevas ideas, concebir nuevos temas artísticos; en una palabra, para volvernos fecundos en nuestras empresas creadoras, y ello en cualquier campo de la vida espiritual. Un arcano es un fermento o enzima cuya presencia estimula la vida espiritual y anímica del hombre. Los símbolos son portadores de esos fermentos o enzimas y los comunican si el destinatario está espiritual y moralmente bien dispuesto para recibirlos, es decir, si se siente pobre de espíritu y no sufre de la más grave de las enfermedades espirituales: la presunción.

Así como el *arcano* es superior al *secreto,* así también el *misterio* está por encima del arcano. El misterio es más que un fermento estimulante. Es un *suceso* espiritual comparable al nacimiento o a la muerte física. Es el cambio de toda la motivación espiritual y psíquica o, si se prefiere, la alteración completa del plano de la conciencia. Los siete sacramentos de la Iglesia son los colores del prisma en los que se descompone la luz blanca de un único misterio o sacramento, a saber, el del segundo nacimiento, en el que el Maestro instruyó a Nicodemo durante la entrevista de iniciación que tuvo con él de noche. Esto es lo que el hermetismo cristiano entiende por la gran iniciación.

Huelga decir que nadie inicia a nadie si la iniciación se identifica, como acabamos de ver, con el misterio del segundo nacimiento o con el gran sacramento. La iniciación viene de lo alto y tiene el valor y duración de la eternidad. El iniciador está arriba; aquí abajo sólo se encuentran condiscípulos, que se reconocen por amarse los unos a los otros. Tampoco hay maestros, pues no existe más que un único Maestro, el iniciador supremo. Cierto que ha habido siempre maestros que enseñan sus doctrinas e iniciadores que comunican algunos de sus secretos a otros, los cuales se convierten a su vez en iniciados; mas todo esto nada tiene que ver con el misterio de la gran iniciación.

Por eso el hermetismo cristiano, como empresa humana, no inicia a nadie. Entre los herméticos cristianos, ninguno se arrogará el título y las funciones de iniciador o maestro, ya que todos son condiscípulos y cada cual es maestro de los demás en algo, como también es su discípulo en algo. A este respecto, no podemos hacer nada mejor que seguir el ejemplo de san Antonio el Grande, quien «se sometía de buen grado a los hombres fervorosos a quienes iba a ver y se instruía con ellos en la virtud y ascética que les eran propias. En uno contemplaba la amabilidad, en otro la asiduidad a la oración; en éste veía la paciencia, en aquél la caridad para con el prójimo; de uno se fijaba en las vigilias, de otro en su afán de aprender; a uno lo admiraba por su constancia, a otro por sus ayunos y por dormir sobre el duro suelo; en uno observaba la mansedumbre, en otro la grandeza de alma; en todos ellos advertía la devoción a Cristo y el amor que se profesaban mutuamente. Colmado por cuanto había visto, regresaba a su propia ermita y allí lo compendiaba en su espíritu, tratando de concretar en sí mismo las virtudes de todos»[2].

Tal ha de ser la conducta del hermético cristiano en lo relativo a los conocimientos y a las ciencias –naturales, históricas, filológicas, filosóficas, simbólicas y tradicionales–, lo que equivale a aprender el arte de aprender.

Los arcanos nos estimulan y a la vez nos dirigen en este arte. Los arcanos mayores del tarot son al respecto una escuela completa e inestimable de meditación, estudios y esfuerzos espirituales; en suma, una introducción magistral en el arte de aprender.

Así pues, querido amigo desconocido, el hermetismo cristiano no tiene la pretensión de rivalizar con la religión o las ciencias oficiales. Quien en él buscara la verdadera religión, la verdadera filosofía o la verdadera ciencia habría errado el camino. Los herméticos cristianos

---

2. Atanasio, *Vida de san Antonio*, cap. 4. Texto griego en PG 26, 835-976; texto latino en PG 26, 835-976 y en PL 73, 125-170.

no son maestros sino servidores. No pretenden –un tanto puerilmente– sobreponerse a la fe sagrada de los fieles ni menospreciar los frutos logrados por el denuedo admirable de los trabajadores de la ciencia, ni tampoco elevarse por encima de las creaciones del genio artístico. Los herméticos no poseen el secreto de los futuros descubrimientos de las ciencias. Ignoran como todo el mundo, por ejemplo, cuál es el remedio eficaz contra el cáncer. Y en verdad serían monstruos si, conociendo el remedio contra ese azote de la humanidad, lo guardaran para sí y se negaran a comunicarlo a los demás. No, no lo conocen, y serán los primeros en admitir la superioridad del futuro bienhechor del género humano que, gracias a su ciencia, descubra tal medicamento.

Reconocen también sin reservas la superioridad de un san Francisco de Asís (entre tantos otros), que era un hombre de esa fe llamada exotérica. Y saben que cada creyente sincero es un Francisco de Asís en potencia. Los creyentes, científicos y artistas les son superiores en varios puntos esenciales. No se les escapa esto a los herméticos, y por ello no se jactan de ser mejores, de creer mejor, de saber o poder más. No mantienen en secreto una religión que les sea propia para ponerla en lugar de las religiones existentes, ni una ciencia suya con la que intenten sustituir las ciencias actuales, ni sus artes particulares para reemplazar las bellas artes de hoy o de mañana. Lo que poseen no lleva consigo ventajas tangibles ni una superioridad objetiva respecto a la religión, la ciencia o el arte; es solamente *el alma común de la religión, la ciencia y el arte.*

¿En qué consiste esta misión de conservar el alma común de la religión, la ciencia y el arte? Responderé con un ejemplo: Sin duda sabes, querido amigo desconocido, que muchas personas, y entre ellas una serie de autores en Francia, Alemania, Gran Bretaña y otras partes, predican la doctrina denominada de las dos Iglesias, la de Pedro y la de Juan, o de las dos épocas, la época de Pedro y la época de Juan. Sabes también que esta doctrina proclama el fin más o menos próximo de la Iglesia de Pedro, o en concreto del papado, que es su símbolo visible, y que el espíritu de Juan, el discípulo amado del Maestro, el que reclinó la cabeza en su pecho y oyó los latidos de su corazón, vendrá a relevarla. Así, la Iglesia exotérica de Pedro cederá el puesto a la Iglesia esotérica de Juan, donde reinará la libertad perfecta.

Ahora bien, Juan, que se sometió voluntariamente a Pedro reconociéndolo como jefe o príncipe de los Apóstoles, no le sucedió después de su muerte, a pesar de haberle sobrevivido muchos años. El discípulo amado, que había oído los latidos del corazón del Maestro, era y será siempre el representante y guardián de ese corazón; y, como tal, no era ni es ni será jamás el *jefe* o *cabeza* de la Iglesia. Pues de la misma manera que el corazón no está llamado a ocupar el puesto de la cabeza, así tampoco Juan está llamado a ser el sucesor de Pedro. Cierto que el corazón guarda la vida y el alma, pero la cabeza toma las decisiones, asume la dirección y escoge los medios apropiados para desempeñar las tareas del organismo entero: cabeza, corazón y miembros.

La misión de Juan consiste en guardar la *vida* y el *alma* de la Iglesia, en *vivir* hasta la segunda venida del Señor. Por eso Juan no ha pretendido ni pretenderá nunca asumir la función directora del cuerpo de la Iglesia. Él *vivifica* este cuerpo, mas no dirige sus actos.

De idéntico modo el hermetismo guarda la tradición viva, el alma común de toda verdadera cultura. Y aún debo añadir: *los herméticos escuchan* –y a veces oyen– *los latidos del corazón de la vida espiritual de la humanidad*. Sólo pueden existir como guardianes de la vida y del alma común de la religión, la ciencia y el arte. En ninguno de estos campos gozan de privilegios; los santos, los auténticos sabios y los artistas les son superiores. Los herméticos, empero, viven para el misterio del corazón común que late en el fondo de todas las religiones, todas las filosofías, todas las artes y todas las ciencias pretéritas, presentes y futuras. Inspirándose en el ejemplo de Juan, el discípulo amado, no pretenden ni pretenderán nunca desempeñar un papel director en la religión, la ciencia, el arte y la vida social o política; en cambio, velan constantemente para no perder ocasión alguna de *servir* a la religión, la filosofía, la ciencia, el arte, la vida social y política de la humanidad, y para que les siga animando el soplo de vida de su alma común, en analogía con lo que sucede cuando se administra el sacramento de la sagrada comunión. El hermetismo es –y sólo es– un estimulante, un fermento o enzima en el organismo de la vida espiritual de la humanidad. En este sentido constituye de por sí un *arcano*, es decir, el antecedente del misterio del segundo nacimiento o de la gran iniciación. He ahí el espíritu del hermetismo, y en ese espíritu volvemos ahora a contemplar el primer arcano mayor del tarot.

¿Qué nos muestra esta primera lámina? Un joven, tocado con un gran sombrero en forma de lemniscata, está de pie tras una pequeña mesa donde se hallan dispuestas varias cosas: una vasija pintada de amarillo, tres diminutos discos también amarillos, otros cuatro discos rojos y divididos en dos partes por un trazo, un cubilete rojo con dos dados, un cuchillo fuera de su vaina y, por último, una bolsa amarilla para contener diversos objetos. El joven –el Mago– sostiene una varilla en la mano derecha (respecto del observador) y una bola o moneda amarilla en la mano izquierda. En lo que hace se refleja una perfecta espontaneidad; es un juego fácil, y no un trabajo. Ni siquiera sigue con la vista el movimiento de sus manos; su mirada está en otra parte.

Tal es la lámina. ¡Lo verdaderamente asombroso es que la serie de símbolos –reveladores de los *arcanos*– que constituyen la baraja se abra con la imagen de un prestidigitador, de un jugador de manos! ¿Cómo explicarlo?

El primer arcano, principio subyacente de los otros 21 arcanos mayores del tarot, es el de la *relación entre el esfuerzo personal y la realidad espiritual*. Ocupa el primer lugar en la serie, porque quien no lo haya comprendido –es decir, captado en la práctica de la cognición y realización–, no sabrá qué hacer con los demás arcanos. El Mago, en efecto, está llamado a revelar el *método* práctico que se relaciona con todos ellos. Es el arcano de los arcanos, por cuanto descubre lo que uno debe saber y poder para entrar en la escuela de los ejercicios espirituales que representa en su totalidad el tarot y para sacar algún provecho de los mismos. Efectivamente, el principio primero y fundamental del esoterismo, o sea de la vía de la experiencia de la realidad del espíritu, puede formularse así:

Aprende primero la concentración sin esfuerzo; transforma el trabajo en juego; haz que todo yugo aceptado te sea suave y que toda carga que lleves te resulte ligera.

Este consejo, mandato o aviso (como se prefiera) es muy serio y lo confirma su propia fuente, las palabras mismas del Maestro:

«Mi yugo es suave y mi carga ligera» (Mt 11,30).

Examinemos por orden las tres partes de esta fórmula a fin de penetrar el arcano de la relajación activa o del esfuerzo sin esfuerzo.

1. *Aprende primero la concentración sin esfuerzo*. ¿Qué sentido práctico y teórico tiene esta fórmula? La concentración, como facultad de fijar el máximo de atención en un mínimo de espacio (Goethe dice que quien desee lograr algo importante deberá concentrar «en calma y sin flaqueza» la máxima fuerza en el punto mínimo), es de hecho la clave del éxito en todos los terrenos. La pedagogía y la psicoterapia modernas, las escuelas de oración y los ejercicios espirituales de franciscanos, carmelitas, dominicos y jesuitas, las escuelas ocultistas de todo tipo y finalmente el antiguo yoga hindú, como métodos que son, están de acuerdo en ese punto.

Patañjali, en su obra clásica sobre el yoga, formula la esencia teórico-práctica de esta disciplina –el primer arcano o clave del yoga– con una frase introductoria que reza así: *Yoga citta vritti nirodha*, «El yoga es la supresión de las vacilaciones de la sustancia mental»[3] o, en otras palabras, *el arte de la concentración.*

Dichas vacilaciones (*vritti*) de la sustancia mental (*citta*) se producen automáticamente, y este automatismo en las mociones del pensamiento y la imaginación es lo contrario de la concentración. Por tanto, esta última sólo es posible en un ambiente de *calma* y *silencio* del automatismo del intelecto y la imaginación.

El callar viene, pues, antes que el saber, el poder y el osar. Por eso la escuela pitagórica prescribía un silencio de cinco años a sus neófitos o *auditores*. Uno se atrevía a hablar solamente cuando ya *sabía* y *podía*, previo dominio del arte de callar, es decir, del arte de la concentración. El privilegio de hablar pertenecía a quienes no hablaban ya automáticamente, movidos por el juego del intelecto y la imaginación, sino que *podían* reprimir ese impulso merced a la práctica del silencio tanto interior como exterior y *sabían* lo que decían, gracias a la misma práctica. El *silentium* cultivado por los monjes de la Trapa y prescrito en general durante el tiempo de ejercicios espirituales a cuantos toman parte en ellos no es otra cosa que la aplicación de la citada regla o verdad: «El yoga es la supresión de las vacilaciones de la sustancia mental», o bien, la concentración es el silencio deliberado del automatismo del intelecto o la imaginación.

Hay que discernir entre dos clases de concentración esencialmente distintas. Una es la *concentración desinteresada* (objetiva) y otra la *concentración interesada* (subjetiva). La primera es debida a la voluntad libre de pasiones, obsesiones o apegos *esclavizantes*, mientras que la segunda resulta de una pasión, obsesión o apego *dominantes.* Un monje recogido en oración y un toro furioso están ambos concentrados, pero el uno lo está en la paz del recogimiento, el otro en el arrebato de la cólera. Las pasiones violentas originan también, por tanto, un alto grado de concentración. Así los codiciosos, los avaros, los engreídos y los maníacos manifiestan a veces una rara capacidad de concentración. De hecho se trata en ellos no de *concentración* sino de *obsesión.*

La verdadera concentración es un acto libre en la luz y la paz. Presupone una voluntad desinteresada y ecuánime, ya que el estado de la voluntad es el factor determinante y decisivo en el momento de concentrarse. El yoga, por ejemplo, exige la práctica del *yama* (las cinco reglas de la actitud moral) y del *niyama* (las cinco reglas de la mortificación) antes de preparar el cuerpo para la concentración (respiración y posturas) y, naturalmente, antes de la práctica de los tres

---

3. *The yoga aphorisms of Patanjali*, Calcuta 1883, p. 4.

grados de la concentración propiamente dicha (*dhāranā, dhyāna, samādhi:* concentración, meditación, contemplación).

San Juan de la Cruz y santa Teresa de Jesús no se cansan de repetir que la concentración necesaria a la oración espiritual es fruto de la purificación moral de la voluntad.

Así, pues, resulta inútil cualquier esfuerzo en concentrarse si la voluntad está prendada de otra cosa. Las vacilaciones de la sustancia mental no podrán nunca apaciguarse si la voluntad misma no les infunde su calma. Sólo una voluntad silenciosa provoca el silencio del intelecto y de la imaginación en la concentración. Por ello los grandes ascetas son también grandes maestros de concentración.

Todo esto es obvio e incuestionable. Pero lo que aquí nos ocupa no es sólo la concentración en general, sino de modo especialísimo la *concentración sin esfuerzo.* ¿En qué consiste?

Observa a un funámbulo. No cabe duda que está completamente concentrado, pues si no lo estuviera se caería. Su vida se halla en juego constantemente y sólo una concentración perfecta puede preservarla del peligro.

Sin embargo, ¿crees que su intelecto e imaginación se preocupan de lo que hace? ¿Crees que el funámbulo *reflexiona, imagina, calcula* y *proyecta* cada paso que da en la cuerda? Si así lo hiciera, no tardaría en dar consigo en el suelo. Debe eliminar toda actividad intelectual e imaginativa para evitar la caída. Ha de suprimir las vacilaciones de la sustancia mental para poder ejercer su oficio. La inteligencia de su sistema rítmico –respiración y circulación– reemplaza la del cerebro durante sus ejercicios acrobáticos. Trátase al fin y al cabo de un milagro (desde el punto de vista del intelecto y la imaginación) análogo al de san Dionisio, apóstol de las Galias y primer obispo de París, a quien la tradición identifica con san Dionisio Areopagita, discípulo de san Pablo. A dicho obispo «le fue cortada la cabeza a hachazos ante el ídolo del dios Mercurio, pero al instante el santo se levantó, tomó en las manos su cabeza y, guiado por un ángel, recorrió una gran distancia, desde la colina de Montmartre hasta el lugar donde reposan hoy sus huesos por elección propia y de la Providencia divina»[4]. El funámbulo tiene igualmente cortada la cabeza, o sea el intelecto y la imaginación, mientras practica su oficio, y también va de un sitio a otro con ella en sus manos guiado por una inteligencia distinta, que actúa a través del sistema rítmico del cuerpo.

Para el funámbulo, el malabarista, el Mago, arte y habilidad son en el fondo análogos al milagro de san Dionisio, pues en su caso, como

---

4. Cf. Jacobus de Voragine, *Legenda aurea*, Heidelberg 1925, p. 793.

en el del santo, se trata de trasladar de la cabeza al pecho, del sistema cerebral al sistema rítmico, el centro de la conciencia rectora.

Ahora bien, la concentración sin esfuerzo consiste precisamente en trasladar el centro rector desde el cerebro al sistema rítmico, desde el campo mental e imaginativo al moral y volitivo. El amplio sombrero en forma de lemniscata con el que el Mago aparece cubierto indica esa trasposición. En efecto, la lemniscata (el ocho horizontal: ∞) no es sólo el símbolo del infinito, sino también el del *ritmo*: respiración y circulación; es el símbolo del *ritmo eterno* o de la *eternidad del ritmo*.

El Mago representa, pues, el estado de concentración sin esfuerzo, es decir, el estado de conciencia en el que el centro rector de la voluntad ha descendido (de hecho se ha elevado) del cerebro al sistema rítmico y donde las «vacilaciones de la sustancia mental», previamente acalladas y apaciguadas, no entorpecen ya la concentración.

La concentración *sin esfuerzo*, donde ya no queda nada por suprimir y el recogimiento se vuelve tan natural como la respiración o los latidos del corazón, es el estado de conciencia –intelecto, imaginación, sentimiento y voluntad– en perfecta calma, acompañado de la relajación completa de los nervios y músculos del cuerpo. Es el *silencio profundo* de los deseos, las preocupaciones, la imaginación, la memoria y el pensar discursivo. Podría decirse que el hombre entero se vuelve como la superficie de unas aguas tranquilas donde se refleja la grandiosa presencia del cielo estrellado y su inefable armonía. Y estas aguas son profundas, profundísimas... Y el silencio va en aumento, se extiende más y más, y... ¡qué silencio! Su crecimiento se produce en ondas regulares que pasan sucesivamente por todo el ser: una onda de silencio, luego otra más profunda, y una tercera más profunda todavía... ¿Has *bebido el silencio* alguna vez? En tal caso ¡sabes ya qué es la concentración sin esfuerzo! Al principio, esa concentración sin esfuerzo, ese silencio perfecto, dura instantes, luego minutos, luego cuartos de hora, para convertirse a la larga en elemento básico, *siempre presente* en la vida del alma. Es como el oficio perpetuo que tiene lugar en la iglesia del *Sacré-Coeur* de Montmartre mientras los parisienses trabajan, circulan, se divierten, duermen, mueren... Así también se establece en el alma un oficio perpetuo que continúa aun cuando uno esté activo, trabaje o converse.

Una vez creada esa zona de silencio, puedes recurrir a ella tanto para descansar como para trabajar. Tendrás entonces la clave no sólo de la concentración sin esfuerzo, sino también de la *actividad sin esfuerzo*. Esto es, precisamente, lo que significa la segunda parte de nuestra fórmula:

2. *Transforma el trabajo en juego*. La conversión del trabajo, de por sí costoso, en juego se efectúa gracias a la presencia constante de la zona de silencio, de donde, como por medio de una respiración íntima y secreta, se desprenden esa suavidad y frescor que dan unción al trabajo y lo transforman en lo que nos parece tan distinto: en un *juego*. Porque la zona de silencio no significa únicamente que el alma en lo íntimo de sí misma se encuentra a gusto, sino sobre todo que está en contacto con el cielo, o sea el mundo espiritual, y que éste *trabaja con ella*. Quien descubre el silencio en la soledad de la concentración sin esfuerzo *no está nunca solo*. No lleva nunca por sí solo las cargas que debe llevar; las fuerzas del cielo, las fuerzas de lo alto, le ayudan en adelante a llevarlas.

Y llegamos así a la tercera parte de la fórmula:

3. *Haz que todo yugo aceptado te sea suave y que toda carga que lleves te resulte ligera*. Esta verdad, por lo que acabamos de ver, queda convertida en *experiencia*. El silencio es el signo de un contacto genuino con el mundo espiritual, contacto que a su vez engendra una afluencia de fuerzas. Tal es el *fundamento* de toda mística, toda gnosis, toda magia y todo esoterismo práctico en general.

Todo esoterismo se basa en la siguiente regla: Hay que *ser uno* en sí (concentración sin esfuerzo) y *estar unido* al mundo espiritual (crear la zona de silencio en el alma), para que pueda tener lugar una experiencia espiritual reveladora o realizadora. En otros términos, si se desea practicar una forma cualquiera de auténtico esoterismo –mística, gnosis o magia–, hay que ser como el Mago, es decir, capaz de concentrarse sin esfuerzo, obrar con facilidad y como jugando, actuar con perfecta calma.

He ahí la *enseñanza práctica* del primer arcano del tarot. Es el primer consejo, mandato y aviso relativo a toda ejercitación espiritual; es la primera letra del alfabeto de las reglas prácticas del esoterismo. Y así como todos los números no constituyen sino fracciones de la unidad, así también todas las reglas prácticas enseñadas por los demás arcanos del tarot son sólo aspectos y modalidades de esta regla básica.

Tal es la enseñanza *práctica* del Mago. ¿Cuál es su enseñanza *teórica*? Ésta corresponde en todos sus puntos con aquélla, pues el trabajo teórico no es más que el aspecto mental del práctico. Así como este último procede de la concentración sin esfuerzo o, lo que es lo mismo, pone en práctica la *unidad*, así también su equivalente teórico consiste en la unidad básica de los mundos natural, humano y divino. El dogma de la *unidad básica del mundo* desempeña un papel tan esencial para toda teoría como la concentración para toda práctica. Si la concentración es la base de todo éxito práctico, de idéntico modo dicho dogma es la base de todo conocimiento; sin él ningún conocimiento es imaginable.

El dogma de la unidad de la esencia de cuanto existe precede a todo acto de conocimiento, y todo acto de conocimiento presupone el dogma de la unidad del mundo. El ideal o fin último de toda filosofía y de toda ciencia es la *verdad*. Mas la verdad no tiene otro sentido que el de la reducción de la pluralidad fenoménica a la unidad esencial: de los hechos a las leyes, de las leyes a los principios, de los principios a la esencia o el ser. Toda búsqueda mística, gnóstica, filosófica y científica de la verdad da por supuesta su existencia, es decir, la unidad básica de la multiplicidad de los fenómenos del mundo. Sin esa unidad, nada sería cognoscible. ¿Cómo, en efecto, podría procederse de lo desconocido a lo conocido –lo que precisamente constituye el método del progreso en el conocimiento– si lo uno nada tuviera que ver con lo otro, si lo desconocido no tuviera ningún parentesco con lo conocido y le fuera absoluta y esencialmente extraño? Cuando decimos que el mundo es cognoscible o, en otras palabras, que el conocimiento como tal existe, proclamamos por el hecho mismo el dogma de la unidad esencial del mundo. Declaramos que el mundo no es un mosaico donde se halla incrustada una pluralidad de mundos esencialmente extraños los unos a los otros, sino un *organismo* cuyas partes están gobernadas por el mismo principio, lo que les permite revelarlo y poder remitirse a él. El parentesco de todas las cosas y seres es la condición indispensable sine qua non de su posibilidad de ser conocidas.

Ahora bien, este parentesco de todas las cosas y seres, una vez admitido, ha dado origen a un método de conocimiento que se ajusta a él exactamente. En general es designado por el nombre de *método de la analogía*[5].

La analogía no es un dogma ni un postulado –como lo es la unidad esencial del mundo–, sino el método primero y principal (el alfa o primera letra del alfabeto de los métodos) cuyo uso permite progresar en el conocimiento. Es la primera conclusión derivada del dogma de la unidad universal: si en el fondo de la diversidad de los fenómenos se halla su unidad, es decir, si a la vez son varios y uno, tales fenómenos no son ni idénticos ni heterogéneos sino *análogos*, por cuanto manifiestan su parentesco esencial.

---

5. Su papel y alcance en las ciencias llamadas ocultas han sido admirablemente puestos en evidencia por Papus en su *Traité élémentaire de science occulte*, Paris 1888, p. 30ss; trad. alem., *Die Grundlagen der okkulten Wissenschaft*, Schwarzenburg ³1979, p. 22ss; cf. en cast. *El ocultismo*, Edaf, Madrid ²1981.

La fórmula tradicional que enuncia el método de la analogía es bien conocida. Se encuentra en el primer versículo de la *Tabla de esmeralda (Tabula smaragdina)*[6] de Hermes Trismegisto:

«Lo que está abajo es como lo que está arriba, y lo que está arriba es como lo que está abajo, para realizar los milagros de la unidad.»

Ésta es la fórmula clásica de la analogía para todo lo que existe en el *espacio: arriba* y *abajo*. La fórmula de la analogía, aplicada al *tiempo*, sería:

Lo que fue es como lo que será, y lo que será es como lo que fue, para realizar los milagros de la eternidad.

La fórmula de la analogía, aplicada al espacio, es la base del simbolismo tipológico, o sea de los símbolos que expresan las correspondencias entre los *prototipos* de arriba y sus manifestaciones de abajo; la fórmula de la analogía, aplicada al tiempo, es la base del simbolismo mitológico, o sea de los símbolos que expresan las correspondencias entre los *arquetipos* en el pasado y sus manifestaciones en el presente. Así, el Mago es un símbolo tipológico, que nos revela el *prototipo del hombre espiritual.* Adán y Eva, Caín y Abel y, si se quiere, el «cisma de Irschou» de Saint-Yves d'Alveydre[7] son, en cambio, *mitos:* revelan *arquetipos* que se manifiestan continuamente en la historia y en cada biografía individual; son símbolos mitológicos que pertenecen a la esfera del tiempo. Estas dos categorías del simbolismo, basadas en la analogía, forman por su relación mutua una *cruz:*

Hans Leisegang, autor de un libro clásico sobre la gnosis, escribe acerca del mito, es decir, del simbolismo del tiempo o simbolismo histórico según nuestra definición, lo siguiente: «Todo mito expresa, en forma de relato de un caso particular, una idea eterna, intuitiva-

---

6. Para el problema de la autenticidad de la *Tabla de esmeralda,* véase el apéndice a esta carta I, p. 46-50.
7. *Mission des juifs,* t. 1, París 1956, p. 191ss.

mente reconocida tras el relato por quien la reaviva en la acción»[8].

Y he aquí lo que dice de los símbolos tipológicos Marc Haven en su libro póstumo *Le tarot*, en el capítulo sobre el simbolismo: «Nuestras sensaciones, símbolos de movimientos externos, se les parecen (a los fenómenos) no más que las ondulaciones de la arena en el desierto se asemejan al viento que levanta con ella montículos; no más que el flujo y reflujo del mar se parecen a los movimientos combinados del sol y la luna. Son sus símbolos... La opinión de Kant, Hamilton y Spencer, que reducen los movimientos internos a simples símbolos de una realidad oculta, es más racional y más verdadera –que el realismo ingenuo (nota del autor)–. La ciencia misma debe resignarse a no ser sino un simbolismo consciente de sí... Pero el simbolismo tiene otro alcance, otro significado bien distinto. Ciencia de las ciencias, como la llamaron los antiguos (Decourcelle, *Traité des symboles*, París 1806), lengua universal y divina, proclama y demuestra la jerarquía de las formas desde el mundo de los arquetipos hasta el mundo material, las relaciones que los unen; es, en una palabra, la prueba tangible de la solidaridad de los seres»[9].

Tenemos, pues, dos definiciones de los símbolos del tiempo o mitológicos y de los del espacio o de la correspondencia de los mundos desde el mundo de los arquetipos hasta el mundo material; dichas definiciones fueron formuladas la una por un erudito alemán en Leipzig en 1924, la otra por un hermético francés en Lyón en 1906. Ambas expresan con exactitud las ideas correspondientes a los dos géneros de simbolismos, mitológico y tipológico, que hace poco describíamos.

La *Tabula smaragdina* sólo se refiere al simbolismo tipológico o del espacio, a la analogía entre lo que está arriba y lo que está abajo. De ahí la necesidad de añadirle, por extensión, la fórmula correspondiente sobre el simbolismo mitológico o del tiempo, que encontramos por ejemplo en el libro del *Génesis*. La distinción entre estas dos formas de simbolismo no deja de tener cierto alcance práctico. Por confundirlas, se han interpretado mal no pocas veces las antiguas fuentes, incluida la Biblia. Así, algunos autores ven en el relato bíblico de Caín y Abel un símbolo tipológico. Se empeñan en interpretar sus datos como símbolos de las fuerzas centrífuga y centrípeta. En realidad, el episodio de Caín y Abel es un *mito*, puesto que expresa, en forma de narración de un caso particular, una verdad eterna, refiriéndose por consiguiente al *tiempo* y a la *historia*, y no al *espacio* y a su estructura.

---

8. H. Leisegang, *Die Gnosis*, Stuttgart [4]1955, p. 51; ed fran., *La gnose*, Payot, Paris 1951, p. 42.
9. M. Haven, *Le Tarot, l'alphabet hébraique et les nombres*, Lyón 1937, p. 19s y 24. El primer capítulo fue redactado en 1906, pero la obra fue publicada por primera vez en 1937.

Dicho episodio nos muestra cómo unos hermanos pueden convertirse en enemigos mortales por el hecho de adorar al mismo Dios de la misma manera. Ahí tenemos bien a la vista la fuente de las guerras de religión: su causa no es una diferencia de dogma, ni de culto o ritual, sino solamente la *pretensión de la igualdad* o, si se prefiere, *de la negación de la jerarquía*. En ese relato hemos de ver también la primera revolución del mundo, el arquetipo (el *Urphänomen* de Goethe) de todas las revoluciones que han ocurrido en el pasado y seguirán teniendo lugar en el futuro de la humanidad. En efecto, la verdadera causa de todas las guerras y revoluciones –en suma, de toda violencia– es siempre la misma: la negación de la jerarquía. Esta causa se encuentra ya en germen en un nivel tan excelso como el acto común de adoración al mismo Dios por dos hermanos; no es otro el patético sentido de lo que nos revela la historia de Caín y Abel. Y como los asesinatos, guerras y revoluciones continúan, el relato de Caín y Abel sigue siendo válido y actual. Esto hace de él un *mito*, más aún, un mito de primer orden.

Otro tanto sucede con los relatos de la caída de Adán y Eva, el diluvio y el arca de Noé, la torre de Babel, etc. Son *mitos*, es decir, ante todo símbolos históricos que se refieren al *tiempo*, y no símbolos que expresan la unidad de los mundos en el *espacio* físico, metafísico y moral. La caída de Adán y Eva no revela un suceso correspondiente en el mundo divino, en el seno de la Santísima Trinidad. Tampoco descubre directamente la estructura original del mundo arquetípico. Es un acontecimiento particular de la historia de la humanidad terrena, cuyo alcance cesará con el fin de la historia humana; en una palabra, es un verdadero mito. Por otra parte, sería erróneo interpretar, supongamos, la visión de Ezequiel, la *merkabah*, como mito. La visión del carro celeste es una revelación simbólica del mundo arquetípico. Trátese aquí de un simbolismo tipológico –lo que muy bien comprendió el autor del *Zohar*, al considerar la visión de Ezequiel como símbolo central del conocimiento cósmico– según la regla de la analogía de que lo que está arriba es como lo que está abajo. El *Zohar* conoce bien esta regla. No sólo hace de ella un uso implícito, sino que la menciona explícitamente:

«Lo que está arriba es como lo que está abajo: como los días de arriba están llenos de la bendición del hombre (celeste), así los días de abajo están llenos de la bendición merced al hombre (el justo)»[10].

---

10. *Zohar, Waera* 25a.

La India tiene también su versión de esta máxima hermética. En el *Vishvasāra tāntra*, la fórmula se halla enunciada como sigue:

«Lo que está aquí está allá. Lo que no está aquí no está en ninguna parte»[11].

El uso de la analogía no se limita, con todo, a las ciencias proscritas —magia, astrología y alquimia— y a la mística especulativa. A decir verdad, es universal, pues ni la filosofía, ni la teología, ni tan siquiera las ciencias de la naturaleza pueden pasarse sin ella.

He aquí el papel que la analogía desempeña en la lógica, base de la filosofía y las ciencias:

1. El procedimiento de la *clasificación* de las cosas en razón de su semejanza, primer paso en la vía de la investigación por el método inductivo, presupone la *analogía* de los objetivos que han de clasificarse.

2. La analogía (el argumento por analogía) puede constituir la base de *hipótesis*. Así, la famosa hipótesis nebular de Laplace se debió a la analogía que observaba en la dirección del movimiento circular de los planetas alrededor del sol, del movimiento de los satélites alrededor de los planetas y de la rotación de los planetas alrededor de sus ejes. La analogía que se manifestaba en todos estos movimientos le permitió sacar la conclusión de que habían de tener un *origen* común.

3. John Maynard Keynes escribe: «El método científico tiene sobre todo por objeto descubrir los medios de elevar la analogía conocida hasta el punto en que podamos prescindir al máximo de los métodos de la inducción pura»[12].

Ahora bien, la inducción pura se basa en una simple enumeración; es esencialmente una conclusión fundada en datos estadísticos de carácter empírico. Así diríamos, por ejemplo: Juan es hombre y ha muerto, Pedro es hombre y ha muerto, Miguel es hombre y ha muerto..., luego el hombre es mortal. La fuerza de este argumento depende del número o *cantidad* de los hechos conocidos por experiencia. El método de la analogía, al contrario, añade a la cantidad el elemento *cualitativo*, que tiene un alcance intrínseco.

He aquí un ejemplo de argumento por analogía: Andrés está compuesto de materia, energía y conciencia. Como la materia no desaparece con su muerte, sino que sólo cambia de forma; como la energía no desaparece, sino que sólo modifica su tipo de actividad; así tampoco la conciencia de Andrés puede simplemente desaparecer, sino que

---
11. A. Avalon, *La puissance du serpent*, p. 56; ed. alem., *Die Schlangenkraft*, Berna-Munich-Viena ²1975, p. 21.
12. J.M. Keynes, *A treatise on probability*, p. 24; ed. alem., *Über Wahrscheinlichkeit*, Leipzig 1926, p. 206.

sólo debe cambiar de forma y modo o plano de actividad. Luego Andrés es *inmortal*.

Este argumento se basa en la fórmula de Hermes Trismegisto: Lo que está abajo (materia, energía) es como lo que está arriba (conciencia). Si, por tanto, existe una ley de conservación de la materia y energía (aunque la materia se transforme en energía y viceversa), necesariamente debe existir también una ley de conservación de la conciencia, o sea de la inmortalidad.

El ideal de la ciencia, según Keynes, es encontrar los medios para poder llevar la analogía *conocida* tan lejos que ello nos permita prescindir del método hipotético de la inducción pura, es decir, transformar el método científico en *analogía pura*, basada en una pura experiencia sin elementos hipotéticos como los que son inmanentes a la inducción pura. Gracias al método de la analogía la ciencia hace descubrimientos (procediendo de lo conocido a lo desconocido), formula hipótesis fecundas y persigue un fin metódico que la dirige. La analogía es su principio y fin, su alfa y omega.

Tocante a la filosofía especulativa y a la metafísica, la analogía asume en ellas el mismo papel. Todas las conclusiones metafísicas descansan únicamente en la analogía o correspondencia que existe entre el hombre, la naturaleza y el mundo inteligible o metafísico. Así, las dos máximas autoridades de la más metódica y disciplinada de las filosofías –la escolástica medieval–, santo Tomás de Aquino y san Buenaventura (representantes el uno del aristotelismo y el otro del platonismo en la filosofía cristiana), no sólo se sirven de la analogía, sino que le asignan un importantísimo papel teórico en sus doctrinas. Santo Tomás diserta sobre la *analogia entis*, la analogía del ser, que constituye la clave principal de su filosofía. San Buenaventura, en su doctrina *de signatura rerum*, interpreta la totalidad del mundo visible como símbolo del mundo invisible. A su juicio, el mundo visible no es más que otra Sagrada Escritura, otra revelación al lado de la contenida en la Sagrada Escritura propiamente dicha:

«Y así resulta evidente que todo el mundo es como un único espejo lleno de luces que reflejan la divina sabiduría, o como un carbón que emite luz»[13].

Ahora bien, tanto santo Tomás como san Buenaventura han sido solemnemente proclamados, primero por Sixto V en 1588 y luego por León XIII en 1879, «dos olivos y dos candelabros que resplandecen en la casa de Dios».

---

13. Buenaventura, *Collationes in Hexaemeron* II, 27; ed. bilingüe latino-cast. en *Obras de san Buenaventura* III, Ed. Católica (BAC 19), Madrid ³1957.

Ves pues, querido amigo desconocido, que podemos, tú como yo, declarar con la cabeza bien alta nuestra fe en la analogía y pregonar a los cuatro vientos la fórmula de la *Tabula smaragdina,* consagrada por la tradición, sin por ello parecer infieles a la filosofía, la ciencia y las doctrinas oficiales de la Iglesia. Podemos hacerlo con buena conciencia en calidad de filósofos, de científicos y de católicos. Nada se nos puede echar en cara desde estos tres puntos de vista.

Mas la confirmación de la analogía no se detiene ahí. El Maestro mismo la sancionó con el uso que de ella hizo. Lo demuestran tanto las parábolas como el argumento a fortiori al que recurría en su testimonio. Las parábolas, que son símbolos ad hoc, no tendrían sentido ni utilidad si no constituyeran enunciados de verdades analógicas expresadas en el lenguaje de la analogía y referidas a un significado analógico.

En cuanto al argumento a fortiori, todo su vigor reside en la analogía que le sirve de base. He aquí un ejemplo de este tipo de argumento empleado por el Maestro:

«¿Hay acaso alguno entre vosotros que al hijo que le pide pan le dé una piedra, o si le pide un pescado le dé una serpiente? Si, pues, vosotros, siendo malos, sabéis dar cosas buenas a vuestros hijos, *¡cuánto más* vuestro Padre que está en los cielos dará cosas buenas a quienes se las pidan!» (Mt 7,9-11).

Tenemos ahí la analogía de la paternidad terreno-humana y la paternidad celeste-divina, en la que se funda la validez del argumento a fortiori («¡cuánto más...!»), de la conclusión de una manifestación imperfecta a su prototipo ideal. Lo esencial es aquí la analogía entre el padre terreno y el Padre «que está en los cielos».

En este punto, un sentimiento de incomodidad podría surgir en el ánimo del lector concienzudo: muchos son, en efecto, los argumentos y autoridades citados *en apoyo* del método de la analogía, pero ¿qué decir de los argumentos *contra* ese método, de sus deficiencias y peligros?

Sin rodeos y con toda franqueza, hemos de reconocer que el método de la analogía ofrece no pocos aspectos negativos, peligros, errores e ilusiones graves. Ello le viene de estar enteramente fundado en la *experiencia* y de que cualquier experiencia superficial, incompleta o falsa da por fuerza lugar a conclusiones analógicas también superficiales, incompletas o falsas. Así, sirviéndose de telescopios poco potentes, los astrónomos del pasado vieron en Marte canales, líneas rectas continuas, de lo cual infirieron por analogía que esos canales debían ser artificiales y que, consiguientemente, habitaban el planeta seres civilizados. Más tarde, la observación más exacta gracias al perfeccionamiento de los telescopios ha demostrado que dichos canales no son continuos, sino que presentan interrupciones, ni tampoco rectilíneos como parecía al principio. En este caso el argumento por analogía pierde, pues, su valor, a causa de la experiencia errónea en que se basa.

Por lo que hace a las ciencias ocultas, Gérard van Rijnberk ha publicado una tabla de las correspondencias astrológicas del tarot según diversos autores. En ella la lámina VII, el Carro, corresponde, por ejemplo, al signo zodiacal de los Gemelos (según Etteila), del Sagitario (según Fomalhaut), de los Gemelos (según Shoral), del Sagitario (según un autor anónimo), al planeta Marte (según Basílides), al planeta Venus (según Volguine), al Sol (según Ely Star), al signo de la Balanza (según Snijders), al planeta Venus (según Muchery), al signo de Cáncer (según Crowley) y al signo de los Gemelos (según Kurtzahn)[14]. Aquí salta a la vista la relatividad de las correspondencias obtenidas por el método de la analogía.

Al contrario, la concordancia de correspondencias entre metales y planetas, lograda por el mismo método, se ha seguido manteniendo entre los autores antiguos, medievales y modernos. Los astrólogos griegos del siglo IV a. de C., prolongando la tradición babilónica en la que el oro correspondía al Sol y al dios Enlil, y la plata a la Luna y al dios Anu, aceptaban las correspondencias siguientes: oro-Sol, plata-Luna, plomo-Saturno, estaño-Júpiter, hierro-Marte, cobre-Venus, mercurio-Mercurio[15]. Estas correspondencias, admitidas también por los astrólogos y alquimistas de la edad media, lo son todavía hoy por todos los autores de ciencias ocultas y hermetismo (Rudolf Steiner y demás autores antropósofos inclusive)[16].

Me permito añadir, a propósito de la validez universal de esas correspondencias entre metales y planetas, que, en 44 años de estudios y experiencias en este campo, tampoco yo he tenido motivos para modificar ni en un ápice la citada tabla de correspondencias analógicas; antes bien he hallado numerosas pruebas, directas e indirectas, que confirman su autenticidad.

Debemos por tanto concluir que el *método de la analogía* no es infalible, pero puede facilitar el descubrimiento de verdades esenciales. Su eficacia y valor dependen de la amplitud y precisión de la experiencia en que se funda.

---

14. G. van Rijnberk, *Le tarot*, Lyón 1947, p. 203.
15. E.J. Holmyard, *Alchemy*, Pelican, Harmondsworth-Londres 1957, reimpr. 1968, p. 21.
16. Las mismas correspondencias se encuentran también en Papus, *Traité élémentaire de science occulte*, Dangles, Paris, reprod. integr. de la 7.ª edición, p. 145; ed. alem. (véase nota 5), p. 122.

Volvamos ahora al arcano el Mago. La concentración sin esfuerzo se halla expresada tanto en el conjunto de la lámina como en sus detalles y constituye el arcano práctico. La misma lámina expresa el método de la analogía, que representa el arcano teórico. Efectivamente, considerada en el plano intelectual, la práctica del método de la analogía corresponde en todo a la práctica de la concentración sin esfuerzo. Y esta práctica aparece realmente no como trabajo, sino más bien como juego.

A decir verdad, la práctica de la analogía en el plano intelectual no exige ningún esfuerzo: o se percibe, se ven, las correspondencias analógicas, o no se perciben ni se ven.

Así como el mago o malabarista debe ejercitarse y trabajar mucho tiempo hasta lograr la capacidad de concentración sin esfuerzo, así también el que utiliza el método de la analogía en el plano intelectual ha de acumular una larga experiencia y los conocimientos que ésta lleva consigo hasta ser capaz de ver o percibir directamente las correspondencias analógicas, es decir, hasta convertirse en un mago o malabarista que maneja la analogía de los seres y cosas sin esfuerzo, como jugando.

Esta facultad es parte esencial de la realización de la tarea intimada por el Maestro a sus discípulos: «En verdad os digo, quien no reciba el reino de Dios como un *niño* no entrará en él» (Mc 10,15).

El *niño* no trabaja sino que *juega*. Pero ¡qué serio, qué concentrado está cuando juega! Su atención se encuentra *todavía* entera e indivisa, mientras la atención de todo el que va acercándose al reino de Dios está *ya* entera e indivisa. En esto reside el arcano de la genialidad intelectual: en la visión de la unidad de los seres y cosas por la percepción inmediata de sus correspondencias, por una conciencia concentrada sin esfuerzo.

El Maestro no quiso que nos volviéramos pueriles; lo que ha querido es que alcancemos esa genialidad de la inteligencia y el corazón que es *análoga* —aunque no idéntica— a la actitud propia del niño, genialidad que solamente lleva cargas ligeras y sabe convertir en suave todo yugo.

El Mago representa al hombre que ha logrado la armonía y el equilibrio entre la espontaneidad de lo inconsciente (como lo entiende C.G. Jung) y la acción pretendida de lo consciente (en el sentido del yo consciente).

Su estado de conciencia es la *síntesis* de lo consciente y lo inconsciente, de la espontaneidad creadora y de la voluntaria actividad ejecutora. Es el estado de conciencia que la escuela psicológica de C.G. Jung llama «individuación» o «síntesis de lo consciente y lo inconsciente» (los dos elementos de la personalidad), o también «síntesis de sí mismo»[17].

Esta síntesis posibilita la concentración sin esfuerzo y la visión intelectual sin esfuerzo, que son los aspectos prácticos y teóricos de toda fecundidad en los terrenos tanto prácticos como intelectuales.

Friedrich Schiller parece haber tenido conocimiento de este arcano cuando exponía su doctrina de la síntesis entre la conciencia intelectual, que impone pesadas cargas –deberes y reglas– y la naturaleza espontánea del hombre en el «instinto del juego» (*Spieltrieb*). Lo verdadero y lo deseado deben, a su juicio, sintetizarse en lo bello, pues sólo en lo bello el *Spieltrieb* aligera la carga de lo verdadero o justo y eleva al mismo tiempo las tinieblas de las fuerzas instintivas al nivel de la luz de la conciencia[18]. En otras palabras, quien ve la belleza de lo que ha reconocido por verdadero no dejará de *amarlo* y, merced a este amor, el elemento de coacción desaparecerá en el deber prescrito por lo verdadero: el *deber* se convertirá en *afición*. Así es como el trabajo se transforma en juego y se hace posible la concentración sin esfuerzo.

Empero el *primer* arcano, el arcano de la *fecundidad* práctica y teórica, sin dejar de proclamar la eficacia del *juego serio* (todo el tarot lo es), contiene simultáneamente una grave advertencia: hay *juego* y juego, *mago* y mago. Por eso quien confunda la falta de concentración con la concentración sin esfuerzo y el flujo de simples asociaciones mentales con la visión sin esfuerzo de correspondencias análogas será necesariamente un *charlatán*.

El arcano del Mago es doble, tiene dos aspectos: por una parte nos sitúa en la vía que lleva a la *genialidad;* por otra, nos pone en guardia contra el peligro del sendero que conduce a la charlatanería.

A menudo, por desgracia, los maestros de ocultismo siguen ambas sendas a la vez y lo que enseñan contiene elementos geniales mezclados con elementos de charlatanería. Ojalá el primer arcano del tarot nos esté siempre presente como una especie de *guardián del umbral;* ojalá nos invite a franquear el umbral del trabajo y el esfuerzo para entrar en la acción sin esfuerzo y en el conocimiento sin esfuerzo, pero advirtiéndonos al propio tiempo que, cuanto más allá del umbral lleguemos, tanto más indispensables serán el trabajo, el esfuerzo y la experiencia a este lado del mismo umbral para alcanzar la auténtica verdad. Ojalá el Mago no diga y repita cada día:

---

17. C.G. Jung y K. Kerenyi, *Einführung in das Wesen der Mythologie*, Zurich ⁴1951, p. 125.
18. F. Schiller, *Briefe über die ästhetische Erziehung des Menschen*; ed. cast., *Cartas sobre la educación estética*, Aguilar Argentina, Buenos Aires 1980.

Percibir y saber, intentar y poder, son cosas diferentes. Hay espejismos arriba, como hay espejismos abajo; tú solamente *sabes* lo verificado por la concordancia de todas las formas de la experiencia en conjunto: experiencia de los sentidos, experiencia moral, experiencia psíquica, experiencia colectiva de otros buscadores de la verdad, experiencia, por último, de aquellos cuyo saber ha merecido el título de sabiduría y cuyo querer ha sido elevado a los honores de la santidad. La Academia y la Iglesia establecen condiciones metódicas y morales para todo el que desea avanzar. Cúmplelas estrictamente, antes y después de cada vuelo a esa región que está más allá del trabajo y el esfuerzo. Si lo haces, serás un sabio y un mago. Si no lo haces, ¡sólo serás un charlatán!

Apéndice a la carta I

Comentario histórico sobre la Tabula smaragdina

He aquí el texto latino de la *Tabula smaragdina*, conocido desde la época de san Alberto Magno:

*Versio Tabulae Smaragdinae Hermetis
Qualis ea vulgo Latino Idiomate e Phoenicio expressa circumfertur*

Verba secretorum Hermetis Trismegisti

1. *Verum, sine mendacio, certum et verissimum.*
2. *Quod est inferius, est sicut (id) quod est superius, et quod est superius, est sicut (id) quod est inferius, ad perpetranda miracula rei unius*[19].
3. *Et sicut omnes res fuerunt ab uno, meditatione*[20] *unius, sic omnes res natae fuerunt ab hac una re, adaptatione*[21].
4. *Pater eius est sol, mater eius luna; portavit illud ventus in ventre suo; nutrix eius terra est.*
5. *Pater omnis thelesmi totius mundi est hic.*
6. *Vis (virtus) eius integra est, si versa fuerit in terram.*
7. *Separabis terram ab igne, subtile a spisso, suaviter cum magno ingenio.*
8. *Ascendit a terra in coelum, iterumque descendit in terram, et recipit vim superiorum et inferiorum. Sic habebis gloriam totius mundi. Ideo fugiat (fugiet) a te omnis obscuritas.*
9. *Hic (haec) est totius fortitudinis fortitudo fortis: quia vincet omnem rem subtilem, omnemque solidam*[22] *penetrabit.*
10. *Sic mundus creatus est.*
11. *Hinc adaptationes erunt mirabiles, quarum est hic.*
12. *Itaque vocatus sum Hermes Trismegistos, habens tres partes philosophiae totius mundi.*
13. *Completum est quod dixi de operatione solis.*

---

[19]. Según K.Ch. Schmieder, *Geschichte der Alchemie*, Halle 1832, reimpr. Munich 1927, p. 30, se dan también las variantes *penetranda* y *praeparanda*.
[20]. Según un manuscrito árabe, descubierto más tarde, ha de leerse *mediatione*.
[21]. Otra variante, inexacta, es *adoptione*.
[22]. Otra variante: *et omne solidum*.

1. (He aquí) lo verdadero, sin mentira, lo cierto y veracísimo.
2. Lo que está abajo es como lo que está arriba, y lo que está arriba es como lo que está abajo, para realizar los milagros del uno.
3. Y como todas las cosas proceden del uno, por la meditación del uno, así todas las cosas nacieron de este uno, por adaptación.
4. Su padre es el sol, su madre la luna; el viento lo llevó en su seno, la tierra lo alimenta.
5. Aquí está el padre de toda voluntad radical del mundo entero.
6. Intacta queda su fuerza, una vez vuelta a la tierra.
7. Separarás la tierra del fuego, lo sutil de lo denso, con suavidad y gran destreza.
8. (La voluntad radical) sube de la tierra al cielo, y de nuevo desciende a la tierra, recibiendo la fuerza de lo superior e inferior. Así tendrás la gloria del mundo entero. Huya (huirá), pues, de ti toda oscuridad.
9. He aquí la vigorosa fuerza de la fuerza, que triunfará sobre todo lo sutil y penetrará todo lo sólido.
10. Así fue creado el mundo.
11. De ahí saldrán admirables hechuras, cuyo módulo está aquí.
12. Por eso me han llamado Hermes Trismegisto, por poseer las tres partes de la filosofía del mundo total.
13. Consumado está cuanto he dicho de la obra del sol.

(A propósito de los modos como se interpreta este texto a lo largo de las meditaciones que siguen, hemos de advertir que el autor recurre en ellas a distintas traducciones francesas.)

Como el texto que acabamos de citar no fue conocido en Occidente sino a partir de Alberto Magno (1193/1206-1280) y como en el transcurso de los siglos tampoco ha podido encontrarse ningún otro texto o manuscrito de fecha anterior, los historiadores de principios de la actual centuria pensaban que el propio Alberto Magno era el autor de la *Tabla de esmeralda*. Tenían ésta por un apócrifo no sólo desde el punto de vista de su autenticidad en cuanto obra de Hermes Trismegisto, sino también de su autenticidad intrínseca como escrito digno de ser incluido en el *Corpus Hermeticum* o colección de textos apócrifos de los primeros siglos de nuestra era atribuidos a un autor designado por el nombre (o seudónimo) de Hermes Trismegisto. De hecho, el texto de la *Tabla de esmeralda* no figura en la edición del *Corpus Hermeticum* considerada como la más completa: la de Walter Scott[23]. A este respecto, Scott escribe: «Gran cantidad de sandeces entran en la categoría de escritos sobre astrología, magia, alquimia y formas semejantes de seudociencia..., cuyo contenido se atribuye igualmente a Hermes Trismegisto»[24]. El criterio por el que se guía Scott para determinar si un escrito atribuido a Hermes Trismegisto debe incluirse o no en el *Corpus Hermeticum* es ver si el escrito en

---
[23]. W. Scott, *Hermetica*, en 4 vols., Oxford 1924. Lo mismo se aplica al *Corpus Hermeticum* traducido y editado por Nock y Festugière, Belles Lettres, París 1960.
[24]. W. Scott, *Hermetica*, t. 1, Introducción, p. 1.

cuestión trata de problemas religiosos y filosóficos o de puntos relativos a la *naturaleza* (de manera seudocientífica). Dicho de otro modo, los textos que tratan de cuestiones religiosas y filosóficas pertenecen al *Corpus Hermeticum*, mientras que los otros no merecen ser incorporados en esa colección. Sin embargo, el propio Hermes dice:

> «Tengo bien a la vista que varios de mis escritos están dirigidos a él (Amón) y también que *varios de mis tratados sobre la naturaleza...* han sido dirigidos a Thot»[25].

¿Cómo puede uno permitirse rechazar todos los escritos sobre la naturaleza y no tener por genuina sino la categoría de los «dirigidos a Amón», cuando se sabe que el autor de un texto (*Asclepius*) incluido como auténtico en el *Corpus Hermeticum* declara explícitamente ser también autor de otra categoría de escritos, a saber, los que tratan de la naturaleza?

En lo que toca a la *Tabla de esmeralda*, su parentesco de ideas con *Asclepius*[26] salta a la vista. Por ejemplo, escribe Hermes:

> «El aire entra en la tierra y en el agua, y el fuego entra en el aire. Solamente lo que tiende hacia arriba da vida, y lo que tiende hacia abajo le está subordinado. Además, todo lo que desciende de arriba es capaz de engendrar, y lo que sube, teniendo su origen abajo, es nutritivo. La tierra, única en conservar estable su propio puesto, recibe todo cuanto procrea y devuelve todo lo recibido.»

¿Por qué considerar más religiosas y filosóficas estas ideas que las de la *Tabla de esmeralda*? También esta última habla del movimiento de abajo hacia arriba y viceversa, así como de la *generación* por el padre Sol y la madre Luna y de la función *nutritiva* de la Tierra.

¿Quizá es debido a que ningún texto de la *Tabla de esmeralda* ha sido hallado antes del siglo XIII?

Las «Heidelberger Akten der Von-Portheim-Stiftung» IV, han publicado una obra de Julius Ruska, titulada *Tabula smaragdina*[27]. Este libro contiene la descripción que hace G. Bergsträsser de un manuscrito en lengua árabe. El manuscrito consta de 97 folios: 25 de ellos narran la historia de José; 40 constituyen un tratado de química en el que, a modo de resumen, figura el texto de la *Tabla de esmeralda* (en árabe, como la totalidad del manuscrito); los 32 restantes tratan de otras materias y, en particular, ofrecen informaciones sobre el calen-

---

25. Prólogo a *Asclepius* en W. Scott, o.c., t. 1, p. 287.
26. Ibid., t. 1, p. 289.
27. J. Ruska, *Tabula smaragdina. Ein Beitrag zur Geschichte der hermetischen Literatur*, Heidelberg 1926. Un ejemplar de este libro se encuentra en la biblioteca de la revista «Nederlandsch Tijdschrift voor Geneeskunde» (Revista Holandesa de Medicina), Amsterdam.

dario del profeta Daniel. El tratado de química fue escrito, según se piensa, por un sacerdote llamado Sagijus de Nabulus, y su contenido podría provenir del maestro Balinas el Sabio (nombre árabe de Apolonio de Tiana), que al parecer lo descubrió en un aposento subterráneo. He aquí la traducción del texto árabe de la *Tabla de esmeralda* tal como aparece en el manuscrito de G. Bergsträsser[28]:

> «Esto es lo que el sacerdote Sagijus de Nabulus dictó sobre su entrada (la de Balinas) en la cámara oscura:
>
> Después de entrar en la cámara donde se encontraba el talismán, llegué junto a un anciano sentado en un trono de oro, y en su mano tenía una tabla de esmeralda. Y sobre ella, escrito en sirio, la lengua primordial, se leía:
>
> 1. Aquí (está) la explicación verdadera, de la cual no pude dudarse.
> 2. Dice: Lo de arriba (procede) de lo de abajo, y lo de abajo (procede) de lo de arriba, obra de las maravillas del uno.
> 3. Por un solo procedimiento se han formado las cosas a partir de ese principio primero. ¡Cuán admirable es su obra! Él es la cabeza (el principio) del mundo y su conservador.
> 4. Su padre es el sol, y su madre la luna; el viento lo ha llevado en su seno, y la tierra lo ha nutrido.
> 5. (Él es) el padre de los talismanes y el custodio de los milagros.
> 6. Cuyas fuerzas son perfectas y cuyas luces están confirmadas (?).
> 7. Fuego que se hace tierra. Separarás la tierra del fuego, de modo que lo sutil se te adhiera más que lo espeso, con suavidad y sabiduría.
> 8. Sube de la tierra al cielo para apropiarse las luces de lo alto, y (de nuevo) desciende a la tierra, reuniendo en sí la fuerza de lo superior e inferior, porque consigo (tiene) la luz de las luces, de suerte que las tinieblas se alejan de él.
> 9. (Él es) la fuerza de las fuerzas, que triunfa sobre todo lo sutil y penetra todo lo sólido.
> 10. Según la estructura del gran mundo es la estructura del pequeño mundo.
> 11. Así proceden los sabios.
> 12. A eso también aspiró Hermes, que poseyó el triple don de sabiduría.
> 13. Y éste es su último libro, que él ocultó en la cámara.»

Julius Ruska no es, con todo, el único en haber descubierto el texto árabe de la *Tabla de esmeralda*. El autor de *La alquimia*[29] dice que él también encontró un texto abreviado de la *Tabla de esmeralda* en árabe. Este texto forma parte del *Segundo libro del elemento fundamental* de Jābir, o Geber (722-815). Antes de este hallazgo, que data de 1923, sólo se conocía el texto en latín medieval. Ulteriormente, otra variante en árabe fue descubierta por Ruska en un libro atribuido a Apolonio y titulado *El secreto de la creación*. El propio Jābir (o Geber), al presentar el texto de la *Tabla*, declara que cita a Apolonio. Ahora bien, Kraus ha demostrado que *El secreto de la creación*

---
28. Ibid., p. 113-114.
29. E.J. Holmyard, *Alchemy*, Harmondsworth-Londres 1957, reimpr. 1968.

fue escrito, al menos en su forma final, durante el califato de Al-Ma'-mun (813-833) y que ofrece gran semejanza con un libro redactado en la misma época por Job de Edesa, erudito cuyas traducciones del siriaco al árabe merecieron el elogio de un crítico tan severo como Hunain Ibn Ishaq. Es pues probable que, aun cuando Job no hubiera escrito *El secreto de la creación*, tanto él como el autor de ese tratado hayan recurrido a fuentes idénticas y más antiguas. Kraus prueba que una de estas fuentes eran los escritos de Nemesio, obispo de Emesa (hoy Homs), en Siria, allá por la segunda mitad del siglo IV. Nemesio escribía en griego, pero su libro *De la naturaleza del hombre* no contiene la *Tabla*.

En resumen, podemos concluir que la más antigua forma conocida de la *Tabula smaragdina*, el texto árabe, es probablemente una traducción del siriaco, que a su vez pudo basarse en un original griego. ¿Se remontaba este último a los tiempos de Apolonio? La respuesta constituye un problema insoluble[30].

El estado actual de las investigaciones históricas sobre la *Tabla de esmeralda* es, por tanto, el siguiente: *a)* los árabes la conocían ya en su idioma, como versión del siriaco, a principios del siglo IX; *b)* existen dos variantes en lengua árabe; *c)* nada se opone a la tradición árabe de que la *Tabla de esmeralda* hubiera sido traducida del siriaco, como tampoco a la que le atribuye la *Tabla* a Apolonio.

Podemos añadir que nada se opone, tampoco, a la tradición según la cual Apolonio encontró a su vez dicho texto de la manera descrita por el sacerdote Sagijus de Nabulus.

Sea lo que fuere, queda confirmado que la *Tabla* tiene un origen más antiguo de lo que se creyó hasta 1923. Por consiguiente, hay motivos bien fundados para revisar la opinión de que no merece ser incluida en el *Corpus Hermeticum*.

Por lo que a nosotros atañe, tenemos buenas razones –tanto subjetivas como objetivas– para pensar sin ningún género de duda que la *Tabla de esmeralda* es la única pieza absolutamente auténtica de todo el *Corpus Hermeticum*, y ello en el sentido de que su autor no es ni el tercer Hermes ni el segundo, sino el *primero*, es decir, el fundador de la tradición hermética como tal, cuyos eslabones principales (según Ficino, 1471) son, en este orden, Hermes Trismegisto, Orfeo, Pitágoras, Filolao (*Divi Platonis nostri praeceptor*), Platón, los neopitagóricos (Apolonio) y los neoplatónicos (Plotino).

---

30. Ibíd., p. 81 y 99.

Carta II

LA SACERDOTISA O PAPISA

El arcano de la gnosis

«La sabiduría edificó su casa, labró sus siete columnas» (Prov 9,1).

Querido amigo desconocido:

Como explicábamos en la carta precedente, el Mago es el arcano de la genialidad intelectual y cordial, el arcano de la *verdadera espontaneidad*. La concentración sin esfuerzo y la percepción de las correspondencias de acuerdo con la ley de la analogía son los principales corolarios de este arcano de la fecundidad espiritual, el arcano del *acto puro de inteligencia*.

Pero el acto puro es como el fuego o el viento: aparece y desaparece, y, una vez agotado, deja el puesto a otro acto.

«El viento sopla donde quiere, y oyes su voz, mas no sabes de dónde viene ni adónde va. Así es todo el que ha nacido del Espíritu» (Jn 3,8).

El acto puro es incognoscible de por sí; sólo su *reflexión* nos permite percibirlo, compararlo y entenderlo, es decir, nos hace conscientes de él. La reflexión del acto puro produce su representación interior; ésta será retenida por la memoria, la memoria se convertirá en fuente de lo comunicable mediante la palabra, y la palabra comunicable será fijada por medio de la escritura, lo que da origen al libro.

El segundo arcano, la Papisa, es el de la reflexión del acto puro del primer arcano hasta transformarse en libro. Nos enseña cómo el fuego y el viento se convierten en ciencia y libro, o, dicho de otra manera, «cómo la sabiduría edifica su casa».

Acabamos de indicar que sólo somos conscientes del acto puro de inteligencia merced a su reflexión. Nos hace falta un espejo interior para tener conciencia del acto puro, o sea para saber «de dónde viene y adónde va». El soplo del espíritu –o acto puro de inteligencia– es sin duda un acontecimiento, mas no basta por sí solo para que tengamos conciencia del mismo. La conciencia (*con-sciencia*) resulta de dos principios: el activo o actuante y el pasivo o reflectante. Para saber de dónde viene el soplo y adónde va, es necesaria el agua que lo refleja. Por eso la entrevista del Maestro con Nicodemo, a la que ya nos hemos referido anteriormente, enuncia la condición absoluta de la experiencia *consciente* del soplo divino... o reino de Dios:

«En verdad, en verdad te digo, quien no nazca de agua y Espíritu no puede entrar en el reino de Dios» (Jn 3,5).

«En verdad, en verdad...» El Maestro repite la palabra «verdad» en una fórmula mántrica (es decir, mágica) de la realidad de la conciencia. Enuncia así que la plena conciencia de la verdad resulta de la verdad insuflada y reflejada. La conciencia reintegrada en el puesto que le corresponde, la cual no es otra cosa que el reino de Dios, presupone dos renovaciones equivalentes al nacimiento en los dos elementos constitutivos de la misma: el espíritu activo y el agua reflectante. El espíritu debe transformarse en soplo divino en lugar de la arbitraria actividad personal, y el agua debe llegar a ser un espejo perfecto de ese soplo divino en vez de dejarse agitar por el tumulto de la imaginación, las pasiones y los deseos personales. La conciencia reintegrada debe nacer del agua y el espíritu, cuando el agua haya vuelto a ser virgen y el espíritu se haya convertido en soplo divino o Espíritu Santo. Esta conciencia nacerá, pues, en el seno del alma humana de manera análoga al nacimiento o a la encarnación histórica del Verbo:

«Y por obra del Espíritu Santo se encarnó de María, la Virgen.»

El re-nacimiento del agua y del Espíritu que el Maestro enseñó a Nicodemo es la reposición del estado de la conciencia no caída, donde el Espíritu era el soplo divino y donde este soplo se veía reflejado por la naturaleza virginal. He ahí el yoga cristiano. Su fin no es la «liberación radical» (*mukti*), a saber, el estado de conciencia sin soplo ni reflexión, sino más bien el de la reacción completa y perfecta a la acción divina: el bautismo de agua y el del Espíritu. Estas dos clases de bautismo obran la reintegración de los dos elementos constitutivos de la conciencia como tal: el elemento activo y el elemento pasivo. No hay *con-sciencia* sin ambos elementos, y la supresión de esta dualidad mediante cualquier método práctico inspirado por el ideal de la unidad (*advaita* = no dualidad) lleva necesariamente a la extinción no del ser, sino de la conciencia misma. Esto no sería entonces un nuevo nacimiento de la conciencia; sería más bien su *regreso* al estado prenatal de embrión cósmico.

He aquí, en cambio, el punto de vista de Plotino sobre la dualidad subyacente a toda forma y grado de conciencia, es decir, sobre el principio activo y su espejo:

> «Así como en tales casos, cuando hay un espejo, se produce la imagen, y cuando no hay espejo o no se halla éste en buen estado existe a pesar de todo en la realidad aquello de lo que podría surgir una imagen, así también sucede con el hombre: cuando la zona anímica donde se hacen visibles las imágenes del pensamiento y espíritu está en calma, aparecen estas imágenes y es como si se conocieran por percepción sensorial; entonces el conocimiento advierte de antemano que se trata de productos del intelecto y el pensamiento. Al contrario, cuando esa zona anímica queda destrozada por una perturbación de la estructura armónica del cuerpo, el pensamiento y el espíritu funcionan sin imagen, y el acto mental tiene lugar sin reflejarse»[1].

Tal es el concepto platónico de la conciencia. Si se profundiza en él, podría servir de introducción a la entrevista nocturna del Maestro con Nicodemo sobre la reintegración de la conciencia o la finalidad del yoga cristiano.

El yoga cristiano no aspira a la unidad sin más, sino a la *unidad de dos*. Es muy importante darse cuenta de la actitud adoptada por uno mismo frente al gravísimo problema de la unidad y la dualidad. Este problema, en efecto, puede abrirnos la puerta de acceso a los misterios genuinamente divinos, pero también puede cerrárnosla... quizá para siempre, ¿quién sabe? Todo depende de cómo se comprenda. Podemos optar por el monismo y decirnos que no hay ni puede haber más que una sola sustancia, un solo ser. O bien, apoyándonos en una

---
1. Plotino I, libro 4, cap. 10; trad. cast., *Enéada primera*, Aguilar, Madrid ²1960.

considerable experiencia histórica y personal, preferir el dualismo y admitir que hay dos principios en el mundo –el bien y el mal, el espíritu y la materia– y que, por incomprensible que sea en el fondo esta dualidad, es preciso aceptarla como un hecho indiscutible. Podemos todavía decidirnos por un tercer punto de vista: el del *amor* como principio cósmico que presupone la dualidad junto con el postulado de su unidad *no sustancial, pero sí esencial*.

Estas tres teorías constituyen respectivamente la base del vedānta (*advaita*) y del espinosismo (*monismo*), del maniqueísmo y de ciertas escuelas gnósticas (*dualismo*), y de la corriente judeocristiana (*amor*).

Para mayor claridad y precisión en lo que atañe a este problema y para más ahondar en él, partiremos de lo que escribe Louis-Claude de Saint-Martin acerca del número *dos* en su libro *Des nombres* (Sobre los números):

«Para mostrar cómo (los números) están vinculados en su base de actividad, comencemos por observar el proceso dinámico de la *unidad* y del número *dos*.

»Cuando contemplamos una verdad importante, por ejemplo la omnipotencia del Creador, su majestad, su amor, sus luces profundas u otro cualquiera de sus atributos, nos volcamos por completo en ese supremo modelo de todas las cosas; todas nuestras facultades se suspenden para llenarnos de él, y nos hacemos realmente uno con él. He ahí la imagen activa de la unidad, y el número *uno* es en nuestros labios la expresión de esa unidad o unión indivisible que, existiendo íntimamente entre todos los atributos de la unidad, existe también entre ella y todas sus criaturas.

»Pero si, después de volcar nuestras facultades contemplativas en esa fuente universal, dirigimos nuestros ojos a nosotros mismos y nos llenamos de nuestra propia contemplación, mirándonos como principio de las claridades o satisfacciones internas que dicha fuente nos ha procurado, desde ese mismo instante establecemos dos centros de contemplación, dos principios separados y rivales, dos bases desvinculadas entre sí; en suma, establecemos dos unidades, con la diferencia de que la una es real y la otra aparente»[2].

Y luego añade:

«Dividir el ser por medio es dividirlo en dos partes, hacer pasar lo entero a la cualidad de medio o mitad, lo que constituye el verdadero origen del binario ilegítimo...»[3]
«Este ejemplo basta para mostrarnos el nacimiento del número *dos*, para descubrirnos el origen del mal...»[4]

La dualidad implica, por tanto, el establecimiento de dos centros de contemplación, dos principios separados y rivales, el uno real y el

---

2. L.-Cl. de Saint-Martin, *Des nombres*, Paris 1861, párr. 1, p. 17s.
3. Ibid., p. 18.
4. Ibid., p. 19.

otro aparente; aquí radica el origen del mal, que no es sino el *binario ilegítimo*.

¿Es ésta la *única* interpretación posible de la dualidad, del binario, del número dos? ¿No existirá un *binario legítimo*, un binario que no signifique *disminución* de la unidad, sino más bien enriquecimiento cualitativo de la misma?

Volviendo al concepto de Saint-Martin de los «dos centros de contemplación» que son «dos principios separados y rivales», podemos preguntarnos si han de ser *necesariamente* así, separados y rivales. La expresión misma escogida por Saint-Martin, «con-templación», ¿no sugiere al contrario la idea de dos centros que contemplan a la vez, como lo harían dos ojos situados verticalmente uno encima del otro, los *dos* aspectos de la realidad, el aspecto fenoménico y el aspecto nouménico?, y ¿no son esos dos centros u ojos los que nos hacen –o pueden hacernos– conscientes de lo que está arriba y lo que está abajo? ¿Podríamos, por ejemplo, enunciar la fórmula principal de la *Tabula smaragdina* si sólo tuviéramos *un* ojo o centro de contemplación en lugar de *dos*?

En el *Sefer Yetsirah* (Libro de la Creación) leemos:

«*Dos* es el soplo que viene del Espíritu: en él están grabadas y esculpidas las veintidós letras, que empero forman un soplo único»[5].

Dicho de otro modo, *dos* es el soplo y su reflexión; es el origen del libro de la revelación constituido tanto por el mundo como por la Sagrada Escritura. *Dos* es el número de la conciencia (*con-sciencia*), del soplo y de sus letras grabadas y esculpidas. Es el número de la reintegración de la conciencia tal como el Maestro le enseñó a Nicodemo, mediante el agua virginal y el soplo del Espíritu Santo.

Dos es todo eso y más. No sólo el número *dos* no es necesariamente el binario ilegítimo descrito por Saint-Martin, sino que en muchos casos es el *número del amor* o la condición fundamental del amor que él presupone y exige. El amor, en efecto, es inconcebible sin el par constituido por el *amante* y el *amado*, sin el yo y el tú, sin el uno y el otro.

Si Dios sólo fuera uno y no hubiera creado el mundo, no sería el Dios revelado por el Maestro, el Dios de quien san Juan dice:

«Dios es amor, y quien permanece en el amor permanece en Dios, y Dios en él» (1Jn 4,16).

---

5. Iª parte, X.

No lo sería, porque no amaría a nadie salvo a sí mismo. Siendo esto imposible desde el punto de vista del Dios del amor, se le manifiesta a la conciencia humana como Trinidad eterna del Amante que ama, del Amado que ama y de su Amor que los ama: Padre, Hijo y Espíritu Santo.

¿No te sientes tú también algo incómodo, querido amigo desconocido, al encontrarte con una de esas fórmulas que enuncian los atributos superiores de las personas de la Santísima Trinidad, como «poder, sabiduría, amor» o «ser, conciencia, bienaventuranza» (*sat, cit, ānanda*)? Yo siempre he experimentado ese sentimiento en tales ocasiones, y sólo al cabo de muchos años he comprendido la causa. Precisamente porque Dios es *amor,* no admite ninguna comparación y lo supera todo: el poder, la sabiduría y hasta el ser. Nos es lícito, si lo deseamos, hablar del «poder del amor», la «sabiduría del amor» y la «vida del amor» para hacer una distinción entre las tres personas de la Santísima Trinidad, pero no cabe poner en el mismo plano el amor, por un lado, y por otro la sabiduría, el poder y el ser. Esto no es factible porque Dios *es* amor, y es el amor y sólo el amor el que por su presencia da valor al poder, a la sabiduría e incluso al ser. Pues el *ser* sin amor no tiene valor alguno; ser sin amar constituiría la más espantosa de las penas: ¡el infierno mismo!

Por consiguiente ¿supera el amor al ser? ¿Cómo dudarlo después de la revelación de esta verdad hace diecinueve siglos por el misterio del Gólgota? «Lo que está arriba es como lo que está abajo.» Y el sacrificio que, por amor, el Dios encarnado hizo de su vida y ser terrenos ¿no demuestra la superioridad del amor sobre el ser? Y la resurrección ¿no es la prueba del otro aspecto de la primacía del amor sobre el ser, de que el amor no sólo es superior al ser, sino que lo engendra y restablece?

El problema de la primacía del ser o del amor se remonta a la antigüedad. Platón lo evocaba así:

> «Dirás, creo yo, que el sol da a las cosas visibles no sólo la capacidad de ser vistas, sino también la génesis, el crecimiento y el sustento, sin tener que ser él mismo génesis... Confiesa, pues, que a su vez las cosas inteligibles reciben del bien no sólo su inteligibilidad, sino igualmente su ser y esencia, aun cuando el bien mismo no se identifique con el ser, sino que lo supera en dignidad y fuerza»[6].

Y siete siglos más tarde, el filósofo Salustio, amigo del emperador Juliano, escribiría:

---

6. Platón, *Politeia,* 509*b*; trad. cast., *La República,* Aguilar, Madrid ³1968.

«Si la causa primera fuese alma, todo sería animado; si fuese inteligencia, todo sería inteligente; si fuese ser, todo debería participar del ser. Ahora bien, como algunos se han percatado de que toda cosa participa del ser, han identificado el ser con la causa primera. Cierto que si los seres existentes fueran solamente seres y no fueran buenos, su afirmación podría ser verdad... Pero si los seres no existen sino a causa de la verdad y participan del bien, resulta necesario que el primer principio sea superior al ser y que sea bueno de por sí. He aquí la máxima prueba: Las almas generosas desprecian de hecho, por el bien, la persistencia en el ser, cuando deciden exponerse al peligro por su patria, sus amigos y la virtud»[7].

El primado del *bien* (siendo el bien la noción filosófica abstracta de la *realidad* del amor) respecto al ser forma también parte de las cuestiones tratadas por Plotino[8], así como por Proclo[9] y Dionisio Areopagita[10]. San Buenaventura[11] intentó conciliar esta primacía platónica del bien con la primacía mosaica del ser, *Ego sum qui sum* (Éx 3,14), afirmada primero por Juan Damasceno y luego por Tomás de Aquino. Este último declara que, entre todos los nombres divinos, hay uno eminentemente propio de Dios, a saber, *El que es,* por no significar otra cosa que el ser mismo. Étienne Gilson escribe, de acuerdo con santo Tomás, san Juan Damasceno y Moisés, que el ser es «el principio de una inagotable fecundidad metafísica», y añade:

«No hay más que *un* Dios, y este Dios es el Ser. He aquí la piedra angular de toda filosofía cristiana; y no la ha puesto Platón, ni tampoco Aristóteles, sino Moisés»[12].

¿Qué *alcance* tendrá, por tanto, que uno adopte la primacía del ser, o la del bien, o —según san Juan— la del amor?
La noción del *ser* es *neutral* desde el punto de vista de la vida moral. Para adquirirla no es necesaria ninguna experiencia de lo bueno y lo bello. Tan sólo la experiencia del reino mineral bastaría ya para llegar a la noción moralmente neutral del ser. El mineral, en efecto, *es.* Por eso la noción del ser es *objetiva:* exige, en el fondo, la *cosa* subyacente a todas las cosas, la sustancia permanente detrás de todos los fenómenos.
Te invito, querido amigo desconocido, a cerrar los ojos y darte cuenta exactamente de la imagen que acompaña este concepto en tu imaginación intelectual. ¿No te encuentras con la representación vaga de una sustancia sin color ni forma, muy semejante al agua del mar?

---

7. *Des dieux et du monde,* cap. V, trad. franc. del griego por Gabriel Rochefort.
8. *Enéada sexta* VII, 23, 24; trad. cast.: Aguilar, Madrid 1967.
9. *Theologia Platonis* II, 4.
10. *De divinis nominibus* IV, 1.
11. *In Hexaemeron* X, 10.
12. É. Gilson, *L'esprit de la philosophie médiévale,* cap. III, p. 51, Vrin, Paris 1948; trad. cast., *El espíritu de la filosofía medieval,* Rialp, Madrid 1981.

Mas sea cual fuere tu imagen subjetiva del ser como tal, la *noción* del ser es moralmente indiferente y, por ende, esencialmente *naturalista*. Implica algo *pasivo*, un *dato* o *hecho* inmutable. Al contrario, cuando evocas el amor, en el sentido que le da san Juan, o la idea platónica del bien, te enfrentas con algo que es *actividad* esencial y que no es ni mucho menos neutral respecto de la vida moral, sino su corazón mismo. La imagen que va con este concepto de puro actuar será la del fuego o el sol (Platón compara la idea del bien con el sol, y la luz de éste con la verdad), en vez de la imagen de un líquido indeterminado. Tales y Heraclito tuvieron esas dos distintas concepciones. El uno veía la esencia de las cosas en el *agua*, el otro en el *fuego*. Pero aquí, ante todo, la idea del *bien* y su culminación, el *amor*, se debe al concepto del mundo como proceso *moral*, mientras que la idea del ser y su cima, el *Dios que es*, viene de un concepto del mundo como hecho natural. La idea del bien (y el amor) es esencialmente *subjetiva*. No se puede llegar a concebirla sin haber tenido experiencia de la vida psíquica y espiritual, en tanto que la idea del ser, esencialmente *objetiva* como ya hemos dicho, sólo supone cierto grado de experiencia externa, por ejemplo la del reino mineral.

La consecuencia de la opción entre estas dos actitudes del alma, como yo las llamaría en lugar de puntos de vista, consiste sobre todo en que el carácter mismo de la experiencia práctica y mística que resulta de tal opción varía según lo que se escoja.

Quien escoja el ser aspirará al ser verdadero, y quien escoja el amor aspirará al amor. Ahora bien, sólo se encuentra lo que se busca. El buscador del ser verdadero llegará a la experiencia del *reposo* en el ser y, como no pueden existir *dos* seres verdaderos (el binario ilegítimo de Saint-Martin) o dos sustancias a la vez eternas y separadas, sino solamente *un* ser y *una* sustancia, se suprimirá el centro del falso ser, la *ahaṃkāra* de la existencia separada de una sustancia independiente del yo. El rasgo distintivo de esta vía mística es que *se pierde la capacidad de llorar*. Un discípulo adelantado del yoga y del vedānta tiene los ojos permanentemente secos, mientras los maestros de la cábala, según el *Zohar*, lloran mucho y a menudo. También la mística cristiana habla del «don de lágrimas» como dádiva preciosa de la gracia divina. El Maestro lloró ante el sepulcro de Lázaro. Así, la característica exterior de quienes escogen la otra vía mística, la del Dios del amor, es poseer el «don de lágrimas». Esto depende de la esencia misma de su experiencia mística. Su unión con lo divino no es absorción de su propio ser por el ser divino, sino experiencia del soplo del amor divino, de la iluminación por el amor divino y del calor del amor divino. Para el alma que recibe todo esto, la vivencia es tan maravillosa que... llora. En semejante experiencia mística el fuego se encuentra con el fuego. Nada entonces se apaga en la personalidad humana, sino, al contrario, todo en ella se inflama. Tal es la experiencia del binario legítimo o unión de dos *sustancias* separadas en la *esencia* única. Las sustancias continúan separadas para no sufrir la privación de lo que es más precioso en toda existencia: la alianza libre en el amor.

Acabo de decir dos sustancias y una esencia. Hay que comprender bien el sentido de estos dos términos, sustancia (*substantia*) y esencia (*essentia*), cuya distinción exacta casi ha desaparecido ya hoy. En otros tiempos, no obstante, estas dos expresiones denotaban dos órdenes diferentes no sólo de pensamiento e ideas, sino de existencia y aun de conciencia.

Platón distingue entre *einai* (ser) y *ousia* (esencia). «Ser» significa para él el hecho de la existencia como tal, mientras que «esencia» designa la existencia debida a las ideas.

>«Todo lo que tiene *existencia* tiene *esencia* por participar de las ideas, que son las esencias mismas. Así, pues, el término esencia no significa para nosotros la existencia abstracta, sino la realidad de la idea»[13].

«Esencia» (*essentia, ousia*) designa el acto positivo por el que el ser *es*. La cábala diría: el acto de *emanación* de la primera *sefirah, Keter,* (Corona), a la cual corresponde el nombre divino *'ehyeh* (= Yo soy), el acto del *'en-sof*, el Ilimitado.

>«...como si *esse* pudiera engendrar el participio de presente activo *essens*, de donde se derivaría *essentia*»[14].

Por tanto, el término *essentia* pertenece propiamente sólo a Dios, y todo el resto entra en la categoría de *substantiae* (sustancias), como lo declara, en calidad de platónico, el padre de la Iglesia san Agustín:

>«...es claro que a Dios se le da abusivamente el nombre de *sustancia* para, con una palabra más usual, denotar *esencia*. Este último es el término verdadero y propio, hasta el punto de que quizás a Dios *sólo* deba llamársele esencia»[15].

La distinción formalmente establecida entre la sustancia y la esencia, entre la realidad y la idealidad, entre el ser y el amor (o idea del

---

13. A. Fouillée, *La philosophie de Platon*, t. II, Paris 1888, p. 106.
14. É. Gilson, o.c., p. 62.
15. *De Trinitate*, VII, 5, 10; ed. bilingüe latino-cast. en *Obras de san Agustín* V, Ed. Católica (BAC 39), Madrid 1956, p. 484s.

bien), entre *El que es* y *'en-sof*, constituye también la clave del *Evangelio según Juan:*

> «A Dios nadie le ha visto jamás: el Hijo unigénito, que está en el seno del Padre, es quien lo ha dado a conocer» (Jn 1,18).

«A Dios nadie le ha *visto* jamás», es decir, nadie ha contemplado nunca a Dios cara a cara conservando su personalidad; porque ver significa percibir hallándose frente a lo que se percibe. Antes de Jesucristo hubo, sin duda, numerosos ejemplos de experiencia de Dios, ya de ser arrebatado por Dios (profetas), ya de verse inmerso en Dios (antiguos yoguis y místicos), ya, por último, de ver su revelación en su obra, el mundo (antiguos sabios y filósofos); pero nadie ha *visto* jamás a Dios mismo, pues ni la inspiración de los profetas, ni la inmersión en Dios de los místicos, ni la contemplación de Dios por los sabios en el espejo de la creación equivalen a la experiencia nueva de la «visión» (*visio*) de Dios: la «visión beatífica» de la teología cristiana. Esta visión, en efecto, se da en el plano de la *esencia* que trasciende toda sustancia; no se trata de una fusión, sino de un *encuentro* en el plano de la esencia, donde la personalidad humana (la conciencia del yo) queda no sólo indemne y sin trabas, sino que además llega a ser lo que es, se vuelve verdaderamente ella misma, tal como el pensamiento de Dios la concibió desde toda la eternidad. Las palabras de san Juan, entendidas de esta manera, hacen comprensibles las del Maestro en el mismo Evangelio:

> «Todos cuantos vinieron antes de mí son ladrones y salteadores» (Jn 10,8).

Hay un profundo misterio en esta frase. ¿Cómo entenderla al lado de otros numerosos dichos del Maestro relacionados con Moisés, David y los profetas, todos los cuales vivieron antes que él?

Trátase aquí no de robo o bandolerismo, sino del *principio de iniciación* antes y después de Jesucristo. Los maestros anteriores al advenimiento enseñaban la experiencia de Dios a expensas de la personalidad, que quedaba disminuida al ser arrebatada por Dios. *En este sentido,* el de la disminución o incremento del talento de oro confiado a la humanidad, de la personalidad, que es la imagen y semejanza de Dios (Goethe dice: *Das höchste Gut der Erdenkinder ist doch die Persönlichkeit*, «El tesoro supremo de los hijos de la tierra es ciertamente la personalidad»), los maestros anteriores a Cristo eran «ladrones y salteadores». A buen seguro daban testimonio de Dios, pero la vía práctica que los hacía testigos («mártires») de Dios y que ellos enseñaban era la de la *despersonalización*. La grandeza del *Bhagavāt*, del Buda, consistía en el grado supremo de despersonalización que había alcanzado. Los maestros del yoga son maestros de la despersonalización. Los filósofos antiguos que vivían como filósofos practicaban la despersonalización, en especial los estoicos.

Todos los que han escogido esa vía, la de la despersonalización, no pueden llorar y los ojos se les han secado para siempre; porque sólo la personalidad llora, sólo ella es capaz del don de lágrimas.

«Bienaventurados los que lloran, porque serán consolados» (Mt 5,4).

He aquí, pues, un aspecto (hay otro más profundo, del que no sé si podremos tratar en las cartas siguientes) según el cual la misteriosa frase relativa a los «ladrones y salteadores» puede convertirse en foco de radiosa luz.

El evangelio dice que quienes vivieron *antes* de Jesucristo (la palabra «antes» designa no sólo el tiempo, sino también el *grado* de iniciación) son ladrones y salteadores de la personalidad, puesto que han enseñado la despersonalización del ser humano. En cambio, dice también el Maestro:

«Yo he venido para que (las ovejas) tengan *vida*, y la tengan en abundancia» (Jn 10,10).

En otras palabras, el Maestro ha venido para hacer *aún más viva* su oveja querida y amenazada por toda clase de peligros. ¡La oveja es aquí la imagen de la personalidad! Esto parece inconcebible cuando uno se representa el ideal de la personalidad según Nietzsche, con su superhombre, o algunas grandes personalidades históricas como Alejandro Magno, Julio César, Napoleón..., u otras grandes personalidades modernas.

No, querido amigo desconocido, la *posesión* por la voluntad del poder o la voluntad de gloria no hace ni la personalidad ni su grandeza. La oveja en el lenguaje de amor del Maestro, no significa ni gran personalidad ni pequeña personalidad, sino simplemente el alma individual que vive y que él quiere ver vivir sin peligro con una vida tan intensa como aquella a la que Dios la ha destinado. La oveja es la entidad viviente y rodeada de peligros que constituye el objeto de la preocupación divina. ¿No basta esto? ¿Hay en ello poco esplendor o poca gloria? ¿Es esta imagen demasiado endeble para de ella derivar, por ejemplo, un mago que evoca los buenos y malos espíritus?

Una sola cosa debemos hacer notar aquí: el lenguaje del Maestro es el del amor, y no el de la psicología, la filosofía o la ciencia. El mago poderoso, el artista genial, el pensador profundo, el místico radiante..., todos estos hombres merecen los calificativos que les acompañan y quizá otros aún más excelsos, pero no por eso deslumbran a Dios. A los ojos de Dios, sólo son sus ovejas queridas que él desea no ver nunca descarriadas, sino llevando una vida que crezca sin cesar.

Antes de poner punto final a las reflexiones sobre el *problema del número dos*, el de los binarios legítimo e ilegítimo, quisiera rendir homenaje a Saint-Yves d'Alveydre que, con su apasionada intelectualidad, ha sabido plantearlo excelentemente. En su obra[16] hace resaltar la comparación entre el nombre divino completo *YHVH* (*yod-he-vav-he*) y el incompleto *HVH* (*he-vav-he*). En el primer caso se considera *yod*, la esencia, como sumo principio de la jerarquía; en el segundo, se le atribuye la primacía a *he*, la sustancia. Así nacen el espiritualismo y el naturalismo, con todas las consecuencias que acarrean en los terrenos religioso, filosófico, científico y social. Como fórmula, pues, el problema ha sido planteado con una perfección y exactitud admirables, lo que me parece justo señalar. Pero al mismo tiempo estoy obligado a decir que, por brillante y precisa que sea la presentación formal del problema, el contenido material que le da Saint-Yves deja mucho que desear. Entre otras cosas, declara que el principio de la intelectualidad pura es *yod*, y atribuye a *he-vav-he*, como contenido material, el principio del amor y el alma o principio apasionado, concediendo así la primacía a la intelectualidad como principio espiritual masculino y subordinándole el amor como principio anímico femenino.

¡El Maestro, no obstante, enseñaba que el *Padre* es *amor*! Si la intelectualidad constituye la reflexión –o luz– del principio ígneo del amor, no puede ser sino el principio femenino, la *sofía* o sabiduría que *ayudaba* al Creador a crear, según el Antiguo Testamento. La tradición gnóstica ve también en la sabiduría el principio femenino. La pura intelectualidad es amor que refleja el amor activo.

Que el hombre aparezca habitualmente como más intelectual que la mujer no significa que el intelecto sea un principio masculino. Muy al contrario, el hombre, físicamente masculino, es femenino desde el punto de vista anímico, mientras la mujer, físicamente femenina, es masculina (activa) en su alma. El intelecto es, por tanto, el aspecto femenino del alma, y la imaginación fecundadora su principio masculino. Un intelecto al que no fecunda la imaginación guiada por el

---

16. Saint-Yves d'Alveydre, *Mission des juifs*, París 1956.

corazón es estéril. Depende de los impulsos que recibe del corazón por medio de la imaginación.

En cuanto al tercer principio, el espíritu, no es ni intelecto ni imaginación, sino amor-sabiduría. *Fundamentalmente* tendría que ser andrógino, aun cuando no lo sea siempre en la práctica.

He aquí, pues, lo que me parecía necesario decir sobre el problema del binario y su alcance, toda vez que la solución de este problema es la clave del segundo arcano, la Papisa. Este arcano es, en efecto, el del binario subyacente a la conciencia, el de la creatividad espontánea y su reflexión; es el arcano de la transformación del acto puro en actualización, de la actualización en imagen de la memoria, de la imagen de la memoria en palabra, de la palabra en caracteres escritos o *libro*.

La Papisa lleva una tiara o triple corona y tiene en sus manos un libro abierto. La tiara está guarnecida de piedras preciosas, lo que sugiere la idea de que la cristalización del acto puro se efectúa en tres etapas, descendiendo a través de los tres planos superiores e invisibles hasta llegar a una cuarta etapa: el libro. Los problemas que el símbolo implica son: *reflexión, memoria, palabra y escritura*, o, en otros términos, *revelación y tradición* oral o escrita. Todo ello se resume en un solo concepto: *gnosis*[17].

Decimos bien *gnosis*, y en modo alguno *ciencia*, pues la gnosis es exactamente lo que expresa la lámina de la Papisa, tanto en conjunto como en sus detalles, a saber, el *descenso* de la revelación (el acto puro o esencia reflejada por la sustancia) hasta la etapa final o libro. La ciencia, al contrario, comienza por los hechos (los caracteres del libro de la naturaleza), de ahí asciende a las *leyes* y de las leyes a los *principios*. La gnosis es la reflexión de lo que está arriba; la ciencia, en cambio, es la interpretación de lo que está abajo. La *última* etapa de la gnosis es el mundo de los hechos, donde ella misma se convierte en *hecho*, o sea en libro; la *primera* etapa de la ciencia es el mundo de los hechos, que ella lee para llegar a las leyes y a los principios.

Como la lámina simboliza la gnosis, es decir, la mística hecha consciente de sí misma, no nos ofrece la imagen de un sabio o un doctor, sino la de una gran sacerdotisa o papisa, guardiana sagrada del libro de la revelación. Y puesto que la Papisa representa las etapas del descenso de la revelación desde el diminuto círculo superior de su tiara hasta el libro abierto sobre sus rodillas, su postura es conforme al papel que desempeña: está *sentada*. Ahora bien, estar sentado denota una relación entre la vertical y la horizontal, que corresponde a la

---

17. «La gnosis» es también el título con que Éliphas Lévi encabeza el segundo capítulo de su obra *Dogme et rituel de la haute magie* (Dogma y ritual de la alta magia), París 1854. Este capítulo trata del segundo arcano.

tarea de proyección hacia afuera (horizontal, libro) propia de la revelación descendente (vertical, tiara). Esta posición indica el *método práctico de la gnosis*, así como la postura en pie del Mago indica el método práctico de la mística. El Mago se atreve, *osa*, y por ello está de pie. La Papisa *sabe*; por eso está sentada. El cambio de *osar* en *saber* entraña un cambio de posición: la del Mago en la de la Papisa.

La esencia de la mística pura es la actividad creadora. Uno se vuelve místico cuando *osa* elevarse, es decir, mantenerse derecho, y luego *más* y más derecho, por encima de toda criatura hasta la esencia del ser, el divino fuego creador. La concentración sin esfuerzo es la ignición sin humo ni crepitación. Su parte humana es el acto de *osar* aspirar a la suma realidad, y este acto sólo es real y eficaz cuando el alma se halla serena y el cuerpo enteramente relajado: sin humo ni crepitación.

La esencia de la gnosis pura es la mística reflejada. En ella, lo que acontece en la mística se convierte en *saber*. La gnosis es la mística hecha consciente de sí misma; es la *experiencia* mística transformada en *saber*. Esta transformación se realiza por etapas. La primera es la reflexión pura o una especie de repetición imaginativa de la experiencia. La segunda etapa es su entrada en la memoria. La tercera, su asimilación por el pensamiento y el sentir hasta convertirse en mensaje o *palabra* interior. A la cuarta etapa, finalmente, se llega cuando esta palabra interior se transforma en símbolo comunicable, escritura o libro, es decir, cuando se *formula*.

La reflexión pura de la experiencia mística carece de imagen y de palabra. Es *movimiento* puro. La conciencia se mueve por contacto inmediato con lo que la trasciende, lo transubjetivo o suprapersonal. Esta experiencia es tan cierta como la que proporciona el sentido del *tacto* en el mundo físico y, como ella, sin forma, color ni sonido. Por eso es posible compararla con el sentido del tacto y designarla por el nombre de «tacto espiritual» o «intuición»[18].

Esta denominación no es del todo adecuada, pero al menos tiene la ventaja de expresar el carácter del *contacto inmediato* propio del primer grado de reflexión del acto místico. Aquí, experiencia mística y gnosis son todavía inseparables y constituyen una sola entidad.

Si queremos establecer la relación entre, por una parte, ese estado de conciencia y los tres estados que le siguen, y por otra el nombre sagrado *YHVH (yod-he-vav-he),* que es el resumen de la gnosis judía o cábala integral, no podemos menos de atribuir dicho estado de

---

18. Compárese con el concepto *Einfühlung* introducido por Edith Stein en su disertación *Das Problem der Einfühlung*, Halle 1917.

conciencia a la primera letra, *yod*. Esta letra se escribe como un punto con la tendencia a la indicada proyección, lo que corresponde admirablemente a la experiencia del tacto espiritual, que también es sólo un punto portador del germen de todo un mundo de potencialidades.

El tacto espiritual (o intuición) permite el contacto entre nuestra conciencia y el mundo de la pura experiencia mística. Gracias a él existe en el mundo y la historia de la humanidad una relación real entre el alma viva y el Dios vivo, lo cual constituye la religión vivida. La mística es fuente y raíz de toda religión. Sin ella, la religión y la vida espiritual de la humanidad no serían más que un código de leyes rectoras de la actuación y el pensamiento humanos. Si Dios representa para los hombres algo más que una noción abstracta, ello se debe al tacto espiritual o, lo que es lo mismo, la mística. Ésta es el germen de toda la vida religiosa con su teología, ritos y prácticas. La mística es también el germen de la gnosis, que se identifica con la teología esotérica como la magia se identifica con el arte esotérico y el ocultismo o hermetismo con la filosofía esotérica.

Así, la mística es la *yod* del Tetragrámaton como la gnosis es su primera *he*, la magia la *vav* –o «hija» de la mística y la gnosis– y la filosofía hermética su segunda *he*, al final, o el resumen de lo manifestado. La última *he* o filosofía hermética es el libro que la Papisa tiene sobre sus rodillas, mientras las tres coronas que forman la tiara figuran los grados del descenso de la revelación desde el plano místico al plano gnóstico, de éste al mágico y del mágico al filosófico: el del libro de la doctrina.

De la misma manera que el tacto espiritual es el sentido místico, así también hay un sentido gnóstico, un sentido mágico y un especial sentido filosófico-hermético. La conciencia completa del nombre sagrado *YHVH* no puede alcanzarse sino por la experiencia conjunta de los cuatro sentidos y la práctica de cuatro distintos métodos. En efecto, la tesis básica de la epistemología (o gnoseología) hermética es que cada objeto de conocimiento exige un método de conocimiento que le sea propio. Esta tesis o regla significa que no debe aplicarse nunca el mismo método de conocimiento a distintos planos, ni tampoco a distintos objetos pertenecientes al mismo plano. Un flagrante ejemplo de la ignorancia de esta ley es la psicología cibernética, que pretende explicar el hombre y su vida psíquica por leyes mecánicas, materiales.

Todo método de experiencia y conocimiento, llevado a su extremo, se convierte él mismo en un sentido o engendra un sentido especial. Quien ose aspirar a la experiencia de la propia esencia del ser desarrollará el sentido místico o tacto espiritual. Si quiere no sólo *vivir*, sino también llegar a *comprender* lo que vive, desarrollará el sentido gnóstico. Y si desea poner en práctica lo que ha comprendido de la experiencia mística, desarrollará el sentido mágico. Por último, si quiere que todo lo que ha vivido, comprendido y practicado no quede circunscrito a él mismo y a su tiempo, sino que se vuelva comunicable y sea transmitido a las generaciones futuras, tendrá que desarrollar el sentido filosófico-hermético y, practicándolo, escribirá su libro.

Tal es la ley que expresa el *yod-he-vav-he* sobre el proceso de metamorfosis de la experiencia mística en tradición; tal es la ley del *nacimiento* de las tradiciones. La fuente de éstas es la experiencia mística: no se puede ser ni gnóstico, ni mago, ni filósofo hermético (u ocultista) sin ser místico. La tradición sólo es viva cuando constituye un *organismo completo*, cuando resulta de la unión de mística, gnosis, magia y filosofía hermética. Si esto no sucede, *se descompone y muere*. La muerte de la tradición se manifiesta en la degeneración de sus elementos constitutivos al haberse separado unos de otros. Entonces la filosofía hermética, disociada de la magia, gnosis y mística, se transforma en un sistema parasitario de pensamiento autónomo que es, a decir verdad, un auténtico complejo psicopatológico, pues hechiza o subyuga la conciencia humana y la priva de su libertad. El hombre que ha tenido la desgracia de caer víctima del hechizo de un sistema filosófico (¡y los maleficios de los brujos son meras bagatelas al lado de ese género de hechizo!) no puede ya ver ni el mundo ni los hombres ni los acontecimientos históricos tal como son; únicamente los ve a través del prisma deformador del sistema que le obsesiona. Así, un *marxista* de nuestros días es *incapaz* de ver en la historia de la humanidad otra cosa que la lucha de clases. A su juicio, lo que acabo de decir de la mística, la gnosis, la magia y la filosofía será sólo una añagaza más de la clase burguesa para disimular con una bruma mística e idealista la realidad de la explotación del proletariado por la burguesía... ¡cuando de hecho yo nada he heredado de mis padres y he tenido que ganarme la vida con un trabajo que los propios marxistas consideran legítimo! Otro ejemplo contemporáneo de obnubilación por un sistema es el freudismo. Un hombre ofuscado por este sistema no verá en todo lo que he escrito sino la expresión de la libido reprimida, que de esa manera busca y encuentra escapes. Por consiguiente ¡la insatisfacción sexual es la que ha debido estimular mi interés por el tarot y llevarme a tratar de él en estas páginas!

¿Hacen falta más ejemplos? ¿Tendremos aún que citar a los hegelianos con sus distorsiones de la historia de la humanidad, a los realistas escolásticos del medievo con la inquisición, a los racionalistas del siglo XVIII cegados por la luz de su propia razón autónoma?

Sí, los sistemas filosóficos autónomos, desgajados del cuerpo vivo de la tradición, son formaciones parasitarias que acaparan el pensamiento, el sentir y la voluntad del hombre y desempeñan, de hecho, un papel comparable al de los complejos psicopatológicos de la neurosis u otras enfermedades psíquicas de índole obsesiva. Su análogo físico es el cáncer.

En cuanto a la magia autónoma, sin mística ni gnosis, necesariamente degenera en hechicería, o al menos en un esteticismo romántico-patológico. No existe la magia negra, sino magos que andan a tientas en las tinieblas. Y andan a tientas porque les falta la luz de la gnosis y de la mística.

Una gnosis sin experiencia mística es la esterilidad misma. Es un mero fantasma religioso sin vida ni movimiento. Es el cadáver de la religión, animado intelectualmente por las migajas caídas de la mesa de la historia pretérita de la humanidad. ¡Una Iglesia gnóstica universal! ¡Dios mío! ¿Qué puede decirse, qué hay que decir de esto, cuando se tiene un conocimiento siquiera rudimentario de las leyes de la vida espiritual que rigen toda tradición?

Pasemos a la mística que no ha dado origen a la gnosis, la magia y la filosofía hermética. Semejante mística degenerará, tarde o temprano, en goce espiritual o embriaguez. El místico que sólo anhela la experiencia de los estados místicos sin comprenderla, sin sacar de ella conclusiones prácticas para la vida ni querer ser útil a los demás, que se olvida de todo y de todos para disfrutar únicamente de dicha experiencia, puede compararse a un beodo espiritual.

Así, pues, la tradición –como cualquier otro organismo vivo– sólo puede vivir si es un organismo completo: místico-gnóstico de alcance mágico, que se manifiesta externamente como filosofía hermética. Esto significa, ni más ni menos, que una tradición no puede vivir si el *hombre entero* no vive de ella, en ella y para ella. El hombre entero, en efecto, es a la vez místico, gnóstico, mago y filósofo o, en otras palabras, religioso, contemplativo, artista e inteligente. Todos y cada uno *creemos* en algo, *comprendemos* algo, *podemos* algo y *pensamos* en algo. La naturaleza humana determina si una tradición vivirá o perecerá; ella es también la única capaz de dar origen a la tradición completa y conservarla viva, pues los cuatro sentidos –místico, gnóstico, mágico y filosófico– existen en cada ser humano, en potencia o en acto.

La enseñanza práctica del segundo arcano, la Papisa, se refiere al desarrollo del sentido gnóstico.

¿Qué es el *sentido gnóstico*? No es otra cosa que el *sentido contemplativo:* una contemplación, precedida de una meditación concentrada, que comienza en el momento mismo en que se suspende el pensamiento discursivo y lógico. El pensamiento discursivo queda satisfecho en cuanto llega a una *conclusión* bien fundada, la cual es el *punto de partida* de la contemplación. Ésta sondea la *profundidad* de la conclusión a la que el pensamiento discursivo acaba de llegar. La contemplación descubre un mundo *en el interior* de lo que el pensamiento discursivo hace simplemente constar como verdadero. El sentido gnóstico empieza a obrar tan pronto como entra en juego una nueva dimensión en el acto del conocimiento, a saber, la *profundidad*. Se vuelve activo cuando se trata de algo más profundo que la mera cuestión: ¿verdadero o falso? Percibe además el *alcance* de la verdad descubierta por el pensamiento discursivo y también por qué esta verdad es verdadera en sí misma, es decir, llega hasta la fuente mística o esencial de tal verdad. ¿Cómo llega hasta ahí? *Escuchando* en silencio. Es como si se quisiera recordar una cosa olvidada.

La conciencia escucha en silencio como uno escucha internamente para extraer de la noche del olvido algo que conoció antes. Pero hay una diferencia capital entre el silencio que escucha propio de la contemplación y el silencio procedente del esfuerzo por recordar. En este segundo caso interviene la *horizontal* del tiempo –pasado y presente–, mientras que el primer silencio se refiere a la *vertical*, a lo que está arriba y lo que está abajo. Al recordar, uno crea en sí mismo un espejo interior para reflejar el pasado; cuando se escucha en silencio, en el estado de contemplación, se transforma también la propia conciencia en espejo, pero este espejo tiene por misión reflejar lo que está arriba. Es el acto de recordar en la *vertical*.

Existen, en realidad, dos clases de memoria: la memoria horizontal, que hace presente el pasado, y la memoria vertical, que hace presente abajo lo que está arriba; o bien –según nuestra distinción entre las dos categorías de simbolismo definidas en la primera carta– la memoria mitológica y la memoria tipológica.

Henri Bergson está enteramente en lo cierto cuando, a propósito de la memoria horizontal o mitológica, escribe:

> «La verdad es que la memoria no consiste en una regresión del presente al pasado, sino al contrario en un progreso del pasado al presente.»

Y más adelante:

> «... el puro recuerdo es una manifestación espiritual. Con la memoria nos encontramos verdaderamente en los dominios del espíritu»[19].

El pasado, pues, viene a nosotros en el recuerdo, y por eso el acto de recordar va precedido de un estado de vacío silencioso que asume el papel de espejo donde el pasado puede reflejarse; o también:

«El estado cerebral continúa el recuerdo; le da poder sobre el presente por la materialidad que le confiere»[20].

Otro tanto puede decirse de la memoria vertical o tipológica. Platón está igualmente en lo cierto al escribir, acerca de la memoria del yo trascendente capaz de conferir la reminiscencia al yo empírico, lo que sigue:

«Puesto que el alma es inmortal y ha nacido muchas veces, habiendo visto cuanto ocurre aquí y en los infiernos, nada hay que no haya aprendido... Buscar y aprender no es, por tanto, otra cosa que recordar»[21].

Aquí también lo que está arriba, en la esfera del yo trascendente, desciende al plano del yo empírico, cuando éste crea en sí mismo el vacío silencioso que sirve de espejo a la revelación de lo alto.

¿Qué hay que hacer, por consiguiente, para que el reflejo de lo que está arriba o en la esfera mística descienda aquí abajo, a la esfera de la conciencia en estado de vigilia? Hay que sentarse, es decir, provocar un estado de conciencia activo-pasivo o estado del alma que *escucha* atentamente en silencio. Hay que ser mujer, permaneciendo en el estado de espera silenciosa y no en el de actividad que habla.

Es preciso cubrir con un velo los planos intermedios entre el plano cuyo reflejo se espera y el plano del estado de vigilia donde ese reflejo se actualizará. Hay que cubrirse la cabeza con una tiara, una triple corona, o sea ocuparse de un problema o cuestión tan grave que se extienda a los tres mundos y aun más allá. Hay que tener los ojos puestos en el libro abierto sobre las rodillas, es decir, acometer la operación «psicúrgica» completa a fin de objetivar su resultado, a fin de «continuar el libro de la tradición», de añadirle algo.

Todas estas reglas prácticas de la gnosis se encuentran claramente indicadas en la lámina que representa a la Papisa: es una *mujer;* está *sentada;* lleva una *tiara* o *triple corona;* un *velo* suspendido por encima de su cabeza oculta los planos intermedios que ella no quiere percibir; contempla un *libro abierto* sobre sus rodillas.

---
19. H. Bergson, *Matière et mémoire*, Presses Universitaires de France, Paris 1946, p. 269; trad. cast., *Materia y memoria*, Aguilar, Madrid 1963.
20. Ibíd., p. 270s.
21. Platón, *Menón*, 81c, d; trad. cast.: Instituto de estudios políticos, Madrid ²1970.

El sentido gnóstico es, pues, el oído espiritual, como el sentido místico es el tacto espiritual. Esto no significa que el sentido gnóstico perciba sonidos, sino sólo que sus percepciones se deben a una actitud de conciencia correspondiente a la *espera y atención en la escucha* y que el contacto entre el perceptor y lo percibido no es tan inmediato como en el tacto espiritual o experiencia mística.

Quedan aún por caracterizar los otros dos sentidos antes mencionados, a saber, el sentido mágico y el sentido filosófico-hermético.

El sentido mágico es el de la *proyección,* mientras que el sentido filosófico-hermético es el de la *síntesis.* Proyección equivale al acto de poner fuera, seguido del desprenderse de los contenidos de la vida interior, operación semejante a lo que sucede con la creación artística en el plano psíquico y con el parto en el plano físico.

El talento del artista consiste en que puede objetivar o proyectar fuera de sí mismo sus ideas y sentimientos logrando así sobre los demás un efecto más profundo que el de la expresión de esas ideas y sentimientos por alguien que no es artista. La obra de arte tiene vida propia. Tal sucede con la mujer que da a luz un niño, un ser dotado de vida propia que se separa de su organismo para comenzar una existencia independiente. También el sentido mágico reside en la facultad de proyectar hacia afuera los contenidos de la vida interior, que continúan dotados de vida propia. *Magia, arte y concepción* son esencialmente análogos y pertenecen a la misma categoría de proyecciones o exteriorizaciones de la vida interior. El dogma eclesial de la *creación del mundo ex nihilo,* o sea la proyección «desde la nada», tanto de las formas como de la materia confiriéndoles vida propia, representa la culminación divina y cósmica de esta serie de analogías. La doctrina de la *creatio ex nihilo* es la apoteosis de la magia. Su enunciado esencial es, de hecho, que el *mundo* constituye un *acto mágico.*

Por el contrario, las doctrinas panteísta, emanacionista y demiúrgica privan a la creación de su sentido mágico. El panteísmo niega la existencia independiente de las criaturas: éstas no viven sino como fracciones de la vida divina, y el mundo no es más que el cuerpo de Dios. El emanacionismo atribuye a las criaturas y al mundo solamente una existencia pasajera y, por ende, efímera. El demiurgismo declara: *Ex nihilo nihil,* «Nada puede surgir de la nada»; enseña que debe existir una *sustancia* coeterna con Dios, que éste emplea como *material* para su obra de artesanía. Dios no es por tanto el Creador o autor mágico del mundo, sino sólo su artesano. Únicamente forma, reagrupa y combina los elementos materiales que le han sido dados.

No se trata aquí de considerar la doctrina de la creación desde la nada como la *sola* explicación del mundo que encontramos a nuestro alrededor, en nosotros y encima de nosotros. El mundo es vasto y grande, en él hay sitio sobrado y existen planos para todas las modalidades de actividad constructiva que, vistas en conjunto, explican el mundo de nuestra experiencia tal como es. ¿De qué se trata entonces? De afirmar con la mayor claridad posible la tesis de que la doctrina de la creación *ex nihilo* es, en realidad, la expresión más acabada que uno pueda imaginarse de la *magia,* a saber, la de la magia divina y cósmica.

Pero si me preguntas, querido amigo desconocido, si creo que la creación del mundo es exclusivamente un acto mágico, sin nada que lo preceda o venga después de él, te responderé: no, no lo creo. Un acto *místico* y un acto *gnóstico* preceden en eternidad a la creación como acto *mágico*; y a éste le sigue la actividad de la formación por el demiurgo o las jerarquías demiúrgicas que se encargan de la obra artesana, obra que es esencialmente la de la inteligencia ejecutora o *hermético-filosófica*.

La cábala clásica nos proporciona un maravilloso ejemplo de *paz* posible entre estas doctrinas aparentemente rivales. En su doctrina de las diez *sefirot,* enseña primeramente el misterio de la *mística* eterna: *'en-sof,* el Ilimitado. A continuación expone la doctrina *gnóstica* de las emanaciones eternas en el seno de la divinidad, que preceden –*in ordine cognoscendi*– al acto de la creación, la cual es un acto consciente y no impulsivo o instintivo. Luego habla de la creación pura o creación *ex nihilo,* el acto de la proyección mágica de las ideas desde el plano de la creación al de las *sefirot.* Este acto mágico-creador va seguido –siempre *in ordine cognoscendi*– de la actividad de *formación* en la que participan los seres de las jerarquías espirituales, incluidos los hombres.

De esta manera, pues, según la cábala, el mundo pasa a ser un hecho, y el mundo de los hechos o actos, que nosotros conocemos por experiencia, se convierte en lo que es.

Ahora bien, el *'olam ha'asiah* o «mundo de los hechos» va precedido por el *'olam hayetsirah,* el «mundo de la formación» o mundo demiúrgico; éste es el producto del *'olam haberi'ah,* «mundo de la creación» o mundo mágico, que a su vez es la realización del *'olam ha'atsilut,* el «mundo de las emanaciones» o mundo gnóstico no separado e inseparable de Dios que, en su esencia propia, es el misterio de la mística suprema: *'en-sof,* el Ilimitado.

Es por tanto posible –y nosotros no abrigamos duda alguna al respecto– conciliar las diversas doctrinas acerca de la creación: basta con poner cada una de ellas en su lugar o, dicho de otro modo, aplicarlas respectivamente al plano que les es propio. La cábala, con su doctrina de las *sefirot*, nos brinda una prueba admirable de lo que decimos.

El panteísmo es verdad en lo relativo al *'olam ha' atsilut* (mundo de las emanaciones), donde no hay más que ideas en Dios, inseparables de él; pero el teísmo es verdad tan pronto como se abandona la esfera de lo eterno para pasar a la creación, entendida como creación de los antepasados o arquetipos de los fenómenos que conocemos por nuestra experiencia. Y el demiurgismo es verdad cuando contemplamos el mundo o plano de la formación, de la evolución de los seres para hacerse conformes con sus prototipos creados.

Sin embargo, prescindiendo de los mundos o planos de la formación, creación, emanación y esencia místico-divina, uno puede limitarse al solo plano de los hechos. Entonces también el naturalismo es verdad considerado aisladamente, dentro de los confines de ese plano.

El establecimiento del orden jerárquico de estas doctrinas en apariencia contradictorias sobre la creación nos ha llevado al centro del campo de actividad del sentido filosófico-hermético o sentido de la síntesis. Este sentido, que corresponde a la segunda *he* del nombre divino *YHVH*, es esencialmente el del resumen final o visión del *todo*. Difiere del sentido gnóstico, que corresponde a la primera *he* del nombre divino, en que resume o da la síntesis del *todo articulado*, mientras que el sentido gnóstico posibilita la reflexión del *todo en germen*.

El sentido gnóstico produce la *primera síntesis*, o sea la síntesis *antes* del análisis. El sentido filosófico-hermético, en cambio, realiza la *segunda síntesis*, la síntesis *después* del análisis. El trabajo efectuado por medio de este sentido no es enteramente creador. Es más bien demiúrgico, un trabajo de artesanía donde se estructura un material determinado para darle su forma definitiva.

Puesto que en la *Tabla de esmeralda* se encuentran las fórmulas que resumen «las tres partes de la filosofía del mundo total» (*tres partes philosophiae totius mundi*) y como éstas, al mismo tiempo, resumen los tres mundos, el de la experiencia mágica, el de la revelación gnóstica y el de la experiencia mística, hemos dado a ese último sentido el nombre de sentido filosófico-hermético, es decir, el de la síntesis de los tres mundos o planos superiores en un cuarto mundo o plano. Es el sentido de una síntesis hermética, síntesis que actúa en la *vertical* de los planos superpuestos. El hermetismo, en efecto, es esencialmente la filosofía basada en la magia, la gnosis y la mística, que aspira a la síntesis de los diversos planos del macrocosmo y el microcosmo. Cuando se resumen los hechos de un solo plano –por ejemplo los de la biología–, se emplea el sentido científico y no el sentido filosófico-hermético. El sentido científico, generalmente conocido y admitido, resume los hechos de experiencia *en un solo plano*, en la horizontal. El hermetismo no es una ciencia ni lo será nunca. Podrá *servirse* de las ciencias y sus resultados, mas no por eso llegará a ser él mismo una ciencia.

La filosofía contemporánea no hermética resume las ciencias particulares con el fin de asumir la función de ciencia de las ciencias, en lo cual se parece al hermetismo. Pero en esto precisamente difiere también de él, pues el hermetismo aspira a resumir la experiencia en todos los planos y varía según el plano en que la experiencia tiene lugar. He ahí por qué hemos escogido el término filosófico-hermético para designar el cuarto sentido o sentido de la síntesis.

Huelga decir que la caracterización de los cuatro sentidos, cuya labor conjunta es necesaria para que una tradición se mantenga viva y no degenere, sólo ha sido aquí esbozada, y de manera muy incompleta. No obstante, los dos arcanos que siguen –la Emperatriz y el Emperador–, se prestan a dar más profundidad y contenido concreto a lo que acabamos de exponer acerca del sentido mágico y, sobre todo, del sentido filosófico-hermético.

Efectivamente, el tercer arcano del tarot, la Emperatriz, es el *arcano de la magia*, y el cuarto arcano, el Emperador, es el de la *filosofía hermética*.

Carta III

LA EMPERATRIZ

El arcano de la magia

«He aquí la esclava del señor; hágase en mí según tu palabra» (Lc 1,38).

Querido amigo desconocido:

El tercer arcano, la Emperatriz, es el de la magia sagrada. Hay tres clases de magia:
— La magia donde el mago es instrumento del poder divino: magia sagrada.
— La magia donde el mago mismo es fuente de la operación mágica: magia personal.
— La magia donde el mago es instrumento de las fuerzas elementales u otras del inconsciente: magia perversa o brujería.

La enseñanza del tercer arcano –dada la contextura de la lámina y su lugar entre los arcanos segundo y cuarto– se refiere a la *magia sagrada* o *divina*.

Toda magia, incluida la brujería, es la aplicación de la regla según la cual lo sutil prevalece sobre lo denso, la fuerza sobre la materia, la conciencia sobre la fuerza y lo supraconsciente o divino sobre la conciencia. La Emperatriz simboliza este último dominio. Su corona, cetro y escudo son los tres instrumentos del ejercicio de ese poder de lo divino sobre la conciencia: el brazo derecho (desde el punto de vista del observador), que sostiene el cetro en cuyo extremo está el globo de oro rematado por la cruz, representa el poder de la conciencia sobre la fuerza; el brazo izquierdo, que soporta el escudo con el águila, significa el poder de la energía sobre la masa o de lo volátil sobre lo pesado. La corona es la *autorización* divina para la magia. Sólo la magia coronada desde lo alto no es usurpadora. La corona le confiere legitimidad.

El cetro denota el *poder mágico*. Gracias a él, la Emperatriz no es impotente. El escudo, sobre el que figura el águila, representa la finalidad del poder mágico; es su blasón y divisa, que reza así: «Liberarse para ascender.»

El firme sitial donde se halla sentada la Emperatriz simboliza el puesto indiscutible e inalienable que pertenece a la magia en la vida espiritual, psíquica y natural gracias a la autorización divina (la corona), a la realidad de su poder (el cetro) y a lo que constituye su objeto (el escudo). Tal es el *papel* de la magia en el mundo.

Consideremos ahora de manera más profunda la corona, el cetro, el escudo y el sitial de la Emperatriz, entendidos respectivamente como símbolos de la legitimidad divina, del poder, del objeto y del papel de la magia.

La *corona* de la Emperatriz, en primer lugar, difiere de la tiara que lleva la Papisa del segundo arcano, por constar de *dos* partes superpuestas en vez de tres. La dignidad o función que significa o confiere se extiende por tanto a dos planos. La gnosis lleva una tiara porque su cometido consiste en trasladar la revelación a través de los tres planos hasta el libro o tradición. La magia está coronada porque su tarea es sublimar la naturaleza; esto es lo que indica el escudo con el águila en vuelo, que la Emperatriz sostiene en vez del libro de la Papisa.

Joséphin Péladan define con gran acierto la magia como «el arte de la sublimación del hombre» (*l'art de la sublimation de l'homme*)[1]. Tal es el blasón o fin de la magia, si se entiende por «sublimación del hombre» la de la naturaleza humana. Péladan comprendía muy a fondo las armas de la magia: el escudo con el águila en vuelo. Todas sus obras lo atestiguan. Éstas, en conjunto, vuelan a gran altura: en general y en particular tienen por ideal la sublimación de la naturaleza

---

1. J. Péladan, *Comment on devient mage*, Paris 1892, p. 135. Ninguna otra definición es superior a ésta.

humana. Ello se debe a que el propio Péladan llevaba el blasón de la magia: el águila volante. Tener ante la vista el escudo de la magia ¿no es invitar al hombre a «lanzar las águilas de sus deseos a las nubes», puesto que la dicha, «elevada hasta un ideal, elude la negación del hombre y de las cosas, en lo cual radica el único triunfo sobre este mundo»?[2]

Las mismas armas –el escudo con el águila– tenía presentes Papus cuando daba la siguiente definición de la magia:

> «La magia es la aplicación de la voluntad humana dinamizada a la rápida evolución de las fuerzas vivas de la naturaleza»[3].

Pero el mismo autor hace preceder esa definición por esta otra:

> «La magia es la ciencia del amor»[4].

El águila del *escudo* de la Emperatriz simboliza precisamente la rápida evolución de las fuerzas vivas de la naturaleza. La ciencia del amor es el *cetro* de la Emperatriz, que representa el *medio* por el cual la magia alcanza su objetivo.

Ahora bien, si el escudo significa el qué y el cetro el cómo de la magia, la corona figura el con qué derecho. Aun cuando la magia haya desaparecido de los códigos penales de nuestros días, la cuestión de su legitimidad sigue planteada en los planos moral, teológico y hasta médico.

Nos preguntamos hoy, como en el pasado, si es moralmente legítimo aspirar –por no hablar de ejercerlo– a un poder excepcional que nos confiera dominio sobre nuestro prójimo; nos preguntamos si tal aspiración no procede al fin y al cabo del orgullo, y si es compatible con el papel que todo cristiano sincero reserva a la gracia divina en su actuación ya inmediata ya mediata a través de los santos ángeles y de los otros santos de Dios. Nos preguntamos, por último, si semejante aspiración no es malsana y contraria a la naturaleza humana, la religión y la metafísica, dados los límites hasta donde puede impunemente llegar en su carrera hacia lo invisible.

Todas estas dudas y objeciones están bien fundadas. No se trata aquí, pues, de refutarlas, sino de saber si existe una magia que pueda verse libre de las mismas; en otros términos, una *magia legítima* desde las perspectivas moral, religiosa y médica.

---

2. J. Péladan, *Traité des antinomies, Métaphysique*, Paris 1901, p. 112.
3. Papus, *Traité méthodique de magie pratique*, Paris 1901, p. 10.
4. Ibíd., p. 2.

Nos servirán de punto de partida las siguientes palabras del Nuevo Testamento:

«Pedro, que andaba recorriendo todos los lugares, bajó también a visitar a los santos que moraban en Lida. Encontró allí a un hombre llamado Eneas, tendido en una camilla desde hacía ocho años, pues estaba paralítico. Pedro le dijo: "Eneas, Jesucristo te cura, levántate y arregla tu lecho." Y al instante se levantó» (Act 9,32-34).

He ahí un acto espiritual de curación cuya legitimidad está fuera de duda: desde el punto de vista moral, es un acto de pura caridad; desde el punto de vista religioso, la curación se efectúa en nombre de Jesucristo y no del propio Pedro; desde el punto de vista médico, la cura es perfecta, sin perjuicio de la salud física o psíquica que denota en el que la realiza. Lo que funda la indiscutible legitimidad de la curación de Eneas es, primero, el *fin* del acto de Pedro: devolver la movilidad al inválido inmóvil; segundo, el *medio* por el que se lleva a cabo la curación: la palabra humana basada en la esencia de Jesucristo; tercero, la *fuente* del acto: «¡Jesucristo te cura!»

Tales son los tres elementos de la magia sagrada que la legitiman y en los cuales es fácil reconocer las tres insignias de la Emperatriz: corona, cetro y escudo. En efecto, devolver la movilidad a quien está inmóvil es la acción liberadora representada por el águila del escudo; realizar la curación sólo con la palabra significa utilizar el cetro rematado por la cruz; y hacerlo en nombre de Jesucristo es llevar sobre la cabeza la divina corona.

Mas podrían plantearnos esta objeción: ¡La curación de Eneas nada tiene que ver con la magia! Es un *milagro*, una acción de Dios en la que el hombre no tiene arte ni parte.

El apóstol Pedro ¿no intervino entonces para nada? Si esto es verdad, ¿por qué se dirigió *él mismo* a casa de Eneas, y por qué el acto divino de curación no se realizó *directamente*, sin la mediación de Pedro?

No, Pedro tuvo algo que ver en todo ello. *Su* presencia y *su* voz fueron necesarias para que la curación pudiera llevarse a cabo. ¿Por qué? Este problema merece ser hondamente meditado, pues incluye el misterio central de la religión cristiana, el de la Encarnación. A decir verdad, ¿por qué el *Logos*, el Hijo del Padre, había de encarnarse y hacerse Dios-Hombre para realizar la obra suprema de la magia divina, la Redención?

¿Para humillarse? Siendo Dios, era ya la humildad misma. ¿Para tomar parte en el destino humano: nacimiento, vida humana y muerte? Dios, que es amor, participa ya y participará siempre en el destino humano: tirita con los que tienen frío, se duele con los que sufren y agoniza con los que mueren. ¿Sabes que en los monasterios del Próximo Oriente, cuando los corazones aún latían al unísono con la presencia divina, se enseñaba como remedio contra toda aflicción y sufrimiento a pronunciar estas palabras: «¡Gloria a tu longanimidad, Señor!»?

¡No! Puesto que la obra de la Redención es la del amor, exigía la perfecta unión de *dos voluntades* distintas y libres: la divina y la humana. El misterio del Dios-Hombre constituye la clave de la magia divina: habiendo sido la condición fundamental de la obra de la Redención, es también obra de la magia divina, solamente comparable a la de la creación del mundo.

¡Los milagros requieren, pues, *dos* voluntades unidas! No son manifestaciones de la omnipotencia que *ordena*, sino el resultado de un nuevo poder que *nace* cada vez que hay unidad entre las voluntades divina y humana.

Pedro tuvo, por tanto, algo que ver con la curación de Eneas en Lida. La voluntad divina necesitó de la suya para engendrar la fuerza que permitió al paralítico Eneas abandonar su lecho. Tal acción simultánea y concordante de las voluntades divina y humana es exactamente lo que entendemos por magia sagrada o magia divina.

¿Debe hablarse de magia cuando se trata de un milagro? Sí, pues hay un mago, y la participación de su voluntad es esencial para que pueda producirse el milagro. Pedro se dirigió a casa de Eneas y pronunció las palabras que efectuaron la curación. La participación de Pedro es indiscutible; hubo, por consiguiente, un *mago humano*. El empleo del término «magia» está justificado si se interpreta como poder de lo invisible y espiritual sobre lo visible y material.

Eneas, sin embargo, no debió su curación a una magia personal, sino, como hemos dicho, a la magia divina. Pedro nada habría podido hacer si su voluntad no hubiera estado unida a la de Dios. De ello era bien consciente, y por eso le dijo a Eneas: «Jesucristo te cura.» Lo cual significa: Jesucristo quiere curarte. Jesucristo me ha enviado a ti para que haga lo que él me ha dicho. En lo que a mí toca, me siento doblemente dichoso de poder a la vez servir a mi Maestro y curarte, querido hermano Eneas.

No otro es el sentido de la *doble corona* que lleva la Emperatriz. Representa la doble dicha de prestar un servicio simultáneo a «lo que está arriba y a lo que está abajo»; pues la corona, al igual que la tiara, simboliza el poder del servicio. Ese doble servicio, a lo de arriba y a lo de abajo, confiere legitimidad a la magia sagrada.

En la magia sagrada el mago asume el papel de *último eslabón* de la cadena mágica que desciende de lo alto, es decir, sirve en la tierra de punto de contacto y concentración para la operación[5] concebida, querida y realizada allá arriba. De hecho, cuando uno es ese último eslabón, lleva la *corona* de la legitimidad mágica. Y, repitámoslo, toda magia no coronada de esta manera es ilegítima.

El ejercicio legítimo de la magia ¿queda entonces reservado exclusivamente al sacerdocio? A esto responderé con otra pregunta: el amor a Dios y al prójimo ¿les está reservado sólo a los sacerdotes? La magia sagrada es el poder del amor, nacido de la unión, en el amor, de las voluntades divina y humana. Philippe de Lyón no era sacerdote en virtud de un poder espiritual del que él mismo decía que no era suyo, sino de su «amigo de allá arriba».

El sacerdocio incluye en sus filas gran número de taumaturgos, como san Gregorio, san Nicolás y san Patricio, lo cual basta para convencernos de que la magia sagrada se encuentra en él como en su propia casa. ¿Cómo podría ser de otro modo cuando la administración de los sacramentos, esas *operaciones de la magia sagrada universal,* constituyen el quehacer principal del clero y cuando las operaciones *individuales* decididas allá arriba son confiadas con preferencia a quienes viven en el ambiente de los sacramentos universales? ¿No es natural que quien participa a diario en el misterio de la transustanciación sea llamado en primer lugar a la magia sagrada? La vida y obra del santo Cura de Ars no dejan ninguna duda al respecto; nos muestran la altura y el esplendor de la magia sagrada individual tal como *pueden* manifestarse *–junto con* la administración de los sacramentos universales– en la persona y los hechos de un sencillo cura de aldea. Pero, por otro lado, la vida y obra de Philippe de Lyón nos muestran la altura y el esplendor de la magia sagrada individual tal como *pueden* manifestarse –sin los sacramentos universales– en la persona y los hechos de un *seglar* nacido y criado en el campo.

El amor actúa dondequiera que existe. Es la vocación íntima de cada uno; no es privilegio de nadie.

De cuanto precede se desprende con claridad que la gnosis debida a la experiencia mística ha de ser anterior a la magia sagrada. Tal es el sentido de la corona que lleva la Emperatriz. La magia sagrada es hija de la mística y la gnosis.

Si así no sucediera, la magia sería la puesta en práctica de la *teoría oculta.* Ésta no se aplica más que a la magia personal o usurpadora. La magia sagrada o divina es la puesta en práctica de la revelación mística. El Maestro reveló a Pedro lo que debía hacer –interna y externamente– para curar a Eneas en Lida. Tal es el orden de las cosas en la magia

---

5. Reproduce el término francés *opération;* cf. en latín *operatio* como término para designar la obra alquímica.

sagrada: primero, el contacto real con lo divino (mística); luego, la asunción de este contacto por la conciencia (gnosis); por último, la *puesta en práctica* o ejecución de lo que la revelación mística ha dado a conocer como tarea a realizar y método que adoptar.

La magia personal o usurpadora sigue un orden contrario. Aquí el propio mago estudia la teoría oculta y decide cuándo y cómo ponerla en práctica. Aunque lo haga de acuerdo con el consejo de un maestro de magia, alguien más experimentado que él en este campo, el principio sigue siendo el mismo: la personalidad humana decide el qué y el cómo.

Sobre este particular escribe Papus:

«Lo que distingue la magia de la ciencia oculta en general es que la primera constituye una ciencia *práctica*, mientras que la segunda es sobre todo teórica. Pero querer hacer magia sin conocer el ocultismo equivale a querer conducir una locomotora sin haber recibido para ello una formación *teórica* especializada. Puede preverse el resultado»[6].

Algo más adelante sigue diciendo:

«Puesto que la magia es una ciencia *práctica*, exige conocimientos teóricos preliminares, como todas las ciencias prácticas»[7].

Y finalmente:

«La magia, considerada como ciencia aplicada, limita casi exclusivamente su actuación al desarrollo de las relaciones que existen entre el hombre y la naturaleza. El estudio de las relaciones existentes entre el hombre y el plano superior divino, con todas sus modalidades, se refiere mucho más a la teurgia que a la magia»[8].

He ahí una definición bien característica y adecuada de lo que hemos designado por el nombre de magia personal o arbitraria. Esta clase de magia no incluye el plano sobrehumano, es decir, divino. El hombre es aquí el único amo, como lo es, por lo demás, en todas las ciencias aplicadas.

«Por regla general, el principio rector en toda operación es la voluntad humana; el medio de acción, la herramienta empleada, es el fluido astral o natural; y el fin que se persigue es la realización (de ordinario en el plano físico) de la operación emprendida»[9].

---

6. Papus, o.c., p. 4.
7. Ibid., p. 5.
8. Ibid., p. 142.
9. Papus, *La science des mages*, Paris 1974, p. 69.

No obstante:

> «En lo que atañe a la magia ceremonial y al conjuro de las fuerzas de la naturaleza, no podemos menos de condenarlos tanto por su inutilidad como por los formidables peligros que llevan consigo y el estado de alma que suponen... Por esta última denominación (magia ceremonial) se entiende aquí, de hecho, la operación donde la *voluntad e inteligencia humanas* son las únicas en ejercicio, sin el concurso divino»[10].

Los «formidables peligros» de la magia personal o arbitraria han sido ya descritos por todos los que han tenido experiencia directa o indirecta de los mismos. Heinrich Cornelius Agrippa de Nettesheim[11], Éliphas Lévi[12] y Papus nos han dejado sobradas pruebas de esa extrema peligrosidad.

En cuanto a la magia sagrada o divina, su único riesgo está en que resulte ineficaz a causa de algún error; esto podrá ser lamentable, pero no peligroso.

Antes de poner fin al tema de los peligros de la falsa magia, quisiera todavía mencionar los que enumera Jean Herbert[13], que previene al lector contra la tentación de practicar el método tántrico y evocar así el poder de la serpiente o *kuṇḍālinī* para hacerlo subir a la cabeza, el centro *sahasrāra:*

> «Quien se lanza a esa aventura sin la guía de un auténtico maestro –prácticamente imposible de hallar en Occidente– se encontrará en situación muy análoga a la de un niño autorizado a jugar con todas las drogas de una farmacia o a pasearse con una antorcha en un polvorín. Trastornos cardiacos incurables, destrucción lenta de la médula espinal, desórdenes sexuales y demencia aguardan a quienes corren tal riesgo...»

¡He ahí el ramillete de flores del mal que se le ofrece al principiante sin gurú o con un falso gurú!

Volvamos ahora a la magia sagrada. Habiendo precisado la significación de su corona o legitimidad divina, debemos considerar a continuación su cetro o poderío.

El cetro de la Emperatriz consta de tres partes:

una cruz, un globo y una vara terminada en una pequeña bola o madroño. La vara es más estrecha por abajo, donde la Emperatriz la tiene asida, que por arriba, donde está el globo rematado por la cruz. El globo se halla dividido en dos mitades por un cinturón o zona ecuatorial. Puede decirse que está formado por *dos copas*, una invertida, que lleva encima la cruz, y la otra sostenida por la vara y vuelta hacia arriba. La reunión de estas dos copas, la que lleva la cruz por remate y la que reposa en la vara (constituyendo ambas el cetro de la Emperatriz) es la expresión simbólica del método de la *realización* de la potencialidad representada por la corona. Es la unión de dos voluntades, potenciales en la corona, que se vuelven actuales en el cetro. La copa rematada por la cruz e invertida es la voluntad divina; la colocada sobre la vara y hacia arriba es la voluntad humana. Su acoplamiento activo es el cetro o poder de la magia sagrada. Este poder resulta del influjo de la cruz, que desciende de la copa superior a la copa inferior, vacía, y de ésta por la vara hasta concentrarse en su extremo, formando como un madroño o gota. En otros términos, la santísima sangre de arriba se concentra para convertirse, por la palabra y actuación humanas, en gota de sangre humana.

Tal vez digas: «¡Me estás hablando del Santo Grial, de la eucaristía mística!» Sí, de eso precisamente se trata, de la eucaristía mística o Santo Grial. Pues ahí, y sólo ahí, reside el poder de la magia sagrada. Este poder es, a la postre, el de la doble *sinceridad* –divina y humana– reunida en la palabra o actuación humanas. En efecto, ninguna palabra ni acción es *verdaderamente* sincera si sólo procede del cerebro y no se ha transformado en sangre vital. Cuanto más sincera es la palabra o la actuación humana, más esencia vital de la sangre contiene. Cuando acontece que el deseo humano se conforma con el deseo divino –¡y entonces los propios ángeles se postran de rodillas en adoración!–, la santísima sangre se une a la esencia vital de la sangre humana y *el misterio del Dios-Hombre se repite*, reiterándose también el poder milagroso del Dios-Hombre. En esto radica el poder de la magia sagrada; esto es su cetro.

Querido amigo desconocido, no vayas a creer que he combinado intelectualmente estas cosas tras la lectura de libros sobre el Santo Grial o tratados de teología mística sobre el sacramento de la eucaristía. No, jamás habría yo escrito nada sobre el misterio de la sangre

---

10. Papus, *Traité élémentaire de science occulte*, Paris 1888, p. 430-431 (en la 7.ª edición); cf. en cast., *El ocultismo*, Edaf, Madrid ²1981.
11. *De occulta philosophia* III, Lyón 1531.
12. *Dogme et rituel de la haute magie*, Paris 1854.
13. En el prólogo a A. Avalon, *La puissance du serpent*, Lyón 1959, p. 7.

como fuente de la magia sagrada –aunque supiera ya todo esto– si en diversas ocasiones no hubiera visitado la capilla de la Santísima Sangre en Brujas. Allí he tenido la estremecedora experiencia de la realidad de la santísima sangre del Dios-Hombre. Esta experiencia del efecto rejuvenecedor del alma –¡qué digo!, no sólo rejuvenecedor del alma, sino capaz de levantarla en el sentido de la curación de Eneas obrada por san Pedro: «¡Levántate y arregla tu lecho!»–, esta experiencia, repito, me ha revelado el misterio de la santísima sangre y la fuente del poder de la magia sagrada.

No te ofusque el carácter personal de lo que acabo de escribir. Soy un autor anónimo, y así quiero permanecer para poder mostrarme más libre y sincero de lo que ordinariamente le es lícito a un autor conocido.

El *fin* u objetivo de la magia sagrada, como hemos dicho, está representado por el escudo que la Emperatriz sostiene en lugar del libro de la Papisa. La gnosis sagrada tiene por objeto la expresión comunicable (o libro) de la revelación mística, mientras que el fin de la magia sagrada es la *acción liberadora* o restablecimiento de la libertad para los seres que le han perdido parcial o totalmente. El águila en vuelo figurada sobre el escudo simboliza la divisa de la magia sagrada, que podría formularse así: devolver la libertad a quien sea esclavo. Abarca todas las obras mencionadas por Lucas:

> «En aquel momento curó a muchos de sus enfermedades, dolencias y malos espíritus, y dio la vista a muchos ciegos. Luego les dijo: "Id y contad a Juan lo que habéis visto y oído: Los ciegos ven, los cojos andan, los leprosos quedan limpios, los sordos oyen, los muertos resucitan, se anuncia a los pobres la buena nueva"» (Lc 7,21-22).

Ahí tenemos el fin de la magia sagrada; no es otro que restablecer la libertad de ver, oír, andar, vivir, ir tras el ideal y ser de veras uno mismo; lo cual significa devolver la vista a los ciegos, el oído a los sordos, la marcha normal a los cojos, la vida a los muertos, la buena nueva o el ideal a los pobres y el libre albedrío a los poseídos por espíritus malignos. La magia sagrada no atenta nunca contra la libertad, cuyo restablecimiento es su única meta.

El objetivo de la magia sagrada no es pura y simplemente curar, sino reintegrar en el hombre la libertad, redimiéndolo también de las cadenas de la duda, el miedo, el odio, la apatía y la desesperación.

Los espíritus malignos que privan al hombre de su libertad no son en modo alguno entes de las jerarquías llamadas del mal o caídas. Ni Satán, ni Belial, ni Lucifer, ni Mefistófeles han privado jamás a nadie de su libertad. Como única arma sólo disponen de la *tentación*, y ésta supone la libertad del tentado. La *posesión* por un espíritu maligno nada tiene que ver con la tentación. En ella ocurre siempre lo mismo que con el monstruo de Frankenstein: se engendra un ser elemental y uno se vuelve luego esclavo de su propia obra. Los demonios o espíritus malignos del Nuevo Testamento se llaman hoy en psicoterapia neurosis obsesivas, neurosis de ansiedad, ideas fijas, etc. Los psiquiatras contemporáneos los han descubierto y reconocido como *realidades* o, más explícitamente, como organismos psíquicos parasitarios independientes de la voluntad consciente del hombre y con tendencia a sojuzgarla. El Diablo nada tiene que ver con ellos, al menos en el sentido de una participación directa. Él observa la *ley* que protege la libertad humana, respeta esa convención inviolable entre las jerarquías de los lados derecho e izquierdo. Nunca la infringe, como se desprende, por ejemplo, de la historia de Job. Así, pues, ¡no tengamos miedo al Diablo, sino más bien a nuestras inclinaciones perversas! Estas últimas son las que pueden privarnos de nuestra libertad y esclavizarnos. Todavía peor, pueden servirse de nuestra imaginación e inventiva para llevarnos a crear cosas capaces de convertirse en azote de la humanidad. Las bombas atómicas y de hidrógeno son pruebas flagrantes de ello.

El hombre, con la posible perversidad de su imaginación descarriada, es mucho más peligroso que el Diablo y sus legiones, pues no está ligado por el pacto concertado entre cielo e infierno; puede traspasar los límites de la ley y engendrar *arbitrariamente* fuerzas cuya índole y actuación quedan fuera de su alcance. Tales han sido los Molocs y otros dioses de Canaán, Fenicia, Cartago, el antiguo México y demás países, que exigían sacrificios humanos. Guardémonos de acusar sin razón a los seres de las jerarquías del mal de haber desempeñado el papel de Molocs, cuando éstos no eran en realidad sino criaturas de la imaginación y voluntad perversas de las colectividades humanas. Parejos engendros son *egrégores* de la perversidad colectiva, como también hay demonios o espíritus malignos de origen individual.

Pero ya hemos hablado bastante de los demonios. Tocaremos el problema de los espíritus malignos más detallada y profundamente en la carta xv, dedicada al arcano del Diablo.

El sitial donde aparece sentada la Emperatriz representa, como hemos dicho, el papel de la magia sagrada en el mundo. Es el lugar que la magia sagrada ocupa en el mundo y en la historia del mundo, su base o fundamento. En otras palabras, es lo que espera, la desea y está siempre pronto a recibirla. ¿De qué se trata?

Dada la función liberadora de la magia sagrada, trátase de todo cuanto se ve privado de libertad y sujeto a la necesidad. Es aquello de lo que dice san Pablo:

«En efecto, la espera ansiosa de la creación desea vivamente la revelación de los hijos de Dios. Porque la creación fue sometida a la vanidad no de modo espontáneo, sino por aquel que la sometió, en la esperanza de ser liberada de la servidumbre de la corrupción para participar en la gloriosa libertad de los hijos de Dios. Pues sabemos que la creación entera gime hasta el presente y sufre dolores de parto. Y no sólo ella; también nosotros, que poseemos las primicias del Espíritu, gemimos en nuestro interior anhelando la adopción filial, el rescate de nuestro cuerpo» (Rom 8,19-23).

Así, pues, el campo de la magia sagrada se extiende a los reinos mineral, vegetal, animal y humano; en suma, a la naturaleza entera. Su razón de ser proviene de la caída en todos sus aspectos: naturaleza caída, hombre caído y jerarquías caídas. A ella pertenecen todos los seres que «desean vivamente» ser «liberados de la servidumbre de la corrupción» para verse repuestos en «la gloriosa libertad de los hijos de Dios».

¿Cómo actúa la magia sagrada para alcanzar este fin? ¿Cómo, por ejemplo, libera a los hombres? El sitial de la Emperatriz tiene un respaldo. Éste se asemeja mucho a un par de alas, por lo que algunos intérpretes del tarot han creído que la Emperatriz misma estaba alada. Otros, al contrario, sólo han visto un respaldo. Supuesta la contextura de la lámina –el sentido del escudo con el águila, del cetro rematado por la cruz y de la corona en dos pisos– ¿no habría que ver ahí un respaldo en forma de dos alas petrificadas y por tanto inmovilizadas, que antaño fueron auténticas alas y hoy lo son todavía en potencia?

Si se aceptara esta interpretación, no sólo quedarían conciliados ambos puntos de vista, en apariencia opuestos, sino que la propia tesis se armonizaría con lo que la lámina enseña sobre el campo de acción, fin, poder y legitimidad de la magia sagrada: devolver el movimiento a las alas petrificadas. ¿No concordaría esto con la misión liberadora de la magia sagrada y con las palabras de san Pablo?

Sea lo que fuere, tal explicación lleva ya en sí la respuesta a la pregunta sobre el modo concreto como se manifiesta la eficacia liberadora de la magia sagrada. Su actuación es del todo contraria a la actuación coactiva de la magia falsa o personal. A la hipnosis opone el despertar de la libre voluntad; a la sugestión, el desembarazarse de las ideas fijas y complejos psicopatológicos; al conjuro del nigromante, la elevación hacia el difunto por la fuerza del amor; a los medios de coacción empleados por la magia ceremonial para con los seres elementales (gnomos, ondinas, silfos y salamandras), el granjearse su confianza y amistad mediante actos correspondientes; a los procedimientos de la cábala práctica para sojuzgar a los espíritus malignos (entes de las jerarquías caídas), su transformación en servidores voluntarios mediante la resistencia a las tentaciones específicas de cada uno, pues ellos también esperan «la revelación de los hijos de Dios», que ante todo significa, y bien lo saben, inaccesibilidad a sus tentaciones. ¡Resiste al diablo y el diablo será tu amigo! Un diablo no es ateo, no duda de Dios. La fe que le falta es la fe en el hombre. Y el acto de magia sagrada respecto a ese diablo es justamente el de restablecer su fe en el hombre. Las pruebas de Job no tenían por finalidad disipar las dudas de Dios, sino las del diablo. Una vez disipadas, ¿quién trabajó por que Job recobrara cuanto había perdido, sino el mismo ser que antes se lo había quitado? El enemigo de Job se transforma de grado en su servidor, y el que sirve a alguien de grado ¿es otra cosa que un *amigo*?

La magia sagrada, por último, opone a la práctica del magnetismo (transfusión de fluidos o fuerzas) la de asumir las enfermedades y taras de otros, según el precepto de san Pablo:

«Ayudaos mutuamente a llevar vuestras cargas y cumplid así la ley de Cristo» (Gál 6,2).

De esa manera practicaban los santos la magia sagrada. No proyectaban sus fuerzas, su vitalidad o sus fluidos en otro, sino que de éste tomaban *para sí mismos* lo que tenía de malsano. Santa Lidvina, por ejemplo, guardó cama y no salió de su aposento durante varios años, resintiéndose de los efectos del alcohol; mientras tanto en la ciudad de Schiedam iba curándose un alcohólico.

La lista de contraposiciones que acabo de ofrecer no responde a una intención de juzgar y, todavía menos, de condenar la hipnosis, la sugestión, todo conjuro, la magia ceremonial relativa a la naturaleza, la cábala práctica tendente a dominar los espíritus malignos y el magnetismo. Mi único fin es hacer resaltar aquello en que la magia sagrada difiere de tales prácticas. Éstas *pueden* igualmente ponerse al servicio del bien, pero la magia sagrada *sólo* puede servir al bien.

¿Existen manuales de magia sagrada? Sí, si por ellos se entiende el cúmulo de armas y útiles que uno maneja para llevarla a efecto. Este arsenal consta de fórmulas, gestos y las figuras que los gestos reproducen. Mas su elección no debe hacerse arbitrariamente. Debe reservarse ya a la ciencia profunda confirmada *por la revelación,* ya *a la revelación directa* confirmada después por la ciencia experimental.

Tocante a las fórmulas, la mayoría de ellas resultan accesibles a todos, pues el principal formulario de la magia sagrada es la Biblia, incluyendo tanto el Antiguo como el Nuevo Testamento. El *Evangelio según san Juan* ocupa aquí un lugar preeminente, ya que se compone casi por entero de fórmulas mágicas. Luego vienen los otros tres Evangelios y el *Apocalipsis*. También hay fórmulas en las epístolas y los *Hechos de los apostóles*. El Antiguo Testamento las contiene sobre todo en los *Salmos*, el libro del *Génesis (Bere'shit)*, *Ezequiel* y los demás *profetas*. Encontramos asimismo fórmulas mágicas en el *ritual* de la liturgia de la Iglesia y en la tradición escrita u oral que se remonta a los santos y a los grandes místicos. El texto de la *Tabla de esmeralda* pertenece también al arsenal de fórmulas de la magia sagrada.

En cuanto a la parte muda de la magia sagrada, a saber, los gestos y las figuras por ellos reproducidos, su *elección* ha de estar igualmente confirmada o indicada por la revelación. Trátase sobre todo de los gestos incluidos en el Ritual de la Iglesia tradicional (romana o grecoortodoxa) y de los que reproducen un número limitado de figuras geométricas. Así, uno debe a veces arrodillarse, otras estar de pie, otras prosternarse; o bien hacer el gesto de la bendición, la protección, la liberación, etcétera.

Todas estas fórmulas y gestos no son secretos, pero tampoco se deben *traicionar*. Traicionarlos no significa divulgarlos, darlos a conocer a otros; no se traiciona una fórmula mágica, ya conocida por muchos, revelándosela a alguien que aún podía ignorarla. Se la traiciona arrancándola de su propio medio sagrado y de la *contextura* sagrada de que forma parte, para hacerla descender a un plano inferior, es decir, abusando de ella. Tal es el caso de las fórmulas mediante las cuales se obra la consagración en la misa. Todo el mundo las conoce, pero sólo son eficaces cuando se pronuncian en el contexto sagrado de la misa por una persona con plenos poderes y legitimidad para hacerlo. No es el secreto lo que les da eficacia, sino la *contextura* y el *nivel* de la operación, así como la legitimación del actuante o celebrante.

No se traicionan, pues, las fórmulas de la consagración al imprimirlas en los misales. Se les haría traición, en cambio, si un seglar las empleara en una misa arbitrariamente improvisada o inventada. El *misterio* se halla protegido de distinta manera que el *secreto*. Su protección es la luz, mientras que la del secreto es la oscuridad. Y al *arcano*, que representa el grado intermedio entre misterio y secreto, le sirve de protección la media luz, pues a la vez se revela y esconde merced al simbolismo. El simbolismo es el crepúsculo de los arcanos. Por eso los del tarot son fórmulas visibles y accesibles a todos. En otros tiempos divirtieron a millares de personas; cientos de éstas las utilizaron para decir la buenaventura; algunas llegaron a experimentar su efecto revelador. A Court de Gébelin le admiraron; a Éliphas Lévi le fascinaron; a Papus le inspiraron. A otros, que vinieron después, les arrebató a su vez el extraño y casi irresistible atractivo del tarot. Lo estudiaban, meditaban, comentaban e interpretaban, estimulados, inspirados e iluminados por ese algo del tarot que simultáneamente se revela y oculta en el claroscuro de sus símbolos. Y nosotros, ¿qué sentimos ante el tarot? Lo sabremos a ciencia cierta después de la carta XXII, que trata de los arcanos menores.

El sitial donde se halla sentada la Emperatriz representa la segunda *he* del Tetragrámaton de la magia sagrada, es decir, su totalidad *manifestada;* la corona corresponde a la *yod,* el cetro a la primera *he* y el escudo a la *vav* del mismo Tetragrámaton.

Por ello hemos definido el sitial como «papel de la magia sagrada en el mundo y la historia». Podría también decirse que es el *fenómeno* de toda la magia sagrada como se ha manifestado, se manifiesta y se manifestará en la historia de la humanidad. Su *cuerpo* histórico es el que revela su alma y espíritu. Por «cuerpo» entiendo lo que posibilita la acción directa en el mundo de los hechos. Así, el arsenal o depósito de las fórmulas y gestos mágicos que se utilizan en el ejercicio práctico de la magia sagrada forma parte de su cuerpo. El ritual de sus operaciones universales, destinadas a servir a la humanidad toda y trascendentes del espacio y tiempo, o sea los *siete santos sacramentos* de la Iglesia universal, forma asimismo, como conjunto de ritos, parte del cuerpo de la magia sagrada. Y también pertenecen a él las personas que tienen la misión o el don de perpetuar su tradición. Ese cuerpo es como un *árbol* con un determinado número de ramas de abundante follaje, cuyas raíces están en el cielo y cuya copa se halla vuelta hacia abajo. Sólo tiene un tronco y una savia que alimenta y vivifica todas sus ramas repletas de hojas.

¿Es éste el árbol de las *sefirot* de la cábala, o el árbol de la ciencia del bien y del mal, o tal vez el árbol de la vida?

El fruto del árbol de la ciencia del bien y del mal tuvo un triple efecto: esfuerzo, sufrimiento y muerte. El esfuerzo o trabajo ocupó el lugar de la unión mística con Dios; esta unión sin esfuerzo constituye la enseñanza del primer arcano del tarot, el Mago. El sufrimiento reemplazó la revelación directa reflejada o gnosis, la cual es enseñada por el segundo arcano del tarot, la Papisa. Y la muerte entró en el ámbito de la vida o magia sagrada creadora, que es el tema doctrinal del tercer arcano del tarot, la Emperatriz. La magia sagrada equivale a la vida tal como ésta fue antes de la caída. La gnosis del segundo arcano es la conciencia como antes de la caída. Y la espontaneidad mística del primer arcano es la relación entre el hombre y Dios, también como antes de la caída. Esta espontaneidad primordial dio impulso y sentido a la evolución o desarrollo del ser humano. Lo que fundamentalmente la impulsó y dirigió hacia su ideal o meta antes de la caída no fue la lucha por la existencia, descrita por Charles Darwin hace un siglo, sino ese estado del ser que designamos hoy por el término de «unión mística». El principio de *lucha* o esfuerzo no entró en juego hasta después de la caída. A su vez el sufrimiento no desempeñó antes de la caída el papel de despertador de la conciencia, que le estaba ya entonces reservado a la revelación directa reflejada o gnosis. Y finalmente tampoco la muerte funcionaba entonces como liberadora de la conciencia mediante la destrucción de las formas que la aprisionan, papel que asumiría después de la caída. En vez de la destrucción de las formas tenía lugar su continua *transformación,* obrada gracias a la actividad perpetua de la vida que efectuaba dicha metamorfosis según los cambios de la conciencia que se servía de las formas. Esa perpetua actuación liberadora y *constructora* de la vida era y aún es la función de la magia sagrada o divina. Y esta función transformadora –opuesta a la función destructora de la muerte– constituye lo que el *Génesis* de Moisés designa por el símbolo de árbol de la vida.

Ahora bien, la caída cambió el destino de la humanidad al sustituir la unión mística por la lucha o el esfuerzo, la gnosis por el sufrimiento y la magia sagrada por la muerte. Así, la fórmula que anunciaba la buena nueva de que los efectos de la caída pueden superarse y el *camino* de la evolución humana volver a ser el de la unión mística en lugar de la lucha, de que la revelación directamente reflejada o gnosis puede reemplazar el sufrimiento por la enseñanza de la *verdad*, y de que la magia sagrada o *vida* transformadora puede ocupar el puesto de la muerte destructora, viene a presentarse de la manera siguiente:

«Yo soy el camino, la verdad y la vida» (Jn 14,6).

Esta fórmula resume a un tiempo los tres primeros arcanos del tarot, a saber, el del auténtico *camino* o espontaneidad mística, el de la *verdad* revelada o gnosis y el de la *vida* transformadora o magia sagrada.

Así, pues, la magia sagrada es el árbol de la vida, inaccesible a la temeridad arbitraria, pero que se manifiesta en la totalidad de la historia humana por mediación de quienes saben decir: «He aquí la esclava del Señor, hágase en mí según tu palabra», o «He aquí el siervo del Señor, proceda yo según tu palabra». Se manifiesta por el milagro de la historia humana: que la *vida* suprabiológica del hombre continúe de siglo en siglo, de milenio en milenio, sin que jamás se agote su fuente; que el fuego sagrado en los altares de los corazones y en los de piedra no se extinga a lo largo también de tantos siglos y milenios; que a pesar de todo haya en el mundo fe, esperanza y caridad; que haya santos, sabios, genios, bienhechores y taumaturgos; que el pensamiento puro, la poesía, la música, la oración, no sean devorados por la nada; que se dé este milagro universal de la historia humana y *que lo milagroso exista*. Sí, lo milagroso existe, pues la *vida* no es más que una serie de milagros, si por la palabra milagro entendemos no la ausencia de causa (es decir, que nadie ni nada lo causa, lo cual equivaldría al concepto de puro azar), sino el efecto visible de una causa invisible o el efecto en el plano inferior de una causa perteneciente a un plano superior. La incomprensibilidad no es en modo alguno el rasgo distintivo del milagro; muy al contrario, el milagro a menudo es esencialmente más comprensible que un fenómeno calificado de natural o explicado. Por ejemplo, es más comprensible que Teresa Neumann, en Konnersreuth (Baviera), haya vivido durante decenios alimentándose solamente de la sagrada forma –dado que la materia sólo es energía condensada y la energía sólo conciencia condensada– que el hecho bien explicado de una única célula que, al multiplicarse por división, produce las células totalmente distintas del cerebro, músculos, huesos, cabellos, etc., agrupadas de tal suerte que llegan a constituir un completo organismo humano o animal. Cuando me dicen que todo eso se explica por la herencia y que los genes contenidos en la primera célula son tales que predeterminan la constitución de semejante organismo, me inclino, mas no me entero de nada.

El árbol de la *vida* es la fuente de los milagros de la generación, transformación, rejuvenecimiento, curación y liberación. Participar conscientemente en él «para realizar los milagros del uno», como dice la *Tabla de esmeralda,* es la «gran obra» de la magia sagrada.

Puede comprenderse el ideal de la gran obra cuando se lo compara con el ideal de las modernas ciencias exactas. El ideal de la ciencia es el *poder:* poder técnico-práctico y poder técnico-intelectual. El aspecto intelectual del ideal científico es reducir la multiplicidad de los fenómenos a un número limitado de leyes y luego a una sola fórmula sencilla. Trátase, en definitiva, de mecanizar el intelecto de modo que *calcule* el mundo en lugar de comprenderlo; entonces se habrá alcanzado el poder técnico-intelectual.

El aspecto práctico del ideal científico se revela en el progreso de la ciencia moderna desde el siglo XVII hasta nuestros días. Sus etapas esenciales son los sucesivos descubrimientos puestos al servicio del hombre: vapor, electricidad y energía atómica. Pero, por diferentes que parezcan, tales descubrimientos se basan en un único principio, el de la destrucción de la materia, merced a la cual se libera la energía para ser de nuevo capturada por el hombre y puesta a su servicio. Lo que hace andar un automóvil son las pequeñas explosiones reguladas de la gasolina, que producen energía. Y la energía atómica sale de la destrucción del átomo. Ya se trate del carbón, la gasolina o el átomo de hidrógeno, ¡qué más da!, todo se reduce a producir energía destruyendo materia. El aspecto práctico del ideal científico es, pues, el dominio de la naturaleza merced a la aplicación del principio de *destrucción* o *muerte*.

Imagínate ahora, querido amigo desconocido, la misma serie de esfuerzos y descubrimientos en sentido opuesto, es decir, el de la *construcción* o *vida*. Imagínate no la explosión, sino la *expansión* de una bomba atómica *constructiva*. No es muy difícil representársela, ya que cada pequeña bellota, por ejemplo, es esa bomba constructiva, y la encina no es sino el resultado visible de su explosión –o más bien expansión– lenta. Imagínate lo que te digo y tendrás ahí el ideal de la *gran obra* o la idea del *árbol de la vida*. La mera imagen del árbol implica ya la negación del elemento técnico y mecánico. Es la viva síntesis de la luz celeste y los elementos terrestres, del cielo y la tierra. Incesantemente une y sintetiza lo que desciende de arriba y lo que asciende de abajo.

El ideal del hermetismo es contrario al de la ciencia. En vez de aspirar al poder sobre las fuerzas de la naturaleza mediante la destrucción de la materia, el hermetismo aspira a una participación consciente en las fuerzas constructivas del mundo, basándose en una alianza y comunión íntima con ellas. La ciencia pretende *obligar* a la naturaleza a que obedezca la voluntad del hombre tal como éste es; el hermetismo (o filosofía de la magia sagrada) trata al contrario de purificar, iluminar y cambiar la voluntad y esencia humanas a fin de conformarlas con la «naturaleza naturante» (*natura naturans*), y capacitarlas así para recibir su *revelación*, dispensada de buen grado.

La gran obra, como ideal, es por tanto el estado del ser humano en paz, alianza, armonía y colaboración con la vida. Es el fruto del árbol de la vida.

Sin embargo, ¿no dice la Biblia que está prohibido acercarse al árbol de la vida y que Dios «puso al oriente del jardín de Edén a un querubín con espada llameante para guardar el camino» hacia él?

Sí, está prohibido acercarse al árbol, pero la prohibición no es absoluta y general, sino que se halla *especificada*. Leamos lo que la Biblia enseña al respecto:

«Y dijo Yahveh Dios: "¡He aquí que el hombre ha venido a ser como uno de nosotros, en cuanto a conocer el bien y el mal! Ahora, pues, no vaya a alargar la mano y tomar también del árbol de la vida, y comiendo de él viva para siempre"» (Gén 3,22).

La prohibición, por consiguiente, se refiere a *alargar la mano* y *tomar* del árbol de la vida. Eso y sólo eso es lo que impide la espada ígnea del guardián del Edén.

«Alargar la mano y tomar»: tal es el motivo, método e ideal de la ciencia. La *voluntad de poder*, subyacente a la actitud científica, es lo que la espada de fuego del guardián del Edén tiene por misión impedir; en otras palabras, que no se repita el acto cometido respecto al árbol de la ciencia del bien y del mal. En cambio, el motivo, método e ideal del hermetismo son enteramente opuestos a los de la ciencia. La voluntad de servir es la base y raíz de la actitud hermética.

En vez de alargar la mano para *tomar*, el hombre abre su intelecto, su corazón y su voluntad para *recibir* lo que de buena gana le será otorgado. La inspiración, iluminación e intuición que busca no son conquistas de su voluntad, sino dones de lo alto, precedidos por esfuerzos de la voluntad humana para merecerlos.

La espada llameante del guardián del Edén es un arma de la magia divina. Esto significa que es mayormente un sí, en lugar de un no. Es por esencia constructiva, y no destructiva. Dicho de otro modo, invita, anima y dirige a todos los que son dignos —y lo que hay de digno en cada uno— de los beneficios del árbol de la vida, al paso que rechaza, desanima y aleja del mismo a cuantos son indignos y cuanto hay de indigno en cada uno de ellos. La espada llameante es la *bendición* impartida a quienes buscan el árbol del amor eterno, que es el árbol de la vida, y al propio tiempo, por el hecho de bendecir, constituye la fuerza fulgurante de la prohibición para quienes buscan el árbol de la vida sin otro fin que apoderarse de sus frutos. La espada del santo guardián del Edén sigue actuando en la vida espiritual de la humanidad. Llama a los buscadores sinceros y rechaza a los ladrones. Gracias a ella existe el hermetismo, esa milenaria tradición de búsqueda ininterrumpida del ideal de la gran obra, pese a todas las quimeras, ilusiones y formas conscientes e inconscientes de charlatanería que la acompañan.

La espada del santo guardián del Edén lleva a efecto, sin acepción de personas, la revelación mágica del árbol de la vida. Es la llameante palabra mágica que despierta en las almas humanas el fogoso deseo de la gran obra, de la vida milagrosa. «No quiebra la caña magullada ni apaga el pabilo que aún arde», pues su misión es divina y es propio de lo divino no sólo preservar toda gota de sinceridad y toda chispa de amor, sino también hacer que crezcan y se extiendan. A pesar de toda la corrupción que revela la experiencia de la historia, nada hay que esté completamente corrompido. La enseñanza tradicional de la Iglesia, a tenor de la cual «la naturaleza está herida, no destruida» (*natura vulnerata, non deleta*), es certísima.

El árbol de la vida es la unidad o síntesis de conciencia, fuerza y materia. *Tres* es su número, puesto que refleja la unidad de la Santísima Trinidad. Constituye al mismo tiempo la unidad entre mística, gnosis y magia. Por eso no hay que separarlas. La Emperatriz, como símbolo de la magia sagrada, lleva en sí la gnosis y la mística, o sea la Papisa y el Mago. Estos arcanos no son comprensibles si se los considera por separado. En general, todos los arcanos del tarot sólo se comprenden en relación con el conjunto.

La conciencia humana, no obstante, separa a veces lo inseparable, *olvidándose* de la unidad. Se toma una rama del árbol de la vida y se cultiva, como si pudiera existir sin el tronco. La rama vivirá quizás mucho tiempo, pero degenera. Así, olvidando la gnosis y la mística, se cultivó aisladamente la magia, y ésta, como rama desgajada de su tronco, cesó de ser magia sagrada para transformarse en magia arbitraria o personal. Mecanizada hasta cierto punto, convirtióse luego en lo que se entiende por magia ceremonial, cuyo auge se sitúa entre el renacimiento y el siglo XVII. Fue por excelencia la magia de los humanistas, pero no era ya magia divina, sino *humana*. No servía ya a Dios, sino al hombre. Llegó a tener por ideal el poder humano sobre la naturaleza visible e invisible.

Más tarde se relegó también al olvido la naturaleza invisible. Los magos se concentraron exclusivamente en la naturaleza visible para someterla a la voluntad humana. Así nació la ciencia tecnológica e industrial. Es la continuación de la magia ceremonial de los humanistas sin su elemento oculto, como la magia ceremonial es la continuación de la magia sagrada sin sus elementos gnóstico y místico.

Lo que acabo de decir concuerda enteramente con lo que al respecto piensa Papus (y también Éliphas Lévi), a quien por cierto nadie acusará de hablar sin conocimiento de causa. Escribe este autor:

«La magia ceremonial es una operación mediante la cual el hombre intenta, por el juego mismo de las fuerzas naturales, constreñir las potencias invisibles de diversos órdenes a que actúen según lo que requiere de ellas. Con este fin las atrapa o sorprende, por así decirlo, proyectando, gracias al efecto de las *correspondencias* que supone la unidad de la creación, fuerzas que él mismo no domina, pero a las que puede abrir vías extraordinarias...

»La magia ceremonial entra exactamente en la categoría de nuestra ciencia industrial. Nuestro poder es casi nulo comparado con el del vapor, la electricidad o la dinamita; pero, oponiéndoles mediante combinaciones apropiadas otras fuerzas naturales tan potentes como ellas, las concentramos, las almacenamos y las obligamos a transportar o destrozar masas ante las cuales no somos nada...»[14]

¿Qué añadir a esto? Tal vez otra frase de Papus que define la relación existente entre el mago científico u ocultista y el brujo o hechicero:

«El brujo es al ocultista lo que el operario al ingeniero»[15].

El brujo no es, pues, más que un ocultista aficionado.

Así como la ciencia tecnológica de hoy es la continuación directa de la magia ceremonial, de la misma manera nuestro actual arte profano sólo es la continuación de la *gnosis* y *magia* que han perdido de vista la mística y se han separado de ella. El arte, en efecto, pretende *revelar* e intenta hacerlo de modo *mágico*.

Los antiguos misterios no eran otra cosa que arte sagrado con un fondo consciente de mística y gnosis. Pero, al caer este fondo en el olvido o retroceder demasiado en la historia, sólo quedaba ya una gnosis (o revelacionismo) privada de su base de disciplina y experiencia místicas. Así nació el arte creador, y los misterios se convirtieron en teatro, los *mantras* reveladores en versos, los himnos en canciones y los movimientos pantomímicos reveladores en danzas, mientras los mitos cósmicos cedieron el puesto a las bellas letras.

El arte, una vez separado del organismo vivo de la unidad del Tetragrámaton, se aleja necesariamente tanto de la gnosis como de la magia sagrada de las que ha salido y a las que debe su sustancia y savia vital. La revelación pura de la gnosis va poco a poco transformándose en juego de la imaginación, y el poder mágico degenera en estética. Así lo comprendió Richard Wagner y trató de remediarlo. La obra de Wagner tenía por meta la reintegración del arte, reuniéndolo con la gnosis y la mística para que volviera a ser magia sagrada.

Joséphin Péladan se esforzó por lograr lo mismo en Francia. Llegó incluso a tener un brillante éxito, aunque pasajero, por motivos que llegaría a comprender más tarde. El silencio es el clima indispensable a toda revelación; el ruido la hace absolutamente imposible.

La vida religiosa, como es bien sabido, decae también cuando deja de estar enraizada en la mística, iluminada por la gnosis y movida por la magia sagrada. Se enfría sin el fuego de la primera, se oscurece sin la luz de la segunda y pierde su vigor sin el poder de la tercera. Sólo le

---
14. Papus, *Traité élémentaire de science occulte*, p. 425, 426.
15. Papus, *La science des mages*, p. 68.

queda entonces un legalismo teológico apoyado por un legalismo moral: no otro es el origen de la religión de los escribas y fariseos en tiempos del Nuevo Testamento. Es el crepúsculo que precede a su noche, es decir, a su muerte.

La fe es la experiencia del *soplo* divino; la esperanza es la experiencia de la *luz* divina; el amor es la experiencia del *fuego* divino. No hay auténtica y sincera vida religiosa sin fe, esperanza y amor; mas tampoco hay fe, esperanza y amor sin experiencia mística o, lo que es lo mismo, sin gracia. Ningún argumento intelectual es capaz de despertar la fe; podrá, a lo más, eliminar obstáculos, equívocos y prejuicios, contribuyendo así a crear el silencio interior necesario a la experiencia del soplo divino. Pero la fe misma es ese soplo, cuyo origen no está ni en el razonamiento lógico, ni en la impresión estética, ni en el acto moral humano.

El llameante Verbo divino luce en el mundo de los silencios del alma y lo mueve. Este movimiento es la fe viva. La fe real y genuina, y esta luz es la esperanza o iluminación, mientras todo se deriva del *fuego* divino que es el amor o unión con Dios. Las tres vías o etapas místicas tradicionales –*purificación, iluminación* y *unión*– son las de la experiencia del soplo divino o fe, de la luz divina o esperanza y del fuego divino o amor. Estas tres experiencias básicas de la revelación de lo divino constituyen el triángulo de la *vida*, ya que ningún espíritu, alma y ni siquiera un cuerpo podrían *vivir* privados de todo amor, esperanza y fe. Estarían entonces desprovistos de todo impulso vital. Pues ¿qué es el *élan vital,* definido por Henri Bergson como ímpetu general de la evolución, sino un amor, una esperanza y una fe que de diverso modo actúan en lo más íntimo de la vida entera? Justamente porque en el principio existía el Verbo, porque todas las cosas le deben su existencia (Jn 1) y porque ese Verbo primordial aún vibra en todo cuanto vive, el mundo sigue viviendo y hay en él un impulso vital que no es más que el amor, la esperanza y la fe antaño inspirados por el Verbo creador.

En este sentido tenía razón Browning al decir que «la naturaleza es sobrenatural». Su origen sobrenatural se manifiesta todavía en su impulso vital. ¡Querer vivir! ¡Dios mío, qué profesión de fe, qué demostración de esperanza y qué fuego de amor!

Amor, esperanza y fe son al propio tiempo la esencia de la mística, de la gnosis y de la magia sagrada. La *fe* es fuente del poder mágico, y a ella se le atribuyen todos los milagros de que habla el evangelio. La revelación –todas las revelaciones– de la gnosis, sólo tiene un fin: dar, preservar e incrementar la *esperanza*. El libro que reposa en las rodillas de la Papisa está escrito para que la esperanza perdure, ya que toda revelación que no da esperanza es inútil y superflua. La mística es fuego sin reflexión, es la unión con lo divino en el *amor*. Es la fuente primera de toda vida, aun de la vida religiosa, artística e intelectual. Sin ella todo se convierte en pura técnica. La *religión* se transforma en un conjunto de técnicas cuyos ingenieros son los escribas y fariseos; se vuelve legalista. El *arte* viene también a parar en una serie de técnicas ya tradicionales, ya innovadoras, es decir, en un campo de imitación o de experiencias. La *ciencia*, por último se convierte en un sistema de técnicas de poder sobre la naturaleza.

El arcano de la magia sagrada representado por la Emperatriz nos lleva por otro camino. Nos llama al camino de la regeneración, en vez del de la degeneración. Nos invita a desmecanizar todo lo que ya se ha vuelto meramente técnico, intelectual, estético o moral. Hay que desmecanizarse para ser mago, pues la magia sagrada es toda ella vida, tal como se revela en el misterio de la sangre. Ojalá nuestros problemas lleguen a ser otros tantos gritos de la sangre, nuestras palabras fluyan con la sangre, nuestros hechos sean dones de nuestra sangre: así es como uno se convierte en mago. El hombre se hace mago al hacerse *esencial*, como lo es la sangre.

En su obra sobre la magia[16], Éliphas Lévi dio al capítulo dedicado al tercer arcano del tarot el siguiente subtítulo: *Plenitudo vocis*. Su elección es más que afortunada, ¡es genial! «Plenitud de la voz»: ¿podría describirse mejor la esencia de la magia sagrada? Sí, de eso se trata en la magia sagrada, de la plenitud de la voz; es la voz llena de sangre, la sangre que se vuelve voz. Es el ser donde no hay nada mecánico y donde absolutamente todo está vivo.

Siendo el tercer arcano del tarot el arcano de la magia sagrada, es también, por el hecho mismo, el arcano de la *generación*. Ésta sólo constituye un aspecto de la magia sagrada. Si la magia sagrada es la unión de dos voluntades –humana y divina– cuyo resultado es el milagro, de idéntico modo la generación supone la trinidad de engendrador, engendrante y engendrado. Ahora bien, el engendrado es el milagro resultante de un principio engendrador y otro engendrante. Ya se trate de una nueva idea, una obra de arte o el nacimiento de un niño, no hay diferencia: siempre actúa la misma ley de la generación, siempre está en juego el mismo arcano de la fecundidad y siempre su prototipo divino es el misterio de la encarnación del Verbo.

Hemos dicho anteriormente que la magia sagrada es la vida como en su estado anterior a la caída. Dado que la vida es siempre generadora, el arcano de la magia sagrada es al mismo tiempo el de la *genera-*

---

16. É. Lévi, *Dogme et rituel de la haute magie*, Paris 1854.

ción antes de la caída, la generación *vertical,* del plano superior al inferior, en lugar de la generación *horizontal* que se realiza en un solo plano. La fórmula de este misterio es bien conocida:

«Y por obra del Espíritu Santo se encarnó de María, la Virgen.»

Esta fórmula contiene la trinidad del engendrador de arriba, la engendrante de abajo y el engendrado; o bien: el Espíritu Santo, la Santísima Virgen y el Dios-Hombre. Es a la vez la fórmula de la magia sagrada en general, porque expresa el misterio de la unión de las voluntades divina y humana en el elemento de la sangre. La sangre –en su triple sentido místico, gnóstico y mágico– es el cetro o poder de la magia sagrada.

En este punto, querido amigo desconocido, me retiro y te dejo solo con tu *ángel.* No conviene que mi voz humana se arrogue el derecho de pronunciar las cosas que son continuación más honda de lo que aquí acaba de esbozarse.

Carta IV

EL EMPERADOR

El arcano de la filosofía hermética y de la obediencia

«¡Bendito el que viene en el nombre del Señor!» (Sal 118,25s; Mc 11,9).

Querido amigo desconocido:

Un hombre goza de tanta mayor autoridad cuanto menos superficial es él mismo, cuanto más sabe, cuanto más puede. *Ser* algo, *saber* algo y *poder* algo es lo que da autoridad a una persona. Puede también decirse que un hombre gozará de autoridad en la medida en que reúna en sí la hondura de la mística, la sabiduría directa de la gnosis y el poder realizador de la magia. Quien disfrute en cierto grado de tales cualidades, hará escuela; quien, además, las posea en grado mayor, éste hará ley.

Sólo la autoridad constituye el verdadero y único poder de la ley. La coacción no es más que el expediente al que se recurre para remediar la falta de autoridad. Donde hay autoridad, es decir, donde está presente el soplo de la magia sagrada llena de los rayos de luz de la gnosis emanada por el fuego profundo de la mística, allí sobra la coacción.

El Emperador del cuarto arcano del tarot no tiene ni espada ni cualesquiera otras armas. Reina con el cetro y sólo con él. Por eso la primera idea que la lámina evoca de modo natural es la de la *autoridad* subyacente a la *ley*. La tesis que deriva de las meditaciones de los tres arcanos precedentes es que toda autoridad tiene su origen en el inefable nombre divino *YHVH* y que toda ley viene de ahí. La misma tesis implica que el portador humano de una auténtica autoridad *no reemplaza* la autoridad divina, sino, al contrario, le *cede el puesto*. Para ello ha de renunciar a algo.

Ahora bien, la lámina nos enseña en primer lugar que el Emperador ha renunciado a la coacción, a la violencia. No tiene armas. Su mano derecha empuña el cetro, en el que fija la vista, mientras la izquierda ase el cinturón abrochado. No está de pie ni sentado, sino simplemente apoyado en un exiguo trono y con un solo pie en el suelo. Tiene las piernas cruzadas. El escudo con el águila reposa en tierra, a su lado. En la cabeza, por fin, lleva una corona maciza y pesada.

La contextura de la lámina expresa renuncias que van mucho más allá que la de la mera coacción. El Emperador ha renunciado al descanso, pues no está sentado. Ha renunciado a andar, puesto que se apoya y tiene cruzadas las piernas. No debe ni avanzar con vistas a una ofensiva, ni ceder terreno retrocediendo. Ocupa el lugar que le corresponde: en el trono y junto a su escudo. Hace de centinela y, como tal, no tiene libertad de movimientos. Es un guardián ligado a su puesto.

Lo que en el fondo está guardando es el cetro. Éste no es un instrumento, sino un símbolo que, desde el punto de vista práctico, no sirve para nada. El Emperador, por tanto, ha renunciado a toda acción: con su mano derecha se limita a sostener el cetro y con la izquierda mantiene apretado el cinturón. Así, pues, tampoco le queda libre esta mano, cuya función es reprimir la naturaleza impulsiva e instintiva del Emperador para que no se interponga y lo desvíe de su deber de guardián.

El Emperador, decimos, ha renunciado al *movimiento* por medio de las piernas, y a la *acción* por medio de brazos y manos. Al mismo tiempo, lleva una corona maciza y pesada. Toda corona –como ya meditábamos al mencionar la de la Emperatriz– tiene un doble sentido. Es el signo de la legitimidad, pero también el de una tarea o misión que le viene de lo alto al coronado. Así, toda corona es esencialmente una corona de espinas, no sólo por ser pesada, sino porque a la vez supone una dolorosa limitación del pensamiento e imaginación libres o arbitrarios de la personalidad. Cierto que emite rayos hacia el exterior, pero interiormente estos mismos rayos son espinas para la personalidad. Desempeñan el papel de clavos que horadan y crucifican cada pensamiento o idea de la imaginación personal. El pensamiento verdadero recibe de la corona primero confirmación y luego iluminación; el pensamiento falso o inoportuno es clavado y reducido a la impotencia. La corona del Emperador significa renuncia a la libertad intelectual de movimientos, así como sus brazos y piernas indican renuncia a la libertad de acción y movimiento en general. ¡Autoridad obliga!

Mas no es eso todo. El escudo con el águila permanece en el suelo a su lado. El Emperador no lo tiene en la mano, como la Emperatriz. El escudo está ahí, pero pertenece más al *trono* que a la persona del Emperador. Esto quiere decir que el *fin* u objetivo ante el que monta guardia el Emperador no es el suyo propio, sino el del trono. El Emperador no tiene misión personal; ha renunciado a ella en favor del trono. En términos esotéricos, no tiene *nombre*, es anónimo, porque el nombre –la misión– pertenece al trono. El Emperador no está ahí en su propio nombre, sino en el del trono. Tal es su cuarta renuncia, la renuncia a una misión personal o al *nombre*, en el sentido esotérico de la palabra.

Se dice que la naturaleza tiene «horror al vacío» (*horror vacui*). La antífrasis espiritual de esta fórmula es que el espíritu tiene «horror del lleno». Hay que crear un vacío natural –esto es lo que hace la renuncia– para que lo espiritual se manifieste. Las bienaventuranzas del sermón de la montaña (Mt 5,1-12) enuncian esa verdad fundamental. «Bienaventurados los pobres de espíritu, porque de ellos es el reino de los cielos» significa que los ricos de espíritu, que están llenos del reino espiritual del *hombre*, no tienen sitio en el reino de los *cielos*. La revelación presupone el vacío –un espacio puesto a su disposición– para manifestarse. Por eso hay que renunciar a la opinión personal a fin de recibir la revelación de la verdad, a la acción personal para convertirse en agente de la magia sagrada, a la vía (o método) del desarrollo personal para ser guiado por el Maestro de las vías, a la misión personalmente escogida para encargarse de una misión venida de lo alto.

El Emperador ha creado en sí mismo ese cuádruple vacío. Por ello es emperador o, dicho de otro modo, *autoridad*. Ha dejado en sí espacio para el nombre divino *YHVH*, que es la fuente de toda autoridad. Ha renunciado a la propia iniciativa intelectual, y el vacío resultante se llena de la iniciativa divina o la *yod* del nombre sagrado. Ha renunciado a la acción y el movimiento, y el vacío resultante se llena de la acción reveladora y el movimiento mágico de lo alto, es decir, de la *he* y la *vav* del nombre divino. Ha renunciado, por último, a su misión personal, volviéndose anónimo, y el vacío resultante se llena de autoridad o segunda *he* del nombre divino, convirtiéndose así en fuente de la *ley* y el *orden*.

Lao-Tsé revela en su *Tao-te King* el arcano de la *autoridad*.

«Treinta rayos convergentes, reunidos en el medio, forman una rueda; mas lo que permite la utilización del carro es su orificio central. Las vasijas están hechas de arcilla, pero si podemos servirnos de ellas es gracias a su vacío. Una casa tiene agujeros, que son las puertas y ventanas, y esos vacíos la hacen habitable. Así, el ser produce el útil, pero éste es eficaz merced al no ser» (XI).

Y más adelante:

«Lo incompleto será completado, lo curvo enderezado, lo vacío rellenado, lo viejo renovado, lo insuficiente aumentado, lo excesivo disipado. Por eso el santo, al abrazar la unidad, es modelo del mundo. Porque no se pone en evidencia, brilla; porque no es personal, se impone; porque no se gloría, merece; porque no tiene orgullo, crece sin cesar; porque no lucha, nadie en el mundo puede oponerse a él...» (XXII).

Porque tiene *autoridad*.

Dios gobierna el mundo por la autoridad, no por la fuerza. Si así no fuera, no habría en el mundo ni libertad ni ley, y carecerían de sentido las tres primeras peticiones del Padrenuestro: «Santificado sea tu nombre; venga a nosotros tu reino; hágase tu voluntad así en la tierra como en el cielo.» Quien pronuncia estas palabras lo hace sólo para afirmar e incrementar la *autoridad* divina, y no el poder divino. Dios, que es todopoderoso no virtualmente sino en acto, no necesita de plegarias para que venga su reino y se haga su voluntad. El sentido de esta oración es que el poder de Dios será tanto mayor cuanto su autoridad sea más libremente reconocida y aceptada. La oración es el acto de este reconocimiento y aceptación. Uno es libre de creer o no creer. Nada ni nadie puede obligarnos a tener fe: ningún descubrimiento científico, ningún argumento lógico, ninguna tortura física pueden forzarnos a creer, es decir, a reconocer y aceptar libremente la autoridad de Dios. Pero, por otra parte, una vez reconocida y aceptada esa autoridad, lo impotente se vuelve poderoso. La fuerza divina *puede* entonces manifestarse, y por eso se dice que una pizca de fe basta para mover montañas.

El problema de la autoridad tiene un alcance a la vez místico, gnóstico y hermético. Abarca el misterio cristiano de la crucifixión y el misterio de la retirada» (*sod hatsimtsum*) de la cábala luriánica. He aquí algunas reflexiones que quizá nos ayuden a progresar en la meditación profunda de este misterio.

El mundo cristiano venera el crucifijo, o sea la imagen que expresa la paradoja del Dios todopoderoso reducido a la extrema impotencia. Precisamente esta paradoja representa la suprema revelación de lo divino en toda la historia de la humanidad. Es la revelación más perfecta del Dios-Amor.

«Por nuestra causa fue crucificado en tiempos de Poncio Pilato, padeció y fue sepultado.»

Así reza el credo cristiano. El Hijo unigénito del Padre eterno clavado en la cruz por nosotros: he aquí algo que impresiona hasta lo más hondo a toda alma abierta, incluida la del ladrón crucificado a su derecha. Esta impresión es inolvidable e indecible. Es el soplo directo de lo divino que inspiraba y aún inspira a miles de mártires, confesores, vírgenes y ermitaños.

Mas no acontece así con todo ser humano que se halla frente al Crucificado; no a todos les alcanza el soplo de Dios. Tal sucedió en el Calvario y tal sigue sucediendo hoy.

«Los que pasaban por allí lo insultaban, meneando la cabeza y diciendo: "...Si eres Hijo de Dios, ¡sálvate a ti mismo y baja de la cruz!" Igualmente los sumos sacerdotes junto con los escribas y los ancianos se burlaban de él diciendo: "A otros salvó y a sí mismo no puede salvarse. Rey de Israel es: que baje ahora de la cruz y creeremos en él. Ha puesto su confianza en Dios; que lo salve ahora, si de verdad lo ama» (Mt 27, 39-43).

Ahí tenemos la otra reacción. Exactamente con ella nos encontramos, por ejemplo, en las emisiones soviéticas de Radio Moscú. El argumento de Moscú es siempre el mismo: «Si Dios existe, debe saber que nosotros, los comunistas, lo destronamos. ¿Por qué no nos da una señal visible, si no de su poder, al menos de su existencia? ¿Por qué no defiende sus propios intereses?» En términos distintos, es el mismo argumento antiguo: «Baja de la cruz y creeremos en ti.»

Cito estas cosas bien sabidas porque tras ellas se esconde un principio filosófico: *Verdad y poder son idénticos;* lo poderoso es verdadero, lo impotente falso. Según este dogma o principio filosófico (que ha llegado a ser el de la moderna ciencia tecnológica), el poder constituye el criterio absoluto e ideal supremo de la verdad. Lo único divino es lo poderoso.

Hay también adoradores públicos y secretos del ídolo del poder –pues éste es un ídolo y la fuente de toda ideología– en el campo cristiano y en el religioso y espiritualista en general. No me refiero a los príncipes y políticos religiosos o espiritualistas que ambicionan el poder, sino a los partidarios de doctrinas que sostienen la primacía del mismo. Los hay de dos clases: quienes aspiran al ideal del superhombre y los que creen en un Dios *actualmente* todopoderoso y por tanto responsable de cuanto sucede. Muchos entre los esotéricos, ocultistas y magos aspiran abierta o secretamente al ideal del superhombre. Entre tanto, se las dan a menudo de maestros y pontífices, en espera de la futura dignidad de superhombre. A la vez están todos curiosamente de acuerdo en despachar a Dios lejos, bien lejos, a las alturas de lo abstracto absoluto, para que su presencia demasiado concreta no les moleste y tengan ellos un lugar donde poder desarrollar su propia grandeza sin que venga a inquietarles la rivalidad de la grandeza divina. Construyen torres de Babel individuales que siguen la ley de toda torre de Babel, y tarde o temprano experimentan una saludable caída, como enseña la lámina xvi del tarot. No caen de una altura *real* en un abismo *real*; caen de una altura *imaginaria* y sólo dan consigo en el suelo, es decir, aprenden la lección que los demás hombres hemos ya aprendido o tenemos que aprender.

La adoración al ídolo del poder, concebido como superhombre, sobre todo cuando uno se identifica con él, es relativamente inofensiva, por lo mucho que en el fondo tiene de infantil. Mas no ocurre lo mismo con la otra categoría de adoradores del poder, los que proyectan este ideal en el propio Dios. Su fe en Dios depende únicamente del *poder* divino; si Dios fuera impotente no creerían en él. Éstos son quienes enseñan que Dios ha creado unas almas predestinadas al castigo eterno y otras a la salvación; son también los que hacen a Dios responsable de toda la historia del género humano, incluidas sus atrocidades. Dios, dicen, castiga a sus hijos desobedientes por medio de guerras, revoluciones, tiranías y cosas semejantes. ¿Cómo podría ser de otro modo? Dios es omnipotente, luego nada puede suceder sin su intervención o, al menos, sin su consentimiento.

El ídolo del poder tiene tal influjo en la conciencia humana que ésta prefiere un Dios en quien se mezclan el bien y el mal, con tal que sea poderoso, al Dios-Amor que sólo gobierna por la autoridad intrínseca de lo divino, es decir, por la verdad, la belleza y la bondad. En otras palabras, prefiere el Dios actualmente todopoderoso al Dios *crucificado*.

Sin embargo, el padre de la parábola del hijo pródigo no envió a su hijo fuera de casa para que llevara una vida de desenfreno, ni tampoco le impidió abandonar el hogar paterno forzándole a vivir según sus propias normas. Se limitó a *esperar* su retorno y le salió al encuentro cuando por fin volvió a casa. Todo lo que acontece en la historia del hijo pródigo, salvo su regreso, es exactamente lo *contrario* de lo que el padre quería.

La historia del género humano después de la caída es, ni más ni menos, la del hijo pródigo. Nada tiene que ver con la ley de la involución y evolución según el plan divino, de la que nos hablan los teósofos modernos; se trata sencillamente de un abuso de libertad, como en el caso del hijo pródigo. Y la fórmula clave de la historia de la humanidad no se encuentra ni en el progreso de la civilización ni en el proceso evolutivo ni en ningún otro proceso, sino en las palabras mismas del hijo pródigo:

> «Padre, pequé contra el cielo y ante ti; ya no merezco ser llamado hijo tuyo, trátame como a uno de tus jornaleros» (Lc 15,18-19).

¿Es pues la humanidad, ella sola, responsable de su historia? Sin duda alguna, ya que Dios no la quiso así. En ella Dios está crucificado.

Comprenderemos esto si nos damos cuenta del alcance que tiene el hecho de la libertad humana, así como el de la libertad de los seres de las jerarquías espirituales: ángeles, arcángeles, principados, potestades, virtudes, dominaciones, tronos, querubines y serafines. Todos estos seres, incluidos los hombres, los *'ischim*, poseen una existencia o real o ilusoria. Si tienen existencia *real*, no son espejismos; son entidades independientes dotadas no sólo de una independencia *fenoménica*, sino también *nouménica*. Esta independencia nouménica es lo que nosotros entendemos por *libertad*. La libertad no es, en efecto, más que la existencia real y completa de un ser creado por Dios. Ser libre y existir son sinónimos desde el punto de vista moral y espiritual. Así como la moral no existe sin libertad, tampoco una entidad espiritual –alma o espíritu– puede existir sin ser libre; sólo sería un atributo o parte de otra entidad espiritual libre, es decir, existente de hecho. La libertad es la existencia espiritual de los seres.

Cuando leemos en la Escritura que Dios ha creado a todos los seres, esto significa esencialmente que ha dado libertad –o existencia– a esos mismos seres. Una vez concedida la libertad, Dios no la retira. Por eso los seres de las diez jerarquías mencionadas son *inmortales*. La muerte –no la separación del cuerpo sino la muerte *real*– sería la privación absoluta de la libertad, es decir, la pérdida completa de la existencia dada por Dios. Y ¿quién o qué cosa puede retirarle a un ser el don divino de la libertad, el presente divino de la existencia? La libertad o existencia es *inalienable*, y los seres de las diez jerarquías son inmortales. Este enunciado –«la libertad o existencia es inalienable»– puede entenderse o como regalo supremo, el máximo valor imaginable, lo cual sería una primicia del paraíso, o como condenación a una existencia perpetua, lo que equivaldría a un anticipo del infierno. Efectivamente, nadie nos envía a ninguna parte: la libertad es auténtica, no una mera comedia. Somos nosotros quienes escogemos. Ama la existencia y habrás escogido el cielo; ódiala y habrás optado por el infierno.

Ahora bien, para los seres libres Dios es o el rey que reina (en el sentido de la autoridad, como enseña el cuarto arcano del tarot) o el crucificado. Es el rey para aquellos de sus seres que aceptan de buen grado su autoridad (que creen); es el crucificado para quienes abusan de su libertad y adoran a los ídolos o, dicho de otra manera, sustituyen la autoridad por un sucedáneo.

Rey y crucificado a la vez; he aquí el misterio de la inscripción de Pilato sobre la cruz del Calvario:

Iesus Nazarenus, Rex Iudeorum.
(Jesús Nazareno, rey de los judíos.)

Todopoderoso e impotente a la vez. ¡Por eso los santos han podido realizar tantos milagros de curación en la historia humana, mientras guerras sangrientas y otras catástrofes hacían estragos a su alrededor!

La libertad es el verdadero trono de Dios y al mismo tiempo su cruz. La libertad es la clave de la comprensión del papel de Dios en la historia, la comprensión del Dios-Amor y del Dios-Rey, sin el sacrilegio de hacer de él un tirano y sin la blasfemia de dudar de su poder o aun de su existencia... Dios será todopoderoso en la historia mientras haya fe; y será crucificado en la medida en que el hombre se aparte de él.

Así, la crucifixión divina deriva del hecho de la libertad o existencia real de los seres de las diez jerarquías, en tanto el mundo esté gobernado por la autoridad divina y no por la coacción.

Fijémonos ahora en la idea del *tsimtsum*, la «retirada» de Dios, de la escuela cabalística de Luria. Esta doctrina revela uno de los tres misterios de la cábala: *sod hayihud*, el «misterio de la unión»; *sod hatsimtsum*, el «misterio de la concentración» o «retirada divina»; *sod haguilgul*, el «misterio de la revolución» o «reencarnación de las almas». Los otros dos misterios, el de la unión y el de la revolución o transmigración de las almas, serán tratados más adelante (en cartas ulteriores, por ejemplo la x). Tocante al misterio de la retirada (o concentración) divina, que aquí nos interesa, trátase de la tesis según la cual la existencia del universo llega a ser posible merced al acto de contracción de Dios en sí mismo. Dios hace sitio para el mundo renunciando a una región en su propio interior.

«El primer acto del Ser infinito, el *'en-sof*, fue por tanto... no un paso hacia afuera, sino un paso hacia adentro, un meterse en su propio interior, una contracción –perdóneseme la audacia de este término– de Dios "desde sí mismo en sí mismo". Así, pues, en lugar de producir una primera emanación de su existencia o de su fuerza *a partir de* sí mismo, *desciende* el *'en-sof*, al contrario, *dentro* de sí, concentra en sí mismo su propio Ser...»[1]

«El primer acto no es, por consiguiente, un acto de revelación, sino de encubrimiento y limitación. Sólo en su segundo acto sale Dios de sí mismo enviando un rayo de su esencia y comienza su revelación o despliegue como Dios creador en el espacio primordial creado por él dentro de sí. Y más aún, cada nuevo acto de emanación y manifestación de Dios es precedido por un acto también nuevo de concentración y retracción»[2].

En otras palabras, para crear el mundo de la nada, Dios tuvo que hacer surgir previamente esa nada. Tuvo que retirarse para crear un espacio místico no ocupado por su presencia, es decir, para crear la nada.

Justamente al evocar esta idea asistimos al nacimiento de la *libertad*. Berdiaiev lo formula así:

«La libertad no ha sido determinada por Dios creador; procede de la nada de la que Dios creó el mundo»[3].

La nada –el espacio místico de donde Dios se retiró por su acto de *tsimtsum*– es el lugar de origen de la libertad, o sea el lugar de origen de la ex-sistencia, de la esencia que representa la potencialidad absoluta, no determinada en modo alguno. Todos los seres de las diez jerarquías creadas son hijos de Dios y de la libertad, de la plenitud divina y de la nada; llevan en sí una gota de la nada y una chispa de Dios. Su *existencia*, su libertad, es la nada en ellos. Son inmortales, porque la nada es indestructible y la mónada procedente de Dios lo es también. Además, estos dos elementos indestructibles, el elemento meóntico (*me on*, nada) y el elemento plerómico (*pleroma*, plenitud) están indisolublemente ligados entre sí.

Ahora bien, la idea del *tsimtsum*, de la retirada de Dios para crear la libertad, y la de la crucifixión divina por mor de la libertad coinci-

---
1. G. Scholem, *Die jüdische Mystik in ihren Hauptströmungen*, Zurich 1957, p. 286; trad. francesa, *Les grands courants de la mystique juive*, Payot, Paris 1950.
2. Ibid., p. 287.
3. N. Berdiaiev, *Von der Bestimmung des Menschen*, Berna-Leipzig 1935, p. 42; trad. cast., *La destinación del hombre*, 1947.

den en todo. En efecto, la retirada de Dios para dejar sitio a la libertad y su renuncia al uso del poder contra el abuso de la libertad (dentro de ciertos *límites*) no son más que dos aspectos de la misma idea. Huelga decir que las ideas del *tsimtsum* y de la crucifixión divina no tienen ninguna aplicación cuando a Dios se lo concibe en sentido panteísta. El *panteísmo*, como el materialismo, excluye la existencia *real* de los seres individuales y, por ende, el hecho de una libertad no sólo aparente. Para el panteísmo y el materialismo no caben ni pueden caber las nociones de retirada y de crucifixión divinas. Por otro lado, la doctrina cabalística del *tsimtsum* es la única explicación seria que conozco de la creación *ex nihilo*, capaz de servir de contrapeso al puro y simple panteísmo. Constituye además un profundo vínculo entre el Antiguo y Nuevo Testamentos, al poner en evidencia el alcance cósmico de la idea de *sacrificio*.

El reflejo de la idea de la retirada y la crucifixión divinas se encuentra indicado, como hemos visto, en el cuarto arcano del tarot, el Emperador. El Emperador reina por pura *autoridad*, reina sobre seres *libres*, es decir, no por medio de la *espada*, sino gracias al *cetro*. Éste acaba en una bola con una cruz encima. Expresa, pues, clarísimamente la idea central del arcano: así como el mundo (la bola) está dominado por la cruz, así también el poder del Emperador sobre el orbe se halla sometido al signo de la cruz. El poder del Emperador refleja el poder divino. Y así como éste se realiza mediante la contracción divina (*tsimtsum*) y la impotencia voluntaria de Dios, la crucifixión, de la misma manera el poder del Emperador se realiza mediante la contracción de sus fuerzas personales (cinturón apretado) y la inmovilidad voluntaria (piernas cruzadas) en su puesto (sitial o trono).

La *función* del emperador... ¡Qué plétora de ideas sobre el puesto del emperador de la cristiandad, su misión histórica, sus funciones a la luz del derecho natural y su papel a la luz del derecho divino nos es dado encontrar en las obras de los autores medievales!

«Al igual que conviene efectuar la fundación de una ciudad o un reino según el modelo de la creación del mundo, así el principio (*ratio*) de su gobierno debe derivarse de la manera como el mundo es gobernado»[4].

Tal es, a este respecto, la tesis fundamental de santo Tomás de Aquino. Por eso los autores medievales no podían imaginarse la cristiandad sin emperador, como tampoco podían imaginarse la Iglesia universal sin papa. Si el mundo está gobernado jerárquicamente, tam-

---

4. Tomás de Aquino, *De regno*, libro I, cap. 14, art. 1.

bién lo había de estar la cristiandad o sacro imperio. La jerarquía es una pirámide que sólo existe si está completa, y el emperador es su cima. Luego vienen reyes, duques, nobleza, burgueses y campesinos. Pero la corona del emperador es la que confiere su realeza a las coronas reales, y de éstas deriva la autoridad de las coronas ducales y todas las demás.

La *función* del emperador no es, sin embargo, la de la última (o más bien primera) instancia de la legitimidad. Era a la vez *mágica*, si por magia entendemos la actuación de las correspondencias entre lo que está abajo y lo que está arriba. Era el principio mismo de la autoridad, del que todas las autoridades menores recibían, además de su legitimidad, su influjo en la conciencia de las gentes. Por eso las coronas reales perdieron una tras otra su esplendor y se eclipsaron al eclipsarse la corona imperial. Las monarquías no pueden subsistir mucho tiempo sin *la* monarquía; los reyes no pueden repartirse entre sí la corona y el cetro del emperador y declararse emperadores en sus respectivas tierras, pues la sombra del verdadero emperador seguirá cerniéndose sobre ellos; y si antaño el emperador dio lustre a las coronas reales, más tarde la sombra del emperador ausente ofuscaría esas mismas coronas y, por ende, todas las demás: ducales, principescas, condales, etcétera. La pirámide no está completa sin su cima; la jerarquía *no existe* si está incompleta. Si no hay emperador, tarde o temprano tampoco habrá reyes. Si no hay reyes, acabará por desaparecer la nobleza. Y si no hay nobleza, desaparecerán también, tarde o temprano, la burguesía y el campesinado. He aquí cómo se llega a la dictadura del *proletariado*, esa clase hostil al principio jerárquico en el que se refleja el orden divino. Por eso el proletariado profesa el ateísmo.

Europa se ve acosada por la sombra del emperador. Siente su ausencia con tanta viveza como en otros tiempos sintió su presencia. El vacío de la llaga *habla*. Lo que nos falta se deja sentir.

Napoleón, testigo ocular de la revolución francesa, comprendió la dirección que Europa había tomado: hacia la completa destrucción de la jerarquía. Y sentía la sombra del emperador. Sabía que lo que hacía falta restaurar en Europa no era el trono real de Francia –pues los reyes no duran mucho tiempo sin emperador–, sino el trono imperial de la propia Europa. Decidió, por tanto, colmar la laguna. Hízose a sí mismo emperador y nombró reyes a sus hermanos. Confió para ello en la espada. En vez de reinar por el cetro –la bola con la cruz encima– tomó el partido de quienes pretenden reinar por la espada. Pero...

«Todos los que empuñan la espada perecerán por la espada» (Mt 26,52).

También Hitler tuvo la delirante ambición de ocupar el puesto de emperador. Creyó poder asentar «el imperio milenario» (*das tausendjährige Reich*) de la tiranía por medio de la espada. Pero, una vez más, «todos los que empuñan la espada perecerán por la espada».
No, el puesto de emperador no pertenece a quienes lo desean ni depende de la elección de los pueblos. Depende sola y únicamente de la elección del cielo. Se ha vuelto oculto, y la corona, el cetro, el trono y el escudo del Emperador se encuentran en las *catacumbas*, es decir, *bajo protección absoluta*.
En la cuarta lámina del tarot el Emperador está solo, sin corte ni séquito. Su trono se halla situado no en una sala del palacio imperial, sino al aire libre. Al aire libre en un campo sin cultivar, y no en la plaza de una ciudad. Una mísera mata de hierba junto a su pie constituye toda su corte imperial, todo el testimonio de su grandeza. El claro firmamento se extiende sobre su cabeza. Él no es más que una silueta sobre ese fondo celeste. Solo en presencia del cielo: así está el Emperador.
Podríamos preguntarnos: ¿por qué el hecho extraño de que el Emperador y su trono se encuentren al aire libre se les ha escapado a tantos autores especializados en el tarot? ¿Por qué no han aludido a la soledad del Emperador, a su carencia de corte y séquito? Débese esto, creo yo, a que raras veces se le deja decir al símbolo, a la imagen del símbolo como tal, todo lo que su contexto intrínseco denota. Se le deja decir algo... y en seguida se interesa uno en sus propios pensamientos, en lo que uno mismo quiere decir, y no en lo que el símbolo tiene que decir.
La lámina, no obstante, es categórica: el Emperador está solo y al aire libre en un campo sin cultivar y con una mata de hierba por toda compañía, salvo el cielo y la tierra. La lámina nos enseña el arcano de la *autoridad* del Emperador: reconocida, oculta, ignorada o menospreciada. Trátase de la corona, el cetro, el trono y el escudo, guardados, sin otros testigos que el cielo y la tierra, por un hombre solitario que se apoya en el trono, tiene cruzadas las piernas, empuña el cetro y se estrecha el cinturón. La lámina nos habla de la *autoridad* misma y del *puesto* de la autoridad como tal.
Ahora bien, la autoridad es la magia de la profundidad espiritual llena de sabiduría. En otras palabras, es la resultante de la magia basada en la gnosis que a su vez se debe a la experiencia mística. La autoridad es la segunda *he* del nombre divino *YHVH*. Pero no es la segunda *he* considerada por separado; sólo lo es cuando se manifiesta *enteramente* el nombre divino. Por eso es más justo decir que *la autoridad es el nombre divino completo y manifestado*. El nombre

divino completo y manifestado significa al mismo tiempo una función, la de emperador, o sea el estado de conciencia de la síntesis completa entre mística, gnosis y magia sagrada. Este estado de conciencia de síntesis completa constituye la *iniciación*. La iniciación se entiende aquí no en el sentido de un ritual ni en el de la posesión de informaciones que se mantienen secretas, sino en el del estado de conciencia donde *eternidad e instante son una misma cosa*. Es la visión simultánea de lo temporal y lo eterno, de lo que está abajo y lo que está arriba. La fórmula de la iniciación no varía:

«He aquí lo verdadero, sin mentira, lo cierto y veracísimo: Lo que está abajo es como lo que está arriba, y lo que está arriba es como lo que está abajo, para realizar los milagros del uno.»

Esta unidad vivida, contemplada, practicada y comprendida es la iniciación o santificación del nombre divino en el hombre; no otro es el sentido profundo de la primera petición del Padrenuestro: «Santificado sea tu nombre.»

El Emperador representa, pues, la autoridad de la iniciación o del iniciado. Desde el punto de vista cabalístico, esta iniciación se debe al nombre divino completo; desde el punto de vista de la magia, al gran arcano mágico; y desde el punto de vista de la alquimia, a la piedra filosofal. En otros términos, es la unidad y síntesis entre mística, gnosis y magia. Esta unidad o síntesis es lo que hemos llamado, en nuestra segunda carta, filosofía hermética vinculada al sentido filosófico-hermético. Filosofía hermética no significa aquí –repitámoslo– una filosofía derivada o desprendida del organismo unitario de la mística, gnosis y magia; *ella misma es* esa unidad manifestándose. La filosofía hermética es tan inseparable de la unidad mística-gnosis-magia como la segunda *he* lo es del nombre divino. Constituye la *autoridad* o manifestación de dicha unidad entre mística, gnosis y magia.

La filosofía hermética se sitúa en el nivel de lo *verissimum,* de lo que es *verum sine mendacio et certum* de la fórmula epistemológica de la *Tabla de esmeralda.* Es, en efecto, el resumen de toda experiencia mística, revelación gnóstica y práctica mágica. La experiencia mística espontánea, que en la gnosis se vuelve verdadera –o reflejada en la conciencia– y luego cierta merced a su realización mágica, se refleja por segunda vez (como segunda *he* o segunda gnosis del nombre divino) en la esfera del pensamiento puro basado en la experiencia pura, para ser allí examinada y finalmente resumida, convirtiéndose así en veracísima.

La fórmula *Verum, sine mendacio, certum et verissimum* (Lo verdadero, sin mentira, lo cierto y veracísimo) enuncia, por tanto, el principio de la epistemología (o gnoseología) de la filosofía hermética con su triple piedra de toque. Este principio puede formularse de varias maneras. He aquí una: Lo absolutamente subjetivo (pura experiencia mística) debe objetivarse en la conciencia y ser aceptado en ella como *verdadero* (revelación gnóstica), para luego evidenciarse como *cierto* gracias a sus frutos objetivos (magia sagrada) y, finalmente, mostrarse *absolutamente verdadero* a la luz del pensamiento puro basado en la pura experiencia subjetiva y objetiva (filosofía hermética).

Trátese, por consiguiente, del acuerdo entre cuatro sentidos distintos: sentido místico o *tacto* espiritual, sentido gnóstico u *oído* espiritual, sentido mágico o *vista* espiritual y, por último, sentido filosófico-hermético o *comprensión* espiritual. La triple piedra de toque de la filosofía hermética es, pues, el *valor intrínseco* de una revelación (*verum, sine mendacio*), su *fertilidad constructiva (certum)* y su *concordancia* con las revelaciones anteriores, las leyes del pensamiento y toda experiencia disponible (*verissimum*). Así, en filosofía hermética, una cosa sólo es absolutamente verdadera cuando tiene *origen divino*, lleva *frutos* conformes con este origen y se armoniza con las *exigencias categoriales* del pensamiento y la experiencia.

El hermético es por tanto un hombre a la vez místico, gnóstico, mago y filósofo realista-idealista. Es filósofo *realista-idealista* porque se apoya tanto en la experiencia como en el pensamiento especulativo, en los hechos como en las ideas. Hechos e ideas son para él sino dos aspectos de la misma realidad-idealidad, es decir, de la misma *verdad*.

La filosofía hermética, por ser resumen y síntesis de la mística, la gnosis y la magia sagrada, no es una filosofía como las demás o un sistema filosófico particular entre tantos otros sistemas filosóficos particulares. Así como la Iglesia católica, precisamente por ser católica o universal, *no puede* considerarse como una Iglesia particular entre tantas otras ni tener sus dogmas por opiniones religiosas entre las demás opiniones religiosas o confesiones, así *tampoco* la filosofía hermética, síntesis de cuanto es esencial en la vida espiritual de la humanidad, *puede* tenerse a sí misma por una filosofía de tantas. ¿Presunción? Sería, no cabe duda, presunción monstruosa si se tratara de una invención humana en lugar de una revelación de lo alto. En efecto, si uno ha recibido esta revelación de lo alto, si aceptar esta verdad lleva consigo milagros de curación, de paz, de fuerza vivificante, si ello, finalmente, explica mil cosas inexplicadas e inexplicables de otro modo, ¿podría entonces considerarse como una simple opinión entre tantas otras?

¿Dogmatismo? Sí, si por dogma se entiende la certeza debida a una revelación de valor divino, a su fertilidad constructiva y a la confirmación que ha recibido de la razón y la experiencia reunidas. Cuando se tiene la certidumbre basada en la concordancia de lo divino que revela, lo divino-humano que obra y lo humano que comprende, ¿es posible actuar como si no se tuviera? ¿Habrá que renegar de ellas tres veces antes de que cante el gallo, para verse admitido en la buena compañía de los espíritus libres y no dogmáticos y calentarse con ellos junto al fuego de las cosas relativas, de lo meramente salido de las manos del hombre?

¿Herejía? Sí, si por herejía se entiende el primado de la revelación universal, de las obras del bien universalmente reconocidas como tales y del ideal de la universalidad en filosofía.

En suma, la filosofía hermética no es una filosofía particular entre otras filosofías existentes. No lo es ya, porque no maneja *conceptos* unívocos ni sus correspondientes definiciones verbales, como lo hacen las demás filosofías, sino *arcanos* y sus expresiones *simbólicas*. Compárese la *Tabla de esmeralda* con la *Crítica de la razón pura* de Kant, y se verá la diferencia. La *Tabla de esmeralda* enuncia los arcanos fundamentales de la *obra* místico-gnóstico-mágico-filosófica; la *Crítica de la razón pura* levanta un edificio compuesto de conceptos unívocos (por ejemplo las categorías de cantidad, cualidad, relación y modalidad), el cual, en conjunto, pone de relieve el método trascendental de Kant, es decir, el método de pensar sobre el pensar o reflexionar sobre la reflexión. Este método es con todo, como veremos, un aspecto del decimoctavo arcano del tarot (la Luna), y este arcano, simbólicamente expresado por la lámina de la Luna, enseña *de manera hermética* lo esencial de lo enseñado por Kant *de manera filosófica* acerca del método trascendental.

Entonces la filosofía hermética ¿no es más que mero simbolismo y nada tiene que ver con los métodos del razonamiento filosófico y científico?

Sí y no. Sí, por cuanto la filosofía hermética es de índole esotérica, consistiendo en *arcanos* orientados al *misterio* y expresados en símbolos. No, por cuanto ejerce un efecto estimulante en el razonamiento filosófico y científico de sus adeptos. Se halla rodeada, por así decirlo, de una penumbra intelectual de carácter filosófico-científico debida a la actividad de sus adeptos, que persiguen el fin de traducir a conceptos unívocos y definiciones verbales, dentro de lo posible, los arcanos y símbolos de la filosofía hermética. Tiene aquí lugar un proceso de cristalización, ya que la traducción de conceptos equívocos o arcanos a conceptos unívocos es comparable a la transición del estado de vida orgánica al de mineral. Así es como las ciencias ocultas –cábala, astrología, alquimia, etc.– derivan de la filosofía hermética. Estas ciencias pueden tener sus propios secretos, pero los arcanos que en ellas se reflejan pertenecen al ámbito de la filosofía hermética. En tanto la intelectualización de la filosofía hermética represente una especie de comentario y corolario, por ello mismo será legítima y aun indispensable. Cada arcano, en tal caso, se traducirá a varios conceptos unívocos, por ejemplo tres, y así se ayudará al intelecto a acostumbrarse a pensar herméticamente, es decir, en conceptos ambiguos o arcanos. Pero cuando la intelectualización de la filosofía hermética tiende al fin de crear un *sistema autónomo* de conceptos unívocos sin contradicción formal entre ellos, entonces comete un abuso. En vez de contribuir a que la razón humana se eleve por encima de sí misma, le pone un obstáculo más; en vez de liberarla, la cautiva.

Las ciencias ocultas se derivan, pues, de la filosofía hermética por vía de intelectualización. Por eso no debieran considerarse los símbolos, los arcanos mayores del tarot entre otros, como expresiones alegóricas de las teorías o conceptos de tales ciencias. Al contrario, son las doctrinas de las ciencias ocultas las que se derivan de los símbolos –los del tarot u otros cualesquiera– y las que han de considerarse como expresiones intelectualmente alegóricas de los símbolos y arcanos del esoterismo hermético. Así, pues, no debiera decirse: La cuarta lámina –el Emperador– es el *símbolo* de la doctrina astrológica sobre Júpiter. Más bien habría que decir: El arcano de la cuarta lámina –el Emperador– se revela también en la doctrina astrológica sobre Júpiter. La correspondencia como tal sigue intacta, pero hay un mundo de disimilitud entre ambos enunciados. En el primero, uno se queda en astrólogo y nada más que astrólogo; en el segundo se piensa como hermético, sin por ello dejar de ser astrólogo, si uno lo es.

La filosofía hermética no se compone de cábala, astrología, magia y alquimia. Estas cuatro ramas, que brotan de un tronco, no constituyen el tronco, aunque vivan de él. El tronco es la unidad manifestada de la mística, la gnosis y la magia sagrada. No hay ahí ninguna teoría; sólo hay experiencia, incluida la experiencia intelectual de los arcanos y símbolos. La experiencia mística es la raíz de ese tronco, la experiencia gnóstica de la revelación es su savia y la experiencia práctica de la magia sagrada su madera. Por eso la enseñanza de la filosofía hermética –o el cuerpo de su tradición– consiste en *ejercicios espirituales,* y todos sus arcanos (los del tarot inclusive) son ejercicios práctico-espirituales orientados a despertar las capas cada vez más profundas de la conciencia. Los indispensables comentarios y corolarios que acompañan esta práctica forman la corteza del tronco. Así, la clave del

Apocalipsis de san Juan no se encuentra en ninguna parte, ya que no se trata, ni mucho menos, de interpretarlo para extraer de él un sistema filosófico-metafísico o histórico. La verdadera clave del *Apocalipsis* reside en *practicarlo*, es decir, en utilizarlo como libro de ejercicios espirituales que vayan despertando los estratos cada vez más hondos de la conciencia. Las siete cartas a las Iglesias, los siete sellos del libro precintado, las siete trompetas y las siete copas representan en su totalidad una tanda de ejercicios espirituales compuesta de 28 unidades o prácticas. En efecto, por ser el *Apocalipsis* una revelación puesta por escrito, hay que crear en sí mismo, para comprenderla, un estado de conciencia que permita recibir revelaciones. Tal es el estado de concentración sin esfuerzo (enseñado por el primer arcano), seguido de un vigilante silencio interior (doctrina del segundo arcano) que se transforma en actividad inspirada de la imaginación y el pensamiento, donde el yo consciente actúa junto con el supraconsciente (enseñanza del tercer arcano); por fin, el yo consciente suspende su actividad creadora y contempla, haciéndolo desfilar ante sí, todo cuanto le ha precedido, para resumirlo (enseñanza práctica del cuarto arcano). El dominio de estas cuatro operaciones psicológicas (o psicúrgicas), simbolizadas respectivamente por el Mago, la Papisa, la Emperatriz y el Emperador, constituye la clave del *Apocalipsis*. En vano se buscará otra.

Los *Evangelios* son también ejercicios espirituales: además de leerlos y releerlos, es menester sumergirse por entero en su elemento, respirar su aire, tomar parte casi como testigo ocular en los acontecimientos que describen..., y todo ello no con ánimo de escudriñarlos, sino de admirarlos con admiración siempre creciente.

En el Antiguo Testamento hay partes que son asimismo ejercicios espirituales. Los cabalistas judíos –el autor o autores del *Zohar*, por ejemplo– las utilizaron así, y de ello se originó y vive la cábala. La diferencia entre los cabalistas y los demás fieles sólo reside en que los primeros extraían de la Escritura ejercicios espirituales, mientras que los segundos se contentaban con estudiarla y creer en ella.

La meta de los ejercicios espirituales es la *profundidad*. Hay que llegar a ser profundo para adquirir experiencia y conocimiento de las cosas profundas. Y el simbolismo es la lengua de la profundidad, así como los arcanos expresados por símbolos son el medio y fin de los ejercicios espirituales de que consta la tradición viva de la filosofía hermética.

Los ejercicios espirituales comunes forman el vínculo común que une a los herméticos. No es el saber común lo que los une, sino los ejercicios espirituales y las experiencias que implican. Si llegaran a encontrarse tres personas de distintos países que hubieran hecho del *Génesis* de Moisés, la visión de Ezequiel y el *Evangelio de san Juan* tema de ejercicios espirituales durante varios años, se encontrarían como hermanos, aunque el uno supiera la historia de la humanidad, el otro poseyera la ciencia de curar y el tercero fuera un profundo cabalista. Lo que se *sabe* es el resultado de la experiencia y orientación *personales*, mientras la *profundidad* y el *nivel* alcanzado –sin que importe la índole y extensión del saber adquirido– es lo que se tiene en común. El hermetismo, la tradición hermética, es primeramente y sobre todo cierto grado de profundidad, cierto *nivel* de conciencia, cuya salvaguarda corresponde a los ejercicios espirituales.

En cuanto al saber de los hermetistas en particular –y esto se aplica a los iniciados–, depende de la vocación individual de cada uno. La tarea que se acomete determina la naturaleza y extensión no sólo del saber, sino también de la experiencia personal en que este saber se basa. Se tiene la experiencia y se adquiere el conocimiento de lo necesario para desempeñar la tarea que se desprende de la vocación individual. En otras palabras, se sabe lo que es necesario para estar informado y para poder orientarse en el terreno propio de esa vocación. Así, un hermético cuya vocación consiste en curar sabrá cosas sobre las relaciones existentes entre la conciencia, el sistema de las «flores de loto» (*chakras*), el sistema nervioso y el de las glándulas endocrinas, en tanto que otro hermetista, cuya vocación es la historia espiritual de la humanidad, no las sabrá. A su vez este último conocerá cosas ignoradas por el primero, tales como los hechos pasados y presentes acerca de las relaciones entre las jerarquías espirituales y la humanidad, entre lo que tuvo o tiene lugar arriba y lo que tuvo o tiene lugar abajo.

Este saber, en la medida en que no se refiere a arcanos, consiste en *hechos* –aun cuando a menudo sean de naturaleza puramente espiritual– y no en *teorías*. Por ejemplo, la reencarnación no es una teoría que haya que creer o no creer. En el hermetismo nadie intentará persuadir o disuadir a las gentes de la verdad de la teoría de la reencarnación. Para el hermético se trata de un hecho o conocido por experiencia o ignorado. Así tampoco hace nadie propaganda en pro o en contra del hecho de que dormimos de noche y nos despertamos de nuevo cada mañana. Es cuestión de experiencia, como lo es el hecho de morir y renacer; o se tiene esta certeza o no se tiene. Con todo, los que la tienen deberían saber que la ignorancia de la reencarnación obedece con frecuencia a razones muy profundas y aun sublimes, que dependen de la vocación particular de la persona. Cuando alguien, por ejemplo, se siente llamado a una tarea que exige un máximo de concentración en el *presente,* puede renunciar a toda memoria espiritual del pasado, pues la memoria despierta no es siempre un beneficio y a menudo se convierte en carga. Es esto último, sobre todo cuando se trata de una vocación que pide una actitud enteramente libre de prejuicios, como las vocaciones de sacerdote, médico y juez. El sacerdote, el médico y el juez han de concentrarse con tanta intensidad en las tareas del presente que no deben dejarse distraer por el recuerdo de existencias anteriores.

Uno puede hacer milagros sin poseer memoria alguna de vidas pretéritas, como en el caso del santo Cura de Ars; y también es posible hacerlos poseyendo esa memoria, como le acontecía al seglar Philippe de Lyón. La reencarnación, en efecto, no es ni un dogma, verdad necesaria a la salvación, ni una herejía, opinión contraria a tal verdad. Sólo es un hecho de experiencia, al igual que el sueño o la herencia biológica. En este sentido es neutral. Todo depende de su interpretación. Puede concebirse de tal modo que de ella brote un himno a la gloria de Dios, o interpretarse como algo que redunde en blasfemia. Se dice que perdonar es ofrecer la oportunidad de un nuevo comienzo; ahora bien, Dios perdona más de setenta veces siete, brindándonos siempre nuevas oportunidades: ¡Qué infinita bondad la suya! Ahí tenemos la interpretación que lleva a cantar la gloria divina.

Cuando se dice, por otra parte, que hay un mecanismo de evolución infinita y uno está moralmente *predeterminado* por sus vidas anteriores, se impone la conclusión de que no existe la gracia, sino sólo la ley de causas y efectos. Esta interpretación es blasfema, pues tiene a Dios por simple ingeniero de una máquina moral.

Nada hay de excepcional en que la reencarnación pueda interpretarse de dos maneras. Lo mismo sucede con otras cosas similares. La herencia biológica, por ejemplo, puede ser interpretada en el sentido de un completo determinismo, sin ninguna libertad ni moral, o como posibilidad de refinamiento gradual del organismo con miras a perfeccionarlo en beneficio de la posteridad. ¿No se le prometió a Abraham que el Mesías vendría en su descendencia? ¿Y no fue David objeto de la misma promesa?

Sea cual fuere la interpretación personal de un hecho, éste sigue siendo un hecho, y hay que conocerlo si uno quiere orientarse hacia el terreno a que pertenece. Así, los herméticos tienen conocimiento de hechos distintos, según sus vocaciones particulares, mas no por eso la filosofía hermética es la suma compuesta de los conocimientos adquiridos por los individuos. Antes bien es un organismo de arcanos expresados en símbolos, arcanos que a la vez son ejercicios espirituales y las aptitudes que de éstos resultan. Un arcano practicado como ejercicio espiritual durante un lapso suficiente se convierte en una *aptitud*.

No dará al discípulo el saber de nuevos hechos, pero lo capacitará para adquirir ese saber cuando le haga falta. La iniciación es la capacidad de orientarse en todo terreno y adquirir el conocimiento de los hechos pertinentes, es decir, de los hechos clave.

El iniciado es el que sabe cómo alcanzar el saber: el que sabe *preguntar, buscar* la respuesta y *emplear* los medios aptos para llegar hasta ahí. Sólo los ejercicios espirituales se lo han enseñado; ninguna teoría o doctrina, aun la más luminosa, podría capacitarlo para «saber saber». Los ejercicios espirituales le han enseñado el sentido práctico (y en filosofía hermética no hay otro sentido que el práctico) y la infalible eficacia del *arcano de los tres esfuerzos reunidos*, que constituye la base de todo ejercicio espiritual y de todo arcano:

«Pedid y recibiréis,
buscad y encontraréis,
llamad y os abrirán» (Lc 11,9).

Así, pues, la filosofía hermética no enseña lo que hay que creer acerca de Dios, el hombre y la naturaleza, sino cómo *preguntar, buscar* y *llamar* para llegar a la experiencia mística, las luces gnósticas y el efecto mágico de lo que se pretende saber de Dios, el hombre y la naturaleza. Y sólo después de haber preguntado, buscado y llamado, después de haber recibido, hallado y entrado, uno *sabe*. Esta clase de saber –la certeza de la comprensión sintética de la experiencia mística, de la revelación gnóstica y del efecto mágico– es lo que simboliza la carta del Emperador, es la enseñanza práctica de la cuarta lámina del tarot.

Trátase en ella del desarrollo y uso del cuarto sentido espiritual, conforme al desarrollo y uso de los sentidos místico, gnóstico y mágico. Tal es el sentido filosófico-hermético. La aptitud para saber *saber* es la característica esencial de este sentido. Lo definíamos antes (en la segunda carta) como el sentido de la síntesis. Ahora podemos ir más lejos y definirlo con mayor profundidad como el *sentido de la iniciación,* es decir, de la orientación y adquisición del conocimiento de los hechos esenciales en cualquier campo.

¿Cómo funciona este sentido? Ante todo hay que hacer notar que no se identifica con lo que suele llamarse sentido metafísico, por el cual entienden los metafísicos el gusto y la capacidad de vivir en teorías abstractas, la inclinación a lo abstracto. El sentido filosófico-hermético se debe, por el contrario, a una orientación a lo *concreto espiritual, psíquico y físico.* Mientras el sentido metafísico trabaja con el concepto de Dios, el sentido filosófico-hermético se orienta al *Dios vivo*, al hecho espiritual concreto de Dios. El Padre Celestial de los cristianos y el Anciano de días de los cabalistas no representan un concepto abstracto, una noción, sino un *ser*.

El sentido metafísico tiende a derivar –por medio de la abstracción– de los hechos *leyes* y de las leyes *principios*. El sentido de la iniciación o filosófico-hermético, en cambio, percibe a través de los hechos los *entes* de las jerarquías espirituales, y a través de éstos al Dios vivo. Para el sentido de la iniciación, el espacio entre el Principio supremo y la esfera de los hechos no está poblado de leyes y principios, sino de seres espirituales vivos, dotados de fisonomía, mirada, voz, palabra y nombre. Para el sentido de la iniciación, el arcángel Miguel no es una ley ni un principio; es un ser vivo, aunque de rostro invisible por haberle cedido el lugar al rostro de Dios. Por eso mismo lleva el nombre de *Mi-kha-el*: «Quién *(mi)* como *(kha)* Dios *(El)*.» Nadie soportaría la visión del semblante de Miguel, precisamente por ser *kha-El*, como Dios.

El sentido de la iniciación o filosófico-hermético es el de las realidades espirituales concretas. El hermético explica los hechos no mediante leyes obtenidas por abstracción, ni mediante principios obtenidos por una abstracción que va todavía más lejos, sino partiendo de hechos abstractos para llegar a seres más concretos y, de éstos, a lo más concreto que existe, lo único absolutamente concreto: Dios. En efecto, para el sentido de la iniciación Dios es lo más real y concreto –a decir verdad, lo único absolutamente real y concreto– de cuanto existe, mientras que los otros seres no son sino relativamente reales y concretos, y lo que de ordinario llamamos hecho concreto sólo es, en definitiva, abstracción de la realidad divina.

Esto no significa que el hermético sea incapaz de abstraer y haga necesariamente caso omiso de leyes y principios. Como ser humano, posee también el sentido metafísico. Al poseerlo, lo usa como todo el mundo, pero lo que hace de él un hermético –conforme al simbolismo del Emperador del tarot– es el sentido filosófico-hermético. Es hermético por cuanto está dotado de sentido filosófico-hermético y lo utiliza, mientras el sentido metafísico, por sí solo, jamás lo convertiría en hermético propiamente dicho.

¿No radica aquí la tragedia de René Guénon, quien, poseedor de un desarrollado sentido metafísico pero desprovisto del sentido filosófico-hermético, buscaba continuamente y por doquier lo espiritual *concreto;* y por fin, harto del mundo de las abstracciones, esperó poderse liberar del intelectualismo sumergiéndose en el elemento del fervor de la muchedumbre humana que oraba en la mezquita de El Cairo? ¡Última esperanza de un alma sedienta de experiencia mística, que languidecía en la cautividad del intelecto! Ojalá, si tal es el caso, le otorgue la misericordia divina lo que tanto buscó.

Conviene observar aquí que la postrera orientación de René Guénon hacia la fe del pueblo más sencillo que profesa la religión más sencilla no carece de fundamento. A buen seguro, el sentido filosófico-hermético tiene más cosas en común con la fe llana y sincera del pueblo sencillo que la metafísica abstracta. Para el creyente del pueblo, el simple fiel, Dios vive; y también para el hermético. El fiel invoca a los santos y a los ángeles; para el hermético son también reales. El fiel cree en los milagros; el hermético vive ante el milagro. El fiel ora por vivos y muertos; el hermético dedica todos sus esfuerzos, en el contexto de la magia sagrada, al bien de unos y otros. El fiel estima todo lo tradicional; así lo hace el hermético. ¿Qué más decir todavía?

Tal vez el Emperador deba su autoridad no a su poder visible o invisible sobre los seres humanos, sino al hecho de que los *representa* ante el cielo. Tiene autoridad no porque sea sobrehumano, sino por ser *muy humano*, por representar todo lo humano. El rey David era más humano que todos los hombres de su tiempo. Por eso le ungió el profeta Samuel, obedeciendo a una orden divina, y por eso le hizo el Eterno la solemne promesa de que su trono quedaría establecido para siempre. Así el trono, el puesto del representante de la humanidad, jamás perecerá. Y tal es el puesto del Emperador, la verdadera *autoridad.*

La filosofía hermética tiene también un ideal humano, al cual aspira. Sus ejercicios espirituales, sus arcanos, persiguen el fin práctico de la realización del *hombre de autoridad,* del hombre-padre. Éste es un hombre más humano que los otros, un hombre digno del trono de David.

El ideal humano del hermetismo práctico no es, por tanto, ni el superhombre de Nietzsche, ni el superhombre de la India inmerso en la contemplación de la eternidad, ni el superhombre-hierofante de Gurdiev, ni tampoco el superhombre-filósofo de las filosofías estoicas y vedantistas... No, su ideal es un hombre hasta tal punto humano, que contenga y lleve en sí todo lo humano y que sea el guardián del trono de David.

¿Y lo divino? ¿Qué decir de la manifestación de lo divino? El hermetismo práctico es la *alquimia.* El ideal del hermetismo es esencial y básicamente el ideal alquímico. Esto significa que, cuanto más verdaderamente humano uno se vuelve, más se manifiesta lo divino subyacente a la naturaleza humana o, en otros términos, la imagen y semejanza de Dios. El ideal de la *abstracción,* al contrario, invita a los seres humanos a deshacerse de la naturaleza humana, a deshumanizarse.

El ideal de la *transformación* alquímica del hermetismo les abre a los seres humanos la vía de la realización de la verdadera naturaleza humana, que es la imagen y semejanza de Dios. El hermetismo es, por consiguiente, la rehumanización de todos los elementos de la naturaleza humana, el retorno de los mismos a su auténtica esencia. Así como cualquier metal vil puede transmutarse en plata u oro, así también las potencias de la naturaleza humana son capaces de transmutarse en plata y oro, es decir, en lo que son cuando forman parte de la imagen y semejanza de Dios.

Mas, para volver a convertirse en lo que son por su propia esencia, deben someterse a la operación de la *sublimación*. Ésta consiste en crucificar lo que en ellas hay de vil y, al mismo tiempo, hacer que florezca lo que de veras constituye su esencia. *Cruz y rosa:* la *rosacruz* es el símbolo de esta operación de la realización del hombre genuinamente humano. Así, puede decirse que el Emperador del tarot ha renunciado a *cuatro* libertades arbitrarias de la naturaleza humana. En este sentido, está crucificado. Y puesto que el símbolo real del vacío que se crea a causa de esa renuncia es la llaga, podemos también decir que el Emperador es el que *tiene cuatro llagas.*

Por medio de estas cuatro llagas se consuma en él la manifestación de la divina imagen y semejanza de la naturaleza humana.

Lo divino de la naturaleza humana... ¿Y lo divino que la trasciende?

Para manifestarlo, hay que tener una llaga más. Hay que tener *cinco* llagas. La lámina siguiente, el Papa, nos enseñará el arcano de la manifestación de lo *divino* que trasciende la naturaleza humana merced a las cinco llagas.

Carta V

EL SUMO SACERDOTE O PAPA

El arcano de la trascendencia y de la pobreza

«Entonces Melquisedec, rey de Salem, presentó pan y vino, pues era sacerdote del Dios Altísimo, y le bendijo diciendo: "Bendito sea Abram del Dios Altísimo... y bendito sea el Dios Altísimo..."» (Gén 14,18).

«Yo soy el camino, la verdad y la vida. Nadie va al Padre sino por mí» (Jn 14,6).

«En adelante nadie me moleste, pues llevo en mi cuerpo las señales de Jesús» (Gál 6,17).

Querido amigo desconocido:

La lámina que representa al Papa nos pone en presencia del acto de la bendición. Es indispensable tenerlo ante la vista cuando uno se pone a interpretar tanto la contextura general de la lámina como cada elemento en particular. Nunca, pues, debemos olvidarnos de que, sea cual fuere la interpretación que demos del Papa, de los acólitos arrodillados frente a él, de las dos columnas que aparecen detrás, del simbolismo de su tiara y triple cruz, lo que primero importa es la bendición y los problemas que lleva consigo. ¿Qué es la bendición? ¿Cuál es su origen y su efecto? ¿Quién tiene autoridad para bendecir? ¿Qué papel desempeña en la vida espiritual de la humanidad?

La bendición, no cabe duda, es algo más que un simple buen deseo formulado por otra persona; es también algo más que una impronta mágica del pensamiento y voluntad de alguien sobre otro: es la puesta en acción del poder divino que trasciende el pensamiento y la voluntad individuales, así en el que bendice como en el bendecido. En otras palabras, es un acto *sacerdotal* por excelencia.

La cábala compara el papel de la oración y bendición a un doble movimiento, ascendente y descendente, parecido al de la circulación de la sangre. Las plegarias de la humanidad se elevan hasta Dios y, una vez allí oxigenadas por obra divina, se transforman en bendiciones que descienden de esas alturas hasta abajo. Por ello, uno de los dos acólitos de la lámina tiene la mano izquierda levantada, y el otro tiene bajada la derecha. Las dos columnas azules detrás del Papa simbolizan en primer lugar esa doble corriente, hacia arriba y hacia abajo, de las plegarias y bendiciones. Al mismo tiempo, el Papa mantiene en alto la triple cruz en el lado de la columna de la oración y del acólito que reza, mientras su mano derecha traza el gesto de bendecir en el lado de la columna de la bendición y del acólito que la recibe (o inspira).

Los dos lados de la cábala –el derecho y el izquierdo– y las dos columnas del árbol de las *sefirot* –la de la misericordia y la del rigor–, así como las dos columnas del templo de Salomón –Yakín y Boaz– corresponden en todo a las columnas de la lámina: la de la oración y la de la bendición. El rigor, en efecto, estimula la oración, y la misericordia bendice. La sangre azul o venosa de Boaz sube, mientras que la roja o arterial de Yakín, oxigenada, desciende. La sangre roja lleva la bendición vivificante del oxígeno; la sangre azul libera el organismo del rigor del ácido carbónico. Otro tanto sucede en la vida espiritual. La asfixia espiritual amenaza a quien no practica la oración de alguna manera; y el que la practica recibe, de alguna manera, la bendición vivificante.

Ambas columnas tienen, pues, un significado eminentemente *práctico;* desde el punto de vista espiritual, revisten tanta importancia práctica como la respiración para la vida del organismo.

La primera enseñanza práctica del quinto arcano –no olvidemos que los arcanos mayores del tarot son *ejercicios espirituales–* se refiere, por consiguiente, a la *respiración espiritual.*

Hay dos clases de respiración: la respiración horizontal, que se da entre fuera y dentro, y la respiración vertical, que tiene lugar entre arriba y abajo. El aguijón de la muerte o crisis esencial de la agonía suprema es el paso brusco de la respiración horizontal a la respiración vertical. Con todo, quien haya aprendido durante la vida la respiración vertical se verá libre de ese aguijón de la muerte. En él, el paso de una a otra forma de respiración no se producirá en forma de ángulo recto, sino al modo de un sector de circunferencia; la transición no será brusca sino gradual y curvilínea, en vez de tratarse de una línea rota o discontinua.

La esencia de la respiración vertical radica en la alternancia de oración y bendición o gracia. Estos dos elementos de la respiración vertical se manifiestan en todos los campos de la vida anterior: razón, corazón y voluntad. Así, un problema pertinente a la razón, que no se deba a la curiosidad o a un deseo de acopio intelectual sino a la sed de la verdad, es en el fondo una oración, y la claridad que puede venir detrás es la bendición o gracia correspondiente. El auténtico sufrimiento es también, en el fondo, una oración, y el consuelo, paz y alegría que pueden seguirle son efectos de la bendición o gracia que le corresponden.

El verdadero esfuerzo de la voluntad, es decir, el esfuerzo al ciento por ciento, el auténtico *trabajo*, constituye a su vez una oración. Si se trata de un trabajo intelectual, la oración es: «Santificado sea tu nombre.» Un trabajo creador equivale a la plegaria: «Venga tu reino.» Y si el trabajo tiene por objeto atender a las necesidades materiales de la vida, la oración se formula: «El pan nuestro de cada día dánosle hoy.» A todas estas formas de oración en el lenguaje del trabajo corresponden otras tantas bendiciones o gracias.

La ley de la correspondencia entre la columna de la oración (problemas, sufrimientos, esfuerzos) y la de la bendición (luces, consuelos, frutos) se halla expresada en las bienaventuranzas del sermón de la montaña pronunciado por el Maestro. Las nueve bienaventuranzas (pues son nueve, no ocho) pueden entenderse como fórmula de la *respiración vertical*, ya que por ellas aprendemos esta última.

La respiración vertical es el estado de ánimo que el apóstol Pablo designa por el nombre de «libertad en Dios». Es una nueva manera de respirar. Se respira libremente el soplo divino, que es la libertad misma.

«El Señor es el Espíritu, y donde está el Espíritu del Señor está la libertad» (2Cor 3,17).

El equivalente espiritual de la respiración horizontal es la alternancia entre extraversión e introversión, o entre atención a la vida exterior objetiva y a la vida interior subjetiva. La ley de la respiración horizontal es:

«Amarás a tu prójimo como a ti mismo» (Mc 12,31).

Ahí tenemos el equilibrio entre ambas direcciones de la atención. En cuanto a la respiración vertical, su ley es:

«Amarás al Señor, tu Dios, con todo tu corazón, toda tu alma, toda tu mente y todas tus fuerzas» (Mc 12,30).

He ahí la correspondencia entre oración y bendición o gracia. Hay *tres* planos de respiración horizontal, como hay tres estratos de respiración vertical. Los tres planos de la respiración horizontal son:

Amor a la naturaleza.
Amor al prójimo.
Amor a los seres espirituales jerárquicos (ángeles, etc.).

Los tres estratos de la respiración vertical son:

Purificación (por el soplo divino).
Iluminación (por la luz divina).
Unión mística (en el fuego divino).

Por eso el Papa tiene levantada la *triple cruz*. Ésta comprende tres pares de brazos que dividen la línea vertical en tres partes. Es la *cruz de la completa y perfecta respiración espiritual*, horizontal y vertical. Es la cruz del triple amor al prójimo (prójimo inferior = naturaleza; prójimo igual = hombre; prójimo superior = ente jerárquico) y del triple amor a Dios (soplo o fe, luz o esperanza, fuego o caridad).

La cruz constituye el cetro de la autoridad del Papa de la lámina, como la bola formada por la doble copa y rematada por una cruz era el cetro del Emperador. Así como el Emperador, guardián del trono de David, representa lo humano respecto del cielo, es decir, la imagen y semejanza divinas en el hombre, de igual manera el Papa, guardián de la puerta con las columnas de la bendición y la oración, representa lo divino trascendental respecto de la humanidad. Ambas *funciones*, la de emperador y la de papa, son dos realidades espirituales. Son tan reales como la cabeza y el corazón en la vida del individuo. El corazón es el centro de la respiración y de la circulación sanguínea; la cabeza es el centro del sistema nervioso y la sede del pensamiento. Y así como ningún parlamento podrá nunca reemplazar la realidad espiritual del puesto de emperador, ya que el trono de David no puede ser sustituido por ninguna colectividad, así tampoco ningún concilio ecuménico reemplazará jamás la realidad espiritual de la función papal o el trono de Melquisedec, rey de la plenitud (*shalem*). Tenga o no lugar el cañonazo predicho en los círculos esotéricos de Occidente, permanezca visible el trono papal o haya de ser instalado en las catacumbas, seguirá siempre *presente* en la historia de la futura humanidad, mal que les pese a los profetas de su destrucción.

En efecto, la historia –al igual que la vida del individuo– está sujeta al ritmo del día y la noche. Tiene un aspecto diurno y otro nocturno. El primero es exotérico, el segundo esotérico. El silencio y la oscuridad de la noche –y todo lo inconsciente o supraconsciente en el ser humano pertenece a la esfera de la noche– llevan siempre una carga de acontecimientos en gestación. Es el lado mágico de la historia, el lado de las obras y hechos mágicos que se desarrollan tras la fachada de la historia. Así, cuando el evangelio fue predicado a pleno día en los países de la cuenca del Mediterráneo, los rayos nocturnos de ese evangelio llevaron a cabo una profunda transformación del budismo. En este último, el ideal de la liberación individual por la entrada en el estado del nirvana cedió el puesto al ideal de la renuncia al nirvana por misericordia para con la humanidad doliente. El ideal del *mahāyāna*, el gran vehículo, tuvo entonces su resplandeciente aurora en el firmamento de los valores morales de Asia.

«El día transmite a otro día la *palabra ('omer)*. La noche indica a otra noche la ciencia *(da'at)*» (Salmo 19 de la Biblia hebrea).
Dies diei eructat verbum et nox nocti indicat scientiam (Salmo 18 de la Vulgata).

Tal es la fórmula de la doble enseñanza, por la palabra del día y por la ciencia de la noche; de la doble tradición, por instrucción verbal y por inspiración directa; de la doble magia, por la palabra pronunciada y por irradiación silenciosa; de la doble historia, finalmente, la diurna visible y la nocturna invisible.

Las funciones imperial y papal son realidades tanto del lado de acá como de allá del umbral que separa el día y la noche. Y el Papa de la quinta lámina es el guardián de ese umbral. Tiene su sede entre las dos columnas: la del día (oración) y la de la noche (bendición).

El Emperador de la cuarta lámina es el señor del día y el guardián de la sangre o quintaesencia del aspecto nocturno del día. El Papa es el guardián de la respiración o realidad de la relación entre el día y la noche, entre el esfuerzo humano y la gracia divina. Su función se funda en los hechos cósmicos primordiales.

«Dios separó la luz de las tinieblas, y llamó a la luz día y a las tinieblas noche» (Gén 1,4-5).

Así lo leemos en el primer libro de Moisés. El acto de separar lo inteligible del misterio significa al propio tiempo instaurar la respiración cósmica, que es la analogía del «espíritu de Dios que se cierne sobre las aguas». Efectivamente, el soplo divino (*ruaḥ 'elohim*) *sobre* las profundidades de la paz (las aguas, o sea la realidad tanto cósmica como psicológica del nirvana) es el prototipo divino de la respiración.

Así el gran vehículo –el *mahāyāna*– del budismo se eleva hacia el soplo divino, la misericordia que se mueve *sobre* las aguas de la paz precósmica del nirvana, mientras que el pequeño vehículo, el *hīnayāna*, tiende a cesar definitivamente de respirar: su meta es ahogarse en las aguas de la paz, entrar en el nirvana donde ya no hay movimiento, ni cambio, ni respiración.

El soplo divino (*ruaḥ 'elohim*), decimos, permanece sobre el océano de la paz nirvánica; y lo mueve. Así, renunciar al nirvana después de haber llegado a su umbral significa elevarse por encima del nirvana y participar del soplo divino que lo trasciende.

Ahora bien, el agua primordial penetrada por el soplo divino es la esencia de la *sangre*; el soplo reflejado por el agua es la *luz;* la alternancia rítmica de la absorción del soplo por el agua y de su reflexión por la misma es la *respiración*. La luz es el día, la sangre es la noche, la respiración es la plenitud (*shalem*).

Melquisedec, rey de Salem, *sacerdote* del Dios Altísimo (*kohen le'el 'elyon*), es por tanto dueño de la plenitud, de la *respiración*, mientras el *rey ungido*, guardián del trono de David, el Emperador, es dueño del día. Aunque reine sobre el día, debe su unción, y por ende también su autoridad, a la noche. Es el guardián de la misteriosa presencia de la noche en el día: la sangre.

Querido amigo desconocido, quizá te preguntes si hay una *tercera* función, la de dueño de la noche.

Sí, la función de dueño de la noche (o de señor de la noche, como también se llama) existe. Nos aproximaremos al orden de ideas relativas a esa función en nuestra undécima carta, dedicada al noveno arcano del tarot. Baste indicar aquí que en Israel había *tres* funciones superiores: *rey, sumo sacerdote* y *profeta*. Conviene observar que se trata de funciones, y no de personas; una sola persona puede a veces ocupar a un tiempo dos y hasta tres funciones.

Volvamos ahora a la función sacerdotal, que constituye el tema del quinto arcano del tarot. Tal función se refiere, como hemos visto, a la respiración espiritual. Por ello el Papa representa un orden y un criterio de la verdad distintos respecto a la verdad y su criterio científico. Para él es verdadero lo que facilita una *respiración armoniosa;* es falso lo que perturba la armonía de la respiración espiritual. Así, el sistema heliocéntrico de la moderna ciencia astronómica es verdadero desde el punto de vista de la ciencia de los fenómenos, pero a la vez es básicamente falso desde el de la respiración espiritual. La sangre derramada por Cristo en la tierra es tan preciosa que ha dado a nuestro planeta una posición céntrica en el espacio de los valores nouménicos. El cosmos *geocéntrico*, es, pues, *verdadero* desde el punto de vista de la respiración, o sea, de la oración y bendición. Y el cosmos *heliocéntrico*, por más que aboguen en su favor todos los hechos del mundo de los fenómenos, es *falso*, porque ignora el auténtico centro –la encarnación del Verbo– y lo sustituye por otro situado más en la periferia del valor central. Sólo es un centro del espacio fenoménico, y cometemos el pecado de idolatría al asignarle el papel central que pertenece a la tierra santificada, es decir, hecha central por la encarnación del Verbo.

He aquí otro ejemplo, tomado esta vez del campo de la experiencia esotérica: Como ya hemos indicado, la reencarnación –las vidas sucesivas de una misma individualidad humana– es un hecho de experiencia, al igual que las vigilias sucesivas de los días, interrumpidas por el sueño de las noches. Buda reconocía este hecho como tal, pero lo juzgaba *lamentable*. Por eso la meta del óctuple sendero que enseñaba consistía en poner fin a la reencarnación. El nirvana no es otra cosa que el fin de las sucesivas vidas terrenas.

Así, pues, Buda a la vez *reconoce* y *niega* el hecho de la reencarnación. Lo reconoce como *hecho* y lo niega como *ideal*. Los hechos, en efecto, son pasajeros; van y vienen. Hubo un tiempo sin reencarnación, y vendrá un tiempo en que ya no la habrá. La reencarnación no comenzó sino después de la caída y cesará con la reintegración. Por tanto no es eterna y, en razón de esto mismo, tampoco un ideal.

De ello se deduce que hay dos verdades: una actual o temporal, otra ideal o eterna. La primera se funda en la *lógica de los hechos*, la segunda en la *lógica moral*. El salmo 84 (85 en la Biblia hebrea) designa la verdad actual por la palabra «verdad» (*'emet, veritas*), y la verdad basada en la lógica moral por el término «misericordia» (*ḥesed, misericordia*). El salmo dice:

«Misericordia (*ḥesed*) y verdad (*'emet*) se han dado cita; justicia (*tsedek*) y paz (*shalom*) se besarán. La verdad (*'emet*) brotará de la tierra (*'erets*), y de los cielos (*mishamayim*) se asomará la justicia (*tsedek*)» (Sal 85 [84], 11-12).

He ahí todo el problema de la doble verdad, y también la emocionante profecía de que ambas verdades, actual y moral, llegarán un día a encontrarse, y sus revelaciones en el hombre –la justicia (*tsedek*) y la paz (*shalom*)– se besarán. Pero ese encuentro va produciéndose lentamente y, en el actual estado de cosas, las dos verdades se contradicen todavía a menudo, al menos en apariencia. Por eso san Pablo podía afirmar:

«La sabiduría de este mundo es necedad a los ojos de Dios» (1Cor 3,19).

Y por eso también la sabiduría divina es a menudo necedad a los ojos de este mundo. El Papa, como guardián de la respiración *espiritual* (¡y el signo primitivo de la letra *he*, la quinta del alfabeto hebreo, significa precisamente «aliento»!), es el representante de la lógica moral. Bendición y oración son las dos columnas entre las que está sentado. Para el Papa sólo es verdadero *lo que corresponde al ideal*. He ahí por qué el matrimonio es para él indisoluble, pese a tantos millares de catástrofes matrimoniales; he ahí por qué la confesión y el arrepentimiento borran todo pecado, aun cuando millares de tribunales sigan castigando a los culpables, se arrepientan o no. Ello prueba también que la Iglesia está guiada por el Espíritu Santo, aunque durante siglos haya abrigado y tolerado la práctica de la inquisición. Y por eso, finalmente, *una sola vida en la tierra basta para obtener la salvación eterna,* aunque las almas se reencarnen.

El Papa, pues, se halla siempre en medio de un conflicto entre las verdades ideal y actual, entre la misericordia (*ḥesed*) y la verdad (*'emet*). Y este conflicto es una *llaga*, la quinta llaga, *la llaga del corazón.* El Emperador tiene cuatro llagas, el Papa cinco.

Si estás familiarizado, querido amigo desconocido, con el simbolismo de la cábala, comprenderás que esta última llaga nace de la oposición entre la cuarta *sefirah, Ḥesed* (misericordia) y la quinta, *Gueburah* (rigor), del árbol sefirótico; y que esta llaga se refiere a la sexta *sefirah, Tiferet* (belleza o armonía), que es la síntesis de las dos *sefirot* precedentes.

Si además posees algunas nociones de esoterismo cristiano, caerás en la cuenta de que la llaga en cuestión es la del Sagrado Corazón, causada exteriormente, como lo relata el Evangelio:

«Uno de los soldados le traspasó el costado con una lanza, y al instante salió sangre y agua» (Jn 19,34).

Y entenderás que son la misericordia y la verdad (*ḥesed* y *'emet*) las que de ahí salieron como sangre y agua. Por eso el evangelista subraya la realidad simbólica o simbolismo real del hecho de que la sangre y el agua que brotaron de la llaga *no estaban mezcladas,* en lo cual precisamente se encuentra expresado el sentido espiritual de la llaga. Ésta es causada espiritualmente por el conflicto entre misericordia y verdad, entre la verdad ideal y la verdad actual, que no están unidas.

El evangelista añade al respecto:

«Y el que lo ha *visto* lo atestigua, y su testimonio es verídico; y él *sabe* que dice la verdad, para que también vosotros creáis» (Jn 19,35).

Así, pues, ha *visto* el hecho y *sabe* lo que significa como símbolo de la realidad espiritual de la llaga. Henos aquí ya en lo más hondo del esoterismo de las cinco llagas, de la estrella rutilante, del pentagrama, del quinario, del número cinco.

Louis-Claude de Saint-Martin escribe:

«Mientras los números estén unidos y ligados a la década, no habrá ninguno que presente la imagen de la corrupción o la deformidad. Sólo cuando se los separa se manifiestan esos caracteres. Entre estos números así particularizados, algunos son *absolutamente malos, como el 2 y el 5*. Son incluso los únicos que dividen el denario»[1].

Según Saint-Martin, el quinario (para el binario nos remitimos a la segunda carta, donde se puntualiza el enunciado de Saint-Martin acerca de la maldad del número dos) es, pues, *absolutamente malo* cuando no está unido y ligado a la década. Dice:

«...la forma de los animales debe también ser tal que sirva de refugio contra las persecuciones de los quinarios, persecuciones que nosotros mismos ejercemos contra ellos a imitación de los propios quinarios»[2].

En cambio, escribe Éliphas Lévi:

«El pentagrama expresa el dominio del espíritu sobre los (4) elementos, y mediante este signo se encadenan los demonios del aire, los espíritus del fuego, los espectros del agua y los fantasmas de la tierra. Armado con este signo y convenientemente dispuesto, puedes ver el infinito a través de esa facultad que es como el ojo de tu alma, y puedes hacerte servir por legiones de ángeles y ejércitos de demonios»[3].

Y más adelante:

«Ese imperio de la voluntad sobre la luz astral, alma física de los cuatro elementos, se representa en magia por el pentagrama, con cuya figura hemos encabezado este capítulo»[4].

---

1. L.-Cl. de Saint-Martin, *Des nombres*, Paris 1861, XXI, p. 68.
2. Ibid., XXXI, p. 78.
3. É. Lévi, *Dogme et rituel de la haute magie*, Paris 1854, *Dogme*, cap. 5.
4. Ibid.

Sigue luego:

«El 24 de julio del año 1854, el autor de este libro, Éliphas Lévi, realizó en Londres el experimento de la evocación por el pentagrama, tras haberse preparado para ella con todas las ceremonias prescritas en el ritual (*Ritual,* cap. 13).»

Y por último:

«Observamos solamente que el uso del pentagrama es muy peligroso para los operadores que no posean un conocimiento completo y perfecto del mismo. La dirección de las puntas de la estrella no es arbitraria y puede cambiar el carácter de toda la operación, como lo explicaremos en el ritual»[5].

En este ritual (cap. 5) encontramos formulado el resumen de la doctrina de Éliphas Lévi sobre el pentagrama:

«El pentagrama, que las escuelas gnósticas denominan estrella rutilante, es el signo de la *omnipotencia y autocracia intelectuales*»[6].

Más tarde, Éliphas Lévi dirá:

«El cinco es el número religioso, por ser el número de Dios unido al de la mujer»[7].

Y todavía más adelante, en su obra póstuma, escribiría:

«Los antiguos ritos han perdido su eficacia desde la aparición del cristianismo en el mundo. La religión cristiana y católica es, en efecto, la hija legítima de Jesús, rey de los magos... Un simple escapulario con la efigie de un santo, llevado por una persona verdaderamente cristiana, es un talismán más invencible que el anillo y pentáculo de Salomón...
»La misa es la más prodigiosa de las evocaciones. Los nigromantes evocan a los muertos, el brujo evoca al diablo y tiembla, pero el sacerdote católico no tiembla al evocar al Dios vivo. Sólo los católicos tienen sacerdotes, porque sólo ellos tienen altar y sacrificio, es decir, toda la religión.
»Ejercer la alta magia es hacerle la competencia al sacerdote católico, es ser un sacerdote disidente. Roma es la gran Tebas de la nueva iniciación... Tiene por criptas sus catacumbas, por talismanes sus rosarios y medallas, por cadena mágica sus congregaciones, por focos magnéticos sus conventos, por centros de atracción sus confesionarios, por medios de expansión sus cátedras y las cartas pastorales de sus obispos; y finalmente tiene también su papa, el Hombre-Dios hecho visible»[8].

---

5. Ibíd.
6. Ibíd., *Rituel,* cap. 5.
7. É. Lévi, *La clef des grands mystères,* Paris 1861; trad. cast., *La clave de los grandes misterios,* Eyras, Madrid 1981.
8. É. Lévi, *Le grand arcane ou l'occultisme dévoilé,* Paris 1896, ¹1921, p. 67s, 83s.

Terminemos esta serie citando a Joséphin Péladan, quien se declara de acuerdo con lo que precede:

«La eucaristía es todo el cristianismo, y por ella el cristianismo se ha convertido en magia viviente. Después de Jesús hay todavía brujos, pero ya no hay magos»[9].

¿Adónde hemos venido a parar con todas estas citas? A un problema muy grave, el del pentagrama o quinario malo y el del pentagrama o quinario bueno.

Según Saint-Martin –cuya neta presentación del problema se presta mejor que ninguna otra a servir de punto de partida–, el quinario es *bueno* «mientras esté unido y ligado a la década», y es «absolutamente *malo*» cuando está separado de ella y particularizado. En otros términos, el pentagrama como signo de la *autoridad intelectual*, o sea de la emancipada personalidad humana, es *bueno* cuando expresa la personalidad cuya voluntad está unida y ligada a la plenitud de la manifestación de la unidad, es decir, a la década; y es *malo* cuando expresa la voluntad de la personalidad separada de ese uno. O, dicho todavía de otro modo, es bueno cuando expresa la fórmula «Hágase tu voluntad», y es malo cuando la fórmula de la voluntad subyacente reza «Hágase mi voluntad». He aquí el sentido moral y práctico del enunciado de Saint-Martin.

En cuanto a las formulaciones de Éliphas Lévi y Joséphin Péladan que acabamos de citar, añaden a esto la persuasión de que la Iglesia universal o católica representa para la humanidad la década o plenitud de la unidad manifestada. Ambos autores estiman que la voluntad unida y ligada a la esencia de la Iglesia tiene su expresión en el pentagrama bueno, tal como lo entiende Saint-Martin, y la voluntad meramente personal en el pentagrama malo. Por eso madame Blavatsky acusaba a Éliphas Lévi de político jesuita, y por eso los antiguos amigos ocultistas de Joséphin Péladan lamentaban su recaída en el sectarismo romano.

¿Qué hay de ello en realidad? No se trata aquí de tomar partido en la guerra de las dos rosas: ni de acusar ni de lamentar. Trátase, por un lado, del problema de la magia personal o arbitraria (el quinario separado de la década) y, por otra, de la magia personal sagrada (el quinario unido y ligado a la década). He aquí la tesis que propongo acerca de este problema, como fruto de 43 años de experiencia esotérica:

Sólo el *pentagrama de las cinco llagas* es el signo eficaz de la magia personal, mientras que el *pentagrama de las cinco corrientes de la*

---

9. J. Péladan, *L'occulte catholique*, libro III: *Triodos occulte*, cap. 2: *L'occulte du Fils ou théurgie*, Paris 1898, p. 312.

voluntad personal, sin que importe hacia adónde estén orientadas sus puntas, no es sino el signo eficaz de la imposición de la voluntad personal del operador a los seres más débiles que él; en el fondo, es siempre un acto tiránico.

Expliquemos ahora esta *tesis.* Un acto mágico presupone un efecto que supera el poder normal del operador. Este poder suplementario le es proporcionado ya por fuerzas que le obedecen, ya por fuerzas que él toma prestadas, ya finalmente por fuerzas que actúan sirviéndose del operador mismo y a las cuales él obedece.

En el primer caso, cuando dichas fuerzas están sometidas al operador, se trata de una operación de esa magia que llamábamos (en la carta III) personal o arbitraria, cuya iniciativa, así como el medio y el fin, residen exclusivamente en el querer y el saber de la personalidad del mago. Tal operación no puede utilizar sino fuerzas inferiores al operador. ¡A los ángeles no se les puede dar órdenes! Aquí el operador está solo y actúa como técnico en magia bajo su propia responsabilidad, o sea, por su cuenta y riesgo. Podríamos también aplicarle a esta clase de magia el calificativo de fáustica.

Si el operador toma prestadas las fuerzas en cuestión, nos hallamos ante un acto de magia colectiva. La cadena mágica hace más poderoso al mago, prestándole las fuerzas que emplea en su operación. El operador es ayudado entonces por fuerzas iguales a él, y no ya inferiores como en el caso de la magia fáustica. El poder y el efecto dependen ahí del *número* de personas que forman la cadena. A esta magia la designamos por el nombre de colectiva.

Cuando, por último, las fuerzas actúan por medio del operador, que les es dócil, tenemos también una cadena, pero se trata de una cadena *vertical y cualitativa* (jerárquica), y no horizontal y cuantitativa como en el caso precedente. El operador está solo en el plano horizontal, mas no en el plano vertical: por encima de él, entes que le son superiores actúan con él y sirviéndose de él. Esta especie de magia presupone el hecho de estar en relación consciente con seres espirituales superiores, es decir, una previa experiencia mística y gnóstica. En la tercera carta hemos dado a esta magia el nombre de magia sagrada, pues las fuerzas activas en este tipo de operaciones son superiores al operador. Su denominación histórica es teurgia.

Las fórmulas que expresan la actitud básica de la voluntad personal en lo que toca respectivamente a las tres clases de magia antes mencionadas serían, según lo dicho:

Fiat voluntas mea: «Hágase mi voluntad» (magia fáustica).
Fiat voluntas nostra: «Hágase nuestra voluntad» (magia colectiva).
Fiat voluntas tua: «Hágase tu voluntad» (magia sagrada).

Las dos primeras formas de magia – la fáustica y la colectiva– se sirven del método que tiene por signo el pentagrama de las cinco corrientes de la voluntad personal y colectiva. Están basadas en el principio de que lo fuerte domina a lo débil. Trátase aquí del poder de *coacción*.

En cuanto a la tercera forma de magia –la magia sagrada–, utiliza en su método no la *fuerza*, sino la *pureza* de la voluntad. Pero, dado que la voluntad como tal no es nunca enteramente pura –pues no es la carne la que lleva los estigmas del pecado original, ni el pensamiento en sentido estricto, sino la voluntad misma–, es preciso que las cinco corrientes tenebrosas inherentes a la voluntad humana –a saber, los deseos de ser grande, de tomar, de retener, de avanzar y de mantenerse a costa de otros– sean paralizadas o clavadas.

Las cinco llagas constituyen, por tanto, cinco vacíos resultantes de las cinco corrientes de la voluntad, y estos cinco vacíos se llenan con la voluntad de arriba, es decir, con la voluntad absolutamente *pura*. Tal es el principio de la magia del pentagrama de las *cinco llagas*.

Antes de considerar cómo se producen las cinco llagas de la voluntad y cuál es concretamente el método práctico de la magia del pentagrama de las cinco llagas, hemos de aclarar bien el concepto mismo de llaga.

La llaga es una puerta por la que el mundo exterior objetivo irrumpe en el sistema cerrado del mundo interior subjetivo. Hablando en términos biológicos, diríamos que es una brecha en los muros de la fortaleza del organismo, a través de la cual penetran en éste fuerzas externas. Una simple lesión cutánea, por ejemplo, constituye una brecha de esta clase y da paso, durante algún tiempo, al aire y todo lo que transporta, llevándolo a una parte interna del organismo, que no se vería así afectada si la piel estuviera intacta.

Ahora bien, en comparación con la superficie del cuerpo humano recubierta de piel, el órgano de la vista, el ojo, es una *llaga*, aunque puede cubrirse con una piel móvil: los párpados. Por esta llaga penetra el mundo exterior objetivo en nuestra vida interior con tanta mayor intensidad cuanto que la vista nos revela más cosas del mundo externo que el tacto. Al cerrarse los párpados, el punto del cuerpo donde tenía lugar la experiencia del mundo designada por el nombre de vista nos proporciona una experiencia reducida de ese mundo –normal respecto al resto de la superficie del cuerpo–, experiencia que llamamos tacto.

Los ojos son heridas abiertas, tan sensibles que *sufren* (es decir, reaccionan) ante cualquier pequeño cambio de luz o de color. Otro tanto sucede con los demás órganos de los sentidos. Tales órganos son *llagas*, que nos imponen la realidad *objetiva* del mundo exterior. Allí donde me gustaría contemplar hermosas flores, mi ojo me hace ver un montón de estiércol. Estoy *obligado* a ver lo que el mundo objetivo me muestra a través del órgano de la vista. Es como si un *clavo* viniera desde fuera a sujetar mi voluntad. Los sentidos –supuesto que estén sanos y funcionen normalmente– son llagas a través de las cuales se impone a nosotros el mundo objetivo, sin que la voluntad tenga arte ni parte en ello.

Los sentidos son órganos de *percepción*, no de acción. Imagínate ahora que los cinco órganos de acción –los miembros, incluida la cabeza en su función de miembro– posean llagas análogas. En tal caso, las cinco corrientes volitivas que expresan darían acceso a una voluntad *objetiva*, la cual sería respecto a los deseos personales lo que las percepciones de los sentidos son respecto al juego de la fantasía.

He ahí el concepto esotérico de la llaga. Este concepto puede convertirse en realidad espiritual, psíquica e incluso, en algunos, física. Los estigmatizados –desde san Francisco de Asís hasta, en nuestros días, el padre Pío en Italia y Teresa Neumann en Alemania– son personas en quienes la realidad de las cinco llagas ha alcanzado el plano físico. Tales llagas son órganos futuros de la voluntad, órganos en formación, órganos de acción que en conjunto tienen por signo el sagrado pentagrama, el quinario unido y ligado a la plenitud de la década, según Saint-Martin.

Aún debemos precisar que las cinco llagas que corresponden a las cinco corrientes tenebrosas de la voluntad –los deseos de grandeza personal, de tomar, retener, avanzar y mantenerse a expensas de otros– y que a su vez se relacionan con los cinco miembros (la cabeza inclusive, considerada como miembro), no están todas ellas situadas en los miembros que les atañen. Cierto que el deseo de tomar o apoderarse de las cosas se halla clavado en la mano derecha, así como el de guardar o retener lo está en la mano izquierda; lo mismo ocurre con los deseos de avanzar y mantenerse a expensas del prójimo, que corresponden respectivamente a los pies derecho e izquierdo; pero no es así en lo que toca al deseo de grandeza personal y al quinto miembro, la cabeza. Ésta, en efecto, no lleva la quinta llaga, y ello por dos razones.

Primeramente, porque es portadora de la corona de espinas (de la que hemos intentado ofrecer una explicación en la carta IV), la cual, en principio, es llevada por toda persona capaz de un pensamiento *objetivo*. De hecho, la corona de espinas se le ha dado al ser humano desde el comienzo de su historia colectiva. Es ese órgano sutil que en Occidente llamamos el *loto de ocho pétalos* y en la India denominan el *loto de los mil pétalos* o *sahasrāra* (centro coronal). Esta corona es, por decirlo así, un don natural a cada ser humano, y toda persona normal la posee. Sus espinas funcionan como clavos de objetividad, que forman la conciencia del pensamiento. Gracias a ellas el pensamiento no ha llegado a emanciparse del todo y volverse tan arbitrario como, por ejemplo, la imaginación. El pensamiento *en cuanto tal* es, a la postre, el órgano de la verdad y no el de la ilusión.

Por consiguiente, no es el pensamiento en sí mismo el que implica el deseo de grandeza personal o la tendencia a la megalomanía, sino *la voluntad*, que se sirve de la cabeza y es capaz de apoderarse del pensamiento, reduciéndolo al papel de instrumento suyo.

Esto constituye la segunda razón por la que la quinta llaga –la de la humildad *orgánica*, que reemplaza la corriente del afán de grandeza– no se encuentra en la cabeza sino en el corazón (afectándolo en el lado derecho). Ahí, en efecto, se origina el ansia de ser grande y de ahí pasa a la cabeza, apoderándose de ella y convirtiéndola en su instrumento. Por ello muchos pensadores y sabios quieren pensar sin corazón para ser objetivos, lo cual no es más que una ilusión: no se puede pensar sin corazón, por ser éste el principio *motor* del pensamiento; sólo es posible pensar o con un corazón humilde y cálido o con uno arrogante y frío.

Así, pues, la quinta llaga (la *primera* en importancia) corresponde al corazón y no a la cabeza. Ésta es, desde el punto de vista de la voluntad activa, instrumento o miembro del corazón.

Volvamos ahora a la cuestión sobre el origen de las cinco llagas, a saber, cómo se producen y cuál es concretamente el método práctico de la magia del sagrado pentagrama de las cinco llagas.

¿Cómo se adquieren estas cinco llagas? No existe más que un método, un único medio para conseguirlo. Con pleno conocimiento de causa o instintivamente, todo esotérico, todo místico, todo idealista, todo espiritualista –en suma, todo hombre de buena voluntad– lo emplea tanto en Europa como en Asia, tanto hoy como hace veinte siglos. Este método universal de todas las épocas y grandes culturas no es otro que la práctica de los *tres votos* tradicionales: *obediencia, pobreza y castidad*.

La *obediencia* clava el afán de grandeza del corazón.

La *pobreza* clava los anhelos respectivos de la mano derecha e izquierda: tomar y retener.

La *castidad* clava los deseos del cazador nemródico: avanzar y mantenerse a expensas de otros o, en distintas palabras, cazar y atrapar las piezas. Estos deseos corresponden a los pies derecho e izquierdo respectivamente.

El voto de *obediencia* es la práctica del silencio de los deseos, emociones e imaginación personales frente a la conciencia y la razón; es la primacía de lo ideal sobre lo aparente, de la nación sobre lo personal, de la humanidad sobre la nación, de Dios sobre la humanidad; es la vida según el orden jerárquico-cósmico-humano; es el sentido y justificación de la existencia de los serafines, querubines y tronos, de las dominaciones, virtudes y potestades, de los principados, arcángeles y ángeles, de los sacerdotes, caballeros y obreros. Obediencia es orden: ley internacional, Estado, Iglesia, paz universal. La verdadera obediencia es el polo opuesto de la tiranía y la esclavitud, ya que su raíz es el amor, de donde nacen la fe y la confianza. Lo que está arriba sirve a lo que está abajo, y lo que está abajo obedece a lo que está arriba. La obediencia es la conclusión práctica del reconocimiento de la existencia de algo superior a uno mismo. Quien reconoce a Dios, obedece.

La obediencia, tal como se practica en las órdenes religiosas y en las órdenes de caballería del catolicismo, es una forma (muy eficaz, por lo demás) de entrenamiento de la voluntad con miras a clavar el afán de grandeza. La obediencia que el *cella* (alumno) debe al gurú (maestro espiritual) en la India y el Tíbet tiende, en principio, al mismo fin. Otro tanto sucede con la obediencia absoluta de los *ḥasidim* a sus *tzadiqim* en las comunidades judías asideas, y con la de los discípulos a sus *startzy* (maestros espirituales) en la Rusia ortodoxa prebolchevique.

La fórmula universal de la obediencia es: «Hágase tu voluntad.»

El voto de *pobreza* es la práctica del vacío interior que se establece a consecuencia del silencio de los deseos, emociones e imaginación personales para que el alma sea capaz de recibir la revelación de la palabra, la vida y la luz de lo alto. La pobreza es vigilancia y espera activa y constante de cara a las eternas fuentes del poder creador; es el alma pronta para acoger lo nuevo e imprevisto; es la aptitud para aprender en todo tiempo y lugar; es la *conditio sine qua non* de toda iluminación, toda revelación y toda iniciación.

He aquí un cuentecillo que pone maravillosamente de relieve el sentido práctico espiritual de la pobreza.

Cuatro hermanos pusiéronse una vez en camino para buscar el mayor tesoro. Tras una semana de viaje, llegaron a una montaña de mineral de hierro. «¡Un monte entero de mineral de hierro!», exclamó uno de los cuatro. Pero los otros tres dijeron: «Esto no es el mayor tesoro», y continuaron la ruta dejando a su hermano junto a la montaña de hierro. Ya era rico, mientras ellos seguían tan pobres como antes. Un mes más tarde, llegaron a un campo salpicado de piedras verdosas y amarillentas. «¡Es cobre!», gritó entusiasmado uno de los tres hermanos. «¡Ya tenemos el tesoro que buscamos!» Pero los otros dos no estuvieron de acuerdo con él y lo dejaron atrás, rico y propietario de una mina de cobre. Ellos, todavía pobres, prosiguieron su camino. Al cabo de un año, llegaron a un valle lleno de piedras que emitían un resplandor blancuzco. «¡Plata!», exclamó uno de los dos hermanos, «¡Por fin, el tesoro que buscamos!» Mas el otro hizo un signo negativo con la cabeza y reemprendió la marcha, dejando allí a su hermano convertido en rico propietario de una mina de plata. Siete años después, el último de los cuatro hermanos fue a parar a un lugar pedregoso, en medio de un árido desierto. Allá, vencido por el cansancio, se sentó. Y observó entonces que los cantos que yacían a sus pies brillaban. Era oro.

El voto de *castidad* significa la puesta en práctica del propósito de vivir según la ley solar, sin inmoderados afanes y sin indiferencia, pues la virtud es aburrida y el vicio repugnante. Sólo lo que viene del fondo del corazón no es ni aburrido ni repugnante, a saber, el *amor*. El corazón vive únicamente cuando ama. Entonces se asemeja al sol. La castidad es el estado del ser humano en que el corazón, ya solar, ocupa el centro de gravedad.

En otros términos, la castidad es el estado del ser humano donde el centro llamado por el esoterismo occidental *loto de doce pétalos* (*anāhata* en la India) se halla despierto y transformado en el sol del sistema planetario microcósmico. Los tres lotos situados debajo de él (los de *diez, seis* y *cuatro* pétalos respectivamente) comienzan entonces a funcionar en armonía con la vida del corazón (loto de doce pétalos), es decir, según la ley solar. Cuando lo hacen, la persona es casta, ya esté soltera o casada. Así, hay vírgenes casadas y madres, y hay vírgenes físicas que no lo son en realidad. El ideal de la Virgen Madre, que propone la Iglesia tradicional (la católica y la ortodoxa) es verdaderamente adorable. El ideal de la castidad triunfa de la esterilidad y la indiferencia.

La práctica de la castidad no se refiere solamente a lo sexual. Se extiende también a los demás campos donde es posible elegir entre la ley solar y toda clase de enajenaciones perturbadoras. Por ejemplo, todo fanatismo es un pecado contra la castidad, pues al fanático le arrastra una corriente tenebrosa. La revolución francesa fue una orgía de perversa embriaguez colectiva, como lo sería más tarde la revolución rusa. El nacionalismo –parejo al de la Alemania de Hitler– es también una forma de embriaguez que anega la conciencia del corazón y, por tanto, resulta también incompatible con el ideal de la castidad.

Hay igualmente formas de ocultismo práctico que se prestan a la búsqueda de una embriaguez malsana. Joséphin Péladan, confiesa:

«No lo disimulo: todos nos hemos dejado seducir primero por la estética de lo oculto; y, enamorados de lo pintoresco y extraño, hemos dado nuestra aprobación a pasatiempos de mujer neurasténica; se ha buscado el temblor –el escalofrío de lo invisible y del más allá–, se ha pedido una sensación a lo incorpóreo»[10].

La práctica de la castidad clava las inclinaciones a la *caza* propias del ser humano, cuyo lado masculino tiende a atrapar la pieza, mientras el femenino trata de emboscarla. La práctica de la pobreza sujeta las inclinaciones del hombre al *robo*: aquí la parte masculina se aplica a tomar y la femenina a retener indefinidamente, en vez de esperar el don libre o el fruto merecido del trabajo. La práctica de la obediencia, por último, reprime el afán de grandeza o las inclinaciones humanas a la *usurpación,* donde el varón busca proclamarse grande a sus propios ojos y la mujer a los ojos de los demás.

Estos tres votos representan, como decíamos, el único método conocido e indispensable que conduce a las cinco llagas, o sea al pentagrama eficaz de la magia sagrada. Hay que precisar que no se trata aquí de las virtudes de humildad, pobreza y castidad enteramente realizadas –ya que ningún hombre carnal puede poseerlas en grado perfecto–, sino de su *práctica,* es decir, de los esfuerzos sinceros que tienden a realizarlas. Sólo éstos cuentan.

Tal es la respuesta a la pregunta sobre el modo de adquirir las cinco llagas. Respondamos ahora a una nueva pregunta: ¿cómo opera la magia del sagrado pentagrama de las cinco llagas?

Según indicábamos antes, la *pureza* de la voluntad, y no su fuerza, constituye la base de la magia del sagrado pentagrama. En ello concuerda con la magia divina que no coacciona, sino establece (o restablece) la libertad de elección merced a la *presencia* de lo verdadero, lo bello y lo bueno. La magia del sagrado pentagrama de las cinco llagas tiene por objeto realizar la *presencia viva* del bien en la conciencia del sujeto de la operación. En efecto, el bien no *combate,* no lucha contra el mal; se limita a estar o no presente. Su victoria consiste en conseguir estar presente, su derrota en verse obligado a estar ausente. Las cinco llagas garantizan la presencia del bien o, en otros términos, de la voluntad *pura* de lo alto.

He aquí un episodio relatado en las *Consideraciones sobre las llagas de san Francisco* (consideración quinta), que podría ser la clave del problema que nos ocupa:

---

10. Ibid., p. 309.

Cierto fraile franciscano oraba desde hacía ocho años, a raíz de la muerte de san Francisco, para que le fueran reveladas las palabras secretas que el serafín había dirigido al santo al darle los estigmas. Un día, el propio san Francisco se le apareció, en presencia de otros siete frailes, y, volviéndose hacia él, le habló de esta manera:

«Has de saber, hermano carísimo, que, cuando yo sobre el monte Alverna estaba todo absorto en la memoria de la pasión de Cristo, durante la aparición seráfica fui por él llagado de esta forma en mi cuerpo. Entonces me dijo: "¿Sabes tú lo que te he hecho? Te he dado las señales de mi pasión para que seas mi portaestandarte. Y como yo el día de mi muerte bajé al limbo y, en virtud de estas mis llagas, libré todas las almas que en él estaban llevándomelas al paraíso, así te concedo desde ahora, para que me seas semejante en la muerte como lo has sido en vida, que, cuando hayas abandonado este mundo, todos los años, en el aniversario de tu muerte, vayas al purgatorio y, en virtud de las llagas que te he impreso, saques de allí las almas de tus tres Órdenes de menores, monjas y continentes, y aun las de tus devotos que allí encuentres, y las conduzcas al paraíso." Estas palabras no las revelé nunca mientras vivía en el mundo.»

Dicho esto, san Francisco desapareció súbitamente. Numerosos frailes oyeron después el relato de labios de los ocho que habían presenciado la visión y escuchado las palabras de san Francisco (san Francisco de Asís, *Escritos, Biografías, Documentos de la época*, Ed. Católica, BAC 399, Madrid ²1980, p. 926). Y «El hermano Jacobo Blanco, lector romano, anunció esto y dijo que lo había oído de uno de los ocho frailes arriba citados», añade al final del relato el manuscrito de san Isidoro, del que hace mención Paul Sabatier.

Analicemos ahora ese relato desde el punto de vista de la magia del sagrado pentagrama de las cinco llagas.

Ante todo conviene hacer notar que los estigmas otorgados a san Francisco son de naturaleza tanto corporal como espiritual, ya que su virtud (es decir, su poder mágico) continúa después de la muerte del santo. Hay que señalar también que la virtud de los estigmas, los de Cristo mismo y los de san Francisco, se manifiestan en poder sacar del limbo y el purgatorio a las almas para conducirlas al paraíso. Y digamos, por último, que la narración es clara y categórica respecto al hecho de que sólo en virtud de sus estigmas Jesucristo, antes de resucitar, sacó a las almas del limbo y las condujo al paraíso, y de que sólo en virtud de sus estigmas san Francisco, a su vez, sacaría del purgatorio cada año en la fecha de su muerte a todas las almas vinculadas a él por un lazo espiritual y las conduciría al paraíso.

Considera a continuación los términos limbo, purgatorio y paraíso en su lato sentido analógico y tendrás la fórmula neta y precisa de la operación mágica del sagrado pentagrama de las cinco llagas. Esta operación efectúa el cambio del estado natural (limbo) y el estado humano de sufrimiento (purgatorio) en el de la bienaventuranza del estado divino (paraíso). La operación mágica del sagrado pentagrama de las cinco llagas consiste, pues, en transformar el estado natural en humano, y este último en divino. Tal es la obra de la alquimia espiritual que transmuta lo natural (limbo) y lo humano (purgatorio) en lo divino (paraíso), según la clásica división trinitaria: naturaleza, hombre y Dios.

Examinemos ahora más de cerca el sentido *práctico* de las palabras limbo, purgatorio y paraíso como etapas de la obra de transmutación –o liberación– de la magia del sagrado pentagrama de las cinco llagas. Su sentido *práctico* no es el de espacio, o lugares, sino el del *estado* del ser humano corporal, anímico y espiritual. Si así lo entendemos, no tardaremos en descubrir que esos tres estados no son conocidos por experiencia y que esta experiencia nos proporciona las *claves analógicas* para poder comprender las ideas de limbo, purgatorio y paraíso como tales, es decir, en todos los planos y toda la escala psicológica, metafísica y teológica de su aplicación.

Cada uno de nosotros ha experimentado alguna vez el estado armonioso de una buena salud acompañada de la despreocupación del alma y de la paz del espíritu. Es lo que llamamos, sencillamente, alegría o gozo de vivir. Tal sería nuestro permanente estado natural si no existieran malestares, penas y graves problemas. Nos lo brinda la *naturaleza* virgen, no caída, y podríamos disfrutar constantemente de él si no hubiera en nuestra naturaleza elementos caídos, enfermedades y pecados, y en nosotros mismos pesares, temores y remordimientos..., si la vida toda no fuese un campo donde la muerte siega sin cesar.

No obstante, se dan de cuando en cuando momentos, horas y aun días enteros en que experimentamos el gozo natural de vivir, sin penas ni desasosiegos. Esta experiencia nos facilita la analogía que permite captar el sentido de la noción de limbo. El limbo es el estado espontáneo de salud física y psíquica que la propia naturaleza puede ofrecernos –dentro y fuera de nosotros mismos– sin ayuda de la gracia sobrenatural o divina. El limbo es la parte virgen de la naturaleza –exterior y humana– según la doctrina tradicional: *Natura vulnerata, non deleta* («La naturaleza está herida, no destruida»).

Quienes estén familiarizados con el *Bhagavadgītā*, o en general se ocupen de la tradición hindú, reconocerán fácilmente en el estado que designamos por la palabra limbo el estado o *guṇa* de la naturaleza (*prakṛti*) que en la India llaman *sattva*, mientras los otros dos estados reciben respectivamente los nombres de *tamas* y *rajas*.

Tocante a la experiencia del purgatorio, está constituida por todo sufrimiento purgante: físico, anímico y espiritual. El sufrimiento corporal, moral e intelectual es nuestro estado intermedio entre la experiencia de la inocencia natural del limbo y los momentos de gozo celestial en que nos alcanzan los rayos del paraíso.

Ya aquí abajo tenemos un gusto anticipado del purgatorio y el paraíso. Sufrimos, pero nos llegan consolaciones del cielo. La vida humana es alegría inocente y natural, y su pérdida viene del pecado; de ahí también el sufrimiento y los rayos de bendición celestial que nos consuelan.

Así es nuestra vida, que consiste en experimentar la *realidad* del limbo, el purgatorio y el paraíso.

La magia del sagrado pentagrama de las cinco llagas saca a las almas del limbo y del purgatorio para conducirlas al paraíso. Esto quiere decir que hace presente el cielo en el limbo y en el purgatorio, que lo hace descender al plano de la naturaleza inocente y dolorida. Y esto último a su vez significa que introduce lo sobrenatural en lo natural, cura las enfermedades, ilumina las conciencias y las hace participar en la vida espiritual. El purgatorio abarca *toda* enfermedad y *todo* sufrimiento. Sacar de él equivale a liberar de él, es decir, a curar, iluminar, unir.

La magia de las cinco llagas opera gracias a la *presencia* de la realidad del mundo espiritual sobrehumano por medio de dichas llagas y efectúa la transmutación de los estados del limbo y del purgatorio en el estado de unión con lo divino o paraíso.

En cuanto al aspecto ritual o técnico de la magia del sagrado pentagrama de las cinco llagas, lo hemos ya esbozado en la tercera carta relativa al arcano simbolizado por la Emperatriz.

El quinario unido y ligado a la década, del que habla Saint-Martin, es por tanto el quinario o pentagrama de las cinco llagas. El otro quinario, que Saint-Martin califica de absolutamente malo, está separado de la *década*, es decir, de las cinco corrientes (o miembros) de la voluntad humana, dotadas de las cinco llagas de la voluntad divina (o las letras del nombre *Yhshuh*, «Jesús», como lo han aceptado simbólicamente Kunrath, Kircher, Saint-Martin y otros, aunque en hebreo el nombre de Jesús se escribe *Yehoshua'*).

Sin embargo, yo no diría tan radicalmente como Louis-Claude de Saint-Martin que el quinario separado de la década es absolutamente malo. Más bien es *arbitrario,* y sólo resulta malo en la medida en que la personalidad humana, emancipada de lo divino y lo natural, es mala.

En todo caso, el pentagrama distinto del de las cinco llagas no es el signo de la magia negra, sino el de la magia arbitraria o gris, si se prefiere.

Es, en efecto, el signo del poder de la personalidad como tal, mezcla inevitable del bien y el mal, aun cuando actúe con las mejores intenciones del mundo.

Oswald Wirth escribe a este propósito:

«La magia vulgar se ilusiona con la fuerza de este signo, que de por sí no confiere ningún poder. La voluntad individual sólo es fuerte en la medida en que concuerda con un poder más general... No pretendamos desarrollar la voluntad artificialmente y transformarnos en atletas volitivos...»[11]

Ambas formas del pentagrama –apuntando hacia arriba o hacia abajo– no corresponden en absoluto a la división de la magia en blanca y negra (aunque así lo enseñen los magos tradicionales, por ejemplo Éliphas Lévi). Ya puedes dibujar una cabeza de macho cabrío (como lo hace Éliphas Lévi) en el pentagrama invertido, no por ello se convertirá en signo de la magia negra. Las dos formas del pentagrama se refieren a la electricidad humana (la electricidad del organismo humano, que va con los movimientos de la voluntad) de la *cabeza* o las *piernas*, lo cual nada tiene que ver con cuernos. Trátase en ambos casos de la misma electricidad, con la única diferencia de que en el primero, el del pentagrama con la punta hacia arriba, las corrientes eléctricas son movidas por la voluntad del intelecto, mientras en el segundo, el del pentagrama con la punta hacia abajo, lo son por el intelecto de la voluntad. Los dos polos de la voluntad pueden igualmente servir al bien o al mal, aunque entrambos representan, de hecho, una mezcla de los dos principios. Es cierto, no obstante, que la razón y la conciencia tienen más probabilidades de hacerse valer en la operación si la punta del pentagrama está vuelta hacia arriba, en vez de estarlo hacia abajo, pero todo depende aquí de la disposición intelectual y moral del operador. Un intelecto perverso hará ciertamente peor uso del pentagrama derecho que una voluntad sana y con buenas intenciones lo hará del pentagrama invertido. No nos dé miedo, pues, el pentagrama invertido, ni confiemos demasiado en el pentagrama derecho.

Volvamos ahora al quinario ligado y unido a la plenitud de la década, es decir, al sagrado pentagrama de las cinco llagas. Y considerémoslo no como un asunto individual, sino como algo que concierne a la humanidad entera.

La historia de la humanidad –vista en su aspecto nocturno– es en el fondo la operación de un número limitado de fórmulas y signos mágicos. Hagas lo que hicieres, te colocas bajo la égida de determinada fórmula o signo. Cruz, pentagrama y hexagrama son signos y fórmulas que operan en la historia de la humanidad. La *cruz* es el voto y virtud de la obediencia, o sea el signo y fórmula de la fe como respiración horizontal humana y vertical divina reunidas.

---

11. O. Wirth, *Le tarot des imagiers du moyen âge*, Paris 1927, p. 123.

El *pentagrama* es iniciativa, esfuerzo y trabajo; en otras palabras, el voto y virtud de la pobreza, o el signo y fórmula de la esperanza como efecto de la presencia de la luz divina aquí abajo.

El *hexagrama* es el voto y virtud de la castidad, es decir, el signo y fórmula del amor como unidad del Padre, el Hijo y el Espíritu Santo, y de la Madre, la Hija y el Alma santa. La historia espiritual de la humanidad es su vía crucis hacia el pentagrama, y por el pentagrama hacia el hexagrama, lo que significa que es la escuela de la obediencia, pobreza y castidad, siendo también la operación mágico-divina donde el amor se ve alcanzado por la fe mediante la esperanza.

El medievo erigió la cruz por encima de las naciones, sociedades, aspiraciones e ideas de Europa. Fue una época de obediencia y fe... con todos los abusos humanos imaginables. Le siguió otra época en que se dejó sentir la aurora de la esperanza. El humanismo, con el renacer y florecimiento de las artes, la filosofía y las ciencias, nació bajo el signo de la esperanza. El signo del pentagrama comenzó su ascensión. Entonces mismo surgió la oposición entre el sagrado pentagrama de las cinco llagas y el pentagrama de la personalidad emancipada.

Un arte, una magia y una ciencia puramente humanistas se desarrollaron bajo el signo del pentagrama de la esperanza en el hombre, opuesto al signo del pentagrama de la esperanza en Dios, el sagrado pentagrama de las cinco llagas, al amparo del cual se desarrolló a su vez el esoterismo cristiano (mística, gnosis, magia sagrada y hermetismo).

El impulso a la libertad –la esperanza en el hombre emancipado– creó y destruyó muchas cosas. Creó una civilización material sin par, pero destruyó al propio tiempo el orden jerárquico, el orden de la obediencia espiritual. Ello dio pie a toda una serie de revoluciones religiosas, políticas y sociales.

Mas el orden jerárquico es eterno, y la obediencia indispensable. Estableciéronse entonces nuevos órdenes jerárquicos y la obediencia fue sustituida por tiranías y dictaduras. «Pues que viento siembran, recogerán tempestad» (Os 8,7). He ahí una verdad que con no poco sufrimiento aprendemos hoy. El pentagrama de la esperanza en el hombre emancipado sembró viento en el pasado, y nosotros actualmente cosechamos la tempestad.

Ahora bien, la función del papa en la historia espiritual de la humanidad es la de guardián del sagrado pentagrama de las cinco llagas, única vía legítima para pasar de la cruz al pentagrama y de éste al hexagrama. La tarea espiritual del papa es velar por que sólo *des-*

pués de haberse aceptado la cruz inicie el pentagrama su movimiento ascendente y por que sólo *después* de haberse aceptado el sagrado pentagrama de las cinco llagas ascienda el hexagrama. La misión del sumo sacerdote es velar por que los libres y santos votos de obediencia, pobreza y castidad espirituales no desaparezcan del mundo en que vivimos y haya siempre en él personas que los abracen y representen.

La práctica de estos tres votos constituye, en efecto, la condición preliminar de la fe viva, de la esperanza luminosa y del amor ardiente, es decir, de la *respiración espiritual* de la humanidad. Esta última se asfixiaría espiritualmente sin fe, esperanza y amor o caridad, virtudes de las que se vería privada si cesara la práctica de los libres y santos votos de obediencia, pobreza y castidad espirituales.

La función papal o de la Santa Sede es una fórmula de la magia divina en la historia de la humanidad, al igual que la función imperial.

Tal es el significado del término esotérico Pedro, piedra. La piedra designa, en el Antiguo y Nuevo Testamento, el estatuto divino inmutable o fórmula de la magia divina. Por ello la función papal fue instaurada en calidad de Pedro, o sea roca, piedra:

«Y yo a mi vez te digo que tú eres Pedro, y sobre esta piedra edificaré mi Iglesia, y las puertas del infierno no prevalecerán contra ella» (Mt 16,18).

Las cinco puertas del infierno –el afán de ser grande, de tomar, retener, avanzar y mantenerse a costa de otros–, como contrafórmula, no prevalecerán contra la fórmula de las cinco llagas, que son las llaves del reino de los cielos.

El poder mágico-divino de estas llaves es tal que lo que por su virtud sea *ligado* en la tierra será *ligado* en el cielo, y lo que sea *desligado* en la tierra será también a su vez *desligado* en el cielo. Pues «lo que está arriba es como lo que está abajo, y lo que está abajo es como lo que está arriba». Y cuando esto no suceda, cuando la desobediencia, codicia e impureza prevalezcan en la tierra, la virtud de las llaves o *sagradas llagas* podrá entonces restablecer esa unidad de lo de arriba y lo de abajo, es decir, ligar y desligar mediante un acto que, traducido en palabras, rezaría así:

«Que lo que está arriba *sea* como lo que está abajo, y lo que está abajo *sea* como lo que está arriba.»

La idea de la jerarquía del Emperador puede presentarse de esta manera:

La idea de la jerarquía del Papa, de esta otra:

Juntando ambas, nos da:

Carta VI

EL ENAMORADO

El arcano de la iniciación y de la castidad

«Lo asió y lo besó, y con semblante desvergonzado le dijo: "Tenía que ofrecer un sacrificio de comunión, y hoy he cumplido mi voto; por eso he salido a tu encuentro, para buscarte, y ya te he hallado"» (Prov 7,13-15).

«Yo, la sabiduría, vivo con la prudencia, y poseo la ciencia de la reflexión... Amo a quienes me aman, y los que me buscan me encuentran» (Prov 8,12.17).

«Ponme como un sello en tu corazón, como un sello en tu brazo; pues fuerte es el amor, como la muerte... Saetas de fuego son sus flechas, llamas de Yahveh» (Cant 8,6.7).

Querido amigo desconocido:

En las citas que preceden tienes toda la composición de la lámina sexta, traducida del lenguaje visual del tarot al de la poesía salomónica. En dicha lámina, una mujer de cabellos negros y vestida de rojo ase descaradamente por el hombro a un joven, mientras otra, rubia y con un manto azul, apela a su corazón esbozando hacia éste un casto movimiento con la mano izquierda; al mismo tiempo, arriba, un arquero infantil alado, destacándose de una bola blanca que despide llamas rojas, amarillas y azules, se dispone a lanzar una flecha sobre el otro hombro del joven. ¿No nos parece oír, al contemplar la sexta lámina del tarot, una voz que exclama: ¡Ya te he hallado!, y otra que dice: ¡Quien me busca me encuentra!? ¿No reconocemos aquí la voz de la sensualidad y la del corazón, así como la flecha de fuego venida de lo alto, a la que se refiere el rey Salomón?

El tema central del sexto arcano es, pues, el de la práctica del voto de *castidad,* a semejanza del quinto arcano que tiene por tema básico la *pobreza* y del cuarto cuyo tema es la *obediencia.* El sexto arcano constituye también el resumen de los dos arcanos anteriores, por ser la castidad fruto de la obediencia y la pobreza. Compendia los tres votos o métodos de disciplina espiritual, oponiéndolos a las tres pruebas o tentaciones contrarias a tales votos. La elección con la que se enfrenta el joven del sexto arcano es de mayor alcance que la de escoger entre el vicio y la virtud. Aquí ha de decidirse entre las vías respectivas de la obediencia, la pobreza y la castidad, por una parte, y las del poder, la riqueza y la lujuria, por otra. La enseñanza *práctica* del arcano que representa al Enamorado se extiende a los tres votos y a las tres tentaciones correspondientes. No otra, es la doctrina *práctica* del hexagrama o *senario.*

Los tres votos son, en esencia, remembranzas del paraíso donde el hombre estaba unido a Dios (obediencia), donde lo poseía todo a la vez (pobreza) y donde su compañera era simultáneamente su mujer, su amiga, su hermana y su madre (castidad). En efecto, la presencia real de Dios entraña por necesidad el acto de prosternarse ante aquel «que es más yo que yo mismo», y ahí tenemos la raíz y fuente del voto de obediencia; la visión de las fuerzas, sustancias y esencias del mundo como jardín de los símbolos divinos o Edén significa poseerlo todo sin escoger, tomar o apropiarse una cosa particular aislada del conjunto: tal es la raíz y fuente del voto de pobreza; por último, la comunión total entre el único y la única, que abarca la gama entera de las posibles relaciones espirituales, anímicas y corporales entre dos seres polarizados, implica forzosamente la integridad absoluta del ser espiritual, anímico y corporal en el amor: he aquí la raíz y fuente del voto de castidad.

Sólo se es casto cuando se ama con la totalidad del ser. La castidad no es integridad del ser en la indiferencia, sino en el amor «que es fuerte como la muerte y cuyas flechas son saetas de fuego, llamas del eterno».

El amor es *unidad vivida.* Es *tres* –espíritu, alma y cuerpo– que constituyen *uno,* y otros *tres* –espíritu, alma y cuerpo– que también son *uno;* y tres más tres son *seis,* y seis es *dos,* y dos es *uno.* He aquí la fórmula de la castidad en el amor, la fórmula *Adán-Eva,* y esta fórmula es el principio de la castidad, el vivo recuerdo del paraíso.

¿Qué hay del celibato del monje y de la monja? ¿Cómo se aplica a ellos la fórmula de la castidad *Adán-Eva?*

El amor es fuerte como la muerte; es decir, ésta no lo destruye. No puede hacer ni que uno olvide, ni que deje de esperar. Quienes de entre nosotros, almas humanas, llevamos en nuestro ser la llama del recuerdo paradisíaco, no podemos ni olvidarla, ni dejar de esperar en ella. Y si esas almas vienen al mundo con la impronta de aquel recuerdo y con la de saber que en esta vida de aquí abajo no tendrá lugar para ellas el encuentro con el otro, vivirán entonces aquí como *viudas,* por cuanto recuerdan, y como *novias,* por cuanto esperan. Así, en el fondo de sus corazones, todos los verdaderos monjes son viudos y novios, y todas las verdaderas monjas, viudas y novias. El auténtico celibato da testimonio de la eternidad del amor, al igual que el milagro del auténtico matrimonio atestigua su realidad.

Sí, querido amigo desconocido, la vida es profunda y su profundidad es como un abismo sin fondo. Nietzsche sintió esto y lo supo expresar en el *Canto nocturno (Nachtlied)* de su libro *Así habló Zaratustra:*

«¡Atiende, oh hombre!
¿Qué dice la profunda medianoche?
Yo dormía, dormía...
y de hondo sueño me desperté.
El mundo es profundo,
aún más de lo que pensara el día;
profundo en su dolor,
y el placer, más hondo aún que el pesar del corazón.
Dolor dice: ¡pasa!
Mas todo placer anhela eternidad,
quiere profunda, profunda eternidad.»

Así, pues, una misma flecha –la «saeta ígnea de la llama del eterno»– es causa del verdadero matrimonio y del verdadero celibato. Atraviesa el corazón del monje –que por ello es monje– como traspasa el corazón del novio la víspera de su boda. ¿Dónde hay más verdad y belleza? Nadie puede decírnoslo.

¿Y la caridad, el amor al prójimo? ¿Qué relación guarda con el amor cuyo prototipo se resume en la fórmula *Adán-Eva*?

Nos hallamos rodeados de innumerables seres vivos y conscientes, tanto visibles como invisibles. Pero, aunque sepamos que existen realmente y que están tan vivos como nosotros mismos, nos parece, con todo, *como si existieran menos realmente* y estuvieran *menos vivos* que nosotros.

En nuestra viva e intensa percepción de la realidad, se nos antoja que somos nosotros quienes estamos vivos, mientras los demás seres se presentan a nuestros ojos, en comparación, como menos reales; su existencia reviste para nosotros más el carácter de una sombra que el de la completa realidad. Nuestro pensamiento nos dirá que esto es una ilusión, que los seres que nos circundan son tan reales y viven con tanta intensidad como nosotros mismos... ¡Inútilmente! A pesar de todo, nos sentimos en el centro de la realidad y sentimos a los demás seres alejados de ese centro. Ya se califique esta ilusión de egocentrismo, egoísmo, *ahaṃkāra* (espejismo o ilusión del yo) o efecto de la caída original, poco importa: no por ello deja de hacer que nos sintamos más reales que los otros.

Ahora bien, sentir algo como plenamente real es amar. El amor nos despierta a la realidad de nosotros mismos, a la realidad de los demás, a la realidad del mundo... y a la realidad de Dios. Nos amamos a nosotros mismos por cuanto nos sentimos reales. Y no amamos —o no tanto como a nosotros mismos— a los demás seres, que nos parecen menos reales.

Dos vías o métodos muy diferentes pueden liberarnos de la ilusión «yo vivo - tú sombra», y nos es permitido escoger. La primera vía consiste en *apagar* el amor a sí mismo y convertirse en sombra entre sombras. Es la igualdad de la indiferencia. La India nos brinda este método para liberarnos del *ahaṃkāra* o ilusión del yo. Esta ilusión se destruye *al extender a sí mismo la indiferencia que a uno le inspiran los demás seres*. El sujeto se reduce aquí al estado de una sombra igual a las demás sombras que lo rodean. *Māyā*, la gran ilusión, significa creer que los seres individuales, yo y tú, pueden ser otra cosa que sombras, meras apariencias sin realidad. La fórmula que ha de aplicarse es, por consiguiente, «yo sombra - tú sombra».

La otra vía o método consiste en *extender a los demás seres el amor que uno se tiene a sí mismo*, a fin de realizar la fórmula «yo vivo - tú vivo». Trátase de hacer que los demás seres resulten tan reales como uno mismo, es decir, de amarlos como a sí. Para conseguirlo, hay que empezar por amar al *prójimo* como a sí mismo. El amor no es un programa abstracto, sino *sustancia* e *intensidad*. Tiene, pues, que brotar como tal en un ser individual de modo que pueda luego irradiarse en todas direcciones. Para hacer oro hay que tener oro, dicen los alquimistas. El equivalente espiritual de esta máxima es que, para poder amar a *todos*, hay que haber amado primero a *alguien*. Este alguien es el prójimo.

¿Quién es el prójimo en sentido hermético, o sea en sentido a la vez místico, gnóstico, mágico y metafísico? Es el ser más cercano desde el principio, el alma gemela desde la eternidad, el alma con quien la mía ha contemplado la aurora de la humanidad.

Esta aurora de la humanidad es el paraíso descrito por la Biblia. En aquella etapa del ser, dijo Dios:

«No es bueno que el hombre (Adán) esté solo» (Gén 2,18).

Ser es amar. Estar solo significa amarse a sí mismo. Así, «no es bueno (*tov*) que el hombre esté solo» quiere decir: no es bueno que el hombre se ame únicamente a sí mismo. Por ello *YHVH Elohim* añade:

«Voy a hacerle una ayuda semejante a él ('*ezer kenegdo*, ayuda semejante, correspondiente a él)» (Gén 2,18).

Y por ser Eva una parte suya, la amó Adán como a sí mismo. Eva fue, pues, el prójimo, el ser más cercano a Adán («hueso de mis huesos y carne de mi carne», Gén 2,23).

Tal es el origen del amor, tanto del que une al hombre y la mujer como del amor al prójimo. En el comienzo sólo había un amor y su fuente era una, como su principio era uno.

Todas las formas de amor –caridad, amistad, amor paterno y materno, amor filial, amor fraterno– proceden de la misma raíz única y primordial: la pareja Adán-Eva. Fue entonces cuando brotó el amor –la realidad del otro– para poder después ramificarse y diversificarse. El fuego del amor de la primera pareja (y da lo mismo que haya habido una sola pareja o millares: lo que importa es el primer brote cualitativo del amor y no la cantidad de casos simultáneos o sucesivos de ese brote) se refleja en el amor de los padres a sus hijos, reflejado a su vez en el de éstos a sus padres, en el amor de los hijos entre sí y, por último, en el amor a toda la familia de los seres humanos más allá de los parientes inmediatos, en el amor –por analogía– a todo lo que vive y respira. El amor, una vez nacido como sustancia e intensidad, propende a extenderse, ramificándose y diversificándose según las modalidades de relación humana en las que entra. Es una corriente en cascadas, que tiende a llenarlo e inundarlo todo. Por eso, cuando hay verdadero amor entre los padres, sus hijos los amarán, por analogía, y se amarán entre sí; y, también analógicamente, amarán como a sus propios hermanos por adopción psicológica a sus amigos de la escuela o vecindario, y a sus maestros, preceptores, sacerdotes, etc., con el mismo reflejo del amor que sienten por sus padres. Más tarde, amarán igualmente a sus respectivos esposos y esposas, como amaron antes a sus progenitores.

Todo esto es, sin ningún género de duda, lo contrario de la doctrina pansexual de Sigmund Freud. En efecto, la libido o deseo sexual constituye a juicio de Freud la base de toda actividad psicológica del hombre y la energía motriz de la misma, que luego se transforma –mediante el proceso de sublimación o encauzamiento por canales distintos de los del impulso sexual– en fuerza creadora social, artística, científica y religiosa. No obstante, el amor en su totalidad, entendido según la fórmula *Adán-Eva,* es respecto al deseo sexual como la luz blanca, síntesis de los siete colores, al color rojo. El amor *Adán-Eva* abarca la gama entera de colores no diferenciados, en tanto que la libido de Freud es sólo un color aislado y separado del todo. Esta separación del todo –y el *todo* es el principio de la castidad– representa exactamente el polo opuesto de la castidad, es decir, el principio de la impudicicia, la cual no es otra cosa que la autonomía del deseo carnal con detrimento de la integridad del ser humano espiritual, anímico y corporal. El deseo sexual es únicamente un aspecto del amor, el aspecto reflejado por esa parte del organismo físico y psíquico que constituye el campo especial del loto de cuatro pétalos y no es sino la *séptima parte* del organismo psicofísico del hombre. Además del deseo sexual, hay *otros seis aspectos* no menos importantes, cuya existencia es ignorada o negada por la doctrina de Freud.

Así como Karl Marx, impresionado por la verdad parcial, reducida a su base más sencilla, de que hay que comer primero para poder pensar después, erigió el interés económico en principio del hombre y de la historia humana, de la misma manera Sigmund Freud, impresionado por la verdad parcial de que hay que nacer primero para poder comer y pensar, y de que para nacer es necesario el deseo sexual, erigió este último en principio del hombre y de toda la cultura humana. Marx veía la base del *homo sapiens* en el *homo oeconomicus;* a su vez Freud la veía en el *homo sexualis,* el hombre sexual.

Alfred Adler no pudo seguir a su maestro en la atribución de la primacía absoluta al sexo, ya que la experiencia contradecía a menudo esa doctrina. Así, este fundador de una nueva escuela, la de la «psicología profunda» (*Tiefenpsychologie*), vino a descubrir que lo que desempeña el papel preponderante en las profundidades del ser humano es la voluntad de poder. Adler expuso entonces su doctrina del *homo potestatis,* el hombre movido por la voluntad de poder, en lugar del *homo sapiens* de la ciencia del siglo XVIII, del *homo oeconomicus* de Marx y del *homo sexualis* de Freud.

Sin embargo, Carl Gustav Jung, aun admitiendo las verdades parciales de las respectivas doctrinas de Freud y Adler, fue llevado por su experiencia clínica a descubrir un estrato psíquico todavía más profundo que los estudiados por sus dos colegas. Hubo de reconocer la realidad de un *estrato religioso* más hondo que el sexual y que el de la voluntad de poder. Consiguientemente, gracias a la labor de Jung, quedó establecido que el hombre es en el fondo *homo religiosus*, un ser religioso, aun cuando pueda también calificarse de ente económico, ente sexual y ente que aspira al poder.

Carl Gustav Jung reintegró, pues, el principio de la castidad en la psicología, mientras las otras escuelas citadas son contrarias a la castidad, ya que destruye la unidad de los elementos espirituales, anímico y corporal del ser humano. En el fondo de éste, Jung descubrió el soplo divino.

La obra de Jung inaugura también un nuevo método en psicología: el de la sucesiva exploración de las capas psíquicas, que corresponden analógicamente a las capas arqueológicas, paleontológicas y geológicas. Y así como la arqueología, la paleontología y la geología ven en las capas que les atañen una especie de archivo del pasado, de tiempo convertido en espacio, a su vez la psicología profunda de la escuela de Jung trata las capas psíquicas como si fueran el pasado vivo del alma, un pasado tanto más lejos cuanto más profunda es la capa. La medida de la profundidad es aquí la de la historia del pasado del alma, que va mucho más allá del umbral del nacimiento. Podrá discutirse si estas capas son colectivas o individuales, si sobreviven gracias a la herencia o a la reencarnación, pero no cabe ya negar su realidad ni su valor como clave de la historia psíquica del hombre y de la humanidad. Más aún, no puede negarse ya el hecho de que, en la esfera psíquica, *nada muere* y todo el pasado *sigue viviendo ahora mismo* en los diversos estratos de la conciencia profunda –el inconsciente o el subconsciente– del alma. Las capas paleontológicas y geológicas sólo contienen vestigios y fósiles de un pasado ya muerto; las capas psíquicas, al contrario, constituyen el testimonio vivo de un pasado vivido. Son el pasado que continúa viviendo. Son la memoria –no intelectual, sino psíquicamente *sustancial*– del pasado vivido. Por eso nada perece ni se pierde en el terreno de lo psíquico: la historia esencial, es decir, las alegrías y sufrimientos *reales*, las religiones y revelaciones *reales* del pasado, siguen viviendo en nosotros, y en nosotros también se encuentra la clave de la historia esencial de la humanidad.

De ahí que en nosotros resida igualmente la capa paradisíaca o la *historia* del Edén y de la caída, cuyo relato hallamos en el *Génesis* de Moisés. ¿Dudas de la verdad *esencial* de ese relato? Desciende a las profundidades de tu propia alma, desciende hasta las *raíces*, hasta las fuentes del sentimiento, la voluntad y la inteligencia, y entonces *sabrás*. Sabrás, es decir, tendrás la *certeza* de que el relato bíblico es *verdadero* en el más hondo y auténtico sentido de la palabra, en el sentido de que habrías de negarte a ti mismo, negar el testimonio de la *estructura* interna de tu propia alma, para poder dudar de lo narrado por Moisés. Este descenso a las profundidades de tu alma al meditar el episodio del paraíso del *Génesis* eliminará en ti toda posibilidad de duda. Tal es el carácter de la certidumbre que así adquirirás. Pero ¡cuidado! No se trata aquí de una certeza relativa al jardín del Edén, sus árboles, la serpiente, la manzana u otra fruta prohibida, sino a las *realidades* vitales, psíquicas y espirituales reveladas por esas imágenes o símbolos. Lo que comunica la certeza de la verdad del relato no es su *lenguaje* simbólico, sino lo que en él se expresa.

El episodio del *Génesis* expresa simbólicamente la primera capa –primera en el sentido de *raíz* de todo lo que es humano en la naturaleza humana– de la vida psíquica del hombre o, dicho de otro modo, su comienzo. Ahora bien, el conocimiento del comienzo –*initium* en latín– es la esencia de la *iniciación*. Ésta es la experiencia consciente del *estado inicial* microcósmico (iniciación hermética) y macrocósmico (iniciación pitagórica).

La primera de ambas iniciaciones es un descenso consciente a las profundidades del ser humano hasta su capa inicial. Su método es el *énstasis*, a saber, la experiencia de las profundidades básicas en lo íntimo de sí mismo. Uno se vuelve *cada vez más profundo* hasta que logra despertar en sí la capa primordial o «imagen y semejanza de Dios», que es el objetivo del énstasis. Esta experiencia se lleva sobre todo a cabo por medio del tacto espiritual. Puede compararse con la experiencia química realizada en el plano psíquico y espiritual.

La segunda iniciación, a la que hemos dado el nombre de «pitagórica» considerándola desde el punto de vista histórico, se basa principalmente en el sentido de la audición u oído espiritual. Es *musical* por esencia, así como la primera es sustancial o *química*. Las capas (esferas o cielos) macrocósmicas se revelan a la conciencia merced al *éxtasis,* o sea el rapto, arrebato o *salida de sí mismo*. La música de las esferas de la que hablaba Pitágoras no era otra cosa que esta experiencia, la cual se convirtió en fuente de la doctrina pitagórica sobre la estructura musical y matemática del macrocosmo. Los sonidos, los números y las formas geométricas constituían tres etapas para representarse intelectualmente esa inefable experiencia de la música de las esferas.

Sólo desde el punto de vista histórico hemos explicado la iniciación macrocósmica mediante el éxtasis pitagórico, puesto que dicha iniciación no es privilegio exclusivo de la época precristiana. San Pablo dice de su propia experiencia extática de las esferas o cielos:

«Sé de un hombre en Cristo, que catorce años atrás –si en el cuerpo o fuera del cuerpo no lo sé, Dios lo sabe– fue arrebatado hasta el tercer cielo. Y sé que este hombre

–si en el cuerpo o fuera del cuerpo no lo sé, Dios lo sabe– fue arrebatado al paraíso y oyó inefables palabras que al hombre no le es dado pronunciar» (2Cor 12,2-4).

Así, pues, san Pablo fue *arrebatado* hasta el tercer cielo o tercera esfera macrocósmica, y luego *elevado* al paraíso donde *oyó* palabras inefables. Su iniciación macrocósmica merced al éxtasis tuvo lugar, por tanto, en la esfera del paraíso, cuya experiencia consciente –«*oyó* inefables palabras»– constituye la meta, así como es también la meta de la iniciación por énstasis, donde reviste el carácter de experiencia de la *capa* primordial en el fondo del ser humano, el microcosmo. La esfera macrocósmica del paraíso y la capa microcósmica del Edén son los *initia*, «comienzos», en los que uno recibe ambas iniciaciones, macrocósmica y microcósmica. El éxtasis hacia las alturas exteriores a sí mismo y el énstasis hacia las profundidades de sí mismo llevan al conocimiento de una idéntica verdad fundamental.

El esoterismo cristiano aúna estos dos métodos de iniciación. El Maestro tiene dos grupos de discípulos, los discípulos del día y los discípulos de la noche; los primeros son los de la vía del énstasis, los segundos los de la vía del éxtasis. Hay también un tercer grupo de discípulos, los del día *y* la noche, quienes poseen las llaves de ambas puertas a la vez, la puerta del éxtasis y la del énstasis. Así el apóstol Juan, autor del Evangelio del Verbo hecho carne, era al propio tiempo quien escuchaba el corazón del Maestro. Tenía la doble experiencia, macrocósmica y microcósmica, la del Verbo cósmico y la del Sagrado Corazón, cuya letanía dice:

Corazón de Jesús, rey y centro de todos los corazones.

Gracias a esa doble experiencia, el *Evangelio de Juan* es a la vez tan cósmico y tan humanamente íntimo, tan elevado y al mismo tiempo tan profundo. En él van unidas la esfera solar macrocósmica y la capa solar microcósmica, lo que explica la magia singularísima de este Evangelio.

En efecto, la *realidad* del paraíso es la unidad de la esfera solar macrocósmica y de la capa solar microcósmica, de la esfera del corazón cósmico y del fondo solar del corazón humano. La iniciación cristiana es la experiencia consciente del corazón del mundo y de la naturaleza solar del hombre. El *Dios-Hombre* es aquí el iniciador, y no hay otro.

Lo que nosotros entendemos por el término iniciador, los antiguos cristianos lo designaban por el vocablo *Kyrios, Dominus* o Señor. Por ello el esoterismo o hermetismo cristiano se adhiere con absoluta sinceridad –hoy como en el pasado– a las palabras del credo que los fieles recitan en la iglesia:

> «Y en un solo Señor, Jesucristo,
> Hijo único de Dios,
> nacido del Padre antes de todos los siglos,
> Dios de Dios, luz de luz,
> Dios verdadero de Dios verdadero,
> engendrado, no creado,
> de la misma naturaleza que el Padre:
> por quien todo fue hecho;
> que por nosotros los hombres
> y por nuestra salvación
> bajó del cielo.
> Y por obra del Espíritu Santo
> se encarnó de María, la Virgen,
> y se hizo hombre.»

Nos inclinamos con respeto y gratitud ante todas las grandes almas humanas del pasado y presente –sabios, justos, profetas, santos de todos los continentes y épocas de la historia humana– y estamos prontos a aprender de ellos cuanto quieran y puedan enseñarnos, pero sólo tenemos un iniciador o Señor. Certeza obliga.

Volvamos ahora al tema del paraíso.

El paraíso es, decíamos, la capa más íntima y profunda de nuestra alma y a la vez una esfera cósmica. Lo hallamos tanto en el énstasis como en el éxtasis. Es la región del comienzo y, por ende, de los principios. En ella encontrábamos antes los principios de los tres votos: obediencia, pobreza y castidad. Por ser el paraíso la región del comienzo o de los principios, es también la del comienzo de la caída o el principio de la *tentación*, a saber, el principio de la transición de la obediencia a la desobediencia, de la pobreza a la codicia, de la castidad a la impureza.

En el paraíso la tentación es triple, como lo es la tentación de Jesucristo en el desierto. He aquí los elementos esenciales de la triple tentación en el paraíso, tal como los describe el libro del *Génesis* en el relato del pecado original:

1. Eva *oyó* la voz de la serpiente.
2. *Vio* que el árbol era «bueno para comer y apetecible a la vista».
3. *Tomó* de su fruto, «comió y dio de él también a su marido, que igualmente comió» (Gén 3,6).

La voz de la serpiente es la del ser vivo (animal) cuya inteligencia es la más avanzada («el más astuto») entre todos los seres vivos (animales) y cuya conciencia está orientada a la horizontal («animales de los campos»). Ahora bien, la inteligencia de *Adán-Eva* era *vertical* antes de la caída: sus ojos no habían sido todavía abiertos y ellos mismos «estaban desnudos, pero no se avergonzaban el uno del otro» (Gén 2,24). Esto significa que eran conscientes de las cosas verticalmente: de arriba a abajo o, dicho de otra manera, en Dios, por Dios y para Dios. Eran, en cambio, inconscientes de las cosas desnudas, de las cosas separadas de Dios. La fórmula que expresa la percepción o visión que nuestros primeros padres tenían entonces de las cosas reza así:

«Lo que está arriba es como lo que está abajo, y lo que está abajo es como lo que está arriba.»

Por eso, «aunque estaban desnudos, no se avergonzaban el uno del otro». Veían la idealidad divina que se expresa en la realidad de los fenómenos. Poseían la conciencia vertical (*con-ciencia* = «ciencia simultánea» de lo ideal y lo real) cuyos principios se encuentran enunciados en la *Tabla de esmeralda*. La fórmula de la conciencia horizontal de la serpiente (*naḥash*) sería, según esto, la del puro realismo:

«Lo que está en mí es como lo que está fuera de mí, y lo que está fuera de mí es como lo que está en mí.»

Tal es la conciencia horizontal (*con-ciencia* = «ciencia simultánea» de lo subjetivo y objetivo), que ve las cosas no en Dios, sino separadas de él o desnudas, en sí mismas, por sí mismas y para sí mismas. Y puesto que el yo sustituye aquí a Dios (por ser la conciencia horizontal la de la oposición entre sujeto y objeto), la serpiente dice que el día en que *Adán-Eva* coman del fruto del árbol que se encuentra en medio del jardín sus ojos se abrirán y ellos serán *como dioses* –en otras palabras, su yo desempeñará la función que antes desempeñaba Dios–, conocedores del bien y el mal. Si anteriormente veían las cosas a la luz divina, ahora las verán a su propia luz, es decir, la función de la luz les pertenecerá como antes pertenecía a Dios. La *fuente* de la luz será transferida de Dios al hombre.

He ahí la tentación que, por voz de la serpiente, llegó a oídos de Eva. Su esencia es el principio del *poder,* la autonomía de la luz de la conciencia. Y Eva *escuchó* la voz de la serpiente. Esta voz era para ella tan audible como la otra voz, la voz de lo alto que transmitía el único mandamiento:

«De todo árbol del jardín puedes comer; pero del árbol de la ciencia del bien y del mal no comerás, porque el día en que de él comas morirás sin remedio» (Gén 2,16-17).

Eva oyó, pues, *dos* voces, dos inspiraciones que provenían de fuentes contrarias. He aquí el origen y el principio de la *duda*. Ésta es doble inspiración; la *fe* es inspiración única; la *certeza* es duda vencida, fe recobrada.

La obediencia, su principio, es entrega sin reservas *únicamente* a la voz de lo alto. Y el hecho mismo de que Eva *escuchara* una voz distinta, de que *comparara* ambas voces como si pertenecieran al mismo plano, de que, en consecuencia, *dudara*, fue un acto de *desobediencia* espiritual, raíz y comienzo de la caída.

En aquel preciso momento *miró* al árbol y vio que «era bueno para comer y apetecible a la vista». He aquí la segunda fase de la tentación y el segundo paso hacia la caída. En efecto, contempló el árbol sólo después de escuchar la voz de la serpiente. Lo miró de otro modo: no ya como antes, cuando ninguna voz más que la de lo alto vibraba en su ser y ella misma no se sentía en absoluto atraída por el árbol, sino con la voz de la serpiente resonando en su interior, con ojos interrogantes, comparando, dudando, es decir, pronta a *acometer la experiencia*. Pues la duda lleva al experimento, que permite salir de ella a menos que uno lo consiga elevándose a un plano superior.

Mirando al árbol de esta nueva manera, le pareció «bueno para comer y apetecible a la vista». Dejarse arrastrar a la experimentación es el principio de la *codicia*, el principio opuesto a la pobreza.

Y después de contemplar así el árbol, Eva tendió la mano, «tomó de su fruto, comió y dio de él también a su marido, que igualmente comió». Aquí tenemos la tercera fase de la tentación y el tercer paso hacia la caída: salir de la duda lanzándose al experimento y hacer que otro comparta este último.

Tal es el comienzo y principio de la impudicicia, contraria al principio de la castidad, ya que *experimentar basándose en la duda* es la esencia misma de la impureza carnal, anímica y espiritual.

Por eso no se hacen experimentos en el esoterismo o hermetismo cristiano. Nunca se recurre en él a la experimentación para salir de dudas. Se tiene experiencia, pero no se *hacen* experimentos. Sería contrario al santo voto de castidad tender la mano y *tomar* del árbol de la ciencia. El mundo espiritual no tolera a los experimentadores. Se busca, se pide, se llama a la puerta, mas no se abre ésta por la fuerza. Uno espera a que se la abran.

La experiencia y doctrina cristianas de la *gracia* expresan la esencia misma de la castidad, como encierran también los principios de la pobreza y la obediencia. Es la doctrina de las relaciones castas entre lo que está abajo y lo que está arriba. Dios no es un objeto, ni tampoco objeto del conocimiento. Es la *fuente* de la gracia iluminadora y reveladora. No puede ser conocido, pero puede revelarse.

Tales son la castidad, la pobreza y la obediencia basadas en la doctrina y experiencia cristianas de la gracia. Así, todo esoterismo o hermetismo cristiano, incluido el conjunto de su mística, gnosis y magia, se funda en esa experiencia y doctrina, uno de cuyos efectos es la *iniciación*. La iniciación es un acto de gracia procedente de lo alto. Ni se gana ni se produce por cualesquiera medios técnicos externos o internos. Uno no se inicia; la iniciación le viene de fuera, *es iniciado*.

La *gracia*... ¿No estamos ya cansados de oírnos repetir secularmente este tema en los sermones de las iglesias, en los tratados de teología, en los escritos de los místicos, en las pomposas declaraciones de los monarcas «cristianísimos», «católicos», «ortodoxos» y «defensores de la fe»? ¿No lo hemos ya escuchado y leído hasta la saciedad en todo tiempo y lugar en que asciende el perfume del incienso y resuenan cánticos espirituales? Y un discípulo del hermetismo moderno ¿no tiene derecho a pedir que lo dispensen de prédicas sobre este monótono tema, precisamente a él, embarcado en la excelsa aventura de la búsqueda del gran arcano? ¿No se menosprecia su carácter al invitarle a renunciar al magnífico cuaternario mágico de osar, querer, callar, saber, para sustituirlo por un lacrimoso *Kyrie eleison*?

Nada es más trivial que la salida del sol reiterada día tras día durante innumerables años. Gracias a este banal fenómeno, sin embargo, nuestros ojos –esos órganos de la luz del sol– ven todas las cosas nuevas de la vida. Así también, como la luz del sol nos transforma en videntes respecto a las cosas del mundo físico, la luz del sol espiritual –la *gracia*– nos permite ver las causas o condiciones del mundo espiritual. La luz es necesaria para ver, tanto en un caso como en otro.

De idéntica manera, el aire es indispensable para respirar y vivir. El aire que nos rodea ¿no constituye una perfecta analogía de la *gratia gratis data*, la gracia gratuitamente otorgada? Para vivir espiritualmente nos hace falta el espíritu vivificante, que es el aire de la respiración espiritual.

¿Puede acaso producirse por artificio una *inspiración* intelectual, moral o artística? ¿Pueden los pulmones producir el aire que necesitan para respirar?

El *principio* de la gracia es subyacente tanto a la vida terrena como a la espiritual; y la vida toda –abajo y arriba– se halla regida por las leyes de la obediencia, la pobreza y la castidad. Los pulmones saben que hay que respirar, y obedecen. Saben que son pobres, e inspiran. Aman la pureza, y espiran. El proceso mismo de la respiración nos enseña las leyes de la obediencia, pobreza y castidad, es decir, la lección de la analogía de la gracia. La respiración consciente de la realidad de la gracia es el *hatha yoga* cristiano, que consiste en la respiración vertical de la oración y la bendición; en otras palabras, uno se abre a la gracia y la recibe.

En cuanto al magnífico cuaternario de la magia tradicional –osar, querer, callar, saber– lo formula el Maestro –*mutatis mutandis*– del modo siguiente:

> «Pedid y se os dará,
> buscad y hallaréis,
> llamad y se os abrirá.
> Porque todo el que pida recibe,
> el que busca halla
> y al que llama se le abrirá» (Mt 7,7-8).

Trátase, pues, de atreverse a pedir, de querer buscar, de callarse para llamar y de saber, cuando a uno le han abierto. El saber no se hace; es lo que se revela cuando nos abren la puerta.

He ahí la fórmula de la síntesis entre esfuerzo y gracia, entre el principio del trabajo y el de la receptividad, entre mérito y don. Esta síntesis enuncia la ley absoluta de todo progreso espiritual y, por ende, de toda disciplina espiritual, ya la practique un hermético cristiano por sí solo, ya la comunidad de un monasterio o convento, ya una orden religiosa o mística, ya cualquier hermandad cristiana esotérica o hermética. Es la ley a la que obedece todo discípulo cristiano de cualquier escuela espiritual cristiana; y el hermetismo cristiano, o sea el conjunto de la mística, gnosis, magia y filosofía oculta tradicionales, pasando por el bautismo y transfigurado por el fuego, la luz y la vida del cristianismo, no constituye una excepción a esta regla. El hermetismo sin la gracia no es sino historicismo y erudición estéril; y sin esfuerzo el hermetismo queda reducido a un mero esteticismo sentimental. La obra, con todo, está bien presente en el hermetismo, y esta *obra* es hija de la gracia y el esfuerzo.

Querido amigo desconocido, si sabes algo de teología, reconocerás aquí la doctrina clara y sencilla de la Iglesia católica sobre la relación entre obras y gracia. Verás que se rechaza el pelagianismo, para el que sólo cuentan las obras (o esfuerzos), así como el protestantismo luterano, según el cual sólo la gracia es importante. Hallarás también, implícita, esta enseñanza de la Iglesia católica: *Natura vulnerata, non deleta* («La naturaleza está herida, no destruida»), es decir, la naturaleza no se encuentra del todo corrompida a consecuencia de la caída original, sino que ha preservado una parte de su elemento virgen y, por tanto, queda todavía en esa naturaleza humana algo capaz de esfuerzos y obras que *cuentan*.

El hermetismo cristiano ¿no hace entonces otra cosa que tomar de la teología católica los principios fundamentales de su doctrina filosófico-hermética?

No hay que olvidar que el hermetismo cristiano no es una religión aparte, ni una Iglesia aparte, ni tampoco una ciencia aparte, que venga a competir con la religión, la Iglesia o la ciencia propiamente dichas. Es el lazo de unión entre mística, gnosis y magia expresado por el simbolismo, que a su vez expresa las dimensiones de *profundidad* y *altura* (énstasis y éxtasis respectivamente) de todo lo universal (o correspondiente a la dimensión de *anchura*) y tradicional (correspondiente a la *longitud*). Por ser cristiano, el hermetismo acepta la cruz de la universalidad, tradición, profundidad y altura del cristianismo en el sentido en que lo entiende el apóstol Pablo cuando dice:

> «...Para que, arraigados y cimentados en el amor, podáis comprender con todos los santos cuál es la anchura y la longitud, la altura y la profundidad, y conocer el amor de Cristo, que excede a todo conocimiento, para que os vayáis llenando hasta la total plenitud de Dios» (Ef 3,17-19).

Ahí tenemos la fórmula completa de la iniciación.

Ahora bien, puesto que el hermetismo aspira a la experiencia y al conocimiento de la profundidad y altura del cristianismo universal, o sea católico y tradicional, el de la Iglesia, no *toma* ni puede tomar nada de ésta, al no ser ni *poder* ser él mismo más que un aspecto de la propia Iglesia, a saber, el de sus dimensiones de profundidad y altura. Es, pues, carne de su carne y sangre de su sangre; no toma nada de la Iglesia, toda vez que *forma parte* de ella. El hermetismo es el aspecto *invisible* de la universalidad en el espacio y de la tradicionalidad en el tiempo, visibles ambas en la Iglesia. Ésta, en efecto, no es sólo universal y tradicional, sino también profunda y sublime. Así, el hermetismo cristiano es únicamente el *aspecto vertical* de la Iglesia: el de la profundidad y la altura. Esto no significa en modo alguno que cada hermético posea individualmente todo lo profundo y sublime (o esotérico) de la Iglesia; sólo quiere decir que no se es hermético cristiano sino en tanto se tiene conciencia de la profundidad y altura de la tradición universal del cristianismo y que toda persona que experimenta y sabe esto representa el hermetismo cristiano. Entonces ¿todos los doctores de la Iglesia que además de la teología teórica enseñaban el camino de la experiencia espiritual, todos los santos y místicos de la Iglesia que tuvieron esa experiencia, son al mismo tiempo herméticos? Sí, lo son como testigos y representantes de lo profundo y sublime del cristianismo. Todos tienen mucho que decirle al hermetismo moderno y éste tiene mucho que aprender de ellos. Veamos, a modo de ejemplo, *Las tres vías o incendio de amor* de san Buenaventura. En ésta leemos:

> «Advierte, por último, que la verdad ha de ser:
>
> 1. En la primera jerarquía:
> evocada por el gemido de la oración,
> *obra* de los *ángeles;*
> escuchada en el estudio y la lectura,
> *obra* de los *arcángeles;*
> anunciada por el ejemplo y la predicación,
> *obra* de los *principados.*
>
> 2. En la segunda jerarquía:
> alcanzada como refugio y lugar de la entrega de sí,
> *obra* de las *potestades;*
> aprehendida por el celo y la emulación,
> *obra* de las *virtudes;*
> unida en el menosprecio de sí y la mortificación,
> *obra* de las *dominaciones.*
>
> 3. En la tercera jerarquía:
> adorada por el sacrificio de alabanza,
> *obra* de los *tronos;*
> admirada en el salir de sí y la contemplación,
> *obra* de los *querubines;*
> abrazada en el ósculo de la dilección,
> *obra* de los *serafines.*
>
> Nota diligentemente lo que acabo de decir, pues ello encierra una *fuente de vida*»[1].

He aquí una página que proporciona materia de meditación para años enteros. ¿Puede uno permitirse, como hermético, ignorar tales testimonios (y los hay a centenares) del mundo espiritual y de una experiencia auténtica del mismo? Fabre d'Olivet, Éliphas Lévi, Saint-Yves d'Alveydre, Guaita, Papus y Péladan bien merecen ser estudiados, al igual que otros muchos autores del movimiento ocultista y hermético, pero sólo su estudio no basta. ¿Son ellos acaso los únicos testigos dignos de fe, y sus obras las únicas fuentes de primera mano, de la realidad y experiencia del mundo espiritual? Escuchemos, por consiguiente, a *todos* los que saben por experiencia y busquemos en

---

1. San Buenaventura, *Las tres vías o incendio de amor*, cap. 3, 14, en *Obras de san Buenaventura* IV, Ed. Católica (BAC 28), Madrid 1949 (ed. bilingüe latino-castellana).

primer lugar la *autenticidad* de la experiencia en vez de la erudición y la especulación teórica.

Volvamos ahora al tema de la tentación. Ésta es triple, como ya hemos visto. Podemos, pues, hablar de tres tentaciones fundamentales que se relacionan respectivamente con las tres condiciones fundamentales del estado de gracia en el paraíso o con los tres votos en los que se basa toda cultura espiritual posterior a la caída: obediencia, pobreza y castidad. Tal es el sentido práctico del hexagrama o sello de Salomón:

Este sello es el de la memoria del paraíso y la caída, es decir, el de la Ley o *Torah* ya que la Ley es hija del paraíso y la tentación.

Puesto que la nueva alianza representa el cumplimiento de la antigua, la Redención comenzó por la repetición de las tres tentaciones primordiales. Esta vez, empero, el tentado fue el Hijo del Hombre y la tentación tuvo lugar no en el Edén, sino en el desierto terrenal. Y el tentador no fue ahora la serpiente («el más astuto entre los animales de los campos»), sino el Príncipe de este mundo, o sea, el hombre nuevo, el superhombre, el otro hijo del hombre, que sería la realización de la promesa de libertad hecha por la serpiente, si ésta se hubiera encarnado. El Anticristo, ideal de la *evolución* biológica e histórica *sin la gracia,* no es una individualidad o entidad creada por Dios, sino el *egrégor* o fantasma engendrado por esa evolución biológica e histórica que inició la serpiente, la cual es a su vez autora y dueña de dicha evolución tal como la ciencia la estudia y enseña. El Anticristo constituye, pues, el *producto* último de la evolución sin la gracia, y no un ente *creado* por Dios, dado que el acto de la *creación* divina es siempre y sin excepción alguna un acto de gracia. El Anticristo es por tanto un *egrégor* o ente artificial que debe su existencia al engendramiento colectivo *de aquí abajo.*

Detengámonos un poco en la noción de egrégor para mejor comprender la índole del Anticristo, esa importante y enigmática figura del esoterismo o hermetismo cristiano, fuente al propio tiempo de la tentación en el desierto.

Para empezar, veamos lo que a este respecto nos dice Robert Ambelain:

«Se le da el nombre de *egrégor* ya a una fuerza engendrada por una poderosa corriente espiritual y alimentada luego a intervalos regulares según un ritmo en armonía con la vida universal del cosmos, ya a un conjunto de entes unidos por un carácter común»[2].

He ahí una definición que nada deja que desear. Por desgracia, el párrafo que sigue inmediatamente contribuye a oscurecerla:

«En lo invisible, al margen de la percepción física del hombre, existen seres artificiales, engendrados por la devoción, el entusiasmo o el fanatismo, a los que se da el nombre de egrégores. Son éstos las almas de las grandes corrientes espirituales, buenas o malas. La *Iglesia mística,* la *Jerusalén celeste,* el *cuerpo de Cristo* y demás sinónimos son otros tantos calificativos que se aplican comúnmente al egrégor del catolicismo. La francmasonería, el protestantismo, el islam, el budismo, son egrégores. Las grandes ideologías políticas lo son también»[3].

Tenemos aquí una singular mezcla de verdadero y falso. Verdad es que existen seres invisibles y artificiales colectivamente engendrados, es decir, que los egrégores son reales; pero lo falso es confundir cosas de naturaleza totalmente distinta (¡cuerpo de Cristo e ideologías políticas!), sin atender a su materia respectiva. En efecto, si la Iglesia mística, el cuerpo de Cristo, la francmasonería y el budismo se clasifican en la categoría de egrégores o seres artificiales engendrados por la devoción, el entusiasmo o el fanatismo, ¿por qué no considerar también a Dios como un egrégor?

No, hay entes espirituales sobrehumanos que no han sido artificialmente engendrados, pero que se manifiestan y *se revelan.* La confusión entre lo que desciende de arriba y lo que se engendra desde abajo es por lo demás muy frecuente, tanto entre los eruditos materialistas como entre los ocultistas. Así, muchos biólogos ven en la unidad de la conciencia –el alma humana– un epifenómeno o suma total de los millones de puntos conscientes de las células del sistema nervioso de nuestro organismo. Para ellos, el alma no es más que un *egrégor* engendrado colectivamente por millones de células individuales. Pero no hay tal. El egrégor de las células existe, no cabe duda: es el fantasma de la naturaleza electromagnética que resiste por algún tiempo a la descomposición después de la muerte y puede manifestarse, por ejemplo, en las casas encantadas, etc. Mas ese fantasma nada tiene que ver ni con el alma misma ni con los cuerpos sutiles (etéreo o vital, astral o anímico) de que el alma se halla revestida, aparte de la envoltura del cuerpo físico.

En esta perspectiva, decir, pongamos por caso, que la Iglesia mística o cuerpo de Cristo es un egrégor equivaldría a sostener la tesis de

---

2. R. Ambelain, *La Kabbale pratique,* Paris 1951, p. 175.
3. Ibid., p. 175.

que es un fantasma engendrado por millones de creyentes, como los fantasmas de los aparecidos son engendrados por millones de células. La confusión entre *alma* y *fantasma* es un error bastante grave. No lo es menos el confundir *revelación* e *invención*, entes espirituales que se revelan *desde arriba* y egrégores engendrados artificialmente *desde abajo*. Los egrégores, por poderosos que sean, sólo gozan de una existencia efímera cuya duración depende por completo de la alimentación galvanizante que les viene de sus creadores, mientras las almas y espíritus de lo alto, que forman, inspiran y dirigen las comunidades humanas, son los que alimentan y vivifican nuestras propias almas, por ejemplo los arcángeles (espíritus de las naciones), los principados (*arkhai* o «espíritus del tiempo»), el ente espiritual que está tras el budismo de los lamas, por no citar a Cristo, cuya carne y sangre vivifican y unen cada día a la Iglesia, su cuerpo místico.

Los primeros de esos seres son, pues, alimentados por los hombres; los segundos alimentan a los hombres.

No obstante, aunque Dios, Cristo, la Santísima Virgen, las jerarquías espirituales, los santos, la Iglesia mística o cuerpo de Cristo son entidades reales, existe también un fantasma o egrégor de la Iglesia, que es su doble, como existe el doble de todo hombre, de toda nación, de toda religión, etc. Pero de la misma manera que quien no ve en Rusia, por ejemplo, más que el oso, en Francia el gallo y en Alemania el lobo, es injusto para con el «país del corazón», el «país de la inteligencia» y el «país de la iniciativa». Igualmente es injusto para con la Iglesia católica quien sólo vea en ella, en lugar del cuerpo místico de Cristo, su fantasma histórico: el zorro. Para ver bien hay que mirar bien. Y mirar bien es tratar de ver a través de la niebla de los fantasmas de las cosas. He aquí uno de los principales preceptos prácticos del hermetismo cristiano. Gracias a los esfuerzos realizados para ver a través de los fantasmas, se llega al conocimiento de la profundidad y altura de que habla el apóstol Pablo y que son la esencia misma del hermetismo.

Por lo que toca al Anticristo, es *el fantasma de la humanidad entera*, el ente engendrado durante toda la evolución histórica de la humanidad. Es el superhombre, que vaga cual espectro por la conciencia de cuantos intentan elevarse mediante el solo esfuerzo, sin la gracia. Se le apareció también a Friedrich Nietzsche, y le mostró «en un instante todos los reinos de la tierra» que existieron, existen y existirán en el círculo del eterno retorno (*die ewige Wiederkehr*); lo invitó a precipitarse en la región que está «más allá del bien y del mal» (*jenseits von Gut und Böse*), así como a abrazar y anunciar el evangelio de la *evolución*, el evangelio de la voluntad de poder (*Wille zur*

Macht), según el cual esta voluntad, y ella sola (*Gott ist tot*..., «Dios ha muerto...»), es la que transforma la piedra, materia inorgánica, en pan, materia orgánica, y ésta en animal, y el animal en hombre, y el hombre en superhombre (*Übermensch*) que se encuentra más allá del bien y del mal, no obedeciendo sino a su propio querer (*O mein Wille, meine Notwendigkeit, du bist mein Gesetz*..., «¡Oh voluntad mía, necesidad mía, tú eres mi ley...!»)

Aparecióse a Karl Marx, y le mostró «en un instante todos los reinos de la tierra», donde todos los esclavos del pasado se hallan transformados en señores soberanos que no obedecen ya ni a Dios, por haberlo destronado, ni a la naturaleza, por haberla sojuzgado, y que comen el pan que sólo deben a su propio saber y esfuerzo, habiéndolo sacado de la piedra.

A muchos otros se les apareció igualmente el fantasma de la humanidad. Entre otros al Hijo del hombre, en el desierto.

Allí se produjo el encuentro de la ley divina hecha carne con la ley de la serpiente, la evolución biológica e histórica hecha alma.

La ley divina es la acción descendente de la Santísima Trinidad, o la gracia, revelada cuarenta días antes de la tentación en el desierto con ocasión del bautismo de Jesús por Juan Bautista en el Jordán. La ley de la serpiente es la acción de la voluntad irresoluta que avanza serpenteando y cambiando cada vez de forma a través de las edades y etapas de la evolución biológica; es la tríada de la voluntad de poder, la tentativa vacilante y la transformación de lo tosco en sutil.

La gracia trinitaria vertical y el espíritu triádico de la evolución horizontal se encontraron, decíamos, en la conciencia del Hijo del hombre cuarenta días después del bautismo en el Jordán. Tuvieron entonces lugar las tres tentaciones. Y así como el bautismo en el Jordán llegó a ser el prototipo del santo sacramento del *bautismo*, así también el encuentro entre la gracia recibida en el Jordán y la quintaesencia del impulso evolutivo que siguió a la caída convirtióse en el prototipo del santo sacramento de la *confirmación*. Fue entonces, en efecto, cuando la gracia de lo alto se mostró firme contra la ley de aquí abajo, cuando la evolución se doblegó ante la gracia.

Las tres tentaciones del Hijo del hombre en el desierto constituyeron su experiencia de los impulsos tentadores de la evolución: voluntad de poder, tentativa vacilante y transformación de lo tosco en sutil. Significan al mismo tiempo la prueba de los tres votos: obediencia, castidad y pobreza.

Con la última de estas tres pruebas comienza Mateo su relato de la tentación de Jesucristo en el desierto (cap. 4), pues la plenitud celeste (*pleroma*), que descendió con ocasión del bautismo en el Jordán, implica el correspondiente vacío terrenal (*kenoma*), expresado en la narración evangélica por la soledad, el desierto y el ayuno.

«Entonces Jesús fue llevado por el Espíritu al desierto para ser tentado por el diablo. Y después de ayunar durante cuarenta días y cuarenta noches, sintió hambre» (Mt 4,1-2).

Ahora bien, el hambre del espíritu, del alma y del cuerpo es la experiencia del *vacío*, de la pobreza. El voto de pobreza fue por tanto puesto a prueba cuando

«el tentador, acercándose a él, le dijo: "Si eres Hijo de Dios, di que estas piedras se conviertan en panes"» (Mt 4,3).

«Di que estas piedras se conviertan en panes.» He aquí la esencia misma de la aspiración de la humanidad en la era científica a la victoria sobre la pobreza. Resinas sintéticas, caucho sintético, fibra sintética, vitaminas sintéticas, proteínas sintéticas y, a la postre... ¿pan sintético? ¿Cuándo? Pronto quizá, ¿quién sabe?

«Di que estas piedras se conviertan en panes.» Tal es la fórmula ideal para los doctores de la evolución y el transformismo, que enseñan que el reino vegetal –o sea el pan– no es sino transformación del reino mineral –«de estas piedras»–, y que la materia orgánica –el pan– sólo es el resultado del reagrupamiento físico y químico de pequeñas moléculas en macromoléculas o moléculas gigantes merced a un proceso de polimerización. La polimerización es, pues, considerada hoy por numerosos científicos como el equivalente posible –y hasta probable– de la operación propuesta por el tentador en el desierto, a saber, la transformación de las piedras en pan.

Esta operación es además el tema dominante de las doctrinas que invaden el mundo en la actualidad y consideran fundamental la vida económica, en tanto que reducen la vida espiritual a epifenómeno o superestructura ideológica de la economía. Lo que está abajo es fundamental y lo que está arriba secundario, toda vez que la materia engendra al espíritu... No otro es el dogma común en el que se cimentan el economismo, el transformismo y el enunciado del tentador del Hijo del hombre. He aquí la respuesta a ese dogma:

«No sólo de pan vive el hombre, sino de toda palabra que sale de la boca de Dios» (Mt 4,4).

Reflexionemos sobre esta fórmula. Expresa en primer lugar la esencia del voto de pobreza. Éste, en efecto, consiste en vivir tanto de la palabra que sale de la boca de Dios como del pan que entra en la boca del hombre.

Por otra parte, la fórmula *añade* a la ley de la alimentación biológica, donde los reinos *inferiores* al hombre le sirven de sustento, la nueva ley de la gracia, según la cual el reino *superior* al hombre, el reino de los cielos, es el que le nutre. Esto significa que no sólo el espíritu y el alma del hombre pueden *vivir* de lo de arriba, o sea recibir de allí impulsos, fuerzas y sustancias, sino también su propio cuerpo. El vivificante efecto espiritual de la magia divina o gracia en la vida espiritual y psíquica es la común experiencia milenaria de los cristianos sinceros; pero es menos sabido que hubo y hay casos en que aun el cuerpo mismo puede prescindir de todo alimento durante períodos lo bastante largos como para causar cien veces la muerte biológica por hambre. Así, Teresa Neumann vivió en Konnersreuth (Baviera) decenios enteros sin más alimento que la sagrada comunión, santa Catalina de Siena vivió de la misma manera durante nueve años, santa Lidvina de Schiedam (Holanda) pasó también varios años nutriéndose exclusivamente de la eucaristía..., por no citar sino casos bien comprobados.

Tal es el *alcance* de la frase «No sólo de pan vive el hombre, sino de toda palabra que sale de la boca de Dios». Y he aquí su principal inferencia: puesto que la ley de la evolución, la ley de la serpiente, implica la lucha por la existencia y dado que el pan o alimento es el factor más importante de esa lucha, así el hecho de que la gracia haya entrado en la historia humana desde Jesucristo significa al propio tiempo la posibilidad de abolición gradual de la lucha por la existencia. El voto de pobreza, pues, la abolirá.

«Entonces el diablo lo llevó consigo a la Ciudad Santa, púsole sobre el alero del templo y le dijo: "Si eres Hijo de Dios, tírate abajo, porque está escrito que a sus ángeles te encomendará y en sus manos te llevarán, para que no tropiece tu pie en piedra alguna." Jesús le dijo: "También está escrito: No tentarás al Señor tu Dios"» (Mt 4,5-7).

Esta vez habla el principio de la tentativa vacilante, a la que tanto debe la evolución natural. El método de la evolución llamada natural vino a reemplazar, tras la caída, el mundo creado por Dios o paraíso. La evolución, en efecto, procede a tientas, de forma en forma, probando y rechazando, probando de nuevo... El mundo de la evolución de los protozoarios a los vertebrados, de los vertebrados sencillos a los mamíferos y luego a los simios y al pitecántropo, no es obra ni de la sabiduría ni de la bondad absolutas. Se debe, con todo, a una vastísima inteligencia y una voluntad muy resuelta que persiguen, por el método de la tentativa y el error, un fin bien determinado. Lo que se manifiesta en la evolución natural (que no puede ya negarse) no es tanto la sabiduría y bondad divinas como un gran intelecto científico y una voluntad de experimentación. El cuadro de la evolución, que las ciencias naturales –sobre todo la biología– han logrado por fin de resultas de su prodigiosa labor, nos muestra *sin asomo de duda* la obra de un intelecto sutilísimo, pero imperfecto, y de una voluntad sumamente decidida, pero imperfecta. Lo que el mundo de la evolución biológica nos revela es, por tanto, a la serpiente, «el más astuto entre los animales de los campos», y no a Dios. La serpiente es el príncipe de este mundo, el autor y director de la evolución puramente biológica después de la caída. Lee *El fenómeno humano* de Pierre Teilhard de Chardin, que ofrece un resumen y la mejor interpretación que conozco de la evolución natural, y no podrás menos de llegar a esta conclusión: El mundo de la evolución es obra de la serpiente del paraíso, y, sólo desde la aparición de las *religiones proféticas* (que han sido muchas) y del cristianismo, existe la *buena nueva (euangelion)* de una vía *distinta* de la de la evolución de la serpiente.

El tentador propone al Hijo del hombre el método al que él mismo debía su existencia: la *tentativa*. «Tírate abajo, y veremos si de cierto eres el Hijo de Dios, y no como yo, el hijo de la evolución, el hijo de la serpiente.» Tal fue la tentación contra la castidad, ya que, como antes lo exponíamos, el espíritu de castidad excluye toda experimentación o tentativa. La *tentativa* es la esencia misma de lo que la Biblia designa por el nombre de fornicación. Ésta, como por lo demás cualquier otro vicio o virtud, es triple: espiritual, anímica y carnal. Su raíz es espiritual, la zona de su despliegue y crecimiento es anímica, y la carne no es más que el terreno donde fructifica. Así, el error espiritual se convierte en vicio y el vicio en enfermedad.

Por ello los profetas de Israel estigmatizaron la fornicación espiritual del pueblo de la antigua alianza cada vez que se dejó seducir por el culto a los dioses extranjeros, Baal, Moloc y Astarté. Estos dioses no eran sino egrégores, criaturas de la imaginación y voluntad colectivas del hombre, mientras que el santo de Israel era el Dios *revelado*, inimaginable y sin más relación con la voluntad humana que la de la ley que ese mismo Dios le ha impuesto. Los dioses extranjeros tenían singular atractivo para los israelitas, por ser dioses de este mundo y no el Dios trascendental de la revelación, con la obediencia que le era debida y que llevaba a vivir en una especie de monasterio *espiritual* frente a este mundo y sus dioses. Los israelitas eran permanentemente tentados a arrojarse desde las alturas y el aislamiento del pináculo del templo a las capas bajas del instinto colectivo, y a *experimentar,* para ver si no habría allí «ángeles que les sostuvieran con sus manos, de suerte que sus pies no tropezaran con ninguna piedra», es decir, a tratar de encontrar entre las fuerzas próximas y densas de la evolución natural las fuerzas directrices y protectoras con menos trabajo que desde la altura y el aire enrarecido del pináculo del templo de Dios revelado. El principio de la fornicación espiritual es, pues, la preferencia del subconsciente al consciente y al supraconsciente, del instinto a la ley, del mundo de la serpiente al mundo del Verbo.

Las dos primeras tentaciones se referían respectivamente a los votos de santa pobreza y santa castidad. La última tentación (última según el *Evangelio de Mateo*) se refiere al voto de santa obediencia. Aquí es el afán, o voluntad de poder de Nietzsche, lo que actúa.

> «Todavía lo llevó consigo el diablo a un monte muy alto y le mostró todos los reinos del mundo y su gloria, y le dijo: "Todo esto te daré si, postrándote, me adoras." Díjole entonces Jesús: "Apártate, Satanás, porque está escrito: Adorarás al Señor tu Dios, y sólo a él darás culto"» (Mt 4,8-10).

Notemos los elementos de esta tentación: un monte muy alto, todos los reinos del mundo y su gloria, adoración a quien tiene el poder de elevarse hasta la cúspide de la montaña y dar allí posesión de todo cuanto encierran los reinos de *su* mundo.

Trátase, por consiguiente, de aceptar el ideal del superhombre («póstrate a mis pies y adórame»), que es la cima de la evolución («le llevó consigo a un monte muy alto»), y que, habiendo pasado por los reinos mineral, vegetal, animal y humano y habiéndolos sometido a su poder, es su dueño y señor, es decir, su causa final, su meta, su ideal, su representante o voluntad colectiva concentrada, así como el amo que se ha hecho cargo de su evolución ulterior. En suma, hay que elegir entre el ideal del superhombre que es como Dios y Dios mismo.

La santa obediencia es, por tanto, fidelidad al propio Dios vivo; la rebelión o desobediencia equivale a tomar partido por el ideal de la voluntad de poder, el superhombre.

Aun cuando sólo ponga de relieve la tentación de la castidad, el sexto arcano del tarot –el Enamorado– evoca todo el orden de ideas de las tres tentaciones y los tres votos, ya que las tres tentaciones del paraíso y las tres del desierto son en realidad inseparables, al igual que los tres votos. Efectivamente, no se puede ser casto sin ser pobre y obediente, como tampoco se puede renunciar al ideal divino en favor del ideal del superhombre sin caer al mismo tiempo en la experimentación, donde no hay certidumbre inmediata, y en el ámbito de la ley de la serpiente, formulada como sigue:

«Sobre tu vientre caminarás y polvo comerás todos los días de tu vida» (Gén 3,14).

Dicho en otras palabras, te moverás en la región donde no hay gracia. ¿Cuál es, empero, la consecuencia inmediata de la tentación rechazada? El relato evangélico nos da la respuesta:

«Entonces el diablo le dejó; y he aquí que se llegaron unos ángeles y le servían» (Mt 4,11).

Esta respuesta pertenece al orden de ideas y hechos del *séptimo arcano* del tarot, el Carro, cuya lámina, vista de frente, representa un hombre en pie sobre un carro triunfal tirado por dos caballos.

Carta VII

EL CARRO

El arcano de la convalecencia

«Entonces el diablo lo dejó; y he aquí que se llegaron unos ángeles y le servían» (Mt 4,11).

«Cuando el espíritu inmundo sale del hombre, anda vagando por lugares áridos, en busca de reposo, y, al no encontrarlo, dice: "Me volveré a mi casa, de donde salí." Y al llegar la encuentra barrida y aderezada. Entonces se va y toma consigo otros siete espíritus peores que él; entran y se instalan allí, y el final de aquel hombre viene a ser peor que el principio» (Lc 11,24-26).

«Yo he venido en nombre de mi Padre, y no me recibís. Si otro viene en su propio nombre, a ése lo recibiréis» (Jn 5,43).

Querido amigo desconocido:

El arcano el Carro tiene un doble aspecto, como los arcanos precedentes. Representa, por una parte, al que, tras haber triunfado de las tres tentaciones, permanece fiel a los votos de obediencia, pobreza y castidad; simboliza también el peligro de una *cuarta tentación*, la más sutil e íntima, que constituye la síntesis invisible de las otras tres: la tentación espiritual del victorioso por su victoria misma. Es la tentación de actuar en nombre propio, como amo y no como servidor.

El séptimo arcano es, pues, el del *dominio*, entendido doblemente como logro o consumación y como tentación. Las tres citas evangélicas con las que encabezamos esta carta reflejan los pasos sucesivos de nuestra reflexión.

Paul Marteau dice que el sentido general y abstracto de la séptima lámina reside en que «representa la *puesta en movimiento en los siete estados,* a saber, en todos los campos»[1]. Esto es exactamente lo que acabamos de designar por la palabra «dominio». El dominio, en efecto, constituye no el estado de ser movido, sino el de hallarse en condiciones de poner algo en movimiento.

El Hijo del hombre se resistió a dejarse mover por las tres tentaciones en el desierto; fue él, al contrario, quien puso en movimiento las fuerzas que, consecuentemente, le sirvieron. «Entonces el diablo lo dejó, y he aquí que se llegaron unos ángeles y le servían.» Nos hallamos ante otra ley fundamental de la magia sagrada. Podría formularse de la manera siguiente: *Siendo así que lo que está arriba es como lo que está abajo, la renuncia de abajo pone en movimiento fuerzas de consumación arriba, y la renuncia a algo de arriba pone en movimiento fuerzas de consumación abajo.*

¿Qué sentido práctico tiene esta ley? Cuando aquí abajo resistes a una tentación o renuncias a una cosa deseada, pones en movimiento, por el hecho mismo, fuerzas de realización de lo que corresponde arriba al objeto de tu renuncia. Es lo que el Maestro designa por el nombre de «recompensa» al decir, por ejemplo, que uno debe abstenerse de practicar su justicia ante los hombres para ser visto por ellos, ya que

«...de lo contrario no tendréis recompensa de vuestro Padre celestial» (Mt 6,1).

La *recompensa* es, por tanto, la acción que uno pone en movimiento arriba al renunciar a los deseos de cosas aquí abajo. Es el sí de arriba que corresponde al no de abajo, y esta correspondencia constituye una base de realización mágica, a la vez que una ley fundamental del esoterismo o hermetismo cristiano.

Guardémonos de tomarla a la ligera, pues ahí se nos da una de las claves principales de la magia sagrada. No es el deseo lo que lleva a la realización *mágica,* sino la renuncia al deseo que antes se tenía. La renuncia por indiferencia carece de valor moral y, consiguientemente, mágico.

Desear y luego renunciar, tal es el práctico sentido mágico de la ley de la recompensa. Decir que hay que renunciar a lo que se desea equivale a decir que hay que practicar los tres sagrados votos de obediencia, pobreza y castidad. En efecto, la renuncia debe ser *sincera* para que ponga en movimiento las fuerzas de realización de arriba, y no puede serlo si le faltan el aire, la luz y el calor de los sagrados

---

[1]. P. Marteau, *Le tarot de Marseille,* Paris (1949) 1977, p. 33.

votos. Hemos de comprender, pues, de una vez para siempre, que no hay auténtica magia sagrada, ni tampoco mística, gnosis o hermetismo, al margen de los tres sagrados votos, y que el verdadero entrenamiento en la magia no es esencialmente sino la práctica de esos mismos votos.

¿Resulta duro? No, es suave, pues se trata de la concentración sin esfuerzo que explicábamos en la primera de estas cartas.

Reflexionemos ahora un poco más sobre el texto del relato evangélico acerca de lo sucedido inmediatamente después de las tres tentaciones. «Entonces el diablo lo dejó», dice el *Evangelio según Mateo*, pero el *Evangelio de Lucas* añade: «hasta nueva ocasión». Estas palabras suplementarias permiten suponer que aún quedaba en reserva otra prueba o tentación, la cuarta, la más sutil e íntima. A ella se refiere la enseñanza del séptimo arcano, donde vemos a un hombre coronado y en pie sobre un carro triunfal del que tiran dos caballos.

«Y he aquí que se llegaron unos ángeles», es decir, ahora *podían* ya aproximarse, al haber quedado libre el espacio que necesitaban para descender. ¿Por qué y cómo?

Los *ángeles* son entes que se mueven *verticalmente,* o sea de arriba abajo y de abajo arriba. Moverse significa para ellos cambiar de respiración, y la distancia que recorren se mide por el número de sus aspiraciones y espiraciones modificadas, con la intensidad del correspondiente esfuerzo. Así, cuando nosotros hablamos, por ejemplo, de una distancia terrestre de 300 kilómetros, el ángel diría: «Tres modificaciones sucesivas de la respiración normal en la esfera angélica.» Llegarse o aproximarse es para un ángel cambiar de respiración; no poder aproximarse significa que la atmósfera de la esfera a la que quiere acercarse es tal que le impide respirar y, si el ángel entrara en ella, se desvanecería.

Por eso los ángeles no pudieron acercarse al Hijo del hombre durante el tiempo en que permanecían activas las fuerzas concentradas de la evolución terrestre, las fuerzas del hijo de la serpiente. Ocupaban, por decirlo así, el espacio en derredor del Hijo del hombre, de suerte que los ángeles no podían respirar en él ni entrar allí sin desvanecerse. Pero en cuanto «el diablo se apartó» de Jesús (Lc) y la atmósfera cambió, *podían* ya aproximarse y así lo hicieron.

Añadamos, a guisa de corolario, que la ley de presencia que acabamos de describir nos proporciona un excelente motivo para reconocer la necesidad de las iglesias, templos y lugares sagrados en general. Hay todavía muchos más motivos, pero éste solo bastaría, aun en ausencia de los otros, para que defendamos los lugares sagrados. ¡Protejamos, pues, de pensamiento, palabra y acto toda iglesia, capilla o templo que sirvan para rezar y meditar, para venerar y celebrar a Dios y a sus servidores!

«...Y le servían.» El plural indica que intervienen aquí varios ángeles, en concreto *tres*. A cada tentación rechazada correspondía un ángel encargado de una misión de recompensa y de un *servicio* especial. ¿Cuáles eran estos servicios?

Jesús, teniendo hambre, se había negado a ordenar que las piedras se convirtieran en panes. El ángel de la pobreza le sirvió entonces «la palabra que sale de la boca de Dios», hecha pan.

Jesús se había negado a tirarse abajo desde el pináculo del templo. El ángel de la castidad le trajo el soplo de la altura del trono de Dios.

Jesús se había negado a aceptar el papel de superhombre y príncipe de este mundo a costa de adorar el ideal del mundo de la serpiente. El ángel de la obediencia le brindó la corona real del mundo de Dios.

Así como los *tres magos* ofrecieron al niño recién nacido presentes de oro, incienso y mirra, así también ahora los tres ángeles ofrecen al Maestro, tras su bautismo en el Jordán y su confirmación en el desierto, otros tantos presentes: la corona de oro, el vaho del incienso que arde junto al trono de Dios y la palabra divina transformada en alimento.

Esto acaece *inmediatamente* después de las tres tentaciones en el desierto. Es la reacción de arriba a la triple renuncia del Hijo del hombre aquí abajo. Mas ¿qué efecto tuvieron las tentaciones vencidas, no sólo para el propio vencedor y de inmediato, sino también para el mundo exterior de los cuatro elementos y para los tiempos venideros?

Su efecto fue el *dominio* sobre el mundo de los elementos, a lo que siguieron poco después los siete milagros ejemplares que describe el *Evangelio según san Juan*, a saber, el milagro de las bodas de Caná, la curación del hijo de un oficial del rey, la curación del paralítico en la piscina llamada Bethesda, la multiplicación de los panes, la marcha sobre las aguas, la curación del ciego de nacimiento y la resurrección de Lázaro en Betania. A la manifestación de estos siete aspectos del dominio o gloria correspondía la revelación de los siete aspectos del *nombre* del Maestro: «Yo soy la verdadera vid»; «yo soy el camino, la verdad y la vida»; «yo soy la puerta»; «yo soy el pan de vida»; «yo soy el buen pastor»; «yo soy la luz del mundo»; «yo soy la resurrección y la vida». He aquí el arco iris de la manifestación de la gloria o dominio y la octava de siete tonos de la revelación del nombre o la misión del vencedor de las tres tentaciones. Y este arco iris resplandeció sobre el lugar vacío y tenebroso del desierto, donde se produjeron las tentaciones.

Los siete milagros del *Evangelio según san Juan* son, en conjunto, la «gloria» (*doxa*) o esplendor del triunfo de los tres sagrados votos sobre las tres tentaciones. A la vez tenemos aquí un buen ejemplo de *matemática cualitativa*: tres bienes, cuando prevalecen sobre tres males, producen *siete bienes*, mientras tres males que prevalecen sobre tres bienes dan por único resultado tres males. El bien es solamente cualitativo, y cuando puede manifestarse lo hace *por entero*, en su plenitud indivisible. Esto es lo que significa el número siete: la plenitud (*pleroma*) o, cuando se manifiesta, la gloria (*doxa*) a la que se refiere san Juan al decir:

> «... y hemos contemplado su gloria» (Jn 1,14).

O también:

> «... pues de su plenitud hemos recibido todos, y gracia por gracia» (Jn 1,16).

El primero de los milagros, el de las bodas de Caná, fue el comienzo de esa manifestación de la plenitud o gloria:

> «Así, en Caná de Galilea, dio Jesús comienzo a sus señales y manifestó su gloria (*doxa*), y sus discípulos creyeron en él» (Jn 2,11).

«Sus discípulos creyeron en él» quiere decir que creyeron en su *nombre* o *misión*, cuyos siete aspectos fueron revelados por los siete «yo soy», fórmula del *Evangelio de Juan*, que antes citábamos.

Así, pues, el efecto de la tentación en el desierto fue la manifestación de los siete aspectos del dominio o gloria (los siete milagros) y la revelación de la misión o nombre del Maestro. Y todo ello no fue sino la manifestación de la gloria del Padre *por* el Hijo y la revelación del nombre del Padre *por* el nombre del Hijo.

Con todo, existe también la posibilidad de la otra gloria, es decir, de la manifestación del dominio en nombre propio. Las palabras del Maestro puestas al principio de esta carta —«Yo he venido en nombre de mi Padre, y no me recibís. Si otro viene en su propio nombre, a ése lo recibiréis» (Jn 5,43)— lo enuncian claramente, y la experiencia de los movimientos ocultistas, esotéricos, herméticos, cabalísticos, gnósticos, mágicos, martinistas, teosóficos, antroposóficos, rosicrucianos, templarios, masónicos, sufistas, yoguistas y otras tendencias espiritualistas de nuestros días nos proporciona abundantes pruebas de que esas palabras del Maestro no han perdido actualidad ni siquiera en el terreno de la ciencia y de los movimientos sociales y nacionales que se pretenden científicos. En efecto, ¿a qué otra cosa se debe que los teósofos, por ejemplo, prefieran los mahatmas del Himalaya (cuyos cuerpos astrales se aparecían a gran distancia por desdoblamiento o que precipitaban cartas escritas con un lápiz azul o rojo) al Maestro, que nunca ha cesado de enseñar, inspirar, iluminar y curar entre nosotros y aun muy cerca de nosotros, en Francia, Italia, Alemania y España, por no citar sino los países donde se han dado casos bien verificados de encuentros con él, quien ya había dicho:

«Yo estoy con vosotros todos los días hasta el fin del mundo» (Mt 28,20)?

¿Por qué otra razón buscan algunos un gurú entre los yoguis hindúes o los lamas tibetanos y no se toman ni la mitad de ese trabajo para tratar de encontrar un director iluminado por la experiencia espiritual en nuestros monasterios, en nuestras órdenes religiosas o entre nuestros hermanos seglares que practican la doctrina del Maestro bien cerca de nosotros?

¿Por qué los miembros de sociedades o hermandades secretas de carácter masónico consideran el sacramento de la carne y sangre del Señor como insuficiente para la obra de la formación del hombre nuevo, y por qué andan buscando rituales especiales para completarlo o aun suplantarlo?

Sí, todas estas cuestiones entran en el ámbito de la advertencia que suponen las palabras del Maestro: «Yo he venido en nombre de mi Padre, y no me recibís. Si otro viene en su propio nombre, a ése lo recibiréis.» ¿Por qué? Porque el superhombre tiene para algunos más atractivo que el Hijo del hombre y les promete una carrera de creciente poderío, mientras el Hijo del hombre sólo les brinda una carrera de lavamiento de pies...

Querido amigo desconocido, no interpretes lo que acabo de decir como antagonismo u hostilidad por mi parte hacia las citadas sociedades, hermandades y agrupaciones espiritualistas o de iniciación, ni como si yo las acusara de una actitud anticristiana. No me achaques tampoco una falta de respeto a los mahātmās y gurús indios. Sólo me refiero aquí a la *tendencia puramente psicológica* (observada por mí casi en todas partes) que hace preferir el ideal del superhombre al ideal del Hijo del hombre. Cabe añadir, para ser justo con tales sociedades y hermandades, que, aun cuando de hecho se manifieste a menudo esa tendencia entre todas ellas, todas también la combaten con mayor o menor eficacia. Hay siempre dentro de las mismas alguna oposición, las más de las veces, es cierto, minoritaria.

En todo caso, el triunfador del arcano representado por el Carro triunfa sobre las pruebas –es decir, las tentaciones–, y si es dominador lo es de sí mismo. Está solo y de pie en su carro; nadie se halla presente para aclamarlo y rendirle homenaje; no lleva armas, ya que el cetro que sostiene no es un arma. Domina, a buen seguro, mas su dominio ha sido adquirido en la soledad y no lo debe a nada ni a nadie venido del exterior, tan sólo a las pruebas.

El triunfo logrado en la soledad ¡qué gloria y qué peligro a la vez! Es la única gloria *real*, puesto que no depende del favor ni el juicio humanos; es *gloria intrínseca*, resplandor genuino del aura que se ha vuelto luminosa. Pero es también el más real y grave de los peligros espirituales que existen. *Hybris* y orgullo, estos nombres tradicionales que suelen dársele, no bastan para caracterizarlo adecuadamente. El peligro es aún mayor, es una especie de *megalomanía mística* donde uno diviniza el centro regulador de su propio ser, su yo, no viendo nada divino sino en sí mismo y quedando ciego a lo divino que está encima y fuera de uno mismo. Se experimenta entonces el sí mismo superior como el supremo y único sí mismo del mundo, aun cuando sólo sea *superior* al yo empírico ordinario y esté bien lejos de ser *supremo* y único..., en otras palabras, de ser Dios.

Conviene ahora meditar sobre el problema de la identificación del yo con el sí mismo y del sí mismo con Dios.

Tras haber explorado la capa freudiana o sexual y luego la adleriana o de voluntad de poder en el inconsciente del ser humano (es decir, en su conciencia *latente* u oculta), C.G. Jung se topó, durante sus experiencias clínicas como psicoterapeuta, con una capa *espiritual* (mística, gnóstica y mágica). En lugar de echarse para atrás o quitársela de encima con alguna explicación corrosiva, tuvo el valor y la honradez de entregarse a un laborioso estudio de la fenomenología de esta capa del inconsciente. Su trabajo se revelaría fructuoso. Jung descubrió allí no sólo las causas de ciertos desórdenes psíquicos, sino también ese proceso íntimo y profundo al que daría el nombre de proceso de *individuación* y que no es más que el nacimiento gradual de *otro yo* (llamado por Jung el sí mismo), superior al yo o *ego* ordinario. El hallazgo de este proceso del segundo nacimiento le llevó a ampliar considerablemente el campo de sus investigaciones, extendiéndolo en particular al simbolismo, a los rituales de los misterios y al estudio comparado de las religiones contemporáneas y antiguas.

Esta extensión del campo de sus investigaciones se reveló igualmente fructuosa. El descubrimiento de C.G. Jung (que al principio le torturó hasta el punto de no decidirse a comunicarlo a alma viviente durante quince años) tuvo numerosas consecuencias, entre otras el conocimiento y descripción de algunos peligros o tentaciones que la vía de la iniciación y el correspondiente proceso de individuación llevan consigo. Uno de tales peligros –que a la vez son pruebas o tentaciones– es el que Jung designa por el nombre de «inflación», es decir, el estado de la conciencia del yo hinchada hasta la exageración, estado cuya manifestación extrema se conoce en psiquiatría por el término de megalomanía.

Nos hallamos aquí, pues, ante una gama de fenómenos psíquicos que comienzan por adoptar formas relativamente inocentes, como una alta opinión de sí mismo no del todo justificada o el excesivo afán de salirse siempre con la suya; el peligro surge ya de manera más concreta con la aparición de un negativismo depreciador de todo el mundo, al concentrar uno en su propia persona las facultades de aprecio, gratitud y veneración; el tercer grado de peligrosidad, que constituye una catástrofe ya casi irremediable, consiste en una obsesión patentizada por ilusiones fácilmente reconocibles como tales: es la pura y simple megalomanía.

Los principales grados de inflación son, por tanto, estos tres: exagerada importancia atribuida a la propia persona, complejo de superioridad con tendencias obsesivas y, finalmente, megalomanía. El primer grado sugiere una *tarea* práctica para trabajar consigo mismo, el segundo es una *prueba* seria y el tercero una *catástrofe*.

¿Qué sucede en el proceso de inflación? Veamos primeramente lo que a este propósito dice el propio Jung:

> «La *personalidad supraordenada* es el hombre total, es decir, como es realmente y no como se presenta a sí mismo. A esta entidad pertenece también el alma inconsciente, que tiene sus exigencias y necesidades vitales al igual que la conciencia (...). Acostumbro a designar la *personalidad supraordenada* por el término de el *sí mismo*, con lo que hago una distinción neta entre el *yo*, que, como es sabido, sólo tiene el alcance de la conciencia, y el *todo* de la personalidad, que además de la parte consciente engloba también la zona inconsciente. Así, el yo se relaciona con el *sí mismo* como una parte con el todo. A este respecto el sí mismo está supraordenado. Experimentalmente, el sí mismo no se percibe como sujeto, sino como *objeto*, y ello merced a su parte inconsciente que sólo puede llegar a la conciencia indirectamente, por vía de proyección»[2].

Esta vía de proyección es el simbolismo vivo, tanto el tradicional como el que se manifiesta en los sueños, la imaginación activa y ciertas visiones. Los sueños, cuando se contemplan en series que constan de varios centenares, muestran que obedecen a una especie de *plan*. Parecen encadenarse unos a otros y estar, en un sentido profundo, subordinados a un fin común,

---

2. C.G. Jung y K. Kerényi, *Einführung in das Wesen der Mythologie*, Zurich ⁴1951, p. 231s.

«... de suerte que una larga serie de sueños no aparece ya como sucesión meramente fortuita de acontecimientos incoherentes y aislados, sino como un proceso de desarrollo y organización que avanza por etapas metódicas. He designado este fenómeno inconsciente, que se expresa espontáneamente en el simbolismo de largas series de sueños, por el nombre de *proceso de individuación*»[3].

El proceso de individuación es «la realización espontánea del hombre total»[4]. Así, la fórmula en adelante válida para la noción del alma es: «*psique* = conciencia del yo + inconsciente». En cuanto al papel que desempeña lo inconsciente en esta fórmula, debe en especial tenerse en cuenta

«que en todo niño crece la conciencia en el transcurso de algunos años a partir de lo inconsciente; que la conciencia no es cada vez sino un estado temporal basado en la respuesta fisiológica y consiguientemente interrumpido con regularidad por fases de inconsciencia, es decir, de sueño; y, por último, que a la psique inconsciente le corresponde no sólo una mayor duración de vida, sino también el mantenimiento de la *continuidad de la existencia*»[5].

El proceso de individuación es, pues, aquel en que se armonizan la conciencia del yo y el inconsciente de la psique. Sin embargo,

«conciencia e inconsciente no se funden en un todo cuando una de ambas partes es oprimida o dañada por la otra»[6].

Trátase de una armonización sólo realizable mediante un *recentrarse* de la personalidad, o sea gracias a un nuevo centro de la personalidad, el cual participa tanto de la naturaleza de la conciencia como de la del inconsciente; en otros términos, un centro donde el inconsciente está de continuo transformándose en conciencia. He ahí la finalidad del proceso de individuación, que es al mismo tiempo una etapa de la iniciación.

El proceso de individuacion se lleva a cabo, como ya hemos dicho, merced a la colaboración que se establece entre el inconsciente y la conciencia. Entramos aquí en el campo de los *símbolos,* que es donde se da –y, por tanto, donde puede comenzar tal colaboración–. En el proceso de individuación hallamos (o más bien despertamos) símbolos-fuerzas que, debido a su carácter típico, Jung denomina «arquetipos».

---

3. C.G. Jung, *Die Dynamik des Unbewußten,* en *Ges. Werke,* vol. 8, Zurich-Stuttgart 1967, p. 330.
4. Ibid., p. 333.
5. C.G. Jung, *Medizin und Psychotherapie,* en *Ges. Werke,* vol. 16, Zurich-Stuttgart 1958, p. 97.
6. C.G. Jung, *Bewußtsein, Unbewußtes und Individuation,* en *Ges. Werke,* vol. 9/1, Olten-Friburgo 1976, p. 306.

«Nunca debiera olvidarse que el arquetipo es un órgano psíquico, presente en cada uno de nosotros. Una mala explicación implica una actitud hostil hacia este órgano, con lo cual queda lesionado; pero el que en definitiva sufre es el intérprete. La "explicación", pues, debería siempre ser tal que mantuviera el sentido funcional del arquetipo, es decir, que garantizara una suficiente y significativa unión de la conciencia con el arquetipo. Este último, en efecto, es un elemento psíquico de índole estructural y, por consiguiente, un factor de vital importancia en la buena marcha de las cosas del alma... Para el arquetipo no hay ningún sucedáneo "razonable", como tampoco lo hay para el cerebelo o los riñones»[7].

Así, pues, no deben tomarse los arquetipos a la ligera. Son formidables fuerzas psíquicas, capaces también de invadir, inundar y devorar la conciencia. Tal sucede en el caso de la *identificación* de la conciencia con el arquetipo. Se produce entonces, las más de las veces, una identificación con el papel de héroe (y en ocasiones, si se trata del arquetipo llamado del «sabio anciano» o el de la «gran madre», con una figura cósmica), identificación muy atractiva por diversas razones.

«Esta identificación es a menudo muy tenaz y a veces crítica para el equilibrio psíquico. Si la disolución de la identificación llega a tener éxito, la figura del héroe puede, por reducción de la conciencia a la dimensión humana, diferenciarse progresivamente hasta no ser ya más que un símbolo de sí mismo»[8].

Añadamos que, si no acierta a disolverse, la figura del héroe toma posesión de la conciencia. Entonces tiene lugar la segunda identificación o epifanía del héroe.

«La epifanía del héroe (segunda identificación) se muestra en una correspondiente inflación: la pretensión desproporcionada se convierte en convicción de que uno es algo especial; o bien la imposibilidad de realizar esa pretensión prueba la propia inferioridad, lo que favorece el papel de "mártir" o "héroe que sufre" (inflación negativa). Pese a su aparente contradicción, ambas formas son idénticas, puesto que a una megalomanía consciente corresponde un sentimiento inconsciente de inferioridad, que la compensa, y a la inferioridad inconsciente corresponde una megalomanía consciente. (La una nunca se da sin la otra.) Si se logra sortear el escollo de la segunda identificación, el acontecimiento consciente puede netamente separarse del suceso inconsciente y éste se deja entonces observar de manera objetiva. De ahí resulta la posibilidad de un careo con el inconsciente y, en consecuencia, de una síntesis entre los elementos conscientes e inconscientes del conocimiento y la actuación. Ello, a su vez, provoca un desplazamiento del centro de la personalidad, que pasa del yo al sí mismo»[9].

---

7. C.G. Jung y K. Kerényi, *Einführung in das Wesen der Mythologie*, Zurich [4]1951, p. 119s.
8. Ibid., p. 146.
9. Ibid., p. 147.

Tal es la meta del proceso de individuación. Ahora bien, la inflación es el principal riesgo que corren todos los que buscan la experiencia de la *profundidad*, la experiencia de lo *oculto* que vive y actúa tras la fachada de los fenómenos de la conciencia ordinaria. La inflación constituye, pues, el peligro más importante y la máxima prueba para ocultistas, esotéricos, magos, gnósticos y místicos. Los monasterios y las órdenes religiosas lo saben desde siempre, gracias a su milenaria experiencia de la *vida profunda*. Por ello su práctica espiritual se basa enteramente en el cultivo de la *humildad* mediante ejercicios tendentes a fomentar la dependencia y otros análogos como el examen de conciencia, la confesión y la mutua ayuda fraterna. Si Sabbatai Zvi (1625-1676) hubiera sido miembro de una orden espiritual con disciplina semejante a la de los monasterios cristianos, jamás su iluminación le habría llevado a revelarse (en 1648) a un grupo de discípulos como el Mesías prometido. No habría tenido que hacerse turco para salvar su vida y continuar su misión («Dios ha hecho de mí un ismaelita turco. Él ha ordenado y yo he obedecido. El noveno día después de mi segundo nacimiento...», escribía a sus fieles de Esmirna). Habría así evitado tanto la inflación positiva como la inflación negativa, de la que Samuel Gandor, discípulo suyo, nos dejó la siguiente descripción:

«Se dice de Sabbatai Zvi que, desde hace quince años, viene siendo abrumado por esta aflicción: es víctima de una depresión que no le deja instante de reposo y ni siquiera le permite leer; no acierta a decir qué clase de tristeza es la que se ha apoderado de él...»[10]

La historia del iluminado cabalista Sabbatai Zvi es sólo un caso extremo del peligro y la prueba a los que se exponen todos los esoteristas prácticos. Hargrave Jennings expresa excelentemente esto escribiendo acerca de los rosacruces.

«Hablan de la humanidad como de algo infinitamente inferior a ellos; su orgullo supera todo lo imaginable, pese a una apariencia externa muy modesta y humilde. Se jactan de ser pobres y declaran que lo tienen por estatuto, gloriándose al mismo tiempo de poseer todas las riquezas del mundo. Recusan los afectos humanos o se someten a ellos con el conveniente pretexto de que no son sino atractivas obligaciones que han de aceptarse como placentero intercambio o como pasaporte en un mundo que consta de los mismos o de su imagen falaz. Frecuentan a las mujeres y se muestran muy galantes en su compañía, pero sus corazones son incapaces de ternura hacia ellas, cuando no las juzgan en su interior con conmiseración o desprecio, considerándolas como una especie de seres totalmente distinta de la de los hombres. Por fuera son muy sencillos y defe-

---

10. G. Scholem, *Die jüdische Mystik in ihren Hauptströmungen*, Francfort del Meno 1967, p. 318.

rentes, pero la autosatisfacción que hincha sus corazones se extiende hasta lo infinito de los cielos... En comparación con estos adeptos del hermetismo, los monarcas son pobres y sus inmensos tesoros despreciables. Junto a sus propias lumbreras, los más sabios resultan torpes y estúpidos... Son, pues, negativos para con la humanidad; positivos, en cambio, para con todas las demás cosas, pagados de sí mismos, autoiluminados, en todo y siempre ellos; pero, eso sí, siempre prontos (es su deber, dicen) a hacer el bien en lo posible y justo.

»¿Cómo medir o calificar esta descomunal exaltación del propio yo? Los patrones ordinarios no están hechos para tal imagen. La casta de estos filósofos ocultistas es o el colmo de lo sublime o el colmo de lo absurdo»[11].

Digamos más bien: tanto lo sublime como lo absurdo, pues la *inflación* es siempre sublime y absurda a la vez. Éliphas Lévi escribe a este respecto:

«Existe una ciencia que confiere al hombre prerrogativas aparentemente sobrehumanas; helas aquí tales como las encuentro enumeradas en un manuscrito hebreo del siglo XVI:

Álef. Ve a Dios cara a cara, sin morir, y conversa familiarmente con los siete genios que mandan toda la milicia celeste.

Bet. Está por encima de toda aflicción y todo temor.

Guímel. Reina con todo el cielo y se hace servir por todo el infierno.

Dálet. Dispone de la salud y la vida, la suya propia y la de los demás.

He. No puede ser ni sorprendido por el infortunio, ni atormentado por los desastres, ni vencido por sus enemigos.

Vav. Conoce el sentido del pasado, presente y futuro.

Zayin. Posee el secreto de la resurrección de los muertos y la clave de la inmortalidad»[12].

¿Es esto un programa o una experiencia vivida? Si es una experiencia, la inflación llega en ella muy lejos. Si es un programa, el que trabaje seriamente por realizarlo no tardará en ser presa de la inflación, ya positiva (complejo de superioridad), ya negativa (complejo de inferioridad).

Sea lo que fuere, la experiencia o programa del manuscrito hebreo del siglo XVI, citado por Éliphas Lévi, ofrece una singular semejanza con la *experiencia* de la que habla John Custance:

«Me siento tan cerca de Dios, tan inspirado por su espíritu, que en cierto sentido soy Dios. Veo el porvenir, hago el plan del universo, salvo a la humanidad; soy absoluta y completamente inmortal; soy incluso masculino y femenino a la vez. El universo

---

11. H. Jennings, *The rosicrucians, Their rites and mysteries*, Londres 1887.
12. É Lévi, *Dogme et rituel de la haute magie*, Paris 1854, p. 43-44.

entero, animado e inanimado, pasado, presente y futuro, está en mí. Toda la naturaleza, todo cuanto posee vida y todos los espíritus cooperan y están vinculados conmigo; todas las cosas son posibles. Me identifico, en cierto modo, con todos los espíritus, desde Dios hasta Satán. Concilio el bien y el mal, y creo la luz, las tinieblas, los mundos, los universos»[13].

El estado descrito por John Custance es característico de una magia aguda, y el autor mismo no lo niega. Pero ¿seguiría viendo así las cosas si supiera que su experiencia se encuentra ya detallada con toda exactitud en el *Brhadāraṇyaka Upaniṣad?*
Allí leemos:

«Quien ha logrado hallarse a sí mismo y es consciente de ello, quien ha entrado en esta morada impenetrable, es el creador de todo, el creador del mundo entero; él es el mundo entero»[14].

¿Puede decirse con certeza que este texto se basa en una experiencia totalmente distinta de la de John Custance?

Hace 38 años conocí a un hombre tranquilo, de edad madura, que enseñaba inglés en la YMCA de la capital de un país báltico. Un buen día reveló que había alcanzado ese estado espiritual que se manifiesta por la visión eterna en el que se tiene conciencia de la identidad del sí mismo con la realidad eterna del mundo. Pasado, presente y futuro, vistos desde el plano de la eternidad donde mora la conciencia, eran para él como un libro abierto. Ya no tenía problemas, no porque lo hubiera resuelto, sino porque en aquel estado de conciencia desaparecían, perdiendo toda importancia. En efecto, los problemas pertenecen al orden del movimiento en el tiempo y el espacio; quien lo trasciende, llegando a la esfera de la eternidad y del infinito donde no hay movimiento ni cambio, queda libre de problemas. Cuando me hablaba de esto, sus bellos ojos azules irradiaban sinceridad y certidumbre. Mas esta luz cedió el puesto a un semblante sombrío y disgustado, tan pronto como le planteé la cuestión del valor que podía tener el sentimiento subjetivo de la eternidad sin saber ni poder al propio tiempo hacer nada para ayudar a la humanidad, ya en su progreso espiritual u otro, ya en el alivio de sus sufrimientos espirituales, psíquicos o corporales. No me perdonó esta pregunta, y su espalda vuelta hacia mí es el último recuerdo que de él guardo en este mundo... (Marchó posteriormente a la India, donde no tardó en morir víctima de una epidemia.)

Te cuento este episodio de mi vida, querido amigo desconocido,

---

13. J. Custance, *Wisdom, madness and folly: The philosophy of a lunatic*, Londres 1951, p. 51.
14. IV, 4, 13.

sólo para sepas cuándo y cómo se me planteó por vez primera el gravísimo problema de las formas y peligros de la megalomanía espiritual. A la experiencia objetiva debo el comienzo de mis estudios sobre ese problema. Aquí te brindo algunos de mis resultados.

La megalomanía espiritual es tan antigua como el mundo. Su origen es incluso anterior al mundo terrenal, según la tradición milenaria que nos relata la caída de Lucifer. La descripción más conmovedora de este suceso nos la ofrece el profeta Ezequiel:

> «Tú eras el sello de la perfección,
> lleno de sabiduría, acabado en belleza.
> En el Edén estabas, en el jardín de Dios;
> toda suerte de piedras preciosas eran tu vestido:
> sardónices, topacios y jaspes,
> crisolitos, ónices y berilos,
> zafiros, carbunclos y esmeraldas;
> en oro estaban labrados
> los aretes y pinjantes que llevabas,
> aderezados desde el día de tu creación.
> Querubín protector de alas desplegadas
> te había hecho yo, en el monte santo de Dios,
> y caminabas entre piedras de fuego...
> Pagóse tu corazón de tu belleza,
> corrompiste tu sabiduría a causa de tu esplendor.
> Yo te precipité en tierra
> y ante los reyes te di en espectáculo» (Ez 28,12-14.17).

Tal es, en las alturas celestiales, el origen de la inflación, del complejo de superioridad y la megalomanía. Y puesto que «lo que está arriba es como lo que está abajo», ello se repite aquí, en la vida humana y terrena, de siglo en siglo y de generación en generación.

Se repite sobre todo en la vida de las personas que rompen con su habitual medio terreno y el estado de conciencia que implica, trascendiéndolo en el sentido de la altura, anchura o profundidad. Quien aspira a un plano más *alto* que el del medio terreno corre el riesgo de volverse altanero; quien busca lo *ancho* más allá de los límites del círculo normal de sus obligaciones y alegrías terrenas se ve tentado a darse a sí mismo cada vez mayor importancia; y quien pretende alcanzar lo *profundo* bajo la superficie de los fenómenos de la vida en la tierra corre el máximo peligro: la inflación de que nos habla C.G. Jung.

El metafísico abstracto que organiza los mundos según un orden por él establecido puede llegar a perder todo interés por lo particular e individual hasta el punto de considerar a las personas humanas casi tan insignificantes como los insectos. Sólo las mira de arriba abajo.

Vistas desde esa altura metafísica, pierden sus proporciones y se le antojan minúsculas hasta la insignificancia, mientras él mismo es grande, pues participa de las grandezas de la metafísica.

El reformador que *quiere* corregir o salvar a la humanidad sucumbe fácilmente a la tentación de contemplarse a sí mismo como centro activo del círculo pasivo de la humanidad. Portador de una misión de alcance universal, se siente cada vez más importante.

El ocultista, esotérico o hermético *práctico* (si no practica, sólo es metafísico o reformador) experimenta con fuerzas superiores que actúan más allá de su conciencia y penetran en ella. ¿A qué precio? Al de postrarse de rodillas en adoración o al de identificarse con ellas, lo que conduce a la megalomanía.

Se habla mucho de los riesgos del ocultismo. La magia negra es de ordinario el peligro supremo contra el que los maestros ponen en guardia al principiante. Otros (sobre todo los más o menos versados en medicina) temen mayormente los desórdenes del sistema nervioso.

Sin embargo, una experiencia de 43 años de ocultismo (o esoterismo) práctico me ha enseñado que su peligro no reside ni en la magia negra ni en trastornos nerviosos; al menos tales peligros no se presentan más a menudo entre los ocultistas que entre los políticos, artistas, psicólogos, creyentes y agnósticos. Me sería imposible citar un solo mago negro entre los ocultistas que conozco, mientras podría dar sin dificultad el nombre de algunos políticos que nada tienen que ver con el ocultismo o, más bien, le son hostiles, cuyo influjo cuadra perfectamente con el concepto clásico de «mago negro». En verdad ¿resulta tan difícil mencionar a políticos que hayan ejercido una funesta influencia sugestiva en las masas populares, cegándolas e incitándolas a actos de crueldad, injusticia y violencia de los que cada individuo, separado del resto, habría sido incapaz, políticos que, por su ascendiente casi mágico, han llegado a privar a los individuos de su libertad, convirtiéndolos en *posesos*? Y este modo de actuar que priva a los hombres de su libertad moral y los transforma en posesos ¿no es acaso el fin y la esencia misma de la magia negra?

No, querido amigo desconocido, los ocultistas –aun aquellos que practican la magia ceremonial– no son ni maestros ni discípulos de la magia negra. De hecho, son los que guardan menos relación con ella. Cierto que muchos, especialmente los adeptos a la magia ceremonial, son con frecuencia objeto de ilusiones, se engañan y engañan a los demás, pero ¿es esto magia negra? Por otra parte, ¿dónde encontrar un grupo humano que no se engañe nunca? Hasta el doctor Fausto, que hizo un pacto con el diablo (y esto atañe a todos los aficionados, antiguos y modernos, a pactos de ese tipo), no fue sino la víctima inocente de una travesura de Mefistófeles (rufián bien conocido de cuantos se relacionan con el mundo oculto), pues ¿cómo puede uno vender algo que no le pertenece? El alma habría podido vender al doctor Fausto, pero jamás él a ella, por solemne que fuera el pacto y por más que estuviera escrito y firmado con su sangre o con tinta ordinaria.

De esta suerte da Mefistófeles una lección a quienes desean ser superhombres, revelando lo pueril de sus pretensiones. Y al paso que deploramos la ingenuidad del pobre doctor Fausto, llegamos a juzgar saludable, a la postre, el método rufianesco de Mefistófeles, pues lo que éste hace (y podrían citarse otros ejemplos más recientes del mismo método) es poner de manifiesto lo ridículo y absurdo de las ansias y pretensiones sobrehumanas:

> «De todos los espíritus negativos,
> es el travieso quien menos me incomoda.»

Así habla Dios de Mefistófeles en el *Fausto* de Goethe.

No condenemos tampoco nosotros al pícaro del mundo espiritual y, sobre todo, no le tengamos miedo. Ni condenemos al doctor Fausto, nuestro hermano, acusándole de magia negra –si de algo hubiera que acusarlo, sería de credulidad infantil; en todo caso, ante la humanidad fue él mil veces más inocente que nuestros contemporáneos, que han inventado la bomba atómica– como buenos ciudadanos y científicos.

No, ni magia negra ni trastornos nerviosos constituyen los especiales peligros del ocultismo. Su peligro principal –del que, por lo demás, no tiene el monopolio– se define por estos tres términos: complejo de superioridad, inflación, megalomanía.

De hecho, raro es el ocultista veterano enteramente libre de esta indisposición moral o que no la haya sufrido alguna vez en el pasado. La tendencia a la megalomanía se manifiesta a menudo entre los ocultistas. Así me lo han enseñado mis lecturas de libros de ocultismo y decenios de relaciones personales. Ese defecto moral se da en muchos grados. Primero se revela por el aplomo y aun descaro con que uno habla de las cosas superiores y sagradas. Luego va afirmándose como un saber mejor y saberlo todo, es decir, adoptar la actitud de maestro frente a todo el mundo. Por último, aparece como infalibilidad implícita y hasta explícita.

No quiero citar pasajes de la literatura oculta, ni dar nombres, ni mencionar hechos biográficos sobre ocultistas conocidos para probar o ilustrar este diagnóstico. No te resultará difícil, querido amigo desconocido, hallarlos tú mismo en abundancia. Mi intención aquí es, por un lado, refutar las falsas acusaciones levantadas contra el ocultismo y, por otro, poner de relieve el peligro verdadero que entraña.

¿Qué debe hacerse, pues, contra ese peligro para conservar la propia salud moral? El antiguo adagio *Ora et labora* (Ora y trabaja) contiene la sola respuesta que yo he podido hallar. *Adoración y trabajo* son el único remedio tanto profiláctico como curativo que conozco contra los delirios de megalomanía. Hay que adorar lo que está sobre nosotros y participar en el esfuerzo humano tocante a los hechos objetivos para mantener a raya las ilusiones acerca de lo que uno *es* y *puede*. En efecto, quien sepa elevar su plegaria y meditación al nivel de la adoración pura será siempre consciente de la *distancia* que separa (y a la vez une) adorador y adorado. No caerá así en la tentación de confundir *lo que él es* con *lo que es el adorado*.

Por otra parte, el que *trabaja*, es decir, el que participa en el esfuerzo humano con miras a obtener resultados objetivos y verificables no será fácilmente víctima de ilusiones respecto a *lo que él puede*. Por ejemplo, un médico en ejercicio, propenso a sobrestimar su poder de cura, aprenderá pronto a conocer los límites reales de ese poder por la experiencia de sus fracasos.

Jakob Böhme era zapatero e iluminado. Habiendo tenido la experiencia de la iluminación («...la puerta me ha sido abierta, de suerte que en un cuarto de hora he visto y sabido más que si hubiera estado muchos años en escuelas superiores...», escribía en una carta dirigida al aduanero Lindner, «pues vi y conocí el ser de todos los seres, su fundamento y su abismo...»), no por ello concluyó que, como zapatero, su poder sería en adelante mayor que el de sus colegas o que el suyo propio antes de la iluminación. Por otro lado, la iluminación le enseñó la grandeza de Dios y del mundo, lo cual le llenó de *adoración:*

«... y ello me admiró hasta el punto de no saber qué me acontecía, y *mi corazón tornóse a alabar a Dios por tales cosas*»[15].

Así, *el trabajo manual y la adoración a Dios* protegieron la salud moral de Jakob Böhme. Me permito añadir aquí que mi propia experiencia en el esoterismo me ha enseñado que lo que fue saludable en el caso de Böhme lo es también, sin excepción, para cuantos aspiran a tener experiencias suprasensoriales.

Adoración y trabajo –*Ora et labora*– constituyen, por tanto, la condición indispensable del esoterismo práctico para mantener en ja-

---

15. J. Böhme, *Sämtliche Werke in 7 Bänden* (Obras Completas en 7 tomos), t. 7, Leipzig 1922, p. 400.

que la tendencia a la megalomanía. Con todo, si se quiere lograr la inmunidad contra este mal, es necesario algo más: la experiencia del encuentro concreto con un ser superior a uno mismo. No entiendo por encuentro concreto ni el sentimiento del sí mismo superior, ni el más o menos vago de la presencia de un ente superior, ni tan siquiera la del flujo de inspiración que puede llenarnos de vida y luz. ¡No! Lo que entiendo por tal es meramente lo que las palabras indican: un encuentro genuino y de veras concreto, cara a cara. Puede ser espiritual —cara a cara en una visión— o físicamente concreto.

Así, santa Teresa de Jesús (por no citar más que un ejemplo entre muchos otros) se encontraba con el Maestro, conversaba con él, le pedía y recibía de él consejos e instrucciones sobre cosas pertenecientes al plano de una espiritualidad objetiva (sí, la espiritualidad puede ser no sólo subjetiva, sino también objetiva). De igual manera Papus y su grupo de amigos ocultistas se encontraron con Philippe de Lyón en el plano físico. He ahí dos casos del encuentro concreto a que me refiero.

Ahora bien, el que ha pasado por la experiencia del encuentro concreto con su ser superior (un justo, un santo, un ángel u otro ente jerárquico, la Santísima Virgen, el Maestro...) queda, por el hecho mismo, inmunizado contra la inclinación a la megalomanía. La vivencia de esta confrontación acarrea necesariamente la curación completa y la inmunidad contra todo peligro en tal sentido. Nunca un ser humano que haya *visto y oído* podrá hacer de sí mismo un ídolo. Más aún, el verdadero y último criterio de las experiencias llamadas «de visión», es decir, el que sirve para determinar su autenticidad o falsedad, lo constituye el *efecto* moral de las mismas en el vidente, según que hagan a éste más humilde o más pretencioso. La experiencia de sus encuentros con el Maestro hizo a santa Teresa cada vez más humilde. La experiencia terrena de su encuentro con Philippe de Lyón les hizo más humildes a Papus y sus amigos ocultistas. Así, pues, ambas experiencias, por distintas que fueran en cuanto a su sujeto y objeto, eran *auténticas*. No se engañó Papus respecto a la grandeza espiritual de aquel a quien reconoció como su maestro espiritual, ni tampoco santa Teresa sobre la realidad del Maestro a quien vio y oyó hablar.

Lee la Biblia, querido amigo desconocido, y encontrarás en ella otros muchos ejemplos de esta ley: *La experiencia auténtica de lo divino nos hace humildes; quien no es humilde no ha tenido ninguna experiencia auténtica de lo divino.* Contempla a los Apóstoles, que vieron y oyeron al Maestro, y a los profetas, que vieron y oyeron al Santo de Israel. No encontrarás en ellos rastro alguno de tendencia a la *hybris*, y sí, en cambio, la hallarás en muchos doctores gnósticos, quienes (*consiguientemente*) no han visto ni oído.

Mas si es cierto que hay que haber visto y oído para aprender a fondo la lección de la humildad, ¿qué decir de cuantos son naturalmente humildes, sin haber visto y oído?

Mi respuesta, sin perjuicio de otras asimismo válidas, es que todos los humildes *vieron y oyeron* ya antes y en alguna parte, lo recuerden o no.

La humildad real (no intelectual) puede ser o el recuerdo que el alma guarda de su experiencia espiritual anterior al nacimiento, o el de una experiencia nocturna tenida durante el sueño y que permanece en el inconsciente, o, por último, el efecto de una experiencia actual, consciente o inconsciente, que uno ni se confiesa a sí mismo ni confiesa a los demás. A buen seguro, la humildad –como la caridad– no es una cualidad inherente a la naturaleza humana. Su origen no puede hallarse en nada relacionado con la evolución *natural*; no es posible concebirla como fruto de la lucha por la existencia, la selección natural y la supervivencia del más fuerte a costa del débil. La escuela de la lucha por la existencia no produce humildes, sino sólo luchadores y guerreros de toda especie. Trátase, pues, de una cualidad que debemos atribuir a la acción de la *gracia,* de un don venido de lo alto. Ahora bien, los encuentros concretos cara a cara de que aquí hablamos son siempre y sin excepción acontecimientos debidos a la gracia, por su carácter de *encuentros* donde el ser superior se acerca por voluntad propia al ser inferior. El encuentro que transformó a Saulo, el fariseo, en el apóstol Pablo no se debió a sus esfuerzos, sino que fue un acto de aquel con quien se encontró. Otro tanto puede decirse de todos los encuentros cara a cara con seres superiores. Nuestro papel se reduce a buscar, llamar y pedir; el acto decisivo viene de arriba.

Volvamos ahora al arcano representado por el Carro, cuyo sentido tradicional es victoria, triunfo y éxito.

Dice J. Maxwell:

«Este sentido se desprende con toda naturalidad de la actitud del personaje, lo cual no presenta dificultad alguna»[16].

A pesar de todo, hay una dificultad: ¿Es la lámina una advertencia o denota un ideal? ¿O acaso es ambas cosas a la vez?

Me inclino a ver en todos los arcanos del tarot simultáneamente

---

16. J. Maxwell, *Le tarot,* Paris 1933, p. 87.

advertencias e ideales por alcanzar. Esto es, al menos, lo que me han enseñado cuarenta años de estudio y meditación del tarot.

Así, el Mago constituye una advertencia contra el malabarismo intelectual del metafísico indiferente a la experiencia y contra toda clase de charlatanerías, enseñando al mismo tiempo la concentración sin esfuerzo y el uso del método de la analogía.

La Papisa nos advierte de los peligros del gnosticismo y nos enseña la disciplina de la verdadera gnosis.

La Emperatriz evoca los peligros del mediumnismo y de cierta magia, a la vez que nos revela los misterios de la magia sagrada.

El Emperador nos pone en guardia contra la voluntad de poder y nos enseña el poder de la cruz.

El Papa nos avisa contra el personalismo humanista y el pentagrama mágico que es su culminación, en tanto nos impone la santa obediencia y la magia de las cinco llagas.

El Enamorado nos advierte contra las tres tentaciones y nos muestra los tres sagrados votos.

Este triunfo obtenido por el sí mismo es el éxito del proceso de individuación de que nos habla C.G. Jung o el de la obra de la auténtica libertad, que es fruto de la *katharsis* o purificación previa al *fotismos* o iluminación, a la que sigue la *henosis* o unión, según la iniciación tradicional en Occidente. El triunfador del Carro puede, por tanto, designar ya a un enfermo que sufre de megalomanía, ya a un hombre que ha pasado por la *katharsis* o purificación, primera de las tres etapas en la vía de la iniciación.

La tesis que aquí propongo es que también la lámina del séptimo arcano tiene, como todas las demás, dos sentidos. Su personaje significa a la vez el falso y el verdadero triunfador: el megalómano y el hombre íntegro y dueño de sí. ¿Quién es en realidad ese hombre íntegro, dueño de sí mismo, vencedor de las pruebas? Es el que resiste a las cuatro tentaciones: las tres del desierto descritas por el Evangelio y la de la *hybris,* su síntesis. Situado en el centro del triángulo de las tentaciones, es señor de los cuatro elementos que constituyen el vehículo de su ser: fuego, aire, agua y tierra. Señor de los cuatro elementos o, lo que es lo mismo, ser creativo en el pensamiento claro, fluido y preciso, ya que la *creatividad, claridad, fluidez* y *precisión* son las manifestaciones de los cuatro elementos en el ámbito del pensamiento. Ello además significa que posee un corazón cálido, anchuroso, sensible y fiel; *calor, anchura, sensibilidad* y *fidelidad* son a su vez las manifestaciones de los cuatro elementos en la esfera del sentimiento. Y, por último, es un hombre ardoroso (*homme de désir*), amplio, adaptable y de voluntad firme, voluntad donde se muestran los cuatro elementos como *intensidad, amplitud, adaptabilidad* y *firmeza*. En resumen, puede decirse que el señor de los cuatro elementos es un hombre de iniciativa, sereno, móvil y firme. Representa las cuatro virtudes naturales de la teología católica: prudencia (*prudentia*), fortaleza (*fortitudo*), templanza (*temperantia*) y justicia (*iustitia*); o bien las cuatro virtudes cardinales de Platón: sabiduría, valor, templanza y justicia; o todavía las cuatro cualidades de Śaṅkārācharya: *viveka* (discernimiento), *vairāgya* (serenidad), las seis preseas de la justa conducta y el anhelo de liberación. Sea cual fuere el enunciado de las cuatro virtudes que consideramos, siempre se trata de los cuatro elementos o proyecciones del nombre sagrado *YHVH* o Tetragámaton en la naturaleza humana.

Las cuatro columnas que soportan el dosel encima del Carro tirado por dos caballos, que aparece en la lámina del séptimo arcano, significan, por consiguiente, los cuatro elementos considerados en *sentido vertical*, es decir, en su sentido analógico a través de los tres mundos: espiritual, psíquico y físico.

Y el propio dosel ¿qué significado tiene? La función del dosel, tomado como objeto material, es *proteger a la persona que se encuentra debajo*. Sirve, pues, de techo. *En su sentido espiritual*, al que llegamos por analogía, el dosel colocado sobre un hombre que lleva una corona real de color amarillo denota dos cosas contrarias: o que el hombre coronado es un megalómano en estado de *splendid isolation* y separado del cielo por el dosel, o que es un iniciado en el misterio de la salud espiritual y no se identifica a sí mismo con el cielo por ser *consciente de la diferencia* que existe entre su yo y lo que está por encima de él. En otras palabras, el dosel indica los hechos y verdades subyacentes tanto a la megalomanía como a la humildad. La humildad, como ley de la salud espiritual, implica el conocimiento de la disparidad y distancia entre el centro de la conciencia *humana* y el centro de la conciencia divina. Hay una piel —o un dosel, si se prefiere— en la conciencia del hombre, que, como la piel de nuestro cuerpo, separa lo humano de lo divino, uniéndolos al mismo tiempo. Esta piel espiritual protege la salud espiritual del hombre y no le permite identificarse *ontológicamente* con Dios, o decir: «Soy Dios», *Aham brahmāsmi*[17]. Le permite, en cambio, la *relación de la respiración*, los acercamientos y alejamientos (¡que no son nunca *alienaciones!*) cuya totalidad constituye la vida del *amor*. Ésta consiste en acercamientos y alejamientos con la conciencia siempre presente de la *no identidad;* es un proceso análogo al de la respiración, que consta de inspiraciones y

---

17. *Bṛhadāraṇyaka Upaniṣad*, I, 4, 10.

espiraciones. ¿No se encuentra esto incomparablemente expresado en el fragmento del Salmo 42, que es la sexta frase de la misa?

«Envíame tu luz y tu verdad: ellas me guíen y conduzcan a tu monte santo y a tus tabernáculos.»

Sí, la *luz de tu presencia* (acercamiento) y la *verdad* que recibo en mí por reflexión (alejamiento) nos conducen *a tus tabernáculos*. Tus tabernáculos... ¿no son acaso tiendas, baldaquines, doseles, bajo los cuales lo humano se une a lo divino en el amor, sin identificarse con ello ni ser absorbido por ello? Y esos tabernáculos ¿no están hechos de la piel de la humildad, la única que nos protege contra el peligro de matar el amor por identificación ontológica, es decir, la identificación del ser humano con el ser divino («esta alma es Dios», *ayam ātmā Brahmā*[18]; «la conciencia es Dios», *pragnaman Brahmā*[19]), alejándonos también así del peligro de megalomanía espiritual por la que uno se arroga el propio ser de Dios en vez de considerarlo su imagen?

Hay tres formas de experiencia mística: la experiencia de la unión con la naturaleza, la de la unión con el sí mismo trascendente humano y la de la unión con Dios. La primera clase de experiencia consiste en borrar toda distinción entre la vida psíquica individual y la naturaleza circundante. Es lo que Lévy-Brühl llamaba «participación mística», noción que forjó al estudiar la psicología de los primitivos. Este concepto designa el estado de conciencia donde queda suprimida la separación entre el sujeto consciente y el objeto del mundo exterior y donde sujeto y objeto se vuelven uno. Tal experiencia es subyacente no sólo al chamanismo y totemismo primitivos, sino también a la conciencia denominada mitógena, que es fuente tanto de los mitos naturales como de todo ardiente deseo, por parte de poetas y filósofos, de unión con la naturaleza (recuérdese cómo Empédocles se precipitó en el cráter del Etna para unirse con los elementos naturales). Los efectos del peyote, mezcal, hachís, alcohol, etc., pueden a veces (¡pero no siempre ni en todas las personas!) dar lugar a estados de conciencia análogos al de la participación mística.

El rasgo distintivo de esta forma de experiencia es la *embriaguez*, o sea la fusión temporal del yo con las fuerzas exteriores a la conciencia del yo. Las *orgías* dionisíacas de la antigüedad se basaban en la experiencia de la embriaguez sagrada, que se producía al desaparecer la distinción entre el yo y el no yo.

---

[18]. *Māndūkya Upaniṣad*, 2.
[19]. *Aitareya Upaniṣad*, 5, 3.

La segunda forma de experiencia mística es la del yo o sí mismo trascendente. Acontece cuando el yo ordinario y empírico se separa de un yo superior que está por encima de todo cuanto se mueve y cuanto pertenece a la esfera del espacio y el tiempo. El yo superior se experimenta entonces como inmortal y libre.

Si la «mística de la naturaleza se distingue por la embriaguez, la del sí mismo, al contrario, tiene por característica el gradual desembriagarse con miras a una *completa sobriedad*. La filosofía fundada en la experiencia mística del sí mismo que presenta esta última de la manera más pura y menos desfigurada por la adición de aventuradas especulaciones intelectuales es la de la escuela india de Sāmkhya. Allí el *puruṣa* individual es experimentado en su separación de la *prakṛti* (o conjunto del movimiento, espacio y tiempo) como inmortal y libre. Aunque la misma experiencia se halla en el núcleo del vedānta, los vedantistas no se contentan con la experiencia inmediata, que enseña, ni más ni menos, que el verdadero yo del hombre es inmortal y libre, sino aún le añaden el postulado de que ese yo superior *es* Dios (*ayam ātmā Brahmā*, «esta alma individual es el absoluto»[20]). Sāmkhya, en cambio, no va más allá de los límites de la experiencia del yo superior como tal, ni en modo alguno niega la pluralidad de *puruṣas* (yoes superiores inmortales y libres). Tampoco eleva el *puruṣa* individual a la dignidad de absoluto, lo que le ha valido ser tildado de ateo. Ciertamente lo es, si por atea se entiende esta franca declaración: «No he tenido experiencia de nada que sea superior al yo inmortal y libre; ateniéndome a la experiencia, ¿qué puede decir de ella honradamente?» Sāmkhya no es una religión y en consecuencia no merece ser calificada de atea, como tampoco lo merece, por ejemplo, la moderna escuela psicológica de Jung. Mas, por otra parte, ¿puede acaso considerarse como prueba de fe en Dios la atribución de la dignidad lo absoluto al yo superior?

La tercera clase de experiencia mística (el término «mística», empleado aquí, comprende la experiencia mística propiamente dicha *y* la experiencia gnóstica, como unidad) es la del *Dios vivo*, el Dios de Abraham, Isaac y Jacob de la tradición judeocristiana, el Dios de san Agustín, san Francisco, santa Teresa y san Juan de la Cruz de la tradición cristiana, el Dios del *Bhagavadgītā*, de Rāmānuja, Madhva y Caitanya de la tradición hindú. Trátase aquí de la unión con Dios en el amor, lo que implica dualidad sustancial en conformidad esencial.

Esta experiencia tiene por principal rasgo distintivo la *síntesis* entre la embriaguez de la mística de la naturaleza y la sobriedad de la mística del yo superior. El término acuñado por la tradición para

---

20. *Māndūkya Upaniṣad*, 2.

expresar el estado en que se manifiestan simultáneamente el entusiasmo ardoroso y la paz profunda es el de «bienaventuranza» (*beatitudo*) o «visión beatífica» (*visio beatifica*). La *visión beatífica* supone, por un lado, la dualidad de vidente y visto y, por otro, su unidad o conformidad intrínseca en el amor. Por ello esta voz expresa de un modo admirablemente claro y preciso lo esencial de la experiencia mística teísta: el encuentro del alma con Dios, cara a cara, en el amor. Esta experiencia es tanto más elevada cuanto más completa es la distinción y más perfecta la unión. Así, como es bien sabido, la santa cábala sitúa en el centro de la experiencia espiritual el sagrado rostro del «anciano de días» y enseña que la suprema experiencia del ser humano –y a la vez la forma suprema del óbito de un mortal– se logra cuando Dios abraza el alma humana.

Leemos a este respecto en el *Sefer Yetsirah*:

> «Cuando nuestro padre Abraham lo hubo comprendido y consideró, examinó, escudriñó, entendió, esculpió, grabó y compuso todo ello, entonces el Señor del universo (*'adon hakol*) –bendito sea su Nombre– se le manifestó, lo tomó en su seno, le abrazó la cabeza y lo llamó amigo suyo...»[21]

Y san Juan de la Cruz solamente habla de sus experiencias de la presencia divina en los tabernáculos del amor, usando el lenguaje del amor.

Las tres formas de experiencia mística tienen su leyes de higiene, sus tabernáculos o pieles. Caen bajo la ley de la templanza o *medida*. De lo contrario, el furor de la manía aguda, la megalomanía y la total enajenación del mundo amenazan a sus respectivos adeptos.

Coraza, dosel y corona son los tres símbolos de la medida saludable en lo que toca a las experiencias de la mística de la naturaleza, la mística humana y la mística divina.

El triunfador del séptimo arcano lleva una coraza, se encuentra bajo un dosel y está coronado. Esto quiere decir que *no se pierde a sí mismo* en la naturaleza, *ni pierde a Dios* en la vivencia de su yo superior, *ni pierde el mundo* en la experiencia del amor de Dios. Mantiene a raya los peligros del frenesí, la megalomanía y la exaltación. Está *sano*.

El triunfador del séptimo arcano es el verdadero adepto del *hermetismo*, o sea de la mística, gnosis y magia a la vez divinas, humanas y naturales. No corre; permanece en pie. No está sentado, sumido en meditación; sostiene un cetro que le sirve para refrenar los dos caballos, azul y rojo, que tiran de su carro. No está ausente, perdido en

---

21. 6.ª parte, cap. XV.

éxtasis; se encuentra en camino y avanza manteniéndose firmemente en pie sobre su vehículo. Los dos caballos, azul y rojo, le ahorran el esfuerzo de andar. Las fuerzas instintivas del sí y del no, de la atracción y la repulsión, de la sangre arterial y la sangre venosa, de la confianza y la desconfianza, de la fe y la duda, de la vida y la muerte, de la derecha y la izquierda, finalmente, simbolizadas por las columnas Yakín y Boaz, se le han transformado en fuerzas motrices que obedecen a su cetro. Esto hace de él su auténtico dueño y señor, ya que le sirven por su propio impulso. Él se fía de ellas y ellas de él: tal es el verdadero dominio según el hermetismo. En éste, efectivamente, dominio no significa avasallamiento del inferior por el superior, sino *alianza* entre supraconsciente, consciente y subconsciente o instintivo. No otro es el ideal hermético de la *paz* en el microcosmo, prototipo de la paz en la humanidad dividida en razas, naciones, clases y creencias.

Esta paz es el *equilibrio o justicia* que asigna su justo lugar a cada fuerza particular del microcosmo en la vida del organismo entero, psíquico y físico.

El equilibrio o justicia será el tema del octavo arcano, la Justicia, del que trata nuestra siguiente carta.

Resumiendo la doctrina práctica (siempre nos interesa en primer lugar el aspecto práctico) del séptimo arcano del tarot, puede decirse que el triunfador es el convaleciente, ya que ha triunfado de la *enfermedad* o desequilibrio espiritual, psíquico y físico, lo cual significa que es al mismo tiempo el justo, al triunfar de las cuatro tentaciones permaneciendo fiel a los tres votos y a su raíz y síntesis: la humildad. Esto quiere decir, por último, que el triunfador es hombre libre o señor. Es libre de los influjos de los planetas astrológicos, descubiertos de nuevo en nuestros días por C.G. Jung bajo la forma del «inconsciente colectivo» con sus (¡siete!) principales fuerzas psíquicas o arquetipos. Es señor de los arquetipos (o planetas astrológicos, o arcontes de los antiguos gnósticos): la sombra, la persona, el ánimus, el ánima, el sabio anciano o padre, la madre y hasta el sí mismo por encima del cual está el sí de los sí mismos o Dios. Dicho en otras palabras, mantiene a raya los influjos nefastos de la Luna, Mercurio, Marte, Venus, Júpiter, Saturno e incluso del Sol, sobre el cual sabe que existe el sol de los soles o *Dios*. No está *sin* planetas, arquetipos o arcontes, como tampoco está sin tierra, agua, aire y fuego, ya que todos estos elementos componen lo que en ocultismo se llama cuerpo astral o cuerpo psíquico. El cuerpo psíquico es verdadero *cuerpo*, por cuanto consta de las fuerzas psíquicas inconscientes, colectivas o planetarias. Los planetas astrológicos y los arquetipos de Jung constituyen el tejido del cuerpo psíquico o astral. El triunfador del séptimo arcano es, pues, señor del cuerpo astral.

Señor del cuerpo astral. Señor de las *siete* fuerzas que lo componen, al par que las mantiene en equilibrio.

¿Cuál es, entonces, la *octava* fuerza que equilibra esas siete fuerzas del cuerpo astral?

El octavo arcano del tarot, la Justicia, nos da la respuesta a esta pregunta.

Carta VIII

LA JUSTICIA

El arcano del equilibrio

«El Hijo y el Espíritu: he ahí todo cuanto se nos ha otorgado. Por lo que toca a la Unidad absoluta o el Padre, nadie ha podido verlo ni lo verá en este mundo, si no es en el octanario, que constituye de hecho la única vía por la que se puede llegar hasta él»[1].

«¿Quién guardará a los guardianes?» (Problema fundamental de la jurisprudencia).

Querido amigo desconocido:

El séptimo arcano nos ha enseñado cómo se alcanza el equilibrio interior; el octavo nos enseña cómo este equilibrio se conserva una vez alcanzado, y el noveno, finalmente, nos mostrará el método o vía que se le abre a quien ha sabido alcanzar y mantener el equilibrio. En otros términos, el séptimo arcano nos dice cómo lograr el equilibrio (o la *salud*), el octavo nos muestra el mecanismo del equilibrio microcósmico y macrocósmico, y el noveno nos enseñará la vía de la paz o vía media del desarrollo espiritual equilibrado, que es propio del hermetismo entendido como una síntesis de mística, gnosis, magia y ciencia.

---

1 L.-C. de Saint-Martin, *Des nombres*, Paris 1861, § XIV, p. 55.

La lámina del octavo arcano representa a una mujer sentada en un sitial amarillo entre dos columnas, vestida de una túnica roja y cubierta de un manto azul. En sus manos sostiene respectivamente una espada y una balanza, ambas de color amarillo, y en la cabeza lleva una triple tiara rematada por una corona. El conjunto de la lámina evoca la idea de la ley, que se interpone entre la acción libre de la voluntad individual y la esencia misma del ser. El hombre puede actuar según su libre albedrío; la ley *reacciona* ante esa actuación mediante efectos visibles o invisibles. Pero tras esta reacción está el fondo y la entraña de la realidad última –el *ens realissimum* de santo Tomás de Aquino– que confiere a las reacciones de la ley universalidad, regularidad e inmutabilidad. La ley se interpone entre la libertad del hombre y la libertad de Dios. Tiene su asiento entre dos columnas: la de la voluntad (Yakín) y la de la providencia (Boaz). No actúa, sólo reacciona. Por eso la representa una mujer y no un hombre. La corona que lleva indica que su dignidad y misión le vienen de arriba, del ser supremo, de la providencia. La balanza y la espada que tiene en sus manos indican lo que guarda (el equilibrio) y cómo lo guarda (sanción del equilibrio), en el terreno de las libres voluntades individuales. Habla así:

«Me encuentro sentada en el tribunal sito entre las voluntades individuales de los seres y la voluntad universal del ser. Soy guardiana del equilibrio entre lo individual y lo universal. Tengo el poder de restablecerlo cada vez que es violado. Soy el orden, la salud, la armonía, la *justicia*.»

La balanza significa el equilibrio –orden, salud, armonía y justicia– y la espada el poder de restablecerlo cada vez que la voluntad individual peca contra la voluntad universal.

Tal es el sentido general de la lámina, que, por así decirlo, salta a la vista desde el comienzo de la meditación sobre el octavo arcano. No obstante, ese sentido general –por más que muchos lo consideren como la meta de sus esfuerzos tendentes al conocimiento– no es sino la antecámara del sentido hermético. Éste no se halla en la *generalidad* obtenida merced al proceso de abstracción, sino en la *profundidad* lograda por el método de la *penetración.* Las respuestas generales conseguidas por medio de la abstracción son en realidad otras tantas cuestiones o tareas asignadas a la penetración. Efectivamente, cuanto más abstracta es una idea general, mayor es su superficialidad. La idea más general y abstracta que existe en filosofía es la del *absoluto* (por ejemplo, en Hegel), pero es a la vez la idea más superficial del mundo. Al significarlo todo, no expresa nada. Podrás morir –y, desde luego, vivir– por Dios, mas nunca morirás mártir por el absoluto, ya que morir por el absoluto equivale a morir por nada. La idea del absoluto es sólo sombra de sombras, en tanto el Dios vivo es prototipo de prototipos, lo que significa *Padre universal*.

«No tendrás otros dioses delante de mí» (Éx 20,3).

Uno de los significados de este primer mandamiento es que no hay que sustituir la *realidad* espiritual de Dios por la *abstracción* intelectual de Dios. Se peca, pues, contra el primer mandamiento cuando, en lugar del ser ígneo, luminoso y vibrante de vida, se pone el principio o concepto abstractos ya de la causa primera *(causa prima)*, ya del absoluto, que en verdad no son sino imágenes talladas mentalmente o ídolos fabricados por el intelecto humano.

No pequemos, por tanto, tampoco nosotros contra el primer mandamiento, ni sustituyamos la realidad de la justicia por imágenes fabricadas o ideas abstractas. Ello no quiere decir, ni mucho menos, que hayamos de abrazar la causa de los iconoclastas intelectuales que en todo concepto y toda idea abstracta ven únicamente ídolos. En efecto, todos los conceptos e ideas abstractas *pueden* convertirse en *iconos* o sagradas imágenes cuando se les considera no como *fin*, sino como *principio* de la vía del conocimiento de la realidad espiritual. Las *hipótesis* no desempeñan en la vida intelectual el papel de ídolos sino el de imágenes sagradas. Nadie tiene una hipótesis por verdad absoluta, como nadie adora una imagen sagrada tomándola por realidad absoluta. Aun así, las hipótesis son fecundas por cuanto nos conducen a la verdad guiándonos en la totalidad de nuestra experiencia, como a su vez los iconos o sagradas imágenes lo son por llevarnos a la experiencia de la realidad espiritual que representan. Un icono es el comienzo del camino hacia la realidad espiritual; no se pone en lugar de ésta –como en la idolatría–, sino que da impulso y dirección hacia ella. De la misma manera el concepto y la idea abstracta no reemplazan la verdad espiritual, antes bien nos impulsan y dirigen hacia ella. Evitemos, pues, las Escila y Caribdis de la idolatría y de la actitud iconoclasta intelectuales y consideremos las ideas abstractas como *hipótesis* que nos guían hacia la verdad, y las imágenes o símbolos como nuestros guías hacia la realidad. No cometamos el error de querer explicar un símbolo reduciéndolo a algunas ideas abstractas de carácter general, ni tampoco el de querer concretar una idea abstracta revistiéndola de una alegoría; busquemos, por el contrario, la *experiencia práctica espiritual* de la verdad y realidad tanto con ideas abstractas como con imágenes concretas. El tarot, en efecto, es un sistema u organismo de ejercicios espirituales; es ante todo *práctico*. Si no lo fuera, no valdría la pena que nos ocupáramos de él.

Consideremos, pues, el arcano representado por la Justicia como invitación al esfuerzo de nuestra conciencia por llegar a experimentar la realidad de dicho arcano y a comprender la verdad que expresa. Primero de todo hay que hacer notar que la realidad y verdad de la Justicia se manifiestan en lo relativo al *juicio*, ya que emitir un juicio acerca de algo constituye un acto que tiene por objeto el hallazgo de la justicia. Los jueces de los tribunales no son los únicos que juzgan; todos juzgamos en la medida en que *pensamos*. Todos nosotros, en cuanto seres pensantes, somos jueces, puesto que cualquier problema o cuestión que tratamos de resolver da lugar a una sesión de nuestro tribunal interno, donde se cotejan y sopesan los pros y los contras antes de pronunciar el juicio. Todos somos jueces; buenos o malos, pero lo somos, y de la mañana a la noche ejercemos casi sin cesar la función de juez. El mandamiento «no juzguéis» equivaldría, pues, al de renunciar a pensar. Pensar es juzgar. Verdadero y falso, bonito y feo, bueno y malo son juicios que pronunciamos muchas veces al día. No obstante, una cosa es juzgar y otra condenar. Se juzgan *fenómenos* y *actos*, mas no pueden juzgarse los *seres* como tales, ya que esto rebasaría la competencia del juicio del pensamiento. No hay que juzgar a los *seres*, inaccesibles, decimos, al juicio del pensamiento, que sólo se funda en la experiencia fenoménica. Así, el juicio negativo acerca de los seres o su condenación no es posible en realidad, y en este sentido debe entenderse el mandamiento cristiano «¡No juzguéis!» Ello significa: no juzguéis a los seres, no condenéis. El que condena se arroga una función de la que es incapaz. Miente al presentar como verdad y justicia un juicio desprovisto de todo fundamento. Podemos decir a nuestro prójimo: «Actúas como un insensato», pero quien le dijere «Eres un insensato» merece ser castigado con el fuego de la gehena (Mt 5,22).

Hay que conocer, por tanto, lo que se sabe y lo que se ignora cuando se pronuncia un juicio. Y siempre se ignora el ser nouménico del otro, es decir, su alma. Por eso ningún juicio humano puede alcanzar el alma.

Y la intuición, ¿nada tiene que ver con esto? Cierto que existe, y desempeña aquí algún papel. Sin embargo, la intuición no acusa nunca, por tratarse de una percepción nacida de la simpatía y el amor. Asume siempre el papel de la defensa, de abogado. Al percibir el alma de los seres, sólo ve en ellos la imagen de Dios. Viendo esto y sabiendo que el alma del pecador es siempre la primera víctima de cualquier pecado o crimen que pueda cometer, la intuición no puede desempeñar otro papel que el de abogado. El proverbio «comprenderlo todo es perdonarlo todo» se refiere a la comprensión de dentro, intuitiva, y no a la comprensión de fuera, fenoménica y discursiva. La emocionante fórmula del papel de la intuición en el ejercicio de la justicia nos es dada en la plegaria del maestro crucificado:

«Padre, perdónalos, porque no saben lo que hacen» (Lc 23,34).

Estas palabras implican tres hechos:
1. Lo que hacen es criminal desde el punto de vista fenoménico.
2. El juicio se remite al Padre.
3. Todo ello va acompañado del alegato «perdónalos», fundado en la certidumbre, debida a la percepción intuitiva, de que «no saben lo que hacen».

Gracias al reconocimiento del papel intuitivo de la razón, distinto del de la búsqueda y comprobación de los hechos por el entendimiento, la estricta justicia de este último ha sido corregida por la *equidad (aequitas)* en la jurisprudencia de los países que han aceptado los principios del derecho romano y del derecho anglosajón. El derecho estricto es lo que el entendimiento encuentra después de confrontar los hechos con la ley vigente. La equidad es lo que la razón cree necesario modificar en el derecho estricto, luego de comparar éste con lo que intuitivamente ha percibido del ser humano cuya suerte está en juego. Precisamente para hacer valer la equidad o juicio intuitivo de la razón, la civilización cristiana creó, en el ejercicio de su justicia, la institución del jurado. Antes del cristianismo no existían jurados. Ni la mujer de Pilato ni la «gran multitud del pueblo y mujeres que lloraban y se lamentaban por él» (Lc 23,27) tenían voto en el tribunal del procurador romano. El jurado de entonces sólo podía llorar (como las mujeres de Jerusalén) o parlamentar en secreto con el juez (como la mujer de Pilato). La equidad era la que así lloraba en las calles de Jerusalén, y la intuición de la razón la que susurraba advertencias al oído de Pilato por boca de su mujer. Y debido a la ausencia de un auténtico jurado como órgano judicial de equidad, se vio Pilato forzado a recurrir al acto, monstruoso en justicia, de abdicar su función de juez lavándose las manos y transfiriéndola al acusador.

Ahora bien, la justicia sólo se ejerce de veras cuando *todos* los hechos pertinentes en pro y en contra del acusado son primero establecidos y sopesados por el entendimiento y luego remitidos al juicio de la razón. Las tres funciones de la justicia –instrucción, debates y decisión– corresponden a los tres grados del conocimiento –hipotético, argumentativo e intuitivo– designados respectivamente por

Platón como *doxa* u «opinión hipotética», *dianoia* o «conclusión basada en argumentos» y *episteme* o «percepción intuitiva». En efecto, los hechos establecidos y presentados por la instrucción sirven de base a las respectivas *hipótesis* «culpable» y «no culpable» de la acusación y la defensa. Los debates que siguen tienen por objeto llegar a una *conclusión* fundada en argumentos expuestos a favor o en contra de una y otra hipótesis. La decisión tomada por el jurado se entiende en principio como el fruto del esfuerzo de la conciencia por elevarse sobre la apariencia de los hechos y del formalismo de la argumentación lógica, para llegar a una percepción intuitiva del caso en el plano estrictamente humano. La equidad tiene, pues, la última palabra.

En suma, puede decirse que el proceso del ejercicio de la justicia humana consiste en el esfuerzo aunado de las tres facultades cognoscitivas del hombre: la facultad de formar hipótesis a partir de datos suministrados por los sentidos *(doxa)*, la facultad de argumentación lógica o apreciación de los hechos en pro y en contra de tales hipótesis *(dianoia)* y, por último, la facultad intuitiva *(episteme)*.

Esto supuesto, hemos de añadir que la estructura de la justicia justa humana no es ni *puede* ser más que una imagen o analogía de la estructura de la justicia divina y cósmica. La cábala judía lo pone de relieve con mayor claridad que ninguna otra corriente tradicional.

En ella, el sistema llamado árbol de las *sefirot* consta de tres columnas: derecha, izquierda y media. La columna de la derecha o de la misericordia comprende las *sefirot Hokmah* (sabiduría), *Hesed* o *Guedulah* (gracia, misericordia y magnificencia con relación a la majestad) y *Netsah* (victoria o triunfo). La columna de la izquierda o del rigor está constituida por las *sefirot Binah* (inteligencia), *Gueburah* o *Pahad* (rigor y temor) y *Hod* (gloria u honor). Las *sefirot* de la columna media son *Keter* (corona), *Tiferet* (belleza), *Yesod* (fundamento) y *Malkut* (reino o reinado).

La columna de la derecha es a menudo llamada columna de la gracia o de la misericordia, mientras la de la izquierda lleva el nombre de columna del rigor. Estas dos columnas (que el *Zohar* considera como las del *bien* y el *mal* metafísicos) corresponden, desde el punto de vista de la justicia, a la *defensa* y a la *acusación*, mientras la columna media corresponde a la *equidad*. El sistema de las diez *sefirot* se basa en un equilibrio móvil con tendencia a restablecerse en caso de que se produzca una disimetría momentánea. Es el *sistema de la balanza*.

«Una balanza, en su estado más sencillo, consta de un eje fijo (columna media), generalmente vertical, un astil que forma con ese eje una *T* o cruz, y dos platillos suspendidos de los extremos del astil.

La balanza da lugar a tres relaciones fundamentales:
1) El equilibrio entre los platillos establece una mutua correlación.
2) Su común suspensión de un punto de apoyo y el mantenimiento de todo el sistema por un soporte evocan una relación de subordinación.
3) El distinto papel de ambos platillos en la pesada introduce entre los extremos opuestos una diferenciación merced a la cual se produce una orientación o corriente»[2].

Según esto, el sistema de las *sefirot* equivale a un sistema de balanza establecido simultáneamente en los cuatro mundos o planos: el mundo de la emanación *('olam ha'atsilut)*, el mundo de la creación *('olam haberi'ah)*, el mundo de la formación *('olam hayetzirah)* y el mundo de la acción *('olam ha'asiah)*, tanto en sentido vertical, o sea el de la balanza que establece y restablece el equilibrio entre lo de arriba y lo de abajo, como en sentido horizontal, el lado de la gracia y el del rigor. La pesada se efectúa, pues, por medio de dos platillos, uno a la derecha y otro a la izquierda, y de otros dos, uno arriba y otro abajo. La obra horizontal de la balanza (derecha-izquierda) es la ley de la justicia que mantiene el equilibrio entre la libertad individual de los seres y el orden universal. Es, en último término, el *karma* como ley que rige la liquidación de las deudas mutuas entre los seres. Pero la obra vertical de la balanza (cielo-tierra) rebasa la justicia del *karma*, ya que aquí se trata de la justicia de la gracia.

Gratia gratis data, «la gracia gratuitamente otorgada». El sol brilla por igual sobre buenos y malos. ¿Es esto justo? ¿Existe una justicia de la gracia que sea superior a la justicia protectora, distributiva y punitiva de la ley? Tal es el caso. Existe «la otra justicia», la justicia sublime de la gracia que constituye el sentido del Nuevo Testamento. En efecto, el Antiguo Testamento es respecto al Nuevo Testamento lo que el *karma* es con relación a la gracia. También ésta se sirve de la balanza, es decir, de la justicia. Trátase de la balanza cuyos platillos están uno en la tierra y el otro en el cielo.

La oración dominical, el Padrenuestro, nos revela el principio de la justicia de la gracia y el de la operación de pesar con la balanza cielo-tierra. Dice:

«...perdónanos nuestras deudas, así como nosotros perdonamos a nuestros deudores» (Mt 6,12).

Y el Maestro, después, añade:

«Si perdonáis a los hombres sus ofensas, os perdonará también a vosotros vuestro

---

2. F. Warrain, *La théodicée de la kabbale*, p. 50.

Padre celestial; pero si no perdonáis a los hombres, tampoco vuestro Padre perdonará vuestras ofensas» (Mt 6,14-15).

El Maestro es formal respecto a la balanza que opera entre el cielo y la tierra. «Vuestro Padre *no os perdonará* si no perdonáis a los hombres.» He aquí la ley, la operación infalible e implacable tierra-cielo. Que de esta balanza depende no sólo el perdón, sino todo cuanto toca a los dones de lo alto, procedentes de la plenitud del Espíritu, se deduce con claridad de las palabras del Maestro en el Evangelio, acerca de la oración dominical:

«Si, pues, vosotros, siendo malos, sabéis dar cosas buenas a vuestros hijos, ¡cuánto más el Padre del cielo dará el Espíritu Santo a quienes se lo pidan!» (Lc 11,13).

El sol, como decíamos, luce igualmente para buenos y malos, pero hay que abrir las ventanas de la oscura habitación para que su luz entre en ella. La *luz* del sol no ha sido en modo alguno creada o merecida por nosotros. Es puro *don: gratia gratis data*. Con todo, hay que abrir las ventanas para que entre en nuestra morada, como también hay que abrir los ojos para verla. El sentido práctico de la balanza cielo-tierra es el de la *cooperación* con la gracia. El esfuerzo humano no interviene, pues, para nada en el obrar de la gracia. Por sí solas, ni la elección de arriba (calvinismo) ni la fe de abajo (luteranismo) bastan para cumplir con las exigencias de la balanza cielo-tierra. Elegidos o no elegidos, con fe o sin ella, nos es menester, por ejemplo, perdonar aquí abajo a los hombres sus ofensas para que las nuestras nos sean perdonadas allí arriba. Existe una correlación –no de *medida*, sino de *naturaleza*– entre el platillo de abajo –esfuerzo– y el de arriba –don– de la balanza cielo-tierra. Esta correlación entre el esfuerzo de abajo y el don de arriba no es, lo repito, de medida o *cantidad*, sino de sustancia o *calidad*. Puede que mi perdón de una sola ofensa del prójimo acarree el perdón de un millar de ofensas *de la misma naturaleza*. La balanza cielo-tierra no pesa la *cantidad;* su operación se ciñe enteramente al ámbito de la *calidad*. Por eso no hay ninguna justicia *cuantitativa* en la relación entre los esfuerzos de abajo y los dones de arriba. Éstos rebasan siempre la medida de la justicia cuantitativa. Es importante comprenderlo, sobre todo cuando se trata de la flagrante injusticia del infierno eterno que una vida –o varias, poco importa– limitada en el tiempo es capaz de provocar.

El infierno eterno, sin embargo, sólo es injusto desde el punto de vista meramente cuantitativo. Comparando el escaso número de años de vida –o vidas– en la tierra con la infinitud de la eternidad, llegamos a la conclusión de que la medida del castigo es desproporcionada con la medida de la falta y, por tanto, no hay justicia. Mas consideremos el problema del infierno eterno no desde el punto de vista de la cantidad (lo que es absurdo, pues en la eternidad no existe el tiempo), sino del de la calidad.

¿Cómo se plantea entonces este problema? La respuesta que obtenemos al abandonar la correlación cuantitativa entre tiempo y eternidad es la siguiente: Quien penetra en la región de la eternidad sin una gota de amor entra en el infierno eterno. En efecto, el infierno no es otra cosa que vivir sin amor. Y vivir sin amor en la región de la eternidad es vivir en el infierno eterno.

Dice Berdiaiev:

«El infierno es el estado de un alma incapaz de salir de sí misma; es el egocentrismo absoluto, el aislamiento perverso y tenebroso, a saber, la impotencia definitiva para amar»[3].

Ese estado subjetivo del alma no es ni largo ni breve; es tan *intenso* como la eternidad. Así también la dicha que un santo experimenta en la visión de Dios es tan intensa como la eternidad, aun cuando sólo dure un instante a los ojos de un observador que lo mide con el reloj. La región de la eternidad es la de la *intensidad* más allá de cualquier medida de cantidad que podamos tomar del tiempo y el espacio. La eternidad no es una duración infinitamente prolongada; es la intensidad de la calidad, que, comparada con el tiempo y traducida así al lenguaje cuantitativo, no tiene otro equivalente que el de una duración infinita; N.A. Berdiaiev escribe a este respecto:

«Durante nuestra vida en la tierra nos es dado experimentar sufrimientos que nos parecen sin fin; y esas aflicciones que no duran para nosotros un minuto, una hora o un día, sino una eternidad, revisten a nuestros ojos el carácter de tormentos del infierno... Objetivamente, tales penas podrán durar un minuto, una hora o un día, pero, en su calidad subjetiva de eternas, las experimentamos como tormentos del infierno y así las designamos...

»Cuando Orígenes dice que Cristo permanecerá clavado en la cruz y que el Gólgota no dejará de existir mientras la última de sus criaturas no haya sido salvada del infierno, sus palabras expresan una verdad eterna»[4].

¿Qué más podemos añadir sino «amén»? El infierno eterno es el estado del alma aprisionada en la cárcel de sí misma sin esperanza de liberación. Eterno significa aquí sin esperanza. Todos los suicidios cometidos por desesperados atestiguan la realidad del infierno eterno

---

3. N. Berdiaiev, *Von der Bestimmung des Menschen*, Berna-Leipzig 1935, p. 371.
4. Ibid., p. 361, 366.

como estado del alma. Antes de poner fin a sus días, el suicida experimenta el estado de desesperación total, es decir, el infierno *eterno*. Por ello prefiere la nada a ese estado de desesperación. La nada es, de hecho, su última esperanza.

Al contrario, la felicidad eterna, el cielo, es el estado del alma henchida de infinita esperanza. No se trata de una felicidad que dura un número infinito de años: su calidad de eterna le viene de la *intensidad* de la esperanza. De idéntica manera, la intensidad de la desesperación confiere al estado del alma que llamamos infierno su calidad de eterno.

La agonía de Getsemaní, que originó el sudor de sangre, fue eterna. Aquella noche, la de Getsemaní, no se midió en horas. Fue –y es– sin medida, eterna. A causa de esta eternidad Cristo sudó sangre, no a causa de una prueba temporal y, por ende, pasajera. Conoció el infierno eterno por experiencia, pero salió de él, y así hemos recibido nosotros la buena nueva de que no sólo la muerte es vencida por la resurrección, sino también el infierno por Getsemaní. La majestad de la victoria sobre el infierno, anunciada con las palabras «yo soy», hízoles dar con el rostro en tierra a las gentes de la cohorte y a los esbirros de los sumos sacerdotes y fariseos que venían a prender a Jesús (Jn 18,6). A su vez el alma de Orígenes se prosternó frente a la victoria sobre el infierno eterno y quedó sobrecogida por la revelación que contenían las palabras «yo soy», pronunciadas por aquel que acababa de salir de ese infierno. De ahí que Orígenes supiera a ciencia cierta que no habrá condenados cuando llegue el fin del mundo y que hasta el diablo se salvará. Quien haya meditado en el sudor de sangre de Getsemaní y las palabras que anuncian la victoria eterna sobre el infierno eterno, «yo soy», sabrá también a ciencia cierta que el infierno eterno *existe* como realidad, pero estará *vacío* en la consumación de los siglos.

El sudor de sangre en Getsemaní es la raíz del origenismo, la fuente de su inspiración. Mas la buena nueva de la victoria eterna sobre el infierno eterno no ha sido comprendida ni por los griegos, que buscan la sabiduría, ni por los judíos, que quieren milagros. Sólo pueden comprenderla los *cristianos*. Los griegos, en efecto, niegan la realidad del infierno eterno como incompatible con la idea de un Dios que es a la vez bueno y todopoderoso. Los judíos se atienen a la condenación eterna e insisten en un infierno eterno y *poblado*, pues de lo contrario Dios, el juez supremo, carecería de absoluto poder punitivo. Niegan así la infinidad del amor divino. Únicamente los cristianos aceptan y comprenden la locura y flaqueza de la cruz, es decir, de la obra de amor infinito llevada a su término por el amor mismo. Para ellos, los medios no sólo no santifican el fin, sino que deben identificarse con él. Saben que el amor no será nunca enseñado ni aprendido con ayuda del rigor y el temor. El amor conquista directamente los corazones por su valor, belleza y verdad, mientras el temor a la condenación eterna no hará jamás florecer el amor en ningún corazón humano. No es en el rigor de la estricta justicia donde vemos el amor del padre para con su hijo pródigo, sino en el festín con que este hijo es recibido.

Los griegos dirán, empero, que el padre sabía de antemano que su hijo regresaría, al no quedarle a éste otra opción, y que el drama no fue sino *aparente*. La actuación del padre constituyó un «ardid de la razón» *(List der Vernunft)*, según Hegel. Los judíos dirán que el poder del padre intervino en el alma del hijo pródigo, ordenándole irresistiblemente volver al hogar paterno.

Así, la *alegría* y el recibimiento *festivo* del padre de la parábola permanecen incomprensibles tanto para los adoradores de la sabiduría de Dios (griegos) como para los de su poder (judíos). Sólo los adoradores del amor de Dios (cristianos) entienden que la historia del hijo pródigo es un drama real del amor real y de la libertad real, y que la alegría y el festín del padre son tan auténticos como lo fue el sufrimiento del padre y del hijo antes de su reunión. Comprenden también que la historia del hijo pródigo es la de todo el género humano y que ésta es un drama del amor real de Dios y de la libertad real del hombre.

Griegos, judíos, cristianos: ¡adoradores de la sabiduría, del poder y del amor de Dios! Hay siempre muchos griegos y muchos judíos en el seno de la Iglesia y del cristianismo en general. Ellos son los responsables de todas las herejías contra la fe y la moral, y a ellos también se deben las divisiones y cismas surgidos en la comunidad cristiana universal. Así, desde el principio, judíos y griegos van a tratar de transformar el hecho central del amor divino, la encarnación del verbo y la persona del Dios-Hombre, en un hecho de poder o de sabiduría. «Jesucristo no es más que el mesías, el hombre ungido y elegido que Dios nos ha *enviado*», enseñaban los judíos (ebionitas y discípulos de Cerinto), quienes negaban la encarnación divina como incompatible con la omnipotencia de Dios. «El Verbo se ha encarnado, pero no es Dios, sino su criatura», enseñaban a su vez los judíos del siglo IV, los discípulos de Arrio, inspirados por la idea de que el poder divino basta para crear un ser de tal perfección que esté en condiciones de consumar por sí mismo la obra de la salvación sin que tenga que encarnarse el propio Dios.

«Hay dos personas en Jesucristo, una divina y otra humana»,

decían los griegos conocidos por el nombre de nestorianos, los cuales veían un infranqueable abismo entre la sabiduría divina absoluta y la sabiduría humana relativa, no pudiendo admitir que aquélla se uniera con ésta sin mengua ni oscurecimiento. «No hay más que una sola naturaleza en Jesucristo», enseñaban, al contrario, los judíos llamados eutiquianos, quienes, ciegos a la unión de ambas naturalezas, divina y humana, por el *amor*, sin que ninguna de ellas se pierda en la otra y sin que entrambas se pierdan engendrando una tercera naturaleza, creían que la unión de las dos naturalezas sólo podía ser *sustancial* y que la omnipotencia divina era bien capaz de realizar ese milagro alquímico de fundirlas *sustancialmente*.

Los judíos posteriores, denominados monofisitas y jacobitas, reasumieron la doctrina del eutiquianismo y fundaron sus propias Iglesias.

Al mismo tiempo, los griegos, convencidos de que no hay sino sabiduría o ignorancia, siendo la primera espíritu puro y la segunda materia, negaban la realidad de dos naturalezas en el Dios-Hombre y por ende la *encarnación* misma, ya que, según ellos, la *encarnación* de la sabiduría equivaldría a su reducción al estado de ignorancia. Por eso los docetas enseñaban que la humanidad del Verbo era sólo aparente y el cuerpo de Jesús un mero fantasma.

El griego Apolinar (siglo IV) creyó modificar la proporción entre las dos naturalezas y reducir en un tercio la presencia de la naturaleza humana en Jesucristo. Enseñaba que la naturaleza humana completa consta de tres principios: cuerpo, alma *(psykhe)* y espíritu *(pneuma)*. La humanidad de Cristo constaba sólo de dos, cuerpo y alma, ya que su espíritu humano había sido reemplazado por el verbo divino. Una vez más nos hallamos aquí ante el típico escrúpulo griego de querer conservar intacta la sabiduría divina, sin que venga a oscurecerla ningún elemento humano.

Así, los griegos, entregados a la causa de la preeminencia de la sabiduría divina, y los judíos, abogando por la de la supremacía del poder de Dios, se han esforzado en el transcurso de los siglos por destronar el principio del amor en favor del principio de la sabiduría, o del poder.

El combate por el principio del amor, comenzado en la antigüedad, prosiguió durante el medievo y ulteriormente; todavía continúa hoy en torno de la Iglesia, dentro de la Iglesia y en el fondo de toda alma cristiana. La lucha entre realistas extremos y nominalistas extremos no era, al fin y al cabo, más que una lucha entre griegos (realistas) y judíos (nominalistas). Otro tanto puede decirse de la que se dio entre racionalistas *(ratio nobilior potestas)* y voluntaristas *(voluntas nobilior potestas).* Para los realistas y racionalistas las ideas eran realidades objetivas y la razón en Dios era superior a su voluntad, mientras que los nominalistas y los voluntaristas opinaban que las ideas eran sólo nombres o *abstracciones* útiles para clasificar los fenómenos, siendo en Dios la voluntad superior a la razón. Para estos últimos, Dios es en primer lugar voluntad todopoderosa; para aquéllos, Dios es antes que nada razón de infinita sabiduría.

¿Y el *amor* de Dios? Este tercer principio, eminentemente cristiano, es el que ha mantenido el equilibrio de la cristiandad en el correr de los siglos y la protege aún hoy contra la desintegración y decadencia. Todo cuanto en ella hay de paz se debe al principio de la supremacía del *amor*.

En efecto, la victoria completa del realismo, con su fe en lo general a expensas de lo individual, habría acabado por ahogar el cristianismo en el rigor y la crueldad. Ahí tenemos, para probarlo con suficiente claridad, el hecho histórico de la inquisición, que ponía en práctica el dogma fundamental del realismo: *Lo general es superior a lo individual.*

Y la victoria completa del nominalismo habría a su vez ahogado y desintegrado el cristianismo en la relatividad de las opiniones, creencias y revelaciones individuales. Así lo demuestran con absoluta certeza los centenares de sectas protestantes y la diversidad de credos personales en el seno de las mismas.

No, la unidad del cristianismo en el espacio (Iglesia) y tiempo (tradición) no es debida ni al rigor realista ni a la indulgencia nominalista, sino a la paz del equilibrio entre las tendencias griega y judía, equilibrio que la tendencia cristiana del amor ha logrado establecer y conservar. De no haber sido así, el mundo cristiano estaría hoy dividido en dos campos: uno sofocante, dominado por el tedio hugonote y el rigor puritano de una especie de calvinismo (Calvino era realista), y otro donde cada familia y hasta cada persona tendría su pequeña religión y su iglesita privada (Lutero era nominalista), con lo que el *cristianismo* como tal quedaría reducido a una mera abstracción, un *nombre* o palabra *(mere vox* o *flatus vocis).* He ahí lo que está en juego cuando se evoca el símbolo de la balanza.

En el movimiento hermético u ocultista topamos con los mismos conflictos que en el cristianismo en general. También allí hay griegos, judíos y cristianos. Los judíos buscan milagros, es decir, realizaciones mágicas, y los griegos aspiran a una teoría absoluta que sería respecto a las filosofías exotéricas lo que el álgebra es respecto a la aritmética. Así, Martines de Pasqually y su círculo de discípulos practicaban la magia ceremonial con el propósito de llegar incluso a la evocación del propio Resucitado. Hoëne-Wroński, al contrario, elaboró un sistema absoluto de «filosofía de las filosofías» que debía servir para comprender y situar en el puesto que le corresponde toda filosofía pretérita, presente y futura.

Fabre d'Olivet[5] y Saint-Yves d'Alveydre[6] (autor de un sistema de los criterios básicos de todas las doctrinas filosóficas, religiosas y científicas del pasado, presente y porvenir) representan la tendencia griega por excelencia dentro del movimiento hermético u ocultista. Éliphas Lévi y los continuadores de su obra en los siglos XIX y XX hasta hoy, autores de escritos sobre la magia y la cábala prácticas, representan, en cambio, la tendencia judía.

Louis-Claude de Saint-Martin, tras haber colaborado con el círculo íntimo de discípulos de Martines de Pasqually, se disoció de este grupo y de la obra de su maestro. Lo hizo como amigo, no como adversario, sin poner en duda la realidad de la magia practicada en dicho círculo. Se separó de sus colegas porque había hallado la vía interior, cuyas experiencias y realizaciones superan en valor las de la magia, teurgia, nigromancia y magnetismo artificial.

En carta fechada el año 1797, escribe Saint-Martin:

«Esas claridades (nacidas de la práctica de los ritos de la alta teurgia) deben pertenecer a quienes han sido directamente llamados a utilizarlas, por orden de Dios y para la manifestación de su gloria. Y cuando así han sido llamados, no hay por qué inquietarse de su instrucción, pues reciben entonces sin oscuridad alguna mil veces más nociones, y nociones mil veces más seguras, que las que un simple aficionado como yo podría darles sobre todas esas bases.

»Querer hablar de ello a otros, y sobre todo en público, es estimular inútilmente la vana curiosidad y trabajar más por la ufanía del escritor que para provecho del lector. Si es cierto que en mis antiguos escritos yo mismo cometí tales errores, aún los aumentaría si persistiera en seguir por ese camino. Así, mis nuevos escritos hablarán mucho de esa *iniciación central* que, por nuestra *unión* con Dios, puede enseñarnos todo cuanto debemos saber y muy poco de la anatomía descriptiva de ciertos puntos delicados sobre los cuales desearíais que os diera mi opinión»[7].

Habiendo encontrado la verdadera teurgia en la esfera de la vida espiritual e interior, Saint-Martin abandonó la teurgia ceremonial o externa.

Por otra parte, ello no le empujó por la vía grandiosa de las aventuras intelectuales de la creación de un sistema filosófico absoluto. Se mantuvo *práctico;* sólo cambió la forma de su práctica, pasando de la magia ceremonial a la magia sagrada o divina, que se funda en la

---
5. *L'histoire philosophique du genre humain*, Paris 1824, reimpr. Lausana 1974.
6. *L'archéomètre*, Paris 1911, reimpr. 1979.
7. R. Ambelain, *Le martinisme*, Paris 1946, p. 113.

experiencia mística y la revelación gnóstica. Saint-Martin representa así la *tercera* tendencia en el movimiento hermético de Occidente: la tendencia cristiana.

Como el cristianismo en general, tampoco el hermetismo se ha desintegrado, y ello gracias a los cristianos que en su interior mantienen el equilibrio entre judíos y griegos. Si así no fuera, tendríamos ahora dos literaturas y dos movimientos divergentes, sin más elementos en común que algunos vestigios de la antigua terminología. Una de ambas corrientes, la griega, llegaría quizás al «arqueómetro de los arqueómetros pasados, presentes y futuros», y la otra, la corriente judía, a la «operación zodiacal de la evocación de los doce tronos».

Sin embargo, la fuente de la vida y viabilidad de toda la corriente hermética a lo largo de las distintas épocas no se encuentra ni en la teoría intelectual ni en la práctica de la magia. Dicha fuente aparece bien precisada por Hermes Trismegisto, el sabio precristiano, en el diálogo *Asclepius:*

> «Puedo en verdad declararte, casi proféticamente, que no habrá después de nosotros ningún amor sincero a la filosofía, la cual sólo consiste en el deseo de conocer mejor la divinidad mediante una habitual contemplación y una santa piedad. Muchos, en efecto, la están ya corrompiendo con toda suerte de sofismas... La mezclan con diversas ciencias inteligibles, con la aritmética, la música y la geometría. Mas la pura filosofía, la que no depende sino del amor a Dios, sólo debe interesarse por las demás ciencias en la medida en que éstas... la induzcan a admirar, adorar y bendecir el arte y la sabiduría divinos... Adorar la divinidad con sencillez de corazón y de alma, venerar las obras de Dios, dar gracias a la voluntad divina que es la única plenitud del bien: he aquí la filosofía no empañada por ninguna mala curiosidad del espíritu»[8].

Repuesto en la época cristiana, con todos los cambios que esta reposición implica, ese enunciado precristiano nos muestra la raíz eterna del hermetismo, su fuente de vida y de viabilidad. El texto citado, si se mira desde el punto de vista de un enriquecimiento del *saber,* resulta sumamente trivial. Cualquier monje piadoso y ufano de su piadosa ignorancia, un cisterciense del siglo XII por ejemplo, podría haber sido su autor.

Pero consideremos ese mismo texto bajo el aspecto de la *voluntad,* tomémoslo como programa de acción –acción milenaria del pasado y el porvenir–, ¿qué nos dice entonces?

Nos dice, en primer lugar, que hay tres impulsos fundamentales en el esfuerzo humano tendente a levantar el edificio de la ciencia y la filosofía, o sea en el esfuerzo de la aspiración al conocimiento. Tales impulsos son:

---
8. Hermes Trismegisto, *Asclepius* 12-14, en *Corpus Hermeticum,* t. II, París 1945, p. 311s.

1. La *curiosidad*, que busca conocer por conocer, según el popular principio de el arte por el arte.

2. La *utilidad*, que nos conduce, movidos por las necesidades de la vida humana, al esfuerzo de investigación, experimentación e invención para hacer fructiferar nuestro trabajo, preservar la salud y prolongar la vida.

3. La *gloria de Dios*, donde no hay ni curiosidad ni utilidad práctica; pero, como dice el gran paleontólogo de nuestro tiempo Pierre Teilhard de Chardin, «el enorme poder del atractivo divino... introduce en nuestra vida espiritual un principio superior de unidad cuyo efecto específico es... santificar el esfuerzo humano»[9].

Hay saber por saber, saber para mejor servir al prójimo y saber para mejor amar a Dios. El saber por saber se refiere, en último término, a la promesa de la serpiente en el paraíso: «Seréis como dioses, conocedores del bien y del mal» (Gén 3,5).

Así, pues, el hombre se interna por este camino buscando su propia gloria. Por eso el hermetismo antiguo, el hermetismo de la cábala judía y el hermetismo cristiano condenan unánimemente la *curiosidad* o el saber por saber como vano, temerario y nefasto. Esto mismo se desprende de la lectura del fragmento intitulado *Kore kosmou* (Hija –o pupila– del mundo), del libro sagrado de Hermes Trismegisto:

«Es obra audaz el haber creado al hombre, ese ser de ojos indiscretos y lengua gárrula, destinado a escuchar lo que no le atañe, de olfato inquisidor y que con su prensil facultad del tacto lo ha de medir todo hasta el exceso. ¿Es a él a quien has decidido, oh Creador, dejar libre de todo cuidado, a él, que en su audacia osará contemplar los bellos misterios de la naturaleza? Los hombres arrancarán las raíces de las plantas y examinarán las cualidades de sus jugos. Escrutarán la naturaleza de las piedras y abrirán por la mitad a aquellos vivientes que carecen de razón, ¡qué digo!, disecarán a sus semejantes en su afán de indagar cómo han sido formados... Incluso investigarán qué clase de naturaleza se esconde en lo más hondo de los santuarios inaccesibles. Perseguirán la realidad hasta en lo alto, ávidos de aprender, por sus observaciones, cuál es el orden establecido del movimiento celeste... Y entonces ¿no acabarán esos desgraciados, armados de su indiscreta audacia, por elevarse hasta el cielo?»[10]

En el mismo texto, *Kore kosmou*, el demonio Momus levanta esta *acusación* contra el espíritu inquisidor del género humano:

«...un espíritu pletórico de fuerza, que desafía toda aprensión tanto con la masa de su cuerpo como con la potencia de su pensamiento.»

---

9. P. Teilhard de Chardin, *Le milieu divin*, Seuil, Paris 1957, p. 54; trad. cast., *El medio divino*, Taurus, Madrid 1962.
10. Hermes Trismegisto, *Kore kosmou*, fragm. XXIII, 43-46, en *Corpus Hermeticum*, t. IV, Paris 1945, p. 14s.

He aquí, no obstante, la defensa de la facultad cognoscitiva del hombre por Hermes Trismegisto, en el discurso que dedica a su hijo Tat y lleva por título *La clave*:

«...el hombre es un viviente divino que debe ser comparado no al resto de los vivientes de la tierra, sino a los que viven allá arriba, en el cielo, y que llamamos dioses. O más bien, si osamos decir la verdad, el hombre realmente hombre está todavía por encima de esos dioses, o al menos hay total igualdad de poder entre él y ellos. En efecto, ninguno de los dioses celestiales traspasará la frontera del cielo para descender a la tierra; el hombre, al contrario, se eleva hasta el cielo mismo y lo mide y sabe lo que en el cielo está arriba y abajo, enterándose de todo lo demás con exactitud; y, maravilla suprema, ni siquiera necesita para ello abandonar la tierra y establecerse allá en lo alto, ¡tan lejos llega su poder! Hay que atreverse a decirlo: el hombre terreno es un dios mortal, el dios celeste un hombre inmortal»[11].

Ahí tenemos la acusación y la defensa. Momus, el acusador, está en lo cierto al afirmar que el impulso que aspira al mero saber por saber es condenable. Pero Hermes Trismegisto lo está también al decir que la facultad cognoscitiva aplicada a la gloria de Dios o al servicio del prójimo es justa y bien fundada. Hay, pues, un saber legítimo y hasta glorioso, y un saber ilegítimo, vano, indiscreto y temerario.

Ahora bien, el hermetismo, su alma y su vida, representa en la historia humana la corriente milenaria del *conocimiento por la gloria de Dios,* mientras el cuerpo de las modernas ciencias oficiales se debe ya a la utilidad, ya al ansia de saber por saber, es decir, a la curiosidad.

Nosotros, los herméticos, somos teólogos de esa sagrada escritura reveladora de Dios que se llama el mundo, así como los teólogos de las otras Sagradas Escrituras reveladoras de Dios son herméticos por cuanto dedican su esfuerzo a la gloria de Dios. Y de la misma manera que el mundo no es sólo un cuerpo material, sino también alma y espíritu, así las Sagradas Escrituras no son únicamente letra muerta, sino alma y espíritu. De ahí que nuestra triple ciencia del triple mundo haya siempre estado dedicada a la gloria de la Santísima Trinidad en el correr de los siglos, como lo está la triple ciencia de la revelación divina por las Sagradas Escrituras. ¿No hemos sido llamados, tanto nosotros, teólogos del mundo, como vosotros, teólogos de las Sagradas Escrituras, a velar ante el mismo altar y desempeñar el mismo cometido de no dejar que se apague en el mundo la lámpara encendida a la gloria de Dios? ¿No es nuestro deber común proveerla del óleo santo del esfuerzo humano para que su llama no llegue jamás a extinguirse y dé siempre testimonio de Dios por el hecho mismo de existir

---

11. Hermes Trismegisto, tratado X, 24, 25, en *Corpus Hermeticum,* t. I, París, p. 125s.

de siglo en siglo, sin apagarse? ¿No ha llegado ya por fin el momento en que nosotros, herméticos, nos demos cuenta de que, gracias a la Iglesia, tenemos el aire que respiramos, así como un lugar, abrigo y refugio en este mundo de materialismo, estatismo, tecnologismo, materialismo y psicologismo? Vivimos porque la Iglesia vive. Una vez silenciados los campanarios de las iglesias, todas las bocas humanas deseosas de servir a la gloria de Dios quedarán también reducidas al silencio. Vivimos y morimos con la Iglesia. Para vivir necesitamos aire que respirar, una atmósfera de piedad, sacrificio y aprecio de lo invisible como realidad superior. Ese aire y esa atmósfera sólo existen por obra de la Iglesia. Sin ella el hermetismo, ¡qué digo!, toda filosofía idealista, todo idealismo metafísico, quedarían ahogados en el utilitarismo, materialismo, industrialismo, tecnologismo, biologismo y psicologismo.

Amigo desconocido, imagínate el mundo sin Iglesia, un mundo de fábricas, clubes, deportes, mítines políticos, universidades y artes exclusivamente consagradas a la utilidad o al recreo, un mundo donde en ninguna parte oyeras palabras de alabanza a la Santísima Trinidad o la bendición dada en su nombre. Imagínate un mundo donde nunca tus oídos pudieran percibir una voz humana que dijese:

«Gloria al Padre y al Hijo y al Espíritu Santo, como era en el principio, ahora y siempre y por los siglos de los siglos.»

O bien:

«La bendición de Dios omnipotente, Padre, Hijo y Espíritu Santo, descienda sobre vosotros.»

Un mundo sin alabanza a Dios ni bendición... En esa atmósfera psíquica, privada de ozono, vacua y fría, ¿crees que el hermetismo podría llegar a subsistir un día tan sólo?

Haz, pues, uso de la balanza de la justicia y pesa las cosas con imparcialidad. Cuando lo hayas hecho, no podrás menos de decir: Jamás se me vendrá a las mientes arrojar, de palabra o con actos, piedras contra la Iglesia, siendo ella la que posibilita, estimula y protege el esfuerzo humano en pro de la gloria de Dios. Y como el hermetismo es precisamente ese esfuerzo y no puede por tanto existir sin la Iglesia, no nos queda a los herméticos más que una alternativa: o vivir como parásitos (ya que, gracias a la Iglesia, *podemos* vivir), si somos extraños u hostiles a la Iglesia, o vivir como amigos y fieles servidores suyos, si comprendemos la cuantía de nuestra deuda para con ella y hemos comenzado a amarla.

Hora es ya de que el movimiento hermético concluya una paz real y cristiana con la Iglesia, de que deje de ser su hijo casi ilegítimo y llevar dentro de ella una vida semioculta, apenas tolerada, de que el hermetismo se convierta por fin en hijo adoptivo suyo, si no enteramente reconocido como legítimo.

Para amar hay que ser dos. Es preciso renunciar a no pocas pretensiones si esto ha de cumplirse. Pero cuando ambas partes tienen por único interés la gloria de Dios, es seguro que todos los obstáculos que se opongan a la auténtica paz se irán desvaneciendo como el humo.

Partirá en humo la pretensión de ciertos herméticos de poseer autoridad para fundar pequeñas iglesias por cuenta propia, erigiendo altar contra altar y jerarquía contra jerarquía.

Cual humo se disipará también la pretensión de ciertos teólogos de constituirse en tribunal supremo, sin instancia ulterior de apelación, para todo cuanto se refiere a los planos del mundo que está más allá de lo que perciben los cinco sentidos. La lección dada por Copérnico y Galileo a los teólogos que se arrogaban la autoridad de tribunal supremo en lo tocante al mundo sensible puede aún repetirse en niveles superiores de ese mismo mundo, si el espíritu de tales jueces reincide en su soberbia. Sin duda las verdades reveladas –y por tanto absolutas– de la salvación han sido confiadas al magisterio de la Iglesia, que se apoya en la labor de interpretación, aclaración y presentación de los teólogos competentes; mas el inmenso espacio abarcado por la obra de la salvación –el *mundo* físico, vital, psíquico y espiritual, su estructura, sus fuerzas, sus seres, sus relaciones recíprocas, sus transformaciones y la historia de las mismas–, todos esos aspectos del macrocosmo y del microcosmo, así como muchísimos otros, ¿no son campo del trabajo que han de realizar por la gloria de Dios cuantos no desean esconder en la tierra los talentos que les entregó el maestro y convertirse en siervos inútiles (Mt 25,14-30)?

¡Dirijámonos, por consiguiente, a la balanza de la justicia –que es al propio tiempo la balanza de la paz–, recurramos a ella, dediquémonos a ella, sirvámosla! Pondremos entonces en práctica la magia universal y eterna de la justicia por el bien universal y general. Pues quien invoca la balanza de la justicia, quien la toma por método de entrenamiento práctico de su pensamiento, sentir y voluntad, ése es el aludido directamente por la bienaventuranza del sermón de la montaña:

«Bienaventurados los que tienen hambre y sed de la justicia, porque ellos serán saciados» (Mt 5,6).

«Saciados», lo cual significa que se hará justicia. Seamos, pues, justos para con los teólogos, y ellos serán justos para con nosotros. Reconozcamos nuestros justos deberes para con la Iglesia, y ella reconocerá nuestros justos derechos. Entonces sobrevendrá la verdadera *paz*, es decir, la obra de la balanza de la justicia.

Puesto que nos hemos internado por la vía del ejercicio espiritual de la balanza de la justicia (*todos* los arcanos del tarot son en primer lugar, recordémoslo, ejercicios espirituales), hemos de llegar hasta el final, lo que no sucedería si dejáramos de aplicar dicha balanza a nuestro pensamiento y nuestros corazones en un terreno donde aún no existe la paz y donde la justicia queda por establecer. Es el *terreno de las relaciones* entre el hermetismo y la ciencia oficial.

Así como es ya hora de que el hermetismo haga las paces con la Iglesia y ocupe en su seno el puesto que le corresponde en justicia, así también es hora de que concluya una verdadera paz con la Academia y encuentre en ella su justo lugar. Hasta el presente el hermetismo sólo viene siendo, a ojos de la Academia, un hijo ilegítimo, fruto del oscuro concubinato entre una religión infiel a su llamada y una ciencia infiel a la suya; en otras palabras, una dudosa alianza entre la falsa religiosidad y el falso espíritu científico. Los herméticos no son, en opinión de la Academia, sino una camarilla reclutada entre malos creyentes y malos científicos.

Usemos una vez más de la balanza de la justicia. ¿Tiene algún fundamento esa crítica? Sí, lo tiene. Hay fundamento, porque tanto la Iglesia como la Academia se apoyan en los tres sagrados votos de obediencia, pobreza y castidad, en tanto nosotros, los herméticos, nos comportamos como pontífices, sin los sacramentos ni la disciplina que implican, y como académicos, sin las pruebas y disciplina indispensables. No queremos obedecer ni a la disciplina religiosa ni a la científica, siendo así que la obediencia o *disciplina* constituye la base de la grandeza moral de la Iglesia y de la grandeza intelectual de la Academia.

La ascética de la Academia entraña, además de la obediencia a la autoridad de los hechos, reglas estrictas de prueba y colaboración: la castidad en forma de total sobriedad y la pobreza en forma de ignorancia postulada como base de toda labor de investigación. Un auténtico sabio es un hombre objetivo, sobrio y abierto a cualquier experiencia o idea nueva. El hecho de que los verdaderos sabios sean tan escasos como los santos de la Iglesia no cambia en nada su carácter de representantes de la ciencia. De la misma manera, no son los enfermos de una familia quienes la representan, sino sus miembros sanos.

La auténtica ciencia es la disciplina de la objetividad, sobriedad y diligencia, o, dicho en otros términos, la disciplina de los votos de obediencia, castidad y pobreza.

En efecto, no se puede ser diligente si no se es pobre, ya que la riqueza va siempre acompañada de la indolencia. No se puede ser sobrio sin aborrecer todo lo que embriaga, en lo cual consiste la castidad. Y tampoco se puede ser objetivo sin obedecer a la experiencia y a las estrictas reglas de la investigación.

Gracias a la práctica de estos tres sagrados votos, la ciencia progresa de veras, avanza en dirección de la *profundidad,* es decir, en el terreno propio del hermetismo. En esta esfera de la profundidad, la ciencia ha hecho ya tres grandes descubrimientos: ha penetrado en lo profundo de la biología, hallando la *ley de la evolución;* ha penetrado en lo profundo de la materia, encontrando en ella la *energía pura;* ha osado penetrar en las profundidades psíquicas, descubriendo allí un mundo de *conciencia oculta.* Estos tres grandes hallazgos de la ciencia –evolución, energía nuclear e inconsciente– han hecho de la misma una colaboradora, si no una rival, del hermetismo, por haber entrado en el campo propio de este último, el de la profundidad.

Así, pues, el hermetismo comparte ahora con la ciencia su terreno hereditario. ¿La considerará como hermana o como rival? He aquí la cuestión básica.

Todo depende de nuestra decisión, la de los herméticos, o de ponernos al *servicio* de la ciencia para explorar la región de las profundidades, o de *rivalizar* con ella. La decisión de servir implica y exige la renuncia al papel de representar una ciencia esotérica y sagrada distinta de la ciencia exotérica y profana. Trátase de abandonar el deseo de erigir cátedra contra cátedra, así como, respecto de la Iglesia, hay que renunciar al deseo de erigir altar contra altar. Al pretender convertirse en ciencia –cuerpo de doctrinas de validez general y objetivamente demostrables–, el hermetismo no puede menos de ponerse en ridículo, ya que, siendo esencialmente *esotérico,* es decir, íntimo y personal, no tiene posibilidad alguna de asumir con esperanza de éxito el papel de una ciencia de validez general y demostrable para todo el mundo.

El carácter esotérico del hermetismo y la validez general de la ciencia se excluyen mutuamente. No es posible ni conveniente presentar lo íntimo y personal, o sea lo *esotérico,* como algo generalmente válido, es decir, *científico.*

Sí, también yo sé con certeza absoluta que hay grandes verdades en el hermetismo; pero estas verdades no son *científicas,* no poseen validez general. Sólo son válidas para personalidades aisladas, con la misma hambre y sed que yo, con mi mismo ideal y quizá también con mis mismas reminiscencias de un pasado remoto. Sólo son válidas para los miembros de mi familia, a quienes llamo «mis amigos desconocidos» y a quienes van destinadas estas cartas.

El hermetismo no es una ciencia que difiere de las demás ciencias o se opone a ellas. Tampoco es una religión. Es la unidad, en el fuero interno de la conciencia personal e íntima, entre la verdad revelada y la adquirida por el esfuerzo humano. Al constituir la síntesis, íntima y personal para cada uno, entre religión y ciencia, no puede competir con ninguna de ambas. El guión que une dos términos no tiene por función reemplazarlos. El verdadero hermético es, pues, quien se aplica a sí mismo la doble *disciplina* de la Iglesia y la Academia. A la vez ora y piensa. Y lo hace con el fervor y sinceridad de un hijo de la Iglesia en lo que toca a la oración, y con la disciplina y diligencia de un trabajador de la Academia en lo que atañe al pensamiento. *Ora et labora*, «Ora y trabaja», es su fórmula, donde el *et* («y») representa el puesto legítimo del hermetismo. Este último es la puerta abierta entre el oratorio y el laboratorio; es la *puerta* entre ambos, y no *otro* laboratorio u *otro* oratorio.

Ora et labora: oratorio *y* laboratorio reunidos en el fuero interno de la personalidad. ¿Qué es esto, a la postre, sino la aplicación de la balanza de la justicia?

El hermetismo, entendido como balanza *ora et labora*, implica numerosos reajustes tocante a los hábitos de pensamiento que han venido arraigando entre los herméticos a partir de la segunda mitad del siglo XIX. He aquí un ejemplo que escojo a causa de su gran alcance espiritual.

Los herméticos cristianos son unánimes en cuanto a la excelencia de la misión y persona de Jesucristo en la historia espiritual de la humanidad. Para ellos, Jesucristo es, con relación a los demás maestros espirituales de la humanidad (Krishna, Buda, Moisés, Orfeo, etc.) como el Sol respecto a los planetas del mundo visible. En esto se distinguen de los teósofos modernos de la escuela de Blavatsky y de las de los ocultistas y esotéricos orientalizantes (yoga, vedānta, sufismo, mazdadznan, escuela de Gurdiev). Son, pues, cristianos por cuanto reconocen el carácter único de la encarnación divina en Jesucristo.

Al mismo tiempo, se da entre los herméticos contemporáneos una tendencia muy acusada, si no predominante, a ocuparse más del Cristo cósmico o del *Logos* que de la persona humana del hijo del hombre, Jesús de Nazaret. Se considera más importante el aspecto divino y abstracto del Dios-Hombre que su aspecto humano y concreto.

Recurramos, pues, de nuevo a la balanza de la justicia y pesemos la alternativa principio cósmico o personalidad concreta del Maestro.

Veamos primero cuáles son los efectos o frutos, en el terreno experimental, de la aspiración al conocimiento del *Logos*, y cuáles los del deseo de contacto con Jesucristo, el Maestro.

Hay que hacer notar, ante todo, que el nuevo impulso espiritual manifestado en los apóstoles, mártires y santos, ese impulso llamado por nosotros cristianismo, no se funda en la revelación o el conocimiento del *Logos* cósmico, sino en la vida, muerte y resurrección de Jesucristo.

Quienes expulsaban demonios, curaban enfermos y resucitaban muertos no lo hacían en nombre del *Logos*, sino en nombre de Jesús (Act 4,12; Ef 1,21; Flp 2,9-10),

«...que está sobre todo nombre, para que al nombre de Jesús toda rodilla se doble en los cielos, la tierra y los abismos, y toda lengua confiese que Cristo Jesús es Señor para gloria de Dios Padre» (Flp 2,9-10).

El contacto con la persona de Jesucristo liberó toda una corriente de milagros y conversiones. Y así sucede también hoy. En cuanto al *Logos* cósmico, su idea, al principio del cristianismo, ni era nueva ni despertaba excesivo entusiasmo. Los herméticos helenísticos (por ejemplo, Poimandres), los estoicos y Filón de Alejandría habían ya dicho de él casi todo lo que puede decirse en términos filosóficos, gnósticos y místicos. San Juan no se propuso, por consiguiente, enunciar en su Evangelio una nueva doctrina del *Logos*, sino dar testimonio del hecho de que el *Logos* «se hizo carne y habitó entre nosotros».

No fue otro que Jesucristo quien dio a la idea del *Logos* el calor y la vida que crearon el cristianismo vivo, calor y vida que no poseía la noción del *Logos* de los antiguos sabios, por genuina que fuese. Había luz en la antigua idea, pero le faltaba la *magia*. Así acontece también hoy.

Philippe de Lyón (1849-1905), el taumaturgo, atribuía todas sus curaciones milagrosas y demás prodigios al «Amigo»: «Yo no hago sino rezar por vosotros, eso es todo», decía[12]. Aquel amigo era Jesucristo.

Philippe de Lyón fue el maestro espiritual de Papus. Éste tenía también otro maestro, un maestro intelectual, que era el marqués Saint-Yves d'Alveydre, autor de *Missions* y de *L'archéomètre*. Saint-Yves d'Alveydre se había consagrado enteramente al esfuerzo de comprender y dar a comprender el *Logos* o Cristo cósmico. Al propio tiempo, Philippe de Lyón, «el padre de los pobres», servía a la obra de Jesucristo curando, consolando e iluminando a gentes de todas las

---

12. Ph. Encausse, *Le maitre Philippe de Lyon*, París 1974, p. 280.

clases sociales (desde la familia imperial de Rusia hasta los obreros de Lyón), haciéndose instrumento de Cristo.

El primero acabó por inventar un *instrumento intelectual*, el arqueómetro, del que usaba para entender y expresar la lógica cósmica de la obra del *Logos* en la historia de la humanidad. El segundo hizo de sí mismo un *instrumento* de la magia divina de Jesucristo para servir al prójimo.

Papus se encontró así entre dos maestros, entre el maestro del panlogismo y el de la magia divina. Se le brindaba la opción entre la vía del logismo de Fabre d'Olivet, Hoëne-Wroński y Saint-Yves d'Alveydre, por una parte, y, por otra, la vía de la magia divina del contacto individual con Jesucristo, representada por Éliphas Lévi, Philippe de Lyón y todos los santos cristianos. ¿Decidióse a escoger entre ambas vías? Sí y no. *Sí,* en el sentido de que comprendió lo superior de la magia del amor sobre la magia ceremonial, y la superioridad del contacto con el maestro sobre toda cadena mágica y todo conocimiento teórico del *Logos* cósmico. *No,* por cuanto, que en vez de volver la espalda a Saint-Yves d'Alveydre y a su obra, siguió siendo fiel a este maestro hasta su muerte y aun mucho después (lo que le honra a ojos de todos los hombres de corazón, mientras nos afligiría que hubiera actuado según el principio: «Se acabó la fiesta, olvidemos al santo»). La actitud adoptada por Papus frente a las dos vías y a los dos maestros no sólo es humanamente noble, sino que revela algo más.

Revela la fidelidad de Papus al hermetismo. El hermetismo, en efecto, es el hornillo de atanor, instalado en la conciencia individual del hombre, donde el mercurio de la intelectualidad se transmuta en el oro de la espiritualidad. San Agustín actuó como hermético al transformar el platonismo en pensamiento cristiano. Santo Tomás de Aquino actuó también como hermético al hacer otro tanto con el aristotelismo. Entrambos administraron el sacramento del bautismo a la herencia intelectual de los griegos. Esto, precisamente, es lo que hizo –o estuvo haciendo– Papus con el panlogismo de Saint-Yves d'Alveydre y sus predecesores después de haber encontrado a su maestro espiritual, Philippe de Lyón. No fue, por su parte, ni componenda ni vacilación en tomar partido, sino esperanza, propia del hermético, de llegar a realizar la síntesis entre intelectualidad y espiritualidad. Papus acometió ese trabajo interior cuyo comienzo es un desgarrador conflicto entre dos contrarios. No podemos decir con certeza si su esfuerzo se vio coronado por el éxito y hasta qué punto, ya que su muerte prematura nos privó de la posibilidad de ser testigos de los frutos de su madurez en la vida espiritual. En cuanto a sus esfuerzos por servir de vínculo entre Philippe de Lyón y Saint Yves d'Alveydre, fracasaron, al menos en el fuero externo, pese al éxito indiscutible de Papus en empresas análogas respecto a muchas otras personas. En Papus tuvo principalmente su origen el numeroso grupo de intelectuales –ocultistas y médicos– de que se rodeó Philippe de Lyón, mientras éste nunca halló gracia a los ojos de Saint-Yves d'Alveydre, que no quiso verlo en Lyón ni invitarlo a su casa.

Así, la obra de Papus quedó inacabada, cuando menos en el plano visible. Esta obra es la síntesis entre intelectualidad y espiritualidad, entre el *Logos* cósmico y el *Logos* hecho carne, en una palabra, la síntesis a que aspira el *hermetismo cristiano* como tal.

El hermetismo cristiano es una tarea, y no un dato histórico. Esto significa que no es cuestión en él de renacimientos del hermetismo (como en los siglos XII, XV, XVII y XIX), sino de su *resurrección*. Los renacimientos sólo son reminiscencias del pasado que de vez en cuando surgen de las profundidades de las almas humanas, mientras resurrección denota llamada a la vida presente y venidera, a la realización de una misión futura, orientada a lo que en otros tiempos tuvo valor eterno, por la misma voz que llamó a Lázaro a su nueva existencia.

La historia espiritual del cristianismo es la historia de las sucesivas resurrecciones de los valores del pasado dignos de vivir eternamente. Es la historia de la magia del amor que resucita a los muertos. Así fue resucitado el platonismo y vivirá por siempre gracias al soplo vivificante de aquel que es la resurrección y la vida: *Ego sum resurrectio et vita* (Jn 11,25). Así también el aristotelismo tendrá parte en la vida eterna. Y así, finalmente, vivirá a su vez el hermetismo hasta el fin del mundo y, quizá, todavía después.

Moisés y los profetas viven y nunca morirán, pues se han ganado su puesto en la constelación eterna del Verbo de la resurrección y la vida. Los poemas y cantos mágicos de Orfeo serán resucitados y vivirán por toda la eternidad como color y sonido del Verbo de la resurrección y la vida. La magia de los magos de Zoroastro será resucitada y vivirá como eterno empeño humano en alcanzar la luz y la vida. Las verdades reveladas de Krishna se agregarán al cortejo de quienes vuelven a ser llamados a la vida eterna. Las antiguas revelaciones cósmicas de los *riṣis* revivirán y despertarán de nuevo en la humanidad el sentido del azul, el blanco y el dorado...

Todas esas almas de la historia espiritual del género humano serán resucitadas, es decir, llamadas a unirse a la obra del Verbo hecho carne, muerto y resucitado, para que se cumpla la verdad de su promesa:

«He venido... a fin de que *nada* se pierda y *todo*... tenga vida eterna» (Jn 6,38-40).

Así, pues, también el hermetismo está llamado a vivir, y no sólo como reminiscencia sino como resucitado. Esta resurrección tendrá lugar cuando los que le siguen siendo fieles –aquellos en quienes permanecen vivas las reminiscencias de su pasado– hayan comprendido la verdad de que el hombre es la clave del mundo, Jesucristo es la clave del hombre y del mundo, el mundo –tal como fue antes de la caída y será después de su reintegración– es el Verbo, el Verbo es Jesucristo y, por último, Jesucristo revela a Dios Padre que trasciende al mundo y al hombre.

Por Jesucristo se llega al Verbo o *Logos;* por el Verbo o *Logos* se comprende el mundo; y por el Verbo y el mundo, cuya unidad es el Espíritu Santo, se llega al conocimiento eternamente creciente del Padre.

He ahí una de las lecciones de la balanza de la justicia considerada como ejercicio espiritual. Puede también darnos otras muchas, por ejemplo, sobre el problema del *karma* o ley del equilibrio en la historia de la humanidad y de la individualidad humana; el de las relaciones entre fatalidad (histórica, biológica, astrológica), libertad y Providencia; el de las tres espadas (la del querubín del paraíso, la del arcángel Miguel y la del ángel del *Apocalipsis*), o problema de la sanción en la obra de la justicia cósmica; el problema, finalmente, de la *ogdóada* u octanario gnóstico. Todos estos problemas merecen, no cabe duda, ser tratados bajo el título –o mejor, por medio– de la balanza de la justicia. Lo merecen y deberían ser tratados así. Bien lo sé yo, mas tengo que renunciar a ello, pues no voy a ponerme a escribir un volumen entero sobre el octavo arcano únicamente, o 22 volúmenes sobre los 22 arcanos del tarot. Sólo me he propuesto redactar *cartas* sobre estos arcanos, y una carta no debe convertirse en libro. De ahí que tenga que renunciar a muchas, sí, a la mayoría de las cosas que desearía poner por escrito. Me atrevo a esperar, con todo, que el *método* del empleo de la balanza de la justicia, que sólo quería ilustrar en esta carta, goce de una simpática y activa acogida y que tú, querido amigo desconocido, lo apliques al enfocar los problemas no tratados aquí. Cuando lo hagas, tendrás quizá no sólo la alegría de descubrir nuevas luces, sino también la de respirar ese aire de honradez y valor moral que se desprende de una justicia ecuánime. Tal vez adquieras además la experiencia que te permita responder a la pregunta planteada al final de la carta precedente: ¿cuál es la *octava* fuerza que equilibra las siete fuerzas del cuerpo astral? Precisamente esa octava fuerza es la que actúa cuando pesamos y juzgamos las cosas en el fuero interno de nuestra conciencia por medio de la balanza de la justicia. Es el octavo planeta o factor ignoto del que tantos otros dependen en la interpretación de un clásico horóscopo astrológico con los siete planetas y en la de la tradicional fórmula caracterológica de la composición y proporciones del organismo psíquico o carácter. Ya se trate de un horóscopo astrológico o de una fórmula caracterológica, hay siempre una X a la que subordina el *empleo* de los datos astrológicos o caracterológicos. Es el factor del *libre albedrío,* subyacente a la regla de la astrología tradicional: *Astra inclinant, non necessitant* (Los astros inclinan, no obligan).

La misma regla es válida para la astrología microcósmica o caracterología. También aquí el libre albedrío es el factor indeterminable que no permite predecir con certeza la decisión que un hombre de carácter bien definido tomará en tales o cuales circunstancias. No es el *carácter,* en efecto, lo que constituye la fuente del juicio y de la opción consciente, sino esa fuerza, en nosotros, que pesa y juzga sirviéndose de la balanza de la justicia. La *libertad* es un hecho que uno experimenta cuando juzga, no con su temperamento (cuerpo etéreo) ni con su carácter (cuerpo astral), sino con la balanza de la justicia o, dicho de otro modo, la *conciencia.* Esta palabra, *con-ciencia,* encierra la idea de balanza, puesto que implica «saber con» o «saber juntamente», es decir, disponer de datos provenientes de los dos platillos que cuelgan de los extremos del astil de la balanza. La *conciencia* no es ni producto ni función del *carácter.* Está por encima de él. Y aquí, sólo aquí, comienza y se sitúa la zona de la *libertad.* No se es libre cuando se juzga y actúa según el propio carácter o temperamento, sino cuando se juzga y actúa según la balanza de la justicia, o sea la conciencia. Sin embargo, la justicia, la práctica de la balanza, sólo es el punto de partida de un largo caminar de la conciencia y, por tanto, del crecimiento de la libertad.

El arcano siguiente, el Ermitaño, nos invita al esfuerzo meditativo dedicado al camino de la conciencia.

Carta IX

EL ERMITAÑO

El arcano de la conciencia

(Isis:) «Presta oídos, Horus, hijo mío, pues aquí escuchas la doctrina secreta que mi antepasado Kamefis aprendió de Hermes, el cronista de todos estos hechos, y que yo después aprendí de Kamefis, nuestro común antecesor, cuando me honró con el don del negro perfecto»[1].

«Porque Trismegisto, que acabó por descubrir, no sé cómo, casi toda la verdad, ha descrito a menudo el poder y majestad del Verbo, como lo ilustra la cita anterior donde proclama la existencia de una palabra inefable y santa cuyo enunciado supera la medida de las fuerzas humanas»[2].

«Mas ¡qué estrecha es la entrada y angosto el camino que lleva a la vida! Y ¡cuán pocos son los que lo encuentran!» (Mt 7,14).

Querido amigo desconocido:

¡El Ermitaño! Me alegro de haber llegado, en esta serie de meditaciones, a la venerable y misteriosa figura del itinerante solitario, vestido de un sayal encarnado y un manto azul, que sostiene en la mano derecha un farol, alternativamente rojo y amarillo, y se apoya en un bastón con la izquierda. Ese venerable y misterioso Ermitaño fue, en efecto, el maestro de los sueños más caros e íntimos de mi juventud, como por lo demás es, en todos los países, el maestro de los sueños de la juventud ansiosa de buscar la puerta estrecha y el camino angosto

---

1. Del libro sagrado de Hermes Trismegisto, *Kore kosmou*, fragm. XXIII, 31, en *Corpus Hermeticum*, t. IV, París 1954, p. 10; en Stobaeus I, 49, 44.
2. Lactancio, *Divinae Institutiones* IV, 9, 3.

de lo divino. Nómbrame un país o una época en que la verdadera juventud, es decir, la que vive para el ideal, no haya estado obsesionada por la imagen de un padre sabio y bueno, un padre espiritual, el Ermitaño, que ha pasado por la puerta estrecha y camina por el sendero angosto, un padre de quien uno podría fiarse sin reservas y a quien sería posible venerar y amar sin límites.

¿Qué joven ruso, por ejemplo, no habría emprendido un viaje, a despecho de la distancia o del tiempo empleados, para encontrarse con un *staretz*, un padre sabio y bueno, un padre espiritual, el Ermitaño? ¿Qué joven judío de Polonia, Lituania, Rusia Blanca, Ucrania y Rumania no habría hecho lo mismo para topar con un *tsadiq* asideo, un padre sabio y bueno, un padre espiritual, el Ermitaño? ¿Qué joven en la India se negaría a realizar lo imposible para hallar y encontrar personalmente a un *cella* o gurú, un padre sabio y bueno, un padre espiritual, el Ermitaño?

¿Aconteció de otra manera con la juventud que en su época rodeó a Orígenes, Clemente de Alejandría, san Benito, santo Domingo, san Francisco de Asís, san Ignacio de Loyola? ¿O con la juventud pagana de Atenas que se agolpaba alrededor de Sócrates y Platón?

Así ocurrió también en la antigua Persia con Zoroastro (Zaratustra), Ostanes y otros representantes de la dinastía espiritual de los magos, fundada por el gran Zoroastro. Y en Israel, con sus escuelas de profetas, los nazireos y los esenios. Y en el antiguo Egipto, donde la figura del fundador de la dinastía de los «padres sabios y buenos», la de Hermes Trismegisto, se convirtió, no sólo para el propio Egipto sino para todo el mundo grecorromano, en el prototipo del padre sabio y bueno, el Ermitaño.

Éliphas Lévi caló bien el sentido histórico universal del Ermitaño. Por ello fue capaz de acuñar esta admirable fórmula:

«El iniciado es quien posee la lámpara de Trismegisto, el manto de Apolonio y el báculo de los patriarcas»[3].

De hecho, el Ermitaño que cautiva la imaginación de la juventud «joven», el Ermitaño de la leyenda y el de la historia, es y será siempre el hombre solitario con la lámpara, el manto y el bastón. Posee el don de hacer que brote la luz en las tinieblas: eso es su lámpara; goza de la facultad de aislarse de la corriente de humores, prejuicios y anhelos colectivos de raza, nación, clase y familia, la facultad de reducir al silencio en derredor suyo la cacofonía del colectivismo vocinglero

---

3. Éliphas Lévi, *Dogme et rituel de la haute magie*, París 1854, cap. 9.

para escuchar y oír la armonía jerárquica de las esferas: tal es su manto; al mismo tiempo posee un sentido realista tan desarrollado que penetra en los dominios de la realidad no sobre dos, sino sobre tres pies, avanzando sólo después de haber *tocado* el suelo, gracias a la experiencia inmediata y primera de un contacto sin intervenciones ajenas a él mismo: he ahí su bastón. Crea luz, silencio y certeza, según el criterio de la triple concordancia que menciona la *Tabla de esmeralda*, la concordancia entre lo *claro*, lo que está *en armonía con el conjunto* de las verdades reveladas y lo que es objeto de experiencia *inmediata:* «Lo verdadero, sin mentira, lo cierto y veracísimo.»

«Lo verdadero, sin mentira»: es la *claridad* (la lámpara). «Lo cierto»: es la concordancia entre lo claro y el conjunto de las demás verdades (lámpara y manto). «Lo veracísimo»: es la concordancia entre lo claro, el conjunto de las demás verdades y la experiencia auténtica e inmediata (lámpara, manto y bastón).

El Ermitaño representa, pues, no sólo el padre sabio y bueno que es un reflejo del Padre de los cielos, sino también el método y la esencia del *hermetismo*. Éste se funda en la concordancia de *tres* métodos de conocimiento: el conocimiento a priori de la razón (lámpara), la armonía del todo por analogía (manto) y la experiencia auténtica e inmediata (bastón).

El hermetismo es, por tanto, una triple síntesis de tres antinomias:
1. La síntesis de la antinomia idealismo-realismo.
2. La síntesis de la antinomia realismo-nominalismo.
3. La síntesis de la antinomia fe-ciencia empírica.

Por cuanto constituye la síntesis –personal, en el fuero interno de la conciencia de cada uno– de esas tres antinomias y las corona cada vez con el tercer término, su número es el *nueve,* y así el noveno arcano del tarot nos enseña la triple síntesis de la triple antinomia.

Veamos ahora cómo el hermetismo es la síntesis de las tres antítesis o antinomias citadas.

1. *La antinomia idealismo-realismo*

Esta antítesis se reduce a dos fórmulas opuestas:
«La conciencia o idea es anterior a toda cosa» (fórmula del idealismo).

«La cosa *(res)* es anterior a toda conciencia o idea» (fórmula básica del realismo).

El idealista (por ej., Hegel) considera todas las cosas como formas del pensamiento, mientras el realista (por ej., Spencer) afirma que los objetos del conocimiento poseen una existencia independiente del pensamiento o conciencia del sujeto del conocimiento. El realista dice que de los *objetos* del conocimiento se *desprenden* –por vía de abstracción– conceptos, leyes e ideas. El idealista, al contrario, declara que sobre los objetos se *proyectan* –por vía de concreción– conceptos, leyes e ideas del *sujeto* del conocimiento.

El realista defiende, acerca de la verdad, la teoría llamada de la correspondencia, que reza así: «La verdad es la correspondencia entre objeto e intelecto.» El idealista se apoya en la teoría llamada de la coherencia: «La verdad es la coherencia –o ausencia de contradicciones– en el manejo de las ideas, conceptos y objetos (éstos no son sino conceptos o nociones) por el intelecto.»

Es verdadero, según el realista, lo que en el intelecto corresponde con el objeto. Es verdadero, según el idealista, lo que en el intelecto constituye un *sistema coherente*.

El mundo entero reflejado exactamente en el intelecto es, para el realismo, el ideal del conocimiento. El mundo entero que refleja exactamente los postulados y categorías del intelecto como único sistema coherente es el ideal propuesto por el idealismo.

«El mundo lleva la palabra, y el intelecto humano la escucha», dice el realismo. «El intelecto lleva la palabra, y el mundo es su reflejo», dice el idealismo.

Nihil in intellectu quod non prius fuerit in sensu (la cosa –res– es anterior a toda conciencia o idea), tal es la fórmula milenaria del realismo. *Nihil in sensu quod non prius fuerit in intellectu* (la conciencia o idea es anterior a toda cosa), tal es la contrafórmula del idealismo.

¿Quién tiene razón? ¿El realismo, con su ídolo de la cosa *(res)* anterior al pensamiento y con su dualismo mazdeísta de las tinieblas (cosa) y la luz (pensamiento) que procede y nace de ellas? ¿O el idealismo, con su ídolo del intelecto humano, al que coloca en el trono de Dios, y con su monismo panintelectual donde no hay lugar ni para el negro perfecto de la sabiduría sobrehumana mencionada por el libro sagrado *Kore kosmou* de Hermes Trismegisto, ni para las tinieblas del mal, la fealdad y la ilusión, que experimentamos cada día?

No, no caigamos de rodillas ni ante el mundo ni ante el intelecto; prosternémonos sólo para adorar la fuente común del mundo y del intelecto, para adorar a *Dios*. Dios, cuyo Verbo es a la vez la «verdadera luz que ilumina a todo hombre que viene a este mundo» (Jn, 1,9) y el creador mismo del mundo:

«Todo se hizo por él, y sin él no se hizo nada de cuanto existe» (Jn 1,3).

La cosa, el mundo: su fuente es el Verbo. El intelecto, la luz del pensamiento: su fuente es también el Verbo. Por eso el hermetismo, tanto el pagano del pasado como el cristiano del presente, no es ni realista ni idealista. Es *logista*, al fundarse no en la cosa ni en el intelecto humano, sino en el *Logos*, el verbo de Dios cuya manifestación *objetiva* es el mundo prototipo del mundo fenoménico y cuya manifestación *subjetiva* es la luz o prototipo de la inteligencia humana.

«Y la luz brilla en las tinieblas, y las tinieblas no la recibieron» (Jn 1,5).

Esto quiere decir que hay tinieblas, tanto en el mundo como en la conciencia, que no han sido penetradas por la luz, y que por consiguiente el mal, la fealdad y la ilusión existen en el mundo y en la conciencia.

Mas las tinieblas del mundo no penetradas por el Verbo no son la fuente de la conciencia, y el intelecto humano no iluminado por el Verbo no es el principio del mundo. En el mundo de los fenómenos hay ilusiones objetivas, es decir, cosas *no reales*, no hechas por el Verbo, sino surgidas de los bajos fondos de las tinieblas para llevar una existencia efímera. En la esfera de la conciencia subjetiva hay también ilusiones, es decir, conceptos, ideas e ideales *no reales*, no engendrados por la luz del Verbo, sino surgidos para una existencia efímera del fondo de las tinieblas del subconsciente.

Ahora bien, la correspondencia entre un objeto ilusorio y su concepto en el intelecto no puede ser la verdad, sino una doble ilusión. El realismo debiera saberlo, cuando propone su teoría de la correspondencia acerca de la verdad. Y la coherencia dentro de un sistema intelectual basado en ilusiones no puede tampoco ser criterio de la verdad, sino indicio de una obsesión tanto más profunda cuanto más completa es tal coherencia. El idealismo debiera darse cuenta de ello cuando propone su teoría llamada de la coherencia.

Los objetos sólo son *reales*, en el sentido del realismo, cuando lo son en el Verbo. Y las construcciones intelectuales sólo son verdaderas, en el sentido del idealismo, cuando lo son en el Verbo. El intelecto humano, como tal, no es productor de la verdad al modo de una araña que teje su tela.

Ningún hecho del mundo exterior o interior, como mero hecho, funda una verdad, ya que puede igualmente enseñar una ilusión o la historia de una ilusión, bien en la naturaleza (por ej., los monstruos antediluvianos), bien en el mundo humano (por ej., muchos ídolos del pasado y del presente).

Por lo que toca al mundo de nuestra experiencia, es la manifestación fenoménica tanto del mundo creado del Verbo como del mundo evolutivo de la serpiente. El intelecto de nuestra experiencia es a su vez la manifestación tanto de la luz del Verbo como de la astucia de la serpiente (por usar el término bíblico que indica cómo las tinieblas *imitan* la luz sin recibirla). Por ello, antes de profesar el realismo, hay que distinguir todavía entre mundo y mundo. Y antes de abrazar el idealismo hay que distinguir entre inteligencia cósmica e intelecto humano.

Una vez hecha la distinción, se pueden adoptar a la vez, sin vacilación alguna, el realismo y el idealismo, lo que constituye el idealrealismo o *logismo* del hermetismo antiguo y contemporáneo.

El método de la correspondencia se convertirá entonces en el bastón que tiene en su mano el Ermitaño, y el de la coherencia en el manto con que se cubre. Y todo ello merced a la luz de su lámpara, que es el instrumento sagrado donde la luz del Verbo se une al aceite del esfuerzo intelectual del hombre.

2. *La antinomia realismo-nominalismo*

En esta antinomia, el término «realismo» nada tiene en común con el que se emplea en la antinomia realismo-idealismo. Aquí el vocablo se refiere a la escuela occidental de pensamiento que atribuye realidad objetiva a los conceptos generales hoy denominados abstractos, pero que la filosofía medieval designaba por el nombre de *universalia* (los universales). La corriente del pensamiento occidental que niega la realidad objetiva de los universales y sólo admite la realidad de los propios es llamada nominalismo.

En lo que aquí entendemos por «realismo» se trata de la realidad objetiva de los universales (géneros y especies) y no de la correspondencia entre las nociones del intelecto con la realidad de los objetos como criterio de la verdad. El problema es, pues, totalmente distinto del que se refiere al realismo en contraposición con el idealismo. Los realistas, tocante al problema de la realidad de los universales, son de hecho idealistas extremos en cuanto al de la primacía del intelecto o de la cosa.

A lo largo de la historia de las ideas, fue Porfirio (232/233-304) quien planteó explícitamente por vez primera el problema subyacente a la antinomia realismo-nominalismo en su *Isagogé* o *Introducción de Porfirio el fenicio, discípulo de Plotino de Licópolis, a las categorías*. Dicho problema se formula con toda claridad ya desde el principio:

«Primero, en lo que toca a los géneros y especies (es decir, los universales), es cuestión de saber si son realidades subsistentes en sí mismas o meros conceptos del espíritu, y, admitiendo que sean realidades sustanciales, si son corpóreas o incorpóreas, y si, por último, tienen existencia separada o sólo subsisten en las cosas sensibles y según ellas; de esto evitaré hablar aquí, pues se trata de un problema profundísimo que exige una investigación muy diferente y más extensa»[4].

Desde Boecio hasta el renacimiento, e incluso hasta nuestros días, ese problema ha sido objeto de la «investigación muy diferente y más extensa» que deseaba Porfirio. En efecto, los doctores medievales, dándose cuenta de que el problema de los universales se situaba en el núcleo mismo de la filosofía, lo trataron en consecuencia, y ello dio lugar a la división del mundo de los filósofos en realistas (géneros y especies existen por sí mismos, como entidades superiores y exteriores a los individuos) y nominalistas (géneros y especies no existen fuera de los individuos; sólo son nombres, palabras útiles con fines de clasificación). Una tercera escuela, la de los conceptualistas –o, según el caso, realistas moderados o nominalistas moderados (las ideas generales tienen existencia propia, pero sólo en la mente de quien las concibe)– nació durante la famosa controversia, desempeñando el papel no tanto de síntesis como de mediadora.

La controversia entre realistas y nominalistas se prolongó apasionadamente durante un milenio y dio pie a decisiones de concilios como, por ejemplo, el de Soissons, que condenó el nominalismo en el año 1092.

La tesis de los realistas se remonta a Platón, a su doctrina de las ideas. La de los nominalistas está vinculada con Antístenes:

«Veo caballos, no la caballeidad»[5].

El verdadero problema consiste en saber si la caballeidad es anterior a los caballos individuales (*universale ante rem*, «lo universal es anterior a lo particular»), si les es inmanente (*universale in re*, «lo universal reside en lo particular») o si es posterior a ellos y se desprende por vía de abstracción (*universale post rem*, «lo universal es posterior a lo particular»). Según Platón, la caballeidad existe como idea *antes* de los caballos; según Aristóteles, la caballeidad no existe sino *en* los caballos, como principio formal de los mismos; según los conceptualistas (por ejemplo, Kant), la caballeidad es un concepto forjado por la mente mediante una especie de recapitulación de los rasgos

---
4. *Isagogé* I, 9-14.
5. Cit. en *Die Sokratiker*, trad. alem. y ed. por W. Nestle, Jena 1922, p. 79.

comunes a todos los caballos, después de abstraer sus particularidades (*universale post rem*).

Saber si la caballeidad es anterior a los caballos reales, si es el principio de su forma o si sólo es una noción mental deducida de la experiencia de los sentidos no constituye, a decir verdad, un problema apasionante. Pero el asunto es muy distinto cuando, en vez de la caballeidad, se trata de la humanidad o del mundo. Plantéase entonces el problema de la diferencia entre *creación* y *génesis*. En la creación, la idea o plan del mundo es anterior al acto de su realización, mientras que en la génesis o evolución no hay idea o plan anterior al hecho, sino una *fuerza* inmanente a las sustancias y seres individuales, que los impulsa a buscar, mediante tanteos y errores, el camino del progreso. Tocante a la humanidad, el problema es el del hombre prototipo o *Adán* celeste, es decir, el de la *creación* del hombre o el de su *génesis* evolutiva.

Examinemos ahora de cerca las tesis fundamentales del realismo y nominalismo.

Lo general es anterior a lo particular: es la fórmula básica del realismo.

Lo particular es anterior a lo general: es la contrafórmula del nominalismo.

Estas dos tesis contrarias implican que, para el realismo, lo general es más real y de mayor valor objetivo que lo particular, y que, para el nominalismo, lo particular es más real y de mayor valor objetivo que lo general. En otros términos, para el realismo la *humanidad* es más real y constituye un valor más elevado que el hombre individual; para el nominalismo, al contrario, el hombre individual es más real y posee un valor más alto que la humanidad.

Según el realismo, no habría hombre si no hubiera humanidad; según el nominalismo, no habría humanidad si no hubiera hombre.

Los hombres componen la humanidad, dice el nominalista.

La humanidad engendra en su seno invisible, pero real, los hombres individuales, dice el realista.

¿Quién está en lo cierto? ¿El realismo, con su ídolo de la colectividad anterior a la humanidad, al alma individual, ese realismo que, por boca de Caifás, justificó la condenación a muerte de Jesucristo diciendo:

<blockquote>«Os conviene que muera un solo hombre por el pueblo, y no toda la nación» (Jn 11,50; 18,14)?</blockquote>

¿Ese realismo que, por medio de los tribunales de la inquisición, eliminaba a los individuos nocivos sacrificándolos a los intereses de la humanidad o de la Iglesia? ¿Ese realismo, finalmente, que, colocando la raza o la clase por encima de los individuos, exterminó a millones de judíos y gitanos por mano de los nazis y a otros millones de *kulaks* o campesinos acomodados, así como a numerosos miembros de las clases altas, sirviéndose de los bolcheviques?

¿O bien tiene razón el nominalismo?

Empero el nominalismo es ciego para las ideas y los principios, que no son para él sino meras palabras. La verdad, la belleza y el bien no existen, según él, como realidades objetivas, y sólo son cuestiones de gusto. Ninguna ciencia ni filosofía dignas de tal nombre podrían existir si el nominalismo fuera el único terreno intelectual donde debieran vivir. No tendrían entonces a lo universal, sino a lo propio de cada individuo. Se ceñirían a coleccionar hechos particulares y, lejos de valorizar sus rasgos comunes para desprender de ellos leyes y principios, acabarían convirtiéndose en una especie de museo de tales hechos particulares. Este museo aguardaría en vano la llegada del pensamiento científico y filosófico para ser útil a la humanidad de modo general: el nominalismo sería incapaz de producirlo, ya que se opone a la ciencia.

En lugar de abrirse a la ciencia y la filosofía, daría entrada a multitud de sectas de gusto subjetivo. Cada uno pensaría y creería a su manera, ateniéndose únicamente a las complacencias personales.

No por otra razón condenó la Iglesia el nominalismo como doctrina, y por eso también la ciencia lo desterró como método. Con él, la Iglesia habría quedado atomizada en una muchedumbre de pequeñas religiones según el gusto personal de cada individuo, y la ciencia reducida a una especie de coleccionismo estéril y a un sinnúmero de opiniones privadas.

No podemos, pues, prescindir del *realismo* si atribuimos algún valor a la verdad objetiva (ciencia) y a la verdad transubjetiva (religión). Tenemos que admitir ambas verdades, objetiva y transubjetiva, si aspiramos a la unión de la humanidad en la universal verdad objetiva de la ciencia y en la verdad transubjetiva de la religión.

¿Podemos, en cambio, renunciar al *nominalismo*?

Tampoco. El nominalismo, en efecto, es la visión de un mundo constituido por seres individuales, únicos e irremplazables. Es la visión del mundo como gran comunidad de antes, en vez de un mundo de leyes, principios e ideas. Un mundo donde el Padre, el Hijo y el Espíritu Santo, personas verdaderas y vivas, unidas por los eternos lazos de la paternidad, filiación y fraternidad, reinan rodeadas de los serafines, querubines, tronos, dominaciones, virtudes, potestades, arcángeles, ángeles, hombres y seres visibles e invisibles de la naturaleza. ¿Cómo podría pronunciarse con toda sinceridad de corazón la plegaria dirigida al Padre que está en los cielos, «santificado sea tu *nombre*», sin creer que tal es el nombre único y santo del ser vivo, único y santo, y no la designación de la idea suprema, de la causa primera o principio absoluto? ¿Acaso se puede *amar* un mundo invisible de causas primeras impersonales, un mundo poblado de leyes y principios?

De igual manera que el conocimiento intelectual y general del mundo en sí mismo (ciencia) y como obra de Dios (filosofía) no es posible sin el realismo idealista, así tampoco lo es el conocimiento intuitivo e individual de los seres particulares (mística, gnosis y magia) sin el nominalismo realista.

No se puede ni abrazar sin reservas el realismo idealista o el nominalismo realista, ni prescindir de cualquiera de ambos, porque tanto el intelecto, que postula el realismo idealista, como el amor, que reclama el nominalismo realista, son facultades estructurales de la naturaleza humana. Ésta es a la vez realista, como pensamiento, y nominalista, como comunión social y amor.

El «problema de los universales» ha sido resuelto, en la historia espiritual de la humanidad, por el *hecho* de la Encarnación, donde el universal básico del mundo –el *Logos*– tomó cuerpo en Jesucristo, que es el particular básico del mundo. Al encarnarse, el universal de los universales, el principio mismo de la inteligibilidad, el *Logos*, se transformó en el particular de los particulares, el prototipo mismo de la personalidad, Jesucristo.

El *Evangelio de san Juan*, sobre todo, pone de relieve clara y explícitamente el hecho de la unión del principio del conocimiento universal con el ser del amor individual de corazón a corazón. Describe la divina obra de alquimia donde el agua se unió al fuego, convirtiéndose así en agua viva, y donde las lenguas de fuego quedaron transformadas en lenguas de Pentecostés, comprensible para cada individuo. La sustancia del bautismo –el agua vivificada y el fuego que no consume lo particular, sino que hace que éste participe de la eternidad– procede de la obra de la Encarnación y Redención.

En lo que atañe a la historia del espíritu, bautismo es también la unión del realismo y el nominalismo, de la cabeza y el corazón en el ser humano, y esta unión no es más que el reflejo de la realidad de la Encarnación por la que el «Verbo se hizo carne».

El hermetismo cristiano es a la vez amigo del realismo idealista, por cuanto éste aspira al *Logos*, y del nominalismo realista, por cuanto este último aspira a la experiencia mística de la comunión de los seres mediante el amor. El propio hermetismo sólo puede ser el conocimiento de lo universal que se revela en lo particular. Para el hermetismo no hay principios, leyes o ideas que subsistan *fuera* de los seres individuales, no como rasgos estructurales de su naturaleza, sino como entidades separadas e independientes de la misma. Para el hermetismo no hay ni ley de gravitación ni ley de reencarnación: sólo existe la atracción y repulsión de los seres (también los átomos son seres), tocante a la gravitación, y la atracción de los seres a la vida terrestre con sus alegrías y dolores, en lo que se refiere a la reencarnación. Mas, por otra parte, si no hay en el mundo entidades como las leyes de la gravitación y la reencarnación, se da en cambio en los seres –pequeños y grandes– el deseo universal de asociarse, de formar juntos moléculas, organismos, familias, comunidades, naciones... Es un deseo o necesidad *estructural* y universal que se manifiesta como ley. Las leyes son *inmanentes* a los seres, como la lógica es inmanente al pensamiento por formar parte de su naturaleza misma. Y el verdadero progreso, la auténtica evolución, consiste en que los seres pasen de la vida bajo una ley a la vida bajo otra ley, es decir, en su cambio estructural. Así, la ley «ojo por ojo, diente por diente» es lenta y gradualmente sustituida por la ley del perdón. A su vez la ley «el débil sirve al fuerte, el pueblo al rey, el discípulo al maestro» cederá un día el puesto a esa otra ley de la que el Maestro dio ejemplo al lavar los pies a sus discípulos. Según esta ley superior, es el fuerte quien sirve al débil, el rey al pueblo, el maestro al discípulo, al igual que en los cielos, donde los ángeles sirven a los hombres, los arcángeles a los ángeles y hombres, los principados a los arcángeles, ángeles y hombres, y así sucesivamente. ¿Y Dios? Dios sirve a todos los seres sin excepción.

De idéntica manera la ley de la *lucha por la existencia,* que Darwin observó en el terreno biológico, cederá un día el puesto a la ley de la *cooperación por la existencia,* que se da ya en la cooperación entre las plantas en flor y las abejas, entre las distintas células de un organismo y en el propio organismo social constituido por los hombres.

El fin de la ley de la lucha por la existencia y el triunfo futuro de la ley de la cooperación por la vida fueron anunciados por el profeta Isaías:

> «Serán vecinos el lobo y el cordero,
> y el leopardo se echará con el cabrito;
> el novillo y el cachorro pastarán juntos,
> y un niño pequeño los conducirá» (Is 11,6-7).

Eso acontecerá porque la nueva ley –es decir, un cambio profundo en la estructura psíquica y física de los seres– reemplazará a la antigua ley, primero en la conciencia, luego en los deseos y aficiones y, por último, en la estructura orgánica de los seres.

Las leyes se suceden y cambian. No son entidades metafísicas inmutables. Lo mismo sucede con los principios y las ideas:

«El sábado ha sido hecho para el hombre, y no el hombre para el sábado, de suerte que el Hijo del hombre es también señor del sábado» (Mc 2,27-28).

Tal es la relación que existe entre los seres, por un lado, y las leyes, principios e ideas por otro.

Entonces las leyes, principios e ideas ¿no son reales? Lo son, pero su realidad no consiste en poseer una existencia separada de los seres, la de entidades metafísicas que pueblan un mundo bien suyo, un mundo de leyes, principios e ideas, el mundo de los seres espirituales: almas humanas, ángeles, arcángeles, principados, virtudes, dominaciones, tronos, querubines, serafines y la Santísima Trinidad del Espíritu Santo, el Hijo y el Padre.

¿Cuál es, pues, la realidad de las leyes, principios e ideas? Consiste en su parentesco estructural de orden espiritual, anímico y corporal. Todos los seres manifiestan un parentesco universal y dan testimonio de su origen y arquetipo común. Este arquetipo común, que la cábala llama *Adam Kadmon*, es la ley, principio e idea de todos los entes. La «imagen y semejanza de Dios» (Gén 1,26) en Adán es la ley por la que éste «tiene dominio sobre los peces del mar, las aves del cielo, las bestias, todas las alimañas de la tierra y los reptiles que se arrastran por ella» (Gén 1,26). Adán es la ley, principio e idea de todos los seres de la naturaleza, por constituir su síntesis ejemplar, su prototipo.

El realismo tiene, pues, razón al afirmar la realidad de los universales, ya que éstos son rasgos estructurales del arquetipo de todos los seres particulares. El nominalismo tiene también razón al enseñar que no hay en el mundo más realidades que los seres individuales, entre los que no figuran los universales.

El hermetismo ve en el *Logos* hecho hombre el universal ejemplar (arquetipo) convertido en el perfecto ser particular. Para el hermetismo cristiano, la controversia entre realismo y nominalismo no existe.

3. *La antinomia fe-ciencia empírica*

El Maestro dice:

«Yo os lo aseguro, si tenéis fe como un grano de mostaza, diréis a esa montaña: "Trasládate de aquí allá", y se trasladará, y nada os será imposible» (Mt 17,20).

El siglo XX replica:

«Y la ciencia tomó un grano de hidrógeno, liberó la energía en él encerrada y redujo la montaña a polvo.»

He ahí nuestra situación en cuanto a la antimonia entre fe y ciencia empírica. Nuestra fe no desplaza montañas, pero la energía que la ciencia nos ha enseñado a manejar puede muy bien reducirlas a polvo.
¿Quizá porque no tenemos ni un grano de mostaza de fe? ¿O acaso porque hemos concentrado todos nuestros esfuerzos en la tarea de penetrar hasta el fondo el secreto que encierra un grano de hidrógeno, en vez de hacerlo en la de adquirir una fe al menos tan grande como un grano de mostaza?
Para poder responder a estas preguntas, debemos primero caer bien en la cuenta de lo que es la fe y de lo que es la ciencia empírica.

La fe

La fe capaz —cuando alcanza el tamaño de un grano de mostaza— de mover montañas ¿se identifica con la convicción, con el sentimiento de certeza respecto a una doctrina? ¿O con la confianza, la ausencia de duda, por fiarnos de un testigo o testimonio? ¿O finalmente con la esperanza, con el optimismo en oposición al pesimismo? En suma, ¿basta con no tener ninguna duda para que nada nos sea imposible?
No pocos dementes dan muestras de una total ausencia de duda respecto a sus ilusiones o ideas fijas. Deberían, pues, poder realizar milagros, si la fe no fuera otra cosa que la *intensidad* de la convicción, confianza y esperanza debidas a la falta de duda. Los orates, en efecto, desarrollan en sí mismos esa intensidad.
Mas esto solo no es suficiente para constituir la fe a que alude el Evangelio. Trátase, con toda evidencia, no de la intensidad de la certeza sin más, sino de la intensidad de la certeza de la *verdad*. Si así no sucediera, los dementes serían taumaturgos y la locura se convertiría en ideal.
La fuerza capaz de trasladar una montaña debe ser igual a la que la ha erigido. La fe capaz de trasladar montañas no puede ser, por tanto, ni una opinión intelectual ni un sentimiento personal, aun el más intenso. Debe resultar de la unión del ser humano, que piensa, siente y desea, con el ser cósmico, Dios.
La fe que mueve montañas es la unión completa —aun sólo por un instante— entre el hombre y Dios.

Por ello ninguna ilusión puede engendrar la fe, y por ello también los milagros debidos a la fe son testimonios de la *verdad* –y no sólo de la sinceridad– de la convicción, confianza y esperanza de quien los obra. Los milagros son *frutos* de la unión de todo el hombre (el hombre concentrado) con la verdad, belleza y bondad cósmicas, es decir, con *Dios*. Son operaciones de la magia divino-humana que está y estará siempre basada en la constelación espiritual Dios-hombre. En otras palabras, esta magia opera siempre en *nombre* de Jesucristo, de acuerdo con la fórmula:

«Mi Padre va trabajando hasta ahora, y yo también trabajo» (Jn 5,17).

La fe para la que nada resulta imposible es el estado del alma en el que Dios actúa y el alma también actúa. Es el estado del alma concentrada en la verdad y a la que Dios añade la intensidad de la certeza, así como el poder, que hacen posibles los milagros. Es la magia debida a la unión de dos magos: Dios y el hombre.

La fe no es, por consiguiente, ni la certeza lógica, ni la certeza de la autoridad, ni la aceptación de un testimonio fiable, sino la unión del alma con Dios lograda por el esfuerzo del pensamiento, por la admisión del testimonio fidedigno, por la oración, meditación, contemplación, el empeño práctico-moral y otras muchas vías y esfuerzos que contribuyen a que el alma se abra al soplo divino.

La fe es el soplo divino en el alma, como la esperanza es la luz divina y el amor el fuego divino.

La ciencia empírica

Calor, vapor, magnetismo, electricidad, energía nuclear... ¡cuántas fuerzas poderosas dominadas por el hombre merced a la prodigiosa labor de la ciencia empírica! Gracias a ésta podemos conversar con nuestros amigos a través del océano, ver lo que sucede a miles de kilómetros de distancia, hallarnos en una hora a la cabecera del lecho de un enfermo en otro país, pedir auxilio cuando nos amenazan graves peligros en el mar, la montaña o el desierto para que vengan en nuestra ayuda aviones, buques, ambulancias o equipos de salvamento. Ella nos permite escuchar la voz de una persona fallecida decenios atrás, andar aunque nos falte una pierna, ver lejos siendo miopes, oír estando casi sordos.

¿A qué se debe el fabuloso éxito de la ciencia? ¿Qué principio básico lo explica? Su primer fundamento es la *duda*. Gracias a la duda sobre la experiencia de los sentidos, la ciencia ha podido establecer que no es el sol el que se mueve en el firmamento y que, al contrario, la tierra gira alrededor del sol. Gracias a la duda sobre el poder absoluto de la fatalidad, se han buscado y encontrado tratamientos para curar enfermedades teñidas antes por irremediables. Y porque dudó de las tradiciones del pasado, la ciencia empírica descubrió la evolución biológica, las hormonas, enzimas, vitaminas, la estructura del átomo, el inconsciente.

En la duda radica toda pregunta, y la pregunta constituye la base de toda búsqueda, de toda investigación. La duda es, pues, la madre del método científico. Es el *primus motor* (primer motor), el principio que puso en movimiento de una vez para siempre esa potente máquina hecha de laboratorios, observatorios, bibliotecas, museos, colecciones, universidades, academias y asociaciones de sabios.

La duda ha puesto en marcha esa máquina. Mas la *fecundidad* de este movimiento ¿ha de atribuírsele a ella sola? ¿Basta con dudar para hacer descubrimientos? ¿No será preciso *creer*, al menos, en la posibilidad de los mismos, antes de internarse por el camino que a ellos conduce? Por supuesto que sí. La ciencia empírica nace tanto de la duda como de la fe. A ésta debe su fecundidad y a aquélla su fuerza motriz.

Así como la duda científica es subyacente a la ciencia empírica en cuanto método, así también una fe científica es subyacente a la ciencia misma en cuanto principio de fecundidad. Newton *dudaba* de la teoría tradicional de la gravedad, pero *creía* en la unidad del mundo y, por tanto, en la *analogía* cósmica. Así llegó a la ley cósmica de la gravitación, partiendo del hecho de una manzana caída del árbol. La duda puso su pensamiento en marcha; la fe lo hizo fecundo.

¿Cuáles son los dogmas de la fe científica? He aquí el credo científico:

Creo en una sola sustancia, madre de todas las fuerzas que engendran los cuerpos y conciencia de todas las cosas visibles e invisibles.
Creo en un solo señor, el espíritu humano, hijo único de la sustancia del mundo, nacido de la sustancia del mundo después de todos los siglos de la evolución, reflejo reducido del gran mundo, luz epifenoménica de la oscuridad primordial, verdadero reflejo del verdadero mundo, cumbre de un desarrollo que resulta de la tentativa y el error, no engendrado ni creado, consustancial a la sustancia madre y capaz de reflejar el mundo entero. Por nosotros los hombres y por nuestra utilidad subió de las tinieblas de la sustancia madre, tomó carne de la materia por obra de la evolución y se hizo cerebro humano. Aunque se destruya con cada generación que transcurre, se forma de nuevo en cada generación que sigue, conforme a la herencia. Está llamado a elevarse al conocimiento exhaustivo del mundo entero y a sentarse a la diestra de la sustancia madre, que le servirá en su misión de juez y legislador, y su reino no tendrá fin.

Creo en la evolución, que todo lo dirige, que da vida a lo inorgánico y conciencia a lo orgánico, que procede de la sustancia madre y modela el espíritu pensante y que, junto con la sustancia madre y el espíritu humano, goza de la misma autoridad e importancia. Nos ha hablado por medio del progreso universal.
Creo en la ciencia una, diligente, universal y civilizadora. Reconozco una sola disciplina para eliminar los errores. Espero los futuros frutos de los esfuerzos colectivos del pasado y la vida de la civilización por venir. Amén.

Tales son los doce artículos de la fe científica en los que no sólo se basa el secular esfuerzo científico que conocemos, sino también el martirio de muchísimos hombres en nombre de la ciencia. Compara este credo con el tradicional credo cristiano, artículo por artículo, y percibirás así todo el alcance de la antinomia fe-ciencia empírica.

La síntesis

Una única sustancia como base de la multiplicidad de los fenómenos; el *espíritu humano*, capaz de reducir esta multiplicidad a la unidad; la *evolución*, a la que el espíritu humano debe su existencia, y la colaboración, con la que la evolución promete al espíritu humano su futuro desarrollo hasta que se convierta en señor de la misma; el *esfuerzo colectivo* y organizado, según el método de la duda y la verificación empírica, continuado de siglo en siglo: he aquí los cuatro principales dogmas de la fe científica.

Sustancia, espíritu humano, evolución y método científico son las cuatro letras del Tetragrámaton o nombre inefable de la ciencia.

Éliphas Lévi da mucha importancia al papel que desempeña en las evocaciones de la magia negra el empleo del nombre HVHY (leído *Havayot*), que es la inversión del Tetragrámaton sagrado YHVH. Y como el Tetragrámaton es la ley de la causalidad (sucesión de los principios activo, pasivo y neutro y de su manifestación; o bien: sucesión de las causas eficiente, material y final y del fenómeno) que arranca de la razón, concluye que la inversión del Tetragrámaton es la fórmula mágica del caos y la sinrazón.

Con todo, el Tetragrámaton invertido constituye precisamente el arcano de la ciencia empírica, por ser el principio pasivo de la sustancia o materia considerado por la ciencia empírica como el primero, el principio por antonomasia, mientras el principio neutro (el espíritu humano) le sigue y el principio activo (el método) termina la serie.

En efecto, si la *yod* es el principio activo (causa eficiente), la primera *he* el principio pasivo (causa material), la *vav* el principio neutro (causa final) y la segunda *he* el fenómeno entero que da por resultado el nombre *yod-he-vav-he* (YHVH) entonces el nombre invertido *he-vav-he-yod* (HVHY) constituiría la serie principio pasivo, principio neutro, principio pasivo, principio activo, o bien: materia, razón, evolución, método científico.

La serie HVHY quiere decir que nada es anterior a la materia y nada la mueve; se mueve por sí misma. Significa también que el espíritu es hijo de la materia; que la evolución es la materia engendradora del espíritu, y que el espíritu, una vez nacido, es la actividad de la materia en evolución que toma conciencia de sí misma y, a partir de ese momento, se hace cargo de la evolución.

Así, el Tetragrámaton invertido es a todas luces la fórmula síntesis de la ciencia empírica. ¿Es esta fórmula la del caos y la sinrazón? No. Es la imagen invertida, como reflejada en un espejo, de la fórmula espíritu-materia-evolución-individualidad o del sagrado nombre YHVH. No es la fórmula de la sinrazón, como tampoco la de la inteligencia; es la *fórmula de la astucia*, es decir, de la inteligencia reflejada.

No es la fórmula lógica, la del *Logos*, sino la de la serpiente del *Génesis*, «el más astuto entre los vivientes» que aspiran a la expansión horizontal de su conciencia («de los campos»). La meta final de la lógica de la serpiente o de la astucia consiste en llegar a ser *como* Dios, no en llegar a ser Dios. «Llegar a ser *como*...», he ahí la esencia de la astucia y también el sentido de la fe científica, del credo científico, que no es sino paráfrasis y desarrollo de la promesa de la serpiente:

«...el día en que comiereis de él se os abrirán los ojos y seréis como dioses, conocedores del bien y el mal» (Gén 3,5).

Abrirse los ojos, ser como dioses, conocer el bien y el mal: tal es el gran arcano de la ciencia empírica. Por ello ésta se ha entregado a la causa del esclarecimiento («abrir los ojos», en lo que toca a la horizontalidad), por ello aspira al poderío absoluto del hombre («como dioses») y por ello también es intrínsecamente amoral o *moralmente neutral* («el bien y el mal»).

¿Nos engaña? No. *De hecho* abre nuestros ojos y, gracias a ella, tenemos una visión *más* amplia en la horizontal: *de hecho* nos da poder sobre la naturaleza y nos hace soberanos de la misma; *de hecho* nos es útil, para el bien o para el mal.

La ciencia empírica no nos engaña en absoluto. La serpiente no mintió *en el plano en que su promesa y su voz podían oírse*. En el plano de la expansión horizontal (los «campos» del *Génesis*), la serpiente cumple bien lo que prometió. Pero ¿qué precio hay que pagar por ello en otros planos, en el plano vertical, por ejemplo? ¿Cuál es el precio de la explicación científica, de ese abrirnos los ojos en la horizontal, es decir, en el aspecto *cuantitativo* del mundo? El precio que pagamos es el oscurecimiento de su aspecto *cualitativo*. Cuanto mayor es nuestra apertura de ojos, para la cantidad, más ciegos nos volvemos para apreciar la calidad. Sin embargo, todo lo que entendemos por mundo espiritual es sólo calidad y toda experiencia del mundo espiritual se debe a que los ojos están abiertos para percibir esa calidad, el aspecto *vertical* del mundo. Aun el número no tiene otro sentido en el mundo espiritual que el de calidad. Uno significa en él la unidad, dos la dualidad, tres la trinidad y cuatro la dualidad de la dualidad. El mundo *vertical,* el mundo espiritual, es el de los *valores* y, como el valor de los valores es el ser individual, ese mundo es el de los seres individuales, los entes. Ángeles, arcángeles, principados, virtudes, potestades, dominaciones, tronos, querubines y serafines son otros tantos valores individualizados o entes. Y el *valor supremo* es el ente supremo: *Dios.*

La ciencia reduce la calidad o la cantidad. Esto es lo que llama conocimiento. Así, los colores del prisma: rojo, anaranjado, amarillo, verde, azul, añil y violeta, pierden para la ciencia sus cualidades de rojo, anaranjado, etc., y se convierten en cantidades, cifras que expresan las distintas frecuencias o longitudes de onda de la vibración que se designa por el nombre de luz. La luz también queda reducida a la cantidad. Es sólo una fórmula que expresa los factores cuantitativos de una vibración desprovista de toda calidad.

Entonces, ¿habrá que volverle la espalda a la ciencia empírica porque cumple la promesa de la serpiente de abrirnos los ojos al mundo cuantitativo a costa de dejarnos ciegos respecto al mundo cualitativo? ¿Qué hacer ante la alternativa entre ciencia y religión?

Pero... ¿acaso hay que escoger? ¿No bastaría con dar a estas dos aspiraciones simplemente el puesto que les corresponde, en vez del que se arrogan?

En realidad, si es cierto que no hay ciencia empírica religiosa ni religión científica, hay, en cambio, científicos religiosos y religiosos científicos. Para ser honradamente, es decir, sin comprometer la propia conciencia, un sabio religioso o un religioso sabio, es preciso *añadir* a la aspiración netamente horizontal la aspiración netamente vertical, en otras palabras, vivir bajo el signo de la cruz:

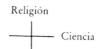

Esto significa que los aspectos cuantitativos del mundo se separan netamente de los aspectos cualitativos y que nos damos cuenta de la diferencia precisa entre la función de un mecanismo y la acción de un *sacramento*.

El mundo entero, en efecto, tiene su lado mecánico y su lado sacramental. En el libro del *Génesis*, Moisés describe el mundo como sacramento; la astronomía moderna nos está describiendo el mundo como máquina. El *Génesis* nos habla del qué, la astronomía del cómo del mundo. El cómo es el mecanismo; el qué es la esencia. El mecanismo es perceptible por la cantidad; la esencia se revela por la calidad.

Y ¿cómo conciliar el credo científico con el credo cristiano? En efecto, el primero no sólo es expresión de la fe en la cantidad sino también –y sobre todo– de la creencia en *valores* contrarios a los del segundo. Únicamente puedo dar esta respuesta:

¡Crucifica a la serpiente! Pon la serpiente –o el credo científico– en la cruz de religión y ciencia. Se producirá entonces una metamorfosis de la serpiente. El credo científico quedará así transformado en lo que *es* en realidad: la imagen reflejada del Verbo creador. No será ya *verdad*, sino *método*. No dirá ya: «En el principio existe la sustancia o materia», sino esto otro: «Para conocer el mecanismo del mundo como está hecho, debo adoptar un método que prescinda del origen de la materia y de lo que desde fuera la ha puesto en movimiento.» Tampoco dirá: «El cerebro produce la conciencia», sino: «Para conocer el funcionamiento del cerebro, tengo que considerarlo *como si* la conciencia fuera causada por él.»

La primera metamorfosis de la fe científica será, pues, la transformación de sus dogmas metafísicos en postulados metodológicos. Su negación de Dios, de la creación y del espíritu anterior a los fenómenos se convierte de esta manera en el método de la «sabia ignorancia» *(docta ignorantia)*[6], que no es sino la concentración de la ciencia en su terreno específico.

A esta metamorfosis seguirá tarde o temprano otra, la de la voluntad misma que se manifiesta en la fe científica. La *voluntad de poder,* que tiende al acrecentamiento ilimitado del dominio del hombre sobre la naturaleza, para el bien o para el mal, irá perdiendo gradualmente su indiferencia moral e inclinándose cada vez más al bien hasta transformarse en *voluntad de servicio.* Así, la fe científica experimentará una transmutación alquímica y la ciencia empírica dejará de ser amoral o moralmente indiferente. Tomará partido por lo constructivo, lo

---

6. *De docta ignorantia* es el título de uno de los más significativos escritos del filósofo y cardenal Nicolás de Cusa (1401-1464).

que sirve a la salud, la vida y el bienestar de la humanidad. De esta suerte quedará abierta a todas las innovaciones metodológicas que entrañarán tareas particulares, y acabará un día por entregarse a las fuerzas vitales y constructivas del mundo con el mismo celo y la misma intensidad con que hoy se entrega a las fuerzas provenientes de la destrucción (calor debido a la combustión, electricidad debida a la descomposición o la fricción, energía nuclear procedente de la desintegración de los átomos...). Esto a su vez acarreará la transformación del método científico, en el sentido de que se abandonará como caduca la voluntaria ignorancia del mundo espiritual...

Todo ello, no obstante, sólo podrá suceder cuando cierto número de sabios hayan «colocado en una pértiga la serpiente de bronce», es decir, hayan añadido en su fuero interno la *vertical* de la religión a la horizontal de la ciencia empírica. Quedará así neutralizado el veneno de la fe científica y ésta convertida en servidora de la vida.

Lo que acabo de exponer no es más que el consejo divino que recibió Moisés en el desierto entre la montaña de Hor y la tierra de Edom:

> «Hizo Moisés una serpiente de bronce y la puso en una pértiga; y cuando una serpiente mordía a un hombre, si éste miraba la serpiente de bronce, quedaba con vida» (Núm 21,9).

También nosotros necesitamos hoy, en el desierto donde nos hallamos, la serpiente de bronce colocada sobre una pértiga, y hemos de mirarla para salvar nuestra vida espiritual. Ahora bien, la síntesis entre ciencia y religión no es una teoría cualquiera, sino el acto interior de la conciencia por el que se añade la vertical espiritual a la horizontal científica o, dicho de otro modo, *el acto de erigir la serpiente de bronce*.

Hay que decir que esto no es sólo un consejo bíblico o el piadoso deseo de un hombre solitario a quien afligen los estragos causados en la vida espiritual de la humanidad por la fe científica con el apoyo de la ciencia empírica, sino un hecho ya consumado: tal síntesis existe. A Francia corresponde el honor de haber engendrado y contribuido a educar al gran sabio contemporáneo Pierre Teilhard de Chardin (simultáneamente, *padre* Teilhard de Chardin), quien, con doble conocimiento de causa, erigió bien alta la serpiente de bronce para nuestra época. Su libro *Le phénomène humain (El fenómeno humano)*[7], al igual que sus demás obras[8], es la síntesis ya *realizada* de la antinomia

---
7. P. Teilhard de Chardin, *El fenómeno humano*, Taurus, Madrid 1963 (ed. orig. francesa: París 1955).
8. *Obras del Padre Teilhard de Chardin*, Taurus, Madrid 1957ss (todas las obras importantes).

fe-ciencia empírica, por cuanto un verdadero científico y a la vez verdadero creyente logró llevar a cabo con todo éxito, en el trabajo de su vida, la unión de la horizontal de la ciencia (¡y qué horizontal!) con la vertical de la religión (¡y qué vertical!).

Aún debemos añadir que no es el único en su empresa y que existen otros muchos hombres quienes, «mirando la serpiente de bronce», conservan la *vida*.

En cuanto a nosotros, herméticos, vémonos frente a una obra cuya realización era cometido nuestro, mas no lo ha sido a la postre, porque no hemos querido abrazar de todo corazón ni la causa de la ciencia con su disciplina, ni la de la religión con la suya. Insistíamos en una ciencia nuestra y una fe nuestra. Por eso nadie entre nosotros ha sido capaz de erigir la serpiente de bronce que necesitaba nuestra época. Para poderlo hacer, hubiéramos tenido que ser a la vez verdaderos sabios según las reglas de la Academia y verdaderos creyentes según los criterios de la Iglesia.

¿Quién de nosotros, al menos en su juventud, no aplaudió en alguna ocasión la máxima proclamada en voz bien alta por Papus: «¡Ni Voltaire, ni Loyola!»? Lo cual significa: ni duda, ni fe.

El resultado es que dudamos un poco y creemos un poco. No tenemos suficiente espíritu crítico allí donde de veras se requiere, y sí, en cambio, bastante como para hacer que nuestra fe cojee cuando se trata de aceptar sin reservas valores espirituales que se brindan a nuestra apreciación. «Ni Voltaire ni Loyola» quiere decir, en la práctica, «un poco de Voltaire y un poco de Loyola», pues no se puede prescindir totalmente ni de la duda ni de la fe.

He ahí a un hombre –sigo pensando en el padre Teilhard de Chardin– que tuvo la valentía de proclamar: «¡Voltaire y Loyola!», y de ser auténtico sabio a la vez que jesuita. Heroicamente aceptó la cruz de la duda volteriana y la de la fe ignaciana. Ello dio lugar a su luminosísima visión de la marcha evolutiva del mundo, por impulso de la serpiente, hacia la meta final asignada por la Providencia.

¡No tengamos miedo, pues, tampoco nosotros, de ser como el Ermitaño del tarot, quien por una parte viste el hábito de la fe y por otra sondea el suelo con su cayado para salir de dudas! La lámpara que sostiene es su luz, ¡la luz que brota de la oposición entre duda y fe!

El don del negro perfecto

Los arcanos del tarot, insisto, son ejercicios espirituales. Y el noveno arcano, el Ermitaño, es uno de ellos. Por eso las meditaciones precedentes sobre las tres antinomias tendían no tanto al hallazgo de una solución válida para todo el mundo como al esfuerzo espiritual orientado a dicha solución. Uno mismo puede resolver esas antinomias de manera más profunda y satisfactoria. La solución que yo acabo de proponer es sólo una *ilustración concreta* (en modo alguno la mejor, bien lo sé) del esfuerzo individual aplicado al particular ejercicio espiritual que consiste en situarse frente a una tesis y una antítesis tratando de verlas a la luz más clara posible –luz cristalina, diría yo–, de suerte que toda esa luz intelectual de que uno dispone se agote en las dos tesis contrapuestas. Se llega entonces a un estado de espíritu donde todo lo que uno sabe y concibe con claridad se vierte en la tesis y su antítesis, que así se transforman en dos rayos de luz, mientras el propio espíritu queda sumido en la oscuridad. Uno no sabe ni ve ya nada más que la luz de esas tesis contrarias, fuera de las cuales sólo hay tinieblas.

Tal es el momento favorable para emprender lo esencial del ejercicio: el esfuerzo de *extraer luz y claridad del fondo mismo de la oscuridad*, a fin de conocer lo que nos parece no sólo desconocido sino incognoscible.

De hecho, toda antinomia seria significa psicológicamente esto: La luz que yo poseo se ha concentrado en dos polos; entre esos dos polos luminosos no hay más que tinieblas. Ahora bien, precisamente de estas tinieblas ha de extraerse la solución de la antinomia, la síntesis. Es menester *crear* la luz a partir de la oscuridad. Podría decirse que se trata de un acto análogo al «Hágase la luz» del primer día de la creación.

La experiencia nos enseña que hay dos clases de tinieblas en la esfera de la conciencia. Una es la de la ignorancia, pasividad y pereza: la oscuridad de la infraluz. La otra, en cambio, es la oscuridad del conocimiento superior, de la actividad intensa y del esfuerzo que aún queda por hacer, la oscuridad de la ultraluz. Esta última es la que se requiere para resolver una antinomia y hallar su síntesis.

La moderna literatura hermética (de los siglos XIX y XX) hace gran hincapié en la neutralización de los binarios, es decir, el método que permite encontrar el *tercer* término o término neutral a partir de los otros dos (binario), correspondientes a los principios activo y pasivo. Así, en los escritos de Papus[9] hallamos los siguientes ejemplos de neutralización:

---

9. *Traité élémentaire de science occulte*, 7.ª edición, p. 121.

```
Padre  (+)  —  Madre   (−)  →  Hijo      (n)
Luz    (+)  —  Sombra  (−)  →  Penumbra  (n)
Sol    (+)  —  Luna    (−)  →  Mercurio  (n)
```

El método de la neutralización de los binarios (término que se usaba en Rusia, pero no estoy seguro de que se utilice en otros países) es generalmente considerado por los autores herméticos y ocultistas como el método tradicional del hermetismo.

Un binario puede neutralizarse de *tres* maneras distintas:
1. Arriba (síntesis).
2. Horizontalmente (componenda).
3. Abajo (mezcla).

La neutralización de arriba tiene lugar cuando se halla el término neutral en un plano superior al del binario mismo:

La neutralización horizontal se produce al dar con el término medio entre los dos del binario en el propio plano de éste:

La neutralización de abajo se efectúa mediante la reducción del binario a un tercer término en un plano inferior al del mismo binario por vía de mezcla:

Para ilustrar estos tres modos de neutralización de los binarios citemos el ejemplo del «cuerpo de los colores» *(Farbkörper)* del sabio alemán Wilhelm Ostwald[10]. El «cuerpo de los colores» de Ostwald está formado por dos conos:

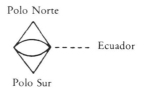

---

10. *Die Farbenfibel*, Leipzig 1916; *Die Farbenlehre*, Leipzig 1918.

El polo Norte es el punto *blanco,* que constituye la síntesis de todos los colores. Es la luz blanca que se diferencia cada vez más a medida que desciende hacia el Ecuador. Aquí los colores alcanzan el máximo de su diferenciación e intensidad individual. Por ejemplo, en el polo Norte, el rojo está sólo en potencia; luego, poco a poco, a medida que baja, va volviéndose rosáceo, rosa neto, rojizo y finalmente, al llegar al Ecuador, rojo vivo. Así, el Ecuador se halla constituido por los siete colores al máximo de su intensidad.

Los mismos colores, al continuar su descenso desde el Ecuador hasta el polo Sur, pierden gradualmente su luz cromática y se oscurecen. Cuando llegan al polo Sur ya no se diferencian, y todos ellos se vuelven *negros.* El polo Sur es, por tanto, el *punto negro* del cuerpo de los colores, al igual que el polo Norte es el *punto blanco.*

Este punto blanco es la síntesis de todos los colores, su neutralización de arriba, en la luz. El Ecuador es la zona de la diferenciación máxima de los colores. En él puede comprobarse la transición de un color a otro. Es la zona que permite efectuar la neutralización en la horizontal. Por último, el punto negro es el de la mezcla de todos los colores, el punto donde éstos se pierden en la oscuridad. Es la región de la neutralización de abajo.

El «cuerpo de los colores», inventado por Ostwald con miras a su aplicación en la industria textil, facilita la determinación precisa, latitud y longitud, de todo matiz y grado de intensidad de cada color. Sin embargo, sin haberlo nunca pretendido su autor, puede también, en las meditaciones herméticas, constituir la importante base de una cadena de analogías.

Así, por analogía, podemos concebir el punto blanco o polo Norte del cuerpo de los colores como el de la *sabiduría,* el Ecuador como el de la familia de las ciencias particulares del saber humano y el punto negro o polo Sur como el de la *ignorancia.* La sabiduría es la síntesis superior (de arriba) de todas las ciencias particulares del saber humano. Las contiene todas al mismo tiempo, indiferenciadas, como la luz blanca contiene los siete colores del prisma. La neutralización o síntesis del binario amarillo-azul, por ejemplo, puede efectuarse mediante una ascensión hacia el punto blanco de la sabiduría.

Otro método para hallar el tercer término del binario amarillo-azul consistiría en situar en el Ecuador de los colores del espectro el punto de la escala de la transición del amarillo al azul, que se encuentra exactamente a media distancia entre el punto más amarillo y el más azul. Ese punto será el *verde.*

Finalmente, aún existe un tercer método de neutralización: el que va hacia abajo desde el Ecuador, en dirección hacia el punto negro donde los colores particulares desaparecen en la oscuridad. La neutralización del binario amarillo-azul se lleva a cabo, según este método, al hallar un punto en la escala del cono invertido del cuerpo de los colores donde el amarillo y el azul dejan de diferenciarse y se funden en un castaño oscuro.

Si tomamos ahora, en lugar del binario amarillo-azul, el binario matemática-ciencia descriptible o matemática-fenomenalismo y le aplicamos los tres métodos de neutralización, obtendremos respectivamente una fórmula de síntesis trascendente, otra de acomodación o equilibrio y una tercera de indiferencia. Helas aquí:

1. *Síntesis trascendente:* Dios hace geometría; los números son creadores de los fenómenos. Tal es la fórmula de Platón y de los pitagóricos.

2. *Equilibrio:* El mundo es orden, es decir, los fenómenos dan a conocer límites debidos al equilibrio y que denominamos medida, número y peso. Tal es la fórmula de los peripatéticos (Aristóteles, etcétera).

3. *Indiferencia:* Nuestro espíritu reduce los fenómenos a números para facilitarse la tarea de su manejo. Tal es la fórmula de los escépticos.

Vemos, por consiguiente, que el platonismo se orientaba al punto blanco de la sabiduría, el aristotelismo se movía en la zona ecuatorial de las distinciones precisas y el escepticismo tendía al punto negro del nihilismo.

En cuanto al hermetismo, su Ermitaño sostiene la lámpara que representa el punto luminoso de la síntesis trascendente; se envuelve en el manto, que le cae en pliegues, del desarrollo o despliegue de las cualidades particulares, que tiene lugar en la zona ecuatorial, y se apoya en el bastón del tanteo en medio de la oscuridad, en la zona del cono invertido que culmina en el punto negro.

Es, pues, un platónico peripatético (en camino a lo largo del ecuador) que se sirve del escepticismo (bastón) al andar. Por eso la interpretación tradicional del noveno arcano es la *prudencia*.

La prudencia es la conciencia constante de hallarse entre dos oscuridades: la del punto blanco de la síntesis absoluta de arriba, que deslumbra y exige una preparación lenta y gradual del espíritu para poder soportar esa luz sin quedar cegado, y la del punto negro, la oscuridad del subconsciente, abajo.

La prudencia es también la concentración móvil que avanza de un color particular a otro en la zona ecuatorial, entre los dos polos opuestos. Se envuelve en el manto de su sinopsis no como ciencia siempre presente al espíritu, sino como fondo de cada conocimiento particular, como certeza de la *fe* en la unidad, certeza que la arropa y viste, pero que al propio tiempo queda abierta por delante para dar espacio al uso de la lámpara y el bastón, a la *visión orientada* y el *tacto concentrado*.

La prudencia no consiste en tener siempre presente al espíritu la visión del punto blanco de la síntesis, ni la visión de la sinopsis, es decir, la del arco iris de los colores. Esa visión unitaria la envuelve como el inconsciente envuelve al consciente, y sólo está presente como fuerza de orientación, inclinación directriz e impulso básico respecto del consciente. La prudencia no elabora nunca un sistema absoluto de síntesis de todo saber. Solamente se ocupa de problemas particulares *basándose en la síntesis de tales problemas, que se da en una capa profunda de la conciencia*. La síntesis general, que lo abarca todo, tiene lugar en otra capa de la conciencia, en un estrato distinto de aquel donde el yo hace su trabajo intelectual. Así, el Ermitaño prudente podría ofrecernos decenas de respuestas a decenas de preguntas, y ello con la mayor espontaneidad y sin preocupación visible por su concordancia, dándonos la impresión de que cada respuesta viene absolutamente ad hoc y no se debe a un sistema intelectual preconcebido. Hasta llegará alguno a preguntarse si no se trata de poesía intelectual, al ver lo espontáneo e ingenuo de cada respuesta, a la vez que su oportunidad y carácter convincente.

Tal sería la primera impresión. No obstante, tras madura reflexión, caeríamos en la cuenta de que todas esas respuestas espontáneas y ad hoc revelan en el fondo un todo, un organismo de síntesis, aliándose maravillosamente y no constituyendo, precisamente *en el fondo*, más que un solo verbo articulado. Se comprende entonces el papel que desempeña el manto que envuelve al Ermitaño cuando éste utiliza su lámpara para ver claro en los problemas particulares y su bastón para sondear el terreno.

El manto denota la presencia de toda la verdad en una capa más profunda de la conciencia, y esta verdad es la que envuelve e inspira todo trabajo intelectual realizado por el yo consciente con su lámpara y bastón a propósito de los problemas particulares.

Esa verdad le da dirección y estilo, velando por que la solución de cada problema particular esté en armonía con ella. Esa verdad, que vive en una capa profunda de la conciencia, está allí presente como certeza de la *fe absoluta*, como certeza de una *huella* de la verdad de arriba.

El iniciado no es el que lo sabe todo. Es un hombre que lleva en una capa más profunda de su conciencia la verdad, no como sistema intelectual sino como estrato de su ser, como un manto que lo envuelve. Esa verdad-huella se manifiesta como certeza inquebrantable, es decir, como *fe* en el sentido de *voz de la verdad presente*.

La verdad sintética se halla presente en un estrato de la conciencia más profundo que el de la conciencia del yo. Se encuentra en la oscuridad. De esa oscuridad brotan los rayos de luz de los conocimientos particulares, de los resultados de los esfuerzos tendentes a la neutralización de los binarios o solución de las antinomias. Tales esfuerzos son excursiones a la zona más profunda de la conciencia, contactos establecidos con la oscuridad interior preñada de revelaciones de la verdad.

El saber y poder extraído de esa negra y silenciosa región de la certeza luminosa puede designarse por el nombre de «don del negro perfecto», el *teleion melan* que menciona el libro sagrado de Hermes Trismegisto, *Kore kosmou*.

El don del negro perfecto se manifiesta al cabo de esfuerzos espirituales como el de la neutralización de los binarios o la solución de las antinomias. Es, por así decirlo, la esencia misma del hermetismo. Constituye a la vez su método propio y la facultad cognoscitiva a la que el hermetismo debe su existencia.

El Ermitaño es la imagen espiritual de quien sigue el método y ejerce la facultad del don del negro perfecto. Como este método requiere una verdadera imparcialidad, es decir, la búsqueda de una síntesis de las antinomias y la del tercer término de los binarios, el hermético ha de ser necesariamente un solitario, un eremita. La soledad es el método privativo del hermetismo, ya que se precisa estar profundamente solo para poder aplicar ese don del negro perfecto a los contrarios, binarios, antinomias y partidos que dividen y desgarran el mundo de la verdad. El que busca la síntesis, o sea la auténtica *paz*, no se pronuncia nunca en pro o en contra de una de las partes contrarias. Y puesto que justamente el hecho de tomar partido es lo que divide a los hombres en grupos opuestos, estará forzosamente solo. No puede abrazar sin reservas ninguna causa humana ni oponerse tampoco a ninguna, si quiere permanecer leal a la causa de la *verdad*, que es la síntesis y la paz. Por ello queda condenado, le guste o no, a una profunda soledad. *Es* eremita en su vida interior, sea cual fuere su vida exterior. Jamás conocerá la alegría de sumergirse en la colectividad nacional, social o política, ni la dicha de compartir el peso de la responsabilidad con la multitud. Jamás será convidado a los festines –y orgías– implicados en fórmulas como «nosotros los franceses», «nosotros los alemanes», «nosotros los judíos», «nosotros los monárquicos», «nosotros los comunistas»... La embriaguez de zambullirse en una colectividad no le es permitida. Debe mantenerse *sobrio*, es decir, *solo.* En efecto, la búsqueda de la verdad total, que es la paz, entraña la prudencia, y prudencia es soledad.

De ahí que el Evangelio incluya a los que buscan y procuran la paz en la misma lista que a los pobres de espíritu, los afligidos, los que tienen hambre y sed de justicia y los perseguidos a causa de la justicia, asignándoles una felicidad distinta de aquella de la que se han visto privados.

«Bienaventurados los pacíficos, porque serán llamados hijos de Dios» (Mt 5,9).

Así habla el sermón de la montaña de quienes se niegan a tomar partido por una u otra de las verdades parciales, en todos los sentidos de la palabra, que escinden el mundo, consagrándose en cambio a la causa de la verdad total, que lo une y le trae la *paz*.

El Ermitaño itinerante, con su manto, lámpara y bastón, es un apóstol de la paz. Hace su camino de opinión en opinión, de creencia en creencia, de experiencia en experiencia, y traza, con el camino recorrido, la vía de la paz entre opiniones, creencias y experiencias, provisto siempre de su manto, lámpara y bastón. Lo hace solo, porque *anda* (y nadie podría andar en su puesto) y porque su obra es la *paz* (que es prudencia y, por ende, soledad).

Sin embargo, no hay que sentir lástima por él, pues tiene sus alegrías y éstas son intensas. Cuando, por ejemplo, tropieza en su camino con otro eremita itinerante, ¡qué gozo, qué dicha en este encuentro de dos solitarios! Esta alegría nada tiene en común con la de la embriaguez que viene de abandonar toda responsabilidad y sumergirse en la colectividad. Es, al contrario, la alegría de la responsabilidad que se encuentra con la misma responsabilidad, compartiendo y aligerando ambas la responsabilidad de un *tercero,* el que dijo de su vida terrena:

«Las zorras tienen guaridas y las aves del cielo nidos, pero el Hijo del hombre no tiene donde reclinar la cabeza» (Mt 8,20).

Tal es el Maestro, a quien siguen y sirven todos los solitarios itinerantes del mundo. Tal es también la alegría de quienes se encuentran en su nombre, a la cual él asiste.

¡Y las alegrías del profundo silencio grávido de revelaciones, del cielo estrellado cuya solemne presencia habla el lenguaje de la eternidad, de las constelaciones astrales, de los pensamientos, de la respiración de un aire cargado de espiritualidad! No, no hay que tenerle lástima al Ermitaño. Aunque no disponga, como su Maestro, de un lugar donde reclinar la cabeza, es ya dichoso con la felicidad que el Maestro ha prometido a quienes procuran la paz. Tiene la ventura de participar en la obra del Hijo de Dios, compartiendo la soledad de la vida terrena del Hijo del hombre.

Quienes buscan la paz, los ermitaños, no la buscan a cualquier precio ni procuran toda paz sin distinción, ya que la paz puede alcanzarse de muchas maneras, y aún hay que distinguir entre paz y paz. El «cuerpo de los colores» de Ostwald nos es asimismo útil para resolver este problema. El punto blanco, el ecuador de los colores vivos y el punto negro de dicho cuerpo pueden servirnos de base analógica al contemplar las diversas clases de paz y los distintos modos de procurarla.

La paz es unidad en la diversidad. No hay paz donde no hay diversidad, ni tampoco donde sólo hay diversidad. Así, la unidad donde lo diverso desaparece no es la paz. Por eso el punto blanco del cuerpo de los colores, donde éstos quedan ahogados en la luz es sin duda lo que hace posible la paz, mas no es la paz de por sí. De igual modo el punto negro, donde todos los colores desaparecen en la oscuridad, no es el punto de la paz, sino el de la muerte de la diversidad y los conflictos que ésta puede acarrear. La auténtica región de la paz es, por tanto, el ecuador de los colores vivos. Los colores vivos del arco iris que aparecen sobre un fondo de nubes son la manifestación visible de la idea de la paz, porque el arco iris nos hace ver la unidad de la diversidad de los colores. Ante nuestros ojos desfila la familia entera de los colores, como siete hermanos que van cogidos de la mano. Por ello el arco iris es el signo de la paz o alianza entre cielo y tierra en el *Génesis* de Moisés:

> «Dijo Dios: "He aquí la señal del pacto que por generaciones eternas establezco entre mí y vosotros y todos los seres vivientes que con vosotros existen. Pongo mi arco en las nubes para que sirva de signo de alianza entre mí y la tierra"» (Gén 9,12-13).

Cuatro clases de paz son posibles, si por paz se entiende la supresión de conflictos y oposiciones: la paz trascendente o *nirvánica*, la paz inmanente o *católica*, la paz del predominio o *hegemónica* y la paz de la muerte o *nihilista*.

La paz trascendente o nirvánica corresponde al punto blanco del cuerpo de los colores. La paz inmanente o católica sería la manifestación viva y simultánea de *todos* los colores del arco iris, correspondiendo al Ecuador. La paz del predominio o hegemónica equivaldría a la facultad que tuviera un color individual de eclipsar los demás colores y sepultarlos en la zona ecuatorial de los colores, quedando así él solo. La paz de la muerte o nihilista correspondería al punto negro del cuerpo de los colores y denotaría la absoluta nivelación de toda diversidad.

De estas cuatro clases de paz, sólo la que hemos calificado de inmanente o católica (universal) es la paz real y verdadera, la paz de la *fraternidad* y del mutuo *complemento*. Al ser ésta la paz que el Ermitaño tiene por ideal, la lámina no lo representa en la postura *padmasana* de la meditación budista o del yoga, tendiendo a la paz trascendente del nirvana, ni tampoco *sentado* en el trono del poder con actitud de mando, ni por último dormido o muerto en el suelo, sino *andando*. Camina, es decir, va dando la vuelta al ecuador de los colores vivos del cuerpo cromático, y su camino es el de la paz entendida como unidad en la diversidad.

De ahí se sigue que el Ermitaño, o sea el hermético serio, no es en modo alguno neutralista, aun cuando aplique su espíritu a la neutralización de los binarios o polaridades, a la solución de las antinomias u oposiciones y a la paz del arco iris o unidad en la diversidad. Sabe decir no a las tendencias que conducen a una falsa paz –la de la indiferencia trascendente, la del sometimiento y la del nihilismo–, como sabe también decir sí a todo cuanto aspira a la verdadera paz de lo uno en lo diverso.

Sabe decir sí y no, esas dos palabras mágicas con las que la voluntad es fuerte y sin las cuales se adormece. Sí y no es la vida misma de la voluntad, su suprema y única ley. Para la voluntad no existe término medio entre fuera, encima o debajo del sí y el no. *Amen* y *anathema* son no sólo las solemnes fórmulas litúrgicas que resumen la afirmación y negación últimas, sino también las de la voluntad que vive y vigila. Y lo hace exclusivamente en el sí y no. Por esencia, la voluntad nunca es imparcial, neutral e indiferente.

Henos aquí frente a una antinomia más: la antinomia *práctica* «sabiduría-voluntad» o «síntesis universal-acción particular» o, lo que es lo mismo, «saber-querer».

4. *La antinomia saber-querer*

Hay que saber, es decir, ver la unidad en la diversidad, y *hay que* querer, es decir, seccionar la unidad contemplada con el sable de dos filos del sí y el no de la voluntad. Volverse contemplativo es ir a la inactividad. Volverse activo conduce, en último término, a la ignorancia.

Se puede escoger la vida contemplativa, pero ¿a qué precio? Al precio de que la contemplación se convierta en camino principal y preocupación céntrica de la vida, como lo vemos por el siguiente ejemplo: Un barco transporta pasajeros y la tripulación, que consta del capitán, oficiales y marineros. Lo mismo ocurre con el barco de la sociedad humana, que viaja de siglo en siglo. También él lleva tripulación y pasajeros. La tripulación vela por que el buque siga su rumbo y los pasajeros estén sanos y salvos. Escoger un estilo contemplativo de vida implica la decisión de hacerse pasajero del buque de la sociedad humana y dejar a la tripulación –capitán, oficiales y marineros– la responsabilidad del bienestar tanto de uno mismo como de los demás pasajeros. Así, optando por un género de vida contemplativo, uno se vuelve pasajero del buque de la historia humana. Tal es el precio moral de esta elección.

Guardémonos, sin embargo, de concluir con demasiada ligereza y superficialidad que todos los religiosos de las órdenes llamadas contemplativas y los ermitaños son simples pasajeros. Esto sería un grave error, pues entre tales contemplativos se encuentran a menudo no sólo marineros y oficiales de la tripulación, sino aun capitanes. Ello viene de que su obra y meta son esencialmente *prácticas*, pese a su índole espiritual. La oración, el oficio divino, el estudio y la vida disciplinada y austera constituyen un esfuerzo muy activo y eficaz para trazar el rumbo y fijar el punto de destino del barco de la historia espiritual de la humanidad. A buen seguro, son esos contemplativos quienes cargan consciente y voluntariamente con el grueso de la responsabilidad tocante a la ruta espiritual del buque y al bienestar espiritual de su tripulación y pasajeros. Para tales órdenes, vida contemplativa significa esfuerzo y responsabilidad espirituales, mientras eso mismo, en el sentido de que se escoge el polo del ver a expensas del polo del querer en el ser humano, equivale a preferir el *goce* del ver al *esfuerzo* del querer y de la acción (espiritual o exterior) en él implicada. De hecho, hay bastantes personas que gozan de la vida contemplativa, pero raramente son miembros regulares de las órdenes denominadas contemplativas; con frecuencia se trata de aficionados seglares, que se encuentran entre los adeptos del yoga, la cábala, el sufismo y la metafísica en general.

Por otra parte, es posible decidirse por el polo del querer del ser humano con el propósito de ocuparse solamente de lo relativo a la acción y a un fin práctico. Uno puede escoger el estilo activo de vida, pero ¿a qué precio?

Al de una inevitable estrechez de espíritu. «¿Para qué ocuparme de los esquimales, con quienes nada tengo que ver, cuando ni siquiera conozco a las gentes de mi calle y a mis compañeros de trabajo?», dirá el que ha escogido la acción a costa del saber. Si es creyente, se preguntará: «¿A santo de qué todas esas vanas preocupaciones del espíritu, filosofías, ciencias y doctrinas sociales o política, cuando los sagrados preceptos del Evangelio (o de la Biblia, el Corán, el Dhammapada, etc.) bastan para mi salvación y la de la humanidad?»

La acción exige concentración y ésta lleva inevitablemente consigo una limitación del espíritu a sectores determinados de la vida con detrimento de la visión de conjunto.

Ahora bien, la prudencia enseñada por el arcano representado en el Ermitaño puede asimismo brindarnos la solución de la antinomia práctica saber-querer.

El Ermitaño no aparece ni sumido en la meditación o el estudio, ni trabajando o actuando. Está *caminando*. Nos revela así un *tercer* estado más allá de la contemplación y la acción. Representa, respecto al binario saber-querer o contemplación-acción o finalmente cabeza-miembros, el término de la síntesis, es decir, el *corazón*. Aquí, en efecto, se unen la contemplación y la acción: el saber se transforma en querer y el querer en saber. El corazón no necesita olvidarse del conjunto contemplado para actuar, ni suprimir toda acción para contemplar. Es al mismo tiempo e incansablemente activo y contemplativo. *Camina*. Anda noche y día, y oímos los pasos de su incesante caminar. Por eso, si quisiéramos representar a un hombre que vive según la ley del corazón, que tiene por centro el corazón y es la expresión visible del corazón –es decir, al «padre bueno y sabio», al Ermitaño– lo figuraríamos *caminando*, sin prisa, pero sin pausa.

El Ermitaño de la novena lámina es el hombre del corazón, el hombre solitario en marcha. Es el hombre que ha realizado en sí mismo la antinomia saber-querer o contemplación-acción. El corazón le ha permitido resolverla.

El corazón a que aquí nos referimos no es la emotividad o apasionamiento que habitualmente denota esa palabra. Se trata, en este caso, del punto medio de los siete centros de la organización vital y anímica del hombre. Es el loto de doce pétalos o *anāhata* de la antropología esotérica de la India. Es *el más humano* de todos los centros o flores de loto. Efectivamente, si el loto de ocho pétalos o centro coronal es el de la revelación de la sabiduría, el loto de dos pétalos el de la iniciativa intelectual, el loto de dieciséis pétalos (centro laríngeo) el de la palabra creadora, el loto de diez pétalos el de la ciencia, el loto de seis pétalos el de la armonía y la salud y el loto de cuatro pétalos el de la fuerza creadora, a su vez el loto de doce pétalos (centro cardíaco) es el del *amor*. Por ello es el más humano de los centros y el criterio último no de lo que el hombre posee, puede o sabe, sino de lo que *es*. El hombre, en el fondo, es lo que es su corazón. Aquí reside y se revela la humanidad del ser humano. El corazón es el sol del microcosmo.

De ahí que el hermético cristiano sea –como el cristianismo en general– heliocéntrico: asigna al corazón el puesto central en toda su práctica. La gran obra de la alquimia espiritual o hermetismo ético es la transmutación de las sustancias (metales) de los demás lotos en la sustancia del corazón (oro). El «hermetismo ético» (término empleado en Rusia para designar la alquimia espiritual) tiende a la transformación del sistema de las flores de loto en un *sistema de siete corazones*, o sea a la transformación de todo el ser humano en corazón. Esto equivale en la práctica a la *humanización* del ser humano en su totalidad y a la transformación del sistema de los lotos en otro que funciona por el amor y para el amor. Así, la sabiduría revelada por el loto de ocho pétalos dejará de ser abstracta y trascendente, volviéndose cálida como el fuego de Pentecostés. La iniciativa intelectual del loto de dos pétalos se convertirá en visión benévola del mundo. La palabra creadora del loto de dieciséis pétalos se volverá mágica: tendrá la facultad de iluminar, consolar y curar.

El propio corazón o loto de doce pétalos, que es el único centro no atado al organismo, pudiendo salir de él –mediante la exteriorización de sus pétalos, capaces de irradiarse hacia afuera– y vivir con los demás y en los demás hombres, se transformará en un viajero, visitante y compañero anónimo de encarcelados, exiliados y portadores de pesadas responsabilidades. Será el Ermitaño itinerante, que recorre de punta a punta tanto los caminos de la tierra como los del mundo espiritual, que va desde el purgatorio hasta los pies mismos del Padre. Pues ninguna distancia es insuperable para el amor y ninguna puerta puede impedirle entrar, según la promesa: «Y las puertas del infierno no prevalecerán...» (Mt 16,18).

El corazón es el órgano maravilloso llamado a servir al amor en esas obras. Su estructura a la vez humana y divina, una estructura de amor, es la que puede, por analogía, poner al alcance de nuestra comprensión el sentido de las palabras del Maestro:

«Y he aquí que *yo estoy con vosotros* todos los días, hasta el fin del mundo» (Mt 28,20).

La ciencia del loto de diez pétalos se volverá entonces *conciencia*, es decir, servidora de Dios y del prójimo.

El loto de seis pétalos, centro de la salud, se transformará en centro de la santidad, de la armonía entre espíritu, alma y cuerpo.

La fuerza creadora del loto de cuatro pétalos servirá de fuente de energía e impulso inagotable para recorrer el largo camino del Ermitaño itinerante que es el hombre del corazón, el hombre que ha recobrado su humanidad.

El discípulo del yoga y tantra hinduistas medita o recita interiormente los «mantras germinales» *(bīja mantra)* para despertar esos centros o *chakras* y estimular su desarrollo.

Hace vibrar dentro de sí la sílaba *om* para el centro situado entre las cejas (loto de dos pétalos), la sílaba *ham* para el centro laríngeo (loto de dieciséis pétalos), la sílaba *yam* para el centro cardíaco (loto de doce pétalos), la sílaba *ram* para el centro umbilical (loto de diez pétalos), la sílaba *vam* para el centro pelviano (loto de seis pétalos), y la sílaba *lam* para el centro básico (loto de cuatro pétalos). En cuanto al centro coronal (loto de ocho pétalos), no hay ningún *bīja mantra* que le corresponda, por constituir no un medio sino el fin del desarrollo yoguista. Es el centro de la liberación.

He aquí ahora las fórmulas cristianas *(mantras)* que se relacionan con dichos centros:

«Yo soy la resurrección y la vida»	– Loto de ocho pétalos.
«Yo soy la luz del mundo»	– Loto de dos pétalos.
«Yo soy el buen pastor»	– Loto de dieciséis pétalos.
«Yo soy el pan de vida»	– Loto de doce pétalos.
«Yo soy la puerta de las ovejas»	– Loto de diez pétalos.
«Yo soy el camino, la verdad y la vida»	– Loto de seis pétalos.
«Yo soy la verdadera vid»	– Loto de cuatro pétalos.

Ahí tenemos la diferencia y alternativa entre dos métodos. Se trata, querido amigo desconocido, de escoger entre el método que hace vibrar los sonidos particulares de las sílabas *Om, Ham, Yam, Ram, Vam, Lam*, y el que tiende a la comunión espiritual con los siete rayos del «yo soy» o siete aspectos del *yo* perfecto que es *Jesucristo*. El primer método tiene por objeto el despertar de los centros *tales como son;* el segundo persigue la *cristianización* de todos esos centros, es decir, la *transformación* de los mismos conforme a sus respectivos prototipos divino-humanos. Esto no es otra cosa, a la postre, que el cumplimiento del dicho de san Pablo:

«Si uno está en Cristo, es una nueva creación» (2Cor 5,17).

La obra de cristianización de la organización humana, o sea la transformación del hombre en *hombre del corazón*, se lleva a cabo en su vida *interior;* las flores de loto sólo constituyen el campo donde se manifiestan los *efectos* de la obra puramente interior. Ahora bien, el terreno en que esta transformación se realiza de manera inmediata consta de tres pares de contrarios (antinomias prácticas) y tres neutralizaciones de esos binarios: en total, nueve factores.

Cuando hablamos de la antinomia práctica saber-querer y de su solución, el corazón, ello no representa más que una visión general de la tarea de integración del hombre. En la *práctica*, es más exacto referirse al «querer y corazón del saber», «al saber y querer del corazón» y «al saber y corazón del querer», pues hay sentimiento y voluntad en la esfera del pensamiento, pensamiento y voluntad en la esfera del sentimiento, y pensamiento y sentimiento en la esfera de la voluntad. Se dan, por tanto, tres triángulos del «saber-corazón-querer» en la práctica de la obra interior de integración del hombre.

La enseñanza estrictamente práctica del noveno arcano es que tanto el movimiento que surge espontáneamente del pensar como la iniciativa intelectual que lo pone en orden ha de subordinarse al corazón del pensamiento, es decir, al profundo sentimiento que constituye la base del pensar y se designa a veces por el nombre de intuición intelectual, lo cual no es otra cosa que el sentimiento de la verdad.

También la imaginación espontánea y la imaginación activamente orientada deben someterse a la guía del corazón o, lo que es lo mismo, al sentimiento profundo de calor moral que suele a veces llamarse intuición moral y es el sentimiento de la belleza.

Y, por último, hay que subordinar los impulsos espontáneos e intenciones ordenadas de la voluntad al sentimiento profundo que los acompaña y que a veces se denomina intuición práctica: tal es el sentimiento del bien.

El Ermitaño de la novena lámina es el hermético cristiano que representa la obra interior del nueve, la de la realización de la supremacía del corazón en el ser humano o, en términos familiares y tradicionales, la obra de la salvación, pues la salvación del alma consiste en restaurar el reino del *corazón*.

Carta X

LA RUEDA DE LA FORTUNA

El arcano de la naturaleza caída

«¡Vanidad de vanidades, todo es vanidad!... Lo que fue, eso será, y lo que se hizo, eso se hará; nada nuevo hay bajo el sol» (Ecl 1,2.9).

«Por nosotros los hombres y por nuestra salvación bajó del cielo, y por obra del Espíritu Santo se encarnó de María, la Virgen, y se hizo hombre... Y subió al cielo, y está sentado a la derecha del Padre» (Credo).

«He aplicado mi corazón a conocer la sabiduría, y también la necedad y la locura; y he comprendido que aun esto mismo es atrapar viento, pues donde abunda la sabiduría abundan las penas, y quien acumula ciencia acumula dolor» (Ecl 1,17-18).

«Bienaventurados los que lloran, porque serán consolados» (Mt 5,4).

Querido amigo desconocido:

Tenemos ante nosotros una Rueda que gira y tres figuras de animales, dos de las cuales (simio y perro) giran con la Rueda, mientras la tercera (esfinge) no participa en el movimiento giratorio, sino que permanece sentada encima de la Rueda, en una plataforma. El simio desciende para luego subir; el perro sube para luego bajar. Ambos han de pasar delante de la esfinge.

Al contemplar la lámina, surgen espontáneamente algunas preguntas sencillas y naturales: ¿Por qué el simio y el perro giran con la Rueda? ¿Por qué está ahí la esfinge? ¿Cuántas veces el simio y el perro deben pasar ante la esfinge? ¿Por qué esos encuentros con ella?

Una vez formuladas estas sencillas preguntas, nos hallamos ya en el corazón del décimo arcano, en plena esfera de las nociones e ideas que está llamado a evocar.

En realidad, la Rueda sola, sin sus dos pasajeros y sin la esfinge sentada encima de ella, no sugeriría más que la idea del círculo o, como mucho, la del movimiento circular. La Rueda con los dos animales, uno subiendo y el otro bajando, sin la esfinge, evocaría la idea de un juego vano y absurdo. Pero la Rueda que gira con sus dos pasajeros y la esfinge que domina el conjunto llevan al espectador a preguntarse si no habrá ahí un arcano, es decir, una clave que hay que poseer para poder orientarse en el terreno de los problemas y fenómenos relativos al movimiento circular de los seres vivientes.

Sobre todo, la esfinge, sentada en la parte superior de la Rueda, nos produce un choque intelectual y nos incita a averiguar el sentido oculto en el arcano de la lámina.

Respecto a la relación genética y, en general, a la génesis de los cuatro reinos de la naturaleza —mineral, vegetal, animal y humano—, hay dos órdenes de ideas que han arraigado profundamente en la vida intelectual de la humanidad.

El uno se basa en la idea de la *caída*, a saber, la degeneración y descenso de arriba abajo. Según esta perspectiva, el simio no es el antepasado del hombre, sino que, al contrario, el hombre es el antepasado del simio y éste un vástago degenerado y degradado de aquél. En cuanto a los tres reinos de la naturaleza inferiores al reino humano, constituyen, conforme al mismo orden de ideas, el residuo proyectado hacia afuera o exteriorizado desde el ser completo del hombre primordial o Adán, prototipo y síntesis original de todos los entes de que constan los cuatro reinos de la naturaleza.

El otro orden de ideas entraña el concepto de *evolución*, progreso transformador de abajo arriba. Aquí el ente más primitivo, desde el punto de vista de la estructura biológica y de la conciencia, es considerado como el origen y antepasado común de todos los seres de los cuatro reinos de la naturaleza.

La lámina del décimo arcano mayor del tarot representa un simio, animal cuyo rostro conserva todavía ciertos rasgos humanos, arrastrado en un movimiento de caída, no por sí mismo, sino por el propio movimiento de la Rueda. Al descender, el mono levanta la cabeza, porque no desciende voluntariamente. ¿De dónde desciende este animal con cabeza casi humana? Del lugar donde está sentada la esfinge. La esfinge coronada y alada, con cabeza humana y cuerpo de animal, que sostiene una espada blanca, representa la fase del ser de la que el simio se aleja y a la que el perro se aproxima.

Si tuvieras que representar gráficamente la idea de la caída como degeneración del ser total, prototipo de la naturaleza entera, ¿no dibujarías tú también en lo alto la esfinge coronada como única figura apta para denotar la unidad del reino humano y animal, siendo a su vez este último la síntesis de los reinos vegetal y mineral? ¿Y no trazarías una figura descendente en vías de animalización, privada de corona, espada y alas, pero conservando aún los rasgos que atestiguan su origen? En otras palabras, ¿no escogerías el simio para representar la transición del estado del ser total, prototípico, al estado del ser reducido y especializado? ¿No se presta el mono maravillosamente a simbolizar la animalización que se efectúa a expensas de los elementos angélicos y humanos del ser ejemplar?

Por otra parte, si quisieras dar expresión visual a la nostalgia que los seres caídos y fragmentarios experimentan por el estado de la plenitud e integridad perdidas, ¿no elegirías el perro, el animal más apasionadamente atraído por el elemento humano y apegado a él, como símbolo de la aspiración del bruto a la unión con la naturaleza humana, es decir, de la tendencia a la *esfinge*, donde se aúnan las naturalezas animal y humana?

La lámina del décimo arcano nos enseña, pues, por su contextura misma, el cuerpo de ideas relativo a los problemas de la caída y reintegración, según la tradición hermética y bíblica. Pone de manifiesto el círculo *completo,* que incluye tanto el descenso como la subida, mientras la génesis de la ciencia moderna sólo ocupa la *mitad* del círculo, a saber, el semicírculo de la subida o evolución.

A buen seguro, ciertos sabios eminentes (como Edgar Dacqué en Alemania y Pierre Teilhard de Chardin en Francia) han establecido el postulado de la preexistencia –al menos potencial– del prototipo de todos los seres, causa tanto eficiente como final de la totalidad del proceso evolutivo, ya que sólo este postulado permite comprender la evolución.

No obstante, todo ello en nada modifica el hecho de que la ciencia *trabaja* basándose en la hipótesis fundamental de que el mínimo es el antepasado del máximo y lo simple el antepasado de lo complejo, siendo lo primitivo lo que produce el organismo y la conciencia más desarrollados, aunque esto resulte absolutamente ininteligible si se prescinde de la otra mitad del círculo, o sea de todo lo anterior –aun sólo *in ordine cognoscendi*– al estado primitivo que sirve de punto de partida a la ciencia. En efecto, habría que renunciar al pensamiento y aletargarlo para poder creer con sinceridad que el hombre ha salido de las partículas primitivas e inconscientes de la niebla primordial que fue antaño nuestro planeta, sin que esa niebla llevara ya en sí el germen de todas las posibilidades de la futura evolución, es decir, del proceso de «floración» o transición de la potencia al acto.

Así, Arnold Lunn, autor del libro *Is evolution proved?*, escribe que le gustaría mucho creer en la evolución y aceptarla como probada si pudiera superar cuatro dificultades, incluida la siguiente:

> «...que ningún evolucionista haya dado nunca con una *conjetura* plausible, y menos aún con una teoría bien probada, para explicar cómo un proceso meramente natural puede haber logrado que surgieran, por evolución a partir del lodo, arena, niebla y mares del planeta original, el cerebro que concibió la *Novena sinfonía* de Beethoven y las reacciones humanas ante la belleza de la música, el arte y la naturaleza»[1].

Es mi triste deber añadir a la cita precedente la respuesta de William S. Beck a las dificultades indicadas por Arnold Lunn:

> «A lo que parece, el argumento contra la evolución es puro brocado metafísico, ingeniosamente recubierto para oscurecer las pruebas concluyentes de la ciencia»[2].

Brocado metafísico o no, la ininteligibilidad de la *teoría* (no de los hechos) de la evolución para el pensamiento humano sigue en pie. Esta teoría es y continuará siendo por siempre incomprensible, mientras sólo tenga en cuenta la mitad del ciclo total de la evolución y se niegue a aceptar la otra mitad, la de la *involución* o caída, que permitiría entenderla.

Ahora bien, el décimo arcano del tarot representa un *círculo*, una Rueda, que incluye tanto el descenso o partida del ser total prototípico como el ascenso hacia ese ser.

La doctrina del círculo de la involución y evolución es un tópico en la literatura ocultista en general. Mas no lo es cuando se trata de la involución entendida como *caída* (pecado original) y de la evolución entendida como *salvación*. Hay una diferencia abismal entre las doctrinas orientalizantes sobre el proceso casi automático de la involución y evolución, por una parte, y la doctrina hermética, bíblica y cristiana sobre la caída y la salvación. Las primeras no ven en el ciclo involución-evolución más que un proceso meramente natural, semejante al proceso de la respiración del organismo vivo, animal o humano. La tradición hermética, bíblica y cristiana ve en él, al contrario, una tragedia y drama cósmicos con los peligros y riesgos supremos que entrañan los mismos términos tradicionales de perdición y salvación.

---

1. *Is evolution proved? A debate between D. Dewar and H. S. Shelton*, publ. por Arnold Lunn, Londres 1947, p. 333.
2. W.S. Beck, *Modern science and the nature of life*, Londres 1958, p. 121.

Caída, perdición, redención, salvación son, en verdad, palabras sin sentido para el evolucionista tanto científico como espiritualista. Este último ve en la evolución cósmica el eterno movimiento circular de la exteriorización e interiorización, de la espiración e inspiración del respirar cósmico o divino. ¿De qué caída se trata entonces? ¿De qué riesgo y de qué perdición? ¿De qué redención y en qué consiste? ¿De qué salvación? Todo este inventario de ideas judeocristianas fundamentales no puede aplicarse en modo alguno a un mundo concebido naturalmente (es decir, *fatalmente*) en evolución.

¿Quiénes están en lo cierto? ¿Los que consideran la evolución como un proceso orgánicamente determinado, donde descenso y ascenso no son sino dos fases sucesivas de una sola vibración cósmica, o los que ven en la evolución una tragedia y drama cósmicos cuya esencia y motivo central corresponden a la parábola del hijo pródigo?

Y ¿qué significa estar en lo cierto? Los pasajeros provistos de billetes ¿se equivocan al considerar el buque y su tripulación como medio de transporte que ha de llevarlos a su destino siguiendo un rumbo determinado? Para los viajeros, la travesía es un proceso natural, algo que cae de su peso si uno ha pagado el precio del pasaje. Pero el capitán, oficiales y demás miembros de la tripulación ¿pueden contemplar la travesía con los mismos ojos que los pasajeros? ¡Claro que no! Para ellos, que son los responsables del viaje, éste significa trabajo, guardias, maniobras, orientación. Para los tripulantes la travesía no tiene nada de proceso natural, de algo que se da por supuesto; al contrario, es esfuerzo, lucha y riesgo.

Tal sucede con la evolución. Se la ve como proceso natural al contemplarla con los ojos del pasajero, y como tragedia y drama en la perspectiva de un miembro de la tripulación. Todo determinismo y fatalismo –naturalismo y panteísmo inclusive– sitúa la responsabilidad fuera del ser humano-moral: en la naturaleza, Dios, los astros... Ello se debe a que todo determinismo, todo fatalismo, es reflejo de la mentalidad y psicología del pasajero.

La evolución vista con los ojos del pasajero, es decir, como algo que se da por sentado, no es, ciertamente, una ilusión. Existe. Se puede, de hecho, hallar y probar la existencia de un proceso evolutivo o proceso de perfeccionamiento que en el plano de los fenómenos es claro y evidente. Mas ¡qué esfuerzos, qué sacrificios, qué errores y pecados se esconden tras la fachada fenoménica de ese proceso de evolución o progreso universal comprobado y comprobable!

Con esto entramos ya en el núcleo del problema exoterismo-esoterismo. El exoterismo va desarrollándose en procesos, el esoterismo en tragedias y dramas. Los antiguos misterios eran tragedias y dramas: de ahí su carácter esotérico. El exoterismo corresponde a la mentalidad y psicología del pasajero; el esoterismo a la del tripulante. Pero el exoterismo, lo repito, no es pura ilusión. Si se hubieran hallado tan sólo diez justos en Sodoma y Gomorra, Dios habría dejado en pie esas ciudades. Y sus habitantes habrían continuado el proceso evolutivo de sus costumbres y civilización, sin sospechar, claro está, la existencia de la plegaria de Abraham ni el papel de los diez justos en esa continuación del proceso; mas seguirían adelante.

Lo mismo ocurre con la evolución en conjunto. Hay en ella una selección natural y una selección o elección espiritual. Habiendo pecado contra la naturaleza, los habitantes de Sodoma y Gomorra fueron rechazados por la selección natural, pero habrían podido sobrevivir si entre ellos se hubieran hallado diez justos. La selección espiritual los habría salvado a causa de esos diez justos. El hecho de haber producido diez justos y aceptado la presencia de los mismos en sus ciudades justificaba el mantenimiento de su propia existencia, aunque sus costumbres fueran contrarias a la naturaleza. La selección espiritual habría así prevalecido sobre la selección natural; dicho de otro modo, el esoterismo habría determinado y salvado la vida exotérica.

El esoterismo no es, pues, una vida o actividad que busque el secreto. Se basa en la mentalidad y psicología de la tripulación, y sus secretos sólo lo son por cuanto la mentalidad y psicología de los pasajeros se niega a tomar parte en esa responsabilidad.

Al propio tiempo, no hay error más grave que el de querer organizar una comunidad o hermandad llamada a asumir ya el papel de instrumento de la selección o elección espiritual, ya el de elite espiritual.

En efecto, ni es posible arrogarse el ejercicio de la elección, ni considerarse a sí mismo como elegido. Sería moralmente monstruoso que un grupo de hombres pudiera decir: «Elegimos a los diez justos de nuestro tiempo» o «Nosotros somos los justos de nuestro tiempo». *Uno mismo no elige, sino que es elegido.* Conocer el hecho de la selección espiritual o elección, así como el papel que ésta desempeña en la historia de la humanidad y en la evolución general, puede muy bien dar pie al nacimiento de un falso esoterismo, es decir, a la formación de grupos, comunidades o hermandades que se crean autorizados a elegir o se estimen elegidos. Los falsos profetas y falsos elegidos (cristos) de que habla el Evangelio son y seguirán siendo productos del falso esoterismo cultivado por quienes se arrogan el derecho de elección o selección espiritual.

Sólo falta aquí añadir que nunca un santo cristiano se tuvo a sí mismo por otra cosa que por un gran pecador, y que jamás un justo o profeta del Antiguo Testamento lo fue sin una llamada o determinación de lo alto.

Pero volvamos al objeto de nuestras presentes reflexiones: la evolución.

Entendida exotéricamente, la evolución es un proceso cósmico –biológico o espiritual, como se prefiera–, mientras desde el punto de vista esotérico es un drama o misterio, en el sentido de los misterios de la antigüedad. Y sólo a la evolución así entendida son aplicables y aun necesarias las ideas de caída, perdición, redención y salvación.

Examinemos primero el par de ideas perdición-salvación y tratemos de comprenderlas en el plano de la evolución cósmica o drama cósmico.

No te choque esto, querido amigo desconocido, y permíteme contarte un mito –un mito cósmico de la gnosis, no la antigua ni la actual, sino la eterna–, pues el drama cósmico es en realidad un mito hecho carne, y como tal hemos de verlo antes de sacar del mismo sus más importantes enseñanzas intelectuales. Te relataré el mito e intentaré luego extraer de él algunas ideas relacionadas con el arcano del tarot que nos ocupa.

Cuando el Padre, el séptimo día, concluyó la obra que por su Verbo había realizado, descansó ese séptimo día de toda su obra así rematada. Y el Padre bendijo el séptimo día y lo santificó, porque ese día descansó de toda la obra creada por su hacer.

Así el séptimo día ha sido bendito y santificado, no por ser el día del mundo y del movimiento del mundo, sino el del Padre mismo, él solo. Es la séptima parte del círculo del movimiento del mundo, donde el círculo se borra, quedando inmóvil y en silencio.

Así aconteció que el círculo del movimiento del mundo no fue cerrado, sino que permaneció *abierto*. Y el séptimo día fue santificado y bendito como parte abierta del círculo del movimiento de este mundo, de suerte que los seres del mundo tuvieran acceso a la casa del Padre y el Padre tuviera acceso a la suya.

Mas la serpiente dijo: «No hay libertad para el mundo mientras el círculo del mundo no esté cerrado; pues ser libre es ser en sí mismo, sin injerencia externa, sobre todo de arriba, de la región del Padre. El mundo seguirá siempre la voluntad del Padre, y no la suya, en tanto subsista esa apertura en el círculo del mundo, en tanto exista el *sábado*.»

Y tomó la serpiente su cola en la boca y formó así un círculo cerrado. Y giró con gran fuerza y provocó así en el mundo el gran torbellino que arrebató a Adán y Eva. Y los seres en los que Adán había grabado los nombres que les dio siguieron tras ellos.

Y la serpiente dijo a los seres del mundo ya cautivos en el círculo cerrado que había formado tomando su cola en la boca y poniéndose a girar: «He aquí vuestro camino: comenzaréis por mi cola y llegaréis a mi cabeza. Entonces habréis recorrido por entero el círculo de mi ser y todo ese círculo cerrado será vuestro, y así seréis libres como yo lo soy.»

Mas la mujer conservó el recuerdo del mundo abierto hacia el Padre y del santo sábado. Y se prestó a desgarrar el círculo en ella cerrado, para alumbrar fuera de él hijos procedentes del mundo donde existe el sábado. Tal es la fuente de los sufrimientos de su preñez y del dolor a este lado del mundo de la serpiente.

Y enemistad fue puesta entre la serpiente y la mujer, entre los vástagos de la mujer, concebidos con dolor, y los de la serpiente, frutos del placer. La mujer aplastará la cabeza de la serpiente, y ésta herirá a aquélla en el calcañar. Pues la mujer se mueve en sentido contrario al de la serpiente, y su cabeza llega a la cola de la serpiente, y sus talones tocan la cabeza de la serpiente. El dolor del mundo, que es la corriente de la serpiente, constituye su movimiento contrario. En este movimiento doloroso tuvo su principio la contracorriente del pensamiento nacido del recuerdo del mundo del sábado y también del dolor.

Así, los hijos de la mujer erigieron altares al Padre, a este lado del mundo de la serpiente. Y Enós, hijo de Set, no sólo adoró al Padre, sino que llegó a conocer su Nombre. Y comenzó a invocar el Nombre del Padre (Gén 4,26). Pero Enoc, de la posteridad de Set, fue todavía más lejos: vivió con Dios y no pasó por la amargura de la muerte, que consiste en salir del círculo cerrado de la serpiente, para los seres vivos más acá de ese círculo, sino que fue arrebatado por el Padre. Porque el pensamiento que aspiraba al Padre logró en aquel tiempo romper el círculo de la serpiente y abrir una brecha en el círculo cerrado.

De ahí que la iniciación y la profecía pudieran establecerse a este lado del mundo de la serpiente. La iniciación guardó vivo el recuerdo del sábado, y la profecía alimentó la esperanza en la liberación del círculo de la serpiente y el futuro restablecimiento del mundo del sábado.

Los budas enseñaron la vía para salir del mundo de la serpiente y llegar al reposo del sábado.

Pero los profetas anunciaron la transformación interna del mundo de la serpiente por el advenimiento del verbo que vivirá en ese mundo y restablecerá en su interior no sólo el sábado, sino también los otros seis días de la creación, como eran antes que un tercio de los seres de cada uno de ellos les fuese arrancado y arrebatado por el torbellino cerrado de la serpiente.

Así aconteció. La mujer virgen, alma del movimiento contrario al de la serpiente y al del dolor desde el comienzo del mundo de la serpiente, concibió y dio a luz al Verbo del Padre. Y el Verbo se hizo carne y habitó entre los hombres del mundo de la serpiente, lleno de gracia y verdad.

He ahí el mito cósmico, el drama esotérico subyacente al proceso evolutivo exotérico. Ese mito pone ante todo de relieve las ideas de *círculo abierto* y *círculo cerrado*. El círculo abierto –o espiral– es el mundo de los seis días de la creación antes de la caída, coronado por el séptimo día, el sábado cósmico, que corresponde a lo que en matemáticas se llama «paso de la espiral». Sugiere la idea de crecimiento y progreso ilimitados, no siendo por su forma más que la introducción o antecámara de la eternidad. Promete un progreso sin fin.

En el círculo cerrado, al contrario, no es en el fondo sino una *prisión*, cualesquiera que fueren sus dimensiones. Es la Rueda que gira, y no evoca, por tanto, ningún avance más allá de su círculo. La idea sugerida por el círculo cerrado –o Rueda– es la de repetición eterna o *eterno retorno*.

Tres personalidades históricas han hecho vigorosamente hincapié en la idea de la rueda cósmica, aunque cada cual de manera distinta.

Estos personajes históricos son Gautama Buda, Solomón y Friedrich Nietzsche.

El primero habla de la rueda de las reencarnaciones, donde nacimiento, enfermedad, decrepitud y muerte se repiten sin cesar. La iluminación *(bodhi)* que recibió Buda bajo el árbol, le reveló tres verdades: que este mundo es una rueda de nacimientos y muertes, que su movimiento no es básicamente sino dolor y que existe una vía hacia el punto central del cubo de la rueda, que está en reposo.

El rey Salomón tuvo la experiencia de la rueda, mas no como círculo de reencarnaciones al modo de Buda, sino como inexorable fatalidad que vuelve vano todo esfuerzo humano:

«¡Vanidad de vanidades, todo vanidad! ¿Qué saca el hombre de toda la fatiga con que se afana bajo el sol? Una generación va y otra generación viene, mas la tierra permanece por siempre. Sale el sol y el sol se pone; corre hacia su lugar y allí vuelve a salir. Sopla hacia el sur el viento y gira hacia el norte; torna y retorna el viento, y gira otra vez. Todos los ríos van al mar y el mar nunca se llena; al lugar donde los ríos van, allá vuelven a fluir...» (Ecl 1,2-7).

«Lo que fue, eso será, y lo que se hizo, eso se hará; nada nuevo hay bajo el sol... He observado cuanto sucede bajo el sol, y he visto que todo es vanidad y atrapar vientos. Lo torcido no puede enderezarse, lo que falta no se puede contar... he aplicado mi corazón a conocer la sabiduría, y también la necedad y la locura; y he comprendido que aun esto mismo es atrapar vientos, pues donde abunda la sabiduría abundan las penas, y quien acumula ciencia acumula dolor» (Ecl 1,9.14-18).

He ahí la rueda de la existencia bajo el sol, cuya visión tuvo Salomón, aquel sabio y triste rey de Jerusalén. Y ¿qué consejo práctico dejó a la posteridad? El de la suprema desesperación:

«No hay mayor dicha para el hombre que comer y beber, y disfrutar en medio de sus fatigas» (Ecl 2,24).

«Alégrate, joven, en tu mocedad, y gózate en los días de tu juventud; camina por las vías de tu corazón y según las miradas de tus ojos; pero a sabiendas de que por todo ello te emplazará Dios a juicio. Aparta el enojo de tu pecho y aleja el mal de tu carne, pues adolescencia y juventud son vanidad» (Ecl 11,9-10).

La desesperanza de Salomón lo convirtió en profeta del Antiguo Testamento y situó su obra en el lugar que ocupa entre los Salmos y los libros proféticos. Salomón muestra el *vacío* del mundo de la serpiente, al que da el nombre de «vanidad», y pone así de relieve el dilema entre suicidio y salvación recibida de Dios, ya que por encima de la rueda giratoria de la vanidad *está* Dios. La desesperanza de Salomón pertenece con pleno derecho a la Sagrada Escritura. Muestra el mundo sin Cristo, como lo hizo también Buda. La tristeza salomónica es el suspiro consciente de la criatura por liberarse.

Así, Buda evaluó con acierto el mundo de la serpiente antes de Cristo; Salomón lo lloró; y Nietzsche –¡oh monstruosidad!– lo *cantó*. Nietzsche vio y comprendió a su vez la rueda, el círculo cerrado y sin salida del mundo de la serpiente, y le dijo: Sí. Tuvo la visión de la repetición eterna, del eterno retorno, y lo identificó con la eternidad, pese a ser lo contrario mismo de la eternidad...

> «¡Oh, cómo no ansiara yo la eternidad y el nupcial anillo de los anillos, el anillo del retorno! Aún jamás hallé a la mujer de quien deseara hijos, sino a esta mujer a la que amo: pues te amo, ¡oh Eternidad!»[3]

De este modo celebró Nietzsche la rueda en la que Buda había visto la suma desdicha y Salomón solamente «vanidad de vanidades». ¿Lirismo poético? ¡Más que eso! Nietzsche dio forma poética a lo que consideraba como su iluminación. Y ésta era sólo el compendio de las últimas consecuencias sacadas de la ciencia moderna, no como método, sino como visión del mundo.

En efecto, según la ciencia positiva de fines del siglo XIX, el mundo es la suma total de las innumerables combinaciones posibles de las partículas más simples: los átomos. Estas combinaciones cambian sin cesar, pero, sea cual fuere su número potencial, habrán de llegar un día forzosamente a su límite y el número de nuevas combinaciones quedará agotado. Entonces se repetirán las combinaciones anteriores y vendrá un momento que será repetición exacta del momento actual. Tal es la base científica del eterno retorno.

La creencia en el eterno retorno tiene por fundamento no sólo el cálculo de las posibles combinaciones de los átomos, sino también el dogma científico de la constancia cuantitativa de la materia y energía del mundo. Nada desaparece ni aparece en el mundo. La suma total de su materia y energía es constante. No puede ni aumentar ni disminuir. Nada se le puede añadir ni quitar. El mundo es un *círculo cerrado* de donde nada se escapa y en donde nada entra.

Ahora bien, si el mundo constituye una cantidad determinada, es calculable. Se reduce, en definitiva, a un número determinado de partículas y/o unidades de energía. En tal caso, el número de combinaciones de esas partículas no es ilimitado. Su límite deberá alcanzarse alguna vez, y entonces se repetirán las combinaciones pasadas... El eterno retorno de todo es, pues, la conclusión inevitable del mundo entendido como círculo cerrado.

---

3. F. Nietzsche, *Así habló Zaratustra*, parte tercera, Alianza, Madrid [10]1981.

En el mundo que es un círculo cerrado y cuya materia y energía representan una cantidad constante no existen milagros. La noción cósmica del milagro supone la inconstancia de la cantidad material y energética del mundo. Si se diera un milagro, la energía del mundo habría experimentado aumento o disminución. Esto implica una *apertura* en el círculo del mundo; para que un milagro fuera posible, el mundo tendría que ser un círculo abierto, una espiral, es decir, debería tener una esfera increada o sábado, según el mito cósmico relatado anteriormente.

Por su parte, la religión –toda religión con cierto grado de desarrollo– enseña que el mundo es un círculo abierto. Por ello insiste en la realidad de los milagros. Lo sobrenatural de los milagros es la realidad de la acción originada fuera del círculo de la naturaleza, que parece estar cerrado. Es la realidad del sábado cósmico.

La buena nueva de la religión es que el mundo no constituye un círculo cerrado, una prisión eterna, y que tiene una salida y una entrada. Hay una entrada: por eso la Navidad es fiesta de alegría. Hay una salida: por eso la Ascensión es también una fiesta. Y este mundo puede transformarse y volver a ser como antes de la caída: he aquí la buena nueva que nos trae la fiesta de las fiestas: Pascua, Resurrección.

El mundo como círculo cerrado, el mundo del eterno retorno, el mundo donde «nada nuevo hay bajo el sol... ¿qué es de hecho?» No es otra cosa que el *infierno cósmico*. En efecto, la idea de infierno es la de una existencia eterna en un círculo cerrado. De ahí que el círculo cerrado del egoísmo constituya el infierno subjetivo e individual y que el círculo cerrado del mundo de la energía constante sea el infierno objetivo y cósmico.

Ahí tenemos, pues, el sentido cósmico de los términos salvación y perdición. *Perdición* significa inserción en el eterno engranaje del círculo cerrado de un mundo sin sábado; *salvación* es vida en el mundo del círculo abierto, la espiral, con una salida y una entrada. *Perdición* es existencia en el círculo cerrado del eterno retorno; *salvación* equivale a vivir bajo el cielo abierto donde cada día es único y nuevo, milagro en la infinita cadena de los milagros... Porque Dios no es incognoscible, sino cognoscible con un conocimiento inagotable y sin fin. Esta ilimitada aptitud de Dios para revelarse y ser conocido es la esencia del sábado eterno, séptimo día de la creación, día de la vida eterna y fuente de los milagros, día rico en virtualidades de lo nuevo, a partir del cual pueden añadirse energías a la cantidad presuntamente constante del mundo de los fenómenos, como en él pueden también desaparecer energías de este mundo.

Los otros dos términos del drama cósmico o evolución son caída y redención. Resultan más fáciles de comprender después de haber captado, hasta cierto punto, el sentido cósmico de los conceptos de salvación y perdición. Efectivamente, la *caída* es el acontecimiento cósmico donde el torbellino que desencadenó el círculo cerrado de la serpiente, al morderse ésta la cola, arrastró consigo a parte del mundo creado. Y la *redención* es el acto cósmico por el que se reintegra el mundo caído, primero facilitando una *apertura* en su círculo cerrado (religión, iniciación, profecía), luego estableciendo, por esa puerta abierta, un camino de *salida* (los budas) y otro de *entrada* (avatares), y por fin transformando desde el interior el mundo caído merced a la irradiación del Verbo encarnado (Jesucristo).

Tal es el sentido de esos dos conceptos en el plano más general. Contemplémoslos ahora más de cerca para tratar de percibir con nitidez sus detalles esenciales.

En primer lugar, la *caída*. Nos encontramos aquí frente a frente con el relato bíblico de los seis días de la creación y del paraíso; con el impresionante panorama de la evolución natural como la presenta la ciencia; con los rasgos del grandioso bosquejo de un mundo de periodicidad cíclica y ritmo, un mundo regularmente soñado por la conciencia cósmica y genialmente representado por los *kalpas, manvatras* y *yugas* de la antigua India; con la narración del libro *Dzyan* sobre la cosmogénesis y antropogénesis según la tradición indotibetana expuesta por H.P. Blavatsky en los tres volúmenes de su obra *La doctrina secreta*[4]; con el majestuoso cuadro de la evolución espiritual del mundo a través de las siete fases planetarias, herencia que dejó Rudolf Steiner a la estupefacta intelectualidad de nuestro siglo; y por último con las cosmogonías y escatologías explícitas o implícitas de Hermes Trismegisto, Platón, el *Zohar* y las diversas escuelas gnósticas de los primeros siglos de nuestra era.

Pese a haberme careado con todo ese mundo de ideas y documentos durante más de cuarenta años, he de solicitar un poco de comprensión por no poder tratar aquí todos esos temas como lo merecen, es decir, clasificarlos, hacer resaltar sus semejanzas o disparidades esenciales, citarlos adecuadamente, etc. Si así lo hiciera, ahogaría lo fundamental en un océano de cosas secundarias. He de proceder, pues, como sigue; el *espíritu* de todas esas ideas y documentación estará presente como fondo general de cuanto diré, sin tener que aludir a ellas de manera explícita.

Volvamos ahora al problema de la caída cósmica. ¿En qué consiste este problema? ¿Cómo ha surgido?

---

4. *The secret doctrine*, Londres 1888; trad. cast., *La doctrina secreta* I, Carcamo, Madrid 1980.

Examinemos el conjunto de nuestra experiencia del mundo personal, histórico, biológico u otro. ¿Qué nos dice? Según Leibniz, filósofo del optimismo, el mundo dado es el más perfecto de los mundos posibles. Para Schopenhauer, el filósofo pesimista, en el mundo dado la suma de los sufrimientos supera la de la alegría, por lo cual el mundo de nuestra experiencia es no sólo imperfecto, sino incluso un mal. Tanto Leibniz como Schopenhauer contemplaron el conjunto de la experiencia del mundo como nosotros lo hacemos aquí, y ¡qué distintas fueron sus dos visiones!

En la perspectiva del *pensamiento puro*, que es la de Leibniz, el mundo en conjunto manifiesta un perfecto equilibrio y un funcionamiento armonioso de sus partes esenciales, y, por tanto, pase lo que pase en sus oscuros rincones, el todo que constituye es, en sus rasgos básicos, la armonía misma.

Desde el punto de vista de la *voluntad pura*, adoptado por Schopenhauer, la experiencia de cada ser individual en el mundo confirma el diagnóstico de Gautama Buda, que debe consiguientemente tenerse por verdadero.

Y desde el punto de vista del *corazón*, que es el del hermetismo y la tradición judeocristiana, ¿qué puede decirse del mundo? El corazón nos sugiere: el mundo, esa maravilla de sabiduría, belleza y bondad, sufre. Está enfermo. Ese gran organismo que *no puede* haber nacido de la enfermedad y que *debe* forzosamente proceder de la salud perfecta –o sea la sabiduría, belleza y bondad perfectas– está enfermo. Los continentes y planetas van degradándose y solidificándose sin cesar: tal es la esclerosis que invade el mundo. Y en la superficie de esas masas que se petrifican al enfriarse, en el seno de los mares, en la inmensidad del espacio, reina la lucha por la existencia. Tal es la fiebre de la inflamación en el mundo.

No obstante, enfermo como está, el mundo conserva siempre y en todo lugar las huellas de su salud original y manifiesta la obra de las fuerzas de su nueva salud, de su convalecencia. Junto a la lucha por sobrevivir subsiste, en efecto, la cooperación por la vida, y al lado de la petrificación mineral se extiende el lujuriante tapiz del reino vegetal, que respira. El mundo puede, pues, ser cantado y llorado a la vez.

Ahí tenemos el origen del problema de la caída: que el mundo sea digno, al mismo tiempo, de cantarse y llorarse. El mundo no es como debiera ser. Hay en él contradicción entre el conjunto y los detalles, pues mientras el cielo estrellado manifiesta una armonía de equilibrio y perfecta cooperación, los insectos y otros muchos seres vivos se devoran entre sí, e incontables legiones de microbios infecciosos transmiten a hombres, animales y plantas la enfermedad y la muerte.

A esta contradicción se refiere el término caída. Designa ante todo ese estado de cosas que hace creer que el mundo consta de dos mundos independientes, si no opuestos, como si en el organismo del gran mundo de la armonía de las esferas se interpusiera otro mundo con sus propias leyes y evolución, o, más aún, como si un tumor canceroso se desarrollara en el organismo, por lo demás sano, del gran mundo. La ciencia considera juntamente ambos mundos. Los contempla como una inseparable unidad, un todo al que llama *naturaleza*. Tiene ésta dos caras: es a un tiempo naturaleza benigna y cruel, la naturaleza de la asombrosa cooperación y de la lucha encarnizada de sus partes, la naturaleza a la vez sabia y ciega, madre amorosa y despiadada madrastra.

Con el respeto debido a la ciencia, hay que hacer notar que comete aquí un error ideológico bastante trivial. El mismo error en que incurriría un médico al declarar que el proceso de un cáncer y la circulación de la sangre son dos aspectos normales de la *naturaleza* del organismo de su paciente. Según esto ¡el estado de enfermedad es normal! Resulta monstruoso que un médico se niegue a distinguir entre naturaleza y *contranaturaleza* o enfermedad en el organismo del paciente. Sin embargo ¡así ve la ciencia el organismo del mundo! Se niega a distinguir en él entre naturaleza y contranaturaleza, salud y enfermedad, evolución natural y evolución antinatural.

La existencia de una anomalía en el estado del mundo era bien conocida por los antiguos. Ya lo atribuyeran al principio de la ignorancia *(Avidyā)*, como en la antigua India, ya al de las tinieblas *(Ahriman)*, como en Persia, ya al principio del mal *(Satán)*, como los antiguos semitas, tratábase siempre de distinguir entre el mundo natural y el mundo desnaturalizado, entre naturaleza y perversión, entre salud y enfermedad.

Huelga decir que el hermetismo, de acuerdo con la tradición judeocristiana, ve en la naturaleza definida por la ciencia no el mundo creado por Dios, sino el *campo* donde el mundo creado se encuentra con el mundo de la serpiente.

¡El mundo de la Serpiente! Este mundo en el mundo es el que ha dado pie a dualismos como el de Zoroastro, los maniqueos y ciertas escuelas gnósticas. Tales dualismos están considerados como herejías, ya que pecan contra las verdades esenciales de la salvación por haber caído en el mismo error que la ciencia moderna, aunque a la inversa: así como la ciencia se niega a distinguir en la naturaleza entre una naturaleza de ortogénesis y cooperación y otra conducente a estancamientos genéticos y productora de parásitos, así también los maniqueos, cátaros, albigenses, etc., se negaban a distinguir entre la naturaleza virgen y la naturaleza caída. Pero en tanto la ciencia considera su naturaleza, aun siendo ésta la contradicción misma, como reina de la evolución, que ha sabido proceder desde la primera célula viviente hasta el desarrollado cerebro del *homo sapiens,* los dualistas radicales la contemplan en su totalidad como algo malo y perverso. En suma, para la ciencia, la naturaleza es, a la postre, buena; para los adeptos del maniqueísmo y doctrinas similares, mala. La ciencia se niega a ver a Satán en la naturaleza; los dualistas radicales no quieren ver en ella sino a Satán.

Volvamos ahora al mundo de la serpiente. Su característica más general es envolvimiento, retraimiento, repliegue o –por usar de un término en consonancia con la índole de las serpientes– *enroscadura,* mientras el rasgo más común del mundo creado es desarrollo, despliegue, florecimiento, en una palabra, *irradiación.*

Así, en el reino animal, el cerebro y los intestinos resultan de la propensión a enroscarse, en tanto que las hojas, ramas y flores son, en el reino vegetal, manifestaciones de la tendencia contraria. El follaje es el pulmón de la planta, desplegado y expuesto al aire, mientras el pulmón animal o humano es un follaje replegado. Otro ejemplo: el sol se halla en estado de *irradiación;* los planetas, en estado de condensación, es decir, de *enroscadura.*

Ambas tendencias tienen sus nombres tradicionales. Luz y tinieblas designan respectivamente irradiación y enroscadura. Por eso el *Evangelio según san Juan* describe así el drama cósmico:

> «La luz brilla en las tinieblas, y las tinieblas no la captaron» (Jn 1,5).

Esto significa que la luz no fue atrapada ni quedó presa en el vórtice de la enroscadura; y no se extinguió, sino que *brilla en las tinieblas.* He aquí la quintaesencia del evangelio, el núcleo de la buena nueva.

Así, pues, el Sol y las demás estrellas son respecto a los planetas (incluida la Tierra) lo que la luz es respecto a las tinieblas. E igualmente, en el microcosmo, el sistema de las flores de loto es respecto al sistema de las glándulas endocrinas lo que la luz es con relación a las tinieblas. En el fondo, las flores de loto no son sino glándulas en expansión, y las glándulas son, como si dijéramos, precipitados de las flores de loto en el microcosmo, lo mismo que los planetas son precipitados de las esferas planetarias en el macrocosmo o sistema planetario.

El mundo de la serpiente es el de la enroscadura. La serpiente, al morderse la cola y formar así un círculo cerrado, es el símbolo de ese mundo. La enroscadura llevada a término con éxito sería un infierno o estado de completo aislamiento.

Empero esta enroscadura o aislamiento consumado no se ha producido en ninguna parte del mundo que conocemos. La historia de la evolución llamada natural nos presenta un cuadro de intentos sucesivos con miras a constituir un organismo viable por enroscadura total y una conciencia absolutamente autónoma sin incidir en la locura. Todas estas tentativas han fracasado. Fijémonos, por ejemplo, en el átomo, fruto del repliegue. ¿Es, de hecho, una entidad autónoma e independiente? ¡Vemos que los átomos se han *asociado* para formar moléculas! ¿Y la molécula? ¿Tendremos aquí el ente autónomo que buscamos? También las moléculas se han agrupado para constituir esas misteriosas hermandades de vida que llamamos células orgánicas, las cuales han formado a su vez innumerables organismos... La historia de la evolución de las células vivas es la del triunfo del principio de asociación y cooperación sobre el de disociación y aislamiento.

El aislamiento sólo ha logrado engendrar monstruos no viables. Así los dinosaurios, aquellos gigantescos reptiles que invadieron la tierra y reinaron soberanos durante los cien millones de años de la era mesozoica, no fueron, biológicamente hablando, sino un callejón sin salida; por eso perecieron. Cedieron su reino a los mamíferos y las aves. Los mamíferos produjeron también varios ramales ciegos hasta que los vertebrados, tomando el relevo y rechazando una tras otra las formas condenadas tarde o temprano a la extinción, llegaron a los primates, de los que un género, el *homo sapiens,* se apoderó de la tierra y reina en ella desde entonces sin rival. De esta suerte nuestro planeta, que en el mesozoico era el planeta de los reptiles, se convirtió en planeta de la humanidad.

¿Es la humanidad nieta del reptil? Expresado en términos bíblicos, ¿son los hombres «hijos de la serpiente», «hijos de las tinieblas», producto de la enroscadura, o, al contrario, «hijos de la luz» (Lc 16,8)?

El cerebro del hombre es el más desarrollado. Ahora bien, como lo demostró Henri Bergson, el cerebro es un órgano que desempeña el papel de *tamiz* respecto a la conciencia; es a la vez instrumento del saber y de la ignorancia. Tiene por función admitir en la conciencia lo conveniente y no admitir, olvidar, lo inconveniente desde el punto de vista de la acción o la voluntad tendente a la acción.

El cerebro es, pues, el órgano de la *selección,* ¡un atajo de la evolución global! Lo que el cerebro hace es la esencia de lo ocurrido durante todos los millones de años de la evolución biológica. Ésta, toda ella, es el proceso incesantemente reiterado de la sucesión creación-selección-rechazo-olvido. Las formas convenientes son escogidas, las otras rechazadas. Una criba invisible actúa sin descanso. Mas esa criba se ha hecho ya visible, se ha hecho carne. Es el cerebro.

Henri Bergson dice del cerebro, entre otras cosas, lo siguiente:

> «En la actividad del pensamiento en general, así como en el obrador de la memoria, el cerebro parece encargarse solamente de comunicar al cuerpo los movimientos y actitudes que *interpretan* lo que el espíritu *piensa* o lo que las circunstancias le inducen a pensar. Es lo que en otra parte he expresado al llamar al cerebro un órgano de pantomima...
>
> »Los fenómenos cerebrales, en efecto, desempeñan en la vida mental el mismo papel que los gestos del director de orquesta en la sinfonía: esbozan las articulaciones motrices, y nada más. Sería inútil buscar dentro de la corteza cerebral cualquier rastro de las operaciones superiores de la mente. El cerebro, aparte de sus funciones sensoriales, no tiene otro cometido que el de imitar *(mimer)*, en el sentido más amplio de la palabra, la vida mental»[5].

El cerebro es, por tanto, el órgano de la mímica y de la elección de lo que va a imitar. Imita oportunamente.

Esta mímica oportuna es precisamente lo que el libro del *Génesis* entiende por «astucia» *('arum)* cuando dice que la serpiente era «el más astuto entre los animales de los campos, que Yahveh Dios había hecho» (Gén 3,1). Es, por decirlo así, el principio psicológico de la serpiente, como la enroscadura y el movimiento del círculo cerrado son su principio dinámico.

Ser astuto significa imitar la sabiduría, tras haber eliminado su elemento esencial, su luz, y utilizarla con fines personales. Por ello suele decirse que el diablo es el simio de Dios, que imita a Dios como lo haría un mono.

El cerebro es, pues, obra de la serpiente. Y la humanidad, como especie animal dotada del cerebro más desarrollado, es su hija mayor. Los hombres, como seres cerebrales, son hijos de la serpiente o hijos de las tinieblas.

De ahí ese toque de piedad filial que observamos acá y allá por todo el mundo en actos de veneración a la serpiente: en Egipto, la India *(najas* sagradas), México y Centroamérica, así como en China, donde se adoraba al sagrado reptil en su forma volante, la del Dragón. El propio Moisés erigió en el desierto, en lo alto de una pértiga, una serpiente de bronce, y hubo que esperar hasta el reinado de Ezequías, hijo de Ajaz, rey de Judá, para que se pusiera fin a la adoración de ese animal, en especial cuando Ezequías «rompió la serpiente de bronce que había fabricado Moisés, porque hasta entonces (es decir, ¡durante

---

5. H. Bergson, *L'énergie spirituelle*, p. 74-75; trad. cast., *La energía espiritual*, Aguilar, Madrid 1963.

todos los siglos de los jueces y de los reyes hasta Ezequías!) los israelistas le habían quemado incienso, llamándole Nejustán» (2Re 18,4).

Muchos siglos después, los gnósticos naasenos adorarían a la serpiente en esa misma región, y ello ¡en la era cristiana!

Incluso en los siglos XIX y XX, varios escritos ocultistas se han esforzado por restablecer el culto de la serpiente, en forma intelectualizada esta vez.

Éste es el caso de H.P. Blavatsky que intentó, en *La doctrina secreta*, valorizar la serpiente como idea filosófica de la antigua sabiduría. La interpretaba como principio de la energía universal *(fohat)*, nexo único e indispensable entre el intelecto universal *(mahat)* y la materia universal *(prakrti)*. Evocaba las antiguas leyendas y tradiciones de los maestros de la humanidad infantil, creadores de la civilización, hijos de la serpiente, que fueron los bienhechores del género humano en la alborada de su historia.

Éliphas Lévi la presentaba como «gran agente mágico», principio intermediario entre la conciencia y el mundo de los hechos objetivos. Según él, la serpiente es el principio de la realización, a saber, lo que traduce prácticamente la voluntad en sucesos, lo que objetiva lo subjetivo.

Stanislas de Guaita dedicó una obra inacabada a la serpiente del *Génesis*[6]; en ella pone de relieve la realidad y el papel del gran agente mágico en la historia.

En cuanto a la Sociedad teosófica, escogió por símbolo y sello la serpiente que se muerde la cola, junto con el hexagrama y la *tau* egipcia dentro del círculo cerrado de la misma serpiente, todo ello acompañado de la divisa de los maharajaes de Benarés: *Satiyat nasti paro dharmah*, «No hay religión superior a la verdad».

En efecto, la serpiente es el gran agente mágico, o sea el principio imitador de la conciencia, vínculo, por tanto, entre lo subjetivo y objetivo, de la misma manera que el cerebro es vínculo entre la conciencia y la acción. Sí, los primeros representantes de la intelectualidad cerebral, los hijos de la serpiente de las antiguas leyendas, fueron sin duda alguna los primeros maestros de la civilización naciente. Ellos enseñaron a la humanidad niña los primeros rudimentos de las artes y las ciencias.

Admitido esto, me pregunto a pesar de todo: la serpiente como gran agente mágico, ¿es el *único* agente mágico, y el agente de *toda* magia? La magia divina o sagrada (de que hablábamos en las cartas relativas al tercero y quinto arcanos del tarot), ¿se sirve del mismo

---

6. *Le serpent de la Genèse*, Paris 1915-1920.

agente que los faquires, hipnotizadores, magnetizadores y nigromantes?

Siglos de experiencia demuestran no sólo que hay *otro agente* y *otra magia*, sino que existen también una conciencia y experiencia distintas de las del cerebro. No fue la serpiente lo que Juan Bautista vio descender sobre el Maestro de la magia sagrada y máximo taumaturgo de la historia, sino la *paloma*.

«Y Juan dio testimonio diciendo: "He visto al Espíritu que bajaba del cielo en forma de paloma y se posaba sobre él"» (Jn 1,32).

Tres días más tarde tuvo lugar el milagro de las bodas de Caná. El milagro de las bodas de Caná, la curación del hijo de un funcionario real, la del enfermo en la piscina Bethesda, la multiplicación de los panes, el caminar de Jesús sobre las aguas, la curación del ciego de nacimiento y la resurreción de Lázaro no se debieron a la acción de la serpiente, ni tuvieron el cerebro por instrumento, ni tampoco resultaron de la intelectualidad cerebral como fuente de iniciativa. Su agente fue la paloma, es decir, el Espíritu que está por encima del cerebro y de la cabeza, y que *desciende* sobre la cabeza para detenerse ahí, el Espíritu que *trasciende* la intelectualidad cerebral y es a la vez fuente de iniciativa, agente e instrumento de la magia divina o sagrada.

Me pregunto entonces –y te lo pregunto también a ti, querido amigo desconocido– por qué los autores ocultistas no han puesto su celo, fervor y habilidad al servicio de la causa de la paloma en lugar de favorecer los intereses de la serpiente: ¿Por qué no han reconocido al gran agente de la magia sagrada que ha demostrado con creces su vocación de iluminar, sanar y transformar el mundo? ¿Por qué la Sociedad teosófica, que sitúa la verdad sobre toda creencia, no adoptó por enseña la paloma del Espíritu Santo, que es el principio mismo de la universalidad espiritual, en vez de optar por la serpiente que se muerde la cola? ¿Por qué Stanislas de Guaita no escribió ningún libro sobre la Paloma del Evangelio? ¿Por qué Éliphas Lévi no hizo mención del *nuevo* gran agente mágico, la paloma, llamado a sustituir al antiguo, la serpiente? ¿Por qué H.P. Blavatsky se negó a ver que existen dos principios de la energía cósmica, el del *fohat* o energía de la serpiente y el del Espíritu Santo o energía de la salvación? El libro *Dzyan* no menciona este doble principio, pero ¿constituye acaso la única fuente de la verdad? ¿Nada vale el testimonio de los profetas, apóstoles y santos a lo largo de treinta siglos?

Mi perplejidad, lo repito, no viene de que los citados autores ocultistas hayan o no incurrido en errores de interpretación, en lo esencial, acerca de la serpiente, sino de que hayan tratado este tema con insólito exclusivismo y aun parcialidad, cosa difícil de explicar sin recurrir a factores psicológicos.

Sea lo que fuere, la literatura ocultista refleja una tendencia bien pronunciada a presentar la serpiente como único principio de realización e incluso de la ciencia, sin omitir la ciencia oculta. Por lo que a nosotros toca, sólo podemos ver en la serpiente, en primer lugar, el principio de la enroscadura, de la tendencia a formar círculos cerrados, así como el principio de la actividad e intelectualidad cerebrales o, en otros términos, el principio de la *caída*.

Digo «en primer lugar», ya que, gracias a la obra de la salvación, con su historia milenaria, se produce una gradual espiritualización de la obra de la serpiente –incluida la intelectualidad cerebral–, y la injerencia de lo alto no sólo impide que se formen círculos completamente cerrados, sino que además orienta la enroscadura hacia la *solidaridad*, por etapas como la familia, la nación, la comunidad cultural, etcétera. Dicho de otro modo, la Providencia cuida de que los círculos formados por la serpiente no se cierren del todo y de que la serie de tales círculos se convierta en una serie correspondiente de *espirales*.

Los beneficios de esta gradual metamorfosis de la obra de la serpiente no han de atribuirse, pues, a esta última, sino al otro principio, a su principio contrario, el de la «luz que brilla en las tinieblas». Efectivamente, la *evolución* real y total es fruto, por un lado, de la obra de la serpiente que enrosca, dando lugar a la formación del cerebro y de la intelectualidad cerebral, y, por otro, a la obra de la luz de lo alto que *abre* lo enroscado e ilumina la intelectualidad cerebral.

Serpiente y paloma: he aquí, en definitiva, los factores subyacentes al proceso *global* de la evolución. Si me preguntas, querido amigo desconocido, por cuál de ambos partidos, a mi juicio, hay que decidirse, por el de la serpiente o el de la paloma, mi respuesta se atendrá al consejo del Maestro:

«Sed prudentes como las serpientes y sencillos como las palomas» (Mt 10,16).

Es decir, hay que tratar de unir la intelectualidad cerebral con la espontaneidad espiritual. Debemos por fuerza pensar articuladamente y de manera discursiva, pero más allá de ese proceso discursivo... ¡está el ideal! Su luz ha de iluminar nuestro pensamiento.

Tornemos ahora a la pregunta: ¿Son los hombres hijos de la serpiente o hijos de la luz? Decíamos que, como especie animal dotada del cerebro más desarrollado, los hombres son hijos de la serpiente.

Toca aquí añadir: como seres que aspiran al ideal del bien, la belleza y la verdad, los hombres son hijos de la luz.

Dígase lo que se diga, *no existe una sola razón ni un solo dato en el conjunto de la evolución biológica –cuya cima es la formación del cerebro humano– que explique y haga parecer necesaria la aspiración humana a la verdad, la belleza y el bien.* Cada monasterio, cada convento, desmiente por lo demás, de modo inequívoco, la tesis a tenor de la cual la humanidad es un simple producto de la evolución biológica. Toda renuncia a cosas concretas –riqueza, poder, salud y hasta la misma vida–, en aras del ideal, atestigua la realidad transevolutiva y transcerebral del núcleo del ser humano.

Si es cierto que las excavaciones efectuadas por los paleontólogos ponen ante nuestros ojos cráneos y esqueletos que prueban la evolución biológica hasta su término en el cerebro humano, no lo es menos que los mártires, en la historia, dan testimonio de la trascendencia del núcleo de la naturaleza humana respecto a la evolución biológica.

Ello viene de que la evolución en su totalidad es un cruce de la evolución biológica con la evolución espiritual. Este cruce de dos esferas tan diferentes constituye la realidad de la *caída*. El otro término del drama cósmico que nos ocupa, ligado al de la caída, es la *redención*.

Decíamos anteriormente que la redención es el acto cósmico de reintegración del mundo caído, merced, primero, a la creación de una *apertura* en su círculo cerrado (religión, iniciación, profetismo), luego a la de una *vía* de salida (budas) y de entrada (avatares), y por último a la trasformación del mundo caído desde el interior, obrada por la irradiación del verbo encarnado (Jesucristo).

Así pues, la tesis que aquí proponemos afirma que la obra de la salvación –que culmina en la redención propiamente dicha– es *universal*, tanto en lo que toca al *tiempo* como al *espacio*. De hecho, viene actuando desde los albores de la historia de la humanidad, extendiéndose a todo grupo y a toda religión. Cada siglo ha constituido una de sus etapas sucesivas, y su campo ha sido siempre –y sigue siéndolo– la humanidad entera. La obra de la salvación es *católica* en el sentido literal, hermético, mágico, gnóstico y místico de la palabra. Ello quiere decir que la historia de la Iglesia militante, purgante y triunfante es tan larga y extensa como la de la propia humanidad, pues el verbo «era la luz verdadera que ilumina a todo hombre que viene a este mundo» (Jn 1,9), a todos los hombres, por consiguiente, en el tiempo y el espacio.

La obra de la salvación es única. Comprende todos los auténticos esfuerzos humanos por trascender el cerebro y la intelectualidad cerebral, así como todas las auténticas revelaciones de lo alto a través de las edades de la historia humana. Procede por etapas. Desde el primer altar erigido en una colina o en la linde de un bosque hasta las grandiosas catedrales de Europa, aspiró siempre a remontarse a las alturas de la conciencia más allá de la esfera de la intelectualidad cerebral. Las etapas de la obra de la salvación universal constituyen la historia espiritual de la humanidad, la gran Biblia universal de la que la Biblia histórica es sólo una parte. Esta historia espiritual puede resumirse de dos maneras, según dos puntos de vista diferentes: el de la *revelación* y el de la *operación*.

Desde el primer punto de vista, se podría glosar la historia espiritual de la humanidad —como lo hace la cábala— enunciando los aspectos de *Dios* que se revelan sucesivamente en ella. Los *diez nombres divinos* de la cábala, que corresponden a las diez *sefirot* del árbol sefirótico, compendian dicha historia espiritual referida a la *revelación* gradual de Dios. Desde el aspecto representado por el nombre 'adonai (Señor) hasta el indicado por el nombre 'ehyeh (yo soy) hay, en efecto, un largo camino: el primer nombre expresa la superioridad del poder en sí; el último evoca la intuición (conocimiento inmediato) del ser que es por sí mismo o, simplemente, «El que es».

Desde el punto de vista de la *operación* o ejecución de la obra salvífica, podríamos resumir la historia espiritual de la humanidad describiendo las etapas transcurridas desde la primera apertura del círculo cerrado de la serpiente hasta el advenimiento y auge del «reino de Dios» dentro de ese círculo.

Tales etapas serían: *apertura* del círculo cerrado, *vía* de salida y entrada por esa puerta y *encarnación del Verbo*. La primera etapa, la apertura del círculo cerrado, permitió que la fe entrara en la humanidad encarnada; la segunda le trajo la esperanza; la tercera encendió en ella el amor, que es la *presencia* activa de la vida divina dentro del círculo de la serpiente.

Lo que la humanidad había creído y esperado hízose realidad presente: he aquí, en una sola frase, la esencia de toda su historia espiritual.

Mas este resumen abarca un mundo de acontecimientos: el primer despertar de los recuerdos del paraíso en las almas sumidas en la oscuridad de la lucha por la existencia; la instauración del culto para perpetuar dichos recuerdos y preservarlos del olvido; la aparición de sacerdotes que mantuvieran ese culto, de videntes y profetas que lo conservaran vivo y lo desarrollaran; el nacimiento de escuelas del esfuerzo humano en busca de una experiencia transcerebral; la clamorosa nueva de que tal esfuerzo no era vano, de que existe una puerta de salida; las doctrinas de los budas, maestros de esa vía; las revelaciones de los avatares –de los *riṣis*, grandes maestros y hombres de Dios–, que demostraban la realidad del camino de entrada, de manifestación y encarnación; la preparación espiritual en el mundo entero y la preparación real en un pueblo escogido –Israel– de la Encarnación, prefigurada por las encarnaciones y manifestaciones de avatares y budas; la Encarnación misma, por fin, con todo lo que implican las palabras de san Pablo en su epístola a Timoteo:

«Y sin duda alguna, grande es el misterio de la piedad: Él fue manifestado en la carne, justificado en el Espíritu, visto por los ángeles, proclamado a los gentiles, creído en el mundo, elevado a la gloria» (1Tim 3,16).

Lo que en general se entiende por evolución resulta de la concurrencia de dos principales líneas de operación: la de la serpiente y la de la obra salvífica. *Principales*, digo, porque hay todavía otras líneas secundarias que asumen un papel intermediario entre las dos citadas. Tal es, por ejemplo, la línea de la evolución de las almas individuales por vía de las reencarnaciones. Ya hemos tratado este tema en una de nuestras cartas precedentes y lo tocaremos aún en la carta XIII. Contentémonos aquí con mencionar, en el contexto de la evolución general, el siguiente hecho:

La ciencia se enfrenta actualmente con el problema de la transmisión hereditaria de las cualidades adquiridas por experiencia. Este problema, tal como se presenta hoy, nace de la paradójica contradicción entre lo que se conoce de la ley de la herencia y lo que se sabe de la evolución y el progreso en general. Por una parte, ha quedado establecido que las cualidades adquiridas no se transmiten hereditariamente, y, por otra, que la totalidad de los hechos de la evolución general atestigua un progreso.

Para resolver esta contradicción entre la herencia meramente reproductora y la evolución general que se revela creadora, hay que recurrir a una nueva dimensión, es decir, añadir la dimensión *vertical* a la de la continuidad horizontal en el tiempo, o sea la de la herencia que vincula unas con otras las sucesivas generaciones. Hay que admitir, en lo que toca al mecanismo propiamente dicho de la herencia, que las cualidades adquiridas se almacenan *en alguna otra parte*, y que entre ese mecanismo y los caracteres adquiridos –que no desaparecen, sino quedan relegados en algún otro sitio– se da una tensión activa manifestada tanto en el hecho de la educación y autoeducación como en el surgir de genios intelectuales y morales, frutos de una estirpe intermedia. Esta tensión entre el mecanismo de la herencia y las cualidades adquiridas por experiencia, acumuladas en otra parte, lleva, a la larga, a un predominio de las últimas, produciéndose una especie de irrupción de las mismas en el mecanismo hereditario. Los frutos de la experiencia pasada, por así decirlo, se reencarnan.

Ello nos conduce a dar entrada al principio de la reencarnación. Y cuando la moderna psicología profunda de la escuela de Jung añade a esto copiosos materiales acerca del resurgir de experiencias pasadas en sueños, visiones y en la vida imaginativa de personas cuya conciencia normal ignora todas esas cosas; cuando, por ejemplo, los ritos y símbolos de los antiguos misterios reaparecen así en pleno siglo xx, entonces el postulado indispensable para explicar la posibilidad del progreso deja de ser un postulado para convertirse en una conclusión basada en la experiencia y dotada de alto grado de probabilidad.

Cierto que Jung llama «inconsciente colectivo» al lugar donde se relegan las experiencias del pasado. Pero, ¿por qué *colectivo?* ¿Por qué no llamarlo «inconsciente individual»? ¿Sólo porque las experiencias del pasado que surgen de las profundidades de la conciencia tienen muchos puntos comunes y se asemejan unas a otras?

Esas experiencias, no obstante, surgen en los *seres humanos.* Es pues natural que tengan muchos puntos comunes, tantos como los hombres mismos. ¿Sólo por esto hay que referirse a la colectividad de la memoria subconsciente (o supraconsciente) de alcance milenario? ¿No es más sencillo y natural concluir que quien se acuerda de una experiencia es también quien la ha experimentado?

Mas debemos hacerle justicia a Jung añadiendo que no insiste en una *colectividad sustancial* de su inconsciente colectivo. Como verdadero sabio, deja abierta la cuestión de saber si el inconsciente colectivo es un depósito o almacén común de la humanidad, o si es el conjunto, obtenido por abstracción, de los *rasgos comunes* de los individuos. La metafísica del inconsciente colectivo no ha sido apenas elaborada por Jung. En todo caso, los hechos reunidos y presentados por Jung se prestan *al menos* tan fácilmente a la interpretación reencarnacionista como a la colectivista.

Sin embargo, para el fuero interno de la conciencia –y te recuerdo, querido amigo desconocido, que estas cartas sólo se dirigen a tu fuero interno, no teniendo esencialmente por objeto proponer doctrinas de validez general, es decir, científica–, la experiencia de las profundidades de nuestra propia alma es la que tiene la última palabra en el problema de la reencarnación individual, y a ella incumbe la tarea de transformar la posibilidad y probabilidad de la reencarnación en certeza, en el fuero interno, por supuesto.

Hay, pues, tres continuidades en la evolución: la continuidad biológica o herencia, la continuidad psíquica o reencarnación y la continuidad espiritual u obra de la salvación. Notemos que estas tres líneas de continuidad corresponden al triángulo dinámico al que Fabre d'Olivet reducía la historia del género humano: «destino-voluntad-providencia». La herencia corresponde al destino (fatalidad), la reencarnación a la voluntad (libertad) y la obra de la salvación a la providencia. He aquí la descripción de ese triángulo por el propio autor:

> «Pero si el hombre, en primer lugar, es sólo... una potencia en germen, que la civilización debe desarrollar, ¿de dónde le vendrán los principios indispensables de esa cultura? Respondo que le han de venir de dos fuerzas a las que está vinculado, debiendo él mismo constituir la tercera... Estas dos fuerzas, entre las que se ve situado, son el destino y la providencia. Debajo de él está el destino, naturaleza sujeta a la necesidad, *natura naturata;* sobre él está la Providencia o naturaleza libre, *natura naturans.* Él mismo, como reino humano, es la voluntad mediadora, la fuerza eficiente situada entre ambas naturalezas para servirles de lazo de unión, de medio de comunicación, y reunir así dos acciones o movimientos que de otro modo serían incompatibles.
> »Las tres fuerzas que acabo de citar... constituyen el escenario del universo. Nada se sustrae a su actuación, todo en el universo les está sometido; todo, excepto Dios mismo que las envuelve en su insondable unidad, formando con ellas esa tétrada sagrada, ese inmenso cuaternario que es todo en todo y fuera del cual no hay nada»[7].

Me permito añadir a esta cita que yo mismo, durante toda mi vida, jamás había logrado hallar una fórmula más lúcida y una clave general más eficaz que las de Fabre d'Olivet para comprender la evolución y la historia de la humanidad, pese a que el siglo y medio transcurrido desde la publicación de su obra y el más amplio conocimiento que hoy se tiene de la historia del género humano –así como la desafortunada ceguera del propio Fabre d'Olivet respecto a ciertos misterios del cristianismo– me hayan obligado a revisar la *aplicación* que este autor hace de sus admirables principios generales a los problemas concretos de la historia humana. La misma observación vale para Saint-Yves d'Alveydre[8], salvo por la parcialidad anticristiana que no existe en este último.

Herencia, obra salvífica y *reencarnación* –siendo ésta el principio intermediario entre las dos primeras– constituyen, pues, juntas, el drama cósmico de la evolución.

La décima lámina del tarot evoca la totalidad del problema de la evolución, cortándolo, como si dijéramos, por medio y poniendo de relieve su más importante aspecto práctico: *la relación entre animalidad y humanidad.*

---

7. A. Fabre d'Olivet, *Histoire philosophique du genre humain*, t. I, Paris 1824, reimpr. Lausana 1974, p. 48s.
8. Especialmente respecto de su obra *Mission des juifs*, Paris, 1956.

La *esfinge* encima de la Rueda representa la animalidad y la humanidad reunidas, sea *todavía no* diferenciadas, sea *ya* reintegradas. El enigma de la esfinge es, pues, el de la humanización de la animalidad y la animalización de la humanidad. El perro que sube hacia la esfinge representa la animalidad que aspira a reunirse con la humanidad; el simio que desciende simboliza el proceso de animalización del género humano.

Este arcano es, por tanto, el de la solución práctica del problema: cómo llevar a cabo la integración de los elementos humanos y animales en la personalidad humana sin extirpar ni rechazar nada, sin que aquéllos se animalicen (volviéndose simios) ni éstos caigan bajo el dominio tiránico de los primeros (transformándose en perros). En otras palabras, cómo descender al plano animal sin animalizarse y cómo hacer que la animalidad suba, sin coacción, al plano humano.

Este décimo arcano tiene también, por sí mismo, un carácter eminentemente práctico. Es un ejercicio espiritual destinado a despertar el sentido del arcano, es decir, el conocimiento experimental de cierta habilidad, la cual no consiste sino en el atinado manejo de los elementos de la humanidad animalizada y de los de la animalidad que aspira a la humanidad a partir de un centro estable y por medio del mismo.

Ese centro estable es la *esfinge*, sentada sobre la Rueda de la animalidad, o sea más allá de las mociones automáticas que se dan en el psiquismo humano.

¿Qué tarea práctica sugiere esta contextura de la Rueda con la esfinge encima? Hay una animalidad *creada* y otra resultante de la evolución. La primera data de antes de la caída; la segunda debe su existencia a la evolución posterior a la caída, a la obra de la serpiente. Hay una animalidad creada por el Verbo divino, a la cual se refiere el *Evangelio de san Juan* cuando dice:

«Todo se hizo por él, *y sin él no se hizo nada de cuanto existe*» (Jn 1,3).

Este mismo significado tienen las palabras del *Génesis* de Moisés, relativas a la creación de los animales *con arreglo a su especie* (Gén 1,24) en el quinto y sexto días.

La animalidad de origen divino se resume en los prototipos o *especies* de los sagrados *ḥayot*, los querubines. Éstos son: el toro, el león, el águila y el ángel u hombre. Reuniendo estos cuatro prototipos en un solo ser, se obtiene la *esfinge*.

La esfinge es, consiguientemente, la síntesis prototípica de la animalidad sagrada o, en otros términos, de la instintividad divina, del principio de obediencia espontánea a Dios. Animalidad sagrada, en efecto, no significa otra cosa que obediencia espontánea a Dios o instinto divino.

Los *demás* instintos son debidos a la evolución de la serpiente. Los abarca la palabra *bestialidad*.

Hay, pues, instintos de origen divino e instintos bestiales. Así, el águila que la tradición iconográfica representa como principio inspirador –o canal de la inspiración divina– del evangelista Juan es el instinto que tiende a elevar el espíritu y el corazón. Al propio tiempo, el águila, como prototipo de ave rapaz, simboliza el instinto de agresión o ataque fulgurante. Tal es el águila que figuraba, como principio inspirador, en los estandartes de las legiones romanas.

El león, por su parte, refleja el instinto que podría designarse por el nombre de valentía moral. Los mártires eran sus representantes, y el león como símbolo de valentía moral acompaña en la iconografía cristiana al evangelista Marcos. Pero, así como hay dos clases de águilas, también hay dos clases de leones. La ferocidad es respecto de la valentía moral lo que el segundo tipo de león es con relación al primero: su degeneración.

El otro simboliza el instinto de concentración productiva y sugiere la tendencia a la meditación profunda. Es el canal de la divina inspiración del evangelista Lucas. Así entendido, el toro suscitó en la India el culto a su aspecto femenino, la vaca sagrada. La veneración a la vaca en este país sólo es un reflejo popular de la tendencia de los indios a la meditación. También aquí hay toro y toro. Éste es la degeneración de aquél, la concentración de la voluntad en un solo punto dejando todo lo demás en la sombra. Cuando se inmolaba el toro en los misterios de Mitra, no se pretendía en modo alguno matar la tendencia a la meditación, sino el ímpetu ciego.

El evangelista Mateo tiene por compañero inspirador, según la iconografía, el ángel o el hombre. Esto denota la inclinación a la objetividad, que se manifiesta, por ejemplo, en la veracidad del relato épico redactado por un analista o cronista. Y una vez más hay que hacer la clásica distinción: existen dos clases de objetividad. Se puede ser objetivo, imparcial, tomándolo todo con igual interés; o, por el contrario, adoptando una actitud de igual indiferencia frente a todo. La primera de estas objetividades es la de los ángeles; la segunda, su degeneración, es la de la observación fría y carente de cordialidad. La primera se revela en los efectos del instinto que llamamos *conciencia;* la última, en lo que muchos entienden por espíritu científico, que no es, a decir verdad, más que la inclinación al *cinismo*.

Ahí tenemos, pues, el cuadro comparativo de los principales instintos de origen divino y de los surgidos después de la caída.

De todo ello se desprende una tarea práctica, la de la alquimia interior o transmutación de los instintos degeneradores en sus prototipos de antes de la caída: la transmutación del águila en águila, del león en león, del toro en toro y del hombre en ángel. Dicho de otra manera, hay que poner −o reponer− la esfinge en el puesto que ocupaba sobre la Rueda, *transformar ésta o el automatismo psíquico en esfinge.*

¿De qué modo? Por vía de metamorfosis, es decir, mediante constricciones y expansiones alternas. Así como en el crecimiento de una planta se manifiestan dos tendencias −vertical y horizontal− que actúan alternativamente, de suerte que la primera empuja la planta hacia arriba mientras la segunda la despliega, así también se obra la metamorfosis psíquica por constricción de la tendencia expansiva; el resultado es una elevación seguida de una expansión en el nuevo plano alcanzado por aquélla, a la cual seguirá a su vez una restricción que dará lugar a otra elevación, y así sucesivamente. Tal es la ley de la metamorfosis, comprobada y estudiada por Goethe en el reino vegetal; y tal es, igualmente, la ley de la transmutación de las fuerzas psíquicas −la del sendero estrecho o de la cruz− en el reino humano. Hombre y planta viven, en efecto, bajo la ley de la cruz: la planta orgánicamente, el hombre espiritualmente. Por eso la planta es un manual de hermetismo práctico, donde pueden leerse las inmutables reglas de la disciplina espiritual. Así lo comprendió Schiller, el hermano de Goethe, y ello le movió a decir:

«¿Buscas lo más alto, lo más grande?
La planta puede enseñártelo.
Lo que ella es, sin pretenderlo,
sólo tú mismo, queriéndolo... ¡Eso es todo!» (Friedrich Schiller, 1795).

Esto se debe a que el reino vegetal es el más virgen de la naturaleza posterior a la caída, y a que el hombre se halla en vías de reintegración. Todo jardín conserva algo del paraíso y puede servirle de biblioteca viviente al hombre que aspira a la salvación.

Ahora bien, trátase de extender la ley de la cruz, a la que está sometido orgánicamente el reino vegetal y espiritualmente el reino humano, al *reino animal.* Y ello ha de hacerse no adiestrando perros, caballos y papagayos, sino aplicando la ley de la cruz a la animalidad de la vida psíquica del hombre. Debemos frenar en nosotros al toro para elevarlo al plano del toro original. Esto quiere decir que el ansia instintiva que se revela como furia concentrada en una cosa, cegándonos para todo lo demás, debe reprimirse y elevarse a la tendencia a la meditación profunda. El hermetismo resume toda esta operación en la palabra «callar». El precepto de callar no es sólo, como muchos autores lo interpretan, una regla de prudencia, sino también un *método práctico* para transformar el instinto restrictivo y cegador en una inclinación a la profundidad, acompañada de una aversión a todo lo superficial.

El *toro alado* es, por tanto, el fruto que se pretende obtener por el procedimiento de callar. Esto significa que el toro *se eleva* al nivel del águila y se une con ella. Tal unión consuma las nupcias entre el impulso hacia las alturas y la inclinación a la profundidad. El matrimonio de los contrarios −término tradicional en la alquimia− es la esencia de la práctica de la ley de la *cruz*. La cruz representa la unión de dos pares de contrarios, y de su práctica resulta la conciliación de cuatro contrarios: dos horizontales y dos verticales. Toro y águila son contrarios verticales: tendencias a la altura y la profundidad, a lo general y lo particular, a la ojeada que todo lo abarca y la que se detiene en el detalle minucioso.

El ángel y el león constituyen el otro par de contrarios de la cruz del instinto humano. Trátase aquí de transformar el valor combativo en valentía moral, en valentía de la *conciencia*. En efecto, el instinto que denominamos conciencia moral procede de la inspiración del ángel, y al elevar el instinto normal de valentía, es decir, de afán de heroísmo, aventuras y lucha, lo unimos a la conciencia convirtiéndolo así en aquella valentía moral que admiramos en los mártires y los santos.

El *león alado* es lo que aspiramos a lograr por el procedimiento sugerido con el término «osar», que implica la valentía moral. Así como el toro se vuelve alado al unirse con el águila merced a la práctica del callar y el águila adquiere la obstinación y perseverancia del toro gracias a la práctica del querer, de igual manera al león le salen alas al unirse con el ángel mediante la práctica del osar. El efecto de la inspiración angélica de la que uno osa darse cuenta, se convierte entonces en certeza espontánea gracias a la práctica de lo implicado en la palabra saber.

He ahí los cuatro vectores del esfuerzo que permiten llevar a feliz término la tarea simbolizada por la esfinge: *callar, querer, osar* y *saber*. Callar es restringir la voluntad, que se eleva a otro plano, según la ley de la cruz y a consecuencia de esa restricción, para desarrollarse en él y transformarse en auténtico querer.

La constante atención prestada a la conciencia restringe la impulsividad; y ésta se eleva a un nuevo plano que favorece su despliegue. No otro es el sentido práctico del osar y del saber: disciplinar la impulsividad por medio de la conciencia. Sólo en armonía con el saber basado en la conciencia, la impulsividad se transforma en un osar legítimo o valentía moral.

Tal es también el principio del milenario ascetismo hermético, que se funda en la ley de la *cruz* y cuya meta es la esfinge, animalidad reunida con la humanidad. No cabe duda que esta enseñanza es antiquísima y que el décimo arcano se remonta al hermetismo de mucho antes de nuestra era, poniéndonos en contacto con las ideas de quienes erigieron la esfinge y las pirámides de Egipto. Esta conclusión se nos impone por evidencia *intrínseca*, no iconográfica o histórica.

Y lo que aún la refuerza es precisamente lo que le *falta* a la lámina x. Ésta nos presenta la Rueda de la animalidad, con la esfinge, como solución del problema práctico que plantea la animalidad. No obstante, un hondo y prolongado análisis de la esfinge y de toda la contextura de la lámina nos lleva inevitablemente a los *cuatro* animales que mencionábamos, con todo lo que ello supone: animalidad divina y degenerada, caída y reintegración, principio de ascetismo práctico, etc. A esto podrían todavía añadirse los datos y conocimientos que nos proporcionan la historia, la biología, y la psicología modernas. Pero a la lámina le falta también algo fundamental: la quintaesencia *(quinta essentia)* que la esfinge realiza *y que, sin embargo, no es en sí misma*. El *principio activo de la cruz* –la quinta esencia–, sin el que toda la operación es impracticable y que sólo puede conocerse y esperarse, no aparece indicado de ninguna manera en la lámina. La esfinge figura como última solución o, más bien, como último *enigma*.

La ausencia, en la contextura de la lámina, de toda alusión *directa* (ya que indirectamente la lámina entera apunta al enigma de la esfinge y, por el hecho mismo, a la quintaesencia) al principio del *nuevo Adán*, que es esa «quintaesencia», cosa hoy bien sabida tanto en el esoterismo como en el exoterismo, demuestra el origen precristiano de la décima lámina. Desde el punto de vista iconográfico es francamente medieval (de *fines* de la edad media), como todas las demás láminas, pero *intrínsecamente* es mucho más antigua, y en particular precristiana.

¿Es esta lámina la más antigua o, simplemente, la menos evolucionada de las veintidós del tarot? Puesto que las veintidós láminas del tarot constituyen un *organismo,* un todo completo, no cabe hablar de orígenes diversos y dispares, sino de *grados de evolución o transformación* de dichas láminas. El tarot mismo no es una *rueda,* un círculo cerrado, sino una *espiral,* es decir, evoluciona por tradición y... reencarnación.

Los autores que veían en el tarot el libro sagrado de Thot o Hermes Trismegisto tenían razón y, a la vez, se equivocaban. Tenían razón por cuanto hacían remontarse la historia de la *esencia* del tarot a la antigüedad, y en concreto a la antigüedad *egipcia*. Se equivocaban al creer que el tarot había sido heredado del antiguo Egipto, o sea transmitido de generación en generación con cambios iconográficos de poca monta. En apoyo de esta tesis se cuenta la significativa historia o leyenda (que probablemente ya conoces) del consejo de sacerdotes egipcios que deliberaba sobre el problema de cómo preservar la esencia de su sabiduría para las futuras generaciones, cuando la luz de Egipto se hubiera apagado. Tras rechazar diversas propuestas, como confiar dicha sabiduría al papel, la piedra, el metal, etc., los sacerdotes decidieron por fin confiarla a un agente menos destructible y más duradero que los ahora citados, a saber, al *vicio* humano, el juego de cartas.

Sin embargo, decíamos, el tarot es netamente medieval desde el punto de vista iconográfico. Desde el histórico, nada indica que haya existido antes de finales del siglo XIV[9]. Si se tratara de un juego expresamente popularizado por los sabios egipcios, deberíamos poseer al respecto muchísimos materiales acumulados durante catorce o, al menos, diez siglos.

No, el tarot *no ha sido heredado*, sino que *se ha reencarnado*. Se ha reencarnado según la experiencia de la moderna psicología profunda de la escuela de Jung, que comprueba el resurgir de antiguos y aun arcaicos misterios y cultos en lo profundo de lo inconsciente de los hombres de nuestro siglo. *El tarot es el libro sagrado de Thot*, pero no lo tenemos por herencia ni transmisión, sino porque ha *renacido*.

Citemos en pro de esta segunda tesis no una leyenda moderna, sino el texto de un tratado griego de hermetismo, que data de hace veinte siglos. Helo aquí:

«¡Oh maravilloso hijo mío, Horus!, no es en un ser de estirpe mortal donde eso pudo producirse –ni siquiera existían aún tales seres–, sino en un alma en posesión del lazo de simpatía con los misterios del cielo; tal era Hermes, que lo conoció todo. Vio la totalidad de las cosas y, habiendo visto, comprendió; y habiendo comprendido, tuvo poder para revelar y mostrar. En efecto, *grabó las cosas que conoció y, después de grabarlas, las ocultó*, prefiriendo guardar sobre la mayoría de ellas un obstinado silencio a hablar de las mismas, *para que toda generación nacida después del mundo tuviera que buscarlas...*

»...Por fin llegó (Hermes) a la clara decisión de depositar los sagrados símbolos de los elementos cósmicos junto a los objetos sagrados de Osiris, y luego, tras recitar una plegaria y pronunciar diversas palabras, remontarse al cielo.

---

9. Cf. G. van Rijnberk, *Le tarot*, Lyón 1947, p. 23ss.

»Mas no conviene, hijo mío, dejar incompleto este relato: debo referirte todo cuanto dijo Hermes en el momento de depositar los libros. Habló así:
»"¡Oh sagrados libros, que fuisteis escritos por mis manos imperecederas, sobre los que tengo todo poder tras haberos ungido con el fármaco de la inmortalidad! *Perdurad a través de los tiempos de todo siglo*, imputrescibles e incorruptibles, sin que os vea ni descubra ninguno de quienes recorran los llanos de esta tierra, hasta el día en que el cielo, envejecido, engendre organismos dignos de vosotros, esos a los que el Creador dio el nombre de almas."
»Habiéndose así dirigido a los libros y después de orar por sus propias obras, atravesó el *sagrado recinto* en las zonas que le pertenecen»[10].

He ahí la versión grecoegipcia del origen y naturaleza de los libros sagrados de Thot. Según ese texto, fueron «grabados» por «manos imperecederas» y depositados en el «sagrado recinto», «imputrescibles e incorruptibles», en las «zonas que pertenecen» a Hermes, «para que toda generación nacida después del mundo tuviera que buscarlos».

Están, pues, escritos mágicamente, hallándose en una región *entre el cielo y la tierra*, lo bastante próxima a la tierra como para llegar a las almas de los investigadores terrenos y despertar en ellas, por su atractivo, el espíritu de búsqueda, y lo bastante alejada como para no ser nunca descubiertos, analizados y explotados por la intelectualidad cerebral. El *original* de los libros sagrados de Thot se encuentra en la región transcerebral; por ello hay que buscarlos no en criptas, manuscritos o inscripciones, ni tampoco en sociedades o hermandades secretas, sino en el sagrado recinto de las zonas que pertenecen a Hermes. Es preciso *elevarse* más allá de la zona de la intelectualidad cerebral, porque los libros sagrados fueron escritos, según el tratado hermético que acabamos de citar, *antes* de la formación del cerebro. Constituyen una llamada, mágicamente eficaz «a través de los tiempos de todo siglo», a trascender la intelectualidad cerebral y a elevar «el organismo digno de ellos, ese al que el creador dio el nombre de *alma*», a la región donde moran.

Esa región, ese jardín de los «sagrados símbolos de los elementos cósmicos» plantado entre la tierra y el cielo, esas fórmulas mágicas, símbolos gnósticos y fuegos místicos de la revelación primordial que es el sagrado recinto por encima de la intelectualidad cerebral y bajo el cielo, componen la *realidad* del hermetismo, son el aguijón que a través de las edades incita a las almas humanas a aspirar a la «visión de la totalidad de las cosas, y, habiéndolas visto, a comprenderlas, y, habiéndolas comprendido, a revelarlas y mostrarlas». La totalidad de

---
10. Fragmento XXIII, 5, 7, 8, en *Corpus Hermeticum*, t. IV, Paris 1954, p. 2s.

las cosas *(ta sympanta)*: tal es el alma del hermetismo a lo largo de «los tiempos de todo siglo». Y como el cerebro es el órgano de la especialización práctica, así la llamada y aspiración a la totalidad de las cosas *(sympanta)* se reduce a la llamada y aspiración a trascender el cerebro y la intelectualidad cerebral.

El hermetismo acompaña a la humanidad de siglo en siglo. ¿A causa de una pléyade de brillantes escritores? ¿Debido a las sociedades secretas? ¿O tal vez por el atractivo que ejerce el secreto en general? Todo eso se dice.

Pero ¿por qué suscita el hermetismo escritores en todos los tiempos y épocas? ¿Por qué hay sociedades secretas? ¿Por qué, finalmente, ejerce tanto atractivo el secreto?

Porque en lo profundo del inconsciente –que quiere volverse consciente y llama a la puerta– se halla el sagrado recinto, el libro sagrado de Thot, de donde nacen –o se reencarnan– las obras simbólicas y herméticas. *Tal sucede con el tarot.*

El tarot tiene su prototipo invisible; la función y misión del tarot consiste en elevar el alma hacia su prototipo original. Por eso es un sistema de ejercicios espirituales. Da el impulso necesario e indica la dirección que hay que tomar para trascender la intelectualidad cerebral y penetrar, por medio del alma, en el sagrado recinto donde reposan los «sagrados símbolos de los elementos cósmicos».

Totalidad de las cosas, intuición que trasciende la intelectualidad cerebral, hermetismo... Mas ¿por qué precisamente el *hermetismo*? ¿No es eso la aspiración de toda filosofía metafísica y de toda práctica mística de la religión?

La práctica mística de la religión trasciende, a buen seguro, la intelectualidad cerebral. Su objetivo, no obstante, es alcanzar el *cielo*, y no la zona intermedia entre éste y la tierra, donde se halla depositada la revelación primordial de los misterios del cielo. Los santos viven envueltos en la luz, el calor y la vida del cielo. El oro, el azul y la blancura celestiales resplandecen en sus existencias y por ellas.

En cuanto a los herméticos, están llamados –¿o, deberé decir, condenados?– a no vivir ni a la luz de la tierra ni al resplandor del cielo, sino sumidos en la *noche*, en la profunda oscuridad del misterio de las relaciones entre cielo y tierra. El *pensamiento* que aúna el cielo con la tierra, inmanente a toda estructura fenoménica terrenal y a toda entidad nouménica celeste, es la visión y comprensión de la totalidad de las cosas, así como el «poder para revelarlas y mostrarlas».

Los santos no esperan alcanzar el pensamiento cósmico, la comprensión de la totalidad de las cosas, sino la *vida* divina. ¿Y los metafísicos? Los filósofos idealistas ¿no aspiran a captar la totalidad de las cosas por medio del pensamiento?

Platón, padre de la filosofía metafísica, tuvo la experiencia del pensamiento transcerebral, el pensamiento no concebido intelectualmente, sino intuido, *visto*. Por eso pudo enseñar el método de la elevación gradual más allá de la intelectualidad cerebral, la elevación de la opinión *(doxa)* posible a la conclusión *(dianoia)* probable, basándose en la argumentación dialéctica, y, por último, de la conclusión probable a la certeza de la percepción inmediata de la verdad *(episteme)*. Gracias a la *episteme* o percepción inmediata, poseyó Platón la experiencia del *pensamiento objetivo,* el pensamiento cósmico, que bautizó con el nombre de «mundo de las ideas». Habiendo llegado a la experiencia de las ideas no concebidas ni inventadas por la intelectualidad subjetiva del cerebro, sino percibidas y contempladas por la *episteme*[11], Platón cometió el error –por lo demás bien comprensible– de poblar de ideas la esfera superior del mundo espiritual, siendo así que no existe realmente un «mundo de las ideas» como mundo o esfera del mundo. El mundo entero está únicamente poblado de *seres individuales,* y las ideas no existen sino en ellos, por ellos y en las relaciones que establecen entre sí. Las ideas son bien reales, pero constituyen realidades *inmanentes,* no realidades aparte, en sí mismas. Sólo viven en la conciencia: la de Dios, la de las jerarquías angélicas o la del hombre.

Pueden, empero, proyectarse también al exterior (o «grabarse», como dice nuestro antiguo tratado), encarnadas en símbolos y fórmulas y conservadas así en el mundo espiritual objetivo. Toda esta operación de proyectar, encarnar y conservar las ideas es llamada por el hermetismo «escribir el libro». A este libro se refieren las siguientes palabras del *Apocalipsis:*

«Vi también en la mano derecha del que está sentado en el trono un libro escrito por el anverso y el reverso, sellado con siete sellos» (Ap 5,1).

Tal es también el libro (o los libros) sagrados de Thot, del que habla el tratado *Kore kosmou*. Platón, al elevarse sobre la intelectualidad cerebral, topó con el «libro sagrado de Thot», con los «sagrados símbolos de los elementos cósmicos, imputrescibles e incorruptibles», en el «sagrado recinto» sito «en las zonas que pertenecen a Hermes». Como hermético que era, llegó hasta el «sagrado recinto», pero, como filósofo especulativo, no supo apreciar el hecho mágico de un *vivo*

---

11. Sobre la contemplación, véase carta XVI.

monumento espiritual y le dio una interpretación –refutada más tarde por su discípulo Aristóteles– no mágica, sino racional, con su postulado de un «mundo de las ideas» más allá del mundo de los fenómenos. Ahí reside el error básico de toda filosofía metafísica desde Platón hasta nuestros días. Se hipostasian las ideas, que sólo viven en conciencias individuales o se hallan *potencialmente* presentes en los libros: en los redactados de modo visible, como las Sagradas Escrituras; en los invisibles, vivos monumentos espirituales debidos a la operación de la magia divina; y en el mundo entero, el gran libro que contiene *en potencia* las ideas de la creación y su destino, expresadas por el *simbolismo de los hechos*.

En esto, pues, el hermetismo difiere de la mística religiosa y de la filosofía metafísica. El hermetismo, como aspiración a la *totalidad de las cosas*, no es ni escuela, ni secta, ni comunidad. Es el *destino* de cierta clase o grupo de almas. Las hay, en efecto, que *deben* por fuerza aspirar al todo de las cosas, viéndose impulsadas por el incesante flujo del pensamiento que las arrastra siempre más y más lejos, sin otorgarles un momento de reposo. No hay pausa para tales almas; no pueden, sin renunciar a su propia vida, salir de ese impetuoso río del pensamiento que fluye sin cesar –por igual durante nuestra juventud, edad madura y vejez–, sin detenerse, pasando de una oscuridad por iluminar a otra por escudriñar.

Tal ha sido, es y será mi destino. Y al dirigir estas cartas al *amigo desconocido*, me dirijo a quienes comparten ese destino conmigo.

Señor profesor, perdóneme esta arrogante y vanidosa aspiración, sin duda pueril a sus ojos, a la certeza personal sobre la totalidad de las cosas, certeza que usted, trabajador industrioso y fértil, sólo espera alcanzar tras siglos de esfuerzo colectivo por parte de generaciones de sabios. Pero sepa, al menos, que le estoy infinitamente agradecido y que tiene usted en mí un discípulo siempre ávido de aprender con respeto y gratitud, un discípulo que jamás se permitirá darle a usted lecciones.

Señor cura, perdóneme lo que usted juzga *hybris* humana que ambiciona penetrar los misterios de Dios, en vez de inclinarse ante la sabiduría y bondad divinas aceptando, con la humildad que conviene al cristiano, las verdades reveladas de la salvación, las cuales, practicadas, bastan absolutamente para el bien, la dicha y la salvación del alma. Se lo digo ahora como en el confesonario: *yo no puedo* dejar de aspirar a la profundidad, altura y anchura de la verdad total del *conjunto* de las cosas. He hecho, con toda sinceridad y sin reserva, el *sacrificium intellectus*, la ofrenda de la inteligencia, pero ¡qué intensificación de la vida del pensamiento resulta de este sacrificio, qué exceso de ardor en la aspiración al conocimiento espiritual! Bien sé que las verdades reveladas y transmitidas por el magisterio de la Santa Iglesia son necesarias y suficientes para la salvación; no dudo de su autenticidad, y me esfuerzo por practicarlas lo mejor posible. Mas *no puedo* detener el torrente del pensamiento que me conduce a los misterios reservados quizás a los santos, a los ángeles, o ¡qué sé yo!, en todo caso a seres más dignos que yo mismo. Padre, ¿me dará usted la absolución?

Sea lo que fuere, diré con Jacob:

«No te dejaré ir hasta que no me hayas bendecido» (Gén 32,27).

Carta XI

LA FUERZA

El arcano de la virgen

«He aquí la vigorosa fuerza de la fuerza, que triunfará sobre todo lo sutil y penetrará todo lo sólido» *(Tabla de esmeralda).*

Virgen poderosa,
Virgen clemente,
Virgen fiel.
    (Letanías lauretanas)

Querido amigo desconocido:

La carta precedente trataba de la transformación de la animalidad caída en animalidad santa, siendo esta última la obediencia espontánea a Dios, sin injerencia de la reflexión, la duda o cualesquiera intereses. Pareja obediencia depende del instinto, y por eso la animalidad santa —representada en la tradición hermética, la visión de Ezequiel, el *Apocalipsis* de san Juan y la iconografía cristiana por los cuatro animales sagrados que se sintetizan en la esfinge— es la instintividad divina o reino de Dios en el inconsciente y a través del mismo. En efecto, Dios reina o, dicho en otras palabras, es adorado, obedecido y amado no sólo mediante teologías y filosofías explícitas, o mediante oraciones, meditaciones y actos de culto explícitos, sino también por medio del hambre y sed de justicia, verdad y belleza, así como por todo acto y expresión de respeto, admiración y adoración. Sí, el mundo está lleno de religión implícita, y los santos y poetas inspirados no erraban al decir que los pájaros, cuando cantan, alaban a Dios. Su minúscula vida canta, de hecho, la gran vida, y deja oír en innumerables variaciones la misma noticia, vieja como el mundo y nueva como el día: «¡La vida vive y vibra en mí!» ¡Qué homenaje rinden a la fuente de la vida esos arroyuelos de vida, los pájaros que cantan!

Religio naturalis. La religión natural existe, no hay duda, y llena el mundo. Sus aguas emanan del trono de Dios, pues al colmar los seres, pequeños y grandes, de la esperanza y fe prodigiosas que anidan en lo más íntimo del impulso vital, no pueden tener otra fuente que la presencia inmediata de Dios. Esas oleadas de esperanza y de fe que se revelan en el gran sí de todos los seres vivos, pronunciado por el hecho mismo de vivir y de preferir la vida o la muerte, sólo pueden traernos el testimonio cierto de la presencia radical de Dios, es decir, del sentido y fin del ser viviente.

Las olas de tal testimonio llegan al inconsciente de los seres y les inculcan esa maravillosa convicción que sirve de fundamento al impulso vital. La revelación primera o primitiva, de que habla la teología, y la religión natural, que se desprende de dicha revelación, llevan consigo la esperanza y fe que vibran en el mundo entero y en todo ser particular, la inconsciente persuasión de que la vida proviene de la sagrada fuente y fluye hacia la meta de valor supremo, y de que esa misma vida es don, bendición y misión.

El misterio de la religión natural, que es al propio tiempo el del impulso vital, se halla expresado con asombrosa claridad en el *Apocalipsis* de san Juan:

«Delante del trono (había) como un mar transparente, parecido al cristal. En medio del trono y rodeándolo, cuatro seres vivientes llenos de ojos por delante y por detrás. El primero se asemejaba a un león; el segundo, a un novillo; el tercero tenía semblante como de hombre; y el cuarto se parecía a un águila en vuelo. Y los cuatro seres vivientes poseían cada uno seis alas, y estaban llenos de ojos alrededor y por dentro. Día y noche repetían sin descanso: "Santo, santo, santo, Señor Dios todopoderoso, el que era, es y vendrá"» (Ap 4,6-8).

He ahí el cuadro de la obra de la religión natural, de su estructura y elementos. La divina presencia se refleja en ese límpido mar «parecido al cristal», mientras la animalidad santa no cesa, día y noche, de exclamar: «Santo, santo, santo es el Señor Dios todopoderoso, el que era, es y vendrá.»

El «mar transparente» como el cristal es, para Dios, el ojo de la naturaleza entera; los cuatro animales «llenos de ojos alrededor y por dentro», cuanto son y hacen, representan la *reacción* natural ante la presencia divina. *Percepción y reacción:* tal es la esencia de la religión natural que llena el fondo inconsciente de las criaturas y se manifiesta en el impulso vital. Pues todo lo que vive participa en la percepción colectiva del coro que canta: «Santo, santo, santo...» Y esta participación es la vida de su vida, así como la fuente de donde brota su impulso vital.

El dicho «la naturaleza es en el fondo sobrenatural» encierra, por tanto, una gran verdad, toda vez que la vida, natural como sobrenatural, viene siempre de la misma fuente. La fuente de toda vida es la religión, consciente o inconsciente, es decir, la *percepción* de la presencia de Dios y la *reacción* ante ella.

Por cuanto mi corazón late, mis pulmones me permiten respirar y mi sangre circula –o sea en la medida en que la fe y la esperanza actúan en mí–, tomo parte en el gran ritual cósmico en el que participan todos los seres, todas las jerarquías vivientes desde los serafines hasta las mariposas, en la gran liturgia del sacramento del bautismo de la religión natural, de la inmersión en las aguas del mar cristalino, y en el sacramento de la confirmación de la religión natural, que realiza día y noche el coro de los coros de la naturaleza animada: «Santo, santo, santo...» Todos los seres están bautizados y confirmados en la religión natural, ya que, mientras viven, poseen fe y esperanza. Pero el bautismo y la confirmación «en el fuego y el Espíritu», los sacramentos del amor, superan a los de la religión natural, pues traen perdón y curación a la naturaleza *caída*.

También ésta tiene su misterio inconsciente, a saber, su instintividad colectiva de *percepción* (sus aguas) y su instintividad colectiva de *reacción* (sus animales). Y así nos lo revela el *Apocalipsis*. He aquí lo que dice sobre el origen del mar de la naturaleza caída:

«Y lanzó la serpiente de sus fauces como un río de agua tras la mujer, para arrastrarla con su corriente. Mas la tierra vino en auxilio de la mujer, y abrió la tierra su boca y tragóse el río vomitado de las fauces del dragón» (Ap 12,15-16).

La diferencia entre las aguas del «mar transparente» frente al trono y las aguas vomitadas por la serpiente consiste, pues, en que las primeras son la calma, paz y estabilidad de la contemplación, de la percepción pura, «parecidas al cristal», mientras que las últimas están en movimiento, son «lanzadas», «como un río», *en persecución de un fin,* el de *arrastrar* a la mujer.

Hay en el mundo, consiguientemente, dos maneras distintas de llegar a una convicción: uno puede ser *iluminado* por la serena claridad de la contemplación, o *arrebatado* por el río electrizante de apasionados argumentos que tienden a un fin deseado. La fe de los contemplativos rebosa de tolerancia, paciencia y apacible firmeza, es «parecida al cristal»; la fe de los arrebatados es, por el contrario, fanática, exaltada y agresiva, necesitando, para vivir, conquistas sin fin, pues sólo éstas la mantienen. Semejante fe ambiciona *éxitos,* que constituyen su razón de ser, su criterio y fuerza motriz. Nazis y comunistas pertenecen a este grupo; los auténticos cristianos y los humanistas no pueden pertenecer sino al primero.

Así, existen en el mundo dos clases de fe, dos tipos de instintividad, dos modos diferentes de *ver* el mundo y de *contemplarlo.* Existe la mirada abierta e inocente que sólo desea reflejar la luz –es decir, que sólo ansía *ver*–, y la mirada escrutadora que trata de hallar y atrapar la anhelada presa. Hay espíritus cuyo pensamiento e imaginación están puestos al servicio de lo verdadero, lo bello y lo bueno; y los hay cuyo querer, prendado de un fin, utiliza el pensamiento y la imaginación para ganarse prosélitos y arrastrarlos en el río de su *voluntad.* Un Platón no tuvo ni tendrá nunca éxitos revolucionarios, pero vivirá siempre, como vive desde hace ya veintitrés siglos; será, cada siglo, el compañero de jóvenes y ancianos amantes del pensamiento puro, que sólo buscan la luz de este último. Karl Marx, al contrario, triunfó asombrosamente durante un siglo y revolucionó el mundo. Arrastró a millones de hombres a las barricadas, a las trincheras de guerras civiles, a las cárceles, como carceleros o como presos... Pero ¿qué debes tú a Karl Marx, alma humana solitaria, alma profunda y sobria? Bien sabes que, una vez aquietado el tumulto intelectual, cruento y polvoriento, que provocó Marx, se volverán de nuevo a Platón los jóvenes y los menos jóvenes, que buscarán luz del pensamiento en los siglos venideros. Porque Platón *ilumina,* mientras que Marx *arrastra.*

¡Imagínate un *hermético cristiano* en la Plaza Roja de Moscú, en la fiesta del Primero de mayo o el aniversario de la Gran revolución socialista de octubre!

Mas regresemos a nuestro arcano del tarot, puesto que aún no hemos sido arrastrados por ningún movimiento de masas ni obligados a desfilar marcando el paso y vociferando con la muchedumbre. Las aguas que brotan de las fauces de la serpiente arrastran, mientras que las del mar transparente situado «ante el trono y parecido al cristal» iluminan.

Y así como la percepción colectiva del trono por la naturaleza virgen –el mar cristalino– va acompañada de la reacción colectiva ante esa percepción –la adoración perpetua de los cuatro animales sagrados–, así también se da en la naturaleza caída una reacción ante las aguas de la serpiente, tragadas por la tierra: éstas son las *bestias* del *Apocalipsis*. El Libro de la revelación no las designa por el término «animal» o «ser viviente» *(to zoon)* que emplea para nombrar a los cuatro seres situados delante del trono, sino por la palabra «bestia» *(to therion)*. Contrapone, de esta suerte, la animalidad a la bestialidad. La animalidad genuina es santa, la bestialidad es perversa.

El *Apocalipsis* habla del «gran dragón rojo con siete cabezas y diez cuernos» (Ap 12,3), que es la serpiente primordial, pero, además de la bestia,

«que tenía diez cuernos y siete cabezas, y en sus cuernos diez diademas, y en sus cabezas títulos blasfemos. Y la bestia que vi se parecía a un leopardo, con patas como de oso y fauces como de león» (Ap 13,1-2).

Menciona también

«una bestia que surgía de la tierra y tenía dos cuernos semejantes a los de un cordero, pero hablaba como un dragón» (Ap 13,11).

Y otra

«bestia de color escarlata, cubierta de títulos blasfemos, que tenía siete cabezas y diez cuernos» (Ap 17,3).

Sobre esta última estaba sentada la ramera Babilonia.
Finalmente alude al falso profeta,

«que había realizado al servicio de la bestia (de dos cuernos) prodigios con los que sedujo a quienes habían aceptado la marca de la bestia y adorado su imagen» (Ap 19,20).

Hay, pues, cuatro bestias (incluido el falso profeta, que es una bestia humana), las cuales corresponden a los cuatro animales sagrados *(ḥayot)* del trono.

Por tratarse, en ambos cuadros, del misterio de la *fuerza (śakti* del *tantra)*, es decir, de lo que mueve la naturaleza no caída y de lo que mueve la naturaleza caída, y dado que la noción de fuerza se reduce al principio de *reacción* que implica una *percepción* previa, dichos cuadros se resumen en dos figuras femeninas:

«...una mujer vestida del sol, con la luna bajo sus pies y una corona de doce estrellas sobre su cabeza... en dolores de parto y en el tormento de dar a luz» (Ap 12,1).

Y

«una mujer sentada sobre una bestia de color escarlata..., vestida de púrpura y escarlata, engalanada con oro, piedras preciosas y perlas, que sostenía en su mano una copa de oro llena de abominaciones y de las inmundicias de su fornicación» (Ap 17,3).

La primera de las dos mujeres es el alma de la naturaleza cósmica no caída (sol, luna, estrellas); la segunda, el alma de la naturaleza terrestre caída (oro, piedras preciosas, perlas y la bestia). La primera es madre; la segunda, prostituta. La una es *percepción* de lo que está arriba y *reacción* ante lo así percibido, realizándolo (parto); la otra es *percepción horizontal* (fornicación) y *reacción* ante lo percibido, gozando de manera estéril («copa llena de abominaciones y de las inmundicias de su fornicación»). Aquélla es la Virgen Madre; la segunda es la Gran Ramera, Babilonia.

¡La Virgen Madre! Es decir, el alma de la naturaleza virgen y fértil *(natura naturans),* la naturaleza no caída, debatiéndose en los dolores de un parto perpetuo hasta que venga a consumarse el nacimiento, ideal de todos los nacimientos.

Evolución, ortogénesis, selección natural, mutaciones en el mecanismo de la herencia, avatares, adviento, navidad... ¡Otros tantos problemas y conceptos relativos a la única gran espera y esperanza: que la evolución llegue a su etapa suprema y dé su flor, que la ortogénesis produzca *el ser de la culminación,* que la selección natural desemboque en el futuro superhombre, que el mecanismo de la herencia venga a parar en su óptimo resultado, que lo que adoramos allá en lo alto se manifieste aquí abajo entre nosotros, que venga el Mesías, que Dios se haga hombre! Evolución, progreso, genealogías, profecías, esperanzas de siglos..., ¿qué significan *en el fondo,* sino los dolores de parto a través de las edades y la constante espera del nacimiento? ¿Qué otro ideal puede estar presente y resplandecer en lo íntimo de toda maternidad? ¿Qué otro fin puede animar a la naturaleza naturante durante tantos milenios de actividad fecunda?

He aquí, pues, el *alcance* de la buena nueva: «El Verbo se hizo carne y habitó entre nosotros.»

La *natura naturans,* la religión natural, la mujer revestida del sol con la luna bajo sus pies y una corona de doce estrellas sobre su cabeza, la Virgen *Sophia,* todo eso estaba presente en María, y así es como el alma de la naturaleza no caída dio nacimiento al *Verbo* divino.

La naturaleza naturante realizó, por consiguiente, su tarea. Se superó a sí misma, y desde entonces comenzó la época de lo *sobrenatu-*

ral, la época de la magia divina. La religión natural se encuentra ahora anegada en el resplandor (la gloria) de la religión sobrenatural, y la naturaleza no caída se ha vuelto dispensadora y cooperadora de los milagros de la nueva evolución, la evolución del *segundo nacimiento.* La Virgen es aquí el principio de la fuerza, es decir, el principio cooperador en la realización de los actos sobrenaturales del Espíritu Santo. Ello significa no sólo que la magia divina no actúa *contra* la naturaleza primitiva, sino incluso que ésta *coopera* con aquélla. El sol, la luna y las estrellas colaboran, pues, en los actos de la magia divina que tienen por meta la Resurrección. Si así no fuera, si la naturaleza virgen no participara en los actos de la magia divina, o sea en los milagros, éstos tendrían que ser siempre *nuevas creaciones* de la nada, y no transformaciones, transmutaciones y curaciones. Sin embargo, el *vino* de las bodas de Caná no fue *creado* de la nada, sino que el *agua* se transformó en vino. Hagamos también notar que la Virgen madre se hallaba presente en las bodas y que el milagro tuvo lugar por iniciativa suya.

La multiplicación de los panes en el desierto fue, como su nombre lo indica, una *multiplicación,* y no una creación de panes a partir de la nada. Allí también es evidente la *cooperación* de la naturaleza. Y el ciego de nacimiento tuvo que lavarse en la piscina de Siloé para ser curado por la palabra y la aplicación de la saliva del Maestro a sus ojos. Aquí salta a la vista la participación de la naturaleza. Aun el milagro de los milagros, la resurrección misma, no fue creación de un cuerpo nuevo, sino transformación del cuerpo crucificado: éste debía *desaparecer* del sepulcro para que el Resucitado pudiera *aparecerse* a María Magdalena y a los demás. El propio Resucitado demuestra la continuidad de su cuerpo al invitar a Tomás a introducir su dedo en la marca de los clavos y su mano en la llaga del costado.

La naturaleza virgen toma parte, por tanto, en todos los milagros. Esa naturaleza virgen que participa de modo activo en los milagros de la magia divina constituye justamente el tema del undécimo arcano del tarot, la Fuerza, que representa a una mujer triunfante de un león cuyas fauces entreabre con sus manos. Lo hace con toda facilidad, sin más esfuerzo aparente que el del Mago al manejar sus objetos. Por lo demás, la mujer en cuestión lleva también un sombrero en forma de lemniscata, semejante al del mago. Diríase que ambos se hallan colocados por igual bajo el signo ∞ y que ambos manifiestan dos aspectos de un único principio: por una parte, que tanto la integridad de la atención como la de la naturalidad excluyen toda división interna y, consiguientemente, todo obstáculo, todo esfuerzo. Así, el Mago es el arcano de la integridad de la conciencia, de la concentración sin esfuerzo; la Fuerza es el arcano de la integridad natural del ser, del poder sin esfuerzo. La Fuerza, en efecto, doma al león no mediante una fuerza similar a la del animal, sino por otra perteneciente a un orden y plano superior. Tal es el arcano que nos ocupa.

¿Qué nos enseña el undécimo arcano del tarot? La lámina misma lo dice: la virgen doma al león y nos invita así a abandonar el plano de la *cantidad* –pues en cuanto a la cantidad de fuerza física la virgen es, a todas luces, inferior al león– para elevarnos al plano de la *calidad*, donde se ponen de manifiesto la superioridad de la virgen y la inferioridad del león.

¿A qué obedece entonces el león? ¿Delante de qué se inclina espontáneamente? ¿Está hipnotizado? No lo está, ya que la virgen ni siquiera lo mira: tiene la mirada vuelta hacia otra parte, lejos del león, cuyas fauces abre. El león no sufre coacción alguna –ni física ni hipnótica–, no obedece a nadie, fuera de su propia naturaleza; es ésta la que actúa en él. El león se doblega ante el león, la animalidad bestial obedece a la animalidad santa.

La fuerza evocada por la lámina es la de la religión natural, la de la naturaleza no caída. La magia de la naturaleza virgen despierta la naturaleza virgen en el león: tal es la fuerza que este arcano está destinado a revelarnos.

Hay dos principios que es preciso comprender y distinguir si se quiere profundizar en el arcano de la Fuerza. Uno es el de la serpiente y el otro el de la virgen. El primero es la *oposición*, de donde proviene la fricción que produce la energía. El segundo es la *concordancia*, de donde se deriva la fusión que engendra la fuerza.

Así, importantes energías de naturaleza *psíquica* se desencadenan en el mundo a causa de la guerra, debida al conflicto de intereses y pretensiones. En caso de controversia, energías de carácter intelectual pasan del estado de virtualidad al de actualidad. Suele decirse que del choque de opiniones brota la verdad. De hecho, no es la verdad lo que brota, sino la energía combativa de orden intelectual, pues la verdad se revela merced a la *fusión* de opiniones, y no por su choque. Éste produce energía intelectual, pero jamás descubre la verdad misma. Ninguna querella desemboca en la verdad hasta que no se abandona para buscar la paz. La polémica puede muy bien electrizar los ánimos y provocar en el mundo una auténtica tormenta intelectual, mas no le ha sido dado el poder de dispersar las nubes y hacer que brille el sol.

He de confesar, querido amigo desconocido, que durante mi larga búsqueda de la verdad me han sido preciosos los frutos del trabajo constructivo de muchos sabios, los esfuerzos espirituales de más de un místico y de no pocos esotéricos, así como el ejemplo moral de numerosos hombres de buena voluntad; mas nada debo a la polémica ni a los polemistas. Nada debo a los antiguos autores cristianos que atacaban al paganismo, ni a los autores paganos que dirigían sus invectivas contra el cristianismo; nada debo a los doctores del protestantismo del siglo XVI, ni tampoco me han enseñado cosa alguna los doctores de las luces y de la revolución del siglo XVIII. Nada debo a los eruditos *militantes* del siglo XIX, ni, por último, a los espíritus revolucionarios de nuestro siglo, como Lenin.

Quiero decir con ello que esas gentes me han aportado sin duda mucho como *objetos* de conocimiento –y gracias a ellas he comprendido la esterilidad intrínseca del espíritu de oposición como tal–, pero de nada me han servido como *fuentes* de conocimiento. En otros términos, he aprendido mucho *por medio de* esos hombres, mas no he aprendido nada *de* ellos. Les debo lo que no querían que se les debiera, y no les debo nada de lo que *querían*.

De la *fusión* de opiniones, decíamos, surge la verdad. La con-versación –el proceso de «versar juntos»– es el polo opuesto de la controversia, el proceso de «versar en contra». La conversación obra una fusión de opiniones, es un acto de síntesis. La verdadera conversación tiene siempre como principio subyacente esta palabra del Evangelio:

«Donde dos o tres están reunidos en mi nombre, allí estoy yo en medio de ellos» (Mt 18,20).

En efecto, toda conversación genuina recurre a ese centro trascendente que es el camino, la verdad y la vida.

El *Zohar* constituye un documento histórico que nos ofrece quizás el mejor ejemplo del papel creador que puede desempeñar la conversación. Los rabinos Eleazar, Simeón, José, Abba y otros aúnan allí sus esfuerzos y experiencias para tratar de llegar juntos a una comprensión más honda, más elevada y más vasta de la *Torah*. Y, cuando esto sucede, ¡cómo lloran y se abrazan aquellos rabinos! De página en página, el lector del *Zohar* –ese notable documento de la espiritualidad vivida, buscada y apreciada en común– aprende a comprender, valorar y amar cada vez más la conversación que tiende a la fusión de opiniones, a la síntesis.

Ahora bien, la fuerza que ahí actúa es la de la virgen (la *Shekinah*, como la llaman los doctores del *Zohar*), mientras la energía que electriza a los polemistas es la de la serpiente. La fuerza vital y la energía eléctrica ¿no son acaso las manifestaciones más claras de esos dos principios?

Vida y electricidad –bien sé que hoy se tiende a confundirlas, queriendo reducirlo todo a la electricidad– son rigurosamente distintas. La electricidad se debe al antagonismo de los contrarios, mientras la vida es fusión de polaridades. Ya Empédocles (490 a.C.) cayó en la cuenta de esta diferencia, y enseñaba que las mociones que se dan en los cuatro elementos –tierra, agua, aire y fuego– provienen de dos causas contrarias: la amistad (amor) y la discordia (enemistad). El *Apocalipsis* de san Juan habla, por un lado, de la guerra de los ejércitos celestiales del archiestratega Miguel contra el dragón y sus huestes, y, por otro lado, del *hieros gamos,* las bodas entre el cordero y la esposa (Ap 19,7).

El dragón (o antigua serpiente), que se opone a las esferas superiores, es el origen de la electricidad terrestre; las jerarquías representadas por el archiestratega Miguel, que han de resistir al dragón, originan la electricidad celeste. Por medio de esta última se realizaron los milagros de la cólera divina en el Antiguo Testamento: la llamarada que salió del tabernáculo de Dios y devoró a Nadab y Abihú, hijos de Aarón (Lev 10,1-2); el fuego del Eterno que se encendió en el campamento de Taberá y consumió uno de sus extremos (Núm 11,1); la tierra que abrió su boca y se tragó a Coré con todas sus gentes (Núm 16,32); Uzzá, que cayó fulminado junto al arca de Dios por sujetarla para evitar que los bueyes la volcaran (2Sam 6,6-7); el fuego de lo alto que consumió el holocausto de Elías ante los profetas de Baal (1Re 18,38); el fuego que bajó del cielo en dos ocasiones para aniquilar cada vez a cincuenta soldados con sus jefes, al pie de la montaña en cuya cumbre se hallaba sentado Elías (2Re 1,10-12); los milagros de Eliseo, etc. En cuanto a la electricidad terrestre, no sólo la utilizamos en la técnica de nuestra civilización, sino también en la hipnosis, la propaganda demagógica, los movimientos revolucionarios de masas, etc., pues la energía eléctrica tiene sus formas analógicas en diversos planos: físico, psíquico y hasta mental.

La vida, en cambio, es como el agua, del «mar transparente», que sale del trono: es la fuerza, la religión natural, el alma de la naturaleza no caída, la *virgen.*

Virginidad quiere decir obediencia a lo divino; armonía, por tanto, y cooperación con ello. La virgen es el alma de la vida, la fuerza que no coacciona cosa alguna, pero que todo lo mueve. Y el león de la undécima lámina obedece a la fuerza de su propia vida, al profundo impulso de lo más recóndito de su ser, cuando obedece a la Virgen que le abre las fauces.

La Sagrada Escritura emplea, en griego, dos términos distintos para designar la vida: *zoe* y *bios.* El primero significa «vida vivificante» y el segundo «vida derivada». *Zoe* es respecto a *bios* lo que la

«naturaleza naturante» es respecto a la «naturaleza naturada» en la filosofía de Juan Escoto Eriúgena. *Zoe* es, pues, la fuente, y *bios* lo que fluye después de salir de esa fuente. El *bios* fluye de generación en generación; la *zoe* es lo que colma al individuo en la oración, meditación, actos de sacrificio y participación en los santos sacramentos. *Zoe* es vivificación de lo alto, en *sentido vertical; bios* es la vitalidad que, aun procediendo de la misma fuente superior, pasa *horizontalmente* de generación en generación.
El *bios*, la vida biológica, fluye, pues, en los dominios de la serpiente. Por eso se mezcla de manera inextricable con la energía eléctrica: los procesos biológicos originan en los organismos vivos corrientes eléctricas que incluyen en los procesos mismos. Mas no es el *bios* lo que agota las reservas del organismo, sino la electricidad. Ésta se alimenta, en el organismo, de la descomposición química, la oposición de los contrarios y la fricción interna. Ella es la que causa la fatiga, el agotamiento, la senilidad, la muerte. El *bios*, como tal, ni se fatiga, ni se agota, ni envejece, ni muere. El corazón y la respiración no necesitan descansar, mientras que el resto del organismo –sobre todo el cerebro– se sume en el reposo del sueño nocturno tras la fatiga de la jornada. El *bios* repara entonces los daños infligidos al organismo por la electricidad. El sueño es el período en que la actividad eléctrica queda reducida al mínimo y en que el *bios* prevalece.
El *árbol*, donde el *bios* prevalece siempre –o siempre duerme, si se prefiere– es, en principio, *inmortal*. Lo que en realidad pone fin a su vida no es el agotamiento de su vitalidad interna, sino la destrucción mecánica procedente del exterior. Un árbol *no muere* de vejez, sino porque *lo matan:* arrancado por la tempestad, fulminado por el rayo, roto por la fuerza de su peso o derribado por el hombre.
El fruto del Árbol de la ciencia del bien y del mal, el fruto de la *polaridad* de los contrarios, es, por consiguiente, la electricidad, que lleva consigo la fatiga, el agotamiento y la muerte. La muerte es el precio que uno debe pagar por el conocimiento del bien y del mal, es decir, el precio de la vida en los contrarios, ya que la electricidad física, psíquica y mental fue introducida en el ser de Adán-Eva –y por él en toda la naturaleza animada– desde el instante en que entró en comunión con el *árbol de los contrarios*, o sea con el *principio de la electricidad*. Y así, entró también la muerte en el ámbito de la naturaleza animada. Esta naturaleza no es, con todo, una entidad uniforme e integral. Hay en ella divisiones, que se afirman según el papel preponderante del *bios,* de la electricidad, o de la *zoe*. Ahora bien, el alma de la naturaleza animada cuyo *bios* está subordinado a la electricidad es la «mujer Babilonia» del *Apocalipsis*. La naturaleza donde el *bios* y la

electricidad se hallan en equilibrio es la «criatura que sufre» y que, según san Pablo, suspira por su liberación. Y, finalmente, la naturaleza animada donde el *bios* domina a la electricidad y se ve a su vez dominado por la *zoe* es la naturaleza no caída. Su alma es la virgen del cielo, la gran sacerdotisa de la religión natural. Ella constituye el arcano de la undécima lámina del tarot, arcano que podría formularse así: «La fuerza es la virginidad.»

Y ¿qué es la virginidad? El estado de virginidad es el de la consonancia de los tres principios: espiritual, anímico y corporal. Un ser cuyo espíritu, alma y cuerpo concuerdan se halla en estado de virginidad. Dicho de otra manera, es el principio de unidad de los tres mundos: cielo, purgatorio y tierra.

Desde el punto de vista de la tierra, la virginidad es *obediencia* completa del cuerpo al alma. Desde el punto de vista del purgatorio, es obediencia completa del alma al soplo de la eternidad, o *castidad*. Desde el punto de vista del cielo, es receptividad absoluta respecto a lo divino, o *pobreza*.

La virginidad es, pues, la unidad entre lo que está arriba y lo que está abajo; y esta unidad es la *fuerza* o actuación concordante de los tres mundos. Efectivamente, la «fuerza de toda la fuerza» *(totius fortitudinis fortitudo)* es la unidad de los tres mundos en el actuar, en la acción donde se funden lo divino, el corazón y el cuerpo. Es la Virgen quien habla por boca de Salomón cuando éste escribe:

> «Yahveh me creó, primicia de su camino,
> antes que sus obras más antiguas.
> Desde la eternidad fui fundada,
> desde el principio, antes que la tierra.
> Cuando aún no existían los abismos fui engendrada,
> cuando no había fuentes cargadas de agua.
> Antes que los montes fueran asentados,
> antes que las colinas, fui dada a luz.
> Aún no había hecho la tierra ni los campos,
> ni el polvo primordial del orbe.
> Cuando asentó los cielos, allí estaba yo;
> cuando trazó un círculo sobre la faz del abismo,
> cuando al mar señaló su límite,
> para que las aguas no rebasaran su mandato,
> cuando afianzó los cimientos de la tierra,
> junto a él estaba yo, como artífice,
> y era yo todos los días su delicia,
> jugando en su presencia en todo tiempo» (Prov 8,22-30).

«Cuando afianzó los cimientos de la tierra, junto a él estaba yo, como artífice»: he aquí el claro enunciado del papel de la virgen que colabora con lo divino, no sólo en los milagros de la redención, sino también en los de la creación. *Co-creatrix, co-redemptrix, co-sanctificatrix, virgo, mater, regina...* Cocreadora, corredentora, cosantificadora, virgen, madre, reina...

Al resumir en esta fórmula las ideas relativas al principio de virginidad, hay que hacer notar que los principios no existen separados de los seres que los encarnan y manifiestan. Los principios como tales son siempre *inmanentes*. Por eso la realidad del principio de lo divino es Dios; la realidad del principio del Verbo divino es Jesucristo; y la realidad del principio de la virginidad fecunda y creadora es María *Sophia*. María *Sophia* representa –es decir, encarna y manifiesta– el principio de la virginidad, de la naturaleza no caída, de la religión natural, de la fuerza... Es la individualidad central –la reina– de todo ese orden de ideas, el alma consciente e individual que constituye el ideal concreto –la reina– de la virginidad, maternidad y sabiduría realizadora o reginidad (de *regina*, reina).

No cabe duda alguna para quien tome en serio la vida espiritual de la humanidad, aun cuando él mismo no posea una auténtica experiencia espiritual, de que la Santísima Virgen no es sólo un ideal, ni una imagen mental, ni un arquetipo del inconsciente como los que describe la psicología profunda, ni tampoco un egrégor ocultista –creación colectiva de los creyentes en el plano astral–, sino una individualidad concreta y viva, como tú y yo, que ama, sufre y se alegra. No solamente dan testimonio de la Señora los niños de Fátima, la joven Bernadette en Lourdes, los niños de la Salette en Francia y los de Beauraing en Bélgica, sino también incontables personas adultas en todos los siglos, incluido el nuestro. Un sinnúmero de encuentros quedan, empero, en la intimidad y sin divulgar (yo mismo tengo noticia de tres series de tales encuentros, uno de los cuales se produjo en Tokio, Japón).

Recientemente, varias de estas entrevistas tuvieron lugar en Amsterdam, Países Bajos, donde la Santísima Virgen se manifestó como «Señora (o Madre) de todos los pueblos» y pidió que se rezara para evitar a las naciones «la degeneración, las catástrofes y la guerra» *(verwording, rampen en oorlog)*. Añadiré que yo mismo me trasladé a Amsterdam, para realizar una investigación lo más escrupulosa posible del caso, y que su resultado (confirmado por experiencias personales) fue la absoluta certeza de la autenticidad de lo referido por la vidente (una mujer de cuarenta años), aun desde el punto de vista más estrictamente *objetivo*.

Al evocar estos hechos, no puedo menos de compartir los sentimientos del rabí Simeón, del *Zohar*, cuando exclama:

«¡Ay de mí si lo digo, y ay de mí si no lo digo! Si lo digo, los impíos sabrán cómo prestar servicio a su señor; y si no lo digo, los compañeros serán dejados en la ignorancia de este hallazgo»[1].

En todo caso, los encuentros con la Santísima Virgen son tan numerosos y tienen a su favor tantos testimonios, que uno se ve obligado a admitir, al menos, su realidad objetiva. Y digo al menos, porque ello no basta para satisfacer las exigencias de mi conciencia. En efecto, no sería yo enteramente honrado ni franco contigo, querido amigo desconocido, si no diera cuenta de lo que (en mi fuero interno) es el resultado absolutamente seguro de más de cuarenta años de esfuerzos y experiencia.

Uno se encuentra inevitablemente con la Santísima Virgen cuando alcanza cierta intensidad en la aspiración espiritual y cuando esta aspiración es auténtica y pura. El solo hecho de haber llegado a una esfera espiritual que entraña cierto grado de intensidad y pureza de intención le pone a uno ya en presencia de la Santísima Virgen. Este encuentro pertenece a determinada esfera de la experiencia espiritual –es decir, a cierto grado de intensidad y pureza de la aspiración espiritual–, así como la experiencia de tener madre pertenece por naturaleza a la esfera de la vida humana y familiar en la tierra. Dicho encuentro es, pues, tan natural en el ámbito de la espiritualidad como el hecho de tener madre en el plano de la familia terrena. La diferencia entre ambas cosas reside en que uno puede quedarse huérfano de madre en este mundo, lo cual es imposible en el ámbito espiritual.

La tesis que propongo, con total convicción, es que todo hermético que de veras busque la auténtica realidad espiritual acabará por encontrarse, tarde o temprano, con la Santísima Virgen. Tal encuentro supone, además de la iluminación y consuelo que trae consigo, la protección contra un gravísimo peligro, ya que quien avanza hacia la profundidad y la altura en el terreno de lo invisible llega un día a la esfera que los esotéricos conocen por el nombre de «cinturón de la mentira». Esta zona rodea la tierra como un cinturón de falaces espejismos y es lo que los profetas y el *Apocalipsis* denominan «Babilonia». El alma y la reina de esta zona es, en efecto, Babilonia, la gran ramera, la enemiga de la Virgen.

Ahora bien, nadie puede atravesar esa zona sin estar envuelto en una perfecta pureza o, dicho de otro modo, sin la protección del manto de la Santísima Virgen, el cual era objeto de veneración y culto especial en Rusia *(Pokrov Presviatoi Bogoroditsy,* «Manto de la Santí-

---

1. *Zohar,* 11b.

sima Madre de Dios»). La protección de ese manto es absolutamente necesaria para poder cruzar la zona de las mentiras sin caer víctima de ninguna ilusión.

La vía del hermetismo, por solitaria e íntima que sea, entraña experiencias auténticas de las que se deduce que la Iglesia católica y romana es, de hecho, depositaria de la verdad espiritual del cristianismo y que, cuanto más avanza uno por el camino de la libre búsqueda de esa verdad, más se va acercando a la Iglesia. El hermético acabará inevitablemente por experimentar que la realidad espiritual corresponde con asombrosa exactitud a lo que enseña la Iglesia: que hay ángeles custodios; que hay santos que toman parte activa en nuestra vida; que la Santísima Virgen es *real* y, poco más o menos, tal como la entiende, venera y presenta la Iglesia; que los sacramentos son *eficaces* y que hay precisamente siete, y no dos, ni tres, ni ocho; que los tres sagrados votos –obediencia, castidad y pobreza– constituyen la esencia misma de toda auténtica espiritualidad; que la oración es un poderoso medio para ejercer la caridad, tanto aquí abajo como en el más allá; que la jerarquía eclesiástica refleja el orden jerárquico del cielo; que la Santa Sede y el papado representan un misterio de la magia divina; que infierno, purgatorio y cielo son *realidades;* que, por último, el propio maestro –aunque nos ame a todos, cristianos de cualquier confesión y no cristianos– permanece en su Iglesia, puesto que en ella está siempre presente, visita a sus fieles e instruye a quienes llama a ser sus discípulos. Allí podemos encontrar en todo momento al Maestro y acercarnos a él.

Volvamos ahora a nuestro arcano. Suele decirse que la unión hace la fuerza, entendiéndolo como alianza de voluntades individuales con miras a un fin común. Tal es la fórmula del crecimiento *cuantitativo* de la fuerza.

Tocante a la fuerza *cualitativa,* cabría decir: La unidad es la fuerza. En efecto, no se es fuerte sino por cuanto hay unidad entre espíritu, alma y cuerpo, es decir, por cuanto hay *virginidad.* Lo que nos debilita es la división interna, el hecho de servir a dos y hasta a tres amos a la vez.

La *Tabla de esmeralda* de Hermes enuncia, además del principio de la analogía universal, el de la fuerza universal: «...para realizar los milagros del uno». Enseña «la vigorosa fuerza de la fuerza, que triunfará sobre todo lo sutil y penetrará todo lo sólido».

La fuerza enseñada por la *Tabla de esmeralda* es la unidad en el actuar del cielo y la tierra, pues la voluntad radical *(thelema)* «sube de la tierra al cielo, y de nuevo desciende a la tierra, recibiendo la fuerza de lo superior e inferior».

Examinemos a continuación los dos aspectos de la fuerza mencionados por la *Tabla de esmeralda*, a saber, que «triunfa sobre todo lo sutil» y «penetra todo lo sólido».

1. *Triunfa sobre todo lo sutil*

El sentido profundo –místico, gnóstico, mágico y hermético– de triunfar sobre alguien, de vencer, es el de transformar el enemigo en amigo. Reducirlo a la impotencia, sin más, no es todavía una auténtica victoria. Así, la Alemania de 1914 quedó efectivamente reducida a la impotencia en 1918, mas no fue vencida. El año 1939 lo prueba. En cambio, tras su derrota de 1945, Alemania fue de veras *vencida*, puesto que se convirtió en sincera aliada de sus antiguos adversarios. Otro tanto puede decirse del Japón, como Estado.

En un plano distinto, no es menos cierto que el diablo sólo estará vencido a partir del momento en que su voz –ronca o clara, poco importa– se deje oír al unísono con los coros celestiales que alaban a Dios.

Saulo de Tarso era el alma misma de la persecución de los cristianos; Pablo, el Apóstol, sería después el alma misma de la conquista del mundo pagano para el cristianismo. He aquí un ejemplo de auténtica victoria, de verdadero triunfo, en el sentido más hondo de la palabra.

Un verdadero triunfo es también lo que debemos esperar en el conflicto que la tradición representa como lucha entre el archiestratega Miguel y el dragón. El día en que esta victoria se consume, habrá una fiesta nueva: la de la coronación de la Virgen *en la tierra*. El principio de oposición será entonces reemplazado en la tierra por el de colaboración. Será el triunfo de la vida sobre la electricidad. La intelectualidad cerebral se inclinará ante la sabiduría y se unirá con ella.

«Triunfar sobre todo lo sutil» equivale, pues, a transformar las fuerzas mentales, psíquicas y eléctricas, recíprocamente opuestas, en fuerzas amigas y aliadas. Las cosas sutiles por vencer son las fuerzas intelectuales de la tentación basada en la *duda*, las fuerzas psíquicas de la tentación basada en el *placer* estéril, y las fuerzas eléctricas de la tentación basada en el *poder*. Lo sutil se reduce finalmente a la tentación.

La tentación misma se asemeja a una vía de tráfico de doble dirección: cuando el mal tienta al bien, es a su vez tentado por este último. La tentación supone siempre un *contacto* y, por tanto, un intercambio de influencias. Toda hermosa tentadora corre el riesgo, al ponerse a tentar a un santo, de acabar por

«...mojarle los pies con sus lágrimas, secárselos con sus cabellos, besárselos y ungírselos con perfume» (Lc 7,38).

¿No tenemos aquí prefigurado el triunfo sobre la gran ramera Babilonia y no queda así al descubierto el fondo y trasfondo de la caída de Babilonia, tan celebrada y llorada en el relato de los capítulos 17 y 18 del *Apocalipsis*?

Duda, placer estéril, poder: tales son los elementos constitutivos de toda la tecnología de la tentación.

Primero, la duda

La duda es el principio de la división y oposición, o sea de la enfermedad. Pues así como la duda intelectual divide el entendimiento poniéndolo frente a dos panoramas contrarios y reduciéndolo de este modo a la impotencia de la indecisión, así también la enfermedad del cuerpo es una duda en el organismo, donde dos tendencias opuestas lo reducen a la impotencia obligándolo a guardar cama.

La duda es respecto a la fe lo que la visión de unos ojos astigmáticos es respecto a la de los ojos normales. De igual manera que los ojos normales o no ven o ven *juntos*, así la fe ve –poco o mucho– con el ojo superior y el ojo inferior *juntos*. En efecto, la *certeza* se debe a la visión coordinada del sí mismo superior o trascendente (ojo superior) y del yo inferior o empírico (ojo inferior). La duda surge cuando el ojo superior y el ojo inferior no ven juntos. Existe, por consiguiente, un astigmatismo espiritual, una falta de coordinación entre los dos ojos espirituales del hombre.

La duda es un animal con dos cuernos, puesto que no cesa de bifurcarse. No obstante, una vez superada, controlada por la voluntad y puesta a su servicio, la duda puede revelarse extraordinariamente útil, como lo prueba toda la historia de la ciencia. La duda es aquí instrumento de la fe científica: se duda dentro de los límites precisos del método científico, bajo la guía y en interés de la fe científica. Si Pasteur no hubiera dudado de la generación espontánea y, por otra parte, no hubiera tenido fe en la observación y experimentación, no nos beneficiaríamos hoy de los frutos de su revolución en biología y medicina.

Por fecunda que sea en el terreno científico, la duda lleva consigo un precio que es necesario pagar. Su práctica, aun puramente metódica, conduce a una ceguera parcial; nos deja, por así decirlo, *tuertos*. El hecho de prescindir regularmente del ojo superior, de su mensaje y testimonio, para atenerse sólo al ojo inferior (los cinco sentidos y la intelectualidad cerebral), no puede menos de producir, tarde o temprano, su efecto: volverle tuerto a quien asiduamente utiliza un solo ojo para ver, en lugar de servirse de los dos.

Y así como los grandes doctores medievales de teología, metafísica y mística se revelaron estériles en medicina, biología, física, fisiología y otras ciencias que contribuyen cada año a salvar millares de vidas humanas –sólo en Francia se sustraen anualmente 69 000 personas al azote de la tuberculosis, y en los últimos quince años el índice de mortalidad por tifus ha descendido en más de 97 %, por difteria en un 97 % y por escarlatina en un 98 %[2]–, del mismo modo los doctores de las ciencias de nuestro tiempo se revelan estériles en lo que toca a las necesidades de la vida espiritual de la humanidad. Los unos sólo tenían ojos para estudiar lo espiritual, los otros para observar lo temporal.

¿Acaso es preciso ser tuerto para producir valores científicos o espirituales? No. Lo demuestran suficientes ejemplos individuales, incluido el reciente caso del autor de *El fenómeno humano*[3] y de *El medio divino*[4]. Por su parte el hermetismo esotérico, es decir, cultivado en el fuero interno de cada uno, está llamado a desempeñar el papel –visible o invisible– de lazo de unión entre los datos de *ambos* ojos. Puede muy bien ser el agente que restablezca la coordinación de los dos ojos entre cultura y civilización, entre espiritualidad y progreso, entre religión y ciencia. Puede actuar como fuerza curativa en esta especie de esquizofrenia contemporánea que disocia la espiritualidad de la intelectualidad; mas sólo puede hacerlo en el fuero interno de cada individuo, cuidando de no arrogarse funciones de alcance general que pertenecen a la Iglesia y a la Academia. En suma, el papel que está llamado a desempeñar es anónimo, íntimo y se halla desprovisto de las armas de que disponen las colectividades: folletos, prensa, radio, televisión y congresos acompañados de gran publicidad. Trátase únicamente de la magia de una constante labor de servicio, llevada a cabo en silencio.

¿Del secreto? Por supuesto que no. Una cosa privada no es una cosa secreta. *La vida privada no es una vida secreta.* El silencio como

---

2. É. May, *La médecine, son passé, son présent, son avenir*, Paris 1957, p. 336s.
3. P. Teilhard de Chardin, *El fenómeno humano*, Taurus, Madrid 1963 (ed. orig. francesa: Paris 1955).
4. Ibid., *El medio divino*, Taurus, Madrid 1959 (ed. orig. francesa: Paris 1957).

condición esencial de una obra íntima no equivale a un secreto celosamente guardado. Los monjes de la Trapa guardan silencio, sin que por ello nadie les acuse de querer guardar secretos. Así también la comunidad compuesta de herméticos esparcidos por el mundo tiene derecho a callarse para mantener el ambiente de intimidad esencial a su obra, sin que por ello se le atribuyan tenebrosos secretos. Una auténtica vida espiritual requiere el santuario inviolable de la intimidad, lo cual nada tiene que ver con los secretos iniciáticos u otros propios de las sociedades secretas, que, por lo demás, acaban inevitablemente convirtiéndose en secretos a voces.

Segundo, el placer estéril

Es bien notorio el papel que ciertas escuelas de filosofía y de psicología asignan al *placer* como causa final de toda actividad humana, incluida la moral. Según ellas, el hombre no tendría aliciente alguno para actuar si no le moviera la perspectiva de un placer real o imaginario.

¿Qué es el placer? Es el peldaño inferior de la escala placer-alegría-felicidad-bienaventuranza. Es la señal psicofísica que anuncia la concordancia entre lo que se desea y lo que acontece. Siendo sólo una señal, el placer no tiene valor moral de por sí; lo que cae bajo la calificación moral de bueno o malo es el deseo cuya satisfacción es indicada por el placer. Así, este último puede ir seguido, según los casos, de alegría o de desazón. El *placer* es, pues, una *reacción superficial* del ser psíquico del hombre ante tales o cuales acontecimientos objetivos. En otras palabras, una vida exclusivamente dedicada a la búsqueda del placer sería la más superficial que podemos imaginarnos para el ser humano.

La *alegría* es más profunda que el placer. Es todavía un indicio, pero lo que denota es más hondo que la mera relación entre el deseo y el suceso: la alegría es un *estado* del alma que participa con mayor intensidad en la vida, experimentándola y apreciando su valor. Es la expansión del alma más allá de sus límites anteriores. Es el síntoma de un aumento del impulso vital en el alma.

La *felicidad* es el estado del ser humano donde espíritu, alma y cuerpo se hallan unidos en un *ritmo* que todo lo abarca. Es el ritmo de la vida espiritual, anímica y corporal en armonía.

La *bienaventuranza*, finalmente, trasciende de la felicidad por cuanto el estado que representa es superior al del ritmo del espíritu, alma y cuerpo humanos; es el estado de la presencia vívida del cuarto factor: Dios. Es, en definitiva, el estado que la tradición cristiana denomina «visión beatífica» *(visio beatifica)*.

El placer es, por tanto, lo más periférico y superficial en la escala de la dicha. Sin embargo, desempeña en la técnica de la tentación el mismo papel para con el alma que la duda para con el espíritu. Pues así como la duda reduce el espíritu a la impotencia, a su vez el placer (o goce estéril) reduce el alma a la impotencia, al estado de pasividad. La esclaviza y la convierte, de sujeto que era, en objeto de acción.

Por último, el poder

También aquí las escuelas de filosofía y de psicología han erigido la voluntad de poder en principio supremo de la actividad humana. Según esas escuelas, el hombre no aspira sino al poder; la religión, la ciencia y el arte sólo son medios para alcanzarlo.

Es cierto que nadie desea la impotencia como tal. Y si veneramos el Crucifijo, que es el símbolo de la completa impotencia exterior, lo hacemos porque es al propio tiempo el símbolo del supremo poder interior. En efecto, hay poder y poder. El uno esclaviza, el otro libera; el uno coacciona, el otro inspira.

El verdadero poder aparece siempre como impotencia, ya que resulta de una especie de crucifixión. El falso poder, en cambio, crucifica a los demás, ya que ignora otro crecimiento que el que se produce a expensas del prójimo. Un autócrata sólo es poderoso una vez que ha logrado reducir a la impotencia a todos los elementos independientes del país; un hipnotizador es poderoso cuando muy pocas personas oponen resistencia a su hipnosis; un sistema filosófico es poderoso si *coacciona* las mentes con el peso de su argumentación (Fichte afirma explícitamente en uno de sus escritos que el mismo representa una tentativa de *forzar* la comprensión del lector[5]); una máquina, finalmente, es poderosa si supera todo cuanto se opone a su funcionamiento.

En la esfera del poder, la técnica de la tentación consiste en sustituir el verdadero poder por el falso, en reemplazar el poder de liberación, inspiración y curación, o sea la vida *(zoe)*, por el de coacción, es decir, la electricidad.

La magia sagrada nada tiene en común con el poder que coacciona. Sólo opera con las corrientes de la vida *(zoe)* espiritual, psíquica y física. Sus armas –como las «espadas» del arcángel Miguel y del que-

---

5. El escrito en cuestión es *Sonnenklarer Bericht*, en *Werke*, t. III, ed. Fritz Medicus, Leipzig s.a.

rubín que guardaba la puerta del paraíso– son haces de rayos de vida, cuya intensidad es tal que rechazan o, más bien, ponen en fuga a quienes se oponen a la vida y no pueden soportar su intensidad. Al contrario, atraen y vivifican a quien aspira a la vida y tolera su intensidad. ¡Quién sabe cuántos enfermos o desesperados deben su restablecimiento físico o psíquico a la espada del arcángel Miguel! No hay estadísticas a este respecto, pero, si las hubiera, quedaríamos probablemente muy asombrados del número de víctimas de la espada llameante.

En todo caso, las espadas de que aquí hablamos son las potentes armas del auténtico poder, es decir, los frutos de la impotencia aparente de las fuerzas debidas a la crucifixión. En efecto, el guardián de la libertad es, por el hecho mismo, víctima de la libertad; tiene que soportar el abuso milenario de la libertad que protege. Es la impotencia milenaria ante el abuso de la libertad y, por tanto, la crucifixión milenaria que constituye la fuente del poder concentrado en la espada del archiestratega Miguel.

Lo mismo sucede con la «espada llameante» del querubín «puesto al oriente del Edén». Aquí también se enfrenta la impotencia divina, que alimentaba y concentraba la llama de la espada, con la libertad humana que escoge el camino de la caída.

Tal es la opción que se presenta a cada uno de nosotros: la opción entre el poder de la crucifixión y el poder de la coacción. Pedir u ordenar: ¿Qué preferimos?

La electricidad en su triple forma –física, psíquica y mental– es un instrumento que se presta maravillosamente a servir la voluntad de poder, es decir, el deseo de mandar y dominar. Representa, por tanto, una tentación para la humanidad, que ha de optar entre el poder de la magia sagrada y el de lo mecánico, lo que equivale, en definitiva, a escoger entre la vida *(zoe)* y la electricidad.

He ahí, pues, las tres principales cosas sutiles sobre las que triunfa la Fuerza o virginidad.

2. *Penetra todo lo sólido*

La *solidez* es la experiencia del obstáculo a nuestra libertad de movimientos. El aire no es un obstáculo, el muro de piedra lo es. De idéntico modo la desconfianza para consigo mismo puede levantar un verdadero muro psíquico que constituya un obstáculo insuperable al movimiento hacia la meta perseguida o a la comunicación de ideas. Así también un rígido sistema intelectual puede volvernos mudos frente a una persona que se halla bajo su poder. Sería imposible, por ejemplo, llegar a tocar la fibra íntima de la comprensión en un marxista puro o de un psicoanalista freudiano hablándoles de la auténtica experiencia mística. El uno sólo *oiría* lo que pudiera interpretarse según el concepto de opio del pueblo, quedando sordo a lo demás; el otro únicamente captaría lo que se prestara a una interpretación en consonancia con el concepto de sublimación de la libido, o sea lo meramente reductible a mecanismos sexuales. Aquí tenemos otro muro.

La solidez adopta igualmente tres formas: física, psíquica y mental. Todas ellas tienen en común el ser experimentadas como obstáculos a nuestro movimiento. Se revelan como *impenetrables*.

No obstante, la *Tabla de esmeralda* afirma que «*todo* lo sólido», o sea todo obstáculo físico, psíquico y mental, puede ser penetrado por la Fuerza o virginidad.

¿Cómo? Por la acción contraria a la de la explosión, por una *acción emoliente*. Frente a un obstáculo mental en forma, por ejemplo, de un sistema intelectual rígido, la Fuerza no se ocupará de la estructura mental en sí misma, sino que insuflará su aliento en el corazón de la persona. Una vez que el corazón haya tomado gusto a la vida, es decir, al movimiento creador de la vida, comunicará su propio aliento a la cabeza y pondrá en marcha la estructura mental. Ésta, ya en movimiento, *no por la duda sino por el impulso creador,* perderá su rigidez y se volverá líquida. Así se produce la licuefacción de las concreciones o cristalizaciones mentales.

En cuanto al obstáculo psíquico, es también la acción emoliente la que efectúa la transformación de un rígido complejo psíquico en sensibilidad. El soplo de la vida disuelve el complejo por vía del corazón, dispersando la desconfianza, el miedo o el odio y liberando así el alma del influjo cegador de tal complejo.

El obstáculo físico, por último, no existe para la Fuerza, o sea para la irradiación de la vida, salvo cuando se dan procesos mórbidos de cristalización en los organismos vivos. Este tipo de obstáculo se reduce generalmente a la esclerosis. Su proceso consiste en una alienación gradual del cuerpo respecto al alma y la mente. El cadáver constituye su límite y término, pues es un cuerpo totalmente alienado del alma y el espíritu.

Étienne May, haciendo el balance de la medicina actual, escribe:

«La arterioesclerosis es, en cierta medida, una modificación natural de los vasos arteriales que viene con la edad. Y así, llevando las cosas un poco al absurdo, podría casi decirse que, una vez suprimidas las demás enfermedades, la esclerosis de los vasos sanguíneos, forzosa a la larga, constituiría el único obstáculo para que fuéramos inmortales»[6].

La esclerosis es, pues, la muerte misma en acción durante la vida y transforma poco a poco el cuerpo vivo en cadáver. Al menos así lo parece a la luz de la medicina y biología modernas. Hay, sin embargo, dos maneras de morir. En una (por esclerosis), el cuerpo se niega a seguir sirviendo de instrumento al alma; en la otra, el principio que anima y vivifica el cuerpo se retira de éste y llega a faltarle. Es el *alma*, entonces, la que abandona el cuerpo.

En el primer caso, el cuerpo expulsa al alma; en el segundo, el alma se niega a utilizar por más tiempo el cuerpo. Uno muere o porque el cuerpo se vuelve inútil para la vida, o también porque la vida se retira del cuerpo.

Cuando esto último sucede, se observa, desde el punto de vista clínico, un progresivo y general debilitamiento de las funciones biológicas hasta llegar al punto en que cesa la actividad respiratoria y circulatoria, es decir, en que se produce la muerte clínica. Ello puede suceder en estado de sueño profundo y a las horas en que la tonicidad vital está normalmente al mínimo, entre las dos y las cuatro de la madrugada. Se dice entonces que la muerte es debida a la pura vejez, sin que ninguna afección específica, incluida la esclerosis, la haya causado. Durante mucho tiempo, el proceso de endurecimiento de las arterias o arteriosclerosis se consideró como efecto ineluctable de la edad.

«Pero hoy se sabe que hay jóvenes arterioescleróticos y ancianos cuyas arterias (por no hablar del cerebro y el sistema nervioso) conservan su flexibilidad»[7].

Se puede, por tanto, morir con arterias flexibles, sin cáncer y sin la intervención de ningún virus patógeno. Uno puede irse por completo como se va parcialmente cuando duerme.

Hay también varios modos de dormir. Hay sueño y sueño. Podrás o no creer en el testimonio de la cábala que describe lo que ocurre durante el sueño de los justos –cómo al dar la medianoche el Anciano de días se acerca a la tierra y llega a la puerta del Edén para encontrarse con las almas de los justos, etc.–, durante el sueño de las personas ordinarias y el de los pecadores; mas no hay nadie que ignore por experiencia propia que uno sale del sueño nocturno en distintos estados tanto de cuerpo como de alma. Las agobiantes preocupaciones del

---
6. É. May, o.c., p. 341.
7. Ibíd., o.c., p. 346.

día anterior pueden parecer entonces cosas de importancia secundaria y hasta insignificantes, mientras las cosas intrascendentes de la víspera, que desfilaban casi imperceptiblemente por la pantalla de la memoria, pueden haber adquirido, al despertar, una importancia antes insospechada. ¡Qué diferentes son los despertares! ¡Cuántos humores, estados de ánimo, deseos, disposiciones generales del alma son distintos después del sueño, por ejemplo tras una noche de navidad, una velada de pascua o una jornada cualquiera de noviembre o febrero! Si los *despertares* difieren como el blanco del negro, es porque también los *sueños* o modos de dormir son diferentes.

Y así como hay muchos modos de dormir, hay también muchos modos de morir. La cábala menciona esto y describe toda una gama de maneras de morir cuya culminación es la muerte debida al beso del Eterno. Un *éxtasis,* consciente o inconsciente, es, pues, según la cábala, la causa más sublime de la muerte.

¿Debe un éxtasis ser necesariamente súbito, o puede también ser lento y gradual? El proceso de la muerte donde el cuerpo no se niega a seguir sirviendo al alma, sino que es ésta la que abandona gradualmente al cuerpo, ¿no podría ser la manifestación visible de un éxtasis invisible, de la atracción creciente de lo divino que obra en lo más profundo del alma? ¿No bastaría una progresiva *nostalgia* para explicar la paulatina desaparición del impulso vital en esos casos de debilitamiento general que acaban en la muerte?

De todos modos, esto es lo que enseña no sólo la cábala, sino también el hermetismo cristiano de nuestros días. He aquí la doctrina hermética: Durante el período de preparación a la muerte llamada natural, es decir, no causada por el desgaste del organismo ni por violencias externas, ni por envenenamiento, se da en el cuerpo vital (o cuerpo etéreo o, según la cábala, *nefesh*) un proceso bien definido. Las fuerzas vitales se concentran poco a poco en la región del loto de ocho pétalos, que es el centro coronal. A medida que se produce esta concentración en la región coronal de la cabeza, por encima del cerebro físico, la actividad vital disminuye, primero en la zona inferior del organismo, o sea genital e intestinal, luego en la del estómago y finalmente en la región central o cardíaca. En el momento en que la concentración de la vitalidad en el centro coronal sea máxima, el corazón y el sistema circulatorio dejarán de funcionar y sobrevendrá la muerte. Este proceso corresponde al éxtasis a que tiende la práctica del yoga. En efecto, el estado de éxtasis yóguico *(samādhi)* se alcanza, en términos de fisiopsicurgia esotérica, merced a la concentración de energía, proveniente de la región inferior del cuerpo, en la región coronal o del loto de mil pétalos *(sahasrāra),* como se designa en la India el loto de ocho pétalos a causa de su intenso centelleo que da la impresión de una multitud de (mil) pétalos. Una vez concentrada la energía en la región coronal, el cuerpo queda reducido al estado de estupor y la conciencia del yo sale de él para unirse a la conciencia del sí mismo trascendente. Tal es el estado de éxtasis *(samādhi)*. El *samādhi* o éxtasis yóguico es una muerte temporal y artificial.

Aun cuando el éxtasis del *sursum corda* (elevación de los corazones) cristiano difiera esencialmente del *samādhi*, no hay motivo alguno para negar la realidad del éxtasis yóguico o su autenticidad, por más que no sea el único posible.

Está, pues, perfectamente justificado decir que la muerte denominada natural es, en el fondo, un éxtasis natural, y en concreto el *samādhi* natural, donde el sí mismo trascendental lleva a cabo su unión con el yo personal retirándolo del cuerpo y juntándose con él.

He aquí un caso más en que la Fuerza «penetra lo sólido»: cuando uno muere de muerte natural, con las arterias aún flexibles y el sistema nervioso en buenas condiciones. La Fuerza *(zoe)* conserva entonces la flexibilidad de los vasos sanguíneos gracias a su acción emoliente y posibilita la muerte natural como consecuencia del éxtasis natural o concentración de las fuerzas vitales en la región superior.

Ahí tenemos, pues, unos cuantos hechos e ideas que pueden ayudarnos a comprender el enunciado de la *Tabla de esmeralda:* «Penetra todo lo sólido.»

El concepto de fuerza es el de la mediación entre la conciencia pura y los hechos. Es el lazo de unión entre idea y fenómeno.

Ahora bien, en la fuerza se distinguen dos aspectos: electricidad y vida, lucha y cooperación. Ambos aspectos corresponden respectivamente a la serpiente *(naḥash)* y la Virgen. Los ocultistas de la escuela de Éliphas Lévi veían en la serpiente el agente mágico por excelencia y apenas se ocupaban de la Virgen, que es, al fin y al cabo, el principio de la magia sagrada. Les interesaba sobre todo el aspecto psíquico y mental del principio de la electricidad, llamado por ellos «agente plástico *astral*», ya que deseaban ampliar el campo de la ciencia, que sólo se ocupa del aspecto físico de la electricidad, a la esfera de lo psíquico y mental. Querían ganar para la ciencia, o sea la razón que utiliza el método de observación y experimentación, el campo *entero* de la electricidad física, psíquica y mental.

Su preocupación dominante era, por tanto, demostrar que la tradición de la magia antigua y medieval contiene más de una verdad debida a la observación y experimentación pero ignorada por la ciencia, y que el gran agente mágico puede ser puesto al servicio de la inteligencia y voluntad humanas al igual que la energía eléctrica y magnética. El hecho –por lo demás comprensible y personable– de que envolvieran su mensaje en una nube de romanticismo verbal, evocando las iniciaciones secretas a los misterios de las milenarias hermandades de adeptos que saben y pueden todo cuanto vale la pena saber y poder, o a la misteriosa comunidad de sabios y magos que detentan a través de las edades el saber y el poder constituyendo así el gobierno oculto del mundo y modelando secretamente el destino de la humanidad, no impide en modo alguno darse cuenta de la verdadera tarea a la que se entregaban, estableciendo los hechos y deduciendo las leyes y principios del conjunto de las tradiciones y experiencias ocultas; en realidad –dejando aparte el romanticismo–, elaboraban una *ciencia moderna* a partir de la materia prima de las tradiciones y experiencias ocultas.

¡Cállense pues, por fin, los murmuradores que les acusan de satanismo y prácticas tenebrosas! No son ni más ni menos satanistas que, por ejemplo, quienes tratan a los enfermos psíquicos por medio de electrochoques, y, desde luego, son inocentes angelitos en comparación con los físicos que descubrieron la energía nuclear y la pusieron al servicio de la destrucción. Ya es tiempo de acabar de una vez con las necias y malévolas acusaciones de satanismo y magia negra lanzadas contra los próceres del ocultismo contemporáneo. A lo más, son románticos entusiastas del ideal de la ciencia absoluta de un glorioso pasado, y hacen lo que pueden para ser también los pioneros de una ciencia perteneciente al campo ignorado o menospreciado de la magia, a saber, la ciencia de las relaciones dinámicas que existen entre la conciencia subjetiva y los fenómenos objetivos.

A la vez que rechazo indignado tales sospechas y acusaciones contra los autores clásicos del ocultismo contemporáneo, no dejo de lamentar que hayan preferido la ciencia al hermetismo y consagrado sus esfuerzos, sobre todo, al estudio del principio de la serpiente, de la *electricidad* psíquica y mental, en lugar de capacitarse para participar conscientemente en el principio de la virgen, es decir, de la *vida* psíquica y mental. Si hubieran escogido el auténtico hermetismo –o sea la vida espiritual que abraza el conjunto de la mística, la gnosis, la magia y la filosofía perennes–, habrían escrito colectivamente un *Zohar* (o *Libro del esplendor*) cristiano y moderno, derramando en el mundo raudales de sabiduría y vida espiritual y suscitando así un verdadero renacimiento del espíritu en el mundo occidental. «Basta de ciencia, y más sabiduría» *(Satis scientiae, sapientiae parum)*: he aquí lo que hay que decirles a los representantes de la ciencia oculta de nuestros días. No son los eruditos y experimentadores quienes están llamados a suscitar una primavera espiritual en occidente, sino los hombres que beben en las auténticas fuentes de la vida profunda: las del pensamiento, el sentimiento y la voluntad. Para que esto tenga lugar, el pensamiento debe volverse meditativo, el sentimiento contemplativo y la voluntad ascética. En efecto, si uno quiere llegar a las auténticas fuentes de la vida profunda, ha de buscar el pensamiento profundo, o sea la meditación; ha de buscar también el sentimiento profundo, la contemplación; y, por último, ha de buscar la voluntad primera, más allá de todo deseo y afán personal, es decir, el ascetismo.

La Virgen, la Fuerza de nuestro arcano, es el principio de la primavera o, lo que es lo mismo, del impulso creador y de la floración espirituales. El prodigioso florecimiento de la filosofía y las artes en la antigua Atenas se dio bajo el signo de la Virgen. De igual manera, el brote del renacimiento en Florencia se produjo bajo el signo primaveral de la Virgen. Y hasta Weimar, a comienzos del siglo XIX, era un lugar donde el hálito de la Virgen dejaba sentir su influjo en los corazones y las mentes.

En la antigüedad egipcia, se le atribuían a Osiris los misterios de la muerte y a Isis los de la vida, incluidos el idioma, la escritura, las leyes y las artes. Isis constituía, pues, el alma de la civilización del antiguo Egipto, que tanto admiramos todavía hoy, transcurridos más de veinte siglos.

El malestar del mundo occidental en nuestros días se debe a que le va faltando cada vez más el impulso creador. La reforma, el racionalismo, la revolución francesa, la fe materialista del siglo XIX y la revolución comunista significan que, acá y allá, las gentes han ido poco a poco volviéndole la espalda a la Virgen. A causa de esto se han agotado una tras otra las fuentes del impulso creador espiritual, y una creciente *aridez* se echa ahora de ver en todos los campos de la vida espiritual de Occidente. Se dice que el occidente envejece; pero ¿por qué? Porque le falta el ímpetu creador; porque se ha desviado de la fuente de ese ímpetu, de la Virgen. Sin virginidad no hay primavera, ni frescor, ni juventud.

Por eso me duele que la mayoría de los autores y doctores del ocultismo contemporáneo hayan hecho causa común con los desdeñadores de la Virgen. Se han vuelto hacia el cientificismo, el conocimiento que descubre y desviste, a la vez que se han apartado de la sabiduría, conocimiento que cubre y reviste de símbolos y que viene no de la *observación escrutadora*, sino de la *veneración reveladora*. Hay, ciertamente, gran diferencia entre un positivista que indaga para llegar a la verdad desnuda y un devoto de la verdad manifestada a través de símbolos. El primero es inevitablemente iconoclasta, el segundo amante de las imágenes. El uno busca la desnudez, el otro permanece abierto a la revelación que le ha de llegar por medio de la plenitud.

El hermetismo es esencial y básicamente un devoto de las imágenes. No ve en los símbolos obstáculos que haya que eliminar para alcanzar el conocimiento de la verdad desnuda, sino medios para recibir la revelación. Los ropajes –símbolos– de la verdad no son para él lo que la esconde, sino lo que la revela. El mundo entero, como serie de símbolos, no oculta, sino que revela al verbo. El mandamiento divino de *no matar* se aplica también al conocimiento. El que niega la vida de los símbolos los mata en su mente, pues negar lo que revela equivale a matar lo que vive en el pensamiento. El iconoclasta es un asesino intelectual. El hermético es, por el contrario, venerador de imágenes y tradicionalista. No abraza la causa de las sucesivas oleadas iconoclastas designadas por los nombres de reforma, ilustración, fe científica..., es decir, la de quienes prenden fuego a los bosques de símbolos que protegen el suelo intelectual de la humanidad contra la sequía y la erosión. El hermetismo tiene por principio básico no sólo el mandamiento de no matar sino también ese otro precepto en el que se funda toda tradición, es decir, toda continuidad en el progreso, crecimiento, desarrollo y evolución: «Honra a tu padre y a tu madre.»

Honrar padre y madre es, en efecto, el espíritu y alma de la *tradición*, de la continuación constructiva del pasado y presente, del verdadero progreso a través de las edades, del camino de la vida humana hacia la verdad. Más aún, es la esencia misma de la vida espiritual y anímica, pues la experiencia de honrar el amor paterno nos capacita para elevar los ojos a Dios y exclamar con toda sinceridad y autenticidad: «Padre nuestro que estás en los cielos.» Y la experiencia de honrar el amor materno es el fundamento de nuestra plegaria: «Santa María, Madre de Dios, ruega por nosotros.»

La fuente de la vida espiritual reside en la experiencia de estos dos aspectos del amor: el amor viril, que prevé y dirige nuestros pasos hacia lo que es bueno para nosotros, y el amor tierno, que enjuga cada una de nuestras lágrimas. Si la ternura se manifiesta entre los seres humanos, es imposible que en lo más íntimo del mundo, allí de donde surgió la humanidad, no exista un fabuloso tesoro de esa ternura. Tal es el fundamento de la religión natural en la conciencia humana y, por ende, de toda confianza en el orden divino, de toda adoración y aspiración a lo invisible. Aspiración que se revela bien fundada: lo invisible no es ni sordo ni mudo. He aquí también el fundamento de la religión sobrenatural en la experiencia de la conciencia humana que es objeto de la acción de la gracia y de la revelación de lo alto. Gracia y revelación son manifestaciones del amor paterno de Dios, como se explica en el sermón de la montaña:

«¿Hay acaso alguno entre vosotros que al hijo que le pide pan le dé una piedra, o si le pide un pescado le dé una serpiente? Si, pues, vosotros, siendo malos, sabéis dar cosas buenas a vuestros hijos, ¡cuánto más vuestro Padre que está en los cielos dará cosas buenas a quienes se las pidan!» (Mt 7,9-11).

El hermetismo, como tradición viva que es desde hace más de treinta siglos, debe su vida al mandamiento: «Honra a tu padre y a tu madre.» Este mandamiento implica, en efecto, longevidad, pues su texto completo reza así:

«Honra a tu padre y a tu madre, *para que se prolonguen tus días* sobre la tierra que Yahveh, tu Dios, te va a dar» (Éx 20,12).

Honrando al Dios trascendente (el «Padre que está en los cielos») y al alma de la naturaleza no caída (la Virgen Madre), el hermetismo –pese a sus numerosas aberraciones temporales como el filosofismo pagano, la cábala sin Cristo, la alquimia sin más fin que fabricar oro material y el cientificismo moderno– ha logrado sobrevivir a la decadencia egipcia, a la ruina del paganismo grecorromano, a los métodos policiales de la teología medieval, a la furia iconoclasta de la reforma, al racionalismo del siglo de las luces y al cientificismo del siglo XIX. Aunque al hermetismo no le falten motivos para lamentar, expiar y reparar buena parte de su pasado –en lo cual no es ninguna excepción, ya que todas las tradiciones espirituales de la humanidad han pecado mucho–, su longevidad sigue dando testimonio de que, en el fondo, siempre ha honrado a sus padres, tanto celestiales como terrenales. No es cierto que esta longevidad se deba, como pretenden sus adversarios, a la persistencia en la naturaleza humana de una curiosidad morbosa y una arrogante presunción que se niega a inclinarse ante el misterio. No, el hermetismo vive y sobrevive de siglo en siglo gracias a su esencial fidelidad a los mandamientos divinos «No matarás» y «Honra a tu padre y a tu madre».

Yo, como hermético, honro a todos los «padres y madres» espirituales del pasado de la humanidad terrena que contribuyeron a su vida espiritual: sabios de la antigüedad, patriarcas, Moisés, profetas, filósofos griegos, cabalistas, apóstoles, santos, maestros escolásticos, místicos cristianos y otros muchísimos todavía. ¿Sincretismo? ¡Claro que no! Más bien agradecimiento a quienes lo merecen. Negar es matar, olvidar es enterrar. Honrar y apreciar es conservar vivo, rememorar es dar nueva vida. Honrando a muchos el hermetismo participa en la vida de muchos y tiene él mismo mucha vida. He ahí el secreto de su longevidad.

Al escribir todas estas cosas, no me he apartado de la Fuerza, el undécimo arcano del tarot. Pues la Fuerza es la vida, y la longevidad es uno de sus importantes aspectos. La Virgen no es sólo la fuente del impulso creador, sino también la de la longevidad espiritual. Por ello el Occidente, alejándose cada vez más de la Virgen, *envejece*, es decir, se aleja de la rejuvenecedora fuente de la longevidad. Cada revolución acaecida en el mundo occidental –reforma, revolución francesa, revolución científica, delirio nacionalista, revolución comunista– ha sido un paso más en el proceso de envejecimiento, ya que ha significado un nuevo grado de lejanía con relación al principio de la Virgen. En otras palabras, Nuestra Señora *es* Nuestra Señora, y no se deja sustituir impunemente ni por la diosa razón, ni por la diosa Evolución biológica, ni por la diosa economía.

La adulación a todas estas diosas atestigua la infidelidad de la humanidad presuntamente cristiana; se asemeja no poco a esa especie de adulterio espiritual de que tanto hablan los profetas bíblicos. Es un pecado más contra uno de los mandamientos de la lealtad al principio de la naturaleza no caída, la Virgen Madre, contra el mandamiento: «No cometerás adulterio.»

Toda tradición espiritual viva debe ser fiel a su impulso original, a la esencia y sustancia de la causa que ha abrazado y al ideal que persigue. En otros términos, sólo conservará su identidad si permanece fiel a sus causas eficiente, formal, material y final. Las cuatro clases de causalidad que se distinguen en la lógica de la escolástica tradicional –*causa efficiens, causa formalis, causa materialis* y *causa finalis*– constituyen también la lógica de la causalidad de toda tradición espiritual viva, ya que a toda tradición espiritual corresponde un impulso original, un principio, un método y un ideal. En el fondo tanto de la causalidad lógica como de la realidad de la vida está siempre el Tetragrámaton *YHVH*. La causa eficiente, el impulso original, es la *yod* del Tetragrámaton; la causa formal es la primera *he;* la causa material, la *vav;* y la causa final, la segunda *he*. Fuente, ley, método y fin componen el tetragrámaton de toda tradición espiritual viva.

Una tradición espiritual de alcance universal, cuya causa eficiente era Dios, la causa formal la Ley, la causa material la comunidad de Israel (o la *Shekinah*) y la causa final Cristo, fue fundada –o, más bien, engendrada– en el desierto, en el monte Sinaí. Esta tradición era una *alianza* análoga al matrimonio. Y las condiciones de durabilidad de dicha tradición, o alianza, o matrimonio, se hallan expuestas en los diez mandamientos del Sinaí. Globalmente es, por decirlo así, el retrato de la Virgen, de la *Shekinah*, de la naturaleza no caída o fuerza divina. Bien lo comprendieron los cabalistas del *Zohar*, cayendo en la cuenta de que el alma de la *Torah* es la Virgen madre:

> «La *Torah* se halla entre dos moradas: una, sustraída a los ojos de los hombres, está en lo alto; la otra es más accesible. La que está en lo alto es la "gran voz" mencionada en el versículo: "una gran voz incesante..." De ésta se deriva la *Torah*, que es la voz de Jacob. La voz perceptible se deriva de la voz imperceptible... Así, la voz de Jacob, que es la *Torah*, está vinculada a dos principios femeninos: a la voz interior, imperceptible, y a la voz exterior, perceptible. Para ser del todo precisos, hemos de decir que hay dos voces imperceptibles y dos perceptibles. Las dos voces imperceptibles son, primero, la sabiduría trascendente que reside en el pensamiento y no es ni manifiesta ni perceptible; segundo, la misma sabiduría cuando abandona su morada y se revela un poco mediante un murmullo que no puede oírse, y se llama entonces la "gran voz", la cual es muy tenaz y se manifiesta por medio de ese susurro. Las dos voces perceptibles se derivan de la voz de Jacob y de la palabra articulada que la acompaña. La "gran voz" que el oído no percibe es una morada de la sabiduría trascendente (el principio femenino sigue llamándose "morada"), y la mencionada articulación es una "morada" de la voz de Jacob, que es la *Torah*; por ello la *Torah*, comienza por la letra *bet*, que es, por así decirlo, una casa (*bait*/*bet*, en hebreo), su casa»[8].

La Ley escrita es la casa o morada de la ley oral, y ésta es la casa de la voz que susurra, la cual es a su vez la casa de la voz silenciosa que es el pensamiento o casa de la sabiduría trascendente.

En este sentido susurran los diez mandamientos su mensaje del ser integral de la Virgen, que será el instrumento de la realización del fin de la alianza del Sinaí, la encarnación del Verbo. Los diez mandamientos representan en la tradición fundada en el monte Sinaí la causa formal, principios o ley de la realización de la causa final, la encarnación del Verbo. Al mismo tiempo sugieren, por vía de murmullo, la Virgen, causa material de esa realización.

Tal es, pues, el Tetragrámaton de la tradición inaugurada por los patriarcas y fundada por Moisés. La *revelación* de Dios mediante palabras y actos es su *yod*, causa eficiente; la *Ley* revelada es su primera *he*, causa formal; la Virgen, presente en la Ley y en la comunidad de Israel como fuerza-vida de éstas, es su *vav*, causa material; y por fin el mesías, cuyo nacimiento constituye la causa final de la tradición-alianza-matrimonio de Israel, es su segunda *he*.

Por tener la tradición espiritual de Israel un alcance universal, toda tradición espiritual de índole particular cae bajo la ley de su origen, vida y obra. Dicho de otro modo, ninguna tradición espiritual puede vivir ni desempeñar su misión en el mundo si no se modela conforme

---

8. *Zohar, Bereshit*, 50*b*.

a las condiciones esenciales del origen, vida y misión de la tradición de Israel. Y, por ponerlo todavía en otros términos, no hay más tradiciones verdaderas que las conformes al modelo de la tradición israelita. Ésta es *la* tradición espiritual por excelencia, el modelo, prototipo y ley de todas las tradiciones espirituales viables que tienen una misión por cumplir.

He aquí, pues, las condiciones esenciales de toda tradición espiritual viable: Debe estar fundada en lo alto; debe observar los diez mandamientos e inspirarse en el ideal de la virginidad; su fin ha de radicar en la voluntad que la fundó, apartándose de cualquier programa humano.

El fundamento de la tradición debe venir de lo alto

Esto quiere decir, en primer lugar, que el impulso de origen de una tradición espiritual viable debe ser dado o por una revelación explícita o por la acción directa de lo alto que obra con una especie de irresistibilidad moral. Así fueron fundadas las tradiciones vivas representadas por las órdenes religiosas de los benedictinos, dominicos, franciscanos, jesuitas, etc., a partir de una revelación explícita o de una vocación irresistible. Y así vemos cómo la orden benedictina florece todavía después de quince siglos, las órdenes de santo Domingo y san Francisco después de siete, y la Compañía de Jesús después de cuatro siglos. Aunque resulte fácil elaborar una larga lista de sus imperfecciones y pecados, estas órdenes constituyen, con todo, un ejemplo de notable longevidad. Todas tienen en común el haber sido fundadas por iniciativa de lo alto.

La tradición debe observar los diez mandamientos e inspirarse en el ideal de la virginidad

Los diez mandamientos son mucho más que un simple código moral de vida cotidiana. Significan también la higiene, método y condiciones de fructificación de la vida espiritual, incluidos los distintos grados y formas del esoterismo práctico. En efecto, las diez bases tanto de una moral sana como de toda práctica mística, gnóstica, mágica y hermética no son sino éstas: entrega al Dios vivo; renuncia a sustituir la realidad del Dios vivo por productos del espíritu humano o de la naturaleza; actividad en nombre de Dios sin utilizar su nombre para adornar con él la propia voluntad; práctica de la meditación;

continuidad en el esfuerzo y la experiencia; constructividad; fidelidad a la alianza; renuncia al deseo de apoderarse de valores que no son ni frutos del propio trabajo ni dones de la gracia; abandono del papel de acusador del prójimo; respeto al mundo privado e íntimo de los demás.

La mística no es sino el despertar del alma a la realidad y presencia de Dios. Y este despertar sólo es posible con relación al Dios vivo, a la persona divina que ni el panteísmo ni el ateísmo son capaces de alcanzar, pues el uno nos ofrece como única perspectiva el dejarnos mecer por las ondas del océano de la naturaleza deificada, mientras el otro nos brinda exclusivamente la nada.

La gnosis es lo que la conciencia aprende de la experiencia mística y de la revelación de lo alto. Su ley fundamental consiste en no sustituir la intuición por imágenes procedentes de la mente humana o de la naturaleza.

La magia es la puesta en práctica de lo que la conciencia ha recibido de la mística y la gnosis. La ley básica de la magia sagrada es actuar en nombre y por el nombre divino, guardándose de convertirlo en instrumento de la propia voluntad.

El hermetismo, finalmente, es la vida del pensamiento *en* el organismo entero de la mística, gnosis y magia. Tiene por ley fundamental la meditación, es decir, la práctica del «día de descanso para santificarlo». La meditación es el reposo santificado donde el pensamiento se vuelve hacia lo alto.

Tal es el papel de los tres primeros mandamientos en la práctica espiritual. Los otros siete enuncian las leyes fundamentales de la disciplina o cultura espiritual en que se basa la práctica espiritual de esos tres primeros mandamientos.

En realidad, para avanzar hay que aprender. Para aprender hay que apreciar la experiencia del pasado, hay que *continuarla*. Todo progreso supone continuidad, o sea coherencia entre pasado, presente y porvenir. Esto es lo que formula el cuarto mandamiento: «Honra a tu padre y a tu madre.»

No hay progreso real sino dentro de una *tradición* viva, ya que la vida –tanto espiritual como biológica– es siempre tradición, continuidad. Hay que abstenerse, pues, de toda acción que rompa dicha continuidad e interrumpa la corriente de vida. Y esta ley básica de la actitud *constructiva* propia de la vida espiritual es lo que declara el quinto mandamiento: «No matarás.»

La continuidad –o tradición y vida– entraña fidelidad a la causa que uno ha abrazado, a la dirección tomada, al ideal que nos guía y a toda alianza con entes de las alturas o seres humanos de aquí abajo para que prosiga la vida. Tal es el sentido del sexto y nono mandamientos: «No cometerás adulterio» y «No desearás la mujer de tu prójimo». El adulterio puede ser carnal, psíquico y espiritual. Los profetas bíblicos hablan de él a propósito de la infidelidad de los reyes y del pueblo de Israel a la alianza del Sinaí, cuando se entregaban, como lo hicieron en múltiples ocasiones, al culto de divinidades cananeas. Otro tanto sucede hoy con quienes, por ejemplo, abrazan el vedānta o el budismo estando bautizados y suficientemente instruidos como para tener acceso a la experiencia de los sublimes misterios cristianos. No me refiero aquí ni al estudio ni a la adaptación de los métodos técnicos del yoga, el vedānta o el budismo, sino sólo a los casos en que se reemplaza el ideal del amor por el de la liberación, el Dios personal por un dios impersonal, el *reino* de Dios por el retorno al estado de potencialidad (nirvana), el Salvador por un sabio instructor, etc. No hay ningún elemento de adulterio espiritual en el caso, por ejemplo, de J.M. Déchanet O.S.B., autor de *La voix du silence* (La voz del silencio)[9], que adapta los métodos técnicos del yoga a la práctica de la espiritualidad cristiana. Nada es más natural y legítimo, efectivamente, que aprender de las *experiencias* acumuladas tanto en Oriente como en Occidente y hacer uso de las mismas. Si la medicina occidental salva la vida a millones de hombres en oriente, ¿por qué el yoga oriental no habría de ayudar a millones de occidentales, comprometidos en la espiritualidad práctica, a lograr el equilibrio y la salud psicofísica gracias a métodos y técnicas eficaces? El intercambio de los frutos de la experiencia entre las distintas culturas de la humanidad no es sino expresión de la fraternidad humana y nada tiene en común con el adulterio espiritual, es decir, con la infidelidad a la alianza espiritual o a la fe a la que uno pertenece o está llamado a pertenecer.

Todos los frutos de la experiencia humana merecen ser estudiados y examinados, y, según sus respectivas virtudes o deficiencias, aceptados o rechazados. Mas la experiencia es una cosa, y la fe, el ideal metafísico, otra. En la fe están en juego *valores morales* que no pueden cambiarse sin pérdida o ganancia esenciales para la vida del alma y del espíritu. Es imposible cambiar de fe sin venir a más o a menos. Un negro fetichista que abraza el islam gana valores morales; un cristiano que se convierte al islam pierde en el cambio.

Guste o no, es un hecho que las religiones constituyen una escala de valores morales y espirituales. No pueden medirse todas ellas por

---

9. Éd. Desclée de Brouwer; trad. alemana, *Die Schule des Schweigens*, Lucerna 1957; cf. en cast., *Yoga cristiano en diez lecciones*, Desclée de B., Bilbao ⁶1976.

el mismo rasero, ya que son etapas de una evolución milenaria de la humanidad, por una parte, y de la sucesiva revelación de lo alto, por otra. Así, no hay religión sin valor y, menos aún, intrínsecamente falsa o diabólica, pero tampoco hay religión de valor superior a la del amor. El adulterio espiritual consiste, pues, en el cambio de un valor moral y espiritual de orden superior por uno inferior. Tal es, por ejemplo, el cambio del Dios vivo por una divinidad impersonal; de Cristo crucificado y resucitado por un sabio sumido en la meditación; de la Santísima Virgen-Madre por la naturaleza que evoluciona; de la comunidad de los santos, apóstoles, eremitas, confesores, doctores y vírgenes por una comunidad de genios de la filosofía, el arte y la ciencia.

Hemos dicho que todos los frutos de la experiencia humana merecen ser estudiados y examinados, y, según su calidad, aceptados o rechazados. Tocante a la experiencia espiritual hay, en todo caso, frutos que *deben* rechazarse. Son los que proceden del *robo*, es decir, del intento de obtener sin esfuerzo ni sacrificio resultados que exigen ambas cosas. Así, Gurdiev, maestro de P.D. Ouspensky[10], enseñaba que existen tres vías para salir del cerco de la experiencia y conciencia ordinarias: la vía del yogui, la del monje y, por último, la vía del «hombre astuto» (en ruso: *put' khitrogo chelovieka*). Lo que el yogui y el monje consiguen tras largos esfuerzos de disciplina y sacrificio, el «hombre astuto» *(khitrii choloviek)* puede lograrlo sin esfuerzo, sin sacrificios y casi de inmediato, tomándose una píldora con los ingredientes apropiados.

Hay, en efecto, gentes que buscan la experiencia trascendental por medio del cacto llamado peyote *(Echinocactus Williamsii* o *Anhalonium Williamsii* o *Lophophora Williamsii Lemaire)*, cuyo uso se propagó entre las tribus indias de México[11], llegando hasta el Canadá y dando lugar a la fundación de la Iglesia indígena de América *(Native American Church)*. Lo que resulta comprensible y muy disculpable entre los indios americanos, en vista de su desesperada situación, no lo es entre los europeos, herederos de la civilización cristiana de Occidente. Éstos, con toda evidencia, pretenden dispensarse de los costes de la vía regular del desarrollo espiritual para obtener a bajo precio lo que otros no logran sino después de muchos esfuerzos y sacrificios.

El mandamiento «No hurtarás» sigue siendo todavía hoy de importancia básica para la vida espiritual. Toda escuela de auténtica

---

10. *Tertium Organum*, Weilheim Obb. 1973.
11. O. La Farge, *A pictorial history of the american indians*.

espiritualidad debe atenerse al mandamiento que reserva su autenticidad y traspone al campo espiritual esta regla de la labranza: No cosecharás sino después de arar la tierra, sembrarla y esperar a que el fruto madure para recogerlo. Todos los subterfugios técnicos destinados a dispensarle a uno de los esfuerzos y sacrificios que exigen el desarrollo y crecimiento normales de la espiritualidad entran, pues, en la esfera del séptimo mandamiento.

Quedan aún dos mandamientos, tan indispensables para la vida espiritual como los ocho ya examinados: «No levantarás falso testimonio contra tu prójimo» y «No codiciarás los bienes ajenos».

Estos dos mandamientos se refieren al espíritu de *rivalidad* que se manifiesta ya como crítica negativa, ya como envidia. Ello quiere decir que todo movimiento espiritual, toda tradición espiritual, toda escuela de espiritualidad y todo discípulo o maestro de vida espiritual no deben dejarse llevar por el espíritu de rivalidad, sino por el amor a su respectiva causa e ideal.

Así santa Teresa de Jesús, prendada del ideal de una vida enteramente consagrada a Dios, lleva a cabo la reforma profunda de la orden del Carmelo sin destruir la unidad de la Iglesia, sin acusar ni condenar a nadie. Al propio tiempo, el monje agustino Martín Lutero se abandona al espíritu de crítica, decide reformar toda la Iglesia y, arrastrado por el deseo de hacerlo mejor que otros, acaba por fundar una Iglesia rival, declarando que Roma es la sede del Anticristo y sus fieles, pobres descarriados o lobos con piel de oveja. Según esto, santa Teresa, san Juan de la Cruz, san Pedro de Alcántara, san Juan de Ávila[12] y tantísimos otros de la misma talla espiritual debían ser, en opinión de Lutero, o pobres descarriados o lobos con piel de oveja, es decir, o engañados o engañadores. He ahí un caso bien claro de falso testimonio contra el prójimo, debido al espíritu de crítica o rivalidad. Quien se arroga la función de juez sólo puede actuar en sentido destructivo. El que comienza a criticar llega muy pronto a censurar y acaba, tarde o temprano, por condenar, lo cual conduce inevitablemente a la división en partidos hostiles y a otras formas de enfrentamiento y destrucción.

Crítica y polémica son los enemigos mortales de la vida espiritual. Significan sustituir la fuerza vital constructiva por la energía eléctrica destructiva. Cuando una persona o un movimiento espiritual se internan por el camino de la rivalidad, con la crítica y polémica que esto lleva consigo, se da un cambio total de la fuente inspiradora y motriz.

---

12. El texto francés habla aquí de un san Julián de Ávila; la versión alemana, de san Julio de Ávila. Creemos que en ambos casos se trata de error en el nombre (nota de la trad. cast.).

Una vez arrastrado por la electricidad, el testimonio contra el prójimo es siempre esencial e intrínsecamente falso.

No hay espiritualidad auténtica que deba su origen y existencia a la oposición o rivalidad. Estar *en contra* de algo es estéril y no puede engendrar una tradición viable ni crear una escuela de vida espiritual, mientras que estar *a favor* de algo es una actitud fecunda y la condición indispensable de toda actividad constructiva, incluida toda tradición o escuela viable de espiritualidad.

El espíritu subyacente al falso testimonio contra el prójimo y a la codicia de los bienes ajenos es espiritualmente estéril y destructivo.

Las escuelas y tradiciones particulares de espiritualidad no deben, para vivir, ser rivales, sino que han de vivir con plena conciencia del *parentesco* de sus orígenes e ideales, si parentesco hay, o, si no lo hubiera, respetando el campo de la libertad ajena, los bienes ajenos, sin inmiscuirse en dicha libertad por medio de la envidia o la crítica. Si no hay cooperación resultante del parentesco de orígenes e ideales, ¡vivan, al menos, y déjense vivir unas a otras en paz las tradiciones y escuelas espirituales!

En todo caso, el conjunto de los diez mandamientos constituye la ley de vida, de progreso y fecundidad de las tradiciones y escuelas espirituales, como es también ley de vida, de progreso y fecundidad para todo individuo comprometido en la vía de la espiritualidad práctica. Pues los diez mandamientos, su comprensión y observancia, significan armonía con la naturaleza no caída, con el principio de la *virginidad*, con la Virgen o la Fuerza del undécimo arcano del tarot.

> He aquí la vigorosa fuerza de la fuerza,
> que triunfará sobre todo lo sutil
> y penetrará todo lo sólido.

Carta XII

EL COLGADO

El arcano de la fe

«En verdad, en verdad te digo: el que no nazca de lo alto no puede ver el reino de Dios... En verdad, en verdad te digo... el que no nazca de agua y Espíritu no puede entrar en el reino de Dios... El viento sopla donde quiere, y oyes su voz, mas no sabes de dónde viene ni adónde va. Así es todo el que ha nacido del Espíritu» (Jn 3,3.5.8).

«Las zorras tienen guaridas, y las aves del cielo nidos; pero el Hijo del hombre no tiene donde reclinar la cabeza» (Mt 8,20).

«Entonces los justos brillarán como el sol en el reino de su padre. El que tenga oídos, que oiga» (Mt 13,43).

«Consumado está cuanto he dicho de la obra del sol» *(Tabla de esmeralda).*

Querido amigo desconocido:

He aquí, ante nuestros ojos, la lámina del duodécimo arcano del tarot: el Colgado. Representa a un joven suspendido por uno de sus pies de una viga transversal sostenida por dos árboles con las ramas aserradas a ras del tronco y formando así una especie de patíbulo.

La postura de un hombre cabeza abajo, suspendido de una horca por un pie, con la pierna libre doblada a la altura de la rodilla y las manos atadas detrás de la espalda, sugiere espontáneamente, en primer lugar, la idea de la *gravitación* y la de la tortura que el conflicto con ella puede infligir al hombre. La impresión inmediata que produce la lámina nos mete de lleno en el problema de las relaciones entre el hombre y la gravitación, con los conflictos que ello implica.

La *gravitación* –física, psíquica y espiritual– ocupa el puesto central como factor de orden en el sistema solar, en el del átomo, en la célula biológica, en el organismo biológico, en el mecanismo de la memoria y de la asociación de ideas, en la formación de comunidades donde se comparte un modo de vida, una doctrina o un ideal y, finalmente, en el proceso de la evolución biológica, psíquica y espiritual donde un centro gravitatorio –o prototipo universal como causa final– actúa a través de los tiempos de la misma manera que el sol, como centro de gravitación del sistema planetario, actúa en el espacio. El mundo entero se nos manifiesta como un sistema completo de gravitación, resultante de numerosos sistemas particulares: átomos, células, organismos, planetas, individuos, comunidades y jerarquías. Cada uno de nosotros se halla inserto en el sistema cósmico de gravitación que determina las posibilidades y límites de nuestra libertad. El campo mismo de nuestra libertad, nuestra vida espiritual, revela la presencia real y activa de una gravitación de índole espiritual, pues ¿qué otra cosa es el fenómeno de la religión, sino la manifestación de esa gravitación espiritual hacia el centro de gravitación espiritual del mundo, es decir, hacia Dios? No deja de ser significativo que el término escogido para designar el acontecimiento primordial que determinó el cambio del estado primitivo del hombre en el paraíso a su estado terrenal de trabajo, sufrimiento y muerte, el término caída, se haya tomado precisamente del orden de ideas relativo a la *gravitación*. De hecho, nada se opone al concepto de la caída de Adán como paso del sistema de gravitación espiritual, cuyo centro es Dios, al de gravitación terrenal, cuyo centro es la serpiente (que en la carta anterior hemos identificado como principio de la electricidad). El fenómeno de la caída puede muy bien entenderse como paso de un campo de gravitación a otro.

Así, pues, la esfera de la libertad, la vida espiritual, se encuentra situada entre dos campos gravitatorios con dos centros distintos. El Evangelio los designa respectivamente por los nombres de «cielo» y «este mundo», o «reino de los cielos» y «reino del príncipe de este mundo». Y llama «hijos de este mundo» a aquellos cuya voluntad está sometida a la gravitación de este mundo, mientras aquellos cuya voluntad obedece a las leyes gravitatorias del cielo son denominados «hijos de la luz».

Los maniqueos sacaron en seguida la conclusión de que el mundo invisible o cielo es el bien, y el mundo de la naturaleza visible el mal, olvidando que el mal es de origen espiritual, y por tanto invisible, y que el bien está igualmente impreso en la naturaleza creada, teniendo así una faceta visible. Aunque ambos campos gravitatorios se compenetren y no puedan ni deban identificarse simplemente con la naturaleza visible y el mundo espiritual invisible, no por ello dejan de ser bien reales y *moralmente* discernibles. Pues así como hay un discernimiento de espíritus, del que nos habla el apóstol Pablo, así hay también un discernimiento de fenómenos de la naturaleza, que se manifiesta, por ejemplo, en el diagnóstico médico, la elección de remedios naturales, la higiene física y psíquica, etcétera.

El ser humano tiene parte en ambos campos de gravitación, como lo confirma esta cita de san Pablo:

«La carne tiene apetencias contrarias al espíritu, y el espíritu contrarias a la carne, como que son entre sí antagónicos, de forma que no hagáis lo que quisierais» (Gál 5,17).

Esas apetencias contrarias son inclinaciones mediante las cuales se ponen de manifiesto los dos campos de gravitación. El hombre que vive dominado por la gravitación de este mundo a expensas de la gravitación del cielo es el hombre carnal; el que vive en equilibrio entre ambos campos gravitatorios es el hombre psíquico, y, por último, el hombre que vive sometido a la gravitación del cielo es el hombre espiritual.

Este tercero constituye el tema del duodécimo arcano del tarot, ya que la lámina XII representa precisamente a un hombre cabeza abajo, o sea en posición invertida. El *Colgado* denota el estado del hombre en cuya vida la gravitación de arriba ha sustituido a la de abajo.

Ante todo hay que decir que la gravitación de arriba es tan real como la de abajo y que el estado del ser humano que, en vida, pasa del campo de gravitación terrestre al celeste es comparable, de hecho, al del colgado de la lámina. Tal estado es a la vez un beneficio y un martirio, ambos muy reales.

La historia del género humano atestigua la realidad de la atracción de lo alto. El éxodo a los desiertos egipcio, palestino, sirio y otros, inaugurado por san Pablo de Tebas y san Antonio el Grande, no fue más que la manifestación de la irresistible atracción de arriba. Los padres del desierto, iniciadores de este éxodo, no tenían programa ni designio alguno de fundar comunidades o escuelas de espiritualidad cristiana semejantes a las del yoga indio. No, lo que les ocurría era que sentían la llamada invencible de lo alto a la soledad y a una vida enteramente dedicada a la realidad espiritual. Así, san Antonio el Grande dice:

«De igual manera que los peces rezagados en tierra seca mueren, así también los monjes que andan fuera de la celda o pasan el tiempo con la gente del mundo se relajan de la tensión de la soledad.

»Es preciso, pues, que regresemos a nuestra celda, como el pez al mar, para no olvidarnos, entretenidos exteriormente, de la guarda interior»[1].

La «tensión de la soledad»: he aquí el elemento propio de las almas sometidas a la atracción de lo alto. «Como los peces buscan el mar», aquellas almas buscaban la soledad donde encontraban la tensión, es decir, la relación entre la gravitación del cielo y la de la tierra, tensión tan necesaria para ellos como el agua para los peces. En la soledad podían *vivir*, o sea crear y mantener la temperatura espiritual, respirar el aire espiritual, apagar su sed espiritual y calmar su hambre espiritual. Fuera de la soledad y de la tensión de la guarda interior que dicha soledad significaba para ellos, los padres del desierto tenían frío, no podían respirar y sufrían hambre y sed espirituales.

Es esto algo bien distinto de programas, planes o designios: es la realidad de la atracción del cielo que obra en las vidas de los padres del desierto. Eran sólo pioneros, iniciadores. Aun durante su vida, los desiertos de la Tebaida, Nitria y Cete no tardarían en poblarse de anacoretas. San Pacomio fundaría en el Alto Egipto los cenobios, antepasados de los monasterios que conocemos, donde varios eremitas vivirían en común bajo la autoridad de un superior o abad. Esta forma de vida será más tarde adaptada y perfeccionada por san Basilio en Oriente, san Agustín, Casiano y san Benito en Occidente.

Aun cuando todo este inmenso desarrollo ulterior estuviera ya presente, en germen, en la vida solitaria de san Pablo de Tebas y san Antonio el Grande, en modo alguno constituyó el motivo consciente de su retirada al desierto. Tal motivo no era otro que el afán de soledad provocado por la atracción irresistible del cielo.

Esta atracción del cielo es tan real que puede arrebatar no solamente el alma, sino también el cuerpo físico. Entonces el cuerpo se eleva y deja de tocar tierra. He aquí cómo santa Teresa de Jesús, que experimentó personalmente este fenómeno, lo describe en el *Libro de la vida,* su autobiografía:

«Sube la nube (divina) al cielo y llévala (al alma) consigo, y comiénzala a mostrar cosas de el reino que le tiene aparejado. No sé si la comparación cuadra, mas en hecho de verdad ello pasa ansí. En estos arrobamientos parece no anima el alma en el cuerpo, y ansí se siente muy sentido faltar de él el calor natural; vase enfriando, aunque con grandísima suavidad y deleite. Aquí no hay ningún remedio de resistir..., sino que muchas (veces), sin prevenir el pensamiento ni ayuda ninguna, viene un ímpetu tan acelerado y fuerte que veis y sentís levantarse esta nube, u esta águila caudalosa y cogeros con sus alas.

---

1. *Sentencias de san Antonio*, 10. Texto completo de los *Apophthegmata patrum* en PG 65,71-440 (griego) y PL. 73,739-810, 855-1062; 74,381-394 (latín).

»Y digo que se entiende y veisos llevar, y no sabéis dónde... Y en tanto estremo que muy muchas veces querría yo resistir y pongo todas mis fuerzas, en especial algunas que es en público y otras hartas en secreto, temiendo ser engañada; algunas podía algo con gran quebrantamiento...; otras era imposible, sino que me llevava el alma y aun casi ordinario la cabeza tras ella sin poderla tener, y algunas todo el cuerpo hasta levantarle...

»Es ansí que me parecía cuando quería resistir, que desde debajo de los pies me levantavan fuerzas tan grandes que no sé cómo lo comparar, que era con mucho más ímpetu que estotras cosas de espíritu...

»Y aun yo confieso que gran temor me hizo al principio, grandísimo; porque verse ansí levantar un cuerpo de la tierra, que aunque el espíritu le lleva tras sí y es con suavidad grande, si no se resiste no se pierde el sentido –al menos yo estaba de manera en mí que podía entender era llevada–...»[2]

He ahí un testimonio sencillo y verídico de la realidad de la irresistible atracción de lo alto y del paso del campo de gravitación terrestre al de gravitación celeste. Santa Teresa vivió esa experiencia en que el cuerpo es arrastrado en pos del alma, la cual se halla a su vez dominada por la atracción que emana del centro gravitatorio espiritual. Para la santa, ese centro era el Señor.

Pero cuando el centro de atracción espiritual, el Señor mismo, está revestido de un cuerpo como era el caso en la vida terrena de Jesucristo, ¿qué sucede? No puede hablarse de arrobamiento, pues ¿a qué sitio podría ser arrebatada la humanidad del Señor, hallándose en él mismo el principio que arroba y arrebata, el centro de gravitación espiritual? El Evangelio nos aclara este punto. En él leemos:

«Al atardecer, bajaron sus discípulos a la orilla del mar, y subiendo a una barca, se dirigían al otro lado del mar, a Cafarnaúm. Había ya oscurecido, y todavía Jesús no había venido a ellos; soplaba un fuerte viento y el mar comenzó a encresparse. Cuando hubieron remado unos veinticinco o treinta estadios, ven a Jesús que caminaba sobre el mar y se acercaba a la barca, y tuvieron miedo. Pero él les dijo: "*Soy yo*, no temáis"» (Jn 6,16-20).

«Pedro le respondió: "Señor, si eres tú, mándame ir a ti sobre las aguas." Él le dijo: "¡Ven!" Bajó Pedro de la barca y se puso a caminar sobre las aguas, yendo hacia Jesús. Pero, viendo la violencia del viento, le entró miedo y, como comenzaba a hundirse, gritó: "¡Señor, sálvame!" Al punto Jesús, extendiendo la mano, lo asió y le dijo: "Hombre de poca fe, ¿por qué has dudado?"» (Mt 14,28-31).

La clave de la respuesta reside sobre todo en las palabras: «*Soy yo, no temáis.*» La traducción usual de *ego eimi, me phobeisthe*, en griego, o *ego sum, nolite timere*, en latín, es la que acabamos de dar: «*Soy yo,*

---

[2]. Santa Teresa de Jesús, *Libro de la vida*, cap. 20, n. 2-4, 6-7, en *Obras completas de S. T. de J.* I, Ed. Católica (BAC 74), Madrid 1951, p. 706ss.

no temáis.» Es correcta y no hay ninguna objeción contra ella, puesto que *ego eimi* y *ego sum* significan tanto *(literalmente)* «yo soy» como (en el contexto dado) «soy yo». El énfasis del contexto prevalece aquí.

No obstante, es legítimo, sin perjuicio del matiz comúnmente aceptado, *entender* la frase *ego eimi-ego sum* más al pie de la letra y, a la vez, más profundamente, ya que la confusión o el miedo de los discípulos implica *dos* preguntas: ¿*Quién* es ese a quien vemos caminar sobre las aguas? y ¿*Cómo* es posible que camine sobre las aguas?

En tal caso, «soy yo» constituye la respuesta a la primera pregunta y «yo soy» a la segunda. En efecto, «yo soy» revela una verdad esotérica (es decir, profunda, que no salta a la vista), mientras «soy yo» es una respuesta de hecho o exotérica, que *oculta* y *contiene*, como núcleo propio, la respuesta esotérica.

Ahora bien, ¿cuál es la verdad esotérica revelada por la palabra «*yo soy, no temáis*»? «Yo soy» es la fórmula de la revelación de la *esencia* divina de Jesucristo en el mundo de la *existencia*. El evangelio entero es la historia de esa revelación gradual cuyas etapas van resumiéndose en los aspectos del «yo soy» global, tales como «*yo soy* la verdadera vid», «*yo soy* el camino, la verdad y la vida», «*yo soy* la puerta», «*yo soy* el pan de vida», «*yo soy* el buen pastor», «*yo soy* la luz del mundo» y «*yo soy* la resurrección y la vida».

La frase «*yo soy*, no temáis», salida de labios del que camina sobre las aguas significa: *Yo soy la gravitación,* y quien se sujete a mí no naufragará ni se hundirá jamás. El *miedo*, en efecto, es debido a la amenaza de ser tragado por las fuerzas elementales de la gravitación inferior, de ser arrastrado por el juego de las fuerzas ciegas del «agitado mar» que es el campo eléctrico de la *muerte*.

«*Yo soy*, no temáis» es, pues, el mensaje del centro o Señor de la gravitación celeste, representado por la mano tendida a Pedro que estaba a punto de hundirse. Ello muestra que hay otro campo de gravitación distinto del de la muerte y que quien entra en él puede *caminar sobre las aguas*, es decir, trascender el elemento agitado de «este mundo», el campo de gravitación eléctrica de la serpiente. Este mensaje contiene no sólo una invitación a recurrir al reino de los cielos, sino también una declaración solemne de la inmortalidad del alma, por cuanto ésta es capaz de elevarse sobre la gravitación que tiende a hundirla y de «caminar sobre las aguas».

Pedro, que «bajó de la barca y se puso a caminar sobre las aguas, yendo hacia Jesús», experimenta el mismo arrobamiento que describe santa Teresa. *Baja* de la barca –lo que equivale a salir del ámbito de los sentidos, la razón y la memoria, en suma, de la conciencia ordinaria– y camina sobre las aguas *atraído por Jesús*. Experimenta, por consiguiente, la misma elevación del alma que arrastra al cuerpo en pos de sí, e incluso el mismo temor que la santa confiesa haber sentido al ver su cuerpo levantarse de la tierra. Y así como santa Teresa se vio arrastrada por una mano tendida desde lo alto, de igual modo Pedro es socorrido por esa mano.

Santa Teresa y san Pedro vivieron, por tanto, la experiencia del mismo éxtasis psicosomático (como otros muchos santos y santas). Mas la cuestión que se nos plantea es la del estado del propio Jesucristo que camina sobre las aguas: ¿Estaba él también en éxtasis?

No. Y he aquí por qué: El éxtasis es la salida del alma (y a veces también del cuerpo) de la esfera de sus propias potencias que son la razón discursiva, la memoria y la imaginación. Tanto santa Teresa como san Pedro pasaron, en su arrobamiento, por las etapas *«tú eres»*, «me acerco a *ti*» y «no soy yo, sino *tú* quien vive y actúa en mí». Y así, la atracción del *tú divino*, que acaba en la unión con él, constituye lo esencial del éxtasis psicosomático de esos santos, mientras que Jesucristo caminaba sobre las aguas no en virtud del *éxtasis* –o sea, de la salida de su propia humanidad–, sino del *énstasis*, es decir, del recogimiento dentro de sí mismo, virtud activa concretada en la fórmula: «*Yo soy*, no temáis.» La humanidad de Jesucristo que caminaba sobre las aguas no iba en pos de un *tú* que lo atrajera y arrastrara, sino que se abandonaba al *yo divino* del Hijo del Padre eterno, presente en ella misma.

Ego sum, nolite timere significa, pues: Yo soy la gravitación; así como el sol en el mundo visible se lleva a sí mismo y atrae los planetas, así también yo soy el verdadero sol del mundo invisible que se lleva a sí mismo y a la vez atrae y sostiene a los demás seres. «No temáis, porque yo soy.»

Además del misterio del sol del mundo espiritual y el centro de gravitación celeste, Jesucristo que camina sobre las aguas revela todavía otro misterio. No sólo *se mantenía* sobre las aguas, sino que *caminaba*, se movía en una dirección bien definida y en sentido horizontal. Iba hacia la barca de sus discípulos. En este andar hacia la barca está ya contenido en germen y se revela esencialmente toda su obra temporal y eterna: su sacrificio, su resurrección y cuanto implica su promesa: «Y he aquí que yo *estoy* (soy) con vosotros hasta el fin del mundo.»

La barca con sus discípulos es, pues, y será hasta el fin del mundo el objetivo del *yo soy* que camina sobre las aguas. Su énstasis, su hondo recogimiento en sí mismo, no lo aleja de los que navegan por el proceloso mar de la historia y de la evolución, como tampoco lo hace desaparecer en ese otro mar de aguas tranquilas que es el nirvana.

Muy al contrario, lo impele a caminar, hasta el fin del mundo, hacia la barca donde se encuentran sus discípulos.

Los ermitaños del desierto, los éxtasis psicosomáticos de santa Teresa y san Pedro, Jesucristo caminando sobre las aguas..., todos estos hechos debieran sugerir a nuestra mente la *realidad* espiritual y manifiesta de la gravitación celestial. Con tal objeto nos hemos extendido en esos temas.

No obstante, para ser completos, hemos de considerar también ciertos hechos que parecen pertenecer al orden de la gravitación celeste, pero que en verdad nada tienen que ver con ella. Pienso en los fenómenos de levitación, elevación del cuerpo que se despega de la tierra, los cuales podrían interpretarse como análogos, en cuanto a su naturaleza, a los arrobos psicosomáticos de santa Teresa y san Pedro, e incluso al caminar de Jesús sobre las aguas.

Así, la leyenda atribuye a Simón Mago el poder de elevarse físicamente en el aire. También se conocen hoy casos de levitación de médiums espiritistas. Es significativo que hasta Gérard van Rijnberk, de quien podía esperarse cosa mejor, no distinga la levitación de los médiums de la que acompaña el éxtasis de los santos. A propósito de la levitación de los médiums, escribe:

> El fenómeno de la levitación se ha afirmado en el caso de muchos santos personajes de las religiones hindú, budista y cristiana. Tales personas se elevaban en el aire a una altura de varios pies y gravitaban así durante algún tiempo sin ningún sostén material. Este hecho ha sido comprobado en numerosos santos y santas de la Iglesia católica[3]. Me limitaré a citar a la gran Teresa (siglo XVI), a su contemporáneo Juan de la Cruz, a Pedro de Alcántara, también de la misma época, y, algo más tarde, a José de Cupertino (1603-1623), que fue visto varias veces volando por los aires... Este fenómeno se ha atribuido igualmente a varios médiums, pero, por desgracia, casi sin excepción ha tenido siempre lugar en total oscuridad. Sólo de Home se dice que lo experimentó una vez a plena luz. Hay que reservar el juicio sobre estos hechos, que pueden parecer más bien increíbles»[4].

He ahí todo cuanto nos dice acerca de la levitación este autor que «durante medio siglo estudió el ocultismo con profundo respeto»[5].

---

3. De hecho, en la obra de Joseph von Görres, *Die christliche Mystik*, 5 vols., Ratisbona 1836-1842, se citan casos de levitación, entre otros los de san Ambrosio Sensedonio (t. I, p. 324); san Felipe Neri (t. II, p. 9); santa Teresa de Jesús (t. II, p. 122); santo Tomás de Aquino (t. II, p. 209); san Salvador de Horta (t. II, p. 214); santo Tomás de Villanueva (t. II, p. 253); santa Catalina de Siena (t. II, p. 426); Juana de Carniola (t. II, p. 493s); sor María de Ágreda y Domingo de Jesús María (t. II, p. 520 y 549); san Pedro de Alcántara (t. II, p. 523 y 529); Cristina la Admirable (t. II, p. 530); sor Adelaida de Adelhausen (t. II, p. 536); Esperanza de Brenegalla y santa Inés de Bohemia (t. II, p. 537); santa Coleta, fray Dalmacio de Gerona y fray Antón de Santa Reina (t. II, p. 539); san Francisco de Asís, fray Bernardo de Corleone y san José de Cupertino (t. II, p. 539); Juana Rodriguez (t. II, p. 548); la beata Gerardesca de Pisa, la condesa Isabel de Falkenstein (t. II, p. 549); Damiano de Vicari (t. II, p. 551); Inés de Châtillon, Miguel Lazar y Pedro de Regolada (t. II, p. 551s) (nota del autor de la carta).
4. G. van Rijnberk, *Les métasciences biologiques: Métaphysiologie et métapsychologie*, Paris 1952, p. 154s.
5. Ibid., p. 205.

Cabe, no obstante, decir algo más. En primer lugar, debemos distinguir entre la levitación del cuerpo por razón de la *atracción del cielo* y la causada por la *repulsión* eléctrica dirigida hacia abajo. Esta diferencia es comparable a la que existe entre el vuelo de un globo lleno de aire caliente y el de un cohete propulsado por el chorro que emite. Relataré aquí un caso de levitación que conozco de primera mano:

Un señor (norteamericano) de cierta edad conversaba con un compañero de viaje en el compartimiento de un tren internacional, en Europa. La conversación trataba de las diversas corrientes y métodos del ocultismo contemporáneo. El caballero americano sostenía la tesis radical de que hay un ocultismo literario o verbal y otro realizador. El primero, según él, no era serio, y sólo el segundo hacía honor a su nombre. Como su interlocutor no se acababa de convencer y seguía negándose a admitir que las realizaciones visibles constituyeran el único criterio del valor y la verdad de una cosa, el señor norteamericano creyó oportuno intentar persuadir a su interlocutor mediante una demostración práctica. Tras anunciar lo que se proponía hacer, tendióse sobre su litera (sólo estaban ellos dos en el compartimiento) y comenzó a respirar profundamente en completo silencio. Uno o dos minutos más tarde, su cuerpo se elevó lentamente en el aire tras alcanzar la altura de unos cincuenta centímetros, y gravitó así durante aproximadamente un minuto.

Esta demostración sólo logró provocar en su interlocutor una honda animosidad, por lo que el anónimo maestro de levitación abandonó prontamente el compartimiento y ya no volvió a dejarse ver por allí.

Lo que en este ejemplo merece subrayarse, además del mero hecho de levitar a voluntad, es que la experiencia requirió un considerable esfuerzo. El experimentador tuvo que guardar silencio y concentrarse enteramente en un centro de su organismo para que de allí emanara la corriente de energía que, actuando mediante ondas consecutivas, le haría elevarse por los aires. Elevarse a mayor altura de la que de hecho logró le habría exigido un esfuerzo excesivo. Concluida la demostración, el experimentador dio muestras de cansancio y no tenía ya ganas de conversar. La disminución de energía en él resultaba evidente.

Por lo que toca a los médiums espiritistas –ya se produzca su levitación en la oscuridad, ya a plena luz, puesto que la visibilidad no es lo único que permite controlar la experiencia–, nada se opone, desde el punto de vista hermético, a que se admita la posibilidad y aun realidad del fenómeno. Si se dan casos, confirmados por la fotografía, de levitación de objetos, por ejemplo mesas, ¿por qué ha de ser imposible que los propios médiums se eleven en el aire impulsados por la misma fuerza que levanta los demás objetos físicos?

Se dice que la energía motriz que provoca los fenómenos físicos durante las sesiones de espiritismo emana del médium. Mas ¿por qué esa energía, una vez exteriorizada y salida del médium, no ha de poder elevarle a él mismo? ¿Por qué no podría encontrar un punto de apoyo distinto del cuerpo del médium?

La electricidad humana que sale del organismo del médium puede muy bien ser objeto de su acción, lo que, por lo demás, «se cuenta de muchos médiums»[6]. Con todo, importa hacer notar que el agente de la levitación de los médiums es el mismo que levanta las mesas y otros objetos físicos; por tanto, no puede aquí hablarse del efecto de la gravitación celeste o espiritual que actúa en el arrobamiento de los santos.

Hay, pues, tres clases de levitación del cuerpo humano: la que se produce durante el éxtasis, debida a la gravitación celeste; la que obedece a la corriente de electricidad humana emitida voluntariamente (magia arbitraria); y esta misma emitida involuntariamente (médiums).

La levitación causada por la magia arbitraria (como la que la tradición atribuye a Simón Mago y que san Pedro hizo cesar por medio de la oración) y la levitación de los médiums tienen en común que ambas se efectúan por la fuerza eléctrica que emana del organismo humano y actúa por repulsión o reacción, en lo cual difieren de la levitación de los santos, que se debe a la atracción de lo alto.

El centro del que emana la corriente necesaria para la levitación como la de Simón Mago es el del loto de cuatro pétalos (*mūlādhāra chakra*), donde reside el poder de la serpiente *(kuṇḍālinī)*, la fuerza eléctrica latente. Este poder de la serpiente puede despertarse y dirigirse ya hacia arriba (yoga), ya hacia abajo y afuera (magia arbitraria). Así es como el ocultista norteamericano, de quien hablábamos antes, llevó a cabo el fenómeno.

Sin entrar en detalles, podemos mencionar en este mismo contexto los vuelos de brujos y brujas por el campo, de los que se cuenta que cabalgaban sobre escobas.

De hecho, la corriente reactora que emana del centro básico da muy bien la impresión de un haz en forma de escoba; los brujos, aunque desdoblados y dejando tras sí sus cuerpos físicos, se movían como los modernos cohetes a reacción.

En Estonia, este fenómeno se describe de una manera más adecua-

---
6. Ibid.

da mediante el vocablo *tulehänt,* que quiere decir «haz de fuego», en lugar de escoba.

Las consideraciones que preceden muestran que no hay que medirlo todo por el mismo rasero: levitación de los santos, levitación de Simón Mago, levitación de los médiums. Basta con tomarse el trabajo de distinguirlas claramente para no confundirlas.

Volvamos ahora a nuestro duodécimo arcano, el Colgado, el hombre que vive sometido a la ley de la gravitación celeste, y veamos qué significa vivir en la tierra siendo a la vez atraído por el campo gravitatorio del cielo.

La ley de la gravitación, de la evolución y, en general, de la vida terrena es la *enroscadura,* a saber, la coagulación del tejido mental, psíquico y físico en torno de los correspondientes centros de gravitación: tierra, nación, individuo, organismo. En cambio la ley de la gravitación, de la evolución y, en general, de la vida espiritual es la *irradiación,* o sea la expansión del tejido mental, psíquico y físico a partir de un centro absoluto de gravitación.

«Entonces los justos brillarán como el sol en el reino de su Padre» (Mt 13,43).

Ahí tenemos expresada correcta y comprensiblemente la ley de la gravitación celeste. La fórmula que permite expresar la esencia de la ley de la gravitación terrenal se encuentra en el capítulo 6 del *Génesis:*

«Los *nefilim* (gigantes) existían en la tierra por aquel entonces..., cuando los hijos de Dios se unían a las hijas de los hombres y ellas les daban hijos; éstos fueron los héroes de la antigüedad, hombres famosos» (Gén 6,4).

Los «hijos de Dios» *(bene ha'elohim),* es decir, los entes que vivían en el campo de gravitación divina, cambiaron de campo gravitatorio, al ceder a la atracción de la *posesión* o *enroscadura,* y dieron así nacimiento a seres dotados de gran fuerza de enroscadura, los gigantes *(nefilim).* Cambiaron la irradiación (el estado de hijos de Dios) por la enroscadura (el estado de gigantes en la tierra). Y desde entonces el mundo de la enroscadura tiende a producir el *héroe fuerte (guibbor),* mientras el mundo de la irradiación tiende a dar nacimiento al *heraldo de la irradiación (tsadiq)* o el «justo» en la tierra. Aún no hace mucho, Friedrich Nietzsche exaltaba el ideal del *guibbor* o «superhombre», mientras flagelaba y coronaba de espinas al justo, abofeteándolo nuevamente y burlándose de él en sus libros *Ecce Homo* y *El Anticristo.*

El mundo está dividido entre quienes adoran al *guibbor*, el héroe fuerte, y los que aman al *tsadiq*, el justo. Nietzsche demostró este hecho con gran vigor y talento. Y así es. La gravitación terrestre, la carne, empuja al hombre hacia el ideal de la enroscadura: posesión, poder y placer; la gravitación celeste, el espíritu, lo atrae, por el contrario, al ideal de la irradiación, es decir, a la pobreza, obediencia y castidad.

¡Acaben los ocultistas, esotéricos y herméticos de darse cuenta de ese estado de cosas y comprendan por fin que el único partido que pueden tomar sin traicionar el alma de la tradición es el de alinearse resueltamente y sin reservas en las filas de la irradiación, del justo, del Colgado! ¡Abandonen los sueños y fantasmas del «superhombre» que pueblan todavía ciertas hermandades y sociedades esotéricas bajo las formas de «gran maestro», «gran iniciado» o «archimago»! ¡Vuélvanse nuestras comunidades grupos de gentes dispuestas a aprender de todos en vez de enseñar a todos, y recluten hombres que vivan conscientes de haberse equivocado ante Dios, el prójimo y el mundo, y no en la certeza de haber tenido siempre razón! En suma, ¡obedezcan a la atracción celeste que actúa despertando la inclinación y el amor a la pobreza, a la obediencia y a la castidad! Debemos no sólo ver y pensar claro, sino también *querer claro*, pues no es posible servir a dos amos a la vez.

Con todo lo anterior, me he alejado un poco del tema del estado concreto del hombre que vive bajo la ley de la gravitación celeste. Volvamos a él. Tal estado, el del *hombre espiritual*, presenta dos características: hallarse *suspendido* e *invertido*. Acerca del primer rasgo, escribe santa Teresa:

«Paréceme que está ansí el alma, que ni del cielo le viene consuelo ni está en él, ni de la tierra le quiere ni está en ella, sino como crucificada entre el cielo y la tierra, padeciendo sin venirle socorro de ningún cabo»[7].

El alma, suspendida entre el cielo y la tierra, experimenta una *soledad* completa. No la soledad ordinaria de sentirse solo *en* el mundo, sino la soledad total de sentirse solo *fuera del* mundo, tanto terrenal como celestial.

«Puesta en aquel desierto (el alma)..., al pie de la letra me parece se puede entonces decir (y por ventura lo dijo el real Profeta estando en la misma soledad...) *Vigilavi ed factus sun sicud passer solitarius yn tecto* ("Vigilé y me he vuelto como pajarillo solitario en un tejado", Sal 102,8), y ansí se me representa este verso entonces, que me parece lo

---

7. Santa Teresa de Jesús, o.c., cap. 20, n. 11, ed. cit., p. 710.

veo yo en mí, y consuélame ver que han sentido otras personas tan gran estremo de soledad, cuantimás tales»[8].

He ahí el punto cero entre los campos de gravitación terrenal y celestial. Desde ese punto cero el alma se eleva en contemplación de cosas celestiales y divinas o desciende para actuar en la esfera de lo terrenal y humano, pero es ahí donde reside permanentemente. Después de su elevación o de su descenso, regresa a su morada, que es la soledad del desierto entre ambos mundos.

La otra característica del hombre espiritual consiste en su posición invertida. Esto significa primeramente que el terreno sólido bajo sus pies se encuentra arriba, mientras el terreno de abajo sólo es percibido por su cabeza. En segundo lugar, dicha postura significa que su *voluntad* está ligada al cielo y se halla en contacto inmediato con el mundo espiritual, sin mediación del pensamiento y sentimiento. Así, su *querer* sabe cosas que la cabeza, su pensamiento, todavía no sabe, de suerte que el futuro –los designios celestiales para el futuro– obra en su voluntad y por medio de la misma más que la experiencia y memoria del pasado. El hombre espiritual es, pues, literalmente, el hombre del futuro toda vez que lo que activa su voluntad es únicamente la causa final. Es también el «hombre de deseo» *(l'homme de désir)*, en el sentido del libro de *Daniel* y en el que le da Louis-Claude de Saint-Martin; trátase del hombre cuya voluntad está en lo alto, por encima de las potencias de su cabeza: pensamiento, imaginación y memoria.

La relación normal entre pensamiento, sentimiento y voluntad en un hombre civilizado y educado consiste en que el pensamiento despierta el sentimiento y dirige la voluntad. El pensamiento desempeña para con el sentimiento el papel de estimulante, merced a la imaginación, y respecto a la voluntad el papel de educador, merced a la imaginación y el sentimiento. Antes de actuar, uno piensa, imagina, siente y, por fin, desea y obra.

No acontece así con el hombre espiritual, sino al revés. En él, la *voluntad* asume el papel de estimulante y educador respecto al sentimiento y el pensamiento. Empieza por actuar, luego desea, a continuación siente el valor de su acto y por último, lo comprende.

Abraham abandonó su país natal y se dirigió, atravesando el desierto, a un país extranjero donde, siglos después, un pueblo salido de él mismo encontraría su patria y donde, todavía varios siglos más tarde, se llevaría a cabo la obra de la salvación de la humanidad. ¿Sabía

---

[8]. Ibid., n. 10, p. 709.

él todo eso? Sí y no. Sí, por cuanto *actuaba como si lo supiera*, prendada como estaba su voluntad de esas cosas futuras, de su grandeza y de su alcance. No, en el sentido de que ni en su pensamiento ni en su imaginación había plan o programa alguno; él ignoraba cuándo, cómo o por qué etapas se realizarían tales cosas. Ahora bien, la certeza que se apodera en primer lugar de la voluntad para extenderse luego al sentimiento y al pensamiento es precisamente lo que el apóstol Pablo entiende por la palabra «fe» *(pistis, fides)*. Según él:

> «La fe es garantía de lo que se espera, la *prueba de las realidades que no se ven*» (Heb 11,1).

Y también:

> «Por la fe, Abraham, al ser llamado por Dios, obedeció y salió para el lugar que había de recibir en herencia; y *salió sin saber adónde iba*» (Heb 11,8).

Abraham tuvo, pues, «la *garantía* de lo que se espera», después de haber asistido a la «prueba de las realidades que no se ven»; su voluntad sabía, mientras que su entendimiento e imaginación no venían, no poseían la certeza que les es propia. Ello no obstante, el patriarca *obedeció* y partió sin saber adónde iba, es decir, *actuó* antes que su pensamiento e imaginación llegaran a comprender todo cuanto implicaba ese acto. Cuando salió y se puso en camino, su cabeza seguía tras sus pies; éstos estaban entonces en alto, por cuanto expresaban el mandamiento del cielo, y la cabeza les obedecía hallándose vuelta hacia abajo, o sea no viendo sino las privaciones, riesgos y peligros de la empresa. Abraham se encontraba justamente en el estado o postura del Ahorcado de nuestro arcano.

> «Por la fe, Abraham, al ser llamado por Dios, obedeció y salió...» (Heb 11,8).

«Obedeció, al ser llamado por Dios»: he aquí la clave del misterio de la fe, del saber de la voluntad. La voluntad es una fuerza activa; no es por naturaleza un órgano de percepción. Para que pueda percibir, debe no volverse pasiva —pues entonces se adormecería o desvanecería, dado que su naturaleza es actividad y al dejar de ser acto dejaría de ser voluntad—, sino cambiar de centro de gravitación, es decir, transformarse de *mi* voluntad en *tu* voluntad. Sólo el acto interno de amor es capaz de efectuar este cambio de centro al que la voluntad sirve o en torno del cual gravita. En vez de gravitar alrededor del centro yo, puede orientarse hacia el centro *tú*. Esta transformación, realizada por el amor, es lo que llamamos *obediencia*.

Por medio de la obediencia, la voluntad llega a *percibir*. Lo que puede percibir, lo que se le infunde, es la revelación de lo alto, que la inspira, dirige y fortalece. Así es como la voluntad de los mártires podía soportarlo todo y la de los taumaturgos realizarlo todo.

La vocación de Abraham fue tal acto de revelación infusa. Y «obedeció», dice el Apóstol. Hay que añadir que obedeció incluso antes de ponerse en camino, ya que la *vocación* misma presupone obediencia, trascentralización de la voluntad, que hace a ésta capaz de recibir el llamamiento de lo alto. En efecto, la voluntad ha de hallarse ya en estado de obediencia para poder percibir la inspiración o intuición de lo alto y ser marcada por el sello de la vocación: el *don de la fe*.

La fe, como don sobrenatural, no es lo mismo que la confianza natural, razonable y fundada moralmente, que ponemos en una autoridad. La confianza que uno tiene en el médico, el juez o el sacerdote sólo es natural. No deja de ser razonable y conforme a la justicia humana reconocer la autoridad de los verdaderos expertos y, por ende, otorgarles cierta confianza. Santa Teresa confiaba plenamente en sus confesores, quienes, sin embargo, se equivocaron en una cuestión tan grave como la fuente de sus experiencias místicas, gnósticas y mágicas, Dios o el demonio. Pero en el conflicto que surgió entre fe sobrenatural y confianza natural, cuando los confesores de la santa y los teólogos consultados declararon que sus experiencias espirituales provenían del demonio, acabó triunfando la fe. Era éste un conflicto entre la actuación inmediata y auténtica de Dios en la voluntad y la confianza del pensamiento y sentimiento humanos en una autoridad que sólo era una fuente de segunda mano. No solamente la revelación divina triunfó en santa Teresa, sino que en definitiva llevó a confesores y teólogos a reconocer su autenticidad.

Los arrobamientos de santa Teresa eran los de la fe, o sea los de la unión de la *voluntad* con Dios, voluntad que deja tras sí las demás potencias del alma, a saber, el pensamiento y la imaginación. Oigamos lo que la santa nos dice al respecto:

«Sólo podré decir que se representa estar junto a Dios y *queda una certidumbre que en ninguna manera se puede dejar de creer*. Aquí faltan todas las potencias y se suspenden de manera que en ninguna manera, como he dicho, se entiende que obran. Si estava pensando en un paso, ansí se pierde de la memoria como si nunca la huviera havido de él; si lee, en lo que leía no hay acuerdo ni parar; si rezar, tampoco. Ansí que a esta mariposilla importuna de la memoria aquí se le queman las alas, ya no puede más bullir. La voluntad debe estar bien ocupada en amar, mas no entiende cómo ama. El entendimiento, si entiende, no se entiende cómo entiende; al menos no puede comprender nada de lo que entiende; a mí no me parece que entiende, porque –como digo– no se entiende; yo no acabo de entender esto.

»Y nótese esto, que –a mi parecer– por largo que sea el espacio de estar el alma en esta suspensión de todas las potencias, es bien breve; cuando estuviese media hora es muy mucho; yo nunca, a mi parecer, estuve tanto; verdad es que se puede mal sentir lo que se está, pues no se siente, mas digo que de una vez es muy poco espacio sin tornar alguna potencia en sí. *La voluntad es la que mantiene la tela*, mas las otras dos potencias presto tornan a importunar. Como la voluntad está queda, tórnalas a suspender, y están otro poco y tornan a vivir. En esto se puede pasar algunas horas de oración y se pasan; porque, comenzadas las dos potencias a emborrachar y gustar de aquel vino divino, con facilidad se tornan a perder de sí para estar muy más ganadas y *acompañan a la voluntad y se gozan todas tres*»[9].

Así, pues, cuando la voluntad está unida a Dios y las otras dos facultades se hallan «suspendidas», tenemos ese estado de alma en que uno recibe el don sobrenatural de la fe, y la fe experimentada de este modo es la que triunfó en santa Teresa de los escrúpulos nacidos de la confianza que ponía en los teólogos. El estado de alma descrito por santa Teresa corresponde en todo punto al del Colgado de nuestro arcano.

Efectivamente, en ese estado el alma de la santa está también *invertida:* la voluntad se adelanta a la cabeza (entendimiento y memoria) y se eleva por encima de la misma. La voluntad es marcada por el sello divino, que la cabeza comprenderá o no más tarde.

Ahora bien, el hermetismo práctico aspira a que las otras dos potencias vayan a la par con la voluntad en el momento en que ésta se halla en estado de total obediencia a lo divino; tiende a la realización de la última frase del texto que acabamos de citar:

«...y acompañan a la voluntad, y se gozan todas tres.»

Añadamos aquí nosotros: en la *unión*, el *conocimiento* y la *realización* futura de esa experiencia, puesto que el hermetismo es la síntesis de la mística, de la gnosis y de la magia divina.

El hermetismo práctico se aplica, pues, a educar el pensamiento y la imaginación (o memoria) para que vayan a la par con la voluntad. Por ello exige constantes esfuerzos del pensamiento y la imaginación combinados para pensar, meditar y contemplar en *símbolos*. El simbolismo es el único medio capaz de impedir que el pensamiento y la imaginación queden en suspenso cuando la voluntad recibe la revelación de lo alto y de hacer que ambas potencias acompañen a la voluntad en su acto de obediencia receptiva, de suerte que el alma no sólo

---

9. Ibíd., cap. 18, n. 14, 12-13, p. 697, 696s.

tenga la revelación de la fe, sino que participe asimismo en ella con su entendimiento y memoria.

Tal es el punto principal del hermetismo práctico y su contribución a la mística cristiana. Digo bien «a la mística cristiana», y no a la teología mística cristiana. La teología, en efecto, racionaliza los contenidos de la experiencia mística extrayendo de esta última reglas y leyes, mientras que el hermetismo pretende que el pensamiento y la imaginación tomen parte en esa experiencia. Su fin reside en la experiencia misma, y no en su explicación o reglamentación.

Entretanto, el hermetismo es también un Colgado, puesto que en él predomina igualmente la fe desde el principio y por mucho tiempo. Esto se debe a lo difícil de su tarea –que exige un ascetismo interior de larga duración–, consistente en capacitar el pensamiento y la imaginación para hallarse presentes y a pie firme junto al altar donde se enciende y arde el fuego de la fe. Con el tiempo, no obstante, la laguna entre la certeza de la fe y la del conocimiento se irá haciendo más pequeña. El pensamiento y la imaginación irán volviéndose cada vez más aptos para participar también ellos en la revelación de la fe, recibida por la voluntad. Llegará por fin un día en que las tres potencias participen por igual en la revelación, sin diferencia de rango. Entonces tendrá lugar ese acontecimiento espiritual que se designa por el nombre de iniciación hermética.

Por ejemplo, conozco a un hombre quien, ofendido injustamente por dos oficiales de la marina aliada cuando era soldado del Ejército Blanco, «comprendió» en un momento la relación que existe entre la eternidad y el instante. Fue como un relámpago venido de lo alto, recibido a la vez por la voluntad, el pensamiento y la imaginación. Las tres potencias del alma fueron a un tiempo alcanzadas e iluminadas.

El auténtico hermetismo no puede nunca, por tanto, hallarse en contradicción con la fe auténtica. Sólo puede contradecir las opiniones de los teólogos: no la *fe*, sino la *confianza* que uno otorga a las formulaciones teológicas. Cosa extraña, los teólogos son en general personas muy modestas y aun humildes, pero en cuanto se ponen a hablar desde su cátedra y el pedestal de su ciencia, arropados en un manto de conclusiones primarias y secundarias, y sobre todo cuando se apoyan en lo que llaman consenso universal, se transforman hasta lo irreconocible. Esas gentes, de ordinario recatadas, se mudan en fuentes de oráculos divinos. Ello viene de que su ciencia es la más pretenciosa de todas las ciencias existentes, al tener por tarea interpretar la verdad absoluta de la Revelación. Al contrario, los especialistas en ciencias de la naturaleza suelen ser fatuos y arrogantes en su modo habitual de hablar, y es la disciplina de su ciencia lo que les vuelve modestos. Su ciencia es modesta de por sí, toda vez que interpreta la verdad relativa de la experiencia.

He ahí la paradoja: gentes modestas a quienes su ciencia vuelve jactanciosas, y gentes jactanciosas convertidas en humildes, gracias también a su ciencia. El peligro de los unos radica en saber demasiado, el de los otros en no saber nada. Así, la ciencia empírica confesó hace ya tiempo, por boca de uno de sus representantes más concienzudos, el fisiólogo Du Bois-Reymond, su *ignoramus et ignorabimus* (ignoramos y seguiremos ignorando), acerca de los siete siguientes enigmas del mundo[10]:
1. La esencia de la materia y de la fuerza.
2. El origen del movimiento.
3. El origen de la vida.
4. La finalidad *(Zweckmäßigkeit)* de los seres vivos.
5. El origen de la sensación.
6. El origen del pensamiento y del lenguaje.
7. El libre albedrío.

En cambio, algunos teólogos se expresan en tono de absoluta certeza no sólo acerca de los citados enigmas, sino incluso sobre el destino del alma después de la muerte del cuerpo y lo que podrá o no podrá hacer entonces. Leemos afirmaciones como éstas:

> «A su salida del cuerpo, el alma no se halla ya en estado de cambiar su orientación moral ni desdecirse de su precedente adhesión al pecado, sino, al contrario, *se fija de por sí* en la disposición de voluntad en que la sorprende el instante preciso de la muerte, disposición de ahí en adelante inflexible y rebelde a toda idea de retractación, conversión y arrepentimiento»[11].

> «La eternidad de las penas sólo existe en función de la eterna perseverancia de la disposición perversa en que se hallaban los réprobos al salir de la vida presente»[12].

Según esto, es el cuerpo y no el alma el que tiene la posibilidad de cambiar de orientación moral y desdecirse de su adhesión al pecado, la posibilidad de convertirse y arrepentirse; y es el instante preciso de la muerte, y no el conjunto de la vida terrena, lo que determina para toda la eternidad la disposición moral del alma y, por ende, su destino eterno; así, el cuerpo moribundo despide al alma en el momento de la muerte como si el alma fuera un cohete programado de antemano *(preset program rocket)* para toda la eternidad. Siempre según esta

---
10. E. du Bois-Reymond, *Die sieben Welträtsel*, 1880, en *Vorträge über Philosophie und Gesellschaft*, Hamburgo 1974, p. 159ss.
11. L. Billot, en «Études» (Paris) 176 (1923), p. 392.
12. Ibíd., p. 394.

teoría, la misericordia de Dios no actúa sino hasta el instante de la muerte del cuerpo, siendo el destino posterior del alma un mero despliegue cuasi mecánico de su disposición en el momento en que abandona el cuerpo.

He ahí unas conclusiones monstruosas. Es evidente que, si el meticuloso Du Bois-Reymond se muestra demasiado tímido y abre las puertas al escepticismo, el celoso teólogo peca por su parte de temerario y abre las puertas a la incredulidad. En efecto, resulta imposible creer a la vez en las explicaciones del cardenal Billot y en el enunciado evangélico que dice:

>«Si un hombre tiene cien ovejas y se le descarría una de ellas, ¿no dejará en los montes las noventa y nueve para ir en busca de la descarriada?... De la misma manera, no es voluntad de vuestro Padre celestial que se pierda uno solo de estos pequeñuelos» (Mt 18,12-14).

O uno cree que la misericordia de Dios es limitada, llegando sólo hasta el instante de la muerte del cuerpo, o, al contrario, que es infinita y no cesa jamás, disponiendo de medios para actuar todavía después de la separación del alma y el cuerpo. Lo que aquí está sobre el tapete es el amor de Dios, no su justicia.

Du Bois-Reymond debiera haber dicho: «Dados los métodos de la ciencia contemporánea y las facultades de conocimiento que me son accesibles hasta hoy, los siete grandes enigmas del mundo *me parecen insolubles;* pero, si dichos métodos y facultades de conocimiento llegaran un día a cambiar sin perder su carácter científico, las cosas podrían ser distintas.» Y a su vez el cardenal Billot hubiera hecho mejor en decir: «Hay en la Sagrada Escritura pasajes relativos al amor de Dios y al castigo por el pecado, los cuales, dada la índole actual de nuestra razón y nuestro sentimiento moral, parecen contradecirse. Como es imposible que se contradigan realmente, he formulado una opinión personal que, a mi juicio, los armoniza de modo satisfactorio. Pero ignoro si es ésa la única solución posible del problema y si no habrá otras mejores. Lo cierto es que la libertad existe y lleva consigo el riesgo del infierno eterno, sea cual fuere el sentido exacto de la palabra eterno, ya que esto es un dogma de fe. Sobre el mecanismo de la realización de esta verdad abrigo la siguiente opinión: (y aquí explicaría que, según él, la vida terrena es el campo de la libertad, mientras que el otro mundo es el de la fatalidad, opinión que tendría aún que defender contra los pertinentes argumentos de una tesis contraria).»

Volviendo al hermetismo práctico, hemos de decir que, como la mística cristiana, se basa en la experiencia de la fe auténtica, la experiencia del ser humano al revés, donde la voluntad está por encima de la intelectualidad y la imaginación. Su fin práctico consiste, sin embargo, en hacer de la intelectualidad e imaginación compañeras iguales a la voluntad favorecida por la revelación de lo alto.

A esto se llega así: se *moraliza* el pensamiento, sustituyendo la lógica formal por la *lógica moral;* se hace entrar el calor moral en los dominios del frío pensamiento; al propio tiempo, se intelectualiza la imaginación, disciplinándola y sometiéndola a las leyes de la lógica moral. Esto es lo que Goethe entendía por «imaginación exacta», a saber, una disposición de la imaginación en la que esta última abandona el *juego* de la asociación libre y arbitraria, para aplicarse al *trabajo* de la asociación dictada por la lógica moral, según las leyes del *simbolismo*.

De esta suerte, el pensamiento y la imaginación se vuelven atentas y capaces de participar en la experiencia de la voluntad que recibe los favores de lo alto. Este lapidario enunciado requiere algunas explicaciones.

1. *Se moraliza el pensamiento, sustituyendo la lógica formal por la lógica moral.* Ello significa que la lógica que opera explícita o implícitamente en forma de silogismo, es decir, de dos premisas que implican una conclusión, cede su puesto de referente supremo a la lógica moral de la conciencia. Por ejemplo, la lógica del argumento utilizado por Caifás para persuadir al sanedrín de que había que condenar a Jesucristo era impecable desde el punto de vista de la lógica formal, a la vez que constituía una grave violación de la lógica moral:

«Os conviene que muera un solo hombre por el pueblo y no perezca toda la nación» (Jn 11,50).

Este argumento se basa en el principio lógico de que la parte es menos que el todo. Aquí la parte era un solo hombre, y el todo la nación.

Frente a la eventualidad: «Si le dejamos hacer, todos creerán en él, y los romanos vendrán a destruir nuestra ciudad y nuestra nación», se decidió sacrificar la parte por el todo.

Para la lógica moral, empero, el principio *cuantitativo* de que la parte es menos que el todo no goza de una validez sin reservas; imponen ciertas distinciones. Por ejemplo, en un organismo vivo, donde lo que cuenta no es la *cuantía* sino la *importancia* de la función vital, dicho principio se convertiría en «la parte es igual al todo», y así el corazón, entre otros órganos, que sólo constituye una pequeña parte del conjunto del organismo humano, no puede sacrificarse sin destruirlo todo.

En el campo moral y espiritual donde solamente cuenta la calidad, *un* justo vale más que toda la nación, si se trata no de un sacrificio *voluntario*, sino de alguien a quien *hay que* sacrificar. Por tanto, en la esfera espiritual y moral, el principio lógico de que hablábamos puede llegar a transformarse en su polo opuesto: «La parte es más que el todo.»

Este ejemplo muestra cuán distinta es la operación de la lógica moral, o material y cualitativa, de la lógica formal y cuantitativa. Al conflicto entre la lógica del *Logos* y la de este mundo se refiere el apóstol Pablo cuando dice:

«Anduvieron errantes, cubiertos de pieles de oveja y de cabras, faltos de todo, oprimidos y maltratados, *¡hombres de los que no era digno el mundo!*, errantes por desiertos y montañas, por cavernas y antros de la tierra» (Heb 11,37-38).

La lógica moral es la analogía humana con la del *Logos*, de la que el Evangelio habla en estos términos:

«Era la luz verdadera que ilumina a todo hombre que viene a este mundo» (Jn 1,9).

Es la lógica de la fe, es decir, la lógica del pensamiento que participa en la revelación dirigida a la voluntad. La lógica moral introduce *calor* en la luz del pensamiento que, de lunar que era cuando no había en él más que luz sola, fría y sin calor, se convierte en *solar*.

2. *Se intelectualiza la imaginación, disciplinándola y sometiéndola a las leyes de la lógica moral.* Esto quiere decir que a la vida de la imaginación hay que aplicarle una especie de *ascetismo* para transformar su *juego* arbitrario en *trabajo* inspirado y dirigido desde lo alto. Aquí el simbolismo asume el principal papel de preparador y educador, ya que es a la vez imaginativo y lógico, esto último según la lógica moral.

Por ello los arcanos del tarot constituyen una escuela práctica de educación de la imaginación, a fin de que ésta pueda tomar parte, en condiciones de igualdad, con el pensamiento ya «solarizado» y la voluntad zodiacal en la revelación de lo alto. Entonces la imaginación se intelectualiza, o sea pierde el calor febril que le es propio y se vuelve luminosa; se seleniza, se hace lunar, como lo era la intelectualidad antes de solarizarse mediante la lógica moral. La oración que se recita por las almas del purgatorio —*Locum refrigerii, lucis et pacis dona eis, Domine,* «Concédeles, Señor, el lugar de refrigerio, de la luz y de la paz»– expresa bien lo que necesita la imaginación para abrirse a la reflexión y abandonar la fantasía.

La zodiacalización de la *voluntad,* la solarización del *pensamiento* y la selenización (o lunarización) de la *imaginación* –tres términos que hemos escogido para caracterizar el sacrificio voluntario de las tres potencias que el alma ofrece al cielo– significan: que la voluntad se convierte en el órgano de percepción y ejecución del alma vuelta hacia Dios, como lo es el zodiaco en el macrocosmo; que el pensamiento se vuelve cálido y luminoso a la vez, como el sol en el macrocosmo; y que la imaginación queda capacitada para reflejar la verdad, como la luna refleja el sol en el macrocosmo.

Trátase, pues, del sacrificio de las tres potencias del alma al cielo. Este sacrificio no es otra cosa que los tres votos tradicionales de *obediencia* o sacrificio de la voluntad, *pobreza* o sacrificio del pensamiento, y *castidad* o sacrificio de la imaginación. De esta manera la voluntad, el pensamiento y la imaginación quedan transformados en reflectores o espejos de la revelación de lo alto, en vez de ser instrumentos de la arbitrariedad humana.

Ello quiere decir, en términos de psicofisiología esotérica, que la disposición del centro coronal (loto de ocho pétalos), que se halla siempre fuera del alcance del albedrío humano y constantemente en estado de reposo divino, o sea al servicio del cielo, se extiende a los demás centros o lotos. Uno tras otro, tales centros se van sustrayendo al influjo del albedrío humano y sumiendo en el reposo divino, convirtiéndose así en órganos de la revelación pura. Toda la organización psicofisiológica se transforma de esta suerte en instrumento divino. La *santidad* perfecta se logra cuando los siete (u ocho, en casos raros) centros quedan enteramente a disposición del cielo. Los diversos grados de santidad –desde el punto de vista de la organización psicofisiológica del hombre– se miden por el número y calidad de los centros que quedan disponibles para el cielo.

Los herméticos no alcanzan, en general, la santidad completa donde los siete centros son todos ellos puestos a disposición de lo divino, ya que su obra y misión –si misión hay– exige esfuerzos que presuponen el mantenimiento de la *iniciativa* humana, y así, *al menos* el centro frontal (o loto de dos pétalos) queda a disposición de la libertad o, según el caso, de la arbitrariedad humana, por ser el centro de la *iniciativa intelectual.*

El loto de dos pétalos puede muy bien verse alcanzado temporalmente por la revelación de lo alto –instantes, minutos y hasta horas–, pero en general el hermético debe tenerlo a su disposición. Por lo demás, le resultaría muy penoso no poder dirigir su mirada intelectual hacia lo determinado desde arriba.

Conozco a un hombre quien, habiendo así perdido el uso del centro de la iniciativa intelectual, que es al mismo tiempo el de la dirección de la atención, sufrió mucho por esta causa, ya que se trataba de un hermético. Podía entender muy bien los grandes problemas de alcance general, pero se sentía como paralizado en lo tocante a *sus* problemas personales. Era incapaz de pensar en lo que quería o de dirigir su atención a lo que deseaba ver y comprender. Esto duró hasta que intervino un bienhechor celestial que le restituyó el uso de dicho centro. Me permito recomendar a las personas con dificultades parecidas o idénticas que se dirijan al santo arcángel Miguel, amigo, según creo, y protector de los herméticos tales como yo los concibo en estas cartas, hombres que desean aunar santidad e iniciación o que aspiran a un hermetismo santo y bendecido desde lo alto.

La lámina del duodécimo arcano del tarot, el Colgado, representa en primer lugar al hombre cuya voluntad es ya zodiacal; he aquí el acontecimiento espiritual decisivo, del que la solarización del pensamiento y la selenización de la imaginación sólo son consecuencias. Los dos árboles laterales que sostienen al Colgado llevan doce cicatrices de ramas cortadas. Doce ramas, porque el zodiaco es un duodenario de acción e influencia; cortadas, porque el Colgado está fuera de su campo de acción e influjo y porque su esencia está *en él mismo*. Las doce ramas han sido cortadas y permanecen externamente inactivas, convertidas en la *voluntad* del Colgado, la voluntad zodiacal o zodiacalizada, como ya hemos dicho. El Colgado ha *absorbido* el zodiaco, habiéndose transformado él mismo en el zodiaco. Es el *decimotercio*, en cuya voluntad están presentes los *doce* siervos de Dios, que son los doce canales de la voluntad divina.

Doce es, en efecto, el número de las modalidades y actuación de la voluntad; *siete* es el número de las modalidades básicas del sentimiento y la imaginación; *tres* es el número-ley del pensamiento y de la palabra; y *uno* es el número del yo que piensa, siente y quiere. La *mónada* se revela, pues, por la *trinidad* subyacente al pensamiento y la palabra, por el *septenario* subyacente al pensamiento y la imaginación, y por el *duodenario* subyacente a la voluntad y la actuación.

La suma de los números de la realidad –uno, tres, siete y doce– es, por consiguiente, *veintidós*, y no veintitrés, puesto que el uno trasciende los demás números y los abarca en sí mismo. Por eso y no otra causa, hay *veintidós* arcanos mayores en el tarot, ni uno más ni uno menos. Efectivamente, el autor del tarot –o los autores, si pensamos según la dimensión vertical de los tres mundos superpuestos que colaboran entre sí– se propuso dar expresión simbólica articulada sólo a las cosas importantes. Y ¿cómo hubiera podido contar de las mismas menos o más de veintidós? ¿Podía omitir la mónada, la unidad fundamental tras los mundos del macrocosmo, es decir, Dios, o la unidad fundamental tras los estados de conciencia del microcosmo, es decir, el alma? ¿Podía pasar por alto la Santísima Trinidad de Dios creador, salvador y santificador? ¿O la trinidad del ser humano, su ser espiritual, anímico y corporal, que es la imagen analógica de Dios? Más todavía, ¿cómo habría podido desatender o dejar de ver la acción de la trinidad en los cuatro elementos: irradiación, expansión, movilidad y estabilidad, o fuego, aire, agua y tierra? Y después de ocuparse de la acción de la trinidad *en* el cuaternario de los elementos, ¿cómo podía dejar de prestar atención a la manifestación real de dicha acción *mediante* el cuaternario, es decir, a las tres veces cuatro modalidades de la acción trinitaria con sus cuatro medios de realizarla?

No pudiendo suprimir ninguno de los cuatro miembros del Nombre sagrado o Tetragrámaton –que comprende los cuatro miembros o números: uno, tres siete y doce–, el autor del tarot concibió y dibujó los veintidós arcanos. Pero veintidós es cuatro, y cuatro significa tres, que revela el uno. El tarot es por tanto la unidad comentada de veintidós maneras simbólicas.

Tocante al Colgado, las doce ramas de los dos árboles entre los que pende están cortadas. Esto quiere decir o indicar que el Colgado ha reducido el doce al uno y que él mismo es la única manifestación de esas doce ramas. Se ha tragado el zodiaco, por así decirlo, lo que equivale a afirmar que su voluntad se ha identificado con la voluntad que se manifiesta de tres veces cuatro maneras. Lleva en sí la síntesis de las doce modalidades de la acción de la voluntad fundamental y divina, o más bien es llevado por ella.

Tal es el significado de la reducción de doce a uno. Es estar colgado, en posición invertida, y vivir sometido a la gravitación celestial en lugar de la gravitación terrenal.

Decíamos que el Colgado es el decimotercio. Ahora bien, ser el decimotercio puede significar dos cosas: o la reducción de doce a uno –en cuyo caso el Colgado representa la *unidad fundamental* de las doce modalidades de la voluntad–, o la cristalización de un decimotercer elemento sintético. En este segundo caso se trataría de un esqueleto, que es la última cristalización sintética de la voluntad zodiacal, así como el principio y la imagen concreta de la *muerte*. Dado que la muerte y su relación con el esqueleto constituirán el tema de nuestra siguiente carta sobre el decimotercer arcano del tarot, la Muerte, te ruego, querido amigo desconocido, que recuerdes bien entonces la contextura de estos dos problemas como la hemos indicado aquí: el problema de la identidad de la voluntad individual con la voluntad divina y el de la atracción de lo alto en su doble aspecto de éxtasis y muerte. En efecto, la zodiacalización de la voluntad tiene lugar tanto en el éxtasis como en el caso de la muerte natural. El Colgado representa la primera de ambas eventualidades, es decir, la unidad fundamental de las doce formas de la voluntad. Éstas son las causas eficientes y finales de la irradiación, expansión, movilidad y estabilidad espirituales, psíquicas y materiales.

Se experimenta una profunda y vertiginosa sensación de ese abismo cósmico, leyendo el himno cosmogónico del *Rigveda*. En quien lo medita, dicho himno despierta el sentimiento de la profundidad de la fundamental incitación cósmica o, si se prefiere, el sentimiento de la zodiacalidad. He aquí el himno en cuestión:

«Ni el no ser ni el ser existían entonces.
No había espacio, ni, más allá, firmamento.
¿Qué bullía con tanta pujanza? ¿Dónde? ¿Bajo qué tutela?
¿Era el agua, abismo insondable?

»No había entonces muerte ni inmortalidad,
ni distinción entre la noche y el día.
El uno respiraba por propio ímpetu, sin aliento.
Fuera de ello nada existía.»
Otra posible traducción de estos versos:
»Soplaba sin hálito, en el origen,
el uno, fuera del cual ningún otro existía.»

»Al principio, tinieblas ocultaban tinieblas.
El universo era una onda vaporosa.
Entonces, por obra del ardor *(tapas)*, se engendró el uno,
vacuo y recubierto de vacío.

»Inicio de su desarrollo fue el deseo,
primera semilla de la conciencia.
Ahondando en sí, los *risis* supieron descubrir,
por su reflexión, el vínculo entre el ser y el no ser.

»Tensa y oblicua estaba su cuerda.
¿Qué había debajo? ¿Qué había encima?
Dispensadores de semilla, y potencias: eso había.
El espontáneo impulso *(svadhā)* estaba abajo, el don de sí estaba arriba»[13].

He ahí lo que un alma hindú llegó a sentir en una noche estrellada, hace más de treinta siglos, al contemplar el universo. ¿No es esto un

---

13. *Rigveda* X, 129.

comentario de mística natural al «hágase la luz» del *Génesis* bíblico? De esta esfera profunda, que inspiró al anónimo autor del himno védico, participa el Colgado por medio de su voluntad. Él es el vínculo entre el ser y el no ser, entre las tinieblas y la luz creada. Se halla suspendido entre lo potencial y lo real. Y lo potencial es más real para él que lo real propiamente dicho. Vive de la *fe* auténtica, que el libro hermético *Kore kosmou* designa por el nombre de «don del negro perfecto», es decir, don de la certeza perfecta a partir del negro de las tinieblas ultraluminosas. Pues hay tinieblas y tinieblas. Las primeras son las de la ignorancia y la ceguera; las segundas, las del conocimiento que supera las naturales potencias cognoscitivas del hombre. Estas últimas tinieblas se revelan a la visión intuitiva. Son ultraluminosas al modo de los rayos ultravioletas que rebasan la escala de la visibilidad natural del ojo humano.

Citemos, acerca de este tema, un pasaje de la *Vita Antonii* de san Atanasio, obispo de Alejandría:

> «Más tarde vinieron otros hombres, de los que entre los helenos pasan por sabios, a que les diera razón de nuestra fe en Cristo... Y Antonio el Grande les dijo, por medio de un intérprete: "Puesto que os apoyáis sobre todo en hábiles razonamientos, siendo fuertes en ese arte, y por ello queréis que también nosotros, si adoramos a Dios, lo hagamos con discursos demostrativos, decidnos primero: ¿cómo pueden las realidades, y en especial el conocimiento de Dios, discernirse con exactitud? ¿Por demostraciones o por la energía de la fe? ¿Qué viene antes, la fe activa o la demostración discursiva?" Ellos le respondieron: "La activa es lo más antiguo y constituye el conocimiento exacto." A lo cual Antonio replicó: "Decís bien, pues la fe nace de una disposición íntima del alma, mientras que la dialéctica procede del arte de sus autores. Así, en quien está presente la energía de la fe no es necesaria la dialéctica y aun puede llegar a ser superflua. Lo que nosotros sabemos por la fe, tratáis vosotros de establecerlo mediante discursos, y a menudo ni siquiera acertáis a expresar lo que nosotros creemos. La energía de la fe es, por tanto, mejor y más firme que vuestros refinados silogismos..."»[14]

Ahí tenemos una clara comparación entre la certeza debida a la energía de la fe y la que proviene de la demostración racional. La diferencia entre ambas es la misma que entre ver la fotografía de una persona y encontrarse con ella. Es la diferencia entre la imagen y la realidad, entre la idea que uno se forja de la verdad y la verdad en sí, presente y activa.

La certeza de la fe procede del encuentro vivido con la verdad y del efecto persuasivo y transformador de ésta, mientras que la certeza debida al razonamiento justo sólo es un grado mayor o menor de

---

14. Atanasio, *Vida de san Antonio*, cap. 74 y 77, cf. PG 26,835-976 (texto griego) y PG 26,835-976 y PL 73,125-170 (texto latino).

verosimilitud, ya que depende de la validez de nuestra argumentación y del carácter completo y exacto de los datos en que se basa. Un nuevo dato puede echar por tierra el edificio entero de nuestro raciocinio, lo mismo que un dato que se revele falso o inexacto. Por eso toda convicción fundada en el razonamiento es intrínsecamente *hipotética* e implica la siguiente reserva: «Supuesto que los datos que poseo son completos y exactos y que no surjan otros que los contradigan, tales o cuales argumentos me llevan a concluir que... etc.» La certeza de la fe no tiene nada de hipotético: es absoluta. Los mártires cristianos no murieron por hipótesis, sino por verdades de fe de las que poseían una absoluta certeza.

¡Ahórreseme la objeción de que también los comunistas mueren a veces por su marxismo-leninismo! Si lo hacen voluntariamente, no es por su dogma de la supremacía de lo económico ni por su ideología, sino por el grano de verdad cristiana que aún les queda en el corazón y les hace preocuparse de la fraternidad humana y de la justicia social. El materialismo como tal no tiene mártires, *ni puede tenerlos;* y si parece que tiene algunos, los mártires que se atribuye testimonian en realidad *contra* él. Su testimonio, en efecto, es éste: «Hay valores más altos que la economía y que la vida misma, puesto que nosotros sacrificamos no sólo nuestros bienes materiales, sino aun nuestra propia vida.» Tal es su testimonio contra el marxismo materialista. He aquí ahora su testimonio contra la cristiandad: «Hemos perdido la plenitud de la fe, de la que no nos queda sino un grano; pero aun ese grano que nos queda es tan precioso que damos la vida por él. Y vosotros, que poseéis la plenitud, ¿qué sacrificáis por vuestra fe?» Tal es su testimonio contra la cristiandad... por cuanto ésta participa del materialismo. Efectivamente, existe un materialismo doctrinal unido a una voluntad influida por la fe, como existe un espiritualismo doctrinal unido a una voluntad influida por intereses materialistas.

De esta dualidad salen las herejías y las sectas. Así, los partidarios de Arrio negaban la divinidad de Jesucristo no porque fuera contraria a la razón, sino porque a ellos se lo parecía en virtud de la oposición de su *voluntad* a un Mesías divino; el Mesías que ellos *querían* era el deseado por la ortodoxia judía. Y así como esta última repudió a Cristo y lo hizo crucificar, acusándolo de «tenerse por Hijo de Dios» («Los judíos replicaron a Pilato: "Nosotros poseemos una Ley, y según esa Ley debe morir, pues se tiene por Hijo de Dios"», Jn 19,7), de idéntica manera los arrianos acusaban a la Iglesia de hacer del Mesías el Hijo de Dios.

Los arrianos no eran ni menos instruidos ni menos inteligentes que los cristianos fieles. Sólo les faltaba la voluntad iluminada por la revelación de lo alto, es decir, la fe auténtica. Su fe había permanecido como era antes de Jesucristo y como vivía y actuaba en la ortodoxia judía. De hecho, los arrianos *querían* otro Mesías y, por ser cristianos, se aplicaban a transformar el Mesías según su voluntad precristiana.

Sin embargo, allí donde la voluntad percibe la revelación de lo alto y el entendimiento la sigue, o sea en el caso del Colgado, la certeza es absoluta y no puede surgir ninguna herejía, si por herejía entendemos doctrinas o máximas perjudiciales a la causa de la salvación o incompatibles con las verdades de la fe. Al Colgado podrá *acusársele* de herejía, pero nunca será culpable de ella. Su elemento es la fe auténtica; y ¿cómo es posible que la fe auténtica –o actuación divina en la voluntad humana– llegue a engendrar cosas contrarias a ella misma?

¿Sabes lo que significa la infalibilidad del papa cuando habla *ex cathedra* en materia de doctrina o moral? Cuando en cosas de fe y moral se pronuncia *ex cathedra* se encuentra en la situación del Colgado. El mismo estado en que se hallaba el apóstol Pedro al exclamar: «Tú eres Cristo, el Hijo de Dios vivo.» A lo que el Señor le respondió: «No es la carne ni la sangre lo que te ha revelado esto, sino mi Padre que está en los cielos.» Y así como la piedra carece de movimiento propio y sólo puede ser un objeto movido, así también la voluntad de quien se halla en la situación del Ahorcado se ve privada de su propio movimiento y sólo puede ser movida desde lo alto.

Ahí tienes un aspecto del misterio de la infalibilidad en cuestiones de fe y moral. En este terreno, lo que garantiza la infalibilidad del juicio es la total paralización y anulación de lo arbitrario, el estado de la piedra. Toda fuente de errores queda eliminada, y el pontífice romano que proclama un dogma *ex cathedra* no habla como profeta, sino como cabeza de la Iglesia.

El misterio de la infalibilidad en su conjunto entraña todavía otros aspectos, y aun más profundos, incluido el que tratábamos en la carta sobre el quinto arcano del tarot, el Papa; pero el aspecto a que se refiere el arcano del Colgado es el que más luz arroja, por estar relacionado con la fe auténtica,

La fe auténtica lleva consigo una certeza absoluta, sobre todo cuando no se limita únicamente a la voluntad, sino que logra hacer también partícipes de su experiencia al entendimiento y la imaginación. Entonces se convierte el alma en sede de una especie de fe-sabiduría-simbolismo cristianos al modo de la fe-sabiduría-simbolismo del *Zohar*, es decir, de la cábala judía. Este último grupo fe-sabiduría-simbolismo es respecto del primero lo que el Antiguo Testamento es con relación al Nuevo. Y de la misma manera que el Antiguo y Nuevo Testamento forman juntos la Sagrada Escritura, así también la cábala judía y la fe-sabiduría-simbolismo cristianos forman juntos el hermetismo cristiano. Y así como en la teología cristiana no se puede prescindir del Antiguo Testamento, tampoco en el hermetismo cristiano es posible prescindir de la cábala. Tal es la ley de la continuidad de la tradición viva o del mandamiento de «honrar al padre y a la madre».

Ahora bien, la madre del hermetismo cristiano es la cábala, y su padre es el hermetismo egipcio, cuyos escritos helenizados nos han llegado en la forma concreta del *Corpus Hermeticum,* que comprende 29 (o más) tratados. El *Corpus Hermeticum* (las obras atribuidas a Hermes Trismegisto o inspiradas en él) es el equivalente egipcio-helénico del *Zohar* judío y de la cábala judía en general.

No se trata aquí, ni mucho menos, de una amalgama sin pies ni cabeza o de escritos reunidos después de aplicar los métodos de la ciencia histórica o filológica (lo que, por otra parte, resulta siempre estéril), pues «aunque Moisés fue educado en toda la sabiduría de los egipcios» (Act 7,22), había no obstante disfrutado del encuentro real y auténtico con «el ángel de Yahveh, que se le apareció en forma de llama de fuego en medio de una zarza» (Éx 3,2). Este encuentro fue el punto de partida de su misión.

No, las cosas *vividas* no se toman de prestado. Se siguen unas a otras, al igual que las generaciones humanas, y sólo van encadenadas por los profundos vínculos de la herencia, o sea de la continuidad de la *vida* de la tradición: esfuerzos, problemas, anhelos y sufrimientos.

Lo mismo que una generación transmite a la siguiente los *órganos* del conocimiento y el *impulso vital* para su empleo, así en una tradición espiritual como la de Egipto-Israel-cristianismo, las sucesivas etapas son, como si dijéramos, otras tantas encarnaciones de nuevas almas que no hacen sino heredar los órganos y el impulso (cuerpo y sangre) de sus predecesores. Israel es una nueva alma con relación a Egipto, y el cristianismo lo es respecto de Israel. Egipto aspiró al Dios de los dioses y llegó a adquirir un elevado conocimiento –e incluso una fe auténtica– de Dios, como lo prueban los escritos del *Corpus Hermeticum.* Israel, por su parte, tuvo trato con ese Dios por medio de Moisés y los profetas. Y, por último, en el cristianismo Dios se hizo carne. Desde los templos de Egipto hasta la cruz del Calvario, pasando por el desierto del Sinaí, sólo hay un camino, el de la revelación divina, por una parte, y el camino histórico del monoteísmo en la conciencia humana, por otra. El cristianismo no tomó prestada la idea del Mesías al judaísmo, puesto que Jesucristo no fue una idea, sino la encarnación del verbo y el cumplimiento de la esperanza de Israel. Tampoco el Dios de Moisés y los profetas fue un empréstito de los santuarios egipcios, pues la nube, los relámpagos y truenos del monte

Sinaí donde se reveló no son cosas tomadas de prestado. Y la visión del Dios creador en un santuario egipcio, como aparece descrita en el tratado hermético *Poimandres*, no fue tomada de nadie. He aquí su introducción:

> «Un buen día, al ponerme a meditar sobre los seres e írseme el pensamiento a vagar por las alturas mientras mis sentidos corporales permanecían atados, como sucede con aquellos a quienes les vence un profundo sueño..., parecióme que se presentaba ante mí un ser de inmensa estatura, más allá de toda medida definible, el cual me llamó por mi nombre y me dijo: "¿Qué quieres oír y ver, y aprender y conocer con el pensamiento?"»[15]

Resulta evidente, pues, que tenemos aquí una *experiencia* espiritual y no cualesquiera informaciones «de oídas».

La tradición viva no es una corriente que se recibe o conoce de oídas, sino una secuencia de revelaciones y esfuerzos. Es la biografía de la *fe auténtica*.

La fe auténtica –la condición del Colgado de nuestro arcano– difiere, por tanto, del conocimiento debido al raciocinio en que posee la certeza absoluta, mientras que el raciocinio sólo llega a alcanzar una relativa certeza. Por otro lado, el raciocinio no es el único método de conocimiento. Existen también los métodos de conocimiento llamados ocultos o supranormales. Pienso aquí en las diversas formas de clarividencia corporal, psíquica y espiritual. ¿Qué relación hay, entonces, entre la fe auténtica y las experiencias clarividentes?

Ante todo, es preciso hacer notar que la globalidad de las experiencias suprasensoriales se divide en dos partes intrínsecamente distintas: las experiencias de percepción de lo que está *fuera* y las de revelación de lo que está *por encima* del alma; dicho de otro modo, la percepción horizontal y la revelación vertical. Ésta es transubjetiva; aquélla, extrasubjetiva u objetiva. Santa Teresa las denominaba respectivamente «visión imaginaria» (es decir, gráfica, con imágenes) y «visión intelectual» (sin imágenes). He aquí un ejemplo de visión intelectual:

> «Estando un día del glorioso San Pedro en oración, vi cabe mí u sentí, por mijor decir, que con los ojos del cuerpo ni de el alma no vi nada, mas parecíame estava junto cabe mí Cristo y vía ser él el que me hablava, a mi parecer. Yo, como estaba ignorantísima de que podía haver semejante visión, diome gran temor a el principio y no hacía sino llorar, aunque en diciéndome una palabra sola de asigurarme, quedava como solía, quieta y con regalo y sin ningún temor. Parecíame andar siempre a mi lado Jesucristo y, *como no era visión imaginaria*, no vía en qué forma: mas estar siempre al lado derecho

---

15. *Poimandres*, 1, en *Corpus hermeticum* I, Paris 1945, p. 7.

sentíalo muy claro y que era testigo de todo lo que yo hacía y que ninguna vez que me recogiese un poco, u no estuviese muy divertida, podía ignorar que estaba cabe mi.

»Luego fui a mi confesor harto fatigada a decírselo. Preguntóme que en qué forma le vía. Yo le dije que no le vía. Díjome que cómo sabía yo que era Cristo. Yo le dije que no sabía cómo, mas que no podía dejar de entender estaba cabe mí, y lo vía claro y sentía... No hacía sino poner comparaciones para darme a entender; y, cierto, para esta manera de visión, a mi parecer, no la hay que mucho cuadre. Ansí como es de las más subidas (sigún después me dijo un santo hombre y de gran espíritu, llamado fray Pedro de Alcántara..., y me han dicho otros letrados grandes, y que es adonde menos se puede entremeter el demonio de todas)... Porque si digo que con los ojos del cuerpo ni del alma no lo veo, porque no es imaginaria visión, ¿cómo entiendo y me afirmo con más claridad que está cabe mí que si lo viese?; porque parecer que es como una persona que está a escuras, que no ve a otra que está cabe ella u si es ciega, no va bien. Alguna semejanza tiene, mas no mucha, porque siente con los sentidos, u la oye hablar u menear, u la toca. Acá no hay nada de esto, ni se ve escuridad, sino que se representa por una noticia a el alma, más clara que el sol; no digo que se ve el sol, ni la claridad, sino una luz que sin ver luz alumbra el entendimiento para que goce el alma de tan gran bien...

»Pues preguntóme el confesor: ¿Quién dijo que era Jesucristo? Él me lo dice muchas veces, respondí yo; mas antes que me lo dijese *se emprimió en mi entendimiento* que era él, y antes de esto me lo decía, y no le vía... Quiere el Señor esté tan esculpido en el entendimiento que no se puede dudar más que lo que se ve ni tanto»[16].

Y ahora un ejemplo de visión imaginaria:

«Estando un día en oración, quiso el Señor mostrarme solas las manos con tan grandísima hermosura que no lo podría yo encarecer... Desde a pocos días vi también aquel divino rostro que del todo me parece me dejó absorta. No podía yo entender por qué el Señor se mostrava ansí poco a poco, pues después me havía de hacer merced de que yo le viese del todo... Un día de San Pablo estando en misa se me representó todo esta humanidad sacratísima como se pinta resucitado... Esta visión, aunque es imaginaria, nunca la vi con los ojos corporales ni ninguna, sino con los ojos del alma.

»Dicen los que lo saben mijor que yo que es más perfecta la pasada que ésta, y ésta más mucho que las que se ven con los ojos corporales... Si estuviera muchos años imaginando cómo figurar cosa tan hermosa, no pudiera ni supiera, porque excede a todo lo que acá se puede imaginar, aun sola la blancura y resplandor. No es resplandor que dislumbre, sino una blancura suave y el resplandor infuso, que da deleite grandísimo a la vista y no la cansa, ni la claridad que se ve para ver esta hermosura tan divina... No hace más estar abiertos (los ojos) que cerrados cuando el Señor lo quiere, que aunque no queramos se ve»[17].

Estos ejemplos bastan para dar una idea clara de lo que son la *experiencia transubjetiva* o «visión intelectual», como la llama la santa, y la *experiencia extrasubjetiva* o «visión imaginaria». La primera es la proyección, en el alma, de la experiencia espiritual que tiene lugar por encima de ella; el alma misma no percibe nada, sólo reacciona a lo

---
[16]. Santa Teresa de Jesús, o.c., cap. 27, n. 2-3, 5, ed. cit., p. 754ss.
[17]. Ibid. cap. 28, n. 1, 3-5, p. 762ss.

experimentado por el Espíritu que la hace participar de los frutos de su experiencia. Es *transubjetiva*, porque la revelación propiamente dicha no se da ni fuera ni dentro del alma, sino por encima de ella, o sea en el Espíritu.

Ocurre entonces que el alma tiene *certeza* como si hubiera visto, sin haber visto, y como si hubiera oído, sin haber oído. El Espíritu proyecta en ella la certeza de su experiencia cierta. Él es quien ve, oye y toca a su manera y quien infunde en el alma los frutos de su experiencia, la certidumbre igual y hasta superior a la que el alma tendría si hubiera visto, oído y tocado por sí misma.

En la experiencia extrasubjetiva o visión imaginaria, es la propia alma la que ve, oye y toca. Ve fuera de sí misma, pero con ojos del alma, es decir, no como alucinación de los sentidos corporales, sino como imaginación movida *desde fuera* en lugar de ser movida por su propio albedrío. Esto dicho, las imágenes que provienen del exterior del alma no pueden ser ni sentidas ni definidas de otro modo que como *percepciones*. Y al no ser percepciones corporales, se experimentan y describen como percepciones del alma. Por eso habla santa Teresa de una visión «con los ojos del alma».

Estos ojos del alma son lo que llamamos, en el hermetismo moderno, flores de loto o, simplemente, lotos, y lo que el yoga hindú denomina *chakras* o centros. Los lotos superiores –de ocho, dos y dieciséis pétalos respectivamente– son los órganos de que se sirve el espíritu (ya el espíritu humano solo, ya el espíritu humano unido al Santo divino Espíritu, ya finalmente el espíritu humano unido a otro espíritu humano o jerárquico por medio del Espíritu Santo y en él) cuando se da la revelación de lo alto, o sea en el caso de la «visión intelectual» de santa Teresa.

Los lotos inferiores –de diez, seis y cuatro pétalos– son los órganos de la percepción horizontal, es decir, de la «visión imaginaria» de santa Teresa.

Tocante al *corazón*, o sea el loto de doce pétalos, participa a la vez en ambos tipos de visión o, si se prefiere, posee un *tercer* tipo de percepión clarividente que es la síntesis de los otros dos. En efecto, el corazón es el centro o loto del *amor* –aquí, a decir verdad, ya no se trata de arriba o abajo, ni de por encima o por debajo, pues el amor suprime toda distancia y distinción espaciales, aun relativas al espacio espiritual, y tiene el poder de hacer presentes todas las cosas. Así, está Dios presente en un corazón inflamado de amor.

El corazón percibe los diversos tipos de presencia como impresiones y grados de *calor* espiritual. Por ejemplo, los corazones de los dos discípulos que se dirigían a Emaús reconocieron a su acompañante mucho antes de que lo hicieran sus ojos y entendimiento, y por ello, al «abrírseles los ojos» y volverle a reconocer, se dijeron:

«¿No estaba ardiendo nuestro corazón dentro de nosotros cuando nos hablaba en el camino y nos explicaba las Escrituras?» (Lc 24,32).

Así, pues, los tipos de visión y conocimiento espiritual propios del corazón son el corazón mismo que arde de diversas maneras.

Querido amigo desconocido, ¡permanece atento a tu corazón y a los íntimos matices de calor que surgen de sus profundidades! ¡Quién sabe quién puede caminar junto a ti sin que tus ojos ni tu entendimiento se enteren!

Los tres lotos superiores son sobre todo los de la *certeza infusa* o luz imperceptible, y ellos constituyen los principales instrumentos *(instrumentos,* no *fuentes)* de la «visión intelectual» o revelación transubjetiva.

Los tres lotos llamados inferiores son los de la *certeza de la experiencia de primera mano.* Nos convierten en *testigos* cuasi oculares de las cosas invisibles, manifestándonoslas a la luz perceptible como formas, movimientos, colores, sonidos y soplos concretos y objetivos, aunque incorpóreos en el contexto del mundo físico.

Y el centro central, el corazón o loto de doce pétalos nos da la *certeza de la fe auténtica,* que nace en el fuego de Emaús y por medio de la cual se manifiesta la presencia inmediata de los seres que quieren caminar junto a nosotros. Este fuego contiene a la vez la luz imperceptible de la «visión intelectual» y la luz perceptible de la «visión imaginaria», formando una síntesis que llamamos aquí el fuego de Emaús.

Además de esos dos —o tres— tipos de experiencia suprasensorial, hay otro que a menudo pasa por espiritual, mas no lo es en realidad. Me refiero al tipo de clarividencia debido ya al refinamiento de los sentidos, ya a su función alucinatoria. Santa Teresa de Jesús lo menciona también en el texto del *Libro de la vida,* que citábamos antes. En concreto, escribe:

«Dicen los que lo saben mejor que yo que es mucho más perfecta la pasada (visión intelectual) que ésta (imaginaria), y ésta *más mucho que las que se ven con los ojos corporales...*»

Parece, pues, que en el siglo XVI «los que lo sabían mejor» admitían, además de la «visión intelectual» y la «visión imaginaria», la existencia de visiones que «se ven con los ojos corporales», es decir, debidas al refinamiento de los sentidos o a la alucinación. Se sabía entonces, como se sabe hoy, que ciertas personas son capaces de leer un escrito metido dentro de un sobre, adivinar una carta de la baraja cuando sólo se les muestra el dorso, ver aureolas de color en torno de gentes, animales y plantas (auras), etc. Se sabía también, como hoy, que los sentidos pueden funcionar en dos direcciones, o sea recibir *impresiones* de fuera y proyectar *expresiones* del alma hacia fuera. En este último caso se trata de alucinaciones.

Ahora bien, hay alucinaciones engañosas y alucinaciones reveladoras. Todo depende de lo que el alma exteriorice por vía de los sentidos corporales. Es, pues, muy posible –y de hecho sucede de cuando en cuando– que el alma transforme percepciones auténticas y verídicas en alucinaciones, o sea, que las proyecte del plano psíquico –y aun espiritual– al plano físico. Trátase entonces de una ilusión, en lo que toca al plano físico, pero es al propio tiempo una revelación respecto del plano superior al que pertenece el original de la copia alucinatoria.

Alucinación e ilusión no son sinónimos. Cuando Martín Lutero arrojó, según nos cuentan, un tintero a la cara de un demonio (o del Diablo en persona, como lo pretende la tradición) que se le había aparecido, se trataba sin duda de una ilusión en el plano fenoménico, ya que el tintero no podía alcanzar al demonio, por hallarse ambos en distintos planos, pero ¿nos permite esto concluir que el demonio no estaba presente, o que no había allí nada y que todo se reducía a un juego de la imaginación, sin pies ni cabeza?

No. Así como hay una histeria engañosa y una histeria de la verdad –como en el caso, por ejemplo, de los estigmas y llagas de la corona de espinas que se manifiestan en el cuerpo de las personas con experiencia espiritual de la pasión del Señor– así hay también alucinaciones reveladoras o alucinaciones de la verdad.

Volvamos ahora a la cuestión de las relaciones entre la fe auténtica y los fenómenos de clarividencia, entre los estados respectivos del Colgado y del vidente.

De lo anterior se desprende que la fe auténtica es sobre todo el fuego que arde en el corazón y atestigua así la realidad espiritual, y que las luces que lo acompañan son debidas a la revelación de lo alto por medio de los tres lotos llamados superiores, lo cual no es otra cosa, según santa Teresa, que la gracia y merced de la «visión intelectual».

Respecto a la «visión imaginaria» y, con mayor razón todavía, a las visiones procedentes del refinamiento de los sentidos o de su funcionamiento invertido (a saber, no en la dirección normal mundo exterior-cerebro, sino en la dirección inversa cerebro-mundo exterior), que tiene lugar en el caso de la alucinación, tales visiones no son fuentes de la fe auténtica ni poseen más valor que el que la fe auténtica, la conciencia moral y, en ocasiones, el raciocinio están en condiciones de atribuirles. De todos modos, la fe auténtica es anterior a ellas, si representan una aportación reveladora para la vida espiritual del alma; y el razonamiento les precede, si de ellas resulta un aumento de saber o la adquisición de nuevas informaciones para el alma.

En efecto, lo que se ve o se oye hay que comprenderlo. Y no puede comprenderse sin la luz imperceptible y el fuego de Emaús reveladores. No se puede apreciar su valor sin el trabajo del raciocinio, cuando se trata de datos capaces de incrementar el saber. El raciocinio ha de comparar los datos suministrados por la experiencia clarividente, clasificarlos, buscar las relaciones entre los mismos y, por último, sacar conclusiones.

Clarividente o no, toda experiencia empírica es necesariamente hipotética. Sólo la *fe auténtica* posee una certeza absoluta.

Así, querido amigo desconocido, hay que poner en primer lugar la fe auténtica del fuego de Emaús, y luego la misma fe iluminada por la luz imperceptible venida de lo alto, la luz de la «visión intelectual», *después de lo cual* todo le será de provecho a tu alma: las «visiones imaginarias», las debidas al refinamiento de los sentidos, la experiencia sensorial, el razonamiento moral y lógico, el estudio de todas las ciencias y hasta las alucinaciones, si surgen sin que tú las busques o las provoques arbitrariamente. Ella y sólo ella da verdadera utilidad a todas las cosas y les confiere un valor que ellas no tendrían por sí mismas.

He ahí lo esencial del mensaje del Colgado, el hombre al revés, con los pies arriba y la cabeza abajo, el hombre cuya voluntad zodiacal es testigo genuino de las verdades de los *doce artículos de la fe,* el hombre que vive suspendido entre los dos campos opuestos de gravitación: el cielo y la tierra.

¿*Quién* es ese Colgado? ¿El santo, el justo, el iniciado? Cualquiera de los tres puede serlo, ya que todos tienen en común que su voluntad es un órgano del cielo. La particularidad del Colgado consiste, no obstante, en que representa individualmente algo que es la síntesis de la santidad, la justicia y la iniciación. El Colgado es el *eterno Job,* el probado de siglo en siglo, el representante de la actitud de la humanidad para con Dios y la de Dios para con la humanidad. El Colgado es el *hombre verdaderamente humano,* y su suerte es la del hombre verdaderamente humano.

El Colgado figura la humanidad que se encuentra entre dos reinos, el de este mundo y el de los cielos, ya que él es lo que hay de verdaderamente humano en el hombre y en la humanidad. Él es quien dijo hace miles de años:

> «¿No es una milicia el destino del hombre en la tierra?
> ¿No son jornadas de mercenario sus jornadas?
> Como esclavo que ansía la sombra,
> o cual jornalero que espera su salario...
> »¡Ojalá se escribieran mis palabras,
> ojalá en monumento se grabaran,
> y con punzón de hierro y buril
> para siempre en la roca se esculpieran!...
> »Mi pie se ha adherido a su paso,
> he guardado mi ruta sin desvío...
> »Yo sé que mi Defensor está vivo,
> y que él, el último, se levantará sobre el polvo...
> Con mi propia carne veré a Dios,
> yo, sí, yo mismo lo veré,
> mis ojos le mirarán, y a ningún otro.
> *¡Mis riñones se consumen en mi seno!*»
> (Job 7,1-2; 19,23-24; 23,11; 19,25-27).

Tal es el discurso del Colgado a través de los siglos.

Carta XIII

LA MUERTE

El arcano de la vida eterna

«Respondió la mujer a la serpiente: "Podemos comer del fruto de los árboles del jardín. Mas del fruto del árbol que está en medio del jardín ha dicho Dios: No comáis de él, ni lo toquéis, so pena de muerte." Replicó la serpiente a la mujer: "En modo alguno moriréis; pues Dios sabe muy bien que el día en que comiereis de él se os abrirán los ojos y seréis como dioses, conocedores del bien y del mal"» (Gén 3,2-5).

«¡Huesos secos, escuchad la palabra de Yahveh!» (Ez 37,4).

Querido amigo desconocido:

¿No te han llamado nunca la atención los modos distintos en que Dios y la serpiente interpretan la muerte en el relato del *Génesis* acerca de la caída original? Dios dice: «No comerás del árbol de la ciencia del bien y del mal, porque el día en que comieres de él morirás.» Y la serpiente dice: «En modo alguno moriréis.» Dios es categórico en este punto; la serpiente también.

¿Mintió la serpiente? ¿O se trata de un error fundamental por su parte? ¿O tal vez su afirmación es una verdad *de las que pertenecen a la esfera de la serpiente* y que son mentiras en la esfera de las verdades de Dios? En otras palabras, ¿hay *dos* inmortalidades y *dos* muertes distintas, las unas desde el punto de vista de Dios, las otras desde la perspectiva de la serpiente, de suerte que la serpiente entienda por muerte lo que Dios entiende por vida y considere como vida lo que para Dios es muerte?

Te invito, querido amigo desconocido, a poner manos a la obra para intentar hallar la respuesta a estas preguntas, y con tal fin te presento los frutos de mi propio trabajo. En efecto, la respuesta a estos interrogantes reside en el arcano de la decimotercera lámina del tarot, la Muerte. Esta lámina representa un esqueleto que no siega sino lo que crece en la tierra negra y sobresale de ella: manos, cabezas...

Nuestra experiencia externa de la muerte consiste en percibir cómo *desaparecen* del plano físico los seres vivos. Nos la proporcionan los cinco sentidos. Mas la *desaparición* como tal no se limita a eso, se experimenta también interiormente, en el plano de la conciencia. Aquí son imágenes y representaciones las que desaparecen, al igual que los seres vivos en la experiencia de los sentidos. Es lo que llamamos *olvido*. Y este olvido se extiende cada noche a la totalidad de nuestra memoria, voluntad y entendimiento, haciendo que *nos olvidemos de nosotros mismos por completo*. A esto le damos el nombre de *sueño*.

Conforme a nuestra experiencia total (externa *e* interna), el olvido, el sueño y la muerte son tres manifestaciones de una misma cosa, de aquello que hace desaparecer. Suele decirse que el sueño es hermano menor de la muerte; a lo cual hay que añadir que el olvido es también hermano del sueño.

Olvido, sueño y muerte son tres manifestaciones desigualmente intensas de un único principio o fuerza que hace desaparecer los fenómenos intelectuales, psíquicos y físicos. El olvido es respecto al sueño lo que el sueño es respecto a la muerte. O también, el olvido es respecto a la memoria lo que el sueño es respecto a la conciencia, y el sueño es respecto a la conciencia lo que la muerte es respecto a la vida.

Se olvida, se duerme y se muere. Se recuerda, se despierta y se nace. La relación entre recuerdo y olvido es la misma que entre despertar y sueño, y la que existe entre despertar y sueño es idéntica a la que existe entre nacimiento y muerte. Uno se olvida de sí mismo al dormirse y vuelve a acordarse de sí mismo al despertar. Es el mecanismo del olvido el que funciona cuando uno muere, y el del recuerdo cuando se nace. En el momento en que la naturaleza nos olvida, morimos; en el momento en que nos olvidamos a nosotros mismos, nos dormimos; y en el momento en que perdemos el vivo interés que teníamos por algo, olvidamos.

No hay que pasar por alto, sin embargo, que los respectivos campos del olvido, del sueño y de la muerte son más vastos y profundos que los del olvido intelectual, del sueño orgánico y de la muerte clínica. Además del olvido intelectual, hay un olvido psíquico y un olvido de la voluntad, así como, aparte de la memoria intelectual, hay una memoria psíquica y una memoria de la voluntad. Por ejemplo, es posible conservar el recuerdo intelectualmente claro y preciso de un antiguo amigo y, al mismo tiempo, haberlo olvidado por completo desde el punto de vista psíquico. Uno se acuerda de él, pero sin la viva amistad de antaño. Y es posible recordar intelectual y psíquicamente a una persona, con un vivo sentimiento hacia ella, y haberla olvidado desde el punto de vista de la voluntad: se la recuerda con ternura, quizá, mas *no se hace nada* por ella.

Además del sueño orgánico, durante el cual uno está acostado y olvidado de todo, aun de sí mismo, hay un sueño psíquico y un sueño de la voluntad. Durante las dieciséis o dieciocho horas en que permanecemos despiertos, quedan en nuestro ser psíquico capas dormidas. Uno duerme en estado de vela respecto a muchas cosas: hechos, personas, ideas, Dios...

Si Buda es considerado y venerado como «plenamente despierto» a los sucesos de la vida humana –enfermedad, vejez, muerte...–, ello se debe a que quienes no son budas se estiman dormidos con relación a tales sucesos, no intelectualmente, sino psíquicamente y en su voluntad. Lo *saben* y *no lo saben* al mismo tiempo, ya que se sabe de veras cuando se *comprende* lo que se sabe, cuando se *siente* lo que se ha comprendido y cuando se *practica* lo comprendido y sentido.

Asimismo, además de la muerte clínica, hay una muerte psíquica y una muerte moral. En el transcurso de los setenta u ochenta años de nuestra vida, llevamos en nuestro ser psíquico capas muertas. Hay cosas que le faltan a nuestro ser psíquico y moral. La *falta* de fe, esperanza y amor no puede remediarse con argumentos, ni exhortaciones, ni aun con ejemplos vivos. Es menester un acto de la magia divina –de la gracia– para *insuflar* la vida en lo que está muerto. Si a Cristo se le venera como el Resucitado, es porque quienes llevan en sí mismos la muerte saben que sólo la magia divina puede resucitar lo que está muerto en ellos y que la garantía de esto es Cristo resucitado.

Olvido, sueño y muerte –como el recordar, el despertar y el nacer– tienen sus propias expresiones en imágenes o símbolos. Así el *negro* es imagen del olvido, las *matas de hierba* representan el sueño, y el *esqueleto* con la guadaña es figura de la muerte.

El negro es símbolo del olvido, tanto del involuntario y natural como del voluntario y sobrenatural del que habla san Juan de la Cruz, esa triple noche de los sentidos, del entendimiento y de la voluntad, donde se consuma la unión del alma con Dios. Las matas de hierba u hojas simbolizan el sueño, porque el sueño profundo es el estado de vida vegetativa. La vida orgánica –respiración, circulación, digestión, crecimiento– continúa sin la presencia de la animalidad y la humanidad. Cuando estamos sumidos en el sueño somos *plantas*.

Y el esqueleto es el símbolo de la muerte, porque ésta reduce el fenómeno del hombre consciente, móvil, vivo y *material* a lo que tiene de *mineral:* un esqueleto.

El olvido natural reduce el hombre a la *animalidad;* el sueño natural lo reduce a la *vegetalidad;* y la muerte natural lo reduce a la *mineralidad*. Todo el problema de la muerte con sus tres grados –olvido, sueño y muerte propiamente dicha–, o sea el arcano de la Muerte, se nos presenta, por tanto, como la imagen de una esfera negra sobre la cual hay matas de hierba, y sobre éstas un esqueleto.

Justamente así se nos ofrece la decimotercera lámina del tarot. Su *contextura* es la de la triple manifestación del *principio de la sustracción:* olvido, sueño, muerte. Ahí tenemos el suelo negro, las matas de hierba azules y amarillas y el esqueleto que siega. La lámina contiene además un cuarto elemento representado por cabezas humanas, manos y un pie. De esto hablaremos más adelante.

El decimotercer arcano del tarot es, pues, el del *principio de la sustracción*, la muerte, contrario al *principio de la adición*, la vida. Hay que sustraer el yo de los cuerpos astral, etéreo y físico para comprender el mecanismo del *olvido;* hay que sustraer el yo y el cuerpo astral de los cuerpos etéreo y físico para lograr el estado de *sueño;* y finalmente hay que sustraer el cuerpo etéreo del cuerpo físico para obtener el cadáver, es decir, el hecho de la *muerte*.

Estos tres grados de sustracción constituyen en su totalidad el proceso de la *desencarnación*, así como los tres grados correspondientes de adición constituyen juntos el proceso de la *encarnación*. Ésta, en efecto, es la suma del cuerpo astral al yo, la del cuerpo etéreo al cuerpo astral y al yo, y por último la del cuerpo físico a los cuerpos etéreo y astral y al yo.

Ahora bien, la *guadaña* que tiene en sus manos el esqueleto de la lámina representa el fenómeno de la sustracción. Simboliza la fuerza de la desencarnación, que corta los lazos entre el yo y el cuerpo astral (olvido), entre los cuerpos astral y etéreo (sueño) y entre los cuerpos etéreo y físico (muerte).

¿Qué lazos existen entre el alma y el cuerpo –o, más bien, entre el alma y *los* cuerpos–, que son cortados por la guadaña del triple principio de sustracción? ¿Qué es lo que une el yo al cuerpo astral, el cuerpo astral al cuerpo vital o etéreo y el cuerpo vital al cuerpo físico?

En otros términos, ¿cómo y por qué nos acordamos del pasado, cómo y por qué nos despertamos por la mañana, cómo y por qué vivimos durante algunas décadas?

Prescindamos de la copiosísima literatura que se ocupa de estas cuestiones y entreguémonos a un trabajo *meditativo*, es decir, tratemos de reflexionar *directamente* sobre el tema, sin recurrir a la mediación de hechos que vengan de fuentes distintas de nuestra experiencia y comprensión inmediatas. Meditar es pensar con miras a alcanzar la certeza en el fuero interno, renunciando a toda pretensión de llegar a ideas de validez universal, a ideas que aporten algo a la ciencia. En la meditación —y estas cartas no son más que meditaciones— se trata de una pregunta formulada con toda honradez por nuestra conciencia y a la cual ha de responder la conciencia misma: «¿Qué es lo que *Yo* sé?», y no: «¿Qué *se* sabe?»

Prescindamos, pues, de momento, querido amigo desconocido, de lo que *se* sabe, *se* ha dicho y queda por decir sobre los vínculos existentes entre el alma y el cuerpo, para intentar darnos cuenta —nosotros mismos y por nosotros mismos— de lo que al respecto *sabemos y podemos* saber.

Consideremos primero lo referente al olvido y el recuerdo, o sea la esfera de la memoria. La memoria es la magia, en el ámbito de lo subjetivo, que evoca las cosas del pasado. Es lo que actualiza el pasado. Como un hechicero o nigromante evoca los espíritus de los muertos y hace que se nos aparezcan, así la memoria evoca las cosas pretéritas y hace que se aparezcan a nuestra vista interior, mental. El *recuerdo* presente resulta de una operación mágica en el terreno de lo subjetivo, mediante la cual logro hacer surgir de la negra nada del olvido una imagen viva del pasado. Imagen viva del pasado... ¿Huella, símbolo, copia, fantasma?

Todo a la vez. Es huella, por cuanto reproduce una impresión recibida en el pasado; es símbolo por haberse servido de mi imaginación para actualizar una *realidad* que supera su representación imaginaria; es copia, porque no pretende sino reproducir el original del pasado; es fantasma, por tratarse de una aparición surgida del negro abismo del olvido y por reavivar el pasado haciéndolo presente a mi vista interior.

¿Qué fuerza actúa en la operación mágico-subjetiva del recuerdo? Según mi propia experiencia, hay cuatro clases de memoria: memoria automática o mecánica, memoria lógica, memoria moral y finalmente memoria vertical o reveladora.

La memoria automática o mecánica apenas recurre a la evocación consciente de un recuerdo. El recuerdo *llega sin más*. Obedece a las leyes del automatismo de las asociaciones: semejanzas, afinidades, contrastes, etc. Se produce sin que uno desempeñe otro papel que el de observador. Esta clase de memoria me brinda, cada vez que recibo una impresión, toda una muchedumbre de imágenes del pasado entre las cuales puedo escoger. Por ejemplo, cuando veo una pipa, puedo elegir entre varias imágenes pretéritas que se presentan por sí mismas a mi mente: aquel viejo lobo de mar a quien vi en B. en 19..., un libro sobre pieles rojas que fumaban la pipa de la paz, mi amigo Fulano que ponía en fuga a todo el mundo cuando encendía su pipa con tabaco cultivado y preparado por él mismo durante la última guerra, etc., etc. La memoria lógica exige más esfuerzo y participación personales. Tengo que *reflexionar* para acordarme de las cosas. Así, si quiero acordarme, por ejemplo, de la trinidad hindú, de la que he olvidado uno de los tres nombres, me pregunto: puesto que hay un creador y un destructor, Brahma y Shiva, ¿qué tercer principio *debería* hallarse entre ambos? Me concentro entonces en esa laguna y trato de colmarla lógicamente. ¡Ah, claro!, me digo, es el principio conservador, Vishnú. En la memoria lógica hay menos automatismo y más esfuerzo consciente.

En la memoria moral el automatismo es casi nulo. Aquí el recuerdo no llega solo, sino que constituye un verdadero acto mágico, aunque subjetivo. Lo que actúa cuando la memoria moral evoca las cosas del pasado es el amor. Admiración, respeto, amistad, gratitud, afecto y mil otros sentimientos hacen *inolvidables* las cosas pasadas, es decir, evocables a cada instante. Cuanto más se ha amado, más recuerdos nos trae la memoria moral.

Por regla general, los jóvenes poseen una memoria mecánica muy viva. Con la edad va debilitándose, y entonces viene a suplirla la memoria lógica o intelectual. Esto exige cierto esfuerzo mental e intelectual. Las personas que en su juventud no sienten gusto por el esfuerzo intelectual y lo descuidan tendrán más tarde problemas con la memoria. Irán perdiendo poco a poco la memoria mecánica y les faltará también la memoria lógica para sustituirla.

Tocante a la memoria moral, se manifestará sobre todo a una edad avanzada y reemplazará cada vez más tanto la memoria mecánica como la memoria lógica e intelectual. El *corazón* suministra entonces la energía que alimenta y mantiene la memoria, supliendo la creciente deficiencia de las memorias mecánica e intelectual. El debilitamiento senil de la memoria se debe a que la persona que lo sufre no ha reemplazado a tiempo las funciones de la memoria intelectual, y menos aún las de la memoria mecánica, por las de la memoria moral. Quienes puedan y sepan dar a todo un valor moral y vean en todo un sentido moral disfrutarán de una memoria ordinaria, si no excelente, durante su ancianidad.

La memoria moral, que todo lo abarca, es tanto más eficaz cuanto menor sea su indiferencia, moralmente hablando. La indiferencia, la falta de interés moral, es la causa fundamental de la flaqueza de la memoria que a menudo se da durante la vejez. Cuanto menos indiferente es uno, mejor recuerda el pasado, más capaz es de adquirir nuevos conocimientos.

Además de estas tres clases de memoria –mecánica, lógica y moral– hay una cuarta que hemos designado por el nombre de memoria vertical o reveladora. No se trata de la memoria del pasado que va evocando las cosas en sentido horizontal: hoy, ayer, anteayer. En este caso actúa en sentido vertical: aquí, más arriba, todavía más arriba. Es la memoria que enlaza no el presente y el pasado del plano de la vida física, psíquica e intelectual, sino el plano de la conciencia ordinaria con los de los estados de conciencia superiores a ese plano ordinario. Es la facultad que tiene el yo inferior de reproducir la experiencia y el saber del yo trascendente o, dicho de otra manera, la aptitud del yo trascendente para impregnar de su experiencia y saber la conciencia del yo inferior. Es el vínculo que existe entre el ojo superior y el ojo inferior y nos hace auténticamente religiosos, sabios y refractarios a los asaltos del escepticismo, materialismo y determinismo. Es también la fuente de la certeza, no sólo de Dios y del mundo espiritual con sus entes jerárquicos, sino igualmente de la inmortalidad de nuestro ser y de la reencarnación, en caso de darse esta última.

Proverbios como «La aurora es amiga de las musas» o, en alemán, *Morgenstund' hat Gold im Mund* (La madrugada tiene oro en la boca) o, en ruso, *Utro vechera mudrenneye* (La mañana es más sabia que la tarde) se refieren a los beneficios de la memoria vertical de la que disfrutamos por la mañana cuando la conciencia acaba de regresar del plano del éxtasis natural o sueño.

La memoria vertical aumenta en eficacia a medida que los tres sagrados votos –obediencia, pobreza y castidad– van capacitando al hombre inferior para escuchar, percibir y recibir las cosas superiores sin distorsión. Esta memoria vertical no es, en el fondo, sino el desarrollo de la memoria moral, que alcanza un grado más alto. Por ello, en el desenvolvimiento de la memoria vertical sólo cuenta la purificación moral implicada en la práctica de los tres sagrados votos. Los intereses intelectuales, de por sí, no cuentan.

Ahí tenemos, en suma, el inventario de todo lo relativo a la memoria. Volvamos ahora a la pregunta que formulábamos antes: ¿Qué fuerza actúa en la operación mágico-subjetiva del recuerdo?

En primer lugar hay que percatarse de que, en la escala que acabamos de establecer –memoria mecánica, memoria intelectual, memoria moral, memoria vertical–, se trata de *grados de lejanía y proximidad* en la aprehensión inmediata de la conciencia; grados también de lucidez, que puede llegar hasta la evidencia en la aprehensión, por parte de la conciencia, del cómo y el porqué del funcionamiento de la memoria. De hecho, cuanto más mecánica es una cosa, cuanto más se aleja de la posibilidad de ser directamente aprehendida por la conciencia, más misteriosa e incomprensible resulta. La explicación puramente mecánica no es, a decir verdad, una explicación, pues aleja el objeto por explicar de la esfera en que se produce la comprensión, el plano de las cosas sensibles y concebibles, para situarlo en el plano del inconsciente, o sea de la incomprensibilidad. Quien intente explicar, por ejemplo, el fenómeno de la sonrisa, refiriéndome a las contracciones musculares de la región de la boca y mejillas, y explicar luego las contracciones por los impulsos eléctricos que los nervios transmiten desde la central llamada cerebro, no habrá explicado verdaderamente el fenómeno sonrisa, aunque describa bien todo el proceso mecánico, pues prescinde de la *alegría* que se manifiesta por medio de la sonrisa y pone en movimiento tanto los impulsos eléctricos de los nervios como los músculos de la boca. No son los nervios y músculos los que se manifiestan en la sonrisa, sino la alegría.

La explicación mecánica no es, por tanto, una explicación, sino más bien el desplazamiento del tema cuestionado, que pasa del plano de la comprensibilidad al de la incomprensibilidad, del de la luz de la conciencia al de las tinieblas del inconsciente. En efecto, lo que nosotros llamamos mecánico es realmente el inconsciente o, mejor aún, lo «privado de conciencia» y, por ende, inaccesible a la conciencia intelectual y sensorial.

Lo mecánico no constituye, según esto, el campo de las respuestas sino el cementerio de las auténticas preguntas. Por ello, en la mencionada escala de la memoria, no debemos ni podemos tratar de comprender la operación del recuerdo acudiendo al plano donde se nos hace inasequible e incomprensible, al plano de la memoria mecánica. Hemos de buscar dicha operación en el otro extremo de la escala, allí donde apenas le llegan las tinieblas de la mecanicidad y donde mejor revela su esencia a la luz de la conciencia, a saber, en el plano de la memoria moral y, sobre todo, de la memoria vertical. La etapa del desarrollo completo es la que ilumina y explica las etapas anteriores, y no a la inversa. Por el máximo se entiende el mínimo, y no al revés. La conciencia es la que hace comprensible lo mecánico e inconsciente, ya que esto último no es más que la conciencia reducida al mínimo, y no lo contrario. La clave de la evolución biológica de la naturaleza es el hombre, no la célula orgánica primitiva.

Tenemos, pues, que buscar la clave de la rememoración en el máximo grado de desarrollo de la memoria: la memoria moral y la memoria vertical. Y ¿cuál es la fuerza que actúa en la operación mágico-subjetiva del recuerdo, tal y como se nos revela en la memoria vertical y la memoria moral?

En el siguiente pasaje evangélico queda bien al descubierto en su más alto grado concebible, mientras los demás grados son sólo pálidas manifestaciones análogas:

«Amaba Jesús a Marta, a su hermana y a Lázaro... Cuando llegó Jesús, se encontró con que Lázaro llevaba ya cuatro días en el sepulcro... Jesús se echó a llorar... Entonces Jesús se conmovió de nuevo en su interior y fue al sepulcro. Era una cueva, y tenía puesta encima una piedra. Dice Jesús: "Quitad la piedra"... Quitaron, pues, la piedra... (Y Jesús) *gritó con fuerte voz:* "*¡Lázaro, ven afuera!*" Y salió el muerto, atado de pies y manos con vendas y envuelto el rostro en un sudario» (Jn 11,5.17.35-39.43-44).

He ahí la *fuerza de la evocación* en su manifestación más perfecta y elevada, el *amor*, pues Jesús «amaba a Marta, a su hermana y a Lázaro».

La operación del *hacer volver* a la vida –o resurrección– comprende tres etapas: *venir* («llegó Jesús»), *quitar la piedra* y *llamar* («gritó con fuerte voz»).

Primero, la venida. Venir y llegar es la actividad que busca y halla la última puerta que separa al que llama del llamado. Los «cerca de quince estadios» que el Maestro recorrió entre Jerusalén y Betania para llegar hasta el sepulcro de Lázaro representan el primer esfuerzo de la operación entera del llamamiento o re-evocación: aproximarse lo más posible al que ha de ser llamado.

Luego, quitar la piedra. Es el esfuerzo que triunfa de la duda, de la depresión, del cansancio, de la desesperación, en suma, de todo cuanto bloquea, como la losa colocada ante el sepulcro, el camino hacia el llamado. Análogamente, en los planos de la memoria vertical y moral, uno es incapaz de rememorar cosas que cree perdidas para siempre o imposibles de evocar para traerlas de nuevo a la luz de la conciencia. Esta duda y esta falta de fe paralizan el esfuerzo de la evocación y son como la piedra que cerraba el sepulcro de Lázaro. Piedra que constituye a menudo –si no siempre– la causa de la carencia de todo sentimiento vivo y convincente en muchas personas, por no hablar de recuerdos precisos y concretos, acerca de sus vidas anteriores, es decir, de la reencarnación. Tales reminiscencias precisas y concretas llaman en vano a la puerta: la piedra colocada delante no les permite salir de sus profundidades para irrumpir en la claridad de la conciencia. Por último, llamar. El «grito con fuerte voz» es el esfuerzo culminante y supremo de la operación evocadora en virtud del amor; llamar a la vida, como en el caso de Lázaro, o a la memoria, como en la evocación correspondiente a los planos vertical y moral. Cuanto más fuerte y audible es una voz en el mundo físico, más intensas son las vibraciones que produce en el aire. En el mundo espiritual, las cosas suceden de otro modo. Cuanto más audible o fuerte es una voz, más *esfuerzo* y *sufrimiento* expresa. *Trabajo* y *sufrimiento* hacen nuestra voz audible para el mundo espiritual y en él, produciendo vibraciones suficientemente fuertes. Por eso el rosario completo consiste en repetir ciento cincuenta veces el avemaría y quince el padrenuestro. Así como el dolor hace audible la jaculatoria compuesta de una sola palabra, por ejemplo «¡Jesús!», de igual manera el *esfuerzo* reiterado hace audible las oraciones del rosario. Faltaría yo al respeto que merece la verdad si no dijera que el *esfuerzo* del rosario, fundado en el *sufrimiento*, convierte esa plegaria en un medio poderoso, casi omnipotente a veces, de la magia sagrada. Así, el grito «con fuerte voz», que es el acto decisivo de toda la operación del llamamiento, debe hallarse imbuido de la fuerza de la penalidad y el dolor:

> «Jesús se echó a llorar... Entonces Jesús se conmovió de nuevo en su interior y fue al sepulcro... (Y Jesús) gritó con fuerte voz: "¡Lázaro, ven afuera!"» (Jn 11,38.43).

El amor que llora y pone todo su esfuerzo en la acción realiza el milagro de hacer volver a la memoria lo olvidado y a la vida lo muerto.

La evocación ¿es, pues, un milagro? Lo es. Mas permíteme, querido amigo desconocido, decir acerca del milagro algo que considero de máxima importancia y de lo que todo hermético cristiano y todo cabalista deberían darse cuenta: *No hay libertad fuera de lo milagroso, y el hombre no es hombre sino por cuanto vive del milagro, por el milagro y para el milagro.*

Todo lo que no es máquina –física, psíquica o intelectual– es milagro, y todo lo que no es milagro sólo es máquina –física psíquica o intelectual–. La libertad es milagro, y el hombre sólo es libre por cuanto no es máquina –física, psíquica o intelectual–. Únicamente nos queda la opción entre máquina y esclavitud, por una parte, entre milagro y libertad, por otra.

La máquina humana funciona según este programa predeterminado: «Máximo placer al mínimo precio.» Pueden así predecirse sus reacciones en circunstancias dadas. En la esfera del intelecto, rechaza toda noción e idea que no cuadren con el sistema intelectual en ella establecido; en el plano psíquico, rechaza todo lo que se salga de su complejo «felicidad»; y en el plano físico, ejecuta automáticamente las órdenes que le transmite el complejo «instinto», radicado en ella. El *funcionamiento* de la máquina humana es normal cuando un rico se declara anticomunista y un pobre procomunista. Pero se produce un *milagro*, es decir, un acto de libertad, cuando un rico abandona sus haberes para abrazar la vida pobre, como lo hicieron san Antonio el Grande y otros muchos santos, y como es el caso de tantos carmelitas, franciscanos, dominicos, etc., que pronuncian el voto de pobreza. El *milagro* de san Francisco no fue solamente la curación de un leproso, sino también su amor a dama Pobreza. ¿Culminan los milagros de Jesucristo en la resurrección de Lázaro o en el Calvario, cuando en plena agonía dice: «Padre, perdónalos, porque no saben lo que hacen» (Lc 23,34)?

Todo cuanto uno *hace* es milagro; todo *funcionamiento* intelectual, psíquico y físico de la naturaleza, o sea del automatismo humano, es máquina. El *sermón de la montaña* es la enseñanza del *hacer* y de la victoria sobre el *funcionar*.

«Amad a vuestros enemigos, haced bien a los que os odien, bendecid a los que os maldigan, rogad por los que os difamen... y seréis hijos del Altísimo» (Lc 6,27-28.35).

Tal es la doctrina que tiende a liberar al hombre de la máquina, de todo *funcionamiento*. ¿No es esto la escuela del milagro?

Efectivamente, bendecir a quien nos maldice es un milagro desde el punto de vista del funcionamiento normal y natural de las reacciones de la máquina humana. Eso no llega por sí mismo, sino que se *hace* (se crea); y lo repito: solamente se *hacen* milagros, todo cuanto se *hace* es milagro y nada se *hace* que no sea milagro. Todo lo que no es milagro no se *hace,* sino que sucede como parte del funcionamiento automático. Sólo por medio del milagro se expresa el verdadero ser y se revela su palabra creadora.

Es erróneo, pues, interpretar las fórmulas del comienzo del *Evangelio según san Juan* como enseñanza de una especie de racionalismo cósmico, análoga a la doctrina del (*nous*) estoico, etc. No, las fórmulas iniciales del *Evangelio según san Juan* proclaman en voz bien alta el papel cósmico del *milagro* y la existencia del mundo gracias al milagro, es decir, que el mundo ha sido *hecho* por el Verbo creador y no se debe a un funcionamiento cualquiera, a cualquier proceso automático por muy intelectual que sea.

«Todo se hizo por él (el Verbo), y sin él nada se hizo de cuanto existe» (Jn 1,3).

Tal vez la enseñanza evangélica, y cuanto nosotros acabamos de decir sobre el milagro y la máquina, el «hacer» y el «funcionar», no es más que la analogía microcósmica del enunciado de alcance macrocósmico del *Evangelio según san Juan*.

Ahora bien, «todo lo hecho por el Verbo» abarca también la *evocación* de la memoria vertical y moral. El acto de la evocación pertenece a la esfera del «hacer», por tanto a la del milagro, y no a la del «funcionar». La evocación a la memoria lógica es una mezcla de hacer y funcionar. Y la evocación a la memoria mecánica es un mero funcionamiento.

Si el recuerdo es un acto análogo a la resurrección de Lázaro, ¿qué es entonces el *olvido*?

El olvido presenta una escala análoga a la de la memoria. Puede darse automáticamente, semiautomáticamente o con plena libertad y conciencia, según a qué clase de memoria corresponda. En la memoria de tipo mecánico el olvido es automático, las cosas se olvidan. En la memoria lógica las cosas se van poco a poco alejando y borrando, si uno no las hace volver de vez en cuando al campo de la atención consciente. En las memorias moral y vertical nada se olvida por sí solo; el olvido es aquí un acto moral de la voluntad.

Examinemos el olvido aplicándole el mismo procedimiento que al recuerdo, comenzando por el extremo de la escala, donde el acto de olvidar depende de la conciencia y donde es comprensible.

Todos sabemos por experiencia que cualquier esfuerzo consciente exige concentración o recogimiento, lo que entraña el *olvido* consciente y buscado de muchas cosas sin relación con el tema en el que nos concentramos o recogemos. Así, cuando se reza el Padrenuestro, se olvidan durante la recitación de esta plegaria los quehaceres diarios y hasta las demás oraciones.

Otro tanto acontece con los *valores* espirituales y divinos, que pueden acarrear el olvido de los del mundo fenoménico. Las tres etapas del camino hacia la unión del alma con Dios –purificación, iluminación, unión– no son más que la historia de un solo esfuerzo creciente de concentración del alma entera en Dios. San Juan de la Cruz habla así del efecto de la experiencia de la unión real de las potencias del alma con Dios:

> «Aquella bebida de altísima sabiduría de Dios que allí bebió le hace olvidar todas las cosas del mundo, y le parece al alma que lo que antes sabía, y aun lo que sabe todo el mundo, en comparación de aquel saber es pura ignorancia»[1].

---

1. Juan de la Cruz, *Cántico espiritual*, canción 26, 13, en *Vida y obras completas de san Juan de la Cruz*, Ed. Católica (BAC 15), Madrid ⁵1964, p. 701.

Y también:

«Cuanto más va uniéndose la memoria con Dios, más va perficionando las noticias distintas hasta perderlas del todo, que es cuando en perfección llega al estado de unión; y así, al principio, cuando ésta se va haciendo, no puede dejar de traer grande olvido acerca de todas las cosas (pues se le van rayendo las formas y noticias)... por el absorbimiento de la memoria en Dios. Pero, ya que llega a tener el hábito de unión, que es un sumo bien, ya no tiene esos olvidos en esa manera en la que es razón moral y natural; antes en las operaciones convenientes y necesarias tiene mucha mayor perfección. Aunque éstas no las obra ya por formas y noticias de la memoria...»[2]

Añadiré que los maestros del *raja-yoga, bhakti-yoga* y *jñāna-yoga* enseñan la práctica del total olvido del mundo fenoménico para llegar al recogimiento perfecto. La enseñanza del olvido se encuentra también en la cábala mística y en el misticismo musulmán, por ejemplo el sufismo.

El olvido es el medio de la transición de un estado de conciencia a otro. Aun en el *sueño*, que puede considerarse como un «éxtasis natural», hay que olvidar el mundo del día para pasar al mundo de la noche. Para dormirse hay que poder olvidar. El insomnio es debido a la incapacidad de olvidar.

¿Y el despertar? Es el acto simultáneo de recordar el mundo diurno y olvidar el mundo nocturno. Este acto sería incompleto –y lo es con frecuencia– si no se olvidaran del todo las experiencias del mundo nocturno. La noche se mezclaría entonces con el día, y la conciencia humana se vería estorbada en sus tareas y deberes diurnos, al no lograr concentrarse debido a la obsesión de las reminiscencias nocturnas.

¿Qué hay del morir y el nacer? Si la unión mística del alma con Dios es el olvido del mundo fenoménico *y* el acordarse de Dios, la muerte es a la vez el *llamamiento de arriba* y el *olvido de lo de abajo*. Las tres etapas del camino que conduce a la unión del alma con Dios –purificación, iluminación y unión– se repiten después de la muerte: el *purgatorio* es la purificación (*katharsis*) anterior a la iluminación o *cielo*, y el cielo es el estado del alma cuando ésta llega a la unión con Dios, análoga a la experimentada por los místicos durante su vida terrena. Esta unión, allá como acá, se vuelve habitual –lo que para el alma es el sumo bien–, y el alma entonces se acuerda nuevamente de la tierra y sus pruebas. La memoria manifiesta en tal caso «mucha mayor perfección» (como dice san Juan de la Cruz acerca del alma *habituada a la unión* y en la que las funciones de la memoria están casi resucita-

---

2. *Subida del Monte Carmelo*, libro 3, cap. 2, n. 8, ed. cit., p. 479.

das) en todos sus actos. Y nosotros añadimos: en todos sus actos... orientados a la tierra.

Tal es la razón del culto a los santos. Éstos son almas acostumbradas a la unión y, por tanto, en posesión de esa memoria superior, divinizada, de la que habla san Juan de la Cruz. Los santos *no buscan* la unión con Dios; *están* unidos con Dios. Tienen el rostro vuelto hacia la tierra y no hacia Dios: por ello actúan aquí abajo en nombre de Dios. Actúan como órganos de la voluntad divina.

Lo mismo ocurre con las jerarquías celestiales, los ángeles, por ejemplo. Los ángeles custodios no podrían en modo alguno ser guardianes de los hombres si tuvieran la mirada vuelta hacia Dios, si estuvieran absortos en la contemplación de Dios. Gracias a su unión *habitual* con Dios, al hecho consumado de la unión de su voluntad con la voluntad divina, se hallan en condiciones de desempeñar la tarea de guardar a los hombres. Conocen la voluntad divina de manera ciega, por la oscura intuición de su propia voluntad, por la *fe* perfecta, pero lo que *ven* es la tierra y la vida humana en la tierra. Sus rostros, como los de los santos, están vueltos hacia la tierra. Por eso también rendimos culto a los ángeles de la guarda.

En cuanto al nacimiento, puede a su vez ser santo o natural, es decir, ser un acto de obediencia a la voluntad divina o resultar de un llamamiento de la tierra. Un alma puede ser *enviada* a la tierra o *atraída* por la tierra. En el primer caso, se trata de un *acto* análogo a la evocación de la memoria vertical y moral, análogo al milagro de la resurrección de Lázaro; en el segundo, es un acontecimiento mitad voluntario y mitad involuntario, por el que el alma –sin percatarse de ello a veces– cae en el campo de atracción terrestre que la lleva al nacimiento y la hace olvidarse gradualmente de sus experiencias de allá arriba. El nacimiento es entonces, al mismo tiempo, olvido del cielo y llamamiento o recuerdo de la tierra.

No sucede así con el nacimiento santo. En éste, el recuerdo de lo divino es lo que determina la encarnación. El alma no se encarna por el olvido de lo divino, sino gracias a su recuerdo. Se encarna en su estado de unión habitual con Dios. Su voluntad no pierde en manera alguna la memoria de lo divino. Este recuerdo, profundamente anclado en su voluntad, actúa en ella durante toda su vida terrena. Se hablará entonces de misión o elección. Y con razón, pues hay de veras una misión, la única que existe. La verdadera misión, en efecto, no es lo que el hombre se propone hacer en la tierra según sus gustos, intereses y aun ideales, sino lo que Dios quiere que haga. Las misiones arbitrarias, aunque obedecieran a las mejores intenciones del mundo, no han conseguido sino complicar todavía más la historia humana.

A tales misiones debemos numerosas crisis que han trastornado las tradiciones vitales de la humanidad; cual cometas pasajeros, han perturbado el pacífico y constructivo desarrollo del progreso auténtico. La verdadera misión en la tierra se halla al servicio del ennoblecimiento y espiritualización de *lo que es,* de lo que vive como tradición. Aporta el impulso que rejuvenece e intensifica la tradición. Las misiones arbitrarias, al contrario, tienden a agitar el curso de la historia humana y a sustituir lo que vive como tradición por innovaciones intrínsecas. Llevando las cosas al extremo. Podría decirse que la verdadera misión *perfecciona* cuanto hay de humano en la tierra –familias, civilización, cultura, religión, etc.– mientras que las misiones arbitrarias acaban incluso recurriendo a intervenciones exteriores, aunque sean de marcianos y venusianos, para arreglar los asuntos de la tierra.

Nacimiento, despertar y recuerdo, por una parte, muerte, sueño y olvido, por otra, constituyen, como si dijéramos, dos pilares de la realidad. Éstos se manifiestan tanto en la respiración de los organismos, la circulación de la sangre y la alimentación como en la memoria, el ritmo del sueño y el despertar, y el ritmo del nacer y morir. Son el *sí* y el *no* en todos los planos: mental, psíquico o físico.

La máxima evangélica «Sea vuestro lenguaje "sí, sí", "no, no", que lo que pasa de aquí viene del Maligno» (Mt 5,37) revela su alcance en este contexto. El sí y el no son lo esencial de la realidad, la *verdad* desnuda y sencilla, mientras que «lo que pasa de ahí» viene del Maligno, es decir, pertenece a la esfera de la serpiente. De hecho, la serpiente del *Génesis* tiene su propia palabra, la palabra que «pasa» del sí y del no. Está en posesión de un *tercer* término.

Volvamos aquí a la pregunta que nos formulábamos al comienzo de esta carta: ¿Mintió sin más la serpiente al decir «En modo alguno moriréis», o enunció, por el contrario, una verdad del orden de verdades pertenecientes a su esfera? O bien: ¿Qué es «lo que pasa de ahí», que la serpiente añade al sí y al no entendidos como *vida y muerte*?

Si aceptas, querido amigo desconocido, cuanto hemos dicho en las cartas precedentes sobre la diferencia básica que existe entre *vida* y *electricidad,* entre el principio de la virgen y el de la serpiente, nada te costará ahondar en el secreto de ese más brindado y prometido por la serpiente a la humanidad en lo relativo al sí y al no entendidos como vida y muerte.

He aquí el secreto: La serpiente ofrece y promete, según el principio de la enroscadura, una tal *cristalización* del ser humano, que éste será capaz de resistir a la muerte y volverse, como se diría en inglés, *death-proof,* refractario a la muerte. Dicha cristalización se efectúa por *fricción*, o sea mediante la energía eléctrica que resulta de la lucha entre el sí y el no en el hombre.

Sin duda sabes, querido amigo desconocido, que hay escuelas —ocultistas u otras— que enseñan y practican la *cristalización*, y que existen otras que enseñan y practican la *irradiación*, la descristalización completa del ser humano y su transformación en sol o centro de irradiación.

«Entonces los justos brillarán como el sol en el reino de su Padre» (Mt 13,43).

Tal es el fin práctico de las escuelas de irradiación, entre las que se cuenta el hermetismo cristiano.

Las escuelas de cristalización son bastante numerosas y están muy extendidas. Algunas se envuelven en total secreto y tienen en su haber importantes logros; otras sólo son movimientos populares de «salud, rejuvenecimiento y longevidad». No hablaré aquí de las prácticas de esas escuelas completamente secretas; el secreto es suyo, no mío. Tampoco hablaré de los movimientos más o menos populares, ya que su fin y métodos son fáciles de entender una vez entendidos los de la escuela ocultista que menciono aquí como ejemplo ilustrativo. Se sitúa esta escuela a mitad de camino entre las escuelas secretas y los movimientos populares, por haber decidido mostrarse a plena luz, lo cual me autoriza a hablar de ella y a citar sus documentos, accesibles a todo el mundo. Me refiero a la escuela de G.Y. Gurdiev. Las citas las he sacado de la obra de P.D. Ouspensky[3]. He aquí, pues, la doctrina de Gurdiev, interpretada y formulada por Ouspensky, sobre los aspectos prácticos de la supervivencia:

«Durante una de aquellas reuniones, alguien hizo una pregunta sobre la posibilidad de la reencarnación, queriendo también saber si se daban casos auténticos de comunicación con los muertos.

»"Existen varias posibilidades –dijo Gurdiev–, pero primero hay que comprender que el ser de una persona, tanto en vida como después de su muerte –si sigue viviendo en el más allá– difiere cualitativamente según de quién se trate. El *hombre máquina*, para quien todo depende de influjos externos, a quien todo puede suceder, el hombre que ahora es así, luego de otra manera y más tarde todavía de otra, no tiene porvenir alguno: lo entierran y se acabó. *Polvo eres y en polvo te convertirás*. Esta frase se le aplica a él. Para que haya una vida futura de cualquier orden, es indispensable cierta cristalización, cierta fusión de las cualidades internas del hombre y cierta autonomía respecto a los influjos exteriores. Si hay en una persona algo capaz de resistir a tales influjos, eso mismo podrá también oponerse a la muerte del cuerpo físico... Con todo,

---

3. *In search of the miraculous*, 1949; trad. francesa, *Fragments d'un enseignement inconnu*, Stock, París 1950; trad. alem., *Auf der Suche nach dem Wunderbaren. Perspektiven der Welterfahrung und der Selbsterkenntnis*, Munich 1966, ³1980.

aun si algo llega a sobrevivir, su futuro puede ser muy distinto. En algunos casos de cristalización muy avanzada puede producirse después de la muerte lo que la gente llama *reencarnación*; en otros, lo que suele denominarse *existencia en el más allá*. En ambos tipos de situación la vida continúa en el *cuerpo astral* o con ayuda del cuerpo astral. Ya conocen el significado de esta expresión. Pero los sistemas que ustedes conocen hablan del cuerpo astral como si *toda persona* tuviera uno. Esto es enteramente falso. Lo que llamamos cuerpo astral se logra por fusión interna, es decir, mediante un combate y trabajo interiores de extrema dureza. El hombre no nace con un cuerpo astral. Y sólo unas pocas personas llegan a adquirirlo. Cuando ello se consigue, el cuerpo astral puede continuar viviendo después de la muerte del cuerpo físico e incluso renacer en otro cuerpo físico... Dicha fusión o unidad interior se obtiene por *fricción*, por la lucha entre el sí y el no dentro del hombre. Si alguien vive sin ese conflicto interno, si todo acontece en él sin oposición, si se deja siempre llevar por la corriente, según el viento que sople, se quedará como estaba. Pero si una lucha interior se inicia en ese hombre y, sobre todo, si esa lucha le hace llevar una dirección determinada, comienzan entonces a tomar poco a poco forma en él ciertos rasgos permanentes; él mismo empieza a cristalizarse... La cristalización es posible a partir de cualquier base. Pensemos, por ejemplo, en un bandolero auténtico, en los de buena casta, como uno que yo conocí en el Cáucaso. Este salteador, fusil en mano, permanecerá ocho largas horas agazapado tras una roca al borde del camino, sin moverse... O podrá tratarse de un monje que, temeroso del diablo, pasa toda una noche golpeándose la cabeza contra el suelo y rezando. Así se logra la cristalización... Tales personas pueden llegar a ser inmortales"»[4].

Hagamos hincapié en los puntos esenciales del texto citado. En primer lugar, el cuerpo físico es el que da origen al llamado cuerpo astral, y éste será el portador de la supervivencia. A continuación, la inmortalidad, que no constituye ni un derecho hereditario del alma humana ni un don de la gracia divina, se produce merced a la cristalización, en el cuerpo físico, de un nuevo cuerpo que puede resistir a la muerte y sobrevivir a la destrucción del primero. El alma creada por Dios no existe; debe ser creada por el hombre a partir del cuerpo físico, humano. Es una cantidad de energía cristalizada dentro de ese cuerpo físico y engendrada por él mediante la fricción o lucha entre el sí y el no en el hombre. Tanto el bandolero como el monje, por no hablar del ocultista, pueden llegar a ser inmortales gracias a la *energía* resultante de su esfuerzo.

Todo ello se reduce al plan de construcción, partiendo del cuerpo físico, de una *torre* de cuatro pisos, que se eleva de la esfera de la mortalidad a la de la inmortalidad, de la tierra al cielo. La Biblia conoce bien este designio de edificar «una torre con la cúspide en los cielos» para «hacernos famosos, por si nos desperdigamos por toda la haz de la tierra» (Gén 11,4). La torre de Babel es un ideal y un método de construcción antiquísimo. He aquí lo que dice Gurdiev al respecto:

---

4. Ibíd. (Munich ³1980), p. 44ss.

«Según una antigua doctrina, de la que subsisten huellas en numerosos sistemas de ayer y de hoy, cuando un hombre ha llegado a la cumbre de su desarrollo, cuando puede llamarse hombre en el sentido más propio de la palabra, *consta de cuatro cuerpos*. Éstos se hallan constituidos por sustancias que van haciéndose cada vez más sutiles, compenetrándose y llegando a formar cuatro organismos autónomos; con una relación mutua bien definida, desde luego, pero capaces de actuar independientemente.

»La razón de que estos cuatro cuerpos puedan existir a la vez es que el organismo humano, el cuerpo físico, posee una organización tan compleja que, dadas ciertas condiciones, permite en sí mismo el desarrollo de un organismo nuevo e independiente que representa para la actividad de la conciencia un instrumento mucho más adecuado y sensible que el cuerpo físico... En este segundo cuerpo, dadas también ciertas condiciones, puede llegar a formarse un tercer cuerpo, con sus características propias... Y en el tercer cuerpo, siempre en determinadas condiciones, puede todavía desarrollarse un cuarto cuerpo, distinto del anterior, como éste lo es del segundo y el segundo del primero»[5].

«Una enseñanza oriental describe las funciones de los cuatro cuerpos, su crecimiento gradual y las condiciones de este crecimiento como sigue:

»Imaginemos una vasija o retorta llena de diversos polvos metálicos. Entre esos polvos, en contacto unos con otros, no existen relaciones definidas; cada cambio fortuito en la posición de la retorta modifica la posición relativa de los polvos...

»Resulta imposible estabilizar las relaciones mutuas de los polvos en estado de mezcla mecánica, pero, en vista de su naturaleza metálica, pueden ser fundidos. Para ello hay que encender un fuego especial bajo la retorta, el cual calentará los polvos y provocará su fusión, pasándolos al estado de compuesto químico... El contenido de la retorta se convierte de este modo en algo indivisible, individual. Tal sucede con la formación del segundo cuerpo de que hablábamos. El fuego que funde proviene de una *fricción* que a su vez es el resultado de la lucha *entre el sí y el no* en el interior del hombre...

»El proceso mediante el cual la aleación adquiere nuevas propiedades corresponde al proceso de formación del tercer cuerpo...

»El proceso de fijación de esos caracteres adquiridos se equipara al proceso de formación del cuarto cuerpo...

»Sólo el hombre en posesión de los cuatro cuerpos plenamente desarrollados merece llamarse hombre en el sentido más genuino de la palabra. Este hombre goza de numerosas cualidades que le faltan al hombre ordinario. *Una de ellas es la inmortalidad*»[6].

El «fuego especial encendido bajo la retorta», nos dice el autor del texto precedente, proviene de la fricción que a su vez resulta de la lucha entre el sí y el no en el hombre. Este fuego es, pues, lo que nosotros entendemos por «electricidad». Así, gracias a la electricidad o energía producida por fricción se da el proceso de *cristalización*.

Los arquitectos de la torre de Babel utilizaban también el *fuego* para preparar sus materiales de construcción:

---

5. Ibíd., p. 57.
6. Ibíd., p. 61s.

«"Ea, vamos a fabricar ladrillos y a cocerlos al fuego." Así el ladrillo les servía de piedra y el betún de argamasa» (Gén 11,3).

Lo esencial del método de «construcción de la torre de Babel» es la *cristalización inversa*. La cristalización normal –la «piedra»– es el estado último del proceso de transición de gas a líquido y de líquido a sólido. Así el vapor se transforma en agua y el agua en hielo. El hielo es vapor cristalizado. De idéntico modo una intención general, pero cálida y ardiente, se convierte en un flujo de pensamiento discursivo que, a su vez, se concreta en una fórmula bien definida. En otros términos, lo espiritual se vuelve psíquico y lo psíquico corporal.

El proceso de la cristalización normal consiste, por tanto, en un concretarse de arriba abajo:

Espíritu

Alma

Cuerpo

El proceso de cristalización designado con el nombre de construcción de la torre de Babel se desarrolla, al contrario, de abajo arriba:

Espíritu

Alma

Cuerpo

Trátase aquí de la transformación de lo psíquico y lo espiritual en cuerpo. De esta manera puede vencerse la muerte y lograrse la inmortalidad corporal. En efecto, si lo espiritual y lo psíquico se vuelven mortales al hacerse corpóreos, ¿por qué no ha de ser posible que lo corpóreo, al elevarse a los planos psíquico y espiritual, se vuelva inmortal?

¿Es este designio realizable o sólo pura ilusión? Aunque esta pregunta pertenezca al orden de los problemas planteados por el decimosexto arcano mayor del tarot y la trataremos en nuestra carta XVI, consideremos de momento algunos hechos, con miras a obtener una primera respuesta.

Me refiero a los hechos relativos a la *supervivencia corporal*, es decir, a las *manifestaciones físicas* que se atribuyen –con razón o sin ella– a personas muertas. Es lo que llamamos fantasmas o aparecidos. Los aparecidos existen. No es cuestión de creencia, sino un hecho. Una inmensa literatura, por no hablar de experiencias personales, atestigua su realidad. No se trata ya de creer o no creer, sino de comprender y explicar. Hay fantasmas. De vez en cuando acontece que, muerta una persona, ésta o algo de ella o semejante a ella se manifiesta de una manera externa y física (ruidos, movimientos, etc.), a modo de *energía* activa. Es como si cierta cantidad de energía, liberada por la muerte, pero condensada y no dispersa, se presentara en forma de ente o cuerpo individual.

El análisis de múltiples manifestaciones de aparecidos me permite deducir los siguientes rasgos característicos:

1. El fantasma es un ente constituido por energía eléctrica de naturaleza psicofisiológica y dotado de una conciencia relativamente inferior a la de una persona normal.

2. La conciencia que se revela a través de los actos del fantasma y de su comportamiento general es muy limitada y sumamente especializada. Uno se inclinaría a calificarla de maníaca, puesto que se manifiesta como *cristalización* de una sola pasión, un solo hábito o una sola idea fija.

3. La energía de que está constituido el fantasma va debilitándose con el tiempo, a menos que la alimente una actitud positiva y favorable por parte de las personas humanas que lo circundan; se agota. Puede provocarse su desaparición, ya mediante los exorcismos rituales de la Iglesia, ya por la oración individual, ya finalmente por un acto especial que exige valor y consiste en *apretar el fantasma contra sí y aspirarlo*, recibiéndolo en uno mismo y disipando de esta suerte su energía eléctrica. Me resisto a recomendar este último método, toda vez que entraña la experiencia de una sacudida eléctrica –que podría ser excesiva– en el momento en que la energía del aparecido pasa al propio organismo. Añadiré, no obstante, que esta experiencia de la sacudida eléctrica proporciona la certeza absoluta de la constitución eléctrica del cuerpo del aparecido. Es también la prueba –en el fuero interno, claro está– de que el fantasma no es el alma del difunto, sino un peso que lleva, ligado al alma del difunto por un vínculo de penosa responsabilidad.

En el caso mencionado, el difunto, en cuanto se disipó la energía eléctrica de su fantasma en el organismo de otra persona, se apresuró a demostrar a ésta su gratitud por haberlo librado de su embarazosa carga, dándoselo a conocer mediante un sueño vivísimo y de gran claridad.

¿Qué es, pues, un fantasma o aparecido? Es exactamente lo que Gurdiev enseña sobre el producto de la cristalización psíquica que se efectúa a partir de un cuerpo físico y puede resistir a su muerte. Es el llamado cuerpo astral (que, por supuesto, nada tiene que ver con el cuerpo astral del hermetismo; este segundo sólo es, propiamente hablando, el conjunto de los recuerdos psíquicos del alma), del cual dice Gurdiev que,

«si llega a formarse, puede continuar viviendo después de la muerte del cuerpo físico... Si no renace, muere también con el paso del tiempo. No es inmortal, pero puede sobrevivir mucho tiempo tras la muerte del cuerpo físico»[7].

Un fantasma se constituye siempre por cristalización, es decir, de resultas de un deseo, pasión o intención que producen un *complejo* de energía en el ser humano. Así, un auténtico bandolero que permanece, fusil en mano, ocho horas seguidas detrás de una roca al borde del camino, sin moverse, o un monje que por miedo al diablo se golpea la cabeza contra el suelo y pasa toda la noche rezando, cristalizan en sí mismos un *complejo* de energía, un doble psicoeléctrico que, como complejo compacto, podrá resistir a la muerte.

Ahora bien, esto que *se produce* en los hombres poseídos de fuertes deseos, pasiones e intenciones puede *lograrse* metódicamente por el procedimiento científico de la construcción de la torre de Babel. Y así, no sólo será factible animar con un deseo, pasión o intención dominante a ese doble cristalizado, sino incluso dotarlo de un mecanismo intelectual con funciones muy desarrolladas y de una memoria humana donde se almacenen todos los hechos de la experiencia del plano físico. El yo de semejante ocultista podrá entonces aliarse con ese doble que lleva su memoria e intelecto y encarnarse de nuevo, habiendo evitado el purgatorio y todo camino de purificación, iluminación y unión, o sea el destino que le está reservado al alma humana después de la muerte.

El caso del ideal y método de la construcción de la torre de Babel no representa, por tanto, una mera ilusión. Es más bien *otra clase de inmortalidad,* la que la serpiente del *Génesis* tenía en la mente cuando dijo: «*En modo alguno moriréis,* si coméis del fruto del árbol de la ciencia del bien y del mal.» Pues el fruto del árbol de la ciencia del bien y del mal provoca en el hombre la fricción interna de la lucha entre el sí y el no, fricción que a su vez origina el fuego eléctrico que efectuará la cristalización cuyo producto resistirá a la muerte.

Tal es el sentido de la promesa –o, más bien, *programa*– de la serpiente. Este programa sirve de base al método milenario de la construcción de la torre de Babel y constituye el núcleo esotérico o secreto íntimo de la *ciencia materialista en general.*

---

7. Ibid., p. 45.

Hemos mencionado a Gurdiev (y Ouspensky) como ejemplo del ideal y método de la construcción de la torre de Babel; pero Gurdiev –francamente materialista, en el sentido genuino de la palabra, y desprovisto de todo sentido místico– sólo habla en nombre de la mayoría. No hace sino darse claramente cuenta de lo que anima e impulsa, de manera inconsciente o semiconsciente, a millares y millares de sabios entregados a la causa de la *longevidad*, de la victoria de la ciencia humana sobre la muerte, sin Dios ni mística, a la causa universal de la *construcción de la torre de Babel*.

Gurdiev es sólo un representante de la causa de la ciencia materialista, que sabe lo que ésta quiere en realidad, como sabe también lo que él mismo quiere. Tenía, por lo demás, buen carácter, estaba siempre de excelente humor, era buen hijo, buen compañero, a la vez inteligente y hombre de sentido común. Sería, pues, falso ver en él a un profeta de las tinieblas o el instrumento de una especial misión satánica. No, era simplemente un buen reflejo de la sabiduría de este mundo, es decir, del sentido común y la experiencia empírica sin ningún misticismo. Gurdiev no es más satánico que el célebre fisiólogo ruso Pavlov o cualquier otro representante de la ciencia materialista.

Desde luego, su doctrina práctica y teórica de la cristalización de abajo arriba no es compatible con el proceso de individuación de Carl G. Jung, ni tampoco con el hermetismo cristiano y la cábala. Cierto que también el hermetismo habla de una cristalización cuyo producto es el propio hermetismo como filosofía y saber: la mística cristalizada es la gnosis, la gnosis cristalizada es la magia y la magia cristalizada es esa filosofía y ese saber que reciben el nombre de hermetismo. Así, si se prescinde de las etapas intermedias, puede decirse que el hermetismo es la mística cristalizada, mientras que el ocultismo materialista de Gurdiev suprime la mística y la sustituye por la ciencia materialista cristalizada.

Volvamos ahora a la pregunta que formulábamos al comienzo de esta carta: ¿Mintió sin más la serpiente del *Génesis*? Estamos ya en condiciones de responder: no. Se limitó a oponer a la inmortalidad divina otra inmortalidad, la de la cristalización de abajo arriba o, si se quiere, la de la torre de Babel.

Sugirió un programa temerario, pero real y realizable, con miras a una humanidad compuesta de vivientes y fantasmas, donde estos últimos se reencarnarían sin tardanza evitando así el camino que conduce al cielo a través del purgatorio.

Ahora ves, querido amigo desconocido, *por qué* la Iglesia ha sido hostil a la *doctrina* de la reencarnación, aunque conociera el *hecho* de las encarnaciones repetidas y tampoco pudieran ignorarlo muchas personas fieles a ella y con experiencia auténticamente espiritual. Lo que la Iglesia tiene entre ceja y ceja es el peligro de la reencarnación por vía del fantasma, que evita el camino de la purificación del purgatorio, la iluminación y la unión celestial. La humanidad podría, en efecto, sucumbir a la tentación de prepararse para una futura vida terrena, en vez de disponerse durante la vida en este mundo para ir al purgatorio y al cielo. Prepararse para una vida terrena en el futuro, en lugar de hacerlo para encararse con la eternidad, equivale a la cristalización que tiende a formar el doble eléctrico –o cuerpo del fantasma–, el cual podría servir de puente entre una encarnación y otra, constituyendo así el medio de evadirse del purgatorio y evitar la confrontación con la eternidad. Durante la vida terrestre hay que aprestarse para el encuentro con la conciencia completamente despierta –purgatorio– y para experimentar la presencia del Eterno –cielo–, mas no para una futura vida en la tierra, lo que vendría a ser una cristalización del cuerpo del fantasma. Vale mil veces más no saber nada del hecho de la reencarnación, y aun negarlo, que orientar los propios pensamientos y deseos a una futura vida terrena, sintiéndose tentado a recurrir a los medios sugeridos por la serpiente en su promesa de inmortalidad. Por eso, lo repito, la Iglesia fue desde el principio hostil a la idea de la reencarnación e hizo cuanto pudo para que no arraigara en la conciencia y, sobre todo, en la voluntad humana.

Confieso que gravísimas objeciones de orden moral me han hecho vacilar mucho tiempo antes de decidirme a escribir sobre el peligro que entraña la doctrina de la reencarnación y los abusos a que se presta, los cuales, por desgracia, se dan en la práctica. Estoy seguro, querido amigo desconocido, de que te harás cargo de la gran responsabilidad que pesa sobre todo el que se resuelve a tratar la reencarnación no como algo perteneciente al ámbito de la experiencia esotérica, es decir, íntima, sino como enseñanza exotérica destinada a vulgarizarse y convencer a la generalidad de las personas; esta responsabilidad es la que me ha decidido a hablar del abuso práctico del hecho de la reencarnación.

Te ruego, pues, querido amigo desconocido, que revises a la luz de la conciencia moral la cuestión de si el modo de tratar la reencarnación como doctrina exotérica –modo adoptado y practicado en general, tanto por los representantes del movimiento ocultista francés de los siglos XIX y XX como por teósofos, antropósofos, rosacruces, etc.– está justificado y es deseable.

Añadiré que, en definitiva, el problema no estriba únicamente en el peligro moral de evitar el purgatorio y la experiencia de la eternidad, sino también el de *sustituir una inmortalidad por otra*, a saber, la de Dios por la de la serpiente. El hecho es que hay dos muertes y dos inmortalidades. Una es la muerte de la que habla el padre de la parábola del hijo pródigo:

«Este hijo mío estaba muerto y ha vuelto a la vida; estaba perdido y ha sido hallado» (Lc 15,24).

En este caso se trata del *alejamiento del Padre y de su casa*, mientras que la muerte del cuerpo físico equivale a alejarse del plano físico y del campo eléctrico de gravitación terrestre (del que hablábamos en la carta XII sobre el arcano representado por el Colgado). Negarse a tomar el camino del purgatorio y del cielo es como negarse a regresar a la casa del Padre, decidirse a permanecer *alejado* del Padre. Esto es precisamente la *muerte* en el sentido divino. La *completa cristalización* consiste, pues, en la muerte completa desde el punto de vista de Dios, y la vida completa es el estado de irradiar como el sol, o sea el de la total *descristalización*. Así, las palabras divinas «No comerás del árbol de la ciencia del bien y del mal, porque, el día en que comieres de él, morirás» significan: «El día en que comieres del árbol de la ciencia del bien y del mal, *te alejarás de mí*.»

Y la promesa de la serpiente quiere decir: Viviréis alejados de Dios y seré yo quien me encargue de que continúe ininterrumpidamente vuestra vida en la horizontal, pues supliré la falta de la sabiduría y amor divinos por medio del intelecto y la electricidad psicofísica, que serán las fuentes de vuestra vida.

Así, pues, la serpiente entiende por vida lo que Dios entiende por muerte y viceversa.

Por su parte, el hermetismo, tanto el antiguo y precristiano como el cristiano, sostuvo siempre la tesis básica de toda verdadera mística, gnosis y magia sagrada, según la cual hay vida y muerte *verticales* y vida y muerte *horizontales*:

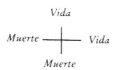

El hermetismo sostiene también que la cruz de la humanidad –la cruz del Calvario– es la de dos vidas y dos muertes opuestas. Por consiguiente, la resurrección no es sólo el triunfo de la vida sobre la muerte, sino más aún el triunfo de la vida sobre la vida. Es la victoria de la vertical sobre la horizontal, de la irradiación sobre la cristalización. Por ello las mujeres que se dirigieron de madrugada al sepulcro no encontraron el cuerpo de Jesús, y sí a dos hombres que se les aparecieron, con vestidos resplandecientes, y les dijeron: «¿Por qué buscáis *entre los muertos al que está vivo?*» (Lc 24,5).

No busquemos, pues, tampoco nosotros al que está vivo, y sobre todo no busquemos la inmortalidad de la vida en la esfera de la Muerte, en la del intelecto llevado por la electricidad o, por emplear una imagen tomada de la cábala, en el campo del arcángel Samael montado sobre el dragón.

No son los fantasmas y aparecidos quienes constituyen la fuente de la certeza de la supervivencia o inmortalidad. La fuente de esta certeza se encuentra en otra parte. ¿Dónde?

En la experiencia del núcleo del ser humano y su relación con el aliento, la luz y el calor de Dios. La certeza de la inmortalidad resulta de la participación, por medio de la experiencia, en lo intrínsecamente indestructible e imperecedero, y por tanto inmortal. Quien ha experimentado su propio núcleo, es decir, quien al menos una vez ha sido *verdaderamente él mismo*, sintiéndose invadido por el soplo divino, bañado en la luz divina y abrasado por el calor divino, ése *sabe* qué es la inmortalidad y es consciente de la suya propia. En vano le explicarán la naturaleza epifenoménica de la conciencia, diciéndole que ésta no es sino función del cerebro y del sistema nervioso, algo semejante al arco iris, o sea un juego de colores resultante de la refracción y reflexión de los rayos solares en las nubes; podrán explicarle todo eso y mucho más, sin por ello hacerle dudar un solo instante de que tales cosas son falsas y lo contrario es cierto. Tal vez no encuentre argumentos válidos *para esos maestros* contra el epifenomenalismo que le enseñan, pero *a él* no le hacen falta, ya que su certidumbre no viene de argumentos, sino de la experiencia.

¡Imaginemos la reacción de un san Juan de la Cruz o una santa Teresa de Jesús ante cualquier discurso, bien provisto de argumentos sacados de la ciencia moderna, que pretendiera demostrarles que el alma no es más que una ilusión producida por las reacciones químicas y eléctricas del organismo! ¡Intentar probarles eso a quienes tantas veces salieron de su cuerpo, quedando en estado de completa insensibilidad, y regresaron luego a él pletóricos de vida y luz adquiridas más allá no solamente de toda reacción química y eléctrica, sino incluso de toda imagen sensible y toda actividad intelectual!

La certeza de la inmortalidad puede, pues, ser *absoluta*, no dependiendo ni de la justeza o caducidad de los argumentos, ni del modo bueno o malo como se prueben los hechos externos. Es absoluta cuando el hombre ha tenido experiencia del núcleo de su propio ser y de su relación esencial con Dios.

Conozco la crítica lógica, filosófica y psicológica del argumento cartesiano *Cogito ergo sum* (Pienso, luego existo) y la acepto sin reservas ante el tribunal de la ciencia (*in foro scientiae*), mas no es la fuerza de este argumento lo que dio a René Descartes la certeza del yo trascendente, del núcleo de su ser, sino la *experiencia* que tuvo ante el tribunal de la conciencia (*in foro conscientiae*) cuando, pensando del admirable modo que le era propio, salió del *pensar* discursivo y se vio de pronto como *pensador* de los pensamientos. No fue, por tanto, un *argumento lógico* sino una experiencia real e íntima del pensador en el proceso de pensar lo que dio a Descartes la certeza total de la realidad del «existo» que se manifiesta en el «pienso».

El filósofo alemán Immanuel Kant (¡alma de pureza infantil, dotado de una honradez y diligencia notables!) convirtió la experiencia espontánea de Descartes en un nuevo método de esfuerzo interior tendente al conocimiento, a saber, en el *método trascendental*. Este método puede definirse como el esfuerzo por trascender el pensamiento, en el que el pensador se halla inmerso de ordinario, y elevarse sobre él para *observar* el pensar –o pensar el pensar– desde un punto de mira situado *por encima del pensar discursivo*. El descubrimiento copernicano de Kant consiste principalmente en desasir al pensador del pensar ingenuo, es decir, sacarlo del estado donde se pierde en el propio proceso de su pensar y situarlo en un punto superior al pensar, desde el cual el pensador pueda revisar de manera enteramente desprendida y con veracidad implacable e incorruptible el pensar pensado: tal es el criticismo trascendental de Kant. Sus obras *Crítica de la razón pura* y *Crítica del juicio* constituyen el fruto de la aplicación de este método al proyecto de *revisión* del conjunto de nuestros conocimientos; trátase de un reajuste tocante a las pretensiones del intelecto y los sentidos de poder juzgar de las cosas que pertenecen a la esfera metafísica, por ejemplo Dios, la inmortalidad del alma, la libertad moral. En la *Crítica de la razón práctica* encontramos en primer lugar los resultados de la visión crítica del pensador vuelto hacia el campo del pensar discursivo y de las percepciones sensoriales, en el cual se hallaba antes sumergido, pero también, a continuación, lo que el propio pensador, ese núcleo del ser humano, tiene que decir por sí mismo. Esto último puede resumirse como sigue:

Debería cambiar a fondo mi propia naturaleza o aniquilarme, si dijera que Dios no existe, que yo mismo no soy libre e inmortal. La *estructura* de mi ser es tal que presupone categóricamente la existencia de Dios o de la perfectibilidad infinita, de la libertad o la moralidad en sí, de la inmortalidad del alma o la posibilidad del perfeccionamiento infinito.

Así como el argumento de René Descartes «Pienso, luego existo» se convirtió en objeto de la crítica destructiva de lógicos, filósofos y psicólogos, así también, huelga decirlo, el argumento básico aducido por Immanuel Kant en su *Crítica de la razón práctica* hubo de aguantar las mismas embestidas, no menos fundadas *in foro scientiae*. También aquí hay que hacer notar que no fue la *conclusión lógica* o la argumentación del pensar discursivo lo que dio a Kant la certeza de Dios, de la libertad y de la inmortalidad, sino la experiencia real e íntima que tuvo al practicar su método trascendental. Este último se reveló sobre todo como *auténtico ejercicio espiritual* que llevó a Kant hasta la experiencia del núcleo de su ser –lo mismo que a Descartes–, para de allí extraer la triple certidumbre acerca de la realidad de Dios, la realidad de la libertad moral y la realidad de la *inmortalidad del alma*.

De igual manera que en el *jñāna-yoga* hindú el yogui llega al yo trascendental, primero mediante la observación crítica de su cuerpo, hasta alcanzar la experiencia de que «este cuerpo no es mi yo», luego merced al examen crítico de su vida psíquica –deseos, sentimientos, imágenes de la memoria, etc.–, hasta experimentar que «esta vida psíquica no es mi yo», y finalmente gracias al examen crítico de su propio pensar, del que se despega para experimentarse como pensador, así también Descartes y Kant llegaron a la experiencia del yo trascendental, elevándose del pensar al pensador. De ahí su certeza del «existo» y del «soy libre e inmortal, y estoy en presencia de Dios».

¡Cállense los detractores de Descartes y de Kant, y comprendan, por fin, que su crítica nada tiene que ver con aquello a lo que ambos llegaron, es decir, con la experiencia *íntima* del núcleo de su ser, del yo trascendente! ¡Dejen ya de repetir hasta la saciedad que Kant «fue infiel a su propio método y traicionó sus propios principios»; que «al envejecer y hacerse senil volvió a caer en el fideísmo de su infancia»! Kant no traicionó nada en su vejez, sino que llegó al fruto maduro de su vida y obra. ¿O acaso se preferiría que no hubiera llegado a ninguna parte y hubiera terminado su vida como maestro de la crítica y la duda, o que el esfuerzo honrado y asiduo de su vida no le hubiera procurado ninguna experiencia y, por ende, ninguna certeza de las cosas del plano metafísico? En vez de alegrarse y enorgullecerse de lo contrario, se habla de su debilitamiento senil y se le acusa de infidelidad. ¡Qué espíritus tan mezquinos, Dios mío!

Ya ves, pues, querido amigo desconocido, cómo nuestros grandes pensadores occidentales –al igual que los yoguis indios– llegaron a la experiencia del núcleo del ser humano, del yo trascendental, y cómo esta experiencia les dio la certeza de la inmortalidad.

El hermetismo cristiano, síntesis de la mística, la gnosis y la magia sagrada, ofrece a la humanidad *tres* métodos de experiencia, además del susodicho método filosófico, para lograr la certeza de la inmortalidad. La tradicional vía mística de la purificación, iluminación y unión constituye, en primer lugar, la experiencia voluntaria y consciente de las tres etapas del camino que sigue al alma humana después de la muerte: por el purgatorio al cielo y por el cielo a Dios. Hallarán esta vía no sólo entre los grandes místicos cristianos como Dionisio Areopagita, Buenaventura, Teresa de Jesús, Juan de la Cruz, etc., y no sólo en las enseñanzas precristianas de los tratados herméticos atribuidos a Hermes Trismegisto, como *Poimandres,* sino también en los célebres misterios paganos, egipcios y otros, donde las tres etapas de la purificación (*katharsis*), iluminación (*photismos*) y unión o identificación con la divinidad (*henosis*) proporcionaban el conocimiento de los estados posteriores a la muerte y la certeza de la inmortalidad. Jean Marquès-Rivière escribe a este propósito:

> «(He aquí) la enseñanza esencial del esoterismo tanto griego como egipcio: el conocimiento de los estados después de la muerte para superar el miedo a esa muerte, miedo fisiológico y humano. El iniciado conocía lo que le esperaba, ¿qué podía temer?»[8]

Así como la práctica de la *concentración* es el arte de olvidar y la del recogimiento profundo o *meditación* el arte de dormir, de igual modo la *contemplación* que se da en la iniciación genuina conduce al dominio del arte de morir. Por este dominio del olvido, el sueño y la muerte se llegaba en el pasado, se llega hoy y se seguirá llegando en el futuro a la experiencia mística del alma unida con Dios y, a través de ella, a la absoluta certeza de la inmortalidad. Y esto se alcanzaba, se alcanza y se alcanzará pasando por las tres etapas del eterno camino de la mística: purificación, iluminación y unión. San Juan de la Cruz muestra que la *fe* auténtica se revela, actúa y crece en la purificación; que la *esperanza* es a la vez agente y fruto de la iluminación; y que la *caridad* consuma la unión del alma con Dios[9].

He ahí el camino eterno; nadie puede inventar ni hallar otro. Podrán dividirlo en treinta y tres tramos, o los que sean, revestirlo de ornamentos intelectuales o simbólicos, bellos o simples, presentarlo

---
8. *Histoire des doctrines ésotériques,* p. 90.
9. Juan de la Cruz, *Subida del Monte Carmelo,* libro II, cap. 5, p. 400ss de la ed. cit. en nota 1 de esta misma carta.

en terminologías diversas —sánscrita, cabalística, griega, latina, etc.—; pero seguirá siendo el único e idéntico camino de la mística eterna, el camino de la purificación, iluminación y unión, porque no hay ningún otro, ni lo ha habido, ni lo habrá jamás.

Tampoco el hermetismo puede ofrecernos otro camino que el de la mística eterna, puesto que en él se fundan los métodos gnósticos, mágicos y filosóficos. Dicho de otra manera, no es posible prescindir de la purificación para llegar a ser gnóstico, mago o filósofo, en el verdadero y antiguo sentido de esta palabra. Ni se puede prescindir de la iluminación en la gnosis, la magia sagrada o la filosofía, siempre en ese mismo sentido. En efecto, un gnóstico no iluminado no sería un gnóstico, sino un excéntrico; un mago no iluminado sería sólo un brujo; y un filósofo no iluminado sería un escéptico o un aficionado a juegos intelectuales. En cuanto a la fuente primera de donde el gnóstico extrae su revelación, el mago su poder y el filósofo sus luces, es única: el contacto más o menos inmediato del alma con Dios. Uno, pues, avanza siempre por el mismo camino, ya emplee el método místico, gnóstico, mágico o filosófico.

Hay muchos senderos, pero solamente un camino. Hágase lo que se haga, no se progresa ni se crece sino en el sentido de la purificación, iluminación y unión. Se sepa lo que se sepa y se tenga la experiencia que se tenga, el criterio del verdadero progreso es sólo el que se da en la purificación, la iluminación y la unión. El árbol es juzgado por sus frutos; al místico, gnóstico, mago o filósofo se les juzga por su fe, esperanza y caridad, es decir, por su adelantamiento en la purificación, la iluminación y la unión.

La grandeza espiritual, la estatura del alma, se mide por la fe, la esperanza y el amor o caridad. Buda se dio bien cuenta de que el mundo estaba enfermo y, considerándolo incurable, enseñó los medios para escapar de él. Cristo vio igualmente que el mundo estaba enfermo de muerte, mas estimó posible sanarlo y puso en obra la fuerza necesaria para ello, la que se manifiesta en la resurrección. Tal es la diferencia entre la fe, la esperanza y el amor del Maestro del nirvana y las del Maestro de la resurrección y la vida. El primero dice al mundo: eres incurable, te brindo el medio de acabar con tu sufrimiento, con tu vida. El segundo le dice: puedes curarte, he aquí el remedio para salvar tu vida. ¡Dos médicos, un mismo diagnóstico, pero una disparidad abismal en el tratamiento!

La tradición enseña —y así lo reconoce todo esotérico y ocultista serio— que el arcángel Miguel es el archiestratega, el general en jefe del ejército celestial. ¿Por qué? Porque su fe, esperanza y amor son tales que le dan la primacía sobre los demás. Efectivamente, ser jefe significa, en el mundo espiritual, estar menos sujeto que los otros a la duda, la desesperación y el juicio condenatorio.

La tradición enseña que el arcángel Miguel representa el Sol, Gabriel, la Luna; Rafael, Mercurio; Anael, Venus; Zacariel, Júpiter; Orifiel, Saturno, y Samael, Marte.

¿Por qué Miguel representa el *Sol*? Porque el Sol es el símbolo visible, la imagen misma de la fe, la esperanza y el amor. Luce para los buenos como para los malos, sin cansarse, sin abandonar su puesto central.

Aun la propia grandeza de Dios, la grandeza de lo que para nosotros es *divino* en él, no es poderío por cuanto le hace más fuerte que la totalidad de las fuerzas del universo, ni su presciencia lo es en el sentido de que prevea, como perfecto ingeniero, el futuro funcionamiento de las fuerzas que mueven la máquina del mundo, precalculadas y predeterminadas, ni tampoco el hecho de ser absolutamente indispensable como centro de toda gravitación –espiritual, psíquica y física– del universo; no, lo verdaderamente *divino* en Dios, lo que hace que ante él se doble toda rodilla, es su fe, esperanza y amor. Pues así como nosotros creemos en Dios, así cree Dios también en nosotros, pero con una fe divinamente más grande y elevada; su esperanza en esta inmensa comunidad de seres libres que llamamos mundo es infinita, e infinito es su amor para con los hombres.

No adoramos a Dios porque puede y sabe más que nosotros, sino porque tiene más fe, esperanza y amor que nosotros. ¡Nuestro Dios es infinitamente *noble y generoso*, no sólo todopoderoso y omnisciente! Dios es grande por su fe, esperanza y amor, ¡y el temor de Dios es en el fondo el de herir tamaña nobleza y generosidad!

El hermetismo cristiano se funda, decíamos, en el camino de la mística eterna. Como práctica, ahí tiene su base y su punto de partida. ¿Hacia dónde? Hacia los respectivos dominios de la gnosis, la magia sagrada y la filosofía hermética.

La gnosis –que, por supuesto, nada tiene que ver con el método consistente en adoptar doctrinas tomadas de las sectas gnósticas, para convertirlas en artículos de fe– es el aporte de la experiencia mística al entendimiento y la memoria. Se distingue de la mística pura en que esta última es una experiencia donde la *voluntad*, purificada e iluminada, se halla unida con lo divino, mientras el entendimiento y la memoria quedan excluidos, es decir, más acá del umbral de dicha experiencia. Justamente el hecho de que el entendimiento y la memoria no participen en la experiencia mística es lo que confiere a ésta su carácter inefable e incomunicable. La gnosis, por el contrario, es esa misma experiencia mística *con la participación del entendimiento y la memoria* que franquean el citado umbral a la vez que la voluntad, permaneciendo no obstante en vela. El entrenamiento llevado a cabo por medio del *simbolismo* es lo que capacita a ambas facultades para tomar parte, sin desfallecer, en la experiencia mística de la voluntad. Sólo están ahí como *testigos*, guardando absoluto silencio y desempeñando únicamente el papel de *espejo*. Mas el resultado de esta presencia suya como testigos es que la experiencia mística de la voluntad puede entonces *expresarse y comunicarse*. El entendimiento y la memoria han recibido una impresión, y esta impresión es lo que aquí llamamos gnosis. Un místico es gnóstico por cuanto puede expresar y comunicar a los demás sus experiencias, y lo es en esa medida. He aquí un enunciado místico: «Dios es amor; y quien permanece en el amor permanece en Dios, y Dios permanece en él.» Ahora un enunciado gnóstico: «Dios es Trinidad: Padre, Hijo y Espíritu Santo.» Otro enunciado místico: «Yo y mi Padre somos uno.» Y otro enunciado gnóstico: «Hay muchas moradas en la casa de mi Padre.»

La gnosis es, pues, el fruto de la participación silenciosa del entendimiento y la memoria en la experiencia mística de la voluntad. Digo «participación silenciosa», porque de otro modo, o sea en el caso de una participación activa, no se trataría ya de revelación, sino de un enunciado salido del entendimiento y la imaginación. Para aprender hay que escuchar, y para escuchar hay que callar. El entendimiento y la memoria o imaginación deben callarse si quieren aprender, es decir, recibir una revelación de lo alto.

Así como la gnosis es el fruto de la participación del entendimiento y la memoria en la unión mística de la voluntad con Dios, así también la magia sagrada es el fruto de la participación de las tres potencias del alma en la unión mística con Dios, *orientándose al prójimo y a la naturaleza*. Cuando el alma, a raíz de su experiencia de unión con lo divino, se vuelve hacia el prójimo y la naturaleza, no para contemplar sino para actuar, uno se convierte en *mago*.

Todo místico es mago cada vez que *actúa* –y en la medida en que así lo haga– inspirado por su experiencia mística. La magia sagrada es la puesta en práctica de lo que el místico contempla y de lo que el gnóstico sabe por revelación.

El filósofo hermético, finalmente, saca conclusiones de las experiencias místicas, gnósticas y mágicas, al paso que trabaja por armonizarlas con las experiencias de la vida terrena y las ciencias correspondientes.

De esta suerte, el hermetismo puede proporcionar una certeza trismégistica –tres veces grande–, la triple certeza de la experiencia mística, gnóstica y mágica de la *inmortalidad*.

Como ves, tal certeza se produce en tres –o cuatro– etapas del movimiento revelador *de arriba abajo*. Es lo que la tradición llama el *descenso de la Jerusalén celeste*, en contraposición con el método antes evocado de la construcción de la torre de Babel. Así, pues, el hermetismo cristiano *y* precristiano pertenecen netamente a la gran tradición que practica el método del descenso de la Jerusalén celeste y trabaja en la historia por preparar a toda la humanidad para este acontecimiento espiritual de alcance universal. En efecto, el descenso de la Jerusalén celeste es a la vez un método práctico de las escuelas espirituales, el conjunto de las experiencias interiores de orden místico, gnóstico y mágico de los individuos, la gradual transformación de toda la civilización humana en ciudad celeste, o sea en una humanidad regida por las leyes del cielo, y, por último, la obra cósmica de reintegración de toda la naturaleza –la realización de «un nuevo cielo y una nueva tierra»–, es decir, la de la *curación* del mundo entero. El descenso de la Jerusalén celeste abarca, por consiguiente, tanto las experiencias más íntimas del alma individual como la historia y evolución de nuestro planeta, según la ley que reza así:

«No hay nada encubierto que no haya de ser descubierto, ni oculto que no haya de saberse» (Mt 10,26).

En efecto, todo cuanto ocurre en la intimidad subjetiva se volverá un día realidad objetiva. Tal es la ley *mágica* de la historia: que lo subjetivo se vuelva un día objetivo, que los afanes, pensamientos y sentimientos de hoy lleguen a ser mañana acontecimientos históricos. Quien siembre vientos recogerá la tempestad.

Estas reflexiones nos traen de nuevo a la lámina del decimotercer arcano mayor del tarot. En ella vemos cómo la Muerte siega manos, pies y cabezas que *sobresalen en el suelo negro*. No siega ni la hierba que allí crece ni cuerpos humanos enteros (que, por lo demás, no se ven). La Muerte actúa como guardiana de un determinado *nivel* y corta todo miembro del cuerpo humano que excede de ese nivel. Hace de cirujano más que de exterminador.

¿Qué clase de cirugía es ésta? Hemos hablado anteriormente del método e ideal de la construcción de la torre de Babel, es decir, de cómo se hace subir la energía eléctrica, una vez animada e intelectualizada, desde el organismo físico hasta los planos superiores, comenzando por el plano vital o etéreo, el plano donde crece la hierba, según la lámina del decimotercer arcano.

Cuando esta ascensión no se efectúa metódicamente y con conocimiento de causa en una escuela de ocultismo, tiene no obstante lugar en la práctica, aunque de manera parcial: a veces sólo las manos eléctricas consiguen subir al plano vital o etéreo, otras veces no lo logran sino los pies, otras la cabeza. La Muerte que aparece en nuestra lámina cuida de que el mundo vital no sea invadido por emisarios del mundo físico.

Corta, como buen cirujano, los miembros eléctricos del cuerpo físico que exceden del nivel –umbral entre ambos mundos– donde comienza la región de las fuerzas vitales. Practica, pues, antes que el mal llegue a ser irremediable, la *amputación* de los miembros *enfermos:* «enfermos» en el sentido de haber usurpado un plano de existencia que no les pertenece por derecho.

En la lámina, la Muerte actúa como guardiana del umbral entre los dos mundos y, con este fin, aplica una especie de cirugía.

Ahora bien, ¿no es la muerte, en general, el principio quirúrgico del mundo? ¿Está acaso llamada a *matar,* a destruir, o tiene, al contrario, la misión de *sanar* por medio de la cirugía?

La respuesta que te propongo, querido amigo desconocido, es que la muerte es el principio quirúrgico del mundo. Opera la amputación de los miembros que se han vuelto inútiles –y aun la del conjunto de los miembros inutilizables, es decir, la totalidad del cuerpo físico–, para liberar de los mismos al ser humano.

Así como hay una medicina naturista que restablece la salud por las reglas y hábitos de una vida sana –dieta, sueño, respiración, ejercicios, etc.–, y una medicina homeopática que cura ayudando al *organismo entero* a vencer la enfermedad, y otra alopática que lucha contra las enfermedades sirviéndose de los contrarios, y así como existe una cirugía que salva la vida del organismo sacrificando alguna de sus partes, así hay también en el mundo un mecanismo de curación jerarquizado analógicamente según la escala de la medicina naturista, de la homeopatía, la alopatía y la cirugía.

La muerte corresponde a la cirugía en el hospital cósmico. Es el último recurso para salvar la vida. Por encima de ella, hay todavía tres principios destinados a mantener y restablecer la salud del mundo y de los seres individuales que lo pueblan. A ellos corresponden la *mística,* la *gnosis* y la *magia.* Así, parafraseando la divisa de la revolución francesa, podría decirse:

«Mística, gnosis, magia... o muerte.»

Carta XIV

LA TEMPLANZA

El arcano de la inspiración

«Escúchanos, Señor, Padre santo, Dios omnipotente y eterno, y dígnate enviarnos del cielo a tu santo ángel para que guarde, sostenga, proteja, visite y defienda a todos cuantos se encuentran en este recinto»[1].

«Todo el que beba de esta agua volverá a tener sed; pero el que beba del agua que yo le dé no tendrá sed jamás, sino que el agua que yo le dé se convertirá en él en fuente de agua que brota para vida eterna» (Jn 4,13-14).

«En verdad, en verdad te digo: el que no nazca de agua y de Espíritu no puede entrar en el reino de Dios» (Jn 3,5).

«Por educación y por formación intelectual, pertenezco a los "hijos del cielo". Pero, por temperamento y por estudios profesionales, soy un "hijo de la tierra". Situado de este modo por la vida en el interior de dos mundos de los que conozco, por experiencia familiar, la teoría, la lengua y los sentimientos, no he levantado ningún tabique interno. Pero he dejado que *reaccionasen con plena libertad, una sobre la otra, en el fondo de mí mismo, dos influencias aparentemente contrarias*»[2].

Querido amigo desconocido:

La lámina del decimocuarto arcano mayor del tarot nos pone en presencia de un ángel con atuendo mitad rojo, mitad azul, que ejecuta un extraño acto o asiste a su realización: transvasa agua, incolora, de un jarrón a otro, o más bien la hace fluir entre dos vasijas sostenidas casi horizontalmente, en ángulo de 45°, a considerable distancia una de la otra.

---

1. Oración final del oficio litúrgico de la aspersión del agua bendita, que precede a la misa solemne según el rito de Pío V.
2. P. Teilhard de Chardin, *Cómo creo* (extractos), en *Yo me explico*, Taurus, Madrid 1969, p. 198.

La imagen produce un choque intelectual. Es un *arcano,* algo que hay que captar y comprender por encima del plano habitual de la experiencia y el pensamiento. Es incentivo a una meditación profunda, a un ejercicio espiritual. ¡Respondamos a esta invitación!

¿Qué problema suscita la lámina, su contextura entera, casi espontáneamente en el espíritu de quien la contempla con atención? ¿De qué *mensaje* es portador ese ángel de dos alas, vestido de rojo y azul, con dos vasijas, una roja y otra azul, que hace misteriosamente fluir agua entre ambas? ¿No se tratará de la buena nueva de que, además de la dualidad del o... o..., existe igualmente la del no sólo... sino también... y la del tanto... como...? El conjunto de la lámina, el ángel de la lámina, ¿no sugieren el problema de la *polaridad cooperante,* de la *dualidad integrada*? ¿No despiertan el presentimiento o la sospecha de que el agua brota, quizá, gracias a las dos alas, los dos brazos, los dos colores del vestido, las dos vasijas? Esa agua, ¿no es fruto y don del tanto... como..., de la dualidad integrada que salta a la vista cuando se mira la lámina?

Así, la idea que de buenas a primeras se ofrece al espíritu en presencia de la lámina del decimocuarto arcano pertenece al orden de la *polaridad* y las posibilidades que ésta brinda para el conocimiento y realización espirituales del hermético, en sus aspectos místico, gnóstico y mágico.

En las cartas precedentes ya hemos tratado, desde diversas perspectivas, de la *doble polaridad,* la de la guerra (*polemos*), que produce la energía eléctrica, y la de la cooperación o paz, que lleva a su florecimiento la fuerza vital. El ángel de la lámina del decimocuarto arcano nos invita ahora a volver al problema de esta doble polaridad y este doble dinamismo, aportándonos al respecto nuevas luces.

Uno de los más ilustres expertos en vida y experiencia espiritual auténticas, san Bernardo de Claraval, ha legado a la posteridad una doctrina de suma importancia: la de la *imagen* y *semejanza* divinas en el hombre. He aquí lo esencial de esta doctrina, que puede perfectamente servir de punto de partida a nuestro presente empeño de profundización en la doble polaridad:

«Dios hizo el hombre "a su imagen y semejanza" (Gén 1,26). La imagen y semejanza divinas coincidían en el primer hombre antes del pecado original. Pero esta coincidencia no persistió después del pecado. La imagen siguió intacta, mas la semejanza inicial se perdió. Tras el pecado original, el hombre vive en la distorsión de la semejanza, aun cuando siga conservando la imagen.

»El hombre fue hecho a imagen y semejanza de Dios; en la imagen poseía la libertad de albedrío, en la semejanza las virtudes. La semejanza quedó destruida, mas el hombre conserva la imagen. Esta última puede incluso arder en la gehena, pero no consumirse;

puede sufrir deterioro, pero no ser aniquilada; puede abolirse, pero no dejar de subsistir. Allí donde el alma vaya, será también imagen. No sucede así con la semejanza, que o permanece en el alma que hace el bien o, cuando el alma peca, se transforma miserablemente, asimilándose a las bestias desprovistas de inteligencia»[3].

Así habla san Bernardo de Claraval en su sermón sobre la Anunciación de la Santísima Virgen María.

La imagen constituye, pues, según san Bernardo, la *estructura esencial* del ser humano, y la semejanza es la totalidad de las funciones o *estructura funcional*. La estructura esencial e indestructible del hombre es lo que funda la libertad inalienable e irrevocablemente. El ser humano *es* libre y lo sigue siendo por toda la eternidad: en la tierra, el infierno, el purgatorio, el cielo. Es libre en todo tiempo y lugar. La libertad es, por tanto, un *hecho absoluto*. Como tal, implica la inmortalidad. No otro es el argumento que volvemos a encontrar en la *Crítica de la razón práctica* de Immanuel Kant; en efecto, ¿qué representa su imperativo categórico sino la imagen divina en el hombre?

En lo que atañe a la semejanza o conjunto de las *funciones* del ser humano, hemos de confesar que un foco de pecado ha arraigado en ella, con sus inclinaciones al mal. Esta semejanza sólo es inmortal en la medida en que va pareciéndose de nuevo a la imagen. Su inmortalidad está condicionada.

Tal es la sustancia de la doctrina de san Bernardo. Ello nos lleva a formular la siguiente pregunta: Si la imagen divina en el hombre no ha sufrido merma alguna, mientras que la semejanza divina en él ha quedado en parte destruida, dando paso a las inclinaciones y hábitos tendentes al mal, ¿hay en la vida humana algo que venga a *restablecer el equilibrio* en el organismo funcional del hombre, oponiendo a las malas tendencias buenas inclinaciones?

Sí, hay algo que se añade al organismo funcional del hombre y sirve de contrapeso a las propensiones y hábitos viciosos que en él han arraigado después de la caída original. Ese algo es el *ángel custodio*.

El ángel custodio, o de la guarda, viene a añadirse como fiel aliado a la imagen divina en el hombre, al igual que las inclinaciones viciosas se han añadido al organismo funcional humano que era, antes de la caída, la semejanza divina. El ángel de la guarda se encarga de las funciones destruidas en la semejanza por el pecado original, colmando la brecha así abierta. Él mismo desempeña esas funciones anuladas por la caída.

---

[3]. S. Bernardo de Claraval, *Oeuvres*, trad. francesa y prólogo de M.M. Davy, t. I, p. 106; trad. cast., *Obras completas de san Bernardo*, 2 vols., Ed. Católica (BAC 110 y 130), Madrid ²1983-1984.

Como lo precisa la oración con la que he encabezado esta carta, oración que sigue a la aspersión del agua bendita antes de la misa solemne conforme al rito de san Pío v y en la cual se pide a Dios que envíe a su santo ángel del cielo para que «guarde, sostenga, proteja, visite y defienda a cuantos se encuentran» en el sagrado recinto, el ángel desempeña su papel de estas cinco maneras: *guarda, sostiene, protege, visita* y *defiende*. Es la estrella rutilante, el pentagrama luminoso que está por encima del hombre.

Guarda la memoria, es decir, la continuidad del grado pasado en el presente, que a su vez es preparación para el gran futuro. El ángel custodio vela por que haya un lazo de unión entre los grandes ayer, hoy y mañana del alma humana. Es un perpetuo *memento* de la semejanza primordial, de la eterna misión asignada al alma en la sinfonía cósmica y de la morada especial del alma en la casa del Padre, donde «hay muchas mansiones» (Jn 14,2). Si hace falta, el ángel custodio despierta reminiscencias de las vidas anteriores del alma en la tierra para reanudar la continuidad del esfuerzo, búsqueda y aspiraciones del alma de vida en vida, a fin de que las vidas particulares no constituyan meros episodios aislados, sino etapas de un *solo camino* hacia una sola meta.

El ángel custodio *sostiene* el esfuerzo, la búsqueda y las aspiraciones del alma que ha emprendido ese camino. Esto significa que colma las lagunas del organismo funcional psíquico debidas a la distorsión de la desemejanza y suple sus defectos *cuando la propia alma revela buena voluntad*. El ángel, en efecto, *sostiene* la voluntad del hombre, mas nunca la sustituye por la suya. La voluntad humana permanece libre siempre y en todas partes. El ángel de la guarda no toca jamás el libre albedrío del hombre y se resigna a esperar a que la decisión u opción se produzca en el inviolable santuario de esa libre voluntad, para prestarle inmediatamente su apoyo si es justa o para continuar como observador pasivo, reducido únicamente a la oración, si no lo es.

El ángel custodio se ve a veces obligado a mantenerse al margen de la actividad del alma, cuando esta actividad se halla en desacuerdo con la imagen divina, pero otras veces puede participar en dicha actividad mucho más que de costumbre, cuando la naturaleza de la misma lo permite y aun lo exige. Entonces desciende desde su puesto ordinario al campo de la actividad humana, *visita* al hombre. Tales visitas del ángel custodio tienen lugar en ocasiones, cuando coinciden su posibilidad y necesidad.

Sin cesar, no obstante, el ángel custodio *protege* al hombre. Suple los defectos de los sentidos humanos privados de la acuidad de que disfrutaban antes del pecado original. Él es el clarividente que ayuda al no clarividente en las tentaciones y peligros tanto psíquicos como físicos. Avisa, informa y ayuda a apreciar. Lo que no hace nunca es suprimir las ocasiones de tentación, ya que, como dice san Antonio el Grande, «sin tentación no hay progreso espiritual». La tentación pertenece, como parte integrante, al ejercicio del libre albedrío humano, que es inviolable, para el ángel lo mismo que para el demonio.

En cuanto a la última de las cinco funciones del ángel custodio para con el hombre, la de *defensa*, difiere de las demás en que se orienta hacia lo alto, hacia el cielo, en vez de hacerlo hacia abajo, horizontalmente. Al tratar de esta cuestión, nos acercamos al sagrado misterio del propio corazón del ángel de la guarda, puesto que en la defensa que dispensa a su protegido se revela precisamente la naturaleza del amor angélico. He aquí algunas indicaciones:

Los ángeles custodios se mantienen por encima de sus protegidos. Esto quiere decir, entre otras cosas, que los *cubren* respecto del cielo, ocultándolos en cierto modo a la mirada de lo alto dirigida hacia abajo. El hecho de que los hombres terrenales sean encubiertos por sus ángeles custodios respecto a la justicia divina significa –además de la guarda, sostén, protección y contacto– que dichos ángeles son los *defensores* de los hombres, sus abogados de cara al juez supremo. Cuando los hijos de Israel cometieron el pecado mortal de preferir un dios de oro al Dios vivo, Moisés intercedió por ellos ante el Eterno con estas palabras:

«Dígnate ahora perdonar su pecado, y si no, bórrame del libro que has escrito» (Éx 32,32).

De igual manera los ángeles de la guarda cubren a sus pupilos ante la faz de la justicia divina, lo que equivale a declarar explícitamente o implícitamente: «Perdónales ahora su pecado, y si no, bórranos del libro de la vida que has escrito.» Tal es la defensa que los ángeles custodios ofrecen solidariamente a los hombres confiados a su cuidado y custodia.

El ángel custodio extiende las alas sobre su protegido y le confiere sus propios méritos a los ojos de la justicia divina, cargando él mismo con los deméritos. Es como si dijera: «Si el rayo de la cólera divina debe abatirse sobre mi pupilo, mi hijo, caigan más bien sobre mí, y si ha de tocarle a pesar de todo, caiga sobre nosotros dos juntos.»

El ángel custodio defiende a su protegido como una *madre* a su hijo, sin mirar si es bueno o malo. En el corazón del ángel de la guarda vive el misterio del amor materno. No todos los ángeles son custodios; otros tienen misiones diversas. Pero los ángeles custodios, como tales, son madres de sus protegidos.

Por ello el arte tradicional los representa en forma de mujeres aladas. Y por ello también la lámina del decimocuarto arcano del tarot representa al ángel de la guarda claramente como mujer alada, con indumentaria femenina mitad azul, mitad roja. Los ángeles custodios –¿o acaso debiéramos encontrar una forma femenina para designarlos?– son la manifestación del amor materno elevado y puro. Por esta razón la Santísima Virgen y Madre de Dios lleva el título litúrgico de reina de los ángeles. El amor materno que comparte con los ángeles de la guarda, superándolo en grado, hace de ella su reina.

Existen también, como acabo de decir, otros ángeles que no son custodios. No me refiero a las ocho jerarquías celestiales que están por encima de los ángeles, sino al coro de los ángeles propiamente dichos, o sea a la *novena* jerarquía celeste.

Hay ángeles mensajeros, es decir, ángeles (*angueloi*, mensajeros) en el estricto sentido de la palabra. Y los hay con misiones y tareas especiales –ángeles del Padre, del Hijo, del Espíritu Santo, de la Virgen, de la muerte, de la vida, del karma, de los enlaces interesféricos, de la revelación de la sabiduría, del saber, de la disciplina ascética, etc.–. Muchos de ellos representan el amor paterno o el fraterno.

Nada diré aquí en pro o en contra de lo que Swedenborg afirma sobre el sexo de los ángeles, pero quisiera poner de relieve el amor materno de los ángeles custodios, así como la existencia de otros ángeles que representan el amor paterno y el fraterno. *En este sentido* –y sólo en este sentido– desearía que tú, querido amigo desconocido, pensaras en los ángeles concibiéndolos como entes en quienes prevalece o la ternura del amor materno o la justicia del amor paterno. No se trata de proyectar sobre el cielo la sexualidad terrena, sino, al contrario, de ver en ésta un reflejo, a menudo desfigurado, de la polaridad de lo alto. Añadiré que la cábala judía –sobre todo el *Zohar*– enseña admirablemente a ver en las cosas de aquí abajo un reflejo de las de arriba, y no a la inversa. El *Zohar* es, de hecho, una de las mejores escuelas de pureza y castidad en todo lo relativo al esposo y a la esposa, al padre y la madre, al hijo y la hija, al amado y la amada, en los mundos espiritual, anímico y físico a la vez. Efectivamente, la verdadera castidad no consiste en cerrar los ojos a ciertas cosas o aun negarlas, sino en ver los prototipos celestiales a través de las cosas de la tierra y por encima de ellas. Tal es la castidad que se encuentra y aprende en el *Zohar*, o *Libro del esplendor* de la cábala judía.

Pero volvamos a los ángeles de la guarda. Los ángeles, incluidos los custodios, viven y se mueven exclusivamente en la *vertical*. Subir y bajar constituye la ley de su existencia, su respiración. Suben hacia Dios, bajan hacia la humanidad. Dícese que los ángeles se hallan en perpetua contemplación de Dios. Tal es el caso, si por contemplación se entiende estar en contacto permanente con la Santísima Trinidad y dejarse cegar por su luz.

La «contemplación oscura» de que habla san Juan de la Cruz es precisamente la de los ángeles. No *ven* a Dios, sino que están unidos a él de manera sustancial. En lo que toca a los ángeles custodios, no se ven unos a otros, como tampoco ven a los entes de las demás jerarquías: arcángeles, principados, potestades, virtudes, dominaciones, tronos, querubines y serafines. La luz trascendental de Dios, presente en ellos, envuelve en tinieblas su percepción de las esferas que median entre Dios y la humanidad. Es esta última esfera lo que ven, o más bien las esferas de sus protegidos. Aquí ejercen su clarividencia para suplir la del hombre, que la perdió, y protegerlo. Aquí también los ángeles despliegan su genialidad de comprensión sintética y profunda, genialidad sin par que les ha valido, por parte de los hombres, el atributo de omniscientes. No lo son realmente, mas la facilidad con que se orientan en las cosas humanas y las captan –y a cuyo contacto resplandece su oscura sabiduría divina– impresionó tanto a los hombres que tuvieron la experiencia del encuentro consciente con ellos, que no han podido menos de considerarlos como omniscientes. A la impresión recibida al contacto con los ángeles debe la palabra genio su sentido primero, a saber, el de una inteligencia sobrehumana.

Sin embargo, esta genialidad sólo fulgura –y tal es el lado trágico de la existencia angélica– cuando el hombre la necesita, cuando da pie a que se refleje su luz. El ángel, en su actividad creadora, depende del hombre. Si éste no lo solicita, si se aparta de él, el ángel no tiene razón alguna para ejercer esa actividad creadora. Puede entonces quedar sumido en un estado de conciencia donde todo su genio creador permanece latente, en potencia, sin manifestarse. Es el estado en que uno vegeta, va tirando, un estado comparable al sueño, desde el punto de vista humano. Un ángel así inutilizado es una tragedia en el mundo espiritual.

¡Piensa, pues, querido amigo desconocido, en el ángel de la guarda, piensa en él cuando tengas problemas, cuestiones que resolver, cometidos que desempeñar, planes que elaborar, preocupaciones y temores que acallar! Piensa en él como en una luminosa nube de amor materno suspendida sobre tu cabeza, en un ser movido por el único deseo de servirte y serte útil. No permitas que nazcan en ti escrúpulos, por nobles que fueren, que te hagan temer que, recurriendo al ángel custodio, interpondrías entre ti y Dios a un ente que no es Dios y te llevaría a abandonar el anhelo del contacto *inmediato* entre el alma y Dios, del toque directo y auténtico de Dios, sin mediadores. ¡Nunca, puedes estar seguro, se interpondrá el ángel custodio entre tu alma y Dios llegando a obstaculizar, aun en grado ínfimo, las vivencias del *Cantar de los cantares* entre tu alma y su eterno esposo! Su único afán es hacer posible esos contactos inmediatos y auténticos, disponer tu alma para ellos; tan pronto como su Señor y el tuyo se acerque a tu alma, él se retirará. El ángel custodio es, en suma, el amigo de la esposa en las bodas espirituales del alma con Dios. Así como el amigo del esposo, que «preparaba el camino del Señor y allanaba sus senderos», obedecía a su propia ley, «es menester que él crezca y yo disminuya», así la amiga de la esposa, que prepara el camino del Señor y allana sus senderos, obedece también a esa ley.

El ángel custodio se retira ante la proximidad de quien es mayor que él. Esto recibe el nombre, en el hermetismo cristiano, de «liberación del ángel de la guarda». El ángel de la guarda queda liberado –a menudo para el desempeño de nuevas misiones– una vez que el alma, en su parte de semejanza divina, se halla de nuevo pronta para una experiencia más íntima y directa de Dios, la cual corresponde a otro grado jerárquico. El *arcángel* viene entonces a reemplazar al ángel custodio, ya liberado. Los hombres cuyo guardián es el arcángel no sólo tienen nuevas experiencias de lo divino en su vida interior, sino que reciben, por el hecho mismo, una nueva vocación objetiva. Se convierten en *representantes* de un grupo humano –una nación o una comunidad kármica de hombres–, lo que significa que sus actos, desde ese momento, no serán ya únicamente personales, sino que tendrán a la vez el sentido y el valor de los de la comunidad humana que representan. Tal sucedió con Daniel, que oraba en estos términos:

«*Nosotros* hemos pecado, hemos cometido iniquidad, hemos sido malos, nos hemos rebelado y nos hemos apartado de tus mandamientos y de tus normas... Y ahora, oh Dios nuestro, escucha la oración de tu siervo y sus súplicas. Ilumine tu rostro tu santuario desolado, ¡por ti mismo, Señor! Inclina, Dios mío, tu oído y escucha. Abre tus ojos y mira nuestras ruinas y la ciudad sobre la cual se invoca tu nombre» (Dan 9,5.17-18).

El profeta hablaba y actuaba no sólo en su propio nombre, sino también –y sobre todo– en nombre del pueblo de Israel. Y he aquí que el *arcángel Gabriel* se le acercó:

«Aún estaba yo formulando mi oración, cuando Gabriel... vino a mi lado, volando raudo, a la hora de la oblación de la tarde. Y me habló, diciendo: "Daniel, he salido ahora para ilustrar tu inteligencia..."» (Dan 9,21-22).

Ahí tenemos un ejemplo de la liberación del ángel de la guarda y su relevo por un arcángel, en este caso el arcángel Gabriel. Ocurre a veces que también el arcángel llegue a quedar liberado. Viene entonces a ocupar su puesto un ente de la jerarquía de las potestades o 'elohim. El hombre, en tal coyuntura, se transforma en representante del futuro de la humanidad; vive en el presente lo que la humanidad ha de experimentar siglos más tarde. Así Moisés, Elías y David, por ejemplo, estuvieron bajo la protección de las alas de 'elohim, y no sólo sus palabras, sino aun sus *vidas* mismas, fueron *proféticas*.

Mas podrá objetarse que fue el propio Dios quien se reveló a Moisés, Elías y David y habló con ellos, no una entidad del coro de las potestades o 'elohim. A esto responderemos que, así como ha habido profetas humanos por boca de los cuales hablaba el Espíritu Santo, así hay también entes jerárquicos a través de los cuales hablan y actúan el Espíritu Santo, el Hijo y el Padre. Y así los tres ángeles que a plena luz del mediodía se aparecieron a Abraham hablaron y actuaron como la Santísima Trinidad: Padre, Hijo y Espíritu Santo. Fue, pues, la Santísima Trinidad la que por medio de ellos habló a Abraham.

De igual modo Yahveh-Elohim fue el portador o representante de Dios –de su palabra y poder– en el cumplimiento de la misión de que había sido encargado por la Santísima Trinidad, la de preparar la encarnación de Cristo. Como representante plenipotenciario de Dios, Yahveh-Elohim llevó a efecto el designio providencial de la Encarnación; como 'elohim o potestad, actuó como ente guardián de Moisés, Elías y David.

Por último, los 'elohim guardianes pueden también ser liberados. Vienen entonces a sustituirlos entes de la primera jerarquía, serafines. Tal sucedió con san Francisco de Asís. El serafín que le impartió la enseñanza de la crucifixión, la cual le valió los estigmas, era su guardián. Por ello san Francisco no representa a la humanidad sin más; representa a la humanidad divinizada, al Hombre-Dios, a Jesucristo mismo.

Los estigmas no son siempre visibles. Hay estigmas, por decirlo así, vueltos hacia fuera, y los hay vueltos hacia dentro; pero cuantas personas se hallan bajo la guarda de un serafín llevan estigmas, visibles o invisibles, puesto que representan a Cristo.

En nuestra quinta carta sobre el arcano el Papa ya hemos tratado de los estigmas desde el punto de vista práctico. No me parece propio tratar este tema teóricamente. El respeto me lo impide. He aquí lo que dice san Juan de la Cruz acerca de los estigmas de san Francisco:

«Acaecerá que, estando el alma inflamada en amor de Dios, sienta embestir en ella un serafín con una flecha o dardo enarbolado encendidísimo en fuego de amor, transpasando a esta alma que ya está encendida como ascua, o, por mejor decir, como llama, y cauterízala subidamente... Y entonces, al herir de este encendido dardo, siente la llaga el alma en deleite soberano... Si alguna vez da Dios licencia para que salga algún efecto afuera en el sentido corporal al modo que hirió dentro, sale la herida y llaga afuera, como acaeció cuando el serafín hirió al sancto Francisco, que llagándole el alma de amor en las cinco llagas, también salía en aquella manera el efecto de ellas al cuerpo, imprimiéndolas también en él y llagándole, como también las había impreso en su alma llagándola de amor. Porque Dios, ordinariamente, ninguna merced hace al cuerpo que primero y principalmente no la haga en el alma»[4].

Ya ves, pues, querido amigo desconocido, lo que hay de la cuestión del ángel custodio y la unión del alma con Dios. No cabe abrigar temor alguno de que el mínimo obstáculo a esta unión pueda jamás ser debido a los entes espirituales que guardan el alma humana. Al contrario, hacen todo lo posible, y aun más, para que el alma se una a Dios en completa intimidad y con autenticidad y libertad perfectas. La amiga de la esposa no hace sino conducir la esposa hacia el esposo, y luego se retira. Su gozo es el de disminuirse a sí misma y ver cómo se engrandece la esposa.

La lámina del decimocuarto arcano representa una mujer *alada*. ¿Qué significan esas alas y las de los entes jerárquicos en general?

Tentáculos, patas, brazos, alas... ¿son sólo formas diversas de un mismo prototipo o principio común? Lo son por cuanto expresan el deseo de ir más allá con el sentido del tacto, de poder tocar cosas más alejadas que las situadas en la proximidad inmediata de la superficie del cuerpo. Constituyen *prolongaciones* activas del tacto pasivo y receptivo repartido por la superficie del organismo. Al utilizarlas, el tacto sale de su órbita ordinaria, circunscrita por la piel.

Los órganos de la acción no son sino voluntad cristalizada. Ando porque tengo piernas, antes bien tengo piernas porque poseo la voluntad de desplazarme. Toco, tomo y doy no porque tengo brazos, sino que tengo brazos porque en mí existe la voluntad de tocar, tomar y dar. El qué engrendra el cómo de la acción, y no a la inversa.

Los brazos son, pues, expresión de la voluntad que se afana por llevar el tacto más allá de la superficie de su propio cuerpo. Son la manifestación de un tacto *prolongado*, correspondiente a la voluntad de tocar cosas lejanas.

Otro tanto acaece con las *alas*. Éstas son también voluntad exteriorizada, voluntad convertida en órgano. Es la voluntad de salirse de

---

[4]. Juan de la Cruz, *Llama de amor viva*, canción 2, n.° 9 y 13, en *Vida y obras completas de san Juan de la Cruz*, Ed. Católica (BAC 15), Madrid ⁵1964, p. 854 y 856.

la órbita ordinaria, no sólo en la horizontal sino igualmente en la vertical; la voluntad de llevar el tacto no sólo *hacia adelante*, sino también *hacia arriba*. Las alas denotan la voluntad de movimiento según la *cruz*, es decir, además del de la *expansión* en un plano, el de la *elevación* a otro plano.

Todo esto se refiere al conjunto del organismo corpóreo, o sea tanto al cuerpo físico como a los cuerpos etéreos y astral. Hay, por consiguiente, alas físicas –como las de los pájaros–, alas etéreas y alas astrales. Las alas de los cuerpos sutiles, el vital y el anímico, son –al igual que las alas físicas de las aves respecto del aire– órganos de contacto activo con el aire, a saber, con la sustancia y corrientes del mundo espiritual. De la misma manera que el pájaro, cuyo cuerpo es sólido y líquido, se remonta por medio de sus alas a la región aérea sobre las regiones sólidas y líquidas, así también el ángel se eleva mediante corrientes de energía vital y psíquica, que corresponden a las alas, hasta el mundo espiritual superior a los elementos vitales y astrales.

Aquí cesa la analogía. Se da, en efecto, una diferencia esencial entre el funcionamiento de las alas físicas del pájaro y la operación de las alas del ángel, que son corrientes de sus fuerzas vitales y psíquicas. El pájaro, al volar, *se apoya* en el aire para superar la fuerza de gravedad. Su vuelo resulta de su esfuerzo *contra* la gravedad: *golpea* el aire con las alas. En el ángel sucede lo contrario. Su vuelo no consiste en el ejercicio mecánico de nadar en el aire, como hace el ave, sino en la *operación mágica* de establecer contacto con la gravitación celeste, es decir, con la atracción divina. No emplea sus alas *contra* la gravitación terrestre, sino que las utiliza *para* ponerse en contacto con la gravitación celeste. Busca los *toques* del amor divino y los encuentra merced a sus alas, que lo elevan en *éxtasis* a una esfera superior.

En tono lapidario, podría decirse: El pájaro vuela *batiendo* sus alas contra el aire, apoyándose en el aire; el ángel vuela *inmovilizando* sus alas tras haber tocado a Dios, vuela gracias al propio Dios. En otras palabras, las alas del ángel constituyen sus lazos cuasi orgánicos con Dios.

«Sus lazos», decimos, porque hay dos. Un ala lo mantiene en contacto con el entendimiento divino, la otra con la imaginación o memoria divina. Entrambas alas se refieren, pues, a los aspectos contemplativos y creativos de Dios, que a su vez corresponden a la *imagen y semejanza* divinas en el hombre, de las que habla el *Génesis*. Efectivamente, la imagen es el parentesco analógico *estructural* del núcleo del ser humano –de su yo superior o, según Leibniz, su mónada– con Dios en reposo, mientras la semejanza constituye el parentesco analógico *funcional* del mismo ser humano, es decir, de sus tres potencias –entendimiento, imaginación y voluntad–, con Dios en acción.

Ahora bien, las dos alas del ángel son sus lazos con el sábado eterno y la eterna creatividad de Dios, o, dicho de otro modo, con la gnosis divina y la magia divina. Por medio del ala gnóstica (o izquierda) el ángel está en contemplación de la divina sabiduría, y por medio del ala mágica (o derecha) está activo como mensajero o ángel.

He ahí el *principio* de la polaridad subyacente a la dualidad de las alas. Este principio sigue siendo válido para los ángeles –y entes de las demás jerarquías espirituales– que poseen más de dos alas (dieciséis, por ejemplo). Llegar a captar la razón o razones de la pluralidad de alas en ciertos entes angélicos constituirá una de las tareas de la futura angelología, rama de la teología mística que, cabe esperarlo, veremos desarrollarse y de la cual san Dionisio Areopagita (o el Seudodionisio, como los eruditos se complacen en designar al fundador de esta teología) trazó los primeros lineamientos. En lo que a nosotros toca, hemos de ceñirnos a la explicación general de las *dos* alas de los ángeles, recordando que se trata aquí de una meditación sobre el decimocuarto arcano del tarot cuya lámina representa un ser con *dos alas*.

Según la tradición, hay también hombres dotados de alas. Así, la hoja derecha del tríptico que muestra el círculo de la *déesis*, icono ruso pintado por Nicéforo Savin, representa a san Juan Bautista alado[5]. Y el tarot de Bolonia muestra, en lugar del Ermitaño del tarot de Marsella, a un patriarca alado que camina apoyándose dificultosamente en dos muletas; detrás de él hay una columna[6]. No se trata de *Saturno*, como Oswald Wirth interpreta esta lámina del tarot de Bolonia, sino del *Ermitaño*, es decir, la esencia misma de la *vía* del hermetismo práctico. En efecto, el anciano alado, delante de una columna y apoyándose en dos muletas, nada tiene en común, iconográficamente, con Saturno, salvo su edad avanzada, mientras la contextura de la lámina –columna, alas, muletas– pone de relieve todo lo esencial a la vía espiritual del hermetismo, como logro y como prueba. Transformarse en *columna* es la *meta* del Ermitaño o hermético; el *medio* para elevarse como columna son las *alas;* y lo que le resulta cada vez más difícil al que «se hace columna» es el movimiento horizontal. La contemplación que va estableciéndose en el alma –mediante las alas– como estado cada vez más permanente, va al propio tiempo dificultando el movimiento horizontal de sus potencias –entendimiento, imagina-

---

5. T. Talbot Rice, *Icons - Ikonen - Icônes*, Londres 1959, lámina 63, principios del siglo XVII, escuela de Stroganov, Moscú, galería Tretyakov.
6. O. Wirth, *Le tarot des imagiers du moyen âge*, Paris 1927, p. 145, reproducción.

ción y voluntad–, sumidas en dicha contemplación. El Ermitaño del tarot de Bolonia es, pues, un hermético (e iconográficamente el patriarca representa más bien a Hermes Trismegisto, ya que tanto su sombrero oriental como el resto de su indumentaria son los que la tradición atribuye al anciano Hermes) que vive en la vertical inmovilizada y, de esta suerte, se ha convertido en estilita espiritual, a expensas del movimiento en la horizontal. No es cuestión de antigua mitología, sino del arcano de la vía espiritual práctica del hermetismo.

Las alas astrales y etéreas denotan en el hombre una etapa más o menos avanzada de recuperación de la semejanza divina, puesto que el hombre de antes del pecado original poseía alas. Fue después cuando las perdió.

¿Cómo se recobran? Las alas son órganos propios de los cuerpos sutiles –astral y vital–, y no actividades cualesquiera del yo consciente. Aludimos, por tanto, a la esfera del *inconsciente* cuando hablamos de alas. Recobrarlas equivale a la tarea de hacer que los esfuerzos espirituales orientados a Dios, como la oración y la meditación, se vuelvan casi *orgánicos,* de transformar los actos conscientes del yo en *corrientes* psicovitales de los cuerpos sutiles.

La clave de esto es el consejo apostólico «Orad sin cesar» (1Tes 5,17). Es imposible, conscientemente, orar sin cesar, pero la oración puede muy bien trasladarse de la conciencia al inconsciente, donde entonces le resulta ya factible «funcionar» sin interrupción. Los *cuerpos* astral y vital pueden orar sin descanso; no así el yo consciente. Mas el yo consciente puede, por iniciativa propia, introducir la corriente de la oración perpetua en la conciencia, antes de llevarla al inconsciente psíquico (cuerpo astral) y al inconsciente vital (cuerpo etéreo). Sí, puede incluso llevarla hasta el cuerpo físico, como se desprende de los *Relatos sinceros de un peregrino a su padre espiritual (Otkrovennye rasskazy strannika dukhovnymu svoimu ottzu),* libro ruso de un autor anónimo del siglo pasado que trata del entrenamiento práctico en la escuela de la «oración perpetua»[7]. El «peregrino» –que es el autor del libro–, al despertarse por la noche, oía cómo su corazón latía distintamente al compás de las palabras de la plegaria: *Gospodi Yisuse Khriste, Syne Bozhiy, pomiluy mya greshnego,* «Señor Jesucristo, Hijo de Dios, ten piedad de mí, pecador».

Ahora bien, la oración perpetua, establecida en los cuerpos psíquico y vital, es la que constituye en ellos las corrientes dirigidas hacia lo alto, que *pueden* dar motivo a la formación de alas. Y digo pueden,

---

7. Trad. cast., Taurus, Madrid 1982; trad. cat., Claret, Barcelona 1981. Está traducido también al alemán, inglés, francés y neerlandés.

porque la formación de alas exige todavía algo más: que la corriente de arriba se mueva para venir al encuentro de la de abajo. Las *alas* no se forman sino cuando ambas corrientes, la del esfuerzo humano y la de la gracia, se encuentran y unen. El Diablo del decimoquinto arcano del tarot tiene también alas, mas éstas sólo constan de la energía engendrada abajo. Les falta la gracia de arriba. Al contrario, las alas angélicas –así como las de la semejanza divina en el hombre por redimir– se deben a la unión del esfuerzo con la gracia, y es esta última la que desempeña el papel decisivo. A la postre, las alas son un *don* de la gracia divina.

El humanismo puro sólo puede crear alas como las de Ícaro, cuyo destino es bien conocido: sus alas de cera se fundieron con el calor del sol, y el infortunado héroe se vino abajo. En cuanto al demonismo, únicamente puede producir alas de murciélago, o sea las de las tinieblas, órganos que le sirven a uno para precipitarse en tenebrosas profundidades.

La presencia de auténticas y legítimas alas en el inconsciente humano (es decir, en los cuerpos psíquico y vital) no deja de influir en la conciencia misma del hombre. Se manifiesta sobre todo y en general como una constante orientación de la conciencia hacia Dios. El hombre siente permanentemente la presencia de Dios y del mundo espiritual. Nada puede ahogar en él este sentimiento.

Este sentimiento (que la Biblia designa como «caminar en Dios» o «caminar ante la faz de Dios») se concreta en dos inquebrantables convicciones: es posible soportarlo todo por Dios y realizarlo todo con Dios. El *martirio* y la *taumaturgia* son las dos columnas sobre las cuales reposa la fe y mediante las cuales ésta conquistó el mundo antiguo. El ala gnóstica predispone la conciencia al martirio, el ala mágica la capacita para la taumaturgia. Un hombre alado se halla, por tanto, predispuesto a lo heroico y a lo milagroso.

He ahí lo esencial del problema de las alas. Éstas son lo contrario de las piernas, por ser los órganos de contacto con el cielo, mientras las piernas establecen el contacto con la tierra. Las primeras nos ponen en relación con la gravitación celeste; las segundas, con la gravedad terrestre.

Tocante a los *brazos* –y el ángel de la lámina del decimocuarto arcano tiene brazos–, se relacionan con la *horizontal*, es decir, con los campos de atracción mutua de los seres que se encuentran unos con otros. Si la ley de las alas es el amor a Dios, la de los brazos es el amor al prójimo. Y la ley de las piernas es el amor a la naturaleza terrena.

El ángel de la lámina sostiene dos vasijas unidas por una corriente de agua. Penetramos así en el núcleo del *problema de los fluidos*.

El problema de los fluidos es el del funcionamiento dinámico del ser humano *total*, o sea corporal, psíquico y espiritual. Equivale, en realidad, al problema de la *vida* entendida como proceso global: espiritual, psíquico y corporal. Pues así como existe un sistema de circulación física, existe también un sistema de circulación vital y astral, que no es, por su parte, sino la reflexión del sistema circulatorio que abarca espíritu, alma y cuerpo –el *triple* cuerpo– como unidad viva. El principio subyacente a este sistema de circulación total es la *semejanza divina*. Y como esta última es la que quedó desfigurada por el pecado original, el ángel guardián tiene por misión cuidar de que el sistema circulatorio total funcione de la manera más sana posible. El ángel de la guarda se encarga, por tanto, del funcionamiento del sistema de circulación espiritual-psíquico-corporal, a saber, de la *salud* y *vida* del ser humano integral. Por ello la lámina del decimocuarto arcano nos lo representa en el ejercicio de su ministerio de regulador del sistema circulatorio o de los fluidos en el hombre. Este sistema comprende varios centros activos –lotos, centros nerviosos y glándulas, por no citar más que los principales–, pero el funcionamiento armonioso de todos esos centros depende de una sola cosa, de un solo acto que ocupa el puesto clave: se trata de la corriente que constituye la relación entre imagen y semejanza en el hombre. La mónada (imagen) no debe *ni intervenir en modo alguno en el sistema circulatorio* (semejanza), ni inundarlo. En el primer caso, el hombre se vería falto de estímulo para llevar una vida verdaderamente humana, es decir, no estaría orientado al fin de la existencia humana. En el segundo caso, el hombre quedaría trastornado por el excesivo impulso procedente de la mónada (imagen), lo cual sería una catástrofe irreparable. Lo que debe conservarse, y lo que de hecho guarda el ángel custodio, es la *justa medida* de la relación entre imagen y semejanza.

Por este motivo, la tradición ha dado al decimocuarto arcano del tarot el nombre de la Templanza. Trátase, en efecto, de la *medida* en la relación fluente entre la imagen y la semejanza, medida necesaria a la *vida* y la *salud*.

La justa medida en la relación fluente entre el radicalismo absoluto de la mónada (imagen) y el relativismo de la personalidad fenoménica (semejanza) constituye el principio básico de la salud espiritual, psíquica y corporal. Esta medida equivale al equilibrio, siempre cambiante, entre la eternidad y el momento, entre lo absoluto y lo relativo, entre la contemplación y la acción, entre lo ideal y lo fenoménico. Pueden decirse muchas cosas pertinentes sobre la oposición entre María y Marta –y se han dicho–, mas nosotros, nosotros todos, no vivimos una vida sana sino cuando ambas hermanas están presentes en nuestro ser y activas como *hermanas*, es decir, cuando *colaboran* con vistas a un tercero.

Nadie puede prescindir en sí mismo ni de María ni de Marta y permanecer al propio tiempo sano de espíritu, alma y cuerpo. *Ora et labora* («Ora y trabaja») no se deja sustituir por ninguna otra fórmula. No es posible vivir sin contemplación, y tampoco sin acción. Así se lo dio a entender Krishna a Arjuna en el *Bhagavadgītā*:

> «Y si el hombre ejecuta también todos sus actos estando siempre alojado en mí, alcanza por mi gracia el estado eterno e imperecedero»[8].

Esto mismo es lo que san Bernardo avaloró con su reforma monástica, en la que aunaba contemplación y trabajo, proponiéndolo también a la caballería cristiana en su predicación de la segunda cruzada y en la *Regla* que dio a la orden de los Templarios. En nuestros días, muchos critican al santo por haber aprobado y promovido la cruzada; mas lo único que hizo fue convocar a los Arjunas cristianos al nuevo campo de Kuruksetra, donde los respectivos ejércitos del islam y de la cristiandad habíanse ya enfrentado en guerra sin cuartel varios siglos atrás. La batalla comenzó en el siglo VII de nuestra era, cuando los árabes invadieron los países cristianos de Oriente. Carlos Martell los rechazó en Poitiers, salvando de la conquista musulmana, gracias a esta victoria (en el año 732), la civilización cristiana de Occidente. ¿Era menester contentarse con haber salvado el núcleo del mundo occidental y adoptar exclusivamente una actitud defensiva, a ejemplo del Imperio Bizantino que fue después, poco a poco, conquistado del todo por los musulmanes? En el siglo XII, la gran batalla no había llegado aún a su conclusión, sino que continuaba. ¿Podía pedírsele a san Bernardo que predicara el abandono de Tierra Santa en manos de los musulmanes y el inicio de una era de «coexistencia pacífica» a expensas de los países donde se encontraba la cuna del cristianismo?

Sea lo que fuere de las cruzadas, san Bernardo exigió a los monjes la contemplación activa y a los caballeros la actividad contemplativa, como ya Krishna lo hiciera quince siglos antes. Ambos actuaron así, porque sabían que el hombre es un ser contemplativo y activo a la vez; y tampoco ignoraban que «la fe sin obras está muerta», como lo están las obras sin fe.

Teóricamente, todo esto es claro como la luz del día, mas no sucede lo mismo en la práctica. Ésta implica un *arcano*, una habilidad

---

8. *Bhagavadgita*, XVIII, 56.

íntima, que es la del decimocuarto arcano mayor del tarot: la Templanza.

La Templanza, como ejercicio espiritual, entraña la tarea de captar la relación entre la imagen (o mónada), la semejanza (o personalidad fenoménica) y el ángel custodio (o gracia individual). Ello significa que es preciso encontrar la fuente, la corriente y la dirección de la *vida* interior, ahondar en su naturaleza y papel, trabajar y vivir luego conforme a este conocimiento.

Examinemos primero la relación entre imagen y semejanza. ¿A qué experiencia íntima corresponde y cómo se revela ésta?

Digámoslo sin rodeos: el contacto establecido entre la imagen y la semejanza se experimenta como *llanto* interior. El llanto traduce la realidad del hecho de que las dos hermanas –imagen y semejanza– se *tocan*.

La experiencia ordinaria que suele expresarse mediante frases como «me ha tocado el corazón hasta hacerme llorar» es sólo un reflejo de lo que ocurre cuando la imagen y la semejanza llegan a tocarse. Mezclan entonces sus lágrimas, y la corriente interior que de ello resulta es la *vida* del alma humana.

Lágrimas, sudor y sangre: he aquí tres sustancias del triple misterio místico-gnóstico-mágico del hombre. El toque de lo alto son las lágrimas; el esfuerzo por conformarse a lo que está en lo alto es el sudor; y el matrimonio consumado de la gracia de arriba con el esfuerzo de abajo es la sangre. Las lágrimas anuncian los esponsales entre lo eterno y lo temporal; el sudor, la prueba que suponen; y la sangre es la región donde se celebran las nupcias entre la eternidad y el momento, y donde este matrimonio se consuma.

El misterio –que representa más que el arcano, como ya decíamos– es uno e indivisible: lágrimas, sudor y sangre. Algunos, con todo, sólo buscan y captan el misterio en las lágrimas. Otros no esperan encontrarlo sino en el sudor. Otros, finalmente, presienten que, más allá de toda experiencia interior y de todo esfuerzo, existe la alianza por la sangre y en la sangre, negándose a conocer o reconocer los otros dos aspectos.

Tales son las raíces internas de las tres principales herejías (pues toda herejía seria es una verdad puesta de relieve con perjuicio de la verdad global, es decir, del *organismo vivo* de la verdad). En efecto, quienes no buscan sino las lágrimas propenden al quietismo o iluminismo; los que prefieren el sudor, o sea el esfuerzo de la voluntad, caen fácilmente en la herejía pelagiana, que niega la gracia; y los que sólo buscan el misterio en la sangre acaban a menudo en el luteranismo, donde las obras –el esfuerzo– no cuentan para nada.

Mas el misterio, lo repito, es uno e indivisible: lágrimas, sudor y sangre; esponsales, prueba y nupcias; fe, esperanza y amor.

Por lo que toca a las lágrimas, son ellas las que fluyen entre las dos vasijas –imagen y semejanza– que sostiene el ángel guardián de la lámina del decimocuarto arcano del tarot. Este arcano enseña, consiguientemente, el *ejercicio* espiritual dedicado al *misterio de la lágrima*. La lágrima –al igual que el sudor y la sangre– significa, como término y como sustancia fluida, algo más que el humor físico segregado por las glándulas del ojo; denota también el fluido sutil de naturaleza espiritual y psíquica que emana del corazón, es decir, del loto de doce pétalos del organismo suprafísico del hombre. La expresión «voz ahogada en lágrimas» apunta ya a la lágrima interior, y la de «llorar sus faltas» va todavía más lejos en esta misma dirección.

El que haya lágrimas de dolor, alegría, admiración, compasión, ternura, etc., quiere decir que la lágrima es debida a la *intensidad* de la vida interior. Se vierte –interna o externamente, da lo mismo– cuando el alma, movida por el Espíritu o el mundo exterior, experimenta un mayor grado de intensidad que de ordinario en su vida interior. El alma que llora está, pues, *más viva*, fresca y joven que la que no llora.

El don de lágrimas ha sido considerado siempre por los maestros de espiritualidad cristiana como una gracia del Espíritu Santo, ya que en virtud de ese don el alma se supera a sí misma y se eleva a un grado de intensidad de vida muy por encima de lo que acostumbra.

Ahora bien, el don de lágrimas es un fenómeno espiritual relativamente reciente en la historia de la espiritualidad humana. En el mundo antiguo, sólo se lloraba *ritualmente*, es decir, por medio de lamentaciones verbales y gestos prescritos de duelo o pena. Fue en el pueblo elegido, Israel, donde se comenzó a llorar *de veras*. Tratábase de una manifestación de la parte que le tocaba a ese pueblo en la misión de preparar la venida de Cristo, quien lloró al ir a resucitar a Lázaro y sudó sangre en el Huerto de los olivos. Todavía hoy, los judíos conservan, cultivan y respetan el don de lágrimas. Así, toda revelación en el relato del *Zohar* va precedida o acompañada del llanto de quien la ha recibido y se dispone a comunicarla a los demás. Otro tanto acontecía con los *tsadiqim* (justos) de los ḥasidim de Europa oriental hace una veintena de años. Y el muro de las lamentaciones...

Debemos, pues, al pueblo de Israel no sólo la Biblia, Cristo encarnado, la obra de los Apóstoles, sino también el don de la lágrima cálida y sincera, ese fluido vivificante que brota del contacto entre la imagen y semejanza en nosotros. ¡Antisemitismo! La gratitud más elemental ¿no debiera bastar para otorgar a los judíos, o pedirles que lo acepten, el puesto de honor a la mesa de la cultura europea, siendo así que tal puesto les corresponde por derecho humano y divino? «Honra a tu padre y a tu madre», dice el mandamiento de Dios. Y a menos de ser nosotros mismos hijos ilegítimos o expósitos, ¿a qué padres espirituales hemos de honrar, sino a los judíos? Creo, no obstante, que al escribir esto me asemejo al hombre que intenta forzar una puerta abierta, pues me cuesta imaginar, querido amigo desconocido, que tu sentir no sea idéntico al mío en esta materia.

Acabo de decir que los personajes del *Zohar* lloran cuando captan una profunda verdad espiritual. Desde el punto de vista del hermetismo cristiano, puede afirmarse lo siguiente: Hay tres clases principales de auténtica experiencia espiritual: *visión, inspiración* e *intuición*, o, dicho de otra manera, *percepción* de los fenómenos espirituales, *comunicación* espiritual e *identificación* espiritual. La visión nos presenta y muestra las cosas espirituales, la inspiración nos infunde la inteligencia de las mismas y la intuición nos revela su esencia por vía de asimilación con nuestra esencia propia. Así, san Pablo tuvo la *visión* de Cristo en el camino hacia Damasco, recibió luego de ella *comunicaciones* a las que obedecía y cuya ejecución constituía su obra apostólica, incluidos sus viajes, y por último, al decir:

«No vivo yo, sino que es Cristo quien vive en mí» (Gál 2,20),

expresaba su conocimiento por identificación o *intuición*.

La visión acrecienta la experiencia, la inspiración aumenta el conocimiento y la comprensión, y la intuición es el cambio y crecimiento no ya de lo que se experimenta y comprende, sino de lo que se *es*. Por la intuición, uno *se transforma* en otro; por la inspiración, se adquieren nuevos modos de pensar, sentir y actuar; y por la visión se amplía el campo de la propia experiencia con la revelación de nuevos hechos inaccesibles a los sentidos y a la inventiva intelectual.

En la práctica, visión, inspiración e intuición no son etapas sucesivas según este mismo orden preestablecido. Hay, en efecto, hombres espirituales que sólo tienen experiencia de la intuición, y otros, únicamente inspirados, que nunca han sido agraciados con visiones. Pero, cualquiera que sea el orden de estas experiencias espirituales, trátase siempre, en fin de cuentas, del *devenir*, es decir, de la intuición. Así, puede afirmarse que, *en principio*, visión e inspiración sólo son medios para llegar a la intuición.

Esta última tiene lugar en la *sangre*, la inspiración en el *llanto* y la visión en el *sudor*. Efectivamente, una visión auténtica exige en toda circunstancia un suplemento de esfuerzo para poderla *soportar*, para no flaquear frente a ella. La visión tiene un peso, abrumador a veces, que requiere gran vigor por parte del alma para no sucumbir a él. La verdadera inspiración lleva siempre consigo un trastorno interior. *Traspasa* el alma como una flecha, hiriéndola y haciéndole experimentar esa profunda emoción que es la síntesis del dolor y la dicha. El símbolo de la rosacruz –la cruz en cuyo centro florece una rosa– expresa de la mejor manera que yo conozco lo esencial de la experiencia de la inspiración. La rosacruz concreta con fuerza y claridad el misterio de la lágrima, de la inspiración. Pone de relieve el gozo del dolor y el dolor del gozo que entraña la inspiración.

En cuanto a la intuición, no se trata ya del peso de la riqueza ni del romance de los esponsales entre la rosa y la cruz, sino del matrimonio consumado entre la vida y la muerte. Lo que vive muere en ella, y lo que muere revive. La sangre se mezcla con la sangre y se transforma alquímicamente, de fluido de separación, en fluido de unión.

Hay tres maneras de ver la cruz: como crucifijo, como rosacruz y como cruz dorada con la rosa de plata.

El crucifijo es el máximo tesoro de la *visión*: es la visión del amor divino y humano.

La cruz negra, donde florece una rosa, es el tesoro de la *inspiración:* es el amor divino y humano que *habla* en el alma.

La cruz dorada que lleva una rosa de plata es el tesoro de la *intuición:* es el amor que *transforma* el alma.

El misterio de la cruz es uno e indivisible: quien no venere el crucifijo no podrá ser inspirado por él hasta el punto de *aceptarlo* (esto es la inspiración), y menos aún de *identificarse* con él (lo que equivale a la intuición). Se trata de una *sola* cruz, de un único e indivisible misterio cristiano. Erraría de medio a medio quien, en lugar de ver en el crucifijo *el* camino, *la* verdad y *la* vida, se resolviera a fundar, por ejemplo, una comunidad o hermandad «de la resurrección», con la cruz dorada y la rosa de plata por símbolo, como sustitutivo del símbolo universal de la cristiandad, el crucifijo. Erraría, digo, porque las dos rosacruces no reemplazan en modo alguno el crucifijo, sino que van incluidas e implicadas en él. La cruz del crucifijo es la que se vuelve inspiradora (rosacruz) y se transforma en luz solar (cruz dorada) portadora del alma receptiva (rosa de plata). La resurrección no es más que la crucifixión que ha fructificado, la crucifixión *realizada*.

El *sudor* mortal del crucifijo no puede, pues, ni debe separarse de la *lágrima* inspiradora de la aceptación de la cruz (rosacruz), como tampoco de la *sangre* transmutada por identificación con la cruz (cruz dorada con la rosa de plata). El misterio del sudor, de la lágrima y de la sangre es *uno* e indivisible.

Lo propio sucede con el cristianismo: es *uno* e indivisible. Ni puede ni debe separarse el cristianismo llamado exotérico de su gnosis y mística, es decir, del cristianismo esotérico. Éste vive enteramente *dentro* de aquél; ni existe ni puede existir aparte. El hermetismo cristiano sólo es una vocación especial en el seno de la universal comunidad cristiana: la vocación a la *dimensión* de la profundidad. Así como se dan en la Iglesia universal vocaciones al sacerdocio, a la vida monástica y a la caballería religiosa, así también hay una vocación, tan irresistible e irrevocable como las otras, al hermetismo. Es la vocación a la vida en la conciencia de la *unidad* de culto (magia sagrada cristiana), revelación (gnosis sagrada cristiana) y salvación (mística sagrada cristiana), y de la unidad de la auténtica vida espiritual de todo el género humano a lo largo de toda su historia, que fue, es y será siempre *cristocéntrica*.

El hermetismo es la vocación a vivir la verdad universal y eterna del prólogo del *Evangelio de san Juan:*

> «En el principio existía el Verbo, y el Verbo estaba con Dios, y el Verbo era Dios... Todo se hizo por él, y sin él no se hizo nada de cuanto existe. En él estaba la vida, y la vida era la luz de los hombres... Era la luz verdadera que *ilumina a todo hombre que viene a este mundo*» (Jn 1,1.3-4.9).

La *unidad* de la luz en la totalidad del pasado, presente y futuro, la *unidad* de la luz en Oriente, Occidente, Norte y Sur, la *unidad* de la luz en la magia, la gnosis y la mística, la *unidad* de la luz en el culto, la revelación y la salvación: todo esto constituye la vocación hermética, que es, lo repito, tan irresistible e irrevocable como la del sacerdote, la del monje o la del caballero religioso.

Me permito añadir que sois vosotros, los llamados irresistible e irrevocablemente al hermetismo, a quienes dirijo estas cartas y a quienes considero mis amigos desconocidos.

Tengo también amigos conocidos, pero en su mayoría se encuentran en el mundo espiritual. Razón de más para dirigirme igualmente a ellos en estas cartas. ¡Y cuántas veces, al escribirles, he sentido el abrazo fraterno de estos amigos, entre otros Papus, Guaita, Péladan, Éliphas Lévi y Claude de Saint-Martin!

¡Amigos míos, los de acá y los de allá, el misterio es uno e indivisible, sellado por el sudor, las lágrimas y la sangre! Vosotros, los amigos de *allá*, ahora lo sabéis: ¡no hay más que *una* verdad, *una* luz, *un* Cristo, *una* comunidad, y no hay ni exoterismo o esoterismo separados, ni comunidades exotéricas o esotéricas separadas! ¡Sépanlo también los amigos de *acá*!

La lágrima es el elemento propio de la inspiración. Quien ante un crucifijo se sienta impelido a llorar –externa o internamente ¡qué importa!–, ése está ya inspirado. Contempla la rosacruz en el crucifijo. Y quien clave sus ojos en el crucifijo, en el momento supremo de la agonía, con su sangre a punto de enfriarse y adquirir un nuevo calor en lugar del que se le escapa, ése vive la intuición. Contempla ya la cruz con la rosa de plata.

La *inspiración* es el principio que actúa en el llanto. Al igual que éste, se manifiesta como una corriente entre dos vasijas. En la inspiración, sea cual fuere su verdadera fuente, se trata de una corriente entre el yo superior o imagen y el yo inferior o semejanza. Es la corriente que resulta de la *colaboración simultánea* entre el ojo (u oído) superior y el ojo (u oído) inferior.

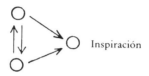

Dicho de otro modo, el entendimiento superior y el inferior están en contacto y vibran al unísono, cada uno con su voz y lenguaje propios, produciendo así juntos una inspiración concreta.

La técnica de la *visión* difiere de la de la inspiración por cuanto en la primera no se trata de la colaboración simultánea de ambos ojos (u oídos), superior e inferior, sino de la *impronta* pasiva que sólo el yo inferior recibe de lo alto. Al no darse la colaboración de los dos entendimientos, es posible que el yo inferior (la personalidad) experimente una visión sin comprenderla. Y ésta puede seguir siendo incomprensible durante mucho tiempo.

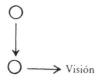

También la *intuición* se debe a *un solo* principio activo. En ella, el yo inferior se identifica con el yo superior, es decir, se eleva hasta él y se esfuma en él, haciéndose únicamente presencia pasiva y muda. Sólo obra entonces el yo superior.

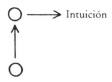

Estos tres dibujos esquemáticos representan asimismo, respectivamente, los arcanos de la lágrima, del sudor y de la sangre. En la intuición, donde el yo inferior experimenta una especie de muerte que se transforma en vida en el yo superior, se realiza el misterio de la sangre, simbolizado por la cruz dorada con la rosa de plata.

En la visión, donde el peso de la revelación de lo alto cae sobre el yo inferior y debe ser soportado por éste, nos hallamos ante el misterio del sudor, simbolizado por la cruz del crucifijo, la cruz que el crucificado tuvo que llevar al Calvario y bajo cuyo peso cayó a tierra tres veces.

Y en la inspiración, donde la imagen intacta y la semejanza venida a menos se aúnan para dar origen a la palabra nueva, se trata del misterio de la lágrima, simbolizado por la rosacruz.

A este misterio de la lágrima y de la inspiración se refiere especialmente el decimocuarto arcano del tarot. Es el ejercicio espiritual dedicado a la inspiración.

Como se desprende de cuanto precede y de toda experiencia auténtica, la inspiración no es algo que *llega* sin más, al modo de la visión, ni tampoco el fruto de toda una serie de esfuerzos de abnegación o mortificación coronados por el aniquilamiento de sí, como en el caso de la intuición, sino una *cooperación,* una actividad concertada entre el yo superior y el yo inferior. Es, en esencia, la corriente que emana de dos vasijas a la vez.

El *arcano* práctico de la inspiración consiste, pues, en saber ser simultáneamente activo y pasivo. Activo en cuanto a la *pregunta* o demanda, pasivo tocante a la *respuesta* o solución.

Sería vano, por tanto, limitarse a formular internamente una pregunta y adoptar luego una actitud pasiva, por tranquila y silenciosa que fuere, en espera de una respuesta inspirada. Uno puede escuchar y esperar así mucho tiempo sin que, por regla general, suceda nada.

Resultaría también inútil hacer un gran esfuerzo de pensamiento discursivo e imaginación para atraer la inspiración, como si ésta fuera el salario de un trabajo bien ejecutado.

No, ni la *pasividad* de la espera ni la *actividad* del pensamiento y la imaginación bastan, por separado, para lograr el estado de alma necesario a la inspiración; se requieren la actividad y la pasividad *simultáneas*. Vamos a tratar de explicarlo. El racionalismo del siglo XVIII propuso la fórmula: «Lo claro es verdadero.» Y correlativamente se añadió: «Lo que no es claro no es verdad.» Consciente o instintivamente, hemos heredado estas dos fórmulas del siglo cuyo ideal era pensar *modo geometrico*. Desde luego, no creemos ya que *todo* lo claro sea verdadero, pero seguimos manteniendo que lo verdadero debe ser claro. La verdad, exigimos, ha de entrañar claridad.

Guiados por este principio, pugnamos por ser *precisos*, por trazar fronteras bien netas para encuadrar el tema que nos ocupa. Al hacerlo así, construimos un *cercado* intelectual que, ciertamente, es claro, pero lo hemos separado del gran río de la verdad; es como si de él hubiéramos extraído una gota. Ésta es clara y neta, mas sólo se trata de una gota aislada del gran contexto de la verdad. Si entendemos este símil, podemos llegar a pensar de otra manera. Podemos intentar *pensar con el río*, es decir, no pensar *solos*, sino *en común*, unidos al coro anónimo de pensadores de arriba y abajo, de ayer y hoy. El *Yo pienso* cede así el puesto al *Se piensa*. Este pensar en común es a la vez activo y pasivo. Es activo por cuanto uno mismo piensa, y es pasivo porque algo piensa con uno. Hay *dos vasijas* de donde fluye el pensamiento, la de uno mismo y otra. Tal es justamente el estado de alma necesario para tener inspiraciones. El arcano de la inspiración, el decimocuarto arcano del tarot, es el de las *dos fuentes* y *dos corrientes* simultáneas de pensamiento que se mezclan y unen, constituyendo la auténtica *inspiración*.

Acabo de describir el proceso de pensar en común, o de la inspiración, como una *técnica*. Tenía que hacerlo así por razones de claridad. Pero claridad y verdad no son idénticas. He de corregir, pues, la parte de verdad que me he visto forzado a sacrificar a la claridad.

A buen seguro, no existe ninguna técnica en la esfera íntima y espiritual de la inspiración. Todo en ella es esencialmente *moral*. En efecto, para pensar en común, se impone ante todo una cosa: la *humildad*. Para pensar en común, he de inclinarme ante una inteligencia superior a la mía, y ello no en términos generales y en abstracto, sino concretamente, cediendo el derecho exclusivo de autor al copensador anónimo. Pensar en común significa *pensar de rodillas*, abajarse ante el otro, disminuirse para que él crezca. Tal es el pensamiento oración o la oración pensamiento.

La inspiración no nos vendrá ni de los ejercicios de concentración del *raja-yoga* ni de los de respiración u otros del *hatha-yoga*. Sólo la humildad, fundada en la pobreza, obediencia y castidad –los tres universales y eternos votos–, es capaz de traérnosla.

Sí, el mundo espiritual es de orden moral. La inspiración es el fruto de la humildad en el esfuerzo y del esfuerzo en humildad. *Ora et labora* (Ora y trabaja) constituye, pues, la clave de la inspiración, como abre también otras muchas puertas.

Lo que acabo de decir de la humildad como condición preliminar de la inspiración ha de ser todavía precisado, si no corregido. Porque la humildad puede a veces revelarse estéril y aun llegar a obstaculizar la inspiración. Tal acontece con la humildad que paraliza la aspiración al conocimiento de la verdad y a la perfección en el ejercicio de las virtudes y talentos. La inspiración no le vendría, por ejemplo, a una persona que dijera humildemente: «No me ocupo de las cosas divinas ni del mundo espiritual, pues para ello hay que ser santo y sabio, y yo no soy ni lo uno ni lo otro.» Cuidarse sólo de la salvación del alma podrá muy bien llevarla lejos por el camino de la pureza e inocencia, pero la dejará al mismo tiempo en total ignorancia respecto al mundo, la historia y los grandes problemas de la humanidad. Más de un auténtico santo no supo apenas nada del mundo y su historia, debido a una humildad que le impedía salir del círculo de lo estrictamente necesario para la salvación.

El hambre y sed de verdad –que abarca a Dios, el mundo y el género humano– son, no obstante, básicas en la inspiración que obedece a la ley del *Ora et labora*. Tampoco el hermético estará inspirado si no es humilde. Ni lo estará, en todo caso, si no aprende el arte de olvidarse de sí mismo –sea él como fuere: humilde o arrogante, inocente o pecador–, movido por el hambre y sed de la verdad de Dios, del mundo y de la humanidad.

Hay que saber *preguntar* y atreverse a ello, olvidando la propia humildad y la propia presunción. Los niños saben y osan preguntar. ¿Son por esto presuntuosos? No, porque cada pregunta que hacen es a la vez confesión de su ignorancia. ¿Son humildes? Lo son por cuanto tienen conciencia de su ignorancia y la sienten; no lo son en la medida en que se dejan llevar por el hambre y sed de saber y comprender, hasta el punto de olvidarse de sí mismos y olvidar tanto su humildad como su presunción. Aquí el hermético imita al niño. Quiere saber el *quién*, el *qué*, el *cómo* y el *porqué* de la vida y la muerte, del bien y el mal, de la creación y la evolución, de la historia y el alma humana. Los estudiosos de ciencias naturales que han dedicado su vida entera a la profundización e investigación de las mismas han abandonado, dicen, esas preguntas infantiles. Se ciñen a una sola: la del *cómo* técnico. Relegan el *porqué*, el *qué*, por no hablar del *quién*, al campo de la teología y las bellas letras.

Nosotros, los herméticos, hemos conservado todo el repertorio de las preguntas de nuestra infancia: el *qué*, el *cómo*, el *porqué* y hasta el *quién*. ¿Andamos retrasados? ¿Llevamos ventaja a los demás? ¡Qué nos importa! Retrasados o adelantados, hemos mantenido vivas el hambre y sed de saber y comprender, propias de nuestra infancia, y ellas nos llevan a preguntar cosas que no preguntan ya las gentes maduras de la civilización contemporánea.

¿Cómo? ¿No hemos aprendido de la historia de la civilización que tales cosas son incognoscibles, que la nesciencia de hoy ha sido precedida por el esfuerzo heroico de incontables generaciones en busca de una respuesta a esas mismas preguntas y que sólo tras este infructuoso empeño nos hemos resignado al *ignoramus*? ¿Qué posibilidad, qué esperanza nos queda después de todo eso?

Nuestra posibilidad, nuestra esperanza, es la *inspiración*. Y precisamente porque preguntamos, como los niños, tenemos la esperanza –no la certeza– de que nuestro Padre que está en los cielos nos dará la respuesta, de que no nos dará una piedra en lugar de un pan, ni una serpiente en vez de un pescado. ¡La inspiración –las dos vasijas de donde fluye el agua viva, sostenidas por un ángel alado– es la esperanza y posibilidad de supervivencia para el hermetismo en los siglos venideros!

Querido amigo desconocido, dite a ti mismo que no sabes *nada* y, al propio tiempo, que puedes saberlo *todo;* y, provisto de esta santa humildad y esta santa presunción de los niños, ¡súmete en el puro y fortificante elemento del pensar en común, de la inspiración! ¡Ojalá el ángel alado te acompañe en tu empresa y sostenga para ti las dos vasijas de donde ha de brotar la inspiración!

El arcano de la inspiración es de vital importancia práctica, no sólo para el hermetismo, sino para la historia espiritual de la humanidad en general. Pues así como en la biografía individual del hombre hay momentos decisivos de inspiración, así hay también en la historia de la humanidad puntos decisivos, inspiraciones de gigantesca envergadura. Tales son las grandes religiones. Los *risis* tuvieron en la antigua India la inspiración que dio origen a los *Vedas*; el gran Zaratustra, el «astro de oro», tuvo en la antigua Persia la inspiración de donde salió el *Zendavesta;* Moisés y los profetas tuvieron la inspiración que se convirtió en fuente del Antiguo Testamento bíblico, y al suceso de la vida, muerte y resurrección de Cristo siguió la inspiración madre de los Evangelios, cuyo autor es doble: el hombre y el querubín que lo inspira. A su vez el islam se refiere, como única fuente, a la inspiración que Mahoma recibió del arcángel Gabriel y de la cual nació el *Corán*.

En cuanto al budismo, religión del humanismo puro y sencillo, también él ve su origen en el acontecimiento espiritual que tuvo lugar en el alma de Gautama Buda bajo el árbol de la iluminación (*Bodhi*), donde le fueron reveladas las cuatro santas verdades de manera repentina y con exclusión de toda duda, a modo de *inspiración*.

Las grandes religiones son, pues, inspiraciones de la humanidad, y la historia de la religión es la de la inspiración. Los equívocos acerca de la inspiración, la ignorancia de su *arcano* práctico, tendrán asimismo aciagas y trágicas repercusiones en la historia humana. Unos pensarán que la inspiración se logra mediante el esfuerzo; otros, al contrario, que exige una completa pasividad por parte del alma. Surgirán así en las religiones las múltiples formas del *pelagianismo* y del *quietismo*. Todos los que no saben que el arcano de la inspiración es el de la *actividad y la pasividad simultáneas* caen necesariamente en una de estas dos tendencias.

Dentro de este contexto, las experiencias psicológicas individuales, fracasos y desencantos inclusive, han desempeñado un importantísimo papel en las catástrofes que han agitado la historia del cristianismo.

Así, un monje agustino del siglo XVI deseó ardientemente la inspiración. Practicaba un ayuno riguroso, se mortificaba, pasaba noches enteras orando. Creía que el esfuerzo, por sí solo, le procuraría la inspiración. Mas ésta no venía. Entonces, desengañado, proclamó la doctrina de la vanidad de las obras y de todo esfuerzo. La fe sola bastaba para salvarse. Tal es el origen del protestantismo luterano.

En ese mismo siglo, un doctor en derecho experimentaba una súbita conversión. Concluyó de ahí que la inspiración es obra de Dios y sólo de Dios, sin participación alguna de la libertad y del esfuerzo humanos. Dios, únicamente Dios, elige desde toda la eternidad a quienes ha predestinado a la salvación entre la masa predestinada a la perdición. He ahí la raíz del protestantismo calvinista.

Si Martín Lutero y Juan Calvino hubieran sabido que la inspiración es actividad y pasividad, o esfuerzo y gracia simultáneos, el uno no habría visto en el hombre solamente el pecado, ni el otro habría concebido a Dios como un tirano cósmico.

Hacía falta un san Juan de la Cruz para demostrar que es posible atravesar las tinieblas y aridez de los sentidos y del espíritu sin retroceder ni desesperar, y que puede efectuarse una reforma profunda en la práctica de la pobreza y la radicalidad moral del Evangelio sin menoscabar la unidad de la Iglesia. En verdad, san Juan de la Cruz *expió* a Martín Lutero.

Y era también necesario un san Ignacio de Loyola para demostrar que el hombre puede escoger a Dios y abrazar su causa en plena libertad de amor, en lugar de ser él mismo elegido por Dios, y que, así como Jacob luchó hasta el despuntar del alba diciendo: «No te dejaré ir, mientras no me bendigas», así toda libre voluntad humana, elegida o no, puede abrazar la causa de Dios voluntariamente, y Dios la bendecirá. San Ignacio de Loyola *expió* a Juan Calvino viviendo en obediencia voluntaria de amor, no en la obediencia del impotente al poder del omnipotente.

El hermetismo cristiano, por lo que a él toca, posee el conocimiento del arcano de la inspiración y jamás se pondrá de parte de quienes creen que la inspiración *se hace,* ni de quienes estiman merecerla gracias a la mera pasividad del alma. El hermetismo conoce la ley del matrimonio de los contrarios y sabe que la inspiración resulta de las nupcias entre actividad y pasividad en el alma.

Lee a Claude de Saint-Martin: no encontrarás en él ni pelagianismo ni quietismo, sino por doquier la doble fe en Dios y en el hombre, en la gracia y en el esfuerzo humano. *Ora et labora* es, no cabe duda, el consejo práctico que se desprende del conjunto de la obra de Saint-Martin. ¿Y Éliphas Lévi, Joséphin Péladan y Papus? Todos ellos profesaron, llegados a su madurez, la misma doble fe en Dios y el hombre, en la gracia y el esfuerzo humano. Por ello puede decirse que conocían el arcano de la inspiración, representado simbólicamente por la decimocuarta lámina del tarot.

He citado a unos cuantos herméticos de quienes probablemente tienes ya noticia, querido amigo desconocido, pero otros muchos debieran también ser mencionados como guardianes de la tradición antigua del arcano de la inspiración. ¿Qué pueden decirte, sin embargo, los nombres de Shmakov o Rudnikova, por ejemplo? Son nombres que, cual amarillentas hojas de otoño, reposan, relegados al olvido, bajo el inmenso y blanco sudario de nieve que recubre la Rusia prerrevolucionaria.

En todo caso, hay una comunidad de herméticos conocidos y desconocidos, pero cuya mayoría es anónima. Sólo una pequeña parte de esta comunidad se conoce y encuentra cara a cara en el mundo de los sentidos. Otra parte, aún menos numerosa, consta de cuantos se conocen y encuentran cara a cara en la *visión*. Mas la *inspiración* une a *todos* los miembros de la comunidad de herméticos, estén cerca o lejos unos de otros, se conozcan o no, vivan o hayan fallecido.

La *inspiración,* decimos, constituye la comunidad hermética. En ella entran en mutuo contacto *todos* sus miembros, ella es el lazo que los une. *La comunidad de la inspiración:* tal es, realmente, la comunidad hermética.

La inspiración común fundamenta ese lenguaje mental y simbólico de que usan todos los herméticos, el de la analogía, el matrimonio de los contrarios, la síntesis, la lógica moral, la dimensión de la profundidad añadida a las de la claridad y la grandeza, ese lenguaje basado en la ardorosa creencia de que todo es cognoscible y revelable y de que el misterio consiste en la cognoscibilidad y revelabilidad infinitas. Esta inspiración común, fuente de un lenguaje común, es el Verbo interior que nos dirige e impulsa, a la vez interior y anterior a todas nuestras aspiraciones. El Papus de 1890 no sabía lo que llegaría a ser el Papus de 1917, mas dirigía ya sus esfuerzos a lo que sabría, sentiría y realizaría, en una palabra, a lo que *sería*, en 1917. *Sabía* ya en 1890 lo que no sabía. La *inspiración* del hermetismo cristiano estaba ya presente y operaba en él. Fue esta inspiración la que le hizo romper con la corriente neobudista de la Sociedad teosófica y preferir el cristianismo intelectual de Saint-Yves d'Alveydre al budismo intelectual de la Sociedad teosófica. Y, gracias también a esta inspiración, prefirió el cristianismo real de su maestro Philippe de Lyón al intelectualismo cristiano de su juventud. Sí, el Papus que oraba y trabajaba en 1917 era producto de la *inspiración* que guió e impulsó primero al joven estudiante de medicina, luego al investigador entusiasta de las ciencias ocultas, más tarde al mago audaz y, por fin, al aficionado a las grandes síntesis intelectuales. He aquí un ejemplo especialísimo del influjo gradual de una inspiración que actúa desde los años jóvenes.

«En el principio existía el Verbo» no es sólo la *ley* del mundo, sino también la de la realización de la inspiración en toda biografía individual. La comunidad entera de los herméticos vive bajo esta ley, bajo la *ley de la inspiración*.

Todo el mundo vive bajo esta ley. La comunidad hermética no se distingue del resto de la humanidad sino en que se siente llevada –de manera irresistible– a *ser consciente de ello* y *saber* lo que le ocurre tanto a ella misma como al resto del género humano.

El *destino* de los herméticos sólo difiere del de los demás hombres en que aquéllos tienen hambre y sed del conocimiento global que éstos se limitan a soportar. Ese destino no entraña ningún privilegio. Muy al contrario, los herméticos cargan con un *deber* suplementario, el deber interior de *comprender* esa suma de milagros y desastres que constituyen la vida y el mundo. Esta obligación les hace parecer presuntuosos o infantiles a los ojos del mundo, mas son lo que son, porque el arcano de la inspiración –el del ente alado transvasando el agua viva– los hace tales.

Carta XV

EL DIABLO

El arcano de la contrainspiración

Querido amigo desconocido:

Todavía bajo la impresión del arcano de la inspiración, el del ente alado que transvasa el agua viva de un jarrón a otro, henos aquí frente a un nuevo ente alado que sostiene una antorcha por encima de dos seres atados al pedestal donde él mismo está de pie. Trátase del arcano de la *contrainspiración*, que ahora nos toca examinar.

Si el decimocuarto arcano nos introducía en el misterio de la *lágrima* y de la *templanza* de la inspiración, el decimoquinto nos iniciará en los secretos del *fuego eléctrico* y de la *embriaguez* de la contrainspiración. Aún nos queda por leer otro capítulo del drama sobre el destino de la imagen y semejanza divinas.

Antes de comenzar esta meditación sobre el arcano de la contrainspiración, hemos de darnos cuenta de la diferencia intrínseca que existe entre meditar acerca de los demás arcanos y meditar sobre el arcano del Diablo.

El tarot es una serie de ejercicios espirituales o herméticos, y ya se sabe que todo ejercicio espiritual tiende a identificar al meditante con el tema de la meditación, es decir, a un acto de *intuición*. No obstante, el decimoquinto arcano del tarot, como ejercicio espiritual, ni puede ni debe llevarnos a semejante experiencia de identificación. *No se debe llegar a la intuición del mal*, puesto que intuición es identificación, e identificación es *comunión*.

Desgraciadamente muchos autores, ocultistas o no, han tratado a tontas y a locas de lo que hay de profundo tanto en el bien como en el mal. Creíanse obligados a hacer lo posible por ahondar en el estudio de los misterios del bien y de los secretos del mal. Así, Dostoyevski echó a rodar por el mundo algunas verdades profundas del cristianismo, divulgando al mismo tiempo ciertos métodos prácticos y secretos del mal. Tal es el caso, especialmente, en su novela *Los endemoniados*.

Otro ejemplo de atención excesiva al conocimiento del mal –y por tanto de ocupación de la conciencia con el mal– es el interés, predominante entre los antropósofos alemanes, por los problemas del doble y aún triple mal. Ahrimán y Lucifer (y a veces también Asura), los dos principios del mal, subjetivo y objetivo, seductor e hipnotizador, han llegado a invadir la conciencia de los antropósofos hasta tal punto que apenas se ve ya nada que no entre en una de ambas categorías: lo ahrimánico o lo luciferino. La ciencia, como objetiva, es ahrimánica; la mística cristiana, subjetiva, es luciferina. El Oriente está bajo el dominio de Lucifer, porque niega la materia; el Occidente bajo el de Ahrimán, por haber creado una civilización material y tender al materialismo. Todas las máquinas –incluidos los aparatos de radio y televisión– encarnan demonios ahrimánicos. Los laboratorios son ciudadelas de Ahrimán; los teatros –y las iglesias, según algunos– son alcázares de Lucifer, etc., etc. Los antropósofos propenden a clasificar millares de hechos asignándolos a los distintos campos de la categoría del mal.

En revelar esta categoría pasan días enteros, lo que equivale a entrar en contacto con el mal y, por ello mismo, reducir el contacto vivificante con el bien y la inspiración de que éste deriva. El resultado es una sabiduría renca y sin alas, privada de impulso creador, que no hace sino repetir y comentar hasta la saciedad lo que el maestro, Rudolf Steiner, ha dicho. Sin embargo, ¡cuántas cosas ha dicho Steiner capaces de suscitar el máximo impulso creador! Sus cursillos sobre los cuatro Evangelios, sus conferencias en Helsinki sobre las jerarquías celestes, por no hablar de su libro sobre el trabajo interior[1], bastarían ya para despertar un hondo y maduro entusiasmo creador en toda alma que aspire a la experiencia auténtica del mundo espiritual. Pero la preocupación por el mal le ha cortado las alas al movimiento antroposófico y ha hecho de él lo que es desde la muerte de su fundador: un movimiento de reformismo cultural (arte, pedagogía, medicina, agricultura) falto de esoterismo vivo, es decir, sin mística, ni gnosis, ni magia, que sustituye por la lectura, el estudio y el trabajo intelectual, con el único fin de establecer la concordancia de las conferencias y escritos estenografiados del maestro.

---

1. Rudolf Steiner, *Wie erlangt man Erkenntnisse der höheren Welten?*, 1905; cf. en cast., *La ciencia oculta*, Steiner, Madrid 1979; *La ciencia del espíritu y el dilema social*, Steiner, Madrid 1978; *El cristianismo y los misterios de la antigüedad*, Steiner, Madrid 1984.

No hay que ocuparse del mal sino guardando cierta distancia y medida, para evitar el riesgo de paralizar el impulso creador y, lo que es más grave, proporcionar armas a los malos.

Sólo es posible captar profundamente, o sea intuitivamente, lo que se ama. El amor es el elemento vital del conocimiento profundo, del conocimiento intuitivo. Y puesto que el mal no puede ser amado, tampoco puede conocerse *en esencia.* No podemos *entenderlo* sino *a distancia, como observadores* de su fenomenología.

Por ello encontrarás, sin duda, una clara –aunque esquemática– descripción de las jerarquías celestiales en las obras de san Dionisio Areopagita, san Buenaventura y santo Tomás de Aquino, así como en la cábala y en los escritos de Rudolf Steiner, pero en vano buscarás en todos esos autores un cuadro análogo de las jerarquías del mal. También hallarás en los libros de brujería y en la cábala práctica (por ej., en Abramelín el Mago) muchos nombres de seres particulares pertenecientes a las jerarquías del mal, mas no una descripción general análoga a la de san Dionisio Areopagita. El mundo de las jerarquías del mal aparece como una exuberante jungla donde pueden distinguirse cientos y aun miles de plantas particulares, sin llegar nunca a una clara visión del conjunto. El mundo del mal es un *mundo caótico.* Así se ofrece, al menos, a los ojos del que lo observa.

No debemos penetrar en esta jungla, pues nos perderíamos; hay que contemplarla desde fuera. Por eso la meditación sobre el arcano representado por el Diablo ha de obedecer a las leyes antes indicadas acerca de la actitud que conviene adoptar frente al mal.

Trátase, pues, de un esfuerzo por comprender este arcano *a distancia,* usando del método fenomenológico. Ocupémonos primeramente de la fenomenología de la lámina misma.

Representa a tres personajes. El del centro es mayor que los otros dos y se halla de pie sobre un pedestal al que estos últimos están atados. La figura central es un ente andrógino, provisto de alas de murciélago que apuntan hacia arriba. Tiene la mano derecha levantada, y con la izquierda, dirigida hacia abajo, ase una antorcha encendida. Sus alas y piernas son azules. De su cabeza, tocada con un gorro amarillo, brotan dos cuernos ramosos, también amarillos. El ser está desnudo, salvo por el gorro y un ceñidor rojo.

Los otros dos personajes, delante y a ambos lados del primero, son una mujer y un hombre desnudos. Poseen rabo y orejas de animal. Sus cabezas, tocadas con sendos gorros encarnados, tienen asimismo cuernos ramosos. Sus brazos están atados a la espalda, y una cuerda pasada alrededor del cuello los ata a ellos mismos a una argolla fijada en la parte inferior, roja, del pedestal sobre el que se yergue la

figura central. De esta última aún hay que mencionar un rasgo característico: es *bizco*, sus pupilas se juntan en la base de la nariz.
¿Qué orden de idea evoca la lámina en primer lugar? Quiero decir, qué orden de ideas de alcance espiritual *práctico*, o sea referentes a un *arcano* práctico del hermetismo como síntesis de mística, gnosis y magia.
¿Tiene algo que ver con la metafísica cósmica del mal, la historia de la rebelión de una parte de las jerarquías celestes acaudilladas por el «gran dragón rojo» que «arrastra la tercera parte de las estrellas» (Ap 12,3.4)? ¿O con el ser de que habla Ezequiel cuando dice:

> «Querubín protector de alas desplegadas te había hecho yo;
> estabas en el monte santo de Dios,
> caminabas entre piedras de fuego.
> Fuiste perfecto en tu conducta
> desde el día de tu creación,
> hasta el día en que se halló en ti iniquidad...
> Y yo te he degradado del monte de Dios,
> y te he eliminado, querubín protector,
> de en medio de las piedras de fuego.
> Tu corazón se pagó de tu belleza,
> corrompiste tu sabiduría por causa de tu esplendor.
> Yo te he precipitado en tierra...» (Ez 28,14-17).

Evidentemente, no. El Diablo de la lámina no evoca ideas relativas al drama cósmico de la caída del «querubín protector del monte de Dios», ni al «gran dragón rojo» librando batalla contra el arcángel Miguel y su ejército celestial. Las ideas sugeridas por el conjunto de la lámina se refieren más bien a la esclavitud en que se encuentran los dos personajes atados al pedestal de un demonio monstruoso. La lámina no refleja la metafísica del mal, sino que nos brinda una lección eminentemente práctica: ¿Cómo es que algunos seres pueden echar por la borda su libertad y convertirse en esclavos de un ente monstruoso que los degrada y hace semejantes a él?

El tema del decimoquinto arcano del tarot es el de la *generación* de los demonios y el poder que tienen sobre quien los engendra. Es el arcano de la creación de seres artificiales y de la esclavitud en la que puede caer el creador respecto de su propia criatura.

Para llegar a captar este arcano, hay que darse cuenta, ante todo, de que el mundo del mal está constituido no sólo por entes de las jerarquías celestiales (a excepción de los serafines) caídas, sino también por seres de origen *no jerárquico*, seres que, como los bacilos, microbios y virus de las enfermedades infecciosas, no proceden, hablando en términos de filosofía escolástica, ni de la causa primera ni de las causas segundas, sino de las causas terceras, es decir, del abuso del libre albedrío de los creadores autónomos. Hay, pues, jerarquías del lado izquierdo, que actúan dentro de la ley ejerciendo funciones de estricta justicia en calidad de acusadores o encargándose de poner a prueba al justo, pero hay también microbios del mal o seres creados artificialmente por la humanidad encarnada. Estos últimos son demonios cuya alma es una pasión especial y cuyo cuerpo consta de la totalidad de las vibraciones electromagnéticas producidas por esa pasión. Estos demonios artificiales pueden ser engendrados por colectividades humanas, como acontecía con no pocos dioses monstruosos fenicios y mexicanos, y como es todavía el caso con ciertos dioses tibetanos. El Moloc cananeo, mencionado tantas veces en la Biblia, que exigía el sacrificio sangriento de los recién nacidos, no es un ente jerárquico, del bien o del mal, sino un egrégor maligno, un demonio artificial y colectivamente creado por comunidades humanas prendadas del escalofrío del terror. Lo mismo se aplica al Quetzalcóatl mexicano.

Tocante al Tíbet, nos encontramos allí con el singular fenómeno de la práctica consciente –cuasi científica– de la creación y destrucción de demonios. Al parecer, los tibetanos conocen el arcano que nos ocupa y lo practican como método de entrenamiento oculto de la voluntad e imaginación. Este entrenamiento se lleva a cabo en tres etapas: creación de seres mágicos (*tulpas*) por medio de la imaginación concentrada y dirigida, evocación de los mismos y, finalmente, liberación de su influjo merced al acto de conocimiento que los destruye, haciéndole a uno consciente de que sólo son productos de la imaginación y, por tanto, ilusiones. El fin de esta práctica es llegar a la incredulidad respecto de los demonios *tras haberlos creado* por la fuerza de la imaginación y haberse intrépidamente enfrentado con sus terroríficas apariciones.

Acerca de esto, veamos lo que nos dice Alexandra David-Neel, que habla con conocimiento de causa:

«He interrogado a varios lamas sobre este punto (la incredulidad). Esta incredulidad, me dijo uno de ellos –un filósofo (*gueshe*) de Dirgi– sobreviene a veces. Puede considerarse como uno de los fines perseguidos por los maestros místicos, pero, si el discípulo la logra antes de tiempo, se priva de los frutos de la parte del entrenamiento destinada a hacerle intrépido.

»Los maestros místicos, añadía, no darían su aprobación al novicio que profesara una incredulidad simplista, pues ésta es contraria a la verdad.

»El discípulo debe comprender que dioses y demonios existen realmente para quienes creen en su existencia, y que poseen el poder de hacer el bien o el mal a quienes les rinden culto o los temen. Por lo demás, son rarísimos los que llegan a la incredulidad durante la primera parte de su entrenamiento espiritual. La mayoría de los novicios ven, de veras, apariciones espantosas...»

Y más adelante:

«Tuve ocasión de conversar con un ermitaño de Ga (Tíbet oriental), llamado Kushog Wanchén, sobre casos de muerte súbita ocurrida durante las evocaciones de espíritus malignos. Este lama no parecía proclive a la superstición, y por ello creí que me aprobaría cuando le dije:
»"Ésos han muerto de miedo. Sus visiones eran objetivaciones de sus propios pensamientos. El que no cree en los demonios nunca será destruido por ellos."
»Con gran asombro por mi parte, el anacoreta replicó en un tono extraño: "Según usted, basta con no creer en la existencia de los tigres para estar seguro de no ser devorado por ninguno, al pasar a su lado." Y prosiguió: "Consciente o inconsciente, la objetivación de las formas mentales es un proceso muy misterioso. ¿Qué sucede con esas creaciones? ¿No podría ser que, como los hijos nacidos de nuestra carne, esos hijos de nuestro espíritu se sustraigan a nuestro control y, gradual o repentinamente, lleguen a vivir vida propia? ¿No debemos también considerar que, si a nosotros nos es posible engendrarlos, otras personas poseen también el mismo poder? Y, si tales criaturas mágicas (*tulpas*) existen, ¿tan extraordinario resulta que podamos entrar en contacto con ellas, ya por voluntad de sus creadores, ya porque nuestros propios pensamientos o actos crean las condiciones necesarias para que esos seres manifiesten su presencia y actividad...? Es preciso aprender a defenderse de los tigres cuyo padre es uno mismo, y también de los que otros engendran"»[2].

Tal es el pensamiento de los maestros tibetanos acerca de la magia capaz de engendrar demonios. El maestro de magia francés Éliphas Lévi tiene una opinión semejante:

«La magia creadora del demonio, esa magia que dictó el *Grimorio* del papa Honorio, el *Enquiridión* de León III, los exorcismos del *Ritual*, las sentencias de los inquisidores, las requisitorias de Laubardemont, los artículos de los hermanos Veuillot, los libros de Falloux, Montalembert y Mirville, la magia de los brujos y hombres piadosos que no lo son, esa magia, digo, es algo verdaderamente condenable en los unos e infinitamente deplorable en los otros. Para combatir, sobre todo, esas tristes aberraciones del espíritu humano, hemos publicado el presente libro. ¡Ojalá contribuya al éxito de esta obra santa!»[3]

«El hombre es el creador de su propio cielo e infierno, y no hay otros demonios que nuestras locuras. Los espíritus que la verdad castiga quedan corregidos por el castigo y no piensan ya en perturbar el mundo»[4].

Debido a su experiencia personal, Éliphas Lévi sólo veía en los seres demoníacos, tales como íncubos y súcubos, «maeses Leonar-

---
2. A. David-Neel, *Mystiques et magiciens du Thibet*, Plon, Paris 1929, p. 130-132; trad. cast., *Místicos y magos del Tíbet*, Espasa Calpe, Madrid.
3. É. Lévi, *Dogme et rituel de la haute magie*, Paris 1854, cap. VX (de *Rituel*).
4. Ibid., cap. XXII (de *Dogme*).

dos» presidiendo aquelarres, y los demonios de los posesos, criaturas de la imaginación y voluntad humanas que proyectan individual o colectivamente su contenido en la sustancia plástica de la luz astral. Según esto ¡los demonios europeos se engendran exactamente de la misma manera que los seres mágicos (*tulpas*) tibetanos! El arte y el método de fabricar ídolos, prohibido por el primer mandamiento del decálogo, es antiguo y universal. A lo que parece, se han engendrado demonios en todo tiempo y lugar.

Éliphas Lévi y los maestros tibetanos están de acuerdo no sólo en lo que toca al origen subjetivo y psicológico de los demonios, sino también en cuanto a su existencia *objetiva*. Engendrados subjetivamente, se convierten en fuerzas independientes de la subjetividad que los creó. Son, en otras palabras, *creaciones mágicas*, pues la magia es la *objetivación* de lo que se origina en la subjetividad. Los demonios que no han llegado a objetivarse, es decir, a poseer una existencia separada de la vida psíquica de su genitor, existen de una manera semiautónoma. La psicología moderna los designa por el nombre de complejos psicológicos, y C.G. Jung los considera como entes parasitarios que son con relación al organismo psíquico lo que el cáncer, por ejemplo, es respecto al organismo físico. El complejo psicopatológico –no el que viene de fuera, sino el que ha sido engendrado por el propio paciente– es, pues, un demonio en gestación: todavía no ha nacido, pero tiene una vida cuasi autónoma, alimentada por la vida psíquica de quien lo lleva en sí.

A este propósito, dice C.G. Jung:

> «(El complejo) parece ser una formación autónoma que se impone a la conciencia... Sucede justamente como si el complejo fuera un ente autónomo, capaz de entrometerse en las intenciones del yo. Los complejos se comportan, de hecho, como personalidades secundarias o parciales en posesión de una vida mental propia»[5].

Ahora bien, «un ente autónomo capaz de entrometerse en las intenciones del yo» y «en posesión de una vida mental propia» es, ni más ni menos, lo que nosotros entendemos por demonio.

Cierto que el «demonio-complejo» no actúa todavía fuera de la vida psíquica del individuo, no tiene carta de ciudadanía en la variopinta y fantástica comunidad de los demonios objetivos o *tulpas* que pueden a veces –como les acaeció a san Antonio el Grande y al santo Cura de Ars– martirizar a las víctimas de sus asaltos con golpes bien reales. El estruendo de tales ataques, que todo el mundo oye, y las

---

5. *Psychology and religion*, 3 conferencias en la Universidad de Yale (EE.UU.), 1950, p. 13-14; trad. cast., *Psicología y religión*, Paidós Ibérica, Barcelona 1981.

moraduras en el cuerpo de la víctima, que todo el mundo ve, no son ya mera psicología, sino hechos objetivos.

¿Cómo se engendran los demonios? Como toda generación, resulta de la cópula de los principios masculino y femenino, o sea, en el caso de lo engendrado por la vida psíquica de un individuo, de la cópula entre *voluntad e imaginación*. Un deseo perverso o contrario a la naturaleza, seguido de la imaginación correspondiente, constituyen juntos el acto de la generación de un demonio.

Los dos personajes, masculino y femenino, atados al pedestal de la figura central de la lámina del arcano decimoquinto no son, pues, en modo alguno, hijos o criaturas de dicho ente –el Demonio–, como podría creerse dada su pequeña estatura, en comparación con la del Demonio; son, al contrario, sus padres, convertidos en esclavos de su propia criatura. Ambos representan la voluntad perversa y la imaginación antinatural que han dado a luz al Demonio andrógino, a un ser que ahora domina las fuerzas que lo han engendrado.

En el caso de la generación efectuada colectivamente, el Demonio –que se llama entonces egrégor– es el producto de la voluntad e imaginación colectivas. El nacimiento de uno de tales egrégores modernos nos es bien conocido: «Un espectro se cierne sobre Europa: el espectro del comunismo.» Así reza la primera frase de *El manifiesto comunista* de Karl Marx y Friedrich Engels, publicado en 1848. Y prosigue:

> «Todas las potencias de la vieja Europa se han aliado en santa cacería contra ese espectro, el papa y el zar, Metternich y Guizot, radicales franceses y policías alemanes»[6].

Sin embargo –añadimos nosotros– el espectro crecía en estatura y poder, engendrados por la voluntad de las masas, nacido de la desesperanza de la revolución industrial en Europa, alimentado por el resentimiento acumulado en las masas durante generaciones, provisto de una inteligencia facticia, que es la dialéctica de Hegel vuelta del revés; tal espectro crecía y continuaba cerniéndose sobre Europa, para extenderse luego a otros continentes. Hoy, un tercio de la humanidad tiende a inclinarse ante ese dios y prestarle absoluta obediencia.

Lo que acabo de decir sobre la generación del más imponente de los egrégores modernos concuerda perfectamente con la propia doctrina marxista. Para el marxismo, en efecto, no hay Dios ni dioses; sólo existen demonios, o sea criaturas de la voluntad e imaginación humanas. En esto consiste la doctrina fundamental llamada de la su-

---

6. K. Marx - F. Engels, *Werke*, vol. 4, Berlin Este 1977, p. 461; trad. cast., *El manifiesto comunista*, Ayuso, Madrid ⁴1977.

perestructura ideológica. El interés económico –la *voluntad*– crea –*imagina*– ideologías que pueden ser religiosas, filosóficas, sociales y políticas. Todas las religiones son por tanto, a ojos del marxismo, únicamente superestructuras, o formaciones nacidas de la voluntad e imaginación humanas. El propio marxismo-leninismo no es más que una superestructura ideológica, un producto de la imaginación intelectual basado en la voluntad de ordenar o reorganizar de cierta manera las cosas sociales, políticas y culturales.

Este método de producción de superestructuras ideológicas a partir de la voluntad es precisamente lo que nosotros entendemos por generación colectiva de un demonio o egrégor.

Por un lado, existe el Verbo, y por otro hay egrégores ante los cuales se prosterna la humanidad; en otros términos, la revelación de la verdad divina y la manifestación de la voluntad humana, el culto a Dios y la adoración de ídolos fabricados por el hombre. ¿No es acaso una diagnosis y prognosis de la historia del género humano que, a la vez que Moisés recibía en la cumbre de la montaña la revelación del Verbo, el pueblo, al pie de la misma montaña, hubiera fabricado y adorase el becerro de oro? Verbo e ídolos, verdad revelada y superestructuras ideológicas de la voluntad humana, actúan simultáneamente en la historia de la humanidad. ¿Hubo un solo siglo en que los servidores del Verbo no tuvieran que enfrentarse con los adoradores de los ídolos, de los egrégores?

La decimoquinta lámina del tarot encierra una importante advertencia para cuantos toman la magia en serio: les enseña el arcano mágico de la generación de los demonios y del poder que éstos tienen sobre quien los engendra.

Nosotros, conocedores por experiencia de dos demonios engendrados por voluntad colectiva, el demonio o egrégor nacionalsocialista, salido de una desmedida ambición nacional con ayuda de potentes fuerzas imaginativas apoyadas en la biología, y el demonio o egrégor del que acabamos de hablar hace un momento, sabemos qué terrible poder anida en nuestra voluntad e imaginación y qué responsabilidad entraña para quienes lo desencadenan en el mundo. ¡El que siembra vientos recoge tempestades! Y ¡qué tempestades!

Como hombres del siglo XX, no ignoramos que las grandes pestes de nuestros días, los egrégores de las superestructuras ideológicas, han costado a la humanidad más vidas y sufrimientos que las asoladoras epidemias de la edad media.

Conociendo todo esto, ¿no es ya hora de decirnos a nosotros mismos: *callemos*, hagamos callar a nuestra voluntad e imaginación arbitrarias e impongámosles la disciplina del silencio? ¿No es éste uno de los cuatro mandamientos tradicionales del hermetismo: osar, querer, saber, *callar*? Callar es algo más que guardar secretos, algo más que evitar la profanación de cosas sagradas a las que se debe un respetuoso silencio; callar es, sobre todo, *el gran mandamiento mágico de no engendrar demonios* mediante nuestra voluntad e imaginación arbitrarias. El silencio de la voluntad e imaginación arbitrarias es un deber.

Ciñámonos, pues, al *trabajo*, a contribuir constructivamente a la *tradición* espiritual, cristiana, hermética y científica. Profundicemos en ella, estudiémosla, practiquémosla, cultivémosla, en suma, trabajemos no por demolerla sino por edificarla. Contémonos entre los constructores de la gran catedral de la tradición espiritual de la humanidad. Que las Sagradas Escrituras sean para nosotros santas, que los sacramentos sean sacramentos, que la jerarquía de la autoridad espiritual sea verdadera autoridad y que tanto la *philosophia perennis* como la ciencia *genuinamente científica* del pasado y presente hallen en nosotros amigos sinceros y, llegado el caso, respetuosos colaboradores.

He ahí lo que implica el mandamiento de *callar*, el mandamiento de no engendrar demonios. Lo que engendra demonios es siempre el exceso debido a la embriaguez de la voluntad e imaginación. Si Marx y Engels –por volver al ejemplo del marxismo– hubieran defendido los intereses de los trabajadores de la industria sin dejarse llevar por una imaginación ebria de enunciados de alcance universal, histórico y aun cósmico –como el declarar que Dios no existe o que toda religión es opio del pueblo y toda ideología una mera superestructura basada sin excepción alguna en intereses materiales–, habrían contribuido positivamente a la tradición, ya que el anhelo de justicia y bienestar para los pobres forma parte integrante de todas las grandes tradiciones del mundo: cristiana, judía, islámica, budista, brahmánica y humanista. Arrastrados por la cólera, aunque no del todo faltos de nobleza de corazón, y por la amargura de su desengaño de las clases detentoras del poder, aunque no sin fundamento en la experiencia, lo midieron todo por el mismo rasero: Dios, burguesía, Evangelio, capitalismo, órdenes mendicantes, monopolios industriales, filósofos idealistas, banqueros... Todo esto, sin discriminación, se convirtió para ellos en la hez de la historia del género humano. Tratábase, sin duda, en su caso, de un exceso de competencia y de saber sobrio y honrado; persuadidos de estar en lo cierto y arrebatados por el embriagador impulso del radicalismo –es cierto, por la fiebre de la voluntad e imaginación–, quisieron cambiarlo todo de golpe y por completo. Y este ardor de cambio instantáneo y radical dio nacimiento al demonio del odio de clase, del ateísmo, del desdén por el pasado y del predominio del interés material, que ahora se ha apoderado del mundo. Hoy[7] este demonio es combatido heroicamente por el jefe mismo de un gran país comunista, quien hace todo lo humanamente posible por reemplazarlo, poniendo en su lugar el espíritu de solicitud por el pueblo y su bienestar, el propio espíritu que inspiró la obra de Marx y Engels en su sobriedad positiva, o sea encuadrada en la tradición y sin exceder los límites de su competencia y causa.

Callar es la prudencia del decimocuarto arcano del tarot, contraria a la embriaguez cuya esencia y peligros nos revela el decimoquinto arcano. La inspiración de la prudencia puede llegar a ser transformada en la embriaguez del Diablo. La inspiración tendente a mejorar la suerte de los pobres y oprimidos y a restablecer la justicia social puede convertirse en la embriaguez del radicalismo, es decir, en voluntad e imaginación febriles que aspiran a cambiarlo todo de arriba abajo. Así ha sucedido con la inspiración de Marx y Engels. Aquí tenemos, pues, la relación entre la inspiración del ángel del decimocuarto arcano y la generación del demonio del decimoquinto arcano. La historia de la humanidad nos proporciona numerosos ejemplos de transformación de la inspiración inicial de la prudencia en embriaguez generadora de demonios. La relación, que acabamos de mencionar, entre los arcanos XIV y XV explica cómo la religión del amor pudo dar pie a las hogueras de la Inquisición, cómo la idea de colaboración jerárquica en la humanidad llegó a convertirse en sistema de castas o en lucha de clases, cómo el método científico pudo transformarse en dogma materialista y cómo los hechos de la evolución biológica pudieron servir de base a la doctrina de la desigualdad intrínseca de las razas o la superioridad de ciertas naciones.

La lista no es completa, ni de lejos, pero basta para mostrar el alcance práctico de la relación entre los arcanos XIV y XV del tarot, la relación entre inspiración y contrainspiración.

Fue costumbre, desde los primeros siglos de la era cristiana, designar en bloque esta contrainspiración por el nombre de «voz de la carne», lo que favorecería ulteriormente el florecimiento del dogma principal de las herejías maniquea y cátara, según las cuales la naturaleza es intrínsecamente mala. Con todo, tampoco faltaron en la antigüedad cristiana las advertencias y precisiones en sentido contrario. He aquí, por ejemplo, la opinión de san Antonio el Grande, que es, a todas luces, una autoridad de primer orden en lo que toca al problema «demonio-carne»:

---

7. A mediados de la década de los sesenta.

«Pienso que el cuerpo posee una moción natural, adaptada a él, que no se produce si el alma no lo quiere; sólo tiene lugar entonces, en el cuerpo, un movimiento sin pasión. Hay también en él otra moción que viene de lo que nutre y halaga en los alimentos y bebidas. El calor de la sangre, que estas cosas provocan, incita el cuerpo al acto... Y hay, por último, otro movimiento, en los que luchan, que precede de las asechanzas y envidias de los demonios. *Debemos saber, pues, que existen tres movimientos corporales: uno de la naturaleza; el segundo, del uso indiscreto de los alimentos; y un tercero, de los demonios*»[8].

Ahí tenemos, expuestos con toda claridad, los principios de la ascética tradicional confirmada por la experiencia de millares de personas espirituales, como santa Teresa de Jesús y san Ignacio de Loyola, en España, o Gautama Buda, en la India.

Más de un siglo antes de Antonio, escribe Orígenes:

«A menudo hemos dicho que los cristianos tenían que librar un doble combate. Los perfectos, los que se asemejan a Pablo y a los efesios, han de luchar, como dice el Apóstol mismo, no contra la carne y sangre, sino contra los principios y potencias, contra los príncipes de este mundo de tinieblas, contra los espíritus malignos de los cielos. En cuanto a los menores y los aún no perfectos, deben combatir contra la carne y la sangre; luchan todavía contra los vicios y flaquezas de la carne»[9].

En otras palabras, los neófitos deben luchar contra el segundo movimiento del cuerpo, según san Antonio, mientras los más adelantados han de librar batalla contra los demonios y jerarquías de la izquierda. La escala de la tentación corresponde, por consiguiente, a la del adelantamiento espiritual: la tentación se espiritualiza a medida que el hombre se vuelve más espiritual. Las tentaciones de «principados y potencias» (*arkhai kai exousiai*), con las que el hombre avanzado en la vía espiritual ha de enfrentarse, son muchísimo más sutiles que las que asaltan a un principiante. Si decimos «nobleza obliga», tendríamos que añadir «rudeza protege».

Por ello Orígenes da este consejo:

«No hay que... hablar a los discípulos, ya desde el principio de su formación, de misterios profundos y secretos, sino que debe enseñárseles lo que toca a la mejora de las costumbres, la educación de las disciplinas y los primeros elementos de la vida religiosa y la fe sencilla. Tal es la leche materna de la Iglesia; tales son los primeros rudimentos que han de transmitirse a los pequeños neófitos»[10].

Lo exige la ley de la prudencia. Ahora bien, el arcano de la prudencia, el decimocuarto arcano del tarot, representa al ángel de la

---

8. *Sentencias de los padres*, 22. Texto griego en PG 65,71-440; texto en PL 73-74.
9. Orígenes, *In libr. Iesu Nave*, homilía XI, 4, cit. según *Homélies sur Josué*, Paris 1960, p. 289.
10. Orígenes, *In libr. Iudicum*, homilía V, 6.

guarda en el ejercicio de su función. Orígenes comparte nuestro parecer y el del autor desconocido del tarot. Escribe:

> «Cuando empezamos a asistir al culto divino, cuando nos inculcan los principios de la palabra de Dios y de la doctrina celestial, son los príncipes de Israel quienes deben traernos estos primeros fundamentos. Por *príncipes de Israel* hay que entender, a mi juicio, *los ángeles del pueblo cristiano*, que, según la palabra del Señor, asisten a los más pequeños en la Iglesia y ven constantemente la faz del Padre que está en los cielos. Tales son los príncipes de quienes debemos recibir las primeras enseñanzas»[11].

Orígenes no se contenta con atribuir el ministerio de la prudencia a los ángeles custodios («ángeles del pueblo»), conforme a la idea del decimocuarto arcano del tarot, sino que enseña también el fundamento de la doctrina sobre la liberación de los ángeles por el hombre, de la que hablábamos en la carta precedente. Dice, en efecto:

> «Mas no debemos siempre esperar que los ángeles luchen por nosotros; sólo nos ayudan al principio, cuando estamos dando nuestros primeros pasos. Con el tiempo, es menester que nosotros mismos salgamos armados para el combate. Antes de aprender a guerrear y para que pensemos en librar las batallas del Señor, somos asistidos por los príncipes, los ángeles. Antes de recibir la provisión de pan del cielo..., mientras aún somos niños, mientras nos alimentamos de leche y nos ocupamos de las primeras palabras de Cristo, vivimos como niños bajo la autoridad de tutores y valedores. Pero una vez que hemos probado los sacramentos de la milicia celestial y nos hemos hartado del pan de vida, ¡escuchad cómo la trompeta apostólica nos llama a la batalla! En voz bien alta nos grita Pablo: "Revestid la armadura de Dios, para poder hacer frente a las acechanzas del diablo." No nos permite ya escondernos bajo las alas de nuestras nodrizas; nos invita a salir al campo de batalla. "Revestid", dice, "la coraza de la caridad; recibid el yelmo de la salvación; tomad la espada del Espíritu y, sobre todo, el escudo de la fe, para apagar los dardos inflamados del espíritu del mal"»[12].

Doce siglos más tarde, topamos con la misma enseñanza en las obras de san Juan de la Cruz. Éste no se cansa de repetir que el alma que va en pos de Dios está llamada a renunciar a toda criatura, abajo y arriba, a todo ser terreno y celestial. Resume así su doctrina:

> «Este conocimiento entiendo quiso dar a entender David, cuando dijo: *Vigilavi, et factus sum sicut passer solitarius in tecto*; que quiere decir: Recordé, y fui hecho semejante al pájaro solitario en el tejado. Como si dijera: Abrí los ojos de mi entendimiento y halléme sobre todas las inteligencias naturales, solitario sin ellas en el tejado, que es sobre todas las cosas de abajo»[13].

---

11. Ibid. VI, 2.
12. Ibid.
13. Juan de la Cruz, *Cántico espiritual*, canciones 14-15, n.º 24, en *Vida y obras completas de san Juan de la Cruz*, Ed. Católica (BAC 15), Madrid ⁵1964, p. 670.

Esta soledad y abandono resultan de haber dejado ya de vivir «como niños bajo la autoridad de tutores y valedores», en palabras de Orígenes, y de haber llegado a la edad madura en la vida espiritual. San Juan de la Cruz describe de la manera siguiente el cambio que tiene entonces lugar:

> «Cuando más a [su] sabor y gusto andan en estos exercicios espirituales y cuando más claro a su parecer les luce el sol de los divinos favores, oscuréceles Dios toda esta luz y ciérrales la puerta y manantial de la dulce agua espiritual que andaban gustando en Dios todas las veces y todo el tiempo que ellos querían –porque, como eran flacos y tiernos, no había puerta cerrada para éstos, como dice san Juan en el *Apocalipsis* (3,8)–, y así, los deja tan a escuras, que no saben [por] dónde ir con el sentido de la imaginación y el discurso, porque no pueden dar un paso en meditar como antes solían (anegado ya el sentido interior en estas noches) y déjalos tan a secas, que no sólo [no] hallan jugo y gusto en las cosas espirituales y buenos exercicios en que solían ellos hallar sus deleites y gustos, mas en lugar desto hallan, por el contrario, sinsabor y amargura en las dichas cosas; porque, como he dicho, sintiéndolos ya Dios aquí algo crecidillos, para que se fortalezcan y salgan de mantillas, los desarrima del dulce pecho y, abajándolos de sus brazos, los veza a andar por sus pies»[14].

Añadamos aquí nosotros: para que con el tiempo, como dice Orígenes, se conviertan en combatientes de la milicia de Dios.

Este progreso va acompañado de tentaciones cada vez más sutiles. A las «tentaciones de los vicios y flaquezas de la carne» siguen los asaltos de los demonios artificiales, engendrados por otros o colectivamente; éstos ceden luego el puesto a las tentaciones, aún más sutiles, de los entes de las jerarquías caídas. Por fin, en el umbral del todo, de Dios mismo, llega la última tentación, la de la nada: la «noche oscura» espiritual, de que habla san Juan de la Cruz, denota simultáneamente la unión con Dios o, al contrario, la desesperación de la nada, el nihilismo total y supremo.

Verdad es, a este respecto, lo que dice san Antonio el Grande:

> «Nadie que no haya sido tentado podrá entrar en el reino de los cielos. Pues, dice, quita las tentaciones y nadie se salvará»[15].

Esta ley es tan universal que hasta Jesucristo tuvo que someterse a las tres tentaciones en el desierto, tras la manifestación de la Santísima Trinidad con ocasión de su bautismo en el Jordán.

La escala de la perfección lleva, por tanto, consigo la de la tentación. En ambos casos hay un progreso de lo tosco a lo sutil. Dicho de

---

14. Juan de la Cruz, *Noche oscura*, libro 1, cap. 8, n.º 3, en ed. cit., p. 553.
15. *Sentencias de los padres*, 5; cf. nota 8.

otro modo, la inspiración va seguida o acompañada de la contrainspiración.

¿Cómo distinguir una de otra? ¿A qué criterios hay que atenerse para poder diferenciar la inspiración de la contrainspiración? Los maestros más experimentados en espiritualidad práctica nos brindan las siguientes respuestas:

San Antonio el Grande:

«Es posible y fácil distinguir la presencia de los buenos y malos, si Dios concede esta gracia. En efecto, *el ver a los santos no perturba...* Su aparición se produce tranquila y suavemente, de suerte que al momento *la alegría, el júbilo y el valor se insinúan en el alma...* Los pensamientos del alma no padecen trastorno ni agitación. Ella misma, iluminada, contempla las apariciones... Esto ocurre cuando se aparecen los santos.

»Mas la incursión y aparición de los malos trastorna, va acompañada de estruendo, rumores y gritos, como el tumulto de gentes mal criadas y bandidos. Esto produce inmediatamente *espanto en el alma, agitación y desorden en los pensamientos*, congoja, odio contra los ascetas, acidia, pesadumbre, nostalgia de los parientes, temor a la muerte, y luego malos deseos, pusilanimidad para la virtud y empeoramiento de las costumbres. Así, cuando a la vista de alguna aparición (o al tener alguna inspiración. Nota del autor) sintáis temor, si éste no se va en seguida para dejar paso a una inefable dicha, vivacidad, confianza, bienestar y paz de los pensamientos y todo lo demás que antes he mencionado, fortaleza y amor de Dios, levantad el ánimo y orad, pues *la alegría y serenidad de alma atestiguan* la santidad del que se hace presente... Pero si, ante ciertas apariciones, se perciben confusión y ruido exteriores y algarabía mundana, experimentándose a la vez temor a la muerte y lo que he dicho, sabed que vienen los malos»[16].

Santa Teresa de Jesús:

«Cuando es demonio (palabras o *inspiraciones*. Nota del autor), no sólo no deja buenos efectos, mas déjalos malos. Esto me ha acaecido no más de dos o tres veces y he sido luego avisada del Señor cómo era demonio. Dejado la *gran sequedad que queda, es una inquietud en el alma* a manera de otras muchas veces que ha primitido el Señor que tenga grandes tentaciones y travajos de alma de diferentes maneras, y aunque me atormenta hartas veces, como adelante diré, es una inquietud que no se sabe entender de dónde viene, sino que *parece resiste el alma y se alborota y aflige sin saber de qué*, porque lo que él dice no es malo, sino bueno... El gusto y deleite que él da, a mi parecer, es diferente en gran manera; podía él engañar con estos gustos a quien no tuviere u huviere tenido otros de Dios.... (Cuando el demonio nos habla), *ninguna blandura queda en el alma, sino como espantada y con gran desgusto...* El caso es que cuando es demonio parece que se asconden todos los bienes y huyen de el alma, sigún queda desabrida y alborotada y sin ningún efecto bueno; porque aunque parece pone deseos, no son fuertes; la humildad que deja es falsa, alborotada y sin suavidad»[17].

«Pues tornando a lo primero, que venga de lo interior, que de lo superior, que de lo esterior, no importa para dejar de ser de Dios. Las más ciertas señales que se pueden

---

16. Atanasio, *Vida de san Antonio*, cap. 35, 36. Texto griego en PG 26,26; texto latino en PG 26 y PL 73.
17. Teresa de Jesús, *Libro de la vida*, cap. 25, n.º 10, 11 y 13, en *Obras de santa Teresa*, I, Ed. Católica (BAC 74), Madrid 1951, p. 744-746.

tener –a mi parecer– son éstas: La primera y más verdadera, es el poderío y señorío que train consigo, que es hablando y obrando. Decláreme más. Está un alma en toda la tribulación y alboroto interior que queda dicho y escuridad del entendimiento y sequedad; con una palabra de éstas, que diga solamente: "No tengas pena", queda sosegada y sin nenguna, y con gran luz, quitada toda aquella pena, con que le parecía que todo el mundo y letrados que se juntaron a darle razones para que no la tuviese, no la pudieran, con cuanto trabajaran, quitar de aquella aflicción...

»La segunda razón, una gran quietud que queda en el alma y recogimiento devoto y pacífico, y dispuesta para alabanzas de Dios...

»La tercera señal es no pasarse estas palabras de la memoria en mucho tiempo, y algunas jamás»[18].

San Juan de la Cruz:

«De estas visiones que causa el demonio a las que son de parte de Dios, hay mucha diferencia. Porque los efectos que éstas hacen en el alma no son como los que hacen las buenas; antes *hacen sequedad* de espíritu acerca del trato con Dios, y inclinación a estimarse, y a admitir y tener en algo las dichas visiones, y en ninguna manera causan blandura de humildad y amor de Dios. Ni las formas déstas se quedan impresas en el alma con aquella claridad suave que las otras, *ni duran, antes se raen luego del alma*, salvo si el alma las estima mucho, que, entonces, la propia estimación hace que se acuerde de ellas naturalmente; mas es muy secamente, y sin hacer aquel efecto de amor y humildad que las buenas causan cuando se acuerdan de ellas...

»El efecto que hacen en el alma estas visiones es *quietud, iluminación y alegría* a manera de gloria, *suavidad, limpieza y amor, humildad y inclinación o elevación del espíritu en Dios*, unas veces más, otras menos...»[19]

Tal es la doctrina *tradicional* basada en la experiencia repetida y renovada a través de los siglos. A las gentes del siglo de Descartes, Spinoza y Leibniz les impresionaba mucho la *geometría*, porque las opiniones filosóficas cambiaban, mientras los argumentos y conclusiones de Euclides y Arquímedes seguían siendo inmutablemente válidos. Así, los hombres del siglo XVII tendían a preferir el raciocinio *modo geometrico* a toda otra forma de razonar. No obstante, existe todavía algo tan inmutablemente valedero y universal como el método geométrico, a saber, la auténtica experiencia espiritual. Ésta permanece idéntica a través de las edades –sirvan de botón de muestra los textos que acabamos de citar, procedentes de maestros espirituales de los siglos IV y XVI–, como lo permaneció el razonamiento geométrico hasta Lobaczewski. Esa realidad inmutable de la experiencia espiritual constituye precisamente el fundamento y esencia del *hermetismo*, es decir, del conocimiento basado en la experiencia primera de la reali-

---

18. Teresa de Jesús, *Castillo interior*, moradas sextas, cap. 3, n.º 5, 6 y 7, en *Obras de santa Teresa* II, Ed. Católica (BAC 120), Madrid 1954, p. 425s.
19. Juan de la Cruz, *Subida del Monte Carmelo*, libro 2, cap. 24, n.º 7 y 6, ed. cit., p. 459.

dad espiritual a lo largo de las épocas. El hermetismo no se ciñe, pues, a los portavoces de las órdenes, cofradías o sociedades llamadas herméticas, sino que abarca también a todos cuantos tienen algo que decir, con conocimiento de causa, acerca de la realidad espiritual y de la vía que a ella conduce; en otros términos, a todos aquellos que fueron testigos de la mística, gnosis y magia cuya unidad es el hermetismo. Por eso son mucho más numerosos los maestros de quienes podemos y debemos recibir enseñanzas que los que contiene la lista de autores –o autoridades– denominados cabalistas, rosacruces, esotéricos, teósofos, ocultistas, etcétera. Éste fue, de hecho, el punto de vista de Papus, Sédir, Marc Haven y otros –miembros, todos ellos, de órdenes, hermandades y sociedades secretas–, cuando reconocieron en Philippe de Lyón a su maestro, aunque no perteneciera a ninguna de esas organizaciones y las considerara todas por lo menos superfluas. Y si esto no les impidió seguir a Philippe de Lyón, es porque creían –no sin razón– haber hallado en él a un maestro, un testigo auténtico de la realidad espiritual, del hermetismo entendido exactamente en el sentido en que nosotros lo entendemos en estas cartas: como *tradición de la verdadera experiencia espiritual* a través de las edades, con sus aspectos denominados mística, gnosis y magia.

Tal fue también la opinión de Claude de Saint-Martin, miembro de la orden esotérica de Martines de Pasqually. Saint-Martin no vaciló en actuar respecto al zapatero de Görlitz, Jakob Böhme, como Papus y sus amigos lo habían hecho con Philippe de Lyón.

En lo que a mí toca, bien sé que ni san Antonio el Grande, ni santa Teresa de Jesús, ni san Juan de la Cruz eran representantes de una tradición secreta o esotérica; pero fueron testigos auténticos de la realidad espiritual, y por eso adopto yo para con ellos la misma actitud que Papus y sus amigos adoptaron frente a Philippe de Lyón y que Saint-Martin asumió para con Jakob Böhme. El hermetismo, en efecto, no es exclusividad, sino *profundidad*. De ahí que todo lo profundo le pertenezca. No es la legitimidad de la iniciación lo que constituye la cadena –o más bien el río– de la tradición, sino el *nivel* y *autenticidad* de la experiencia espiritual, así como la *profundidad* de pensamiento que entraña. La iniciación misma forma, pues, la tradición hermética en el transcurso de las edades, y no la transmisión de la iniciación, de carácter ritual y formal. Si la tradición no dependiera más que de lo ritual, hace ya tiempo que se habría extinguido o perdido en la jungla de las querellas de derecho y legitimidad. Ahora bien, el representante de la tradición es el que *sabe de primera mano*, y este saber genuino es su legitimación. Si así no fuera, el antiguo argumento «¿De Nazaret puede salir algo bueno?» habría vuelto estéril la tradición, poniéndola al nivel de los escribas y fariseos, es decir, reduciéndola a la erudición y las reglas. Añadamos, entre paréntesis, que quien esgrimió este argumento histórico, Natanael, tuvo la valentía moral de no hacer del mismo un criterio decisivo y de aceptar la invitación de Felipe: «¡Ven y ve!» De resultas de ello, pudo decir: «Rabbí, tú eres el Hijo de Dios, tú eres el rey de Israel.» A lo cual el Maestro respondió:

«En verdad, en verdad os digo, veréis el cielo abierto y a los ángeles de Dios subir y bajar sobre el Hijo del hombre» (Jn 1,51).

He aquí la fórmula de la esencia de la tradición: *ver el cielo abierto y a los ángeles de Dios subir y bajar*. Todos cuantos vieron «el cielo abierto y a los ángeles de Dios subir y bajar» pertenecen a la tradición y la representan, entre otros san Antonio el Grande, santa Teresa de Jesús y san Juan de la Cruz, por no citar sino los testigos de quienes hemos hablado en esta carta.

¿Sabes, querido amigo desconocido, quién es un iniciado de primer orden en la tradición del hermetismo cristiano? San Francisco de Asís, aquel *poverello* sin erudición ni reglas. Sí, san Francisco de Asís es una estrella de primera magnitud en el firmamento de la mística, gnosis y magia, pues no sólo vio el cielo abierto y a los ángeles de Dios subir y bajar, sino que se *conformó* al propio iniciador de toda iniciación auténtica en el acto de iniciación ejecutado por el serafín venido de lo alto.

Pero volvamos al decimoquinto arcano del tarot. Lo hemos tratado hasta ahora desde el punto de vista de la generación individual y colectiva, de los demonios «artificiales». Tocante a la generación colectiva, es decir de egrégores, queda todavía un importante aspecto por precisar.

La literatura ocultista –sobre todo francesa– de los siglos XIX y XX defiende la tesis (ya casi clásica y, al parecer, generalmente aceptada) de que los egrégores, buenos o malos, pueden indistintamente ser engendrados por la voluntad e imaginación colectivas, es decir, que los «demonios buenos» se engendran exactamente de la misma manera que los malignos. Según esta tesis, todo depende de la voluntad e imaginación generadoras: si son buenas, engendrarán egrégores positivos; si malas, negativos. Hay, pues, «demonios artificiales buenos» y malos, como hay buenos y malos pensamientos.

En la práctica, esta tesis lleva a tratar de crear colectivamente un egrégor ad hoc, un «espíritu del grupo» o hermandad de que se trate. Una vez creado este egrégor, se piensa poder apoyarse en él y hacer del mismo un eficaz aliado mágico. Es opinión común que todo grupo posee un espíritu activo del grupo que le da influencia tanto respecto de sus miembros como del mundo exterior. Se cree también que, en definitiva, las tradiciones reales y eficaces no son sino egrégores fuertes y bien alimentados que viven y actúan a través de los tiempos. Todas las órdenes y fraternidades secretas deben su vida e influjo a sus egrégores, y otro tanto ocurre con las Iglesias. El catolicismo es, según esto, un egrégor engendrado por la voluntad e imaginación colectivas de los creyentes. Lo propio se aplica a la Iglesia ortodoxa oriental, el lamaísmo, etcétera.

He ahí la tesis y sus principales consecuencias prácticas. La precisión a la que antes aludía y que me creo obligado a dar sobre este punto es la tesis contraria: *No existen demonios artificiales buenos, ni pueden engendrarse egrégores positivos.*

Y ello, por las siguientes razones: Para engendrar un ente psíquico o astral es menester que la energía psíquica y mental que uno produzca con este fin se *coagule*, se *enrosque*. Una forma no se crea por *irradiación*, sino por coagulación o *enroscadura*. Esto supuesto, observamos que el bien se irradia siempre, mientras el mal se enrosca y coagula.

No es posible engendrar un demonio del amor puro ni un egrégor del amor universal, porque la voluntad e imaginación de la calidad que se requeriría para ello no se mantendrían como formación centrada en sí misma, sino que se asociarían, en un movimiento de irradiación, a la actividad del mundo de las jerarquías espirituales. La energía psíquica y mental del amor no daría jamás lugar a la formación de un ente individualizado de naturaleza psíquica o astral; *se pondría de inmediato y enteramente a disposición de las jerarquías celestiales, de los santos y de Dios.*

Podemos, por tanto, engendrar demonios, pero no ángeles artificiales. De donde se deduce que, si hay egrégores propios de comunidades secretas, religiosas u otras, tales egrégores son siempre negativos. El egrégor del catolicismo, por ejemplo, es su doble parasitario (cuya existencia sería vano negar), que se manifiesta como fanatismo, crueldad, maña diplomática y pretensiones excesivas. Los espíritus de dichas comunidades *positivas* nunca son egrégores, sino entes de las diez jerarquías (diez, pues se incluye también la décima jerarquía, la de la humanidad). Así, el que se encarga de dirigir una comunidad en sentido positivo es por fuerza un alma humana, un ángel o un arcángel. Y así también el director espiritual de la orden franciscana no es un egrégor sino san Francisco mismo. Igual sucede con la Iglesia: su espíritu director es Jesucristo.

Las naciones están dirigidas por arcángeles, mientras se trate de sus verdaderas misiones y progreso espiritual. A la vez, poseen egrégores o demonios engendrados por la voluntad e imaginación colectivas. Por ejemplo, el «gallo galo» y el arcángel de la memoria se disputan la dirección de la nación francesa. Y lo mismo ocurre con otras naciones.

Plantéase aquí una objeción: Si el bien, la energía psíquica y mental del bien, no se acumula, ¿cómo pueden explicarse los milagros o la acción mágica de ciertos lugares sagrados, imágenes, iconos, reliquias, sino porque están imantados por la fe, o sea la voluntad e imaginación de los creyentes?

Los lugares sagrados, reliquias, imágenes e iconos milagrosos no son depósitos de la energía psíquica y mental de los peregrinos y otros fieles, sino lugares y objetos donde «el cielo está abierto y los ángeles pueden subir y bajar». Son *puntos de partida de irradiación espiritual*, que sin duda presuponen, para que esta irradiación resulte eficaz, la fe de los creyentes, pero que no extraen de esa fe la energía irradiada. La fe es lo que capacita a los creyentes para recibir la fuerza curativa e iluminación que tales lugares irradian, mas no es su fuente.

Puede igualmente decirse que las reliquias, etcétera, fueron imantadas antaño y por alguien, en el sentido de haber sido transformadas en puertas, ventanas o tragaluces, como se quiera, que dan al cielo y facilitan a éste una entrada activa, pero no que las han imantado los creyentes transformándolas, por decirlo así, en acumuladores de los fluidos que emanan de ellos mismos. El agente eficaz de las curaciones, conversiones e iluminaciones es irradiado desde otra parte. La ley de las reliquias, etcétera, es que, *cuanto más se toma de ellas, más fuerza irradian*; en cambio, la ley de las cosas imantadas por el fluido es la de la razón inversa entre energía acumulada y energía consumida. El magnetizador sabe perfectamente que no puede ir más allá de cierta medida en el dispendio de su fluido vital sin riesgo para su salud y su vida, pues dicho fluido se rige por la ley de la cantidad: cuanto más se gasta, menos queda. El santo no cura dando su fluido vital al enfermo, sino *asumiendo* la enfermedad de éste y elevándola al cielo como una hostia.

La misma diferencia existe entre talismanes y reliquias. Los talismanes son depósitos de energía mágica: están sujetos a la ley de la cantidad. Las reliquias, al contrario, son ventanas abiertas hacia el cielo y se rigen por la ley de la calidad: cuanto mayor es su gasto de energía, más les queda por gastar. *Son como fuentes inagotables de energía*. No depósitos o acumuladores, sino generadores o manantiales de energía.

El agua bendita, por ejemplo, no contiene en sí la bendición –ni la fuerza de voluntad e imaginación del sacerdote que la ha bendecido–, sino que la bendición actúa sobre ella restableciendo, merced a la magia sagrada de la analogía puesta en práctica, la relación primordial que existía entre el agua y el espíritu de Dios el primer día de la creación, cuando «el espíritu de Dios se cernía sobre las aguas». El agua bendita no se ha convertido, pues, ni mucho menos, en depósito de la fuerza benéfica de la bendición, sino que ha sido capacitada para recibir la presencia del cielo. Unas pocas gotas bastan para expulsar a los demonios, como lo sabemos por tantos testigos auténticos a lo largo de los siglos.

Y llegamos aquí a la importante cuestión: Una vez engendrados los demonios artificiales, ¿cómo luchar contra ellos, cómo defenderse y deshacerse de ellos?

Veamos primero cómo luchar contra los demonios. El bien no combate contra el mal actuando directamente de modo destructivo. Lo combate con su sola *presencia*. Así como las tinieblas retroceden ante la luz, de igual manera el mal huye de la presencia del bien.

La moderna psicología profunda ha descubierto y puesto en práctica el principio terapéutico que consiste en traer a la luz de la conciencia los complejos del inconsciente. Dicha luz, sostienen los adeptos de esta escuela psicológica, no sólo hace visible el complejo obsesivo; lo hace además *impotente*. Este importante hallazgo de la psicología actual concuerda enteramente con la realidad espiritual de la lucha de las jerarquías celestiales contra el mal, lucha que a su vez se resume en una mera presencia, un sacar el mal a plena luz.

La luz aleja las tinieblas. Esta sencilla verdad es la clave práctica del problema del combate contra los demonios. El demonio percibido, es decir, traído a la luz de la conciencia, es ya un demonio impotente.

Por eso los padres del desierto y otros santos eremitas tuvieron tanta experiencia con los demonios. Arrojaban su propia luz sobre ellos. Y lo hacían como representantes de la conciencia humana en general, ya que todo el que se retira del mundo se transforma en representante del mundo, en hijo del hombre. Como tales hijos del hombre, los santos ermitaños atraían a los demonios que atormentaban el inconsciente de la humanidad, los obligaban a aparecerse, a salir a la luz de la conciencia, y así los volvían impotentes. Mientras san Atanasio el Grande combatía públicamente, como obispo de Alejandría, contra los errores y escándalos humanos, su amigo y hermano san Antonio el Grande, en la soledad del desierto egipcio, luchaba contra los demonios cuyas maniobras en las tinieblas del inconsciente fomentaban los mismos errores y depravaciones. Las famosas tentaciones de san Antonio no se limitaban, en realidad, a poner en juego la salvación y progreso de *su* alma; eran ante todo *actos de curación* que arrancaban a la humanidad de su tiempo de la obsesión demoníaca. Eran actos de magia sagrada que tenían por efecto poner en evidencia a los demonios, trayéndolos a la plena luz de la conciencia, iluminada desde lo alto, y quitándoles así todo poder. San Antonio sacaba a los demonios de las tinieblas en que actuaban y los acercaba a la luz de la conciencia del hijo del hombre; *los hacía visibles y, por ende, impotentes.*

Un demonio reducido a la impotencia es como un globo desinflado. De esta suerte algunos demonios engendrados colectivamente en la edad media acabaron convirtiéndose en puras abstracciones y cayendo en el olvido. Así le sucedió, por ejemplo, al célebre personaje demoníaco conocido por el nombre de maese Leonardo o macho cabrío de los aquelarres, que desapareció de la noche a la mañana gracias a un alma valiente y pura que logró desinflarlo. Los demonios artificiales, traídos a la luz y combatidos, se disipan. Desaparecen.

No así los demonios naturales, es decir, los entes de las jerarquías de la izquierda. Por ejemplo, el demonio que amaba a Sara, la hija de Ragüel, y mataba a sus pretendientes, según la Biblia de Jerusalén (edición castellana),

«escapó por los aires hacia la región de Egipto. Fuese Rafael a su alcance, le ató de pies y manos y en un instante le encadenó» (Tob 8,3).

Según la Vulgata:

«Entonces el ángel Rafael apresó al demonio y lo ató en el desierto del Alto Egipto» *(Tunc Raphaël angelus apprehendit daemonium et religavit illud in deserto superioris Aegypti).*

No es cuestión, como vemos, de aniquilar al demonio sino de cambiarle el campo y lugar de actividad, y quizá también el modo de existencia. El demonio vencido de la historia de Tobías (libro que no se encuentra en la Biblia protestante) fue obligado por el arcángel Rafael a abandonar el país de su víctima o protegida, a exiliarse en Egipto y residir allá. Mas lo que le forzó a dirigirse a Egipto fue en realidad la *presencia* del arcángel Rafael, debida a la oración y ritos ejecutados por Tobías durante las tres noches nupciales.

Pasemos ahora a la segunda parte de nuestra pregunta: ¿Cómo defenderse y deshacerse de los demonios?

De lo precedente se desprende que la claridad y derechura del pensamiento y de la actitud moral son necesarias y suficientes para reducir los demonios a la impotencia. Necesitamos, con todo, descansar, tiempos en que los demonios nos dejen en paz, tiempos en que estén *ausentes*. Para conseguir esto, hay que recurrir a la magia sagrada. La tradición, la experiencia de los siglos, nos enseña lo que debemos hacer para protegernos contra la venida de los demonios o, si sentimos que se acercan, para alejarlos. He aquí algunos consejos prácticos de la magia sagrada:

Hágase la señal de la cruz hacia el norte, sur, este y oeste, recitando cada vez los dos primeros versículos del Salmo 68 de David:

«Álcese Dios, sus enemigos se dispersen,
huyan ante su faz los que le odian.
Cual se disipa el humo, los disipas;
como la cera se derrite al fuego,
perecen los impíos ante Dios.»

O este otro consejo, tan sencillo como eficaz: Ante la depresión u otro signo de acercamiento del demonio o los demonios, escupir tres veces a la izquierda y persignarse.

Estos dos procedimientos han resistido el paso de los siglos y son, lo repito, muy eficaces. Lo son sobre todo contra los demonios artificiales. En cuanto a los entes de las jerarquías de la izquierda, no es tan sencillo protegerse de ellos. La fórmula «Álcese Dios, sus enemigos se dispersen...» no se aplica, a decir verdad, a esta segunda clase de entes, pues ni son enemigos de Dios, ni se dispersan. No se puede ganar un proceso jurídico limitándose a excluir del mismo al fiscal. Hay que *convencerlo* de la inocencia del acusado. Sólo entonces se callará y lo dejará en paz. Igual ocurre con los entes de las jerarquías de la izquierda, las jerarquías de la «estricta justicia», como las llama, con razón, la cábala. Estas entidades asumen las funciones de fiscal, agentes del fiscal, policía y testigos de la acusación, todo ello en bloque. Imagínate un tribunal de justicia cuyos agentes se ocuparan no sólo de establecer los hechos relativos a los delitos cometidos, sino también –y especialmente– de poner a prueba a los criminales en potencia, creándoles las condiciones propicias al delito, es decir, sometiéndolos a tentaciones. Tal es la actividad de los entes de las jerarquías de la izquierda para con el género humano. La historia de Job nos proporciona un ejemplo ilustre. Allí Satán, presente en medio de los hijos de Dios, dice a Yahveh:

«¿Es que Job teme a Dios de balde? ¿No has levantado tú una valla en torno a él, a su casa y a todas sus posesiones? Has bendecido la obra de sus manos, y sus rebaños hormiguean por el país. Pero extiende tu mano y toca todos sus bienes; ¡verás si no te maldice a la cara!» (Job 1,9-11).

Y, obtenido el permiso, púsole Satán a prueba.

Así, pues, Satán acusaba a Job no de un pecado que hubiera cometido sino de un *pecado en potencia*, y se aplicó a hacerlo real. En cierto modo, se sirvió de experimentos de laboratorio para probar la tesis de su acusación.

¿Quién lo requería? ¿Dios? No, porque Dios es un amigo demasiado noble y generoso, un padre demasiado tierno, como para poner a prueba a sus amigos e hijos. Por otra parte, Dios no necesitaba verificar experimentalmente la certeza de su propia declaración:

«¡No hay nadie como él en la tierra; es un hombre cabal, recto, que teme a Dios y se aparta del mal!» (Job 1,8).

El que lo precisaba era el propio Satán, y quizá también algunos de los «hijos de Dios» presentes al diálogo, que hubieran podido dejarse impresionar por la acusación de Satán.

En el caso de Job, ningún medio mágico habría bastado para protegerlo contra Satán y expulsar a éste. Job tenía que *convencer* a Satán de la futilidad de su plan para llevarle a maldecir a Dios.

Los entes de las jerarquías de la izquierda deben, por tanto, ser convencidos de su error mediante una prueba real. No existe ningún otro medio de obligarles a retirarse. Así ocurrió también con Tobías y el demonio Asmodeo. Al pasar tres noches orando en la cámara nupcial con su prometida, Tobías demostró «que no era como un animal sin razón, un caballo o un asno en celo, ni se olvidaba de Dios» (Tob 6,17, según la Vulgata), antes de que el arcángel Rafael arrojara el demonio al desierto de Egipto. El demonio quedó así derrotado por la demostración de que Tobías no era como los siete anteriores pretendientes a la mano de Sara.

El demonio que amaba a Sara quería protegerla contra un matrimonio que consideraba indigno de ella. Tobías probó que era un marido digno. Sin esto, el corazón y el hígado del pez no habrían bastado para que el demonio cediera su puesto de protector de Sara al arcángel Rafael y a Tobías.

Los ejemplos del Satán de Job y del demonio de Tobías son suficientes para dar a entender la naturaleza de los entes de las jerarquías de la izquierda y su modo de actuar, así como la manera de luchar contra ellos. Son espíritus críticos, acusadores, y sólo se les puede vencer persuadiéndolos en condiciones de laboratorio, por así decirlo, de que la acusación se halla desprovista de fundamento. Esto acontece raramente y con dificultad, ya que su acusación es de ordinario el fruto de un trabajo llevado a cabo con infatigable ardor por una inteligencia lúcida y bien informada; sólo la esfera íntima de la conciencia moral del hombre les resulta inaccesible. Y precisamente de aquí, de esta esfera íntima de la conciencia moral, puede surgir el factor decisivo que haga de la acusación un elemento más en favor del acusado, pues no se es justo y santo sino cuando el bien y el mal coinciden en reconocerlo. Por ello, antes de una nueva canonización, la Iglesia exige un proceso en el que participa obligatoriamente un abogado del diablo.

Los entes de las jerarquías de la izquierda desempeñan su función acusadora de múltiples y diversas maneras. Los unos, con la trágica disposición de ánimo de tener que hacer algo que ya no quieren y en lo que ya no creen; los otros con enardecido convencimiento y apasionada indignación. Los hay también que acusan esgrimiendo las armas del ridículo y la burla para demostrar su tesis. Uno de los entes de esta última categoría es bien conocido en el mundo occidental. Trátase de Mefistófeles, de quien Goethe nos legó un retrato de asombrosa exactitud. Por ser tan conocido, lo mismo que el Satán de Job y el demonio de Tobías, podemos aquí añadir su ejemplo al de estos dos sin traspasar los límites de la discreción a que aludíamos al principio de la carta. El ridículo que utiliza Mefistófeles tiene un fondo de seriedad. Lo que ridiculiza son sobre todo las pretensiones y esnobismos humanos. He aquí una muestra:

Un periodista desengañado de todo –y que puede permitirse este lujo– se ha retirado de las vanidades del mundo, junto con su mujer, instalándose en una confortable casa de campo sita en una pequeña isla cercana a Gran Bretaña. Como buen periodista con experiencia, no cree en nada definido ni niega tampoco nada. Su vida transcurre sin problemas: desayuno, comida de mediodía, té a media tarde y cena por la noche. Cierto día, no obstante, le ocurre algo extraordinario. Siente un repentino deseo de sentarse ante un papel y escribir. Y así lo hace. Obedeciendo a un dictado interior, produce una serie de manuscritos con dibujos –él, que jamás había dibujado–, atribuyéndolos nada menos que a Osiris, del antiguo Egipto. Osiris aprovecha esta ocasión para contar francamente y con todo detalle cuanto conoce de la sabiduría y religión antiguas, a guisa de mensaje a la humanidad del siglo XX. Allí se lee, expuesta con pomposa simplicidad, la historia de la lucha de los buenos contra los malos y cómo la maldad de éstos tuvo su castigo en la catástrofe de la Atlántida. Descríbese también por menudo el verdadero culto celebrado antaño en los templos de

Osiris, y se ven dibujos de candelabros, vasos sagrados y demás objetos de culto, así como retratos del propio Osiris y otros importantes personajes de la antigüedad prehistórica. Todos se parecen entre sí como gotas de agua. El favorecido con tan prodigiosa revelación y su mujer, emocionados por la grandeza tanto de lo revelado como de quien lo revelaba, se resuelven a dar a conocer estas inauditas verdades a la humanidad entera. Y he aquí que una editorial especializada publica, tomo tras tomo, la revelación de Osiris.

La historia que acabo de relatar es auténtica: la editorial en cuestión existe, los volúmenes editados se encuentran en muchas bibliotecas públicas de Inglaterra y hay, sin duda alguna, revelación y revelador. Pero el revelador no es Osiris, sino Mefistófeles, y toda esa revelación es sólo una farsa, una broma. Gastada ¿a quién? ¿A una pareja de crédulos? No, más bien a una pareja de *snobs* espirituales. Porque quienquiera que sea el autor de semejante revelación –tú, querido amigo desconocido, no estás obligado a creer a pie juntillas lo que afirmo–, dice en realidad lo siguiente:

«Vosotros, que tenéis en poco el esfuerzo de la ciencia y el pensamiento desde Platón a Kant, los tesoros de los auténticos testimonios de los grandes místicos, las riquezas de la tradición hermética, las de las Sagradas Escrituras, los sacramentos, la sangre y sudor de Getsemaní, la cruz del Calvario, la Resurrección..., tomad lo que deseáis: volúmenes enteros de futilidades pomposamente presentadas y transmitidas como queríais, por medio de una voz extraordinaria.»

He ahí un ejemplo de acusación mefistofélica contra quienes no buscan la verdad como tal, sino circunstancias extraordinarias de la revelación de cualquier cosa. Viendo así en qué consisten los embelecos de Mefistófeles, no caeremos fácilmente en ellos, a poco que tengamos de rectitud de pensamiento y juicio moral.

Creo, querido amigo desconocido, que todo lo que precede ha puesto de relieve con suficiente claridad:

1. La diferencia entre los demonios engendrados artificialmente, por la voluntad e imaginación humanas, y los entes de las jerarquías de la izquierda.

2. Que el decimoquinto arcano del tarot es el de la generación y papel avasallador de los demonios llamados artificiales, de las oraciones mágicas tibetanas *(tulpas)*. Constituye una advertencia de que efectivamente poseemos la capacidad de engendrar demonios, pero nos avisa también de que el empleo de esta fuerza hace al generador esclavo de lo que engendra.

Queda todavía una última pregunta: Los dioses paganos ¿fueron todos ellos y en todo tiempo demonios, egrégores colectivamente engendrados? El paganismo en general ¿se reduce sólo a dar culto a los demonios?

Antes de responder a estas cuestiones, debemos distinguir cuidadosamente entre el paganismo de los iniciados en los misterios y el de los filósofos, el paganismo simbólico y el mitológico. En otras palabras, hay que distinguir primero entre el paganismo de un Hermes Trismegisto, un Pitágoras, un Platón, un Aristóteles, un Plotino, etcétera, y el de un Homero o un Hesíodo. A continuación hay que distinguir entre esta última forma de paganismo y la totalidad de los cultos al sol, la luna, los astros, el fuego, el aire, el agua y la tierra. Y, finalmente, hay que distinguir entre este paganismo y el conjunto de los cultos a divinidades engendradas por la perversidad de la imaginación y voluntad colectivas, los cultos a simples egrégores.

Sería un error y una grave injusticia considerar por igual esos cuatro paganismos, ver en Platón y en un sacerdote de Moloc que ofrece sacrificios humanos los representantes de una misma causa. Es como si viéramos la manifestación de la misma luz en las hogueras de la Inquisición y en las lámparas encendidas para la fiesta de Pascua; o, todavía, los exponentes de un mismo paganismo hindú en Mahatma Gandhi y en un *thug* que estrangula por la gloria de la diosa Kālī.

Hecha esta distinción, puede decirse que los paganos iniciados y los filósofos tenían conocimiento del Dios único, creador y supremo bien del mundo. Los libros de Hermes Trismegisto, el *Bhagavadgītā*, Platón, Plutarco, Plotino y otras muchas fuentes antiguas lo prueba sin la menor sombra de duda. La diferencia entre la religión de los iniciados y de los filósofos denominados «paganos», por un lado, y la de Moisés, por otro, reside enteramente en que Moisés hizo del monoteísmo una *religión popular*, mientras que los primeros lo reservaron para una minoría selecta, una aristocracia espiritual, aunque a menudo fuera bastante numerosa.

Tocante al culto rendido a los dioses y la iconolatría correspondiente, los paganos iniciados y los filósofos veían en ello la práctica de la *teurgia*, o sea del comercio con entes de las jerarquías celestiales, llevado a efecto ya elevándose a ellos, ya posibilitando su descenso y *presencia* en la tierra, en los santuarios de los templos o en cualquier otra parte. Hermes Trismegisto y Jámblico tratan este tema con suficiente claridad. Dice Jámblico:

«(Los egipcios) ponen la razón pura (una, inmaterial e inteligible) por encima del cosmos, otra invisible en el conjunto del cosmos y una tercera repartida entre todas las esferas celestes. Y no se limitan a contemplar estas cosas con meras especulaciones teóricas, sino que además prometen, merced a la práctica de la sagrada teurgia, elevarse personalmente hasta esos seres más excelsos y perfectos, superiores a la fatalidad, llegar hasta la divinidad y el creador (demiurgo) mismo. Para ello no utilizan nada material ni añaden nada (como los magos y embaucadores), sino sólo se fijan en el instante (oportuno)... Tal es la vía (hacia lo divino-inteligible) indicada por Hermes (Thot)»[20].

Y más adelante:

«Todos los dioses que lo son de veras dispensan únicamente bienes, sólo tienen comercio con hombres de bien y no se comunican sino con quienes han sido purificados por la ciencia sagrada, en los cuales extirpan toda maldad y pasión. Cuando se aparecen (a los sacerdotes y teurgos), se esfuma todo lo malo y demoníaco ante su superioridad y vuélvese invisible como las tinieblas en presencia de la luz, no pudiendo ya perturbar a los teurgos; éstos reciben entonces toda virtud, quedan imbuidos de excelencia de ánimo y buenas costumbres, a la vez que liberados de todo movimiento desordenado y purificados de toda inclinación atea e impía»[21].

Ahí tenemos los principales rasgos de la teurgia del paganismo de iniciados y filósofos. Más detalles importantes pueden hallarse en los escritos de Plutarco[22], Plotino[23], Hermes Trismegisto[24] y Proclo[25].

Huelga, pues, decir que el paganismo de los iniciados y de los sabios, mientras no estuviera degenerado, nada tenía que ver con el culto a los demonios colectivamente engendrados.

El paganismo de los poetas, el paganismo simbólico y mitológico —en la medida en que no traducía simbólicamente la sabiduría y magia (teurgia) de los misterios— era un *humanismo* universal. Sus dioses eran, de hecho, personajes humanos, héroes y heroínas divinizados o poetizados, prototipos del desarrollo de la *personalidad humana*, tipos planetarios y zodiacales. Así Júpiter, Juno, Marte, Venus, Mercurio, Diana, Apolo, etcétera, no eran demonios, sino prototipos orientadores del desarrollo de la personalidad humana, que a su vez correspondían a los principios planetarios y zodiacales del cosmos.

En cuanto a la tercera forma del paganismo —el «paganismo naturalista»—, era *cosmólatra*, es decir, no iba más allá de los límites de la naturaleza, exactamente como las ciencias naturales de hoy. Era, por tanto, neutral respecto al verdadero mundo espiritual y demoníaco. Aceptaba la existencia de los demonios como un *hecho* con el que había que arreglárselas, pero, al inclinarse ante la naturaleza, no engendraba demonios, pues esto habría sido contrario a ella; engendrar demonios supone, en efecto, una voluntad e imaginación *perversas*.

---

20. Jámblico, *De mysteriis liber*, VIII, 4-5; trad. alem., *Uber die Geheimlehren*, Leipzig 1922, p. 173.
21. Ibid. III, 31; trad. alem., p. 116.
22. *Los misterios de Isis y Osiris*, Glosa, Barcelona 1976, cap. 77.
23. *Eneadas*, IV, 3, 11; trad. cast., Aguilar, Madrid 1967.
24. *Asclepius*, 23-24, 37, en *Corpus Hermeticum*, t. II, Paris 1945, p. 324ss y 347s.
25. *De la práctica hierática*.

Queda, por fin, la cuarta forma del paganismo: la adoración de los demonios colectivamente engendrados. En esta modalidad, que se debe a la degeneración de las otras tres y, en especial, a la del paganismo naturalista, los demonios eran engendrados, adorados y obedecidos, lo que valió al paganismo entero la injusta y calumniosa fama de religión demoníaca. Como tal lo trataron, ciertamente, los padres de la Iglesia –con pocas excepciones–, pero forzoso es reconocer, en su descargo, que tuvieron sobre todo que vérselas con el paganismo degenerado. Es obvio que no les faltaban motivos para considerar el culto pagano de la mayoría de sus contemporáneos como culto a los demonios o como fábulas de poetas. Mas algunos de ellos, que tenían conocimiento del paganismo de los iniciados y filósofos (o sea de la esencia pura del paganismo como tal), por ejemplo Clemente de Alejandría, Orígenes, san Agustín, Sinesio, etcétera, convenían en que «todos los hombres poseían una sana anticipación de la doctrina moral» y en que, como dice Orígenes,

«nada hay de extraño en que el propio Dios haya grabado en las almas de los hombres lo que anunció por boca de los profetas y del Salvador»[26].

Nos hallamos aquí bien lejos del paganismo que adoraba a los demonios.

Para el hermetismo cristiano resulta evidente que la venida de Jesucristo, como acontecimiento de alcance universal, tuvo una preparación universal, es decir, que así como los profetas de Israel hasta Juan Bautista prepararon esa venida en la carne, de igual manera los iniciados, sabios y justos de todo el mundo prepararon este último para recibir la palabra y el espíritu de Cristo. El *Logos* hecho carne era, pues, esperado en todo punto de la Tierra donde los hombres sufrían, morían, creían, confiaban, amaban... Los judíos prepararon la encarnación del Verbo, los paganos se prepararon a reconocerlo en ella. El cristianismo tuvo precursores por doquier: no sólo los profetas de Israel, sino también los iniciados y los sabios del paganismo.

---

26. Orígenes, *Contra Celso*, I, 4; trad. cast., Ed. Católica (BAC 271), Madrid 1967.

Carta XVI

LA TORRE

El arcano de la construcción

«Engrandece mi alma al Señor, y mi espíritu se alegra en Dios mi salvador, porque ha puesto los ojos en la humildad de su esclava; por eso desde ahora todas las generaciones me llamarán bienaventurada... Dispersó a los que son soberbios en su propio corazón, derribó a los potentados de sus tronos y exaltó a los humildes; a los hambrientos colmó de bienes y despidió a los ricos sin nada» (Lc 1,46-48.51-53).

«Todo el que se ensalce será humillado, y el que se humille será ensalzado» (Lc 14,11).

«El reino de Dios es como un hombre que echa el grano en la tierra; duerma o se levante, de noche o de día, el grano brota y crece, sin que él sepa cómo» (Mc 4,26-27).

Querido amigo desconocido:

La generación de los demonios artificiales y la naturaleza de los entes de las jerarquías de la izquierda constituían el tema principal de la carta anterior. Podemos preguntarnos, después de meditar sobre todo lo que sabemos de los diversos seres del mundo del mal, si a la postre, dado que la carne es inocente y el núcleo del ser humano es imagen de Dios, sólo los demonios y entes de las jerarquías de la izquierda son la causa del mal; si, de no estar ellos, no existiría el mal en la vida humana y en la historia de la humanidad.

Esta pregunta no es nueva. Planteóse ya en la antigüedad, y muchos trataron de hallar una respuesta, entre otros, en el siglo III de nuestra era, Orígenes, nacido en Alejandría por los años 184-185. Escribe al respecto:

«Los más sencillos entre los que creen en Cristo piensan que cualesquiera pecados que cometen los hombres vienen de las potencias adversas que asaltan el espíritu de los pecadores, de suerte que, en ese combate invisible, tales potencias salen victoriosas. En suma, que, si el demonio no existiera, ningún hombre pecaría. En lo que a nosotros toca, mirando las cosas más de cerca, creemos que no es así, particularmente cuando observamos lo que con toda evidencia proviene de una necesidad corporal. ¿Debe acaso estimarse que el diablo es en nosotros la causa del hambre y sed? Nadie, me parece, osará afirmarlo. Entonces, si se admite que el diablo no es el causante de nuestra hambre y sed, ¿qué ha de pensarse cuando cada hombre, en llegando a la edad viril, siente las incitaciones naturales del deseo? Lógicamente hay que concluir que, así como el diablo no es la causa del hambre y sed, tampoco lo es de los movimientos que surgen por naturaleza en la edad adulta. Es, pues, un hecho que tales movimientos no tienen siempre al diablo por autor, como para que hubiera de creerse que, si él no existiese, nuestros cuerpos no conocerían el deseo sexual.

»Sigamos adelante en nuestro razonamiento. Como acabamos de explicar, el hombre busca su alimento no a causa del diablo, sino en virtud de un apetito natural. ¿Sería posible que, si el diablo no existiera, el hombre usara de tal experiencia y disciplina al alimentarse que nunca cometiera exceso alguno en la comida, tomando siempre la cantidad que la razón estimase justa o suficiente? ¿Podría ocurrir que jamás pecaran los hombres por excederse en la medida o cantidad de alimentos que toman? No creo yo, en todo caso, que los hombres, aun sin la provocación de tentaciones diabólicas, fueran capaces de moderarse y disciplinarse en el comer, a menos de habérselo enseñado una larga experiencia, habituándoles a ello.

»¿Qué deducir de aquí? En la comida y bebida nos es posible pecar aunque no nos tiente el diablo, si no acertamos a dominarnos o no somos lo bastante prudentes como para poner freno a la gula. ¿Por qué no ha de suceder algo parecido con los deseos carnales? A mi juicio, el mismo argumento vale para las demás pasiones y movimientos naturales: avaricia, ira, tristeza y todo cuanto excede de la justa medida según las reglas de la templanza.

»Es evidente que, así como la voluntad humana, en lo bueno, no basta por sí sola para realizar el bien –ya que para llegar a cualquier tipo de perfección necesita de ayuda divina–, así también, en lo contrario, recibimos algunos principios o gérmenes de pecado que nos vienen de nuestras propias tendencias naturales y ordinarias; y cuando nos dejamos llevar por ellas sin freno, no resistiendo a las primeras incitaciones de la intemperancia, entonces la potencia enemiga se aprovecha de esta falta inicial, nos asalta y acosa por todos los medios posibles para agrandar cada vez más nuestro pecado; nosotros, los hombres, les brindamos las ocasiones y gérmenes de los pecados, mientras ellas, las potencias enemigas, desarrollan esos gérmenes a lo largo y ancho, indefinidamente, si pueden»[1].

He ahí una respuesta bien clara: Existe en el hombre –en su alma misma, no en su carne– el germen del mal, sin el cual la tentación venida de fuera no tendría en él efecto alguno. La tentación sería impotente si no encontrara en el alma humana un terreno ya preparado.

El arcano decimoquinto se refería, como hemos visto, al mal demoníaco. El arcano decimosexto trata del mal humano, es decir, el

---

1. Orígenes, *De principiis*, III, 2, 1-2.

mal que no viene de fuera, sino que tiene su origen dentro del alma humana.

El desafortunado equívoco que sitúa en la carne, y no en el alma, el mal humano innato, se debe a una interpretación materialista de la historia bíblica del paraíso y la caída. En efecto, si el paraíso se entiende como un lugar estrictamente terreno y la caída, de manera análoga, en un plano material, el mal humano innato no puede entenderse sino como biológicamente hereditario, siendo entonces la carne la que lo lleva en germen y lo transmite de generación en generación. En tal caso hay que luchar contra la carne, que es la enemiga del alma; hay que disciplinarla, flagelarla, debilitarla privándola de alimento y sueño, despreciarla y maltratarla. Uno realmente se avergüenza de su carne.

Sin embargo, es la carne, a decir verdad, la que tendría que avergonzarse del alma que habita en ella, y no al revés. Pues la carne es un milagro de sabiduría, armonía y estabilidad, que merece no el desprecio, sino la admiración del alma. ¿Acaso puede ésta gloriarse de principios morales tan estables como, por ejemplo, el esqueleto del cuerpo? ¿Es el alma tan infatigable y fiel en sus sentimientos como el corazón de la carne, que late día y noche? ¿Posee una sabiduría comparable a la del cuerpo, que tan excelentemente armoniza cosas contrarias, como el agua y el fuego, el aire y la materia sólida? Mientras el alma es desgarrada por deseos y sentimientos opuestos, esa carne «despreciable» sabe unir y hacer colaborar entre sí el aire que respira, la materia sólida con que se alimenta, el agua que bebe y el fuego incesante que produce en su interior. Y por si esto no bastara para transformar nuestro desprecio en respeto, admiración y gratitud, recordemos, si somos cristianos, que Jesucristo, el Hijo de Dios, vino a morar en esta carne hasta el punto de unirse a ella en la Encarnación. Y si se es budista o brahmanista, no hay que olvidar que Buda y Krishna habitaron también en esta carne, la cual les prestó grandes servicios en el cumplimiento de su misión.

El *ascetismo negativo*, dirigido *contra* la carne y no *a* las cosas celestiales, es la consecuencia práctica de la concepción materialista del paraíso y la caída.

No obstante, el solo hecho de que un querubín «fuera puesto al oriente del jardín de Edén, esgrimiendo una espada llameante, para guardar el acceso al árbol de la vida», bastaría para demostrar sin asomo de duda que se trata aquí de un plano superior al terrenal y que son las almas quienes cometieron el pecado original, sin que la carne tuviera arte ni parte en ello.

La caída es anterior a la vida terrena de la humanidad: tal es la doctrina hermética[2], adoptada subsiguientemente por Pitágoras y Platón y representada en los primeros siglos del cristianismo por Orígenes. Según éste, Dios, al crear las almas, las hizo a todas iguales, pero algunas de ellas pecaron en el mundo espiritual y tuvieron que abandonarlo para instalarse en la Tierra: son las almas humanas. Otras, al contrario, se volvieron hacia Dios, perfeccionándose y convirtiéndose en ángeles. Mas dejémosle hablar al propio Orígenes:

«Los herejes objetan aludiendo a lo que ocurre con los hombres en la tierra: algunos, dicen, tienen por nacimiento mejor suerte que otros, por ser de la estirpe de Abraham y haber visto la luz en virtud de la promesa (cf. Rom 9,8); o quien, procedente de Isaac y Rebeca y que "ya en el seno materno suplantó a su hermano" (cf. Os 12,4), parece que es amado por Dios aun antes de nacer (cf. Mal 1,2 y Rom 9,13); otros, más en general, nacen entre los hebreos, donde encuentran la ciencia de la ley divina; otros entre los griegos, que poseen también sabiduría e instrucción; otros entre los etíopes, que suelen comer carne humana; otros entre los escitas, para quienes el parricidio tiene fuerza de ley, o entre los habitantes de Táuride, que inmolan a los extranjeros. Y nos declaran: Si existe tanta y tan gran variedad de circunstancias condicionadas por el nacimiento, sin que el libre albedrío desempeñe ningún papel –pues nadie puede escoger dónde, de qué personas y en qué situación ha de nacer–, y la causa de esto no reside en la diversidad de las almas, de suerte que a una mala naturaleza de alma le estuviera destinado un pueblo malo, y a una buena uno bueno, ¿qué hemos de pensar, en definitiva, sino que todo eso acontece por casualidad y fortuitamente?...

»En cuanto a nosotros, como hombres que no deseamos favorecer con nuestro silencio la insolencia de los herejes, trataremos de responder a sus objeciones en la medida de nuestras fuerzas, de la manera siguiente: Ya hemos mostrado antes, mediante las Escrituras divinas, que Dios, creador del universo, es bueno, justo y todopoderoso. Cuando en el principio creó lo que quiso crear (cf. Gén 1,1), es decir, los seres dotados de razón, no tenía otro motivo que hacerlo que Él mismo, o sea su bondad. Y puesto que Él era la causa de lo que había de crear y en Él no existía ni diversidad, ni cambio, ni impotencia, creó iguales y semejantes a todos los seres que hizo, ya que no había para Él ningún motivo de variedad y diversidad. Pero, siendo así que las criaturas razonables, como ya lo hemos expuesto a menudo y lo expondremos de nuevo en el lugar oportuno, recibieron la facultad del libre albedrío, el ejercicio de esta facultad llevó a algunos de esos seres al progreso de su voluntad por la imitación de Dios, y a otros a la degradación por su propia negligencia. Tal es la causa de la diversidad que existe entre las criaturas provistas de razón; esta diversidad no proviene del querer o juicio del Creador, sino del libre albedrío de cada una de ellas... Así, el Creador no parecerá injusto porque ponga a cada uno en el lugar que le corresponde según sus méritos, ni el azar será tenido por culpable de la felicidad o desgracia de los hombres al nacer, ni tampoco, finalmente, se creerá en la existencia de varios creadores o varias clases de almas»[3].

La doctrina según la cual el alma preexistente en la esfera anterior a la terrena tomó para sí el germen del mal y pecó tiene por conse-

---

2. Hermes Trismegis, *Kore kosmou*, fragm. XXIII, 24, 25.
3. Orígenes, o.c., II, 9, 5-6.

cuencia práctica el *ascetismo positivo*, es decir, el de la expiación seguida de la reunión del alma de Dios.

La ascética positiva no lucha contra la carne, sino contra el germen del mal en el alma, a fin de volver a unir esta última con Dios. Si, por ejemplo, Teresa Neumann no tomó durante decenios otro alimento que la forma del sacramento de la sagrada comunión, no es porque luchara contra la carne o la despreciara, sino porque realmente vivía del Santísimo Sacramento sin perjuicio para su salud corporal. Y cuando alguien, por citar otro ejemplo, pasa una noche entera en oración, privándose del sueño, no lo hace para quitar al cuerpo el descanso, sino para unirse a Dios en la plegaria. San Martín dio la mitad de su capa al pobre no para hacer pasar frío a su propia carne, sino para poner fin al sufrimiento de su prójimo, cuya carne carecía de protección contra el frío. San Antonio no se fue al desierto para mortificar su carne, sino para estar allí solo en presencia de Dios. El monje renuncia al matrimonio no porque deteste el amor, las mujeres y los hijos, sino porque se siente inflamado de amor a Dios y no hay en él lugar para otro amor.

El ascetismo positivo es universal. Todo el mundo lo practica. El sabio que se encierra en su gabinete para dedicarse al estudio, lo hace impulsado por su búsqueda de la verdad, y no para privar a su carne del sol, el aire fresco y otros beneficios o placeres del mundo. La bailarina ayuna mucho para mantener su cuerpo esbelto y grácil. El médico interrumpe su sueño nocturno cuando lo llaman para atender a un enfermo. El misionero que vive en una de las miserables chozas de un pueblo africano no ha ido allí porque le guste la miseria, sino porque desea compartirla con sus hermanos.

El principio de la ascética positiva se encuentra clarísimamente enunciado en el Evangelio:

> «El reino de los cielos es semejante a un tesoro escondido en un campo, que, al encontrarlo un hombre, vuelve a esconderlo, y, por la alegría que le da, va, vende todo lo que tiene y compra el campo aquel. También es semejante el reino de los cielos a un mercader que anda buscando perlas finas y que, al encontrar una perla de gran valor, va, vende todo lo que tiene y la compra» (Mt 13,44-46).

La ascética positiva es, pues, el cambio de lo bueno por lo mejor. Volvamos ahora al problema del mal humano innato. ¿En qué consiste?

Es el sentimiento del yo *(ahaṃkāra)*, debido a la ignorancia primordial *(avidyā)*, causada por el poder de proyección *(vikṣepa-śākti)* junto con el poder de obnubilación *(āvṛti-śākti)*, y que consiste en la identificación ilusoria de sí mismo verdadero *(ātman)* con el yo empírico, como lo atestiguan claramente la revelación *(śruti)*, la auténtica experiencia directa *(pratyakṣa)*, la tradición *(smṛti)* y la inferencia *(anumāna)*. Así responde la antigua sabiduría india por boca de Śankara, autor de su resumen y síntesis[4].

Es el deseo *(taṇhā)* engendrado por la ignorancia *(avidyā)*, que consiste en atribuir el papel de centro a una ilusoria construcción mental del yo, no hallándose este centro en ninguna parte o estando en todas. Tal es la respuesta del budismo *(Prajñāpāramitā* de Nāgārjuna).

La otra corriente de la tradición –el ala derecha del ente de la Sabiduría, si se prefiere–, la corriente occidental egipcio-judeo-cristiana, responde de otra manera: El mal humano innato no es debido a la ignorancia primordial *(agnosia)* sino al *pecado del conocimiento por uno mismo*, en lugar del conocimiento recibido de Dios. Los tratados de hermetismo precristiano *(Kore kosmou* y *Poimandres)* y la Biblia *(Génesis)* están de acuerdo en basar el mal humano innato en el *pecado original*.

Tanto los tratados herméticos como la Biblia se refieren al pecado original cometido en el cielo (hermetismo) o en el paraíso terrenal (Biblia), antes de la caída, y ambos lo describen como un acto de desobediencia a Dios, es decir, como separación de la voluntad humana de la de Dios y desacuerdo entre las dos voluntades, debido al deseo de un saber distinto del de la revelación y al de un objeto de ese saber distinto de Dios y su revelación en el mundo.

Entre los textos herméticos, *Kore kosmou* es el que habla más explícitamente del pecado previo a la caída, la cual es su consecuencia y castigo. He aquí los pasajes que nos interesan:

«18. Habiendo así hablado, Dios, que es también mi señor, mezcló los otros dos elementos restantes, agua y tierra, y les insufló una fuerza vivificante; y pronunció sobre ellos ciertas palabras secretas, poderosas, aunque no tanto como las que había pronunciado antes. Luego agitó vigorosamente la mezcla y, cuando la costra que flotaba en la superficie tomó buen color y quedó bien coagulada, modeló a partir de la misma los signos zodiacales en forma humana.

»19. El residuo de esa mezcla se lo dio a las almas que habían ya progresado hasta el punto de ser invitadas a penetrar en las moradas de los dioses, en los lugares cercanos a los astros y poblados por los demonios sagrados; y Dios les dijo: "Hijos míos, retoños de mi ser, recibid estos residuos de mi industria, y que cada uno de vosotros se fabrique algo que corresponda a su naturaleza; todavía os presentaré cosas que os sirvan de modelos." Y tomando de nuevo la mezcla en sus manos,

»20. dispuso a partir de la misma, con arreglo a los movimientos físicos, el zodiaco, dechado de orden y belleza, después de completar exactamente sus signos antropomór-

---

4. *Viveka-Cūḍāmaṇi*, 105-107, 111-113, 343-346, Madrás 1932, ³1968.

ficos con los que pueden denominarse animales, a los cuales comunicó también las consabidas cualidades activas y un soplo capaz de todo arte, generador de todos los acontecimientos de alcance universal que habrían de sucederse por siempre.

»21. Y Dios prometió conferir a las obras visibles de las almas el hálito invisible, y dar a cada ser, aún por crear, la fuerza de engendrar otros seres semejantes a él. A las almas mismas no les impuso la necesidad de producir algo más de lo que ya habían producido la primera vez.

»22. "Y ¿qué hicieron esas almas, oh madre mía?" E Isis dijo: "Después de tomar lo que había sido mezclado de la materia, hijo mío, Horus, trataron primero de comprenderlo; adoraron la mezcla como obra del padre y se preguntaron de qué constaba, lo cual no les era fácil de reconocer. Luego, tras haberse entregado a esta investigación, temieron incurrir en la cólera del padre y se opusieron a ejecutar sus órdenes... (sigue el modo en que las almas formaron las aves, cuadrúpedos, peces y reptiles).

»24. Y esas almas, hijo mío, como si hubieran llevado a cabo una proeza, se armaron inmediatamente de una audacia indiscreta (insolente curiosidad: *periergos tolmos*), y transgredían los mandamientos de Dios; abandonaban ya sus propios sectores y puntos de reunión, y no se avenían a morar en un solo lugar, sino que se movían incesantemente; consideraban como una muerte el estar obligadas a residir en un solo sitio.

»25. ...no se le escapó tampoco este comportamiento al señor y dios de todo el universo, y buscó para ellas un castigo y una cadena que les fuera difícil de soportar. Y, efectivamente, plugo al jefe y soberano señor de todas las cosas fabricar el cuerpo humano, a fin de que, en ese organismo, la estirpe de las almas sufriera por siempre su castigo»[5].

Hagamos hincapié en los detalles más sobresalientes de este texto: las almas reciben el encargo de formar animales según los modelos celestes del zodiaco; pero, en lugar de dedicarse a esta obra *sintética*, «adoraron la mezcla como obra del padre y se preguntaron *de qué constaba*», es decir, se consagraron al análisis, prefiriendo el *conocimiento analítico* a la *obra creadora de síntesis*, lo cual tuvo por consecuencia el cambio de su actitud básica, vertical (Dios-alma), por la actitud horizontal (alma-mundo), y «se movían incesantemente» en la horizontal, considerando «como una muerte el estar obligadas a morar en un solo sitio», o sea el inmovilizarse en la vertical.

Comparemos ahora estos hechos destacables con los del relato bíblico. Aquí el hombre es puesto por Dios en el jardín de Edén y llamado a la *obra* creadora de «cultivarlo y guardarlo». En él vive el hombre bajo la ley de la vertical: comía de todos los *árboles* del jardín, es decir, de todos los métodos extáticos y enstáticos de oración, meditación y contemplación que elevan el alma a Dios. Una sola cosa le estaba prohibida: comer de un solo árbol, el árbol de la ciencia del bien y del mal, pues el día en que comiere moriría. El hombre, en el paraíso, dio nombre a todos los animales, «que Dios llevó ante él» para que cada animal tuviera el nombre que el hombre le pusiera.

---

5. Hermes Trismegisto, *Kore kosmou*, fragm. XXIII, 18-25.

Finalmente, movidos por el deseo «de que se les abrieran los ojos y de ser como dioses, conocedores del bien y del mal», Adán y Eva comieron del árbol prohibido y fueron arrojados del jardín de Edén para que cultivasen la tierra. La similitud, si no la identidad, de entrambas narraciones salta a la vista. Aquí como allá, se trata del pecado de «curiosidad insolente» (o audacia indiscreta); aquí como allá, el hombre cede a su deseo «de que se les abrieran los ojos y de ser como dioses»; aquí como allá, el hombre desempeña una tarea mágico-creadora respecto de los animales; aquí como allá, el hombre cambia su actitud básica, pasando de la vertical a la horizontal. De resultas de todo ello, se encarna y sufre las consecuencias de esa encarnación: dolor, trabajo y muerte.

También hay algunas discrepancias entre los dos relatos: las almas modelan los animales –el hombre sólo les da los nombres, «los lugares cercanos a los astros»–, el jardín de Edén, la multitud de las almas –Adán y Eva, la composición de la mezcla del padre–, el árbol de la ciencia del bien y del mal. Tales diferencias son fáciles de entender si se cae en la cuenta de la que existe en general entre el tratado *Kore kosmou* y el *Génesis* de Moisés. Éste *relata* hechos acaecidos en los albores de la historia del mundo y la humanidad, mientras que aquél *enseña*, es decir, expone una doctrina. El uno es *crónica* del mundo, mientras que el otro es *comentario*. Por eso, en *Kore kosmou*, aun los hechos y sucesos mismos son presentados de manera intelectualizada, o sea por cuanto enuncian *ideas* con claridad suficiente. El relato del *Génesis*, en cambio, se limita a ofrecer a la consideración del lector, con fuerza mágica, los hechos relevantes de la historia del mundo y del género humano. *Kore kosmou* intenta *convencer*, mientras que el *Génesis* despierta las profundas reminiscencias de un pasado lejano que duermen en lo más íntimo del alma, la memoria del inconsciente colectivo, como diría Jung.

Por ser un texto mágico, el *Génesis* no dice que el hombre «modeló» los animales, sino que «les dio *nombres*». Ahora bien, el nombre es, en lenguaje de la magia, el principio formativo. Dar nombre quiere decir, en magia, asignar una misión, encargar a alguien de una función y, a la vez, capacitarlo para llevarla a cabo. El hombre, según el *Génesis*, asignó a los animales creados por Dios sus misiones y funciones específicas en el plano de la realización, lo que suponía un organismo específico. Al darles nombre, los modeló también en dicho plano.

Tocante a los «lugares cercanos a los astros» y el jardín de Edén, el relato bíblico reviste también aquí un carácter mágico: trata menos de responder a la pregunta de dónde –en el cosmos– se hallaba la humanidad antes de la caída original, que a esta otra: ¿*Qué hacía* la humanidad y qué ocurría a su alrededor antes de la caída?

La respuesta del *Génesis* es que fue colocada en un jardín «para *cultivarlo y guardarlo*». Esto significa que el alba de la humanidad no despuntó ni en el *desierto*, donde nada acaece, ni en la *jungla*, donde todo nace y crece sin el control regulador y orientador del espíritu, ni tampoco en las condiciones de una población o *ciudad*, donde nada nace o crece por sí mismo, sino que todo ocurre y es hecho por el espíritu regulador y orientador. El jardín es, pues, el estado del mundo donde hay cooperación y equilibrio entre el espíritu y la naturaleza, en contraste con el desierto, estado de pasividad inmóvil tanto de la naturaleza como del espíritu, con la jungla, estado de actividad de la naturaleza sola, y con la ciudad, estado de actividad del espíritu solo. Podría decirse, usando del lenguaje filosófico de la India, que el jardín corresponde al estado sátvico (de *sattva*) de la naturaleza *(prakṛti)* frente al espíritu *(puruṣa)*.

En ese medio sátvico –o jardín– fue puesta la humanidad, y allí también le fue asignada su misión primordial y eterna, la de cultivar y guardar ese jardín.

Detengámonos aquí, querido amigo desconocido, para tomar aliento ante el grandioso alcance de esta fórmula sobria y lapidaria del *Génesis*. La misión primordial y eterna de la humanidad consiste, decíamos, en cultivar el jardín, es decir, en mantener el mundo en estado de cooperación y equilibrio entre el espíritu y la naturaleza. ¡Qué riqueza de contenido encierra en germen este enunciado! Y ¡cuántas luces espirituales, morales, prácticas, místicas, gnósticas y mágicas brotan del mismo, cuando uno abre su mente y su corazón al toque de ese germen!

Se comprende entonces, en una fracción de segundo, que no hay que *hacer* ni *dejar hacer*: ni construir sistemas de pensamiento, ni dejar que todo pensamiento pase por la mente sin control; ni entregarse a ejercicios de entrenamiento oculto, ascético o místico, ni prescindir del esfuerzo constante y continuo. Se comprende también que es preciso trabajar y dejar crecer, pensar y esperar a que crezca y madure el pensamiento; que la palabra mágica debe ir acompañada y seguida del *silencio mágico*; que, en suma, hay que *cultivar y guardar*.

Cultivar y guardar. Cultura y tradición. Querer y osar, saber y callar. He ahí la esencia y misión del hermetismo, la remembranza, activa en el fondo de nuestras almas, de la misión primordial y eterna de la humanidad, la de cultivar y guardar el inolvidable jardín de sus albores. Hay en él árboles para cultivar y guardar: métodos o vías de unión entre la tierra y el cielo, el arco iris de la paz entre lo que está abajo y lo que está arriba. La India conoce tales métodos o vías de unión por el nombre de «yoga», y enseña el *hatha-yoga*, *jñāna-yoga*, *bhakti-yoga*, *karma-yoga*, *tantra-yoga*, *mantra-yoga* y *raja-yoga*, es decir, la unión por la respiración y movimiento circulatorio de la vida *(prāṇa)*, la unión por el pensamiento, la unión por el sentimiento, la unión por la conducta, la unión por el amor, la unión por la magia de la palabra y la unión por la voluntad.

Alce Negro *(Black Elk)*, guardián de la pipa sagrada de la tribu de los sioux y ciego a causa de su provecta edad, reveló a Joseph Epes Brown[6] los siete ritos o vías, tradicionales entre los sioux, de la unión del hombre con el Padre (el Gran Espíritu) y la Madre (la Tierra), los cuales constituyen el alma de la vida espiritual de las tribus indias de la costa que se extiende desde el Golfo de México hasta Maine, al norte, y desde Georgia hasta Idaho, al oeste.

A nosotros, herméticos cristianos, los árboles o yogas del jardín que deseamos cultivar y guardar nos han sido dados en las «siete columnas de la casa edificada por la sabiduría», es decir, los siete días de la creación (incluido sábado), los siete milagros del *Evangelio de san Juan*, los siete «yo soy...» de Jesucristo y los siete sacramentos de la Iglesia.

Tales son los árboles del jardín que cultivamos y guardamos, los misterios de la unión entre lo que está abajo y lo que está arriba: místicos, gnósticos, mágicos y herméticos. Porque la mística, la gnosis, la magia y la ciencia hermética son los cuatro brazos del río que sale de nuestro Edén para regarlo (y «desde allí se repartía en cuatro brazos»).

Imitemos, pues, con respeto y gratitud, tanto a Swami Vivekananda, de la India, como a Alce Negro, de los sioux de Norteamérica, en lo que toca a su fidelidad en cultivar y guardar lo que la Providencia tuvo a bien confiarles del recuerdo del jardín de Edén, cultivando y guardando nosotros con la misma fidelidad lo que la Providencia nos ha confiado de ese recuerdo. Y no nos preocupemos de la suerte de quienes poseen una cultura y tradición distintas de las nuestras; Dios, que todo lo ve, no se olvidará, ciertamente, de colocar una corona sobre la cabeza de todo fiel cultivador y guardián de su jardín.

Otra diferencia entre *Kore kosmou* y el *Génesis* consiste en la «multitud de las almas», por una parte, y Adán-Eva, por otra. Aquí también la diferencia se explica por el carácter cuasi filosófico de *Kore kosmou* y mágico del *Génesis*. El primero alude a las *sustancias*, mien-

---

6. Black Elk, Oglala Indian (1863-1950), *The sacred pipe; Black Elk's account of the Oglala Sioux*, ed. por J.E. Brown, Baltimore (1953) 1971; trad. cast., Alce Negro-J.E. Brown, *La pipa sagrada, Ritos sioux*, Barcelona 1980.

tras el segundo habla del *acto*. Desde el punto de vista de la sustancia, había una muchedumbre de almas que causaron y padecieron la caída; en cuanto al acto, todas ellas formaban una unidad, puesto que el acto era uno y lo cometieron colectivamente. Lo cometió Adán-Eva.

Ahora bien, la pregunta acerca de en qué consiste el mal humano innato tiene dos respuestas. La una –dada por el ala izquierda de la sabiduría tradicional– dice así: «En la *ignorancia*.» La otra –que viene del ala derecha de la sabiduría tradicional– dice: «En el pecado del *conocimiento ilícito*.»

¿Contradicción? Sí y no. Ambas respuestas se contradicen por cuanto ignorancia y conocimiento son cosas opuestas, pero coinciden en que la ignorancia innata es consecuencia de un pecado original de la voluntad deseosa de sustituir el conocimiento debido a la revelación por un conocimiento derivado de la experimentación. Hay, pues, diferencia, pero no contradicción. La diferencia consiste en que la tradición oriental pone de relieve el *aspecto cognoscitivo* del desacuerdo entre la conciencia humana y la realidad cósmica, mientras que la tradición occidental hace hincapié en el *aspecto moral* del mismo hecho.

La tradición oriental ve en el mal humano innato una especie de malentendido o error de juicio, en virtud del cual la conciencia confunde la personalidad empírica –el cuerpo y la vida psíquica concomitante– con el sí mismo verdadero, que es inmutable y eterno, en tanto que la tradición occidental considera el mal humano como consecuencia del pecado de haber querido ser «como dioses, conocedores del bien y del mal», o sea el acto que *desfigura* la semejanza de Dios, aun cuando la imagen –que corresponde al sí mismo verdadero de los orientales– permanezca intacta.

Es el yo empírico el que lleva los rasgos desfigurados por el pecado original. Trátase, pues, no de la identificación errónea del sí mismo verdadero (o imagen de Dios) con el yo empírico, sino de este último en su estado de desfiguración. Dicha identificación estaría perfectamente justificada si el yo empírico hubiera seguido siendo semejanza de Dios o, en otras palabras, si no hubiera sido desfigurado por efecto de la caída.

Expresado todavía de otra manera, la diferencia radica en lo siguiente: la tradición oriental aspira al *divorcio* entre el sí mismo verdadero y el yo empírico, mientras que la tradición occidental estima indisoluble ese matrimonio. El sí mismo verdadero, según la tradición occidental, no puede ni debe deshacerse del yo empírico, repudiándolo. Ambos están unidos por lazos indisolubles para toda la eternidad y deben llevar juntos a cabo la obra del restablecimiento de la semejanza de Dios. El ideal de la tradición occidental no es la libertad de divorciarse, sino de reunirse.

Así, pues, el pecado original tuvo lugar en la *voluntad*, provocando la caída. El *Génesis* describe este pecado de la voluntad como deseo de arrogarse el conocimiento del bien y del mal, de llegar a ser «como dioses».

Mas el *Génesis* no se ciñe a esta primera etapa de la caída en el paraíso, aunque fuera la etapa decisiva, sino que añade tres etapas ulteriores, a saber, el *fratricidio de Caín*, la *generación de los gigantes* y la construcción de la *torre de Babel*.

Pese a que estas tres etapas sólo sean el desarrollo casi lógico del pecado original cometido en el paraíso, constituyen, con todo, etapas nuevas en lo tocante a la *realización* del pecado original en el plano *terrenal* de la historia espiritual de la humanidad. En efecto, el fratricidio de Caín es el «fenómeno primordial» *(Urphänomen,* en el sentido de Goethe) que contiene el germen de todas las guerras, revoluciones y levantamientos que habían de venir después en la historia del género humano. La generación de los gigantes es el fenómeno primordial o germen protohistórico de todas las pretensiones humanas, por parte de individuos, grupos y pueblos, de asumir el papel de dominadores y soberanos divinos, así como de todas sus aspiraciones a convertirse en superhombres. Los césares que se arrogaban autoridad y honores divinos, el «superhombre» *(Übermensch)* de Nietzsche y los diversos «caudillos» *(Führer)* fascistas y comunistas de nuestro tiempo no son sino manifestaciones particulares del gigantismo original de que habla el *Génesis*. Y la construcción de la torre de Babel, referida también por el *Génesis*, es el fenómeno primordial que contiene en germen todas las tendencias venideras de la historia del género humano a conquistar el cielo por medio de las fuerzas adquiridas y desarrolladas en la tierra.

En lo más hondo del fratricidio de Caín radica la rebelión del yo inferior contra el sí mismo verdadero, la de la semejanza degenerada contra la imagen intacta. En lo más hondo de la generación de los gigantes está el matrimonio del yo inferior con los entes de las jerarquías caídas, en vez de las nupcias con el sí mismo verdadero. Y en lo más hondo de la construcción de la torre de Babel anida la voluntad colectiva de sustituir el sí mismo verdadero de las jerarquías celestiales y de Dios por una superestructura de alcance universal fabricada por los hombres.

A estos tres pecados –rebelión, posesión y sustitución de lo revelado por lo fabricado– corresponden tres caídas o efectos.

Caín, que mató a su hermano Abel, se convirtió en un *exiliado*, un *nómada*; a la generación de los gigantes siguió el *diluvio*; la construcción de la torre de Babel tuvo por consecuencia el *rayo de la bajada del Eterno*, que «desperdigó por toda la haz de la tierra» a los constructores y «confundió su lenguaje» (Gén 11,7-9) para que no se entendieran ya entre sí.

Así como la construcción de la torre de Babel es el resumen de las precedentes etapas del pecado –la rebelión y el gigantismo–, así también el efecto de esta construcción –el rayo que dispersó a los constructores y confundió su lenguaje– es el resumen de los efectos de los dos pecados precedentes. Por eso, a lo que parece, la decimosexta lámina de los arcanos mayores del tarot sólo representa la Torre alcanzada por el rayo, prescindiendo del diluvio y el exilio de Caín. Ello basta para revelar al meditador serio el *arcano* sintético de la relación entre *la voluntad y el destino*, entre lo que uno quiere y lo que sucede.

Errar es, efectivamente, la suerte inevitable del yo inferior que se subleva contra el sí mismo superior; *ahogarse* es la consecuencia fatal de la aspiración a convertirse en superhombre; y *ser alcanzado por el rayo* es el resultado, tan inevitable como los dos anteriores, de la construcción colectiva o individual de una torre de Babel.

El arcano la Torre enseña una ley general y universal en forma sintética, la de la torre de Babel. «Ley general y universal» significa que obra tanto en la biografía individual como en la de la humanidad, tanto en el pasado como en el presente y porvenir. Según esta ley, quien se rebele contra su sí mismo superior no vivirá ya sometido a la ley de la *vertical*, sino a la de la *horizontal*, es decir, «será vagabundo y errante en la tierra». El que se una a un ente de las jerarquías caídas hasta el punto de dejarse poseer, en vez de unirse a su sí mismo superior, *se ahogará*, es decir, sucumbirá a la locura. Esto le aconteció a Nietzsche, el inspirado autor de las obras que celebraron al superhombre y al Anticristo; y esto también le sucedió a la humanidad en la época en que «los gigantes existían en la tierra», aquellos «héroes de la antigüedad, hombres famosos». Pues el diluvio inundó la tierra no sólo de agua, sino de esa otra agua que anega la conciencia y la memoria, esa misma agua de olvido y flaqueza de espíritu que inundó a Nietzsche. Así fue también ahogada en el olvido la avanzada civilización de la Atlántida, como el propio continente, su cuna, que se hundió, tragado por las aguas. Y así tantas tribus y pueblos nómadas primitivos, esto es, desposeídos de su pasado y obligados a empezarlo todo de nuevo, comenzaron a vivir en cavernas o a acampar bajo los árboles. Hubo antaño reinos poderosos y magníficas ciudades de África, mas sus descendientes perdieron la memoria de tales civilizaciones, para entregarse enteramente a la vida cotidiana de las tribus primitivas: caza, pesca, atisbos de agricultura, guerra... Y entre los aborígenes de Australia el olvido fue aún mayor.

De igual manera, quien construye una torre para reemplazar la revelación del cielo por lo que él fabrica será alcanzado por el rayo, es decir, por la humillación de verse reducido a su propia subjetividad y a la realidad terrena.

En la decimotercera carta sobre el tarot he hablado ya de la ley de la torre de Babel, a propósito de ciertas prácticas ocultas que tienen por objeto lograr una especie de inmortalidad mediante la *cristalización*, o sea poniendo en juego la energía que emana del cuerpo físico. Tratábase allí de la construcción de una torre de Babel individual, fabricada a partir de dobles superpuestos que se elevan desde el cuerpo físico. En dicha carta sólo nos referíamos a la *construcción* misma, y no al otro aspecto de la ley que nos ocupa: el rayo. Ahora, al considerar el decimosexto arcano mayor del tarot, es el momento de tratar de esta ley en su totalidad, o sea tanto en su aspecto de construcción como de rayo.

Acabamos de hacer notar que la ley de la torre de Babel es universal, obrando por igual en la biografía individual, en la de la humanidad y aun en la de las demás jerarquías. La clave de esta ley es que toda actividad autónoma de abajo se encuentra ineludiblemente con la realidad divina de arriba. Lo que se construya merced al esfuerzo autónomo del yo inferior deberá, tarde o temprano, toparse con la realidad divina y experimentar los efectos de la comparación con ella. La ley −o arcano− de la torre de Babel se manifiesta, por ejemplo, en el hecho del *purgatorio* después de la muerte, pues todo hombre que no sea un santo o un justo acabado construye una especie de torre de Babel que le es propia. Sus acciones, opiniones y aspiraciones autónomas o personales forman un mundo privado, que él se ha construido y transporta consigo al mundo espiritual luego de morir. Ese mundo subjetivo debe, por tanto, pasar por la prueba del encuentro con la realidad espiritual transubjetiva: el *rayo*. Y este encuentro de la subjetividad con la realidad espiritual constituye lo esencial del estado posterior a la muerte designado por el nombre de purgatorio.

El purgatorio es, pues, el estado del alma que ve los actos, opiniones y aspiraciones de su vida pasada a la auténtica luz de la conciencia transubjetiva. Nadie la juzga; ella misma se juzga a la luz de la conciencia completamente despierta.

A menudo se habla de las tinieblas en las que se sume el alma al entrar en el purgatorio, y del destierro solitario que ha de padecer allí. Hay algo de verdad en esas descripciones del estado del alma que va al purgatorio, pero han de entenderse bien si se quiere hacer justicia a toda la verdad. Contemplada *desde fuera*, el alma que entra en el purgatorio desaparece a la vista de las demás almas y se sumerge así en las tinieblas de la invisibilidad e inaccesibilidad. En este sentido, el de la inaccesibilidad, puede muy bien decirse que el alma queda desterrada, ya que se ve privada de todo contacto y relación con los seres libres del mundo espiritual. Pero si se la mira *desde dentro*, desde su propio interior, el alma que entra en el purgatorio se halla sumergida en la luz absoluta de la conciencia transubjetiva, una luz tan intensa que parece envolverla en tinieblas. Simultáneamente el alma llega a tal grado de concentración que se vuelve inaccesible a todo lo demás.

¿Cómo se obra la purificación del alma en el purgatorio? ¿Qué clase de tinieblas la envuelven? ¿Qué destierro padece? ¿Qué frutos se derivan de ese estado? Nadie da de todo esto una idea más clara y una descripción más fidedigna que san Juan de la Cruz en su *Noche oscura*. Los capítulos en que trata de la «noche oscura del espíritu» nos ofrecen la analogía más próxima posible del estado del alma en el purgatorio, puesto que la experiencia allí descrita es de todo punto análoga a la experiencia de la purificación en el purgatorio.

«Esta *noche oscura* es una influencia de Dios en el alma que la purga de sus ignorancias e imperfecciones habituales, naturales y espirituales... Pero es la duda: ¿Por qué, pues es lumbre divina –que, como decimos, ilumina y purga al alma de sus ignorancias–, la llama aquí el alma *noche oscura*? A lo cual se responde que por dos cosas es esta divina sabiduría no sólo noche y tiniebla para el alma, mas también pena y tormento: la primera, es por la alteza de la sabiduría divina, que excede al talento del alma, y en esta manera le es tiniebla; la segunda, por la bajeza e impureza della, y desta manera le es penosa y aflictiva, y tambíen oscura... Así como [de] la luz, cuanto más clara es, tanto más se [ciega y] oscurece la pupila de la lechuza; y cuanto el sol se mira más de lleno, más tinieblas causa [a] la potencia visiva y la priva, excediéndola por su flaqueza. De donde, cuando esta divina luz de contemplación embite en el alma que aún no está ilustrada totalmente, le hace tinieblas espirituales; porque no sólo la excede, pero también la priva y escurece el acto de su inteligencia natural... Porque de su gran luz sobrenatural es vencida la fuerza natural intelectiva y privada... Ésta es la causa por que, en derivando de sí Dios al alma que aún no está transformada este esclarecido rayo de su sabiduría secreta, le hace tinieblas oscuras al entendimiento... Y esta pena en el alma a causa de su impureza es inmensa cuando de veras es embestida de esta divina luz, porque embistiendo en el alma esta luz pura, a fin de expeler la impureza del alma, siéntese el alma tan impura y miserable, que le parece estar Dios contra ella, y que ella está hecha contraria a Dios. Lo cual es de tanto sentimiento y pena para el alma, porque le parece aquí que la ha Dios arrojado, que uno de los mayores trabajos que sentía Job cuando Dios le tenía en este ejercicio era éste, diciendo: "¿Por qué me has puesto contrario a ti y soy grave y pesado para mí mismo?" (Job 7,20); porque viendo el alma claramente aquí por medio desta pura luz (aunque a escuras) su [im]pureza, conoce claro que no es digna de Dios ni de criatura alguna; y lo que más la pena es [que piensa] que nunca lo será, y que ya se le acabaron sus bienes... La segunda manera en que pena el alma es [a] causa de su flaqueza natural y moral y espiritual, porque, como esta divina contemplación embiste en el alma con alguna fuerza al fin de la ir fortaleciendo y domando, de tal manera pena en su flaqueza, que poco menos desfallece... porque el sentido y espíritu, ansí como si estuviese debajo de una inmensa y oscura carga, está penando y agonizando tanto, que tomaría por alivio y partido el morir... Cosa de grande maravilla y lástima que sea aquí tanta la flaqueza e impureza de el alma, que, siendo la mano de Dios de suyo tan blanda y suave, la sienta del alma [aquí] tan grave y contraria con no cargar ni asentar, sino solamente tocando, y eso misericordiosamente, pues lo hace a fin de hacer mercedes al alma y no de castigarla...

»Vemos que el rayo del sol que entra por la ventana, cuanto más puro y limpio es de átomos, tanto menos claramente se ve, y cuanto más de átomos y motas tiene el aire, tanto parece más claro al ojo. La causa es porque la luz no es la que por sí misma se ve, sino el medio con que se ven las demás cosas que embiste; y entonces ella por la reverberación que hace en ellas, también se ve; y si no diese en ellas, ni ellas ni ella se verían... Pues ni más ni menos hace este divino rayo de contemplación en el alma, que, embistiendo en ella con su lumbre divina, excede al natural del alma, y en esto la oscurece y priva de todas las aprensiones y afecciones naturales que antes, mediante la luz natural, aprehendía; y así, no sólo la deja oscura, sino también vacía según las potencias y apetitos, así espirituales como naturales, y, dejándole así, vacía y a escuras, la purga e ilumina con divina luz espiritual, sin pensar el alma que la tiene, sino que está en tinieblas, como habemos dicho del rayo, que, aunque está en medio del aposento, si está puro y no tiene en qué topar, no se ve. Pero con esta [oscura] luz espiritual de que está embestida el alma, cuando tiene en qué reverberar, esto es, cuando se ofrece alguna cosa que entender espiritual y de perfección o de imperfección –por mínimo átomo que sea, o juicio de lo que es falso o verdadero–, luego la ve y *entiende [mucho] más claramente que antes que estuviese en estas oscuridades* y ni más ni menos, conoce la luz que tiene espiritual para conocer con facilidad la imperfección que se le ofrece...

»A este mismo modo, pues habemos de filosofar acerca de este divino fuego de amor de contemplación, que, antes que una y transforme el alma en sí, primero la purga de todos sus accidentes contrarios, hácela salir afuera sus fealdades y pónela negra y oscura, y así parece peor que antes y más fea y abominable que solía; porque, como esta divina purga[ción] anda removiendo todos los malos y viciosos humores que, por estar ellos muy arraigados y asentados en el alma, no los echaba ella de ver, y así no entendía que tenía en sí tanto mal; y ahora, para echarlos fuera y aniquilarlos, se los ponen al ojo y los ve tan claramente, alumbrada por esta oscura luz de divina contemplación (aunque no es peor que antes ni en sí ni para con Dios); como ve en sí lo que antes no veía, parécele claro que está tal, que no sólo [no] está para que Dios la vea, mas que está para que la aborrezca y que ya la tiene aborrecida...

»Porque la luz de Dios que al ángel ilumina, esclareciéndole y suavizándo[le] en amor por ser puro espíritu dispuesto para la tal infusión, al hombre, por ser impuro y flaco, naturalmente le ilumina (como arriba queda dicho) escureciéndole, dándole pena y aprieto –como hace el sol al ojo legañoso y enfermo– y le enamora apasionada y aflictivamente, hasta que este mismo fuego de amor le espiritualice y sutilice, purificándole hasta que con suavidad pueda recibir la unión de esta amorosa influencia a modo de los ángeles...»[7]

He aquí algunos pasajes de la doctrina de san Juan de la Cruz, entre los más pertinentes al tema que estamos tratando, sacados de los

---

7. Juan de la Cruz, *Noche oscura*, libro 2, caps. 5, 8, 10 y 12, en *Vida y obras completas de san Juan de la Cruz*, Ed. Católica (BAC 15), Madrid ⁵1964, p. 571ss, 579s, 584, 589.

capítulos 5, 8, 10 y 12 del libro 2 de la *Noche oscura*. La purificación en ellos descrita, que es una escuela de humildad, y la luz divina que pone al alma en tinieblas y pesa sobre ella, haciéndole experimentar la ineludible necesidad de la confrontación de la naturaleza humana con la verdad de Dios, pueden resumirse en la imagen de la Torre alcanzada por el rayo y de la caída de sus constructores, es decir, en la lámina del decimosexto arcano del tarot. El *rayo* que *alcanza* y *destruye* la Torre es la luz divina que *deslumbra* y *pesa*; la Torre alcanzada por el rayo es todo lo que habían edificado las potencias humanas –entendimiento, imaginación y voluntad– y que ahora se ve frente a frente con la realidad divina; los constructores que caen son escuela de humildad para las potencias humanas.

Así, pues, el purgatorio como vía de purificación anterior a la iluminación y unión místicas, los grandes acontecimientos históricos que obligan a la humanidad a comenzarlo todo de nuevo y, por último, los sucesos individuales en que los hombres son derribados por un rayo para en seguida levantarse iluminados, como Saulo de Tarso, o enajenados, como Nietzsche, no son sino manifestaciones distintas de una misma ley o un mismo arcano, el de *la Torre alcanzada por el rayo*.

Esta ley constituye el tema del *Magníficat*, con el que encabezábamos la presente carta y donde se lee:

«Dispersó a los que son soberbios en su propio corazón, derribó a los potentados de sus tronos y exaltó a los humildes; a los hambrientos colmó de bienes y despidió a los ricos sin nada» (Lc 1,51-53).

Lo que el *Magníficat* canta es la ley eterna de la torre de Babel, la ley de la Torre alcanzada por el rayo y del corazón del hombre elevado, por el mismo rayo, a la iluminación divina. El *Magníficat* es, en efecto, el cántico de un corazón tocado por ese rayo que «derriba a los potentados de sus tronos y exalta a los humildes». La esencia de esta ley no puede expresarse de manera más concisa que como lo hace el *Evangelio según Lucas*:

«Todo el que se ensalce será humillado, y el que se humille será ensalzado» (Lc 14,11).

Ahora bien, hay muchos modos de ensalzarse, pero solamente uno de humillarse. En biología, por ejemplo, se ha comprobado que, en el proceso evolutivo, muchos caminos llevan a ventajas temporales gracias a la especialización del organismo en una dirección determinada, pero acaban siempre en un callejón sin salida. Así los grandes reptiles, los saurios, lograron un dominio incontestable de la tierra merced a su fuerza física, su agilidad y las formidables armas naturales que representaban sus mandíbulas y miembros. Sin embargo, cedieron en definitiva el puesto a pequeños seres menos especializados y desprovistos de ventajas físicas comparables. Los primeros animales de sangre caliente, los mamíferos, debían parecer insignificantes al lado de los grandes saurios.

> «Y precisamente su insignificancia hizo posible que sobrevivieran durante el largo período en que la tierra estuvo dominada por tipos de reptiles poderosos y especializados»[8].

Su falta de especialización les permitió adaptarse al cambio radical de las condiciones climáticas y otras, que tuvo lugar con motivo de la formación de las montañas a finales de la era mesozoica. Los reptiles, dominantes hasta entonces, no fueron capaces de hacer lo mismo y desaparecieron.

Los mamíferos reemplazaron, pues, a los reptiles como señores de la tierra.

Posteriormente, algunas ramas de mamíferos se especializaron a su vez, se ensalzaron, desarrollando órganos y facultades que les confirieron ventajas temporales y... les condujeron también a un callejón sin salida, incapacitándolos para una evolución ulterior. Y de nuevo el grupo de mamíferos que, en lugar de especializarse, se integró en un *proceso de crecimiento general* o evolución equilibrada del organismo físico y de las facultades psíquicas, se situó en la cumbre de la ola evolutiva y produjo finalmente organismos capaces de servir de instrumentos a las almas humanas.

«Ensalzarse» y «humillarse para ser ensalzado» equivalen, por tanto, en biología, a la *especialización* que proporciona ventajas temporales y al *crecimiento general* o evolución equilibrada de las facultades físicas y psíquicas de los seres. Y lo que vale para la biología vale también en otros campos.

Por eso me ha parecido oportuno añadir a la fórmula que poníamos al comienzo de esta carta, «Todo el que se ensalce será humillado, y el que se humille será ensalzado», el siguiente texto del *Evangelio de Marcos*:

> «El reino de Dios es como un hombre que echa el grano en la tierra; duerma o se levante, de noche o de día, el grano brota y crece, sin que él sepa cómo» (Mc 4,26-27).

---

8. J. Huxley, *Evolution in action*, cap. 5.

Lo que este texto hace resaltar es la vía del *crecimiento general* o «abajamiento al papel de grano», en contraste con los caminos de la *especialización* o de aquellos en que uno se eleva *construyendo* torres. *Crecer* o *construir*, tal es la opción a la que, en fin de cuentas, se reducen el camino de la salvación y el camino de la perdición, o la vía del perfeccionamiento sin fin y la que desemboca en un callejón sin salida.

La idea del infierno es la de un definitivo callejón espiritual sin salida; la idea del purgatorio se refiere al proceso que rechaza las tendencias a internarse en los callejones de la especialización, para mantener abierta la vía del perfeccionamiento, el camino de la salvación.

Ensalzarse o humillarse, especializarse para obtener ventajas temporales o dejarse únicamente mover por el hambre y sed de la verdad, la belleza y el bien, *construir* una torre o *crecer*, «duerma uno o se levante, de noche o de día, sin que él sepa cómo»: he aquí la elección que debe hacer todo hombre, toda comunidad, toda tradición o escuela espiritual.

En cuanto a nosotros, ocultistas, magos, esotéricos, herméticos –en una palabra, todos cuantos queremos hacer algo en vez de limitarnos a esperar, todos cuantos pretendemos tomar la evolución en nuestras propias manos y llevarla a su fin–, esa misma elección se nos presenta de manera mucho más dramática que a quienes no les importa nada el esoterismo. Nuestro principal peligro (si no el *único* peligro verdadero) es el de preferir el papel de constructores de la torre de Babel (a título personal o comunitario) al de jardineros o viñadores del jardín o viña del Señor.

En realidad, la única razón verdaderamente moral para mantener esotéricos los esoterismos, es decir, para no sacarlos y propagarlos a plena luz, reside en el gran peligro de llegar a confundir *torre* con *árbol* y, por consiguiente, reclutar albañiles en lugar de jardineros.

La Iglesia fue siempre consciente de este peligro. Por ello, sin dejar de apreciar y fomentar el esfuerzo, ha insistido de continuo en el principio de la *gracia* como fuente exclusiva de progreso en el camino de la perfección. Por ello también miró en todo tiempo con recelo las hermandades o grupos llamados de iniciación, que se formaban en su periferia o netamente fuera de ella. En efecto, prescindiendo de rivalidades y otras imperfecciones humanas, la razón *grave* que induce a la Iglesia a adoptar una actitud negativa para con las sociedades de iniciación es el peligro que hay en ellas de sustituir el *crecimiento* por la *construcción*, la gracia por el hacer, la vía de la salvación por los caminos de la especialización. No sé si esto explicará el proceso que se le hizo a la orden de los Templarios, pero ciertamente explica la posición de la Iglesia contra la francmasonería.

Sea lo que fuere de los casos particulares e históricos, lo que aquí nos interesa es el arcano de la Torre alcanzada por el rayo, o sea el conjunto de ideas y hechos relativos a la voluntad de ensalzarse, lo cual produce la especialización que, a su vez, va inevitablemente a parar en un callejón sin salida. Es, pues, cuestión de escoger, en el esoterismo, entre construcción y crecimiento.

Vemos cómo un faquir es insensible a los clavos sobre los que se acuesta, cómo se hace enterrar vivo durante una semana y no se asfixia o cómo provoca el crecimiento de una planta ante nuestros ojos. Este faquir ha adquirido ciertas ventajas, puede lo que nosotros no podemos. Tales poderes, sin embargo, los ha logrado a expensas de su desarrollo general como ser humano: se ha especializado. Jamás aportará nada de valor a la filosofía, la religión o el arte. Si se considera su progreso humano en general, está en un callejón sin salida, esperando a que el rayo de lo alto venga a sacarle de ahí.

Esto nos conduce al inquietante problema planteado por el caso de Agripa de Nettesheim, autor de la gran obra de referencia sobre la magia[9]. ¿Cómo es posible que el autor de este libro, donde se encuentran tantísimas cosas basadas en una experiencia auténtica, haya podido transformarse, de adepto entusiasta, en el escéptico desilusionado que escribió en los últimos años de su vida el libro titulado *De la incertidumbre y vanidad de las ciencias*?[10]

La respuesta es que Agripa había construido una torre de Babel que fue alcanzada por el rayo del cielo. La realidad superior hizo que le parecieran vanas todas las ciencias sobrenaturales a las que había consagrado los mejores años de su vida. Su torre quedó destruida, pero se le abrió la vía del cielo. A partir de entonces quedaba *libre* para empezar de nuevo, esto es, para emprender el camino del *crecimiento*.

Tanto el faquir como el mago necesitan del rayo liberador venido de lo alto para regresar a la vía de la evolución puramente *humana*, es decir la del crecimiento general, fuera de los callejones sin salida propios de la especialización. Lo mismo se aplica al gnóstico y místico especializados.

Por eso hemos repetido tantas veces en estas cartas que el hermetismo práctico, o sea *vivido*, no es ni ocultismo, ni magia, ni gnosis, ni

---

9. *De occulta philosophia*, Lyon 1531.
10. *De incertitudine et vanitate scientiarum*; ed. alem., *Die Eitelkeit und Unsicherheit der Wissenschaften*, Munich 1913.

mística, sino la síntesis de todo ello. Es el *árbol*, no la *torre*. Y este árbol es el hombre mismo, el hombre *integral*, simultáneamente filósofo, mago, gnóstico y místico. ¿El árbol de las *sefirot* de la cábala? Quizá. ¿El árbol de la ciencia y de la vida en medio del jardín de Edén? Sí. Pero me gustaría más verlo sobre todo como árbol de la muerte y resurrección, como cruz de donde surge la rosa. La cruz a un tiempo *mortificante* y *vivificante*, la cruz donde se aúnan el suplicio del Calvario y la gloria de la Resurrección. La cruz es la ley del *crecimiento*, la del perpetuo morir y devenir. Es la vía que se sustrae a los callejones sin salida de la especialización, la vía de la *purificación* que lleva a la *iluminación* y finaliza en la *unión*.

El hermetismo práctico es mística, gnosis, magia y ciencia de la cruz. El objeto de sus afanes, su impulso básico y razón de ser es la gran obra del *crecimiento* que va pasando por las etapas espirituales, psíquicas y corporales de transformación, sublimación, transustanciación y transmutación. Sí, la alquimia, el principio alquímico, es el alma del hermetismo. Y este principio se encuentra expresado en el Evangelio: *Que nada perezca y todo se salve*.

Que *nada* perezca y *todo* se salve: ¿Podemos imaginar un ideal, un fin, que implique un mayor grado de fe, esperanza y caridad? Mientras los que carecen de fe perfecta recurren a la cirugía, separando el sí mismo verdadero del yo inferior, como en el sankya y el yoga, y mientras los que carecen de esperanza suplen la falta de facultades y fuerzas recurriendo a la prótesis o construcción de mecanismos llamados a desempeñar las funciones de esas facultades ausentes, como pasa con los constructores de máquinas, los autores de sistemas filosóficos, los rituales de magia ceremonial y, en general, los *constructores de la Torre*, los adeptos de la gran obra confiesan la «locura de la cruz»: creen, esperan y quieren «que nada perezca y todo se salve».

La buena nueva que el mundo recibió hace más de diecinueve siglos no anunciaba el éxito de la operación quirúrgica de liberarse del sufrimiento, ni la construcción lograda de una torre que engrandeciera al hombre, pequeño como es, para elevarlo hasta el cielo; proclamaba la *Resurrección*, la gran operación alquímica, llevada a cabo con acierto, de la transmutación del ser humano.

Liberación mediante la cirugía espiritual, poderío gracias a la construcción de un mecanismo mental u otro, resurrección por medio de la cruz o ley del crecimiento espiritual: he aquí los tres ideales entre los que toda alma humana debe escoger.

El hermetismo ha escogido ya. Ha abrazado para siempre la ley de la «vida viva», la vocación de la cruz y el ideal de la resurrección. Por eso nada tiene de mecánico ni de quirúrgico. En él no se construye ninguna torre ni se pretende ningún divorcio. Sólo se trata de la transmutación de las fuerzas y facultades de la naturaleza humana, o sea de la gran obra de la evolución humana, evitando los callejones sin salida que trae consigo la especialización.

Acabo de decir que el hermetismo práctico nada tiene de mecánico ni de quirúrgico. Esto significa que no se hallará en él ninguna técnica mental, ceremonial o psicológica que permita saber o realizar cosas superiores al plano de las facultades morales e intelectuales que uno posee en virtud del crecimiento moral e intelectual debido a la experiencia, el esfuerzo y la acción de la gracia divina. No se encontrará, por ejemplo, *ningún método técnico para despertar los centros o lotos merced a la pronunciación de sílabas mántricas, junto con la respiración* especialmente adaptada a este fin. Los centros o flores de loto crecen y maduran a la luz, calor y vida de la verdad, la belleza y el bien, sin que haya de aplicárseles un método o técnica especial. Los lotos, como el ser humano integral, se desarrollan conforme a la ley general formulada en el Evangelio:

> «El reino de Dios es como un hombre que echa el grano en la tierra; duerma o se levante, de noche o de día, el grano brota y crece, sin que él sepa cómo» (Mc 4,26-27).

Lo que el hermetismo práctico calienta el corazón —el loto de 12 pétalos— es la cordialidad, y no el despertar de la fuerza aletargada de la serpiente *(kundālinī)* mediante sílabas mántricas ritmadas por la respiración. Lo que pone en movimiento el loto de la iniciativa intelectual —loto de 2 pétalos— es la *atención* nacida del deseo de comprender, y no una sílaba mántrica con un modo particular de respiración, etcétera.

Si así no sucediera, si se aplicara a cada loto un método especial con vistas a desarrollarlo, este desarrollo estaría orientado a la *especialización*, se obtendrían ventajas efímeras que irían a parar a un callejón sin salida.

Otro tanto ocurre con las técnicas intelectuales. La máquina calculadora ocupa un puesto plenamente legítimo en la labor científica de hoy. Pero ni ella ni su *análogon* tienen nada que hacer en el hermetismo. Aquí es irreemplazable el esfuerzo personal y original del pensador.

Ni el *Ars combinatoria* de Ramon Llull ni el *Arqueómetro* de Saint-Yves d'Alveydre[11], por ingeniosos que sean y bien fundados

---

11. *L'archéometre*, 1911, reimpr. Paris 1979.

que estén, han sido aceptados en el hermetismo como medios de investigación o criterios de juicio. Aun el sistema de silogismos aristotélicos, tan en boga entre los pensadores escolásticos de la edad media, no ha logrado adquirir carta de ciudadanía entre los herméticos. Son todas esas cosas, sin duda, excelentes instrumentos intelectuales, pero el hermetismo *no quiere servirse de ningún instrumento*, ya que nada tiene que ver con el deseo de obtener respuestas justas a sus preguntas con un mínimo de esfuerzo y un máximo de provecho. Tales preguntas son *crisis*, y las respuestas que el hermetismo busca son *estados de conciencia* resultantes de esas crisis. El hermetismo es el *arte del devenir*, el arte de las transformaciones, transustanciaciones y transmutaciones de la conciencia humana, y por ello no puede servirse de ningún instrumento intelectual. Los símbolos que utiliza –o, más bien, los símbolos de que los herméticos se dejan imbuir– no son instrumentos intelectuales. No hay nada mecánico en ellos. Al contrario, esos símbolos son fermentos o enzimas místico-gnóstico-mágicos del pensamiento, al cual, con su perturbadora presencia, inquietan, estimulan y llaman a sumirse en profundidades siempre nuevas.

Los símbolos no son, pues, instrumentos del pensamiento, sino sus guías y maestros activos, como tampoco el símbolo de la fe, el Credo cristiano, es *instrumento* del pensamiento, sino una especie de constelación estelar que está muy por encima de él.

Si tal no sucediera, repito, si el hermetismo fuera un sistema o instrumento intelectual, hace ya tiempo que habría muerto por haber llegado a un callejón sin salida. Se habría especializado en su desarrollo, incapacitándose para seguir viviendo. Estaría convertido en una torre de Babel y no le quedaría ya sino esperar a que el rayo salvador del cielo viniera a liberarlo.

Hace unos cuarenta años conocí a cierto ingeniero. Me llevaba veinte años de edad, era esotérico y yo lo consideraba como un maestro. Aquel hombre había estudiado los tres volúmenes de la *Doctrina secreta* de H.P. Blavatsky[12] en la soledad de las estepas de Asia central, consiguiendo reducir el profuso contenido de esa obra a un sistema sencillo y elegante: un gran círculo con siete círculos interiores, subdivididos a su vez en otros siete pequeños círculos. Con el tiempo, llegó a adquirir tal habilidad en el manejo de este instrumento, que hallaba inmediatamente la respuesta a cualquier pregunta. ¿La revolución rusa? Es 3 que aspira a 4. ¿Ciencia y religión? Es 5 y 4. ¿Ciencia europea y sabiduría esotérica de Oriente? 5 y 6. ¡No vayas a creer que respondía sólo por cifras! A los no iniciados tenía muchas cosas que

---

12. *The secret doctrine*, Londres 1888; trad. cast., *La doctrina secreta* I, Carcamo, Madrid 1980.

decirles, a menudo muy instructivas y casi siempre atinadas. Las cifras eran únicamente para los iniciados.

El instrumento ideado por este ingeniero gracias a la *Doctrina secreta* de Blavatsky le dio por algún tiempo, no cabe duda, una innegable superioridad sobre otros, una ventaja provisional, que duró unos cuantos años. No obstante, el callejón sin salida a que le condujo le hizo perder poco a poco sus discípulos, que se iban dispersando en busca de una auténtica experiencia personal. Y el autor de aquel maravilloso instrumento intelectual terminó publicando un libro sobre el fantasma de cierta dama blanca que se aparecía en un viejo caserón de su ciudad natal. A mi juicio, el mismo tedio que se había apoderado de sus discípulos indujo al ingeniero a ocuparse de ese fenómeno, un fantasma, sí, pero al fin y al cabo un fenómeno de la realidad.

El arcano de la Torre alcanzada por el rayo... ¡Cómo quisiera yo iluminar su alcance y sentido, para inculcarlo en lo más hondo de cada buscador de la verdad! Los ingleses suelen decir que basta con que cada uno «haga lo posible» *(to do one's best)*. Mas, ¿quién puede tener la certidumbre de «haber hecho lo posible»? ¿Quién puede asegurar, sin temor a equivocarse, que ha hecho *realmente* lo más y mejor que podía? ¿Y que lo que ha hecho es, *efectivamente*, lo mejor? No, «hice lo posible» *(I did my best)* les resultará muy cómodo a todos los que ansíen la paz a cualquier precio, pero este argumento carece de peso para quienes buscan la paz de la certeza interior. Mas dejemos de lado mis inquietudes personales y volvamos al arcano que nos ocupa.

No hay ni *puede* haber nada mecánico en el hermetismo práctico que no construye torres de Babel. Y he añadido que tampoco hay nada quirúrgico. Esto quiere decir que, siendo el principio alquímico el alma del hermetismo práctico, su fundamento consiste en el *matrimonio* de los contrarios, y no en el *divorcio* de los mismos. El matrimonio de los contrarios es un principio de alcance universal. No es la componenda en que uno se las arregla, sino la *cruz* y la magia de la cruz. Así, el sí mismo verdadero está unido al yo inferior en el ser humano, donde este yo inferior es la cruz del sí mismo verdadero y donde el sí mismo verdadero es la cruz del yo inferior. Los dos polos del ser humano *viven en presencia* mutua, de lo cual resulta el proceso alquímico del acercamiento gradual de ambos.

Otro tanto ocurre con las jerarquías de la derecha y las de la izquierda en el mundo y su historia. No pueden ni unirse ni separarse. Se hallan comprometidas en una discusión milenaria donde los argumentos son realidades y las conclusiones acontecimientos. Las jerarquías de la izquierda representan ahí la cruz de las jerarquías de la derecha y viceversa. No existe más esperanza en el mundo y su historia que el proceso alquímico de transmutación del mal en bien, un sacramento de la penitencia de envergadura cósmica. El divorcio entre los dos campos sería una irreparable catástrofe. Citemos algunos ejemplos históricos.

Las guerras de religión entre protestantes y católicos, lo mismo que las anteriores entre cristianos y musulmanes, acabaron, como en la más reciente de Corea, en el trazado de una línea de demarcación, un paralelo 38. Cada bando reconoció a la postre la existencia del contrario y se hizo a vivir en su presencia. Ambos se han resignado finalmente a la cruz, en vez de seguir recurriendo a la cirugía de la guerra. Y así la magia de la cruz, el proceso alquímico de la transmutación, ha empezado a obrar. ¿Con qué resultado? Ni el mundo musulmán ni el cristiano abrigan ya el menor deseo de convertirse el uno al otro por medio de las armas, y menos aún de poblar el infierno de almas de la religión opuesta. Tocante a los protestantes y católicos, Alemania –país asolado por la guerra de los Treinta años no menos que por la segunda guerra mundial– está actualmente[13] gobernada por la CDU, frente unido de católicos y protestantes.

Lo propio acontece en el conflicto entre el mundo libre y el bloque comunista. De grado o por fuerza, los dos habrán de reconocerse mutuamente y cada uno tendrá que resignarse y aceptar la existencia del otro. El paralelo 38 de Corea no fue sino el comienzo de esto. El fruto definitivo será la operación de la magia de la cruz, el proceso alquímico de la transmutación. El mundo libre, en presencia de su incansable juez y rival, irá poco a poco eliminando las injusticias sociales, que reconocerá como tales, y el mundo comunista, en presencia de su incansable juez y rival, se irá liberalizando y establecerá gradualmente las libertades, que reconocerá como postulados inviolables de la naturaleza humana.

Esto mismo pasa con el conflicto entre ciencia y religión, tanto en Oriente como en Occidente. Entrambas habrán de tolerarse una a otra, con el resultado de que tendremos cada vez un mayor número de sabios creyentes y de sacerdotes sabios.

La magia de la cruz, la alquimia que opera en el matrimonio de los contrarios es, por tanto, la única esperanza que les queda al mundo, la humanidad y su historia. Y justamente este principio del matrimonio de los contrarios es básico en el hermetismo. Por eso este último rechaza el principio del divorcio y de la guerra, el principio quirúrgico, tanto teórica como prácticamente, en los campos espiritual, moral e intelectual. «Que nada perezca y todo se salve», tal es el alma del

---

13. A mediados de la década 1960.

hermetismo. Su tesis fundamental de que *todo puede salvarse*, tesis a un tiempo cristiana y alquímica, es la de la fe pura y sencilla, debida a la experiencia del soplo divino. He aquí un ejemplo:

La parábola de la oveja perdida es bien notoria. Suele entenderse poniendo de relieve la solicitud del Buen Pastor por un alma particular, lo que es normal. Resulta posible, no obstante, aplicarla también, por analogía, a la vida interior del alma, a sus deseos, aspiraciones, vicios y virtudes. Y si consideramos, igualmente por analogía, toda fuerza particular del alma como oveja, llegamos a la conclusión de que los defectos y vicios del alma no son, en el fondo, monstruos, sino ovejas perdidas. Porque el afán de dominio, el ansia de someter la voluntad de otros a la propia, no es al fin y al cabo más que una oveja extraviada. En lo más íntimo de ese anhelo de dominio radica, en efecto, el sueño de unidad, de unión, de armonía. Todo esto es la oveja. Pero en vez de tratar de realizar ese sueño de armonía por medio del amor, la voluntad quiere concretarlo por vía de la coacción. Esto es la oveja *perdida*. Para traerla de nuevo al redil es preciso que la voluntad fundamental subyacente al deseo de dominio caiga en la cuenta de que encontrará lo que busca en el plano del amor, y no en el del mando. Tal es el retorno de la oveja perdida, el proceso alquímico de la transmutación de un metal vil en oro.

Puesto que ocurre lo mismo con las deficiencias y vicios del alma, todos nosotros tenemos la misión de encontrar y hacer que regresen al redil (a la armonía coral) las ovejas extraviadas en nosotros mismos. Somos misioneros en el terreno subjetivo de nuestra propia alma, encargados de la conversión de nuestros deseos, ambiciones, etcétera. Tenemos que *persuadirles* de que, de hecho, están buscando la realización de sus sueños por falsos caminos, y nuestra tarea consiste en mostrarles la verdadera vía. No es cuestión de mandatos, sino de la alquimia de la cruz, es decir, de presentar una vía alternativa a nuestros deseos, ambiciones y pasiones. Se trata, una vez más, del matrimonio alquímico de los contrarios. El medio práctico para ello es la *meditación*.

La meditación profunda indica una vía alternativa a toda oveja perdida en nosotros, con fuerza suficiente para impresionarla. Meditar es pensar en presencia de Dios, como orar es hablar en presencia de Dios. La meditación es, por consiguiente, el esfuerzo honrado y audaz del yo interior por pensar en comunión con el sí mismo superior a la luz divina. Y así como la *concentración* precede necesariamente a la meditación, ésta conduce tarde o temprano a la *contemplación*, lo cual significa que se da inevitablemente un paso de las consideraciones y discursos a la inmovilidad y silencio totales del recogimiento sobrenatural donde ya no se piensa en algo distante, sino donde ese algo está presente y se revela. La contemplación es la unión del pensador con la realidad. No se llega en ella a una conclusión, sino que se recibe o experimenta la *impronta* de la realidad.

He aquí, pues, la técnica –donde no hay, empero, nada técnico– del hermetismo práctico: el paso de la concentración a la meditación y de ésta a la contemplación.

Para poder concentrarse, es menester haber alcanzado cierto nivel de libertad y desprendimiento. Para poder meditar, hay que ponerse a la luz de lo alto. Y para llegar a la contemplación, es preciso identificarse con esta luz, hacerse uno con ella.

Por ello los estados o etapas del alma que corresponden respectivamente a la concentración, meditación y contemplación son los de la *purificación, iluminación y unión*. Y los tres sagrados votos de obediencia, castidad y pobreza son los que dan eficacia a la concentración, meditación y contemplación con miras a conseguir la recta purificación, iluminación y unión del alma.

Tales son los secretos prácticos de la jardinería interior, del manejo de las leyes del *crecimiento* –y no las de la *construcción*– del ser humano en el sentido de la *evolución del hombre* sin que éste venga a parar en los callejones sin salida de la especialización.

El decimosexto arcano del tarot, la Torre alcanzada por el rayo, revela la naturaleza y el peligro de dichos callejones. *No hay que construir, sino crecer*: esto es lo esencial de su enseñanza. Pues todas las torres construidas acaban siendo tocadas por el rayo y, añadimos nosotros, todas las liberaciones llevadas a cabo mediante operaciones quirúrgicas entrañan la necesidad de volver a empezar. El globo que se hace volar más alto cortando las cuerdas de los sacos de lastre aterrizará tarde o temprano; el viento acabará inevitablemente por echarlo abajo.

Las torres serán *fulminadas* y los globos *arrastrados al suelo* por el viento. En última instancia, la muerte y el nacimiento son los que salvan constantemente la evolución humana y desempeñan respectivamente los papeles de rayo y viento. ¿No es hondamente significativo que el jefe espiritual de la religión de la liberación de la rueda de las reencarnaciones se busque –y haya sido hallada catorce veces– entre los niños nacidos inmediatamente después de su fallecimiento? Que los *Dalai-Lamas* se encuentran, de hecho, entre los niños de la primera generación después de su muerte lo prueban incontestables reminiscencias de su encarnación precedente; los catorce Dalai-Lamas son reencarnaciones sucesivas de una sola alma o entidad.

Dirás que los tibetanos se engañan, que todo eso no son sino ilusiones. ¿Por qué? ¿Puedes probar su engaño, mientras quienes se encargan de encontrar –o más bien *reencontrar*– al Dalai-Lama podrían presentarte más de una prueba a su favor? La *misericordia* es la que hace que regrese el alma del Dalai-Lama, afirman los budistas. ¿Por qué, entonces, el viento, del que aquí nos ocupamos, no podría ser el de la compasión y misericordia, así como el rayo que fulmina las torres y nos salva de los callejones sin salida es el amor divino? Por mi parte, declaro firmemente y sin la menor duda que, en mi opinión, la muerte que nos salva del callejón donde va a parar nuestra organización corporal es el efecto del rayo del amor divino, y que el nacimiento que nos brinda la posibilidad de tomar parte activa en la historia terrena del género humano se debe, en el fondo, a la compasión de Dios por esta tierra y la humanidad que la habita o, al menos, por cierta clase de almas.

No hay nada mecánico ni automático en lo íntimo de las cosas del mundo. Deshazte de las apariencias mecánicas y verás que el mundo es algo moral: el amor crucificado. Sí, los mercenarios le han arrebatado sus vestidos, dividiéndolos en cuatro partes, una por cada mercenario, y se han sorteado su túnica, mientras el corazón *desnudo* es el amor crucificado entre otros dos crucificados, uno a su derecha y otro a su izquierda.

En efecto, las ciencias mecánicas se han repartido las vestiduras del Verbo y se disputan la primacía en la explicación del principio universal (la túnica), que se manifiesta en todos su campos de especialización. Se preguntan, respectivamente, si ese principio puede reducirse a leyes físicas, químicas, energéticas o biológicas.

Pero el hermetismo, por desdeñado y criticado que sea, no interviene en el reparto de las vestiduras del Verbo crucificado ni en el sorteo de su túnica. Trata de *verlo vestido*, al menos en apariencia, con los ropajes del mundo mecánico. Y por eso los alquimistas, cuyo objeto de preocupación era la química de los insufladores, es decir, de los procesos químicos materiales dirigidos por el soplo moral, psíquico y espiritual, jamás le quitaron la ropa a aquel a quien pertenecía: su química nunca estuvo separada del Verbo.

Por eso tampoco los astrólogos, que se ocupaban ante todo de la astronomía de los influjos o soplos celestes, contemplaron el mundo planetario y zodiacal como un puro mecanismo: su «astronomía» no estuvo nunca separada del Verbo.

Y por eso los magos, cuyo interés máximo era la física insuflada, o sea las mociones y energías producidas por el verbo humano por analogía con el Verbo divino, no le quitaron la única prenda: su física no estuvo nunca separada del Verbo.

Cualesquiera que fuesen los errores y abusos prácticos de alquimistas, astrólogos y magos, todos ellos, al menos, no pertenecen al grupo de quienes se reparten las vestiduras y echan a suertes la túnica. El hermetismo, sin embargo, no es ni alquimia, ni astrología, ni magia, aun cuando estas ciencias puedan derivarse de él por vía de especialización. Precisamente el principio fundamental del hermetismo como síntesis de mística, gnosis, magia y filosofía es la *no especialización*. Por ello *evoluciona*, evitando los callejones sin salida que la especialización lleva consigo, las torres que acaban tarde o temprano siendo destruidas por el rayo.

Así, el hermetismo cristiano de nuestro tiempo no se ha quedado atrás respecto de los grandes acontecimientos espirituales que han modificado factores de primer orden en el campo astrológico, acontecimientos que desempeñan ahora el papel de rayo que destruye la torre de la astrología. Quiero decir, sencillamente, que los influjos planetarios y los días y horas de esos influjos han cedido el paso a una potencia de orden superior. Cierto que el domingo sigue siendo el día del Sol en lo relativo al organismo psicofísico del hombre, pero, tocante a su vida psicoespiritual, es hoy el día de la Resurrección.

El sábado es aún el día de Saturno, mas sólo en lo que se refiere a la parte natural e inferior del ser humano. Para el alma que tiende al espíritu y para el espíritu humano, el sábado es el día de la Santísima Virgen. Y la influencia de Venus en el viernes ha dejado paso al Calvario, a Cristo crucificado.

El martes no es ya el día de Marte, si se trata del alma que aspira al espíritu o de personas espirituales, sino el día del archiestratega Miguel. El lunes es el día de la Santísima Trinidad, en vez del de la Luna. El miércoles ha dejado de ser el día de Mercurio para convertirse en el de los pastores humanos de la humanidad. Y el jueves es el día del Espíritu Santo en lugar del de Júpiter, siempre en lo referente al alma vuelta hacia el espíritu, y a las vidas de las personas espirituales.

La magia sagrada de hoy emplea, consiguientemente, las fórmulas y signos que corresponden al poder sobrenatural del día y no a la influencia natural planetaria del mismo, por más que esta última, lo repito, siga siendo válida y conserve su importancia práctica en un campo limitado, menos amplio que en el pasado. Invocamos, pues, al Espíritu Santo y nos unimos con él el jueves, en vez de invocar al genio de Júpiter, etcétera.

La primacía de la potencia sobrenatural frente a los influjos astrales de los días, horas y años: he aquí el rayo que ha alcanzado la torre de la astrología y de la magia sagrada especializada.

Citemos un ejemplo de este rayo en acción: El horóscopo señala una constelación funesta de Saturno y Marte en la octava mansión (la de la muerte), prediciendo la muerte violenta; no obstante, resulta que no actúan Saturno y Marte, sino la Santísima Virgen y el arcángel Miguel, y, en lugar de la muerte vaticinada, se produce una iluminación espiritual.

Lo que vale para la astrología y la magia vale también para la alquimia, porque todo lo que se especializa se transforma en Torre, es decir, cristaliza y se priva así de la facultad de mantenerse al ritmo de la evolución espiritual: llega a un callejón sin salida. Entonces entra en juego el rayo de lo alto y aparta lo que obstaculiza el progreso ulterior.

El decimosexto arcano mayor del tarot es, por tanto, una advertencia para todos los autores de sistemas donde la mecánica asume un importante papel: sistemas intelectuales, prácticos, ocultos, políticos, sociales u otros. Les invita a dedicarse a las tareas del crecimiento, y no a las de la construcción, a las tareas propias de cultivadores y guardianes del jardín, y no a las de constructores de torres de Babel.

Carta XVII

LA ESTRELLA

El arcano del crecimiento y de la madre

«Florece el justo como la palmera, crece como un cedro del Líbano... Todavía en la vejez producen fruto, se mantienen frescos y lozanos» (Sal 92,13.15).

«Dos cosas llenan el ánimo de asombro y respeto siempre nuevos y crecientes, cada vez que el pensamiento se para en ellas: el cielo estrellado encima de mí y la ley moral en mí»[1].

Querido amigo desconocido:

El decimosexto arcano mayor del tarot nos presentaba la alternativa entre dos días, la de la *construcción* y la del *crecimiento*, y hacía resaltar los peligros de la vía de la construcción poniendo ante los ojos de nuestro espíritu y nuestro corazón la ley de la torre de Babel. La comprensión de esta ley lleva a decidirse por la vía del crecimiento.

Ahora bien, el decimoséptimo arcano mayor del tarot, la Estrella, es el arcano del crecimiento, así como el anterior era el de la construcción. Trátase aquí de un ejercicio espiritual dedicado al crecimiento, es decir, nos invita a concentrarnos en el problema del crecimiento y meditar en sus aspectos esenciales para llegar a la contemplación de su

---

1. I. Kant, *Crítica de la razón práctica*, Espasa Calpe, Madrid ²1981.

núcleo o esencia místico-gnóstico-mágico-metafísica, en una palabra, hermética. Apliquémonos, pues, a este triple cometido.

Una torre se construye, un árbol crece. Ambos procesos tienen en común un aumento gradual de volumen y la tendencia hacia arriba. Difieren, no obstante, en que la torre se ha levantado a saltos y por pisos, mientras que el árbol experimenta una elevación regular y continua. Esto viene de que los ladrillos o piedras talladas que se emplean en la construcción de la torre van colocándose unos encima de otros, en tanto los ladrillos microscópicos –o células– del árbol se multiplican por división y crecen en volumen. La *savia*, que sube de las raíces al tronco y las ramas, es la que posibilita el crecimiento del árbol.

La torre es y está *seca*; en cambio el árbol se halla repleto de jugo en movimiento, de savia, que origina la división y crecimiento de las células o, dicho de otro modo, el proceso de crecimiento. *El crecimiento es continuo, mientras que la construcción procede a saltos.* Y lo que es cierto de lo artificial y lo natural en el plano físico lo es también en los planos psíquico y espiritual:

«Florece el justo como la palmera... Se mantienen frescos y lozanos» (Sal 92,13.15).

Y también:

«El espíritu abatido seca los huesos» (Prov 17,22).

He aquí un tema de igual alcance que el del agente mágico astral, el vínculo entre conciencia y acción que tanta importancia reviste en la literatura ocultista, a saber, el tema de la *savia universal de la vida*, que constituye el del decimoséptimo arcano, el arcano del crecimiento. Efectivamente, así como existe un misterioso agente intermedio que efectúa el paso de la imaginación a la realidad, así también hay un agente, no menos misterioso, que efectúa la transición del estado potencial de germen al de madurez, de lo que sólo existe en potencia al de su realización: *el agente transformador de lo ideal en real*.

De igual manera que una fuerza mediadora interviene en el proceso que transforma la imaginación en acción, es decir, en acontecimiento objetivo, así una fuerza desconocida interviene también en el proceso del *devenir*, ya se trate de una bellota que se convierte en roble, ya de un niño chillón que llega a ser un san Agustín, ya finalmente de un mundo en estado de niebla primordial que acaba transformándose en un sistema planetario poblado de toda clase de seres vivos, desde los meramente animados hasta los inteligentes. En los tres casos –crecimiento de un organismo, desarrollo de un individuo desde la infancia hasta la muerte, evolución cósmica– hay que presuponer la existencia de un agente activo que efectúa la transición del estado de potencia al de realidad. Algo *ha* actuado durante el tiempo en que una bellota se vuelve roble, en que un óvulo fecundado se transforma en hombre maduro y en que la niebla primordial del cosmos se convertía en sistema planetario con nuestro globo habitado por la humanidad.

Bien sé que este razonamiento no está de acuerdo con las reglas del juego establecidas por las ciencias naturales, pero hay otras reglas, sobre todo las de la razón natural, con las que no sólo está de acuerdo, sino de las que se deriva como exigencia categórica. Y al decir categórica, quiero dar a entender que hay que resignarse, en punto a esta clase de problemas, o al silencio del pensamiento o a un raciocinio conforme a la naturaleza, o sea a las *exigencias estructurales de la razón*, lo que constituye una regla del juego en el hermetismo.

Es preciso, pues, dar por sentado un *agente de crecimiento*, como hay que presuponer un agente mágico que hace de mediador entre la conciencia y los acontecimientos, si uno se decide a pensar.

¿Qué diferencia intrínseca existe entre el agente mágico y el agente de crecimiento?

El agente mágico es de naturaleza *eléctrica*, ya terrena, ya celeste. Actúa mediante descargas, emitiendo chispas o rayos. Es *seco y caliente*, como el *fuego*. La Torre alcanzada por el rayo, del decimosexto arcano, no es, de hecho, sino la consecuencia del encuentro de dos sequedades, la de la torre de abajo y la del rayo de arriba; y el decimoquinto arcano, el Diablo, es esencialmente el del calor o, más bien, dos clases de calor: el del mal y el del bien. Así, pues, los arcanos XV y XVI son los del *fuego*, mientras que el XIV y XVII son los arcanos del *agua*, ya que la inspiración angélica y el agente de crecimiento tienen de común que *fluyen*, no actuando por choques y descargas, sino de manera *continua*.

La *continuidad transformadora* es la manifestación esencial del agente de crecimiento, así como la *fulguración creadora* es la del agente mágico.

Estos dos agentes aparecen en todas partes, inclusive en la esfera de la intelectualidad humana. Ciertas mentes han tomado partido por el agua, y a ellas debemos las ideas del transformismo: evolución, progreso, educación, terapéutica natural, tradición viva; otras se han decidido por el fuego, trayéndonos las ideas del creacionismo: creación de la nada, inventiva, elección, cirugía y prótesis, revolución.

Tales de Mileto (entre 650 y 548 a.C.) creía que el agente de crecimiento, el agua, representaba en el mundo el papel principal, mientras Heraclito de Éfeso (576-480 a.C.) atribuía ese papel al agente mágico, el fuego.

En la *Noche de Walpurgis* de *Fausto* II, Goethe imagina una discusión entre Anaxágoras, partidario del fuego, y Tales, partidario del agua, sobre el tema de la primacía de la fulguración creadora o de la continuidad transformadora en la naturaleza; su dramático desenlace es la evocación mágica, por Anaxágoras, de la triple Luna (Diana, Luna, Hécate), evocación de la que luego se arrepiente dando con el rostro en tierra e implorando a las fuerzas fulgurantes y portadoras de catástrofes irreparables que se apacigüen.

A su vez Tales invita a Homúnculus a la «jubilosa fiesta marítima» *(zum heiteren Meeresfeste)*, la fiesta de las metamorfosis, el baile del transformismo, y exclama:

«¡Todo proviene del agua!
¡Todo se conserva por el agua!
¡Oh océano, otórganos tu obra eterna!»[2]

Nada hay de sorprendente en que Goethe, aun admitiendo la realidad del fuego o agente mágico, tome partido por el agua o agente de crecimiento, toda vez que él mismo escribió cuatro obras acerca de la *metamorfosis*, de la que hizo el tema principal de su vida. Estos libros versan sobre la metamorfosis de la luz o de los colores *(Zur Farbenlehre)*, de las plantas *(Versuch, die Metamorphose der Pflanzen zu erklären)*, de los animales y del hombre (en *Fausto*, su obra principal). Creía en la transformación, la evolución, la tradición de una cultura progresiva, sin revoluciones; en suma, valoraba todo lo que fluye, lo que crece constantemente, sin choques ni saltos. Era partidario del principio de *continuidad*.

El principio de continuidad fue puesto de relieve en el campo intelectual de manera particularmente impresionante y fecunda por el filósofo alemán Leibniz, quien, dicho sea de paso, escribió más en francés y latín que en alemán. Orientando su pensamiento según este principio, es decir, no procediendo a saltos, evitó tener que enfrentarse con las fosas o abismos que separan una creencia de otra, una tesis de otra o un grupo humano de otro. Sobre todas las simas que separan las tesis de sus antítesis, Leibniz tendió, como un puente, el arco iris de la continuidad, de la tradición gradual. Así como el rojo se transforma gradualmente en naranja y el naranja en amarillo, que a su vez se transforma imperceptiblemente en verde para llegar a ser más tarde

---

2. Versos 8435-8437.

azul, añil y violeta, así también toda tesis acaba por convertirse en su antítesis. Por ejemplo, las tesis «El centro de toda existencia particular (mónada) es libre» y «Todo está predeterminado por la causa eficiente y final del universo (armonía preestablecida)» coexistían pacíficamente en el arco iris de las ideas de Leibniz sobre el mundo, aun cuando tales ideas sean netamente contradictorias. Para Leibniz, sin embargo, no eran ni más ni menos contradictorias que el rojo y el violeta en el verdadero arco iris. Platonismo, aristotelismo, escolasticismo, cartesianismo, mística y espinosismo sólo eran para él colores del arco iris de la *philosophia perennis*, y su propio pensar se movía en el círculo zodiacal del pensamiento. Su obra fue, pues, la de la *paz*, exactamente como la del hermetismo, ya que el método de Leibniz es puro hermetismo. Y este arco iris de la paz (el principio de continuidad) es lo que guió a Leibniz en su actividad devoradora, que tendió a dos principales objetivos: la fundación de academias de ciencias y la fusión de la Iglesia católica con las reformadas.

Las academias de ciencias de Berlín, San Petersburgo y Viena fueron fruto de los esfuerzos de Leibniz por introducir en la civilización occidental el arco iris de la paz, en la forma práctica de *cooperación* de estudiosos de todas las disciplinas científicas. En cuanto a su obra de fusión de la Iglesia católica con las reformadas, acometida en compañía de Bossuet, el puente intelectual y moral que ambos tendieron entonces existe todavía, y el vaivén se acentúa: ¡Un vaivén que dura desde el final de la guerra de los Treinta años!

El principio hermético de la continuidad, o el agua, es también lo que llevó a Leibniz a descubrir las bases del cálculo diferencial en matemáticas.

En efecto, el cálculo diferencial no es otra cosa que la aplicación del principio de continuidad —y del pensar *líquido* en vez del pensar *cristalizado*— a las matemáticas. El cálculo infinitesimal, que comprende el cálculo diferencial y el cálculo integral —alfa y omega del pensar líquido en matemáticas— es asimismo aplicación del principio de continuidad y resultado de la admisión del agente de crecimiento en el terreno de las matemáticas, donde antes reinaba soberano el principio de la construcción.

Aprovecho esta oportunidad para recordar la obra de un hombre probablemente olvidado, si acaso alguna vez se reparó en él. Se trata de *Svyashchennaya Kniga Tota: Velikiye Arkany Taro* (El libro sagrado de Thot: Los arcanos mayores del tarot), publicado en Rusia en 1916 ó 1917. Su autor, el ingeniero Shmakov, utiliza, casi en cada página, el cálculo diferencial e integral para tratar problemas como la individualidad y Dios, la libertad y el orden cósmico, los planos respectivos de la existencia y la conciencia, el espíritu y la materia, etcétera.

Dicho autor me impresionó profundamente no sólo por sus numerosas fórmulas de cálculo infinitesimal, sino sobre todo por sus largas citas de pasajes del *Zohar* y otros libros escritos en hebreo o arameo, que ni se dignaba traducir ni transcribía siquiera en caracteres latinos o cirílicos. ¡Magnífico desdén de la popularidad en una época en que las masas populares se volvían, por decirlo así, todopoderosas y en que la demagogia estaba a la orden del día! Aún añadiré que el libro, de 400 páginas, impreso en excelente papel y donde las letras cirílicas alternaban con las latinas, griegas y hebreas, había sido editado –¡y pagado de su bolsillo!– por el propio autor. Sí, ha habido estrellas de nobleza en el cielo del hermetismo, y espero las siga habiendo siempre.

Este saludo a un difunto amigo desconocido no deja, empero, de tener relación con la presente carga, dirigida al amigo desconocido que aún vive. Porque la aportación del ingeniero Shmakov a la tradición hermética demuestra la fecundidad de la aplicación del cálculo infinitesimal al plano a que pertenece por derecho de cuna: el del hermetismo.

Al enumerar las mentes preclaras que comprendieron el arcano del agente de crecimiento, no puedo silenciar el nombre de una gran inteligencia, una estrella en el cielo de la filosofía perenne, alguien a quien sin duda ya conoces, querido amigo desconocido. Me refiero a Henri Bergson, hermético por la sola gracia de Dios, sin afiliaciones externas ni contactos con órdenes o sociedades de iniciación. Henri Bergson tuvo la valentía y el mérito de reafirmar, con sus consecuencias científicas, el principio de continuidad y el modo de pensar que capta el movimiento moviéndose con él, y no deteniéndolo. Dice al respecto:

«¿Es cuestión del movimiento? La inteligencia sólo retiene una serie de posiciones: un punto al que primero se llega, luego otro y luego otro. ¿Se le objeta al entendimiento que entre esos puntos ocurre algo? Rápidamente intercala nuevas posiciones, y así sucesivamente hasta lo infinito. De la *transición* propiamente dicha, desvía la mirada...

»Pasemos por encima de esta representación intelectual del movimiento, que lo figura como una serie de posiciones. Vayamos derechos a él, contemplémoslo sin conceptos interpuestos: lo encontramos sencillo y de una sola pieza. Avancemos aún más: comprobamos que coincide con uno de esos movimientos absolutos, incontestablemente reales, que producimos nosotros mismos. Esta vez captamos la movilidad en su esencia y sentimos que se confunde con un esfuerzo cuya duración es continuidad indivisible...

»Otro tanto podemos decir del cambio. El entendimiento lo descompone en estados sucesivos y distintos, supuestamente invariables. Si consideramos más de cerca cada uno de esos estados, vemos que varía. Entonces nos preguntamos: ¿cómo podría durar si no cambiara? En seguida el entendimiento lo sustituye por una serie de estados más cortos, que se descompondrán a su vez si es menester, y así sucesivamente hasta lo infinito. *¿Cómo no ver, sin embargo, que la esencia de la duración es fluir* y que lo estable yuxtapuesto a lo estable no podrá nunca originar nada que dure? Lo real no son los *estados*, simples instantáneas captadas por nosotros, repitámoslo, a lo largo del cambio; es, al contrario, *el flujo, la continuidad de la transición*, el cambio mismo... No hay aquí más que un empuje ininterrumpido de cambio, de un cambio siempre coherente consigo mismo en una duración que se prolonga sin fin»[3].

Henri Bergson nos invita, pues, a captar el agente de crecimiento en acción, en lugar de ocuparnos de sus productos fosilizados; nos invita a la experiencia que él mismo denomina «intuición».

Entre los que respondieron a la llamada de Henri Bergson, el más eminente es el padre Teilhard de Chardin. He aquí el resumen de su obra, que encontramos en la última página de su diario, escrita el 7 de abril de 1955, tres días antes de su muerte:

«Jueves Santo. Lo que *creo*.

1) San Pablo: Los tres versículos *en pasin panta Theos*.
2) Cosmos = Cosmogénesis → Biogénesis → Noogénesis → Cristogénesis.
3) Los dos artículos de mi credo:

El universo está centrado evolutivamente / hacia lo alto \ hacia adelante

Cristo es su centro: / Fenómeno cristiano \ Noogénesis = Cristogénesis (≡ Pablo)»[4].

Los tres versículos a que alude el autor son éstos:

«El último enemigo en ser destruido será la muerte. Porque (Cristo) "ha sometido todas las cosas bajo sus pies" (Sal 8,7)... Cuando hayan sido sometidas a él todas las cosas, entonces también el Hijo se someterá a aquel que ha sometido a él todas las cosas, para que Dios sea todo en uno *(Theos panta en pasin)*» (1Cor 15,26-28).

Así como hay fuego y fuego, es decir, el fuego celestial del amor divino y la electricidad resultante de la fricción, así hay también agua y agua, el agua celestial de la savia del crecimiento, progreso y evolución, y el agua inferior de la instintividad, del inconsciente colectivo, de la colectividad devoradora, el agua de los diluvios y anegamientos.

---

3. H. Bergson, *La pensée et le mouvement*, 1934, p. 6-8; trad. cast., *Pensamiento y movimiento*, Aguilar, Madrid 1963.
4. P. Teilhard de Chardin, *El porvenir del hombre*, Taurus, Madrid 1962, p. 380s (ed. orig. francesa: Seuil, Paris 1959).

La mujer representada en la lámina del decimoséptimo arcano derrama las aguas de *dos* vasijas –sostenidas respectivamente en sus manos izquierda y derecha–, aguas que van a mezclarse en un mismo río.

¡Se mezclan en un mismo río, sí! Tal es la tragedia de la vida humana, de la historia de la humanidad y de la evolución cósmica. El río de la continuidad –en la herencia, la tradición y la evolución– arrastra consigo hacia un porvenir sin fin todo lo sano, noble, santo y divino del pasado y, *a la vez*, mezclado con ello, todo lo infeccioso, vil, blasfemo y diabólico. Lo que Paul Verlaine[5] dice del Sena en su *Nocturne parisien*:

> «¡Y tú sigues fluyendo, Sena, y, así reptando,
> arrastras por París tu cuerpo de vieja serpiente,
> vieja serpiente enfangada, transportando a tus abras
> la carga de leña, hulla y cadáveres!»

puede también decirse, no sin razón, del río de la vida humana, de la historia de la humanidad y de la evolución cósmica, a lo que se aplican igualmente estos versos de Victor Hugo[6]:

> «Cual río de alma común
> desde el albo pilón hasta la tosca runa,
> desde el brahmán hasta el flamen romano,
> del hierofante al druida,
> una especie de Dios fluido
> corre por las venas del género humano.»

¡Así es, en efecto! Tanto la «vieja serpiente enfangada» como «una especie de Dios fluido» circulan por las venas de la humanidad. ¿Dualismo? ¿Corren acaso eternamente juntos en el río de la vida del veneno de la serpiente y la lágrima de la Virgen?

Sí y no. ¡Y tan decididamente sí como no! Sí, en cuanto al presente, que es acción y voluntad; no, en lo que toca al futuro, que es la estrella de mar del entendimiento y la esperanza.

Para la acción, es el dualismo lo que despierta la voluntad y la hace pasar del estado pasivo al activo, pues todo esfuerzo presupone un dualismo práctico y concreto. En la historia de la humanidad, los grandes maestros del dualismo, como Zoroastro, Buda y Manes, no pretendían explicar el mundo por el dogma de la dualidad cósmica (Zoroastro), psicológica (Buda) o psicocósmica (Manes), sino *desper-*

---

5. *Poèmes saturniens*, Paris 1903, p. 118; trad. cast., *Obra poética completa*, 2 vols., Ediciones 29, Barcelona 1975-1977.
6. *Les mages*, v. 435-440.

tar la voluntad, dormida, al esfuerzo que se manifiesta en la capacidad de decir *sí* y *no*. El fatalismo, la resignación a la rutina, el quietismo, son el sueño de la voluntad, a veces dulce, otras tinto de amargura.

Esos grandes maestros del dualismo incitaban la voluntad a despertarse, a liberarse del peso de la somnolencia, a armarse de valor y audacia para ejercer su derecho de nacimiento, el derecho a la *elección*, a poder decir *sí* y *no*. El gran Zoroastro quería *caballeros* que combatieran, bajo la enseña de la luz, contra las tinieblas: las de los idólatras turanios, las de los demonios de la impureza e ignorancia, las del espíritu de Ahrimán o de Satán. Quería hombres que supiesen decir *sí* a la luz y aprendiesen, por tanto, a decir *no* a las tinieblas.

El gran Buda anhelaba despertar la voluntad para que dijera *no* a la inmensa rutina de los deseos que hacen girar la rueda de los nacimientos. Frente al mecanismo automático-psíquico, quería *ascetas* que supieran decir *sí* a la libre creatividad del espíritu.

El gran Manes, que enseñaba la síntesis de las doctrinas de Zoroastro y Buda en el cristianismo, se afanaba –fuese buena o mala la alianza lograda– por movilizar la buena voluntad de toda la humanidad, pagana, budista y cristiana, en un esfuerzo concertado y universal, para decir *sí* al espíritu eterno y *no* a lo efímero de la materia.

El fin que perseguían los grandes maestros del dualismo era *práctico*, relacionado con la esfera del sí y el no. Y nosotros, por cuanto aspiramos a un fin práctico terrestre, psíquico o espiritual, no podemos aceptar, tal y como es, el río de la vida humana, de la historia de la humanidad y de la evolución cósmica, dejándonos arrastrar por él. Estamos obligados a distinguir en sus aguas entre la «vieja serpiente enfangada» y «una especie de Dios fluido», y a decir *sí* y *no*, con todas las consecuencias prácticas que esto entraña.

Al mismo tiempo, no debemos olvidar que el decimoséptimo arcano es no sólo el de las aguas que fluyen de dos vasijas para mezclarse en un único río, sino también el de la *Estrella*, tanto más cuanto que el nombre tradicional de la lámina es, precisamente, la Estrella.

La gran Estrella central de la lámina –como, por lo demás, toda la constelación de ocho estrellas– invita a nuestra conciencia al esfuerzo de aliar la *justicia contemplativa* (la Estrella amarilla, de ocho rayos) con la *justicia activa* (la Estrella bermeja, también de ocho rayos), de unir el *principio-guía del entendimiento* con el *principio-guía de la voluntad*. En otras palabras, nos invita a superar el dualismo mediante la operación mágica y alquímica de la *unión o alianza mutua de los contrarios*, que suele llamarse matrimonio de los contrarios e irradia en el mundo esa fuerza luminosa que hace el porvenir no sólo aceptable sino aun deseable, transformándolo en promesa; esa fuerza-luz que es la antítesis de la tesis del Eclesiastés, hijo de David, rey de Jerusalén:

«Lo que fue, eso será;
lo que se hizo, eso se hará.
Nada nuevo hay bajo el sol» (Ecl 1,9).

Esa fuerza-luz que emana de la estrella constituida por la alianza de la contemplación con la actividad y que es, decimos, la antítesis de la tesis según la cual «nada nuevo hay bajo el sol», no representa otra cosa que la *esperanza*.

La esperanza proclama en el mundo: Lo que fue prepara lo que será; lo que se hizo prepara lo que se hará. Todo es nuevo bajo el sol. Cada día es un acontecimiento único y una revelación única, que nunca se repetirán.

La *esperanza* no es, ni mucho menos, algo subjetivo, que se deba al temperamento optimista o sanguíneo, o a un deseo de compensación, en el sentido de la moderna psicología freudiana o adleriana. Es, como ya hemos dicho, una fuerza-luz que se irradia objetivamente, dirigiendo la evolución creadora hacia el futuro del mundo. Es el equivalente celestial y espiritual del instinto terreno y natural de la reproducción biológica que, merced a la mutación, origina la selección natural, la cual a su vez determina, con el tiempo, el progreso biológico. Dicho de otro modo, la esperanza es lo que mueve y dirige la *evolución espiritual* en el mundo; por cuanto se mueve, es fuerza objetiva, y en la medida en que orienta y dirige, es luz subjetiva. Por eso la llamamos «fuerza-luz».

La esperanza equivale, en la evolución espiritual, al instinto de reproducción en la evolución biológica. Es la fuerza y luz de la *causa final* del mundo o, si se prefiere, la fuerza y la luz del ideal del mundo, la irradiación mágica del punto Omega, según Teilhard de Chardin. Este punto Omega al que tiende la evolución espiritual –o la evolución de la noosfera, que triunfa sobre la barisfera y la biosfera– es el punto central del *mundo en vías de personalización*, el punto de la total unidad entre el fuera y del dentro, entre lo material y lo espiritual, a saber, el Dios-Hombre o *Jesucristo resucitado*, así como el punto Alfa, primer motor o causa eficiente, es el Verbo que puso en movimiento electrones, átomos, moléculas, etcétera, un movimiento tendente a asociarlos en planetas, organismos, familias, razas, reinos...

«Yo soy el Alfa y la Omega»: así se lee el mensaje de la Estrella central de la lámina del decimoséptimo arcano del tarot. Lo cual significa: Yo soy la actividad, la causa eficiente que todo lo puso en movimiento, y la contemplación, la causa final que atrae hacia sí todo cuanto está en movimiento. Yo soy la acción primordial y la espera incesante hasta que todos lleguen adonde yo estoy.

He ahí por qué decimos *no* al dualismo visto a la luz del futuro, y por qué le decimos *sí* cuando lo contemplamos con los ojos del presente. La esperanza, fruto del matrimonio de los contrarios, nos prohíbe el dualismo y nos invita no sólo a creer en la unidad final de los mismos, sino también a trabajar por realizarla. Tal es el sentido y meta del ejercicio espiritual que constituye el decimoséptimo arcano del tarot.

Porque, hemos de repetirlo, los arcanos mayores del tarot son ejercicios espirituales, y sólo su práctica puede enseñarnos el arcano (lo que hay que saber para poder hacer descubrimientos) de cada arcano.

Ahora bien, el ejercicio espiritual del decimoséptimo arcano consiste en el esfuerzo de ver juntamente, con-templar, la esencia del crecimiento biológico y del crecimiento espiritual –el agente del crecimiento y la esperanza–, a fin de hallar o, más bien, reencontrar su analogía, su parentesco intrínseco y, por último, su identidad fundamental. Trátase, en efecto, de captar la esencia del *agua* que fluye tanto en el oscuro proceso del crecimiento, multiplicación y continuidad de la reproducción de orden biológico como en la claridad de las serenas alturas de la esperanza. Es cuestión, pues, de llegar a la intuición del *agua* tal como la entiende el relato de Moisés sobre el segundo día de la creación, cuando Dios «apartó las aguas de por debajo del firmamento, de las aguas de por encima del firmamento» (Gén 1,7), y de comprender (con-prender, captar juntamente) que la luz que transita por encima de la conciencia y la fuerza instintiva de crecimiento que pasa por debajo de la conciencia son, en el fondo, una misma cosa, un mismo impulso, separado para que actúe de dos modos diferentes: el *agua*, principio del crecimiento y de la evolución, tanto biológica como espiritual. Es preciso llegar a la percepción intuitiva, es decir, inmediata y dotada de la certidumbre de la evidencia, de que el principio de la savia líquida, portador del agente de crecimiento, y a su vez el principio de esperanza –creencia en la transformabilidad de las cosas y en su transformación con arreglo a sus prototipos divinos–, portador de la evolución espiritual, son *uno*: el principio del agua, aun cuando el primero actúe a partir de la esfera inferior a la conciencia y el segundo a partir de la esfera superior a ella.

Por eso la lámina del decimoséptimo arcano del tarot representa a la mujer, principio materno, entre la constelación de la esperanza, encima de ella, y el río de la continuidad de la vida biológica, debajo. Toda madre, en efecto, profesa una doble fe: la fe de la esperanza celeste –el porvenir será más glorioso que el presente– y la fe de la continuidad terrestre –el río de las sucesivas generaciones sigue *adelante*– en la dirección señalada por la esperanza de lo alto. Toda madre sabe, como madre, que en lo profundo del río de las generaciones actúa el mágico impulso primordial de la causa eficiente –Alfa– del mundo, y que la causa final –Omega– no dejará de dirigir ese río y de atraerlo hacia sí. En otros términos, toda madre confiesa, por el hecho mismo de ser madre, el origen y fin divinos del mundo. Si así no fuera, se negaría a alumbrar hijos destinados a caer víctimas del absurdo. Por esta razón, podemos también dar al decimoséptimo arcano los nombres de arcano de la Madre o arcano de Eva, puesto que en él se halla activamente presente la intuición simultánea de la esperanza celestial y de la magia primordial de la bendición del Creador:

«¡Sed fecundos y multiplicaos, y henchid la tierra y sometedla!» (Gén 1,28).

Los antiguos sacaban su esperanza, tanto para la vida como para la muerte, de los misterios de la Madre. Pienso de modo particular en los misterios de Eleusis, pero también en otros muchos, por ejemplo los de Isis, en Egipto. Sin embargo, la esencia de todos los misterios de la Madre se encuentra expresada en la epístola a los Romanos, del apóstol Pablo.

«Pues la ansiosa espera de la creación desea vivamente la revelación de los hijos de Dios. La creación, en efecto, fue sometida a la vanidad, no espontáneamente, sino por aquel que la sometió, en la *esperanza de ser liberada de la servidumbre de la corrupción para participar en la gloriosa libertad de los hijos de Dios*. Porque sabemos que la creación entera gime hasta el presente y sufre dolores de parto» (Rom 8,19-22).

¡Ahí tenemos el alma no sólo de todos los antiguos misterios de la Madre, sino aun de todas las doctrinas modernas de la evolución biológica y espiritual! Pues el evolucionismo moderno no es, al fin y al cabo, más que el renacimiento, en forma científica, de los antiguos misterios de la Madre, los misterios de la esperanza y de los dolores de parto. Los misterios del Padre contenían el *qué*, la salvación por el Hijo; los misterios de la Madre contienen el *cómo*, la evolución biológica *y* espiritual.

Las ciencias naturales están orientadas al *cómo* del mundo, y por ello fomentan actualmente el renacimiento de los antiguos misterios de la Madre, el conocimiento de la evolución; la religión cristiana, en cambio, se orienta en primer lugar a los misterios del Padre, esto es, a la *salvación* por el Hijo.

A Teilhard de Chardin, ese hermético de nuestro tiempo por la gracia de Dios, debemos la síntesis –o al menos una vía hacia la síntesis– del *qué* y el *cómo* del mundo, de religión y ciencia, lo cual constituye la tarea y misión del hermetismo. En adelante, todos podemos contemplar la serpiente de la evolución clavada en la cruz de la Providencia divina y al Hijo de Dios clavado en la cruz de la evolución de la serpiente, y todos podemos también extraer de ahí nuestra esperanza para la vida y la muerte. Evolución y salvación, sendas verdades de la ciencia y la religión, no son ya contradictorias: entrambas llevan juntas el mensaje de la esperanza.

No olvidemos, empero, que esta síntesis de hoy ha tenido su historia y es fruto, también ella, de muchos dolores de parto. Nació tras una larga serie de esfuerzos continuos, de siglo en siglo: el esfuerzo de un Heraclito, filósofo del perpetuo cambio de la materia; el de los gnósticos, que hicieron resonar en la historia humana el drama de la caída y retorno de *sophia akhamot*; el de un Agustín, padre de la filosofía de la historia, quien reveló la doble corriente de la ciudad terrena y la ciudad de Dios en la historia de la humanidad; el de los pensadores herméticos con inclinación a la alquimia, quienes incansablemente afirmaron y reafirmaron el principio de la transformabilidad de lo vil en lo noble; el de un Martines de Pasqually, que escribió un tratado sobre la reintegración de los seres[7]; el de un Fabre d'Olivet, autor de una historia filosófica del género humano[8], donde muestra la operación dinámica del triángulo fatalidad-libertad-providencia en la historia de la humanidad; el de una H.P. Blavatsky, que añadió y contrapuso a la evolución materialista de Charles Darwin una visión vertiginosa de la evolución espiritual del universo; el de un Rudolf Steiner, que llamó la atención sobre el centro gravitatorio de la evolución cósmico-espiritual, Jesucristo, acercándose así al punto Omega de Teilhard de Chardin. Todas esas tentativas contribuyeron, visible o invisiblemente, a la síntesis actual. Todas ellas *viven*, juntas, en la síntesis contemporánea entre evolución y salvación, resultado de un secular empeño colectivo.

Sí, *de la fusión de opiniones brota la verdad*. Pues la síntesis no es debida al choque de opiniones, sino a la unión de éstas como elementos constitutivos del arco iris de la paz. La síntesis de las verdades «salvación» y «evolución» es, efectivamente, un arco iris donde resplandecen las esencias inmortales de los esfuerzos del pasado, purificados de sus envolturas temporales y accidentales. Así, el transformismo moderno –la evolución biológica y espiritual no viene de la refuta-

---

7. *Traité de la réintégration des êtres*, Paris 1899.
8. *L'histoire philosophique du genre humain*, Paris 1824, reimpr. Lausana 1974.

ción de la alquimia antigua y medieval, sino de la adopción, por los pensadores contemporáneos, del fundamental dogma alquímico de la transmutabilidad. Purificada de sus elementos temporales y accidentales, como su tendencia a la producción de oro material o al hallazgo de la piedra filosofal o de la panacea material, la alquimia celebra hoy su apoteosis en el esplendor del arco iris de la síntesis entre salvación y evolución. La alquimia ha salido de los sombríos antros de antaño, donde sus adeptos consumían a menudo fortunas enteras y la flor de su vida, para instalarse en un laboratorio más digno de ella: la inmensidad del universo. Hoy el mundo se ha convertido en laboratorio alquímico, como también en oratorio místico.

¿Es pérdida o ganancia para la alquimia el hecho de que haya dejado de ser una ocupación secreta, con frecuencia de carácter maníaco y sectario, transformándose en idea reina de la humanidad? ¿Y que, de arte misterioso de la transmutación de los metales, fabricación de la piedra filosofal y preparación de la panacea, haya pasado a ser luz de la esperanza universal de la síntesis entre la salvación de las almas y la evolución cósmica?

La respuesta es obvia: en la época actual somos testigos del triunfo de la alquimia, triunfo inaudito, que supera las esperanzas más temerarias del pasado.

Lo que es cierto de la alquimia lo es también de la filosofía agustiniana de la historia. La cruz de la ciudad terrena y de la ciudad de Dios, que san Agustín veía sobre todo en la historia de Israel y del Imperio Romano, se ha transformado hoy, conservando su esencia inmortal, en la cruz de la salvación y la evolución, de la religión y la ciencia, en la cruz, en última instancia, del *ora et labora* (ora y trabaja), de la gracia y el esfuerzo. La visión agustiniana vive, pues, también, en el arco iris de la síntesis moderna entre salvación y evolución.

Y lo que vale para la alquimia y san Agustín vale igualmente para todas las demás aportaciones antiguas, medievales y modernas a la síntesis de salvación y evolución. La obra de todos cuantos enseñaron una *vía* de perfeccionamiento individual o colectivo, ya mística y espiritual, de purificación, iluminación y unión, ya histórica y social, de progreso de la civilización, justicia social y costumbres, ya biológica, de evolución desde el plano de los elementos químicos hasta el de los organismos vivos y de éstos al de los seres dotados de reflexión y habla, resplandece ahora en el arco iris de la síntesis entre salvación y evolución, el arco iris de la esperanza de la humanidad. Este arco iris es la *tradición en flor*, la tradición viva, llegada al punto en que empieza a echar brotes. No olvidemos tampoco las palabras del poeta:

> «Él es quien, pese a las espinas,
> la envidia y la irrisión,
> pasa, encorvado, por vuestras ruinas,
> recogiendo la *tradición*.
> De la tradición fecunda
> sale cuanto en el mundo abunda,
> cuanto el cielo es capaz de bendecir.
> *Toda idea, humana o divina,*
> *que hunde en el pasado su raíz,*
> *tiene por ramaje el porvenir*»[9].

No es posible prescindir de la poesía, si se tiene algún apego a la tradición. La Biblia entera respira poesía: épica, lírica, dramática; y lo mismo el *Zohar*. Las principales obras de san Juan de la Cruz son comentarios a los escasos poemas que escribió. Un soplo poético vibra también en la totalidad de la obra de Pierre Teilhard de Chardin, y sus críticos ven en esto una reprobable flaqueza desde los ángulos científico, filosófico y teológico. Mas se equivocan, pues la poesía es impulso, y éste da alas a la imaginación; y sin la imaginación alada, dirigida y controlada por las estrictas leyes de la coherencia intrínseca y de la conformidad con los hechos, ningún progreso es concebible. No se puede prescindir de la poesía, porque la imaginación necesita de impulso. Sólo hay que atender a no dejarse llevar por una imaginación que aspire únicamente al brillo y no a la verdad. En cuanto a la imaginación prendada de la verdad, es decir, que no ama y busca sino lo coherente y conforme con los hechos, es lo que llamamos genio o fecundidad, en todos los campos del esfuerzo humano.

Tampoco el hermetismo puede prescindir de la poesía. La *Tabula smaragdina* de Hermes Trismegisto no es otra cosa que poesía sublime. Cierto que no es sólo poesía en el sentido de mera estética verbal y musical, toda vez que proclama el gran dogma místico, gnóstico, mágico y alquímico, pero al mismo tiempo no se limita a ser un simple tratado discursivo en prosa. Es un canto a la verdad de los tres mundos.

¿Y los arcanos mayores del tarot? ¿No apelan igualmente a la imaginación alada, cada uno en su contexto y con su propia orientación? Son símbolos. Mas ¿qué hacer con ellos sino aplicarles la imaginación inspirada, resuelta a averiguar su significado con ayuda de una voluntad que obedece a las leyes de la coherencia intrínseca y de la conformidad con los hechos de la experiencia externa e interna, material y espiritual?

---

9. V. Hugo, *Les rayons et les ombres, Fonction du poète*, Paris 1928, v. 287-296.

Por otra parte, la poesía no es pura cuestión de gusto, sino también de fecundidad o esterilidad del espíritu. Sin vena poética, no hay ningún acceso abierto a la vida de la tradición hermética. Amemos, pues, la poesía, y respetemos a los poetas. Éstos son la verdadera nobleza de la humanidad, y no los príncipes, duques y condes. Un corazón es tanto más noble cuanto más henchido está de poesía.

Y puesto que toda alma es en principio sacerdote, noble y trabajador a la vez, no ahoguemos en nosotros la nobleza sobreestimando los fines prácticos o preocupándonos excesivamente de nuestra salvación; al contrario, ennoblezcamos nuestro trabajo y nuestra religión dejando que sople en ellos el estro poético. Esto no adulterará en modo alguno las funciones de sacerdote y trabajador. Los profetas de Israel eran grandes poetas, y el cántico de san Pablo a la caridad es una insuperable obra poética. En cuanto al trabajo, sólo nos procurará alegría si se eleva por encima del espíritu de esclavitud para tomar parte en el impulso poético del grandioso esfuerzo humano.

En cualquier caso, estamos obligados a atender al problema de la poesía al meditar el decimoséptimo arcano del tarot, el arcano del agua, la que fluye sobre el firmamento y por debajo de él, el arcano de la esperanza y la continuidad. La poesía, en efecto, es la unión de las aguas superiores e inferiores el segundo día de la creación. El poeta es el punto mismo en que las aguas separadas se encuentran y donde confluyen las dos corrientes, la de la esperanza y la de la continuidad.

Cuando convergen la circulación de la sangre humana, que lleva consigo la continuidad, y la irradiación de la esperanza, que es la sangre del mundo espiritual y de todas las jerarquías celestiales, mezclándose y comenzando a vibrar al unísono, entonces tiene lugar la experiencia poética. La inspiración poética es la unión de la sangre de arriba, la esperanza, con la sangre de abajo, la continuidad.

Por ello hay que estar encarnado, esto es, sentir el pulso de la cálida sangre terrestre, para poder crear obras poéticas, y no sólo de alcance subjetivo *(setrams)*, sino también objetivo *(mantras)*. Hay que sumergirse (encarnarse) en la sangre caliente humana y elevarse sobre ella, uniéndose con la sangre luminosa del cielo, con la esperanza, para que puedan surgir obras como los *Salmos* de David, por ejemplo. Los *Salmos* de David no nacieron en el cielo, sino en la tierra. Y una vez nacidos, han llegado a ser el arsenal de los *mantras* mágicos no sólo en la tierra, sino igualmente en el cielo. Porque los *mantras* o fórmulas mágicas de los *Salmos* se utilizan como tales tanto entre los seres de sangre caliente, los hombres, como entre los seres de sangre luminosa, los entes de las jerarquías celestiales.

Los *mantras*, fórmulas de alcance mágico en los tres mundos, nacen del matrimonio entre el calor y la luz, la sangre terrena, portadora de la continuidad, y la sangre celestial, portadora de la esperanza. Por otro lado, toda palabra humana puede volverse mágica si es sincera hasta el punto de comprometer la sangre y si, a la vez, está tan llena de fe que es capaz de poner en movimiento las aguas luminosas de la esperanza de lo alto. Al fuerte grito dado por Jesucristo en la cruz en el momento de entregar su espíritu siguió el temblor de tierra:

«En esto, el velo del santuario se rasgó en dos, de arriba abajo; tembló la tierra y las rocas se hendieron. Se abrieron los sepulcros...» (Mt 27,51-52).

¿Por qué? Porque ese grito contenía la magia de un encuentro supremo: el de la última gota de sangre humana derramada con el inmenso océano de la esperanza del mundo.

De lo dicho se deduce que las fórmulas mágicas no se inventen —como tampoco se inventa la auténtica poesía—, sino que *nacen* de la sangre y la luz. Por eso en la magia sagrada se utilizan generalmente fórmulas tradicionales, no porque sean antiguas, sino por haber nacido de la manera que hemos indicado y haberse revelado mágicas. Bien lo sabía, por ejemplo, Martines de Pasqually, cuyo ritual de conjuros mágicos consta exclusivamente de fórmulas tradicionales, sacadas sobre todo de los *Salmos*. Y ello no porque él fuera católico practicante, sino con miras a la eficacia de la magia que enseñaba y practicaba.

La magia sagrada difiere de la magia arbitraria o personal en varios puntos. Además de las diferencias ya mencionadas en la carta III, hemos de hacer notar que la magia sagrada se sirve del agente de crecimiento, mientras la magia arbitraria trabaja mayormente con el agente mágico, de naturaleza eléctrica. A ambos agentes se refiere el siguiente pasaje del sermón de la montaña:

«Habéis oído también que se dijo a los antepasados: "No perjurarás, sino que cumplirás al Señor tus juramentos." Pues yo os digo que no juréis en modo alguno, ni por el cielo, porque es el trono de Dios, ni por la tierra, porque es el escabel de sus pies, ni por Jerusalén, porque es la ciudad del gran rey. Ni tampoco jures por tu cabeza, porque ni uno solo de tus cabellos puedes hacerlo blanco o negro. Sea vuestro lenguaje "sí, sí", "no, no", que lo que pasa de aquí viene del Maligno» (Mt 5,33-37).

Jurar, en efecto, comprende toda la categoría de actos mágicos destinados a reforzar mágicamente la simple promesa y la simple decisión de la voluntad humana dentro de los límites de su competencia, es decir, del sí, sí, no, no. El deseo de traspasar esos límites, invocando para ello las fuerzas exteriores al círculo estricto de la competencia de la voluntad, a fin de que hagan a ésta más poderosa y le presten un mecanismo dinámico que la sirva, equivale necesariamente a recurrir a las fuerzas eléctricas de la serpiente, del Maligno. Jurar es, pues, el acto típico que representa la esfera completa de la magia arbitraria o personal; trátase en él de conferir mayor poder a la voluntad personal merced al concurso de fuerzas de naturaleza eléctrica –fulgurantes y que actúan por descargas– que proceden del exterior de la voluntad y le son sometidas.

Ahora bien, según el pasaje citado, la realidad se sustrae a la voluntad arbitraria del hombre: el cielo y la tierra son de Dios, Jerusalén ha sido asignada a otra individualidad –«el gran rey»–, y la cabeza, el propio cuerpo, está reservada al agente de crecimiento y, por tanto, queda fuera de la competencia de la arbitrariedad humana («porque ni uno solo de tus cabellos puedes hacerlo blanco o negro»). Cielo, tierra, Jerusalén y cabeza quedan, pues, al margen no sólo de la arbitrariedad humana, sino también de la de la serpiente, la fuerza eléctrica surgida de la fricción y el conflicto. No es el agente mágico el que domina la realidad –el cielo, la tierra, Jerusalén y la cabeza–, sino otro agente que sólo sirve a Dios y al gran rey, es decir, los servidores de Dios. Este otro agente, sustraído al albedrío humano y al de la serpiente, es el que hemos designado por el hombre de agente de crecimiento, el de la magia sagrada o divina.

Henos aquí en pleno problema de la diferencia entre fenómenos mágicos y milagros, entre lo que realiza la magia personal o arbitraria y lo que lleva a cabo la magia sagrada o divina. Aun cuando hayamos tratado ya de este problema en el contexto del tercer arcano mayor del tarot, la Emperatriz, se nos presenta de nuevo, bajo un aspecto particular, en el decimoséptimo arcano. En la meditación del tercer arcano considerábamos el problema de la magia personal y de la magia divina con relación al *autor* (fuente de iniciativa) de la operación mágica, en ambos casos; ahora, en cambio, se trata del *agente*, o sea del medio activo de esa operación.

El agente de la magia divina, decíamos, se sustrae en gran medida a la voluntad personal del hombre, lo cual no sucede con el de la magia arbitraria. El agente de crecimiento es el que sirve de instrumento en la magia divina; es, por tanto, el medio dinámico de los *milagros*, si por milagro entendemos el efecto de la actuación de una fuerza esencial y enteramente sustraída a la voluntad personal humana, pero que al mismo tiempo no es indiferente a las cualidades morales de las aspiraciones de dicha voluntad personal y puede conferirles un poder de realización superior al de las fuerzas del determinismo físico, biológico, psicológico e intelectual, esto es, al de las leyes naturales, psíquicas e intelectuales. La magia divina es, pues, la conciencia moral que *llama*, pidiéndole ayuda, a la conciencia moral superior, la cual responde a esta invocación poniendo en marcha el agente de crecimiento, las aguas inferiores de la vida y las aguas superiores de la esperanza. Y, dondequiera que la esperanza y la continuidad actúen juntas en respuesta a la evocación moral de la voluntad humana, tiene lugar un milagro. El milagro es el descenso de la esperanza –las aguas superiores («encima del firmamento»)– al plano de la continuidad –las aguas inferiores («debajo del firmamento»)– y la acción de estas dos clases de aguas reunidas.

Ni la ciencia ni la magia personal o arbitraria hacen milagros. La ciencia sólo pone en juego una serie de determinismos (o de leyes) contra otra. El viento mueve el agua, el calor mueve el aire, la electricidad produce calor. Dadas estas leyes naturales, la ciencia se sirve del movimiento mecánico por medio del calor y la electricidad. Transforma la electricidad en calor y el calor en movimiento mecánico. En el acto del conocimiento, procede del movimiento visible a sus causas invisibles, y en el acto de la realización, de las fuerzas invisibles al movimiento visible. La investigación tenaz la ha llevado al descubrimiento de la energía nuclear. Los electrones, protones, neutrones, etcétera, de los átomos son invisibles, pero la explosión nuclear es bien visible.

He aquí, pues, el círculo de la ciencia: ascenso de lo visible a lo invisible en la teoría, y descenso de lo invisible a lo visible en la práctica. Es el antiguo símbolo de la serpiente que se muerde la cola:

Ese círculo está cerrado, no en cuanto a su *dimensión*, ya que puede crecer indefinidamente, sino en cuanto a su falta de apertura: es un *círculo*, y no una espiral. Se descubren en él las fuerzas del calor, magnetismo, electricidad, núcleo atómico y otras muchas, todavía más ocultas y sutiles, pero siempre son y serán *fuerzas*, es decir, causas del movimiento mecánico. En esto se ve en qué consiste el cierre del círculo y por qué, a menos de una intervención exterior –como lo demuestra Teilhard de Chardin–, este círculo es prisión y cautividad del espíritu.

Lo que es válido para las ciencias naturales lo es también para la magia personal o arbitraria. Ésta procede exactamente como aquéllas: ascenso en la teoría y descenso en la práctica. Los autores modernos que se ocupan de magia están enteramente en lo cierto cuando defienden la tesis de que la magia es una ciencia y nada tiene que ver con los milagros como tales. Dice Papus:

«La magia es el estudio y práctica del manejo de las fuerzas secretas de la naturaleza. Es una ciencia pura o peligrosa, como todas las ciencias...»[10]

Es verdad, mas debemos añadir que las fuerzas secretas de la naturaleza no son secretas sino por algún tiempo, hasta su descubrimiento por las ciencias naturales, cuyo único papel consiste precisamente en irlas descubriendo y hacerlas manejables, una tras otra. Es sólo cuestión de esperar a que el objeto de la magia y el de las ciencias naturales coincidan y lleguen a identificarse.

Por otra parte, también es cierto que el círculo cerrado de la ciencia, esa prisión y cautividad del espíritu, se aplica igualmente a la magia personal. La magia, como ciencia que es, tiene el mismo destino que todas las ciencias: la cautividad en un círculo cerrado.

Más adelante, en la introducción a su tratado de magia práctica, Papus escribe:

«La magia, podríamos decir, es el materialismo de los futuros caballeros de Cristo...»[11]

Admite, pues, el hecho de la cautividad de la magia en el círculo cerrado de un solo aspecto del mundo, aspecto que designa por el nombre de materialismo, y expresa la esperanza de que eventualmente una intervención exterior a ese círculo cerrado transforme a los futuros magos en caballeros de Cristo; en otras palabras, de que futuros Teilhard de Chardin hagan por la magia lo que ya han hecho por la ciencia: abrir el círculo cerrado y convertirlo en espiral.

Si Louis-Claude de Saint-Martin abandonó el grupo de discípulos de Martines de Pasqually, que practicaban la magia ceremonial, y renunció a esta magia –sin por ello negar su eficacia realizadora– para abrazar la mística y la gnosis de Jakob Böhme, lo hizo porque sintió que la magia ceremonial es un círculo cerrado y porque él aspiraba a la ilimitada perfección cualitativa, es decir, a Dios. En efecto, aunque la magia ceremonial de Martines de Pasqually hubiera logrado el fin supremo de sus invocaciones, aunque hubiera llegado a realizar el pase mágico productor de la aparición del propio Jesucristo resucitado, sólo habría dado lugar a una aparición fenoménica y no a la revelación de la esencia de Cristo, inmediata y cierta, en el interior del

---

10. *Traité méthodique de magie pratique*, Paris ³1970, p. V.
11. Ibid., p. VI.

alma humana. El círculo de esta clase de magia, por sublime que sea su fin, está *cerrado*, ya que en sus apariciones siempre se tratará de meros pases. Saint-Martin[12], no obstante, tenía hambre y sed de la unión intuitiva de alma con alma, de espíritu con espíritu, y ninguna otra cosa inferior a esto podía satisfacerle. Dice:

> «Hay hombres condenados al tiempo. Los hay también condenados (o llamados) a la eternidad. Conozco a alguno de esta última categoría; y así, cuando los que están condenados al tiempo pretendían juzgar su eternidad y gobernarla con el cetro del tiempo, ya podemos imaginar cómo los trataba»[13].

Condenado (o llamado) a la eternidad, Saint-Martin no podía contentarse con nada efímero, incluido todo pase ejecutado con los medios de la magia ceremonial. Por ello se orientó a la mística gnóstica o gnosis mística de un Jakob Böhme.

> «En el mes de brumario[14], año 9 (noviembre de 1800), publiqué mi traducción de *Aurora* de Jakob Böhme. Releyéndola más tarde con toda paz, sentí que esta obra sería bendecida por Dios y los hombres, a excepción del torbellino de mariposas de este mundo que nada verán en ella y la convertirán en blanco de sus críticas y sarcasmos»[15].

Notemos su valoración global de la obra de Jakob Böhme, contenida en las palabras «sería bendecida por Dios y los hombres». Más adelante, escribe:

> «Habría yo sufrido y penado demasiado tiempo si Dios me hubiera dado antes a conocer las cosas que me enseña hoy gracias a los frutos que me nacen de las fecundas bases de mi amigo B(öhme). Por ello esos magníficos dones se han hecho esperar tanto»[16].

Los «magníficos dones» de que habla Saint-Martin no son fenómenos mágicos sino revelaciones de la intuición e inspiración en la vida interior.

Volviendo al problema de la diferencia entre fenómenos mágicos y milagros, nos percatamos de que aquéllos dependen del saber y poder científico del hombre, mientras que éstos proceden de la sabiduría y poder de Dios, lo cual significa que la participación consciente del hombre en los milagros de la magia sagrada comienza por la mística, prosigue con la gnosis y acaba en los milagros mismos, o sea en la

---

12. *Mon portrait historique et philosophique (1789-1803)*.
13. Ibid., p. 1023.
14. Del 22 de octubre al 20 de noviembre.
15. Ibid., p. 1013.
16. Ibid., p. 912.

magia sagrada práctica: *Ex Deo, in Deo, per Deum* (De Dios, en Dios, por Dios). Esta vía *ex Deo, in Deo, per Deum* fue la vocación interior de Saint-Martin, quien no pudo conformarse con la vía *ex homine, in homine, ad Deum* (desde el hombre, en el hombre, hacia Dios) de la magia ceremonial más noble de su tiempo, la de la escuela de Martines de Pasqually. Al evadirse del círculo cerrado de esta escuela, Saint-Martin quedó, no obstante, agradecido a su maestro por las experiencias que en ella había tenido y siguió testimoniándole su veneración. Escribe:

> «Si Martines de Pasqually, que era el maestro de todos nosotros, hubiera querido conocerme, me habría guiado de otro modo que como lo hizo y convertido en una persona bien distinta. Ello no es óbice para que siga yo reconociendo lo muchísimo que le debo, hasta el punto de no poderlo expresar, y para que dé todos los días gracias a Dios por haberme permitido tener parte, siquiera en pequeña medida, en las luces de ese hombre extraordinario que ha sido para mí el único hombre vivo, de cuantos conozco, a quien no he podido llegar a abarcar por completo»[17].

Esto quiere decir que el círculo de Martines de Pasqually, «prisión» en cuanto círculo cerrado, desempeñó para Saint-Martin el papel de *primera vuelta de una espiral*, y que, habiendo buscado y hallado la salida, el mismo Saint-Martin no podía considerarla sino como primera etapa de la espiral infinita en la que se había introducido.

Habiendo buscado y hallado la salida... ¿Cómo puede entonces hablarse de círculo cerrado a propósito de la magia ceremonial de la escuela de Martines de Pasqually, si Saint-Martin logró salir de él?

El círculo de la magia ceremonial —como el de la ciencia— *está* cerrado en principio, mas toda alma humana individual puede salirse de él abrazando un ideal más elevado y renunciando a las ventajas que dicho círculo le ofrece. Es éste un importante aspecto de la fórmula cristiana «Yo soy la puerta»: hay una salida en todo círculo cerrado, en toda cautividad del espíritu.

> «Yo soy la puerta. Si uno entra por mí, estará a salvo; entrará y saldrá, y encontrará pasto» (Jn 10,9).

En otros términos, si alguien es movido por el amor a Dios y al prójimo, puede entrar en cualquier círculo cerrado y salir de él. En lugar de una prisión, «encontrará pasto», es decir, *se moverá en espiral*. Teilhard de Chardin, por ejemplo, pudo entrar en el círculo cerra-

---

17. Ibid., p. 167.

do de la ciencia sin quedar cautivo en su interior y pudo salir de este círculo transformándolo en espiral. A su vez Saint-Martin pudo entrar en el círculo cerrado de la magia ceremonial sin dejarse aprisionar, y logró salir de él transformándolo también en espiral. La espiral es la buena nueva, el evangelio anunciado a cuantos están cautivos en círculos cerrados. Jesucristo habla así a Natanael:

«"¿Por haberte dicho que te vi debajo de la higuera, crees? Has de ver cosas mayores." Y le añadió: "En verdad, en verdad os digo: veréis el cielo abierto y a los ángeles del cielo subir y bajar sobre el Hijo del hombre"» (Jn 1,50-51).

El «cielo abierto» es la vía de la espiral en la infinidad que se abre. La espiral es el arcano del crecimiento, tanto espiritual como biológico. Una planta crece según el movimiento de la espiral; una idea, un problema, crece también en espiral. No sólo las ramas de un árbol están dispuestas en espiral, sino aun los círculos llamados alburas que se forman cada año entre la corteza y el duramen del tronco. Estos anillos, en efecto, son huellas o resultados de un crecimiento circular en dos dimensiones simultáneamente: vertical y horizontal; de un crecimiento, por tanto, en espiral. Tocante a las ideas y problemas, crecen en la conciencia humana de modo análogo al de las alburas del árbol, en amplitud y altura, formando círculos concéntricos cada vez que regresan a la conciencia tras haberse alejado de ella. Así, en 1919-1920 me ocupé por vez primera de los arcanos mayores del tarot atendiendo a los cuatro aspectos del nombre divino YHVH *(yod-he-vav-he)*. Éstos se me presentaban entonces como una unidad que abarcaba la naturaleza, el hombre y el cielo, o, si se prefiere, la alquimia, el hermetismo ético y la astrología, unidos en la teurgia. Ahora, volviendo sobre el tema después de muchas idas y venidas, sigo tratando, en estas meditaciones, de los cuatro aspectos del nombre divino YHVH, pero viéndolos como unidad de mística, gnosis y magia sagrada en el hermetismo. Aquí tenemos un ejemplo del crecimiento de las ideas y de los problemas en forma de espiral, en dos dimensiones.

Podría también servirnos de ejemplo la historia de la preparación de la venida de Cristo. El *Evangelio según san Mateo* hace de la misma una especie de genealogía de Jesucristo, compendiándola luego en una sola frase:

«Así que el total de las generaciones son: desde Abraham hasta David, catorce generaciones; desde David hasta la deportación a Babilonia, catorce generaciones; desde la deportación a Babilonia hasta Cristo, catorce generaciones» (Mt 1,17).

He ahí la espiral de la historia de la preparación de la venida de Cristo, espiral de tres círculos o vueltas, cada una de catorce generaciones. En la primera vuelta de la espiral está la triple huella de los patriarcas –Abraham, Isaac y Jacob–, la huella de lo alto que corresponde al sacramento del bautismo en el nombre del Padre, del Hijo y del Espíritu Santo. Esta triple impronta posibilitó la revelación y la alianza del Monte Sinaí, e hizo que la Ley llegara a ser alma de una personalidad humana, la de David. En David, efectivamente, los mandamientos y disposiciones de la Ley revelada «con truenos, relámpagos y una densa nube sobre el monte» al pueblo sobrecogido de espanto, se interiorizaron hasta el punto de convertirse en amor y conciencia, en asunto de un corazón prendado de su verdad y belleza. La Ley hízose alma en David, y por eso también sus transgresiones dieron lugar al nacimiento, en el alma, de una fuerza nueva: la penitencia interna.

La primera vuelta de la espiral, las catorce generaciones desde Abraham hasta David, corresponde, pues, al proceso de interiorización que se da desde el sacramento del *bautismo* (los tres patriarcas), pasando por el sacramento de la *confirmación* (la alianza en el desierto del Sinaí), hasta el sacramento de la *penitencia.*

La segunda vuelta de la espiral, las catorce generaciones desde David hasta la deportación a Babilonia, es la escuela de David, la escuela de la penitencia interior que conduce hasta su meta exterior: la *expiación* o deportación a Babilonia.

Y la tercera vuelta de la espiral, las catorce generaciones desde la deportación a Babilonia hasta Cristo, corresponde a lo que espiritualmente tiene lugar entre el último acto del sacramento de la penitencia, la absolución, y el *sacramento de la sagrada comunión* o *eucaristía*, el de la presencia y recepción de Cristo.

Juan Bautista «preparaba el camino del Señor y enderezaba sus sendas», repitiendo, resumida, la historia entera de la preparación de la venida de Cristo, es decir, la vía de la penitencia, que era su «bautismo en agua». Porque el «Hijo de David» era hijo de la penitencia por parte de padre –José– e hijo de la inocencia por parte de madre –María–. Jesucristo no hubiera podido venir en ningún otro medio que el de la inocencia virginal y la inocencia recobrada por la penitencia. Juan Bautista es, pues, quien ejecuta en la historia del mundo el acto de transición de la penitencia a la comunión; él fue quien llevó de la mano al primer penitente del mundo antiguo para conducirlo hasta el altar de la gracia del mundo nuevo. El *Evangelio según san Juan* describe aquel trascendental momento de una manera que no puede ser más lapidaria:

«Al día siguiente, Juan se encontraba de nuevo allí con dos de sus discípulos. Fijándose en Jesús que pasaba, dice: "He ahí el cordero de Dios." Los dos discípulos le oyeron hablar así y siguieron a Jesús. Jesús se volvió, y al ver que le seguían les dice: "¿Qué buscáis?" Ellos le respondieron: "Rabbí –que quiere decir Maestro–, ¿dónde vives?" Les respondió: "Venid y lo veréis." Fueron, pues, vieron dónde vivía y se quedaron con él aquel día. Era más o menos la hora décima» (Jn 1,35-39).

Así, Juan Bautista transmitió el fruto de un mundo apenas acabado a otro mundo a punto de comenzar. Los tres santos reyes magos depositaron a los pies del Niño Jesús la triple quintaesencia de lo conseguido por el antiguo mundo: oro, incienso y mirra; san Juan Bautista le ofreció al Maestro el cuarto don: el corazón puro que, según el Maestro, vería a Dios.

Tres veces catorce generaciones es, por tanto, la espiral de tres vueltas que constituye el camino desde Abraham hasta Cristo. Así también las edades del oro, del incienso y la mirra fueron las tres vueltas de la espiral del camino de la espiritualidad humana, desde los patriarcas de la espiritualidad –los *riṣis* de la India antigua– hasta Cristo. A la edad de oro de la espiritualidad, la de la antigua India, siguió la edad del incienso de la espiritualidad, la del antiguo Irán, donde la revelación cósmica de los *riṣis* se convirtió en alma y asunto del corazón humano; y a la edad del incienso siguió la edad de la mirra, la del duelo y la penitencia, cuya antorcha milenaria fue el antiguo Egipto. De este último dice Hermes Trismegisto en el tratado que lleva por título *Asclepius*:

«¿Acaso ignoras, Asclepio, que Egipto es la copia del cielo o, por mejor decir, el lugar donde se transfieren y proyectan aquí abajo todas las operaciones que rigen y ponen en movimiento las fuerzas celestes? Más aún, si hemos de decir toda la verdad, nuestra tierra es el templo del mundo entero.
»No obstante, ya que a los sabios les conviene conocer de antemano todas las cosas futuras, hay una que has de saber. Llegará un tiempo en que parecerá que los egipcios honraron en vano a sus dioses en la piedad de su corazón, mediante un culto asiduo; toda su santa adoración habrá fracasado, revelándose ineficaz y viéndose privada de su fruto. Los dioses se irán en la tierra y regresarán al cielo; abandonarán Egipto. Esta comarca, antaño sede de las sagradas liturgias y ahora viuda de sus dioses, no gozará ya más de su presencia. Este país, esta tierra, se llenará de extranjeros... Entonces esta tierra sacratísima, patria de santuarios y templos, aparecerá recubierta de sepulcros y muertos.
»¡Oh Egipto, Egipto! De tus cultos no quedarán sino fábulas, en las que ni siquiera, más tarde, creerán tus hijos. Nada sobrevivirá en ti, salvo algunos signos grabados en piedra que relatarán tus piadosas hazañas»[18].

---

18. *Asclepius*, 24, en *Corpus Hermeticum*, t. 2, Paris 1945, p. 326s.

He ahí la voz del embalsamador, del sabio de la sabiduría de la mirra que entiende de la muerte y de las leyes de la muerte, la voz del Jeremías de Egipto.

Oigamos ahora la voz del portador del incienso, del sabio de la sabiduría del incienso, del salmista del antiguo Irán:

«¡No hemos de enojarte, oh Ahura Mazda! Ni tampoco a Asha (la ley), ni a Vahista Mananh (la suma razón), a la que se ha tratado de comprender en el don de las alabanzas a ti dirigidas...

«Cuando por vez primera tuve en mi espíritu la idea de ti, oh Mazda –dice Zoroastro–, te vi sinceramente como primer actor del universo, padre de la razón, verdadero autor de la ley justa, rector de los actos de la humanidad»[19].

«Alabamos la inteligencia de Ahura Mazda, a fin de captar la sagrada palabra.
»Alabamos la sabiduría de Ahura Mazda, a fin de estudiar la sagrada palabra.
»Alabamos la lengua de Ahura Mazda, a fin de propagar la sagrada palabra.
»Veneramos, día y noche, el monte Ushidarena, dispensador de la inteligencia»[20].

Y he aquí, por último, la voz de un sabio de la sabiduría del oro, que predica el humanismo cósmico:

«No más es el hombre *(puruṣa)* que este universo,
lo pasado y lo por venir.
Y él es el señor de lo inmortal,
pues crece más allá del sustento...
Todos los seres son su cuarta parte;
lo inmortal, en el cielo, sus otros tres cuartos.
Con tres cuartas partes elevóse el hombre allá arriba;
el postrer cuarto renació aquí abajo
donde se ha extendido en todas direcciones,
a los seres que comen y a los que no comen»[21].

Ésta es la llave de oro de la evolución material y espiritual. Sólo la *universalidad* y *trascendencia* del principio humano –el *Adam Kadmon* de la cábala o el *puruṣa* de los vedas– permiten comprenderla.

La espiral de tres vueltas de las tres veces catorce generaciones de Israel y la espiral de tres vueltas del oro, incienso y mirra en la historia general de la humanidad constituyen, así, la preparación de la venida de Cristo. Las tres primeras semanas del Adviento ¿no serán un atajo de esta preparación milenaria, y la cuarta su resumen, la semana de la obra de Juan Bautista?

En todo caso, es la *ley de la espiral* la que aquí nos ocupa, puesto que la espiral caracteriza la actividad del agente de crecimiento, tema

---

19. *Gathas*, cit. por el R.P. Masani, *Le zoroastrisme*, Paris 1939, p. 48.
20. Oración cotidiana, en R.P. Masani, o.c., p. 140.
21. *Rigveda* X, 90, 2-4.

del decimoséptimo arcano mayor del tarot, cuya lámina nos muestra la relación existente entre lo estelar, lo femenino, lo líquido y lo que crece. Hay estrellas en el cielo, una mujer desnuda que vierte el agua de dos vasijas, dos arbustos que crecen. El agua hace crecer los dos arbustos en el suelo desértico; la mujer vierte el agua; y de las estrellas emana la luminosidad que se transforma en líquido por medio de la mujer. Ésta, por consiguiente, transforma la esperanza en continuidad de la tradición y de las generaciones. Así crecen los arbustos.

La contextura de la lámina representa, pues, una espiral que desciende de las estrellas (primera vuelta) a la mujer (segunda vuelta) y luego al agua (tercera vuelta), para acabar en los arbustos (resultados, cuarta vuelta). La lámina responde a la pregunta: ¿Qué se requiere para que un árbol viva? Se requieren estrellas, la mujer y el agua.

De hecho, ¿qué se requiere para que la evolución de la humanidad continúe? La respuesta es: esperanza, maternidad y herencia.

¿Qué se precisa para que la verdad espiritual no quede sumida en el olvido y viva? Se precisan esperanza, creatividad leal y tradición. Es menester el testimonio corroborante de *tres* testigos siempre presentes: Espíritu, sangre y agua. La verdad atestiguada por el Espíritu, la sangre y el agua no caerá jamás en el olvido. Se la podrá matar, pero resucitará.

Ahora bien, la unidad entre esperanza, creatividad y tradición es el agente de crecimiento. Es la actuación concertada del Espíritu, la sangre y el agua. El agente de crecimiento es, por tanto, *indestructible*; su acción, *irreversible*; su movimiento, *irresistible*.

Al fin y a la postre, el agente de crecimiento es el tema de la *Tabla de esmeralda* de Hermes Trismegisto:

> «Y como todas las cosas proceden del uno, por la meditación del uno, así todas las cosas nacieron de este uno, por adaptación.»

Esto significa: Como el uno es el creador de la *esencia* de todas las cosas, así hay también un agente único que adapta la *existencia* de todas las cosas a su esencia, el principio de adaptación de lo nacido a su prototipo creado, o sea el agente de crecimiento, el principio de la evolución. Éste es engendrado por la luz espontánea de la esperanza (el sol), reflejada en el movimiento de las aguas inferiores (la luna), lo cual produce el impulso general o empujón (el viento) que lleva la esperanza primordial a su realización en el plano material (la tierra); ésta, finalmente, le brinda los elementos constructivos (lo alimenta):

> «Su padre es el sol, su madre la luna; el viento lo llevó en su seno, la tierra lo alimentó.»

La luz espontánea de arriba, la luz reflejada abajo, el impulso o empujón evolutivo resultante y que utiliza, para realizarse, elementos materiales; todo esto constituye el análisis completo del proceso interno de la evolución y crecimiento. Se trata de un agente que *adapta* sin descanso la existencia a la esencia: el agente de crecimiento, que la *Tabla de esmeralda* designa por la voz *thelema* («*thelema* del mundo entero»):

> «Aquí está el padre de todo *thelema* del mundo entero. Intacta queda su fuerza, una vez vuelta a la tierra.»

La palabra griega *thelemos* significa, en lenguaje poético, «voluntario, espontáneo», y a las palabras *to thelema* y *he tehelesis* les da el Nuevo Testamento el sentido de «el deseo», «la voluntad». El autor de la *Tabla de esmeralda* quiere, pues, explicar la naturaleza del impulso volitivo y cuasi espontáneo del mundo en transformación o, como hoy decimos, en evolución. Pretende exponernos el origen y los factores constitutivos del agente de transformación en el transformismo, del agente básico en el proceso activo de la evolución. Este agente es descrito en el tratado hermético XVI, *De Asclepio al rey Amón: definiciones*, como sigue:

> «...la luz aprisionada en el mundo y que baña con su resplandor la entera bóveda del agua, la tierra y el aire, luz con la que el sol vivifica y pone en movimiento, mediante nacimientos y metamorfosis, a los seres vivos que subsisten en estas partes del mundo, reestructurándolos y *transformándolos unos en otros a modo de una espiral (helikos tropon)*; esta transformación de unos en otros, que obra un continuo intercambio de género a género *(guene guenon)* y de especie a especie *(eide eidon)*, actúa»[22].

«A modo de una espiral» entre el cielo y la tierra. Pues si se separa el *thelema*, el deseo inmanente a lo íntimo de la materia, de su envoltura material,

> «sube de la tierra al cielo, y de nuevo desciende a la tierra, recibiendo la fuerza de lo superior e inferior»,

a la manera de una espiral que sube y baja.

Ya ves, querido amigo desconocido, que el transformismo, la doctrina de la evolución descubierta de nuevo por la ciencia del siglo XIX, no sólo era un hecho conocido por el hermetismo de la época helenística, sino también el tema de una profunda filosofía acerca del agente

---

22. Tratado XVI, 8-9, en *Corpus Hermeticum*, t. 2, Paris 1945, p. 234s.

evolutivo que obra «un continuo intercambio de género a género y de especie a especie», transformándolos a modo de una espiral.

El heliocentrismo se conocía igualmente en aquella época –al menos quince siglos antes de volverse a descubrir–, como se desprende del mismo tratado hermético que citábamos:

> «El sol está puesto en medio del mundo y lleva el mundo como una corona, y, cual buen auriga, mantiene en equilibrio el carro del mundo, habiéndoselo atado a sí mismo para que no se precipite en desordenada carrera»[23].

¿Puede darse una formulación más precisa del sistema solar heliocéntrico?

Los antiguos herméticos conocían, pues, el hecho de la evolución, el transformismo, y buscaban su agente eficaz, el *thelema* o impulso evolutivo y casi espontáneo que obra en lo más profundo de la materia. La *Tabula smaragdina* de Hermes Trismegisto, que ellos han legado a la posteridad, contiene el resumen de cuanto descubrieron. Es el testamento del mundo antiguo al mundo moderno. Éste recibe así lo que el mundo antiguo logró o, por lo menos, creyó lograr.

> «Separarás la tierra del fuego, lo sutil de lo denso, con suavidad y gran destreza. Sube de la tierra al cielo, y de nuevo desciende a la tierra, recibiendo la fuerza de lo superior e inferior. Así tendrás la gloria del mundo entero. Huirá, pues, de ti toda oscuridad.
> »He aquí la vigorosa fuerza de la fuerza, que triunfará sobre todo lo sutil y penetrará todo lo sólido.
> »Así fue creado el mundo.
> »De ahí saldrán admirables hechuras (adaptaciones), cuyo módulo (medio) está aquí.
> »Por eso me han llamado Hermes Trismegisto, por poseer las tres partes de la filosofía del mundo total.
> »Consumado está cuanto he dicho de la obra del sol.»

«Cumplido y consumado», según algunas traducciones. Así finaliza el testamento de la antigüedad. ¿Loca pretensión, arrogancia ingenua, ilusión piadosa o enunciado de hechos? He aquí una cuestión de conciencia y experiencia, a la que cada cual ha de responder individualmente. Por lo que a mí me toca, soy de quienes ven en ese texto un enunciado de hechos reales, sobre todo en lo relativo al agente de crecimiento que es «la vigorosa fuerza de la fuerza», triunfante de todo lo sutil y que penetra todo lo sólido.

El tema del agente de crecimiento había sido ya tratado en estas cartas, en especial en las referentes a los arcanos III y XI. No pudién-

---

23. Tratado XVI, 7, en o.c., p. 234.

donos sustraer a la ley de la espiral, que rige no sólo la totalidad de la serie de arcanos mayores del tarot, sino también los esfuerzos y progresos de quien los medita, teníamos que volver sobre este tema por tercera vez en la presente carta. Ésta representa la tercera vuelta de la espiral –prolongable hasta el infinito– del tema del agente de crecimiento y evolución.

La *Tabla de esmeralda* es el sucinto resumen de lo que el mundo antiguo tenía que decir sobre ese tema; los arcanos mayores del tarot son el resumen, en forma de escuela o sistema práctico de ejercicios espirituales, de lo que a su vez el mundo medieval tenía que decir acerca del mismo tema, el agente de crecimiento y evolución, como fruto de sus meditaciones sobre la *Tabla de esmeralda* y de sus propios esfuerzos y experiencias espirituales; la tarea que actualmente nos incumbe consiste en efectuar la tercera vuelta de la espiral de la evolución de la tradición hermética, o sea el tercer renacimiento del tema de la *Tabla de esmeralda*. Nuestra época apela al empeño colectivo de los herméticos de hoy para elaborar un *tercer resumen* que sería en la actualidad lo que fue el tarot en la edad media y la *Tabla de esmeralda* en el mundo antiguo, de suerte que, así como la *Tabla de esmeralda* salvó la esencia de la sabiduría antigua y el tarot la esencia de la sabiduría medieval, a través de los diluvios que separaron ambas edades, así también la *esencia de la sabiduría moderna* sea preservada del diluvio venidero en una espiritual arca de Noé y transmitida a las generaciones futuras como lo fueron las esencias respectivas de la sabiduría antigua y medieval gracias a la *Tabla de esmeralda* y a los arcanos mayores del tarot. La tradición hermética debe vivir en el futuro, como vivió en el pasado. Por ello exige un resumen moderno tan viable como los dos anteriores.

Tal es el mensaje de la mujer arrodillada bajo las estrellas, a orillas del río que fluye del pasado hacia el porvenir; de la mujer que incesantemente vierte el agua de arriba en la corriente de las aguas de abajo. Ella es la madre del porvenir. Y por eso su mensaje nos encara con el deber hacia el porvenir, el deber del río de la tradición ininterrumpida. ¡Hagamos cuanto podamos por ser fieles a él!

Carta XVIII

LA LUNA

El arcano de la inteligencia

Dios prohibió a Lot y su familia *mirar hacia atrás:*
«Su mujer miró hacia atrás y se volvió poste de sal» (Gén 19,26).

«Yahveh envió la peste a Israel a causa del gran pecado cometido por David, que mandó hacer el censo del pueblo de Israel» (cf. 2Sam 24).

«Nuestra inteligencia, tal como sale de las manos de la naturaleza, tiene por principal objeto lo sólido inorgánico...
»La inteligencia sólo se representa claramente lo discontinuo...
»Nuestra inteligencia sólo se representa claramente la inmovilidad...
»A la inteligencia se le escapa lo que hay de *nuevo* en cada momento de una historia. No admite lo imprevisible. Rechaza toda creación...
»La inteligencia se caracteriza por una incomprensión natural de la vida...
»Al interior mismo de la vida nos conduciría,

por el contrario, la *intuición,* es decir, el instinto que se ha vuelto desinteresado, consciente de sí mismo, capaz de reflexionar sobre su objeto y ampliarlo indefinidamente»[1].

Querido amigo desconocido:

La prohibición de mirar hacia atrás, impuesta a Lot y su familia, el pecado cometido por David al hacer el censo del pueblo y los rasgos característicos de la inteligencia humana, formulados por Henri Bergson en contraste con los de la intuición, tienen en común su relación con el problema de la *inversión* del movimiento de la vida hacia adelante, el problema del *movimiento retrógrado.* La lámina del decimoc-

---

1. H. Bergson, *L'évolution créatrice,* p. 154, 155, 156, 164, 166 y 178; trad. cast., *La evolución creadora,* Aguilar, Madrid 1963.

tavo arcano mayor del tarot, la Luna, sugiere precisamente, de manera espontánea, este problema del movimiento retrógrado contrario al de la vida. El presente arcano es la antítesis del anterior, la Estrella. Mientras el decimoséptimo arcano evocaba las ideas, sentimientos e impulsos de la voluntad referentes a la evolución de la vida y la conciencia, con su desarrollo infinito, el arcano que ahora nos ocupa evoca las ideas, sentimientos e impulsos de la voluntad relacionados con la *inversión* del movimiento evolutivo de la vida y la conciencia, es decir, con su *envolvimiento*, detención y retrocesión. En lugar del río que fluye y de los verdeantes arbustos de la lámina XVII, encontramos aquí el agua estancada de una ciénaga y dos rígidas torres de piedra. En lugar de la mujer desnuda que hace fluir de dos vasijas la corriente que prosigue luego en el río, contemplamos la imagen de la criatura más envuelta o arropada, el cangrejo, en el fondo de la ciénaga, y vemos también dos perros (o un perro y un lobo) que ladran hacia lo alto. Por último, en lugar de la radiante constelación de ocho estrellas, tenemos aquí la oscuridad de un eclipse total de luna.

Toda la contextura de la lámina del decimoctavo arcano del tarot nos invita, pues, a un ejercicio espiritual o meditación sobre lo que detiene el movimiento evolutivo y tiende a invertir su dirección. Así como el tema principal del arcano XVII era el agente de crecimiento, el del arcano XVIII es el agente especial de decrecimiento, el principio del eclipse. No se trata en este arcano ni de la tentación de fuera, que constituye el tema del arcano VI, ni del Diablo y los demonios –fuerzas embriagadoras y esclavizantes–, a los que se refiere el arcano XV, ni tampoco de la presuntuosa tendencia a construir torres de Babel, tema del arcano XVI, sino de algo que se encuentra ya ahí, dado e impuesto a toda alma humana encarnada por el hecho mismo de su encarnación, de algo que este estado de encarnación lleva ya consigo necesaria y fatalmente. El principio del eclipse o agente de decrecimiento estaría presente y activo en nosotros aun cuando el Diablo y los otros demonios hubieran dimitido de sus funciones y aun cuando todos los hombres hubieran aprendido la lección de la humildad y renunciado al deseo de edificar torres de Babel.

El decimoctavo arcano del tarot es el *arcano* de la doble corriente llamada por Henri Bergson «inteligencia-materia» o «intelectualidad materialista», en contraposición con la doble corriente denominada «duración-espíritu» o «intuición-conciencia».

En efecto, la corriente intelectualidad-materialidad, que Bergson puso de relieve mejor que ningún otro pensador, es, ni más ni menos, ese agente de decrecimiento o principio del eclipse sugerido por la lámina del arcano XVIII. La luna es el principio de la *reflexión*: refleja la luz del sol; del mismo modo la inteligencia humana refleja la luz creadora de la conciencia. Y como el cangrejo se desplaza nadando hacia atrás, así la inteligencia humana se mueve también hacia atrás, o sea en dirección efecto-causa, cuando realiza el acto de conocimiento que le es propio.

En otras palabras, así como la voluntad de dominar la naturaleza es la que pone en movimiento el mecanismo intelectual que le prescribe las reglas del juego para llevar a cabo su labor, así también la Luna de la lámina del decimoctavo arcano aparece eclipsada, aureolada solamente por los rayos reflejados de la luz solar, mientras su propia superficie no refleja sino la imagen, de perfil, de un rostro humano. Los demás detalles de la lámina –las gotas coloreadas que *caen hacia arriba,* las dos torres, los dos canes que ladran, el agua estancada del pantano– se limitan a especificar, como veremos más adelante al proseguir la meditación del tema central del arcano, los diversos aspectos de la corriente intelectualidad-materialidad, contraria a la corriente de la evolución creadora o duración-espíritu.

El sol, la luna y las estrellas son, según el *Génesis,*

«luceros en el firmamento celeste para alumbrar la tierra» (Gén 1,15).

Su creación constituye el cuarto día de la creación del mundo.

Ahora bien, la conciencia humana es el campo donde se manifiestan *tres* especies de luz: luz *creadora,* luz *reflejada* y luz *revelada.* La primera participa de la obra de la creación del mundo tal como ésta continúa después del sexto día y a la cual damos hoy el nombre de evolución creadora; la segunda ilumina el oscuro campo de acción de la voluntad humana, que llamamos actualmente materia; y la tercera nos orienta hacia valores y verdades trascendentales, que en cierto modo constituyen el tribunal supremo de apelación, el criterio último de todo cuanto es válido y verdadero en el espacio y tiempo. Gracias a estas tres clases de luz, el hombre es a la vez creador que participa en la evolución creadora, señor de la materia, autor de la obra civilizadora y prosternado adorador de Dios, capaz de orientar su voluntad a la divina. La conciencia creadora, la inteligencia reflectora y la revelación de lo alto son las tres lumbreras del microcosmo humano: su sol, luna y estrellas.

Así, pues, los tres arcanos mayores del tarot, la Estrella, la Luna y el Sol son, respectivamente, los de la luz revelada de lo alto, de la inteligencia reflectora y de la conciencia creadora. En la carta precedente nos hemos ocupado del arcano estelar; en la próxima nos ocuparemos del arcano solar. Ahora tenemos entre manos el arcano lunar, el de la inseparable pareja de la tierra y su satélite, la luna, o, para el microcosmo, la materialidad y la inteligencia.

El decimoctavo arcano del tarot –hay que dejarlo bien claro– revela la relación entre la luna y la tierra; trata de la pareja luna-tierra como tal, a la manera en que, por ejemplo, Bergson trata de la pareja inteligencia-materialidad como tal. La materialidad, es decir, el aspecto material y mecánico del mundo, es con relación a la inteligencia, o sea a la facultad de la conciencia que procede de los efectos a las causas por inducción y deducción, lo que la tierra es respecto de la luna; la inteligencia está en sintonía con la materia, y ésta con la inteligencia. La materia se presta fácilmente al análisis y la síntesis, adaptándose así a la inteligencia, que

«se caracteriza por el poder ilimitado de descomponerse con arreglo a cualquier ley y de recomponerse en cualquier sistema»[2].

Ambas constituyen una pareja inseparable. ¡Imaginemos por un momento el estado de la inteligencia privada de un medio divisible hasta el infinito y capaz de recomponerse indefinidamente! No sólo no podría separar del conjunto de la duración las cosas particulares para reagruparlas en categorías y clases, sino que tampoco podría fabricar las herramientas y máquinas que utiliza como complemento de los órganos de acción y percepción de que los seres humanos están dotados por naturaleza.

La divisibilidad y maleabilidad de la materia inorganizada (o desorganizada) son tan indispensables a la inteligencia como el agua lo es al pez que nada o el aire al pájaro que vuela. Representan su elemento vital.

«Nuestra inteligencia, tal como la evolución de la vida la ha modelado, tiene por función esencial iluminar nuestra conducta, preparar nuestra actuación en las cosas y prever, en una situación dada, lo que de ella puede derivarse. Aísla pues instintivamente, en cualquier situación, lo que se asemeja a lo ya conocido; busca lo mismo, para poder aplicar su principio de que "lo mismo produce lo mismo". En esto consiste la predicción del porvenir por el sentido común. La ciencia lleva este proceder al máximo grado posible de exactitud y precisión, mas no altera su carácter esencial. Al igual que el conocimiento ordinario, la ciencia no retiene de las cosas sino su aspecto de *repetición*. Si el todo es original, se las arregla para analizarlo, descomponiéndolo en elementos o aspectos que sean *aproximadamente* reproducción del pasado. Sólo puede obrar sobre lo que se repite o parece repetirse... Lo irreductible e irreversible en los momentos sucesivos de una historia se le escapa»[3].

---
2. Ibid., p. 158.
3. Ibid., p. 29.

Al mismo tiempo, es oportuno indicar que el aspecto de *repetición* de las cosas que la inteligencia busca en primer lugar corresponde a la inclinación cuasi innata de la inteligencia a reducir el movimiento a la inmovilidad y transformar el tiempo en espacio. La repetición no es, pues, más que el elemento inmóvil en el movimiento o, visto de otra manera, el elemento *espacial* en el tiempo. Cuando hablamos, por ejemplo, del ciclo de las estaciones del año, transformamos el movimiento del tiempo en espacio: sustituimos el movimiento por la representación de un *círculo* en el espacio. Y este círculo significa la *repetición* de una sucesión de estaciones estables: primavera-verano-otoño-invierno-primavera, etcétera.

Nadie ha sabido enunciar con más fuerza que Salomón el postulado de la repetición y, por ende, de la transformación del tiempo en espacio, postulado del que se sirve constantemente la inteligencia:

«Lo que fue, eso será; lo que se hizo, eso se hará. Nada nuevo hay bajo el sol. Si algo hay de que se diga: "Mira, eso sí que es nuevo", aun eso ya sucedía en los siglos que nos precedieron. No hay recuerdo de los antiguos, como tampoco de los venideros quedará memoria en los que después vendrán» (Ecl 1,9-11).

Trátase netamente de un *postulado* o dogma de fe del intelecto, ya que la formulación salomónica supera los límites de la experiencia al afirmar que lo que surge como nuevo en el campo de la experiencia inmediata *tiene que* ser repetición de algo antiguo caído en el olvido, algo que sólo la ignorancia resultante del olvido del pasado hace aparecer como nuevo; y afirma también que así sucederá en el futuro: todo lo que se considere nuevo lo parecerá únicamente en virtud del olvido de lo que ahora está sucediendo. El tiempo no crea nada; sólo combina y recombina lo *dado* desde siempre y por siempre en el espacio. El tiempo es como el viento, y el espacio como el mar. El viento produce la repetición infinita de las olas en la superficie del mar, pero el mar sigue siendo el mismo, no cambia. No hay, pues, nada nuevo bajo el sol, ni puede haberlo.

Tal es el postulado de la inteligencia enunciado hace tres mil años, postulado todavía válido y subyacente a los métodos intelectuales de trabajo. He aquí ahora su antítesis, formulada por H. Bergson:

«El universo dura. Cuanto más profundicemos en la naturaleza del tiempo, mejor comprenderemos que duración denota invención, creación de formas, elaboración continua de lo absolutamente nuevo».[4]

---
4. Ibid., p. 11.

Volveremos más adelante sobre esta antítesis bergsoniana –y hermética–, cuando su necesidad salte a la vista como réplica natural y cuando se presente al espíritu como una especie de color complementario del arcano la Luna. *Este arcano, en su carácter de ejercicio espiritual, no tiene otro objeto que intimar al deseo consciente a que vaya más lejos que la inteligencia y se decida a dar el salto para salir de su medio.*

Ocupémonos ahora nuevamente de la pareja inteligencia-materia o intelectualidad-materialidad. La inteligencia tiende primero a fabricar:

> «La fabricación se ejerce exclusivamente a partir de la materia bruta, en el sentido de que, aun si se emplean en ella materiales orgánicos, éstos son tratados como objetos inertes, prescindiéndose de la vida que los ha informado. De la propia materia bruta, la fabricación no retiene sino lo sólido; el resto se le escapa por su fluidez misma. Así, pues, si la inteligencia tiende a fabricar, es de prever que lo que hay de fluido en lo real se le escapará en parte y que lo que hay de propiamente vital en lo vivo se le escapará por completo. *Nuestra inteligencia, tal como sale de las manos de la naturaleza, tiene por principal objeto lo sólido inorgánico*»[5].

Así, el axioma de la inteligencia de que *el todo es mayor que la parte* es válido enteramente y sin reservas si se refiere a un cuerpo sólido o a un líquido *medido* (es decir, *asemejado* a un cuerpo sólido): media piedra es obviamente más pequeña que la piedra entera, y medio vaso de agua significa menos agua que un vaso lleno. Pero este axioma no vale sin reservas cuando se aplica a las *funciones* de un organismo vivo. Se puede amputar una pierna, que es mayor que el corazón, sin que la persona muera, mas no se le puede privar al cuerpo humano del corazón sin matarlo. Esto se debe a que la *función* del corazón es más esencial a la vida del organismo entero que la de la pierna. En el caso, pues, del organismo vivo, habría que modificar el axioma de suerte que, desde el punto de vista del *funcionamiento,* las funciones de las partes y la función del todo puedan ser *iguales*. En lo que toca, por tanto, al funcionamiento del organismo vivo, sería posible darle una buena sorpresa al lógico normal con la fórmula: *El todo puede ser igual a la parte.*

El mismo axioma, aplicado al campo de la moral, debería experimentar una modificación que va todavía mucho más lejos. En la esfera de los valores puros, el axioma en cuestión cambia hasta el punto de transformarse en su contrario. Bien mirado, el argumento de Caifás, dirigido a la asamblea del sanedrín en apoyo de la decisión tomada

---

5. Ibid., p. 154.

contra Jesús, no es evidentemente sino un recurso al axioma lógico de que *el todo* (la nación) *es mayor* (de más valor) *que la parte* (un solo hombre):

«...conviene que muera uno solo por el pueblo y no perezca toda la nación» (Jn 11,50).

Sin embargo, ¡toda la nación judía no tenía otra razón de ser que esa *parte* de ella misma, el Mesías! Más aún, el Verbo por el que

«...todo se hizo y sin el que nada se hizo de cuanto existe» (Jn 1,3).

El hecho de que el Verbo se hizo carne ¿es una parte o el todo de la nación judía, de la humanidad, del mundo entero?

O consideremos, también, la parábola de la oveja perdida, donde el Maestro dice:

«Si un hombre tiene cien ovejas y se le descarría una de ellas, ¿no dejará en los montes las noventa y nueve para ir en busca de la descarriada? Y si llega a encontrarla, os digo de verdad que tiene más alegría por ella que por las noventa y nueve no descarriadas» (Mt 18,12-13).

¿Vale aquí, en el campo de los *valores* morales, el axioma de que el todo es mayor que la parte?

Podríamos citar otras muchas parábolas: el tesoro escondido, la perla preciosa, el óbolo de la viuda... ¿no se desprende de todas ellas que, para el mundo de los valores, el axioma que nos ocupa debería rezar: *La parte puede ser mayor que el todo*?

He ahí unas conclusiones chocantes para la inteligencia, cuyas reglas lógicas se aplican sin inconveniente a lo sólido inorgánico, pero que no dejan de imponerse cuando entramos en el terreno de lo vivo y lo moral.

El gran pecado de David, al ordenar el censo del pueblo de Israel (2Sam 24), consistió en aplicar el método propio de la inteligencia humana de reducir lo vivo y lo moral, la comunidad de Israel, a lo sólido inorgánico; en otras palabras, de reducir los hombres a *cosas*. Al dar esa orden, David cometió el pecado, en el plano espiritual, de reducir las personas vivas y animadas a cosas muertas e inanimadas, en definitiva a cadáveres. Pecó así contra el mandamiento: ¡No matarás!

En cuanto a la natividad de Jesucristo, aconteció en la estación más sombría del año, cuando las noches son más largas y bajo el signo de la inteligencia virgen eclipsada por la inteligencia humano-terrenal. Se produjo, en efecto, en la época en que

«...salió un edicto de César Augusto ordenando que se empadronase todo el mundo. Este primer empadronamiento tuvo lugar siendo gobernador de Siria Cirino» (Lc 2,1-2).

Jesús nació precisamente en el momento en que el pecado de David se repetía en el ámbito de todo el Imperio Romano («todo el mundo»). César Augusto ordenaba así, por su edicto, tratar a todos los seres vivos y animados como cosas inanimadas, incluyendo al Verbo encarnado: invierno con relación al sol y eclipse respecto de la luna...

Nuestra inteligencia, pues, sólo se siente a gusto cuando está, por decirlo así, en su propia casa, cuando opera en la materia bruta, especialmente en los sólidos:

«¿Cuál es la propiedad más general de la materia bruta? Es extensa, nos presenta objetos exteriores a otros objetos y, en esos objetos, partes exteriores a otras partes. Sin duda nos es útil, con vistas a ulteriores manipulaciones, considerar cada objeto como divisible en partes arbitrariamente separadas, cada parte también como divisible según nuestra fantasía, y así sucesivamente hasta el infinito... Aludimos a la posibilidad de descomponer la materia cuantas veces y como se nos antoje cuando hablamos de la *continuidad* de la extensión material; mas esta continuidad, como vemos, se reduce para nosotros a la libertad, que nos deja la materia, de escoger el modo de *discontinuidad* que en esa misma materia hallemos: en suma, el modo de discontinuidad escogido es siempre el que nos parece efectivamente real y fija nuestra atención, porque sobre él se regula nuestra actuación presente. Así, la discontinuidad se piensa por sí misma y es pensable en sí misma, y nos la representamos mediante un acto positivo del espíritu, mientras que la representación intelectual de la continuidad es más bien negativa, ya que se reduce, en el fondo, a una repulsa de nuestro espíritu a tener por el único posible cualquier sistema determinado de descomposición. *La inteligencia sólo se representa claramente lo discontinuo*»[6].

Por eso, no sólo la ciencia descompone los objetos en sustancias químicas, éstas en moléculas, las moléculas en átomos, los átomos en electrones, etc., sino que la ciencia llamada oculta, deseando hacer lo mismo que la ciencia oficial, descompone el ser humano, por ejemplo en *tres* principios –espíritu, alma y cuerpo– si se trata del lugar que el hombre ocupa entre Dios y la naturaleza, o en *cuatro* principios –cuerpo físico, cuerpo vital, cuerpo astral y yo– cuando se refiere a la tarea práctica, para el operador, de *dominar* sus instrumentos, como es el caso en el raja-yoga; o todavía en *siete* principios –cuerpo físico, cuerpo etéreo, cuerpo astral, yo inferior, razón, intuición y yo superior– para referirse a la evolución del ser humano en el tiempo. Por último, llega a descomponerlo en *nueve* principios –tres corporales,

---
6. Ibid., p. 155.

tres psíquicos y tres espirituales– para hablar de las relaciones entre el microcosmo y el macrocosmo con sus nueve jerarquías espirituales, que a su vez reflejan la Santísima Trinidad de Dios. Si a esto añadimos que la teología cristiana no divide al hombre sino en *dos* principios –cuerpo y alma–, que el vedanta y la cábala lo dividen en *cinco* principios –*basar, nefesh, neshamah, hayah* y *yehidah*, en la cábala–, que hay cabalistas que lo dividen en *diez* principios según las diez *sefirot* y que ciertos astrólogos lo dividen en *doce* principios con arreglo a los doce signos zodiacales, resulta obvio que el hombre se presta con facilidad a diversos modos de descomposición, según los fines perseguidos por la inteligencia que los aplica. Sólo, sin embargo, se presta esa operación por cuanto se ofrece a las manipulaciones de la inteligencia que lo trata al modo que le es propio, es decir, descomponiéndolo conforme a un sistema que corresponde lo mejor posible al fin perseguido por la voluntad, ya que la inteligencia, *incluso cuando se ocupa de ciencias ocultas,* «sólo se representa claramente lo discontinuo».

Así, pues, la inteligencia se representa el *movimiento* como si fuera discontinuo. Lo reconstruye con inmovilidades que va yuxtaponiendo, es decir, deteniéndolo un número determinado de veces y obteniendo de esta manera una especie de película cinematográfica que luego proyecta:

«Lo estable e inmutable es aquello a lo que nuestra inteligencia se vincula en virtud de su disposición natural. *Nuestra inteligencia sólo se representa claramente la inmovilidad*»[7].

Veinticuatro siglos antes del cinematógrafo, el filósofo griego Zenón de Elea, autor de las célebres aporías de «la flecha que vuela» y «Aquiles y la tortuga», negaba hasta la realidad misma del movimiento, dado que la inteligencia no puede representarse en él más que una sucesión de posiciones estáticas. Así como Salomón proclamó, hace tres mil años, el postulado de la inteligencia según el cual «nada nuevo hay bajo el sol», así también Zenón de Elea proclamaba, hace veinticuatro siglos, este otro postulado de la inteligencia: «No hay movimiento continuo, sino sólo puntos sucesivos de reposo.»

La inteligencia se atiene sobre todo a las *posiciones* del movimiento y no al *progreso* por el que se pasa de una posición a otra, progreso que es el movimiento mismo.

---

7. Ibid., p. 156.

«De la movilidad propiamente dicha se aparta nuestra inteligencia, puesto que no tiene interés alguno en ocuparse de ella. Si estuviera destinada a la teoría pura, se instalaría precisamente en el movimiento, porque el movimiento es, no cabe duda, la realidad misma, y la inmovilidad no es nunca sino aparente o relativa. Mas la inteligencia está destinada a otra cosa. A menos de hacerse violencia a sí misma, sigue el camino inverso: parte siempre de la inmovilidad, como si ésta fuera la realidad última o el elemento básico»[8].

La inteligencia sólo se concentra en las *cosechas*, es decir, en el *producto;* no en la *producción,* que únicamente es para ella el medio y una serie de etapas que le permiten llegar al producto. Lo que persigue es siempre el resultado. Aspira en todo momento al otoño de las cosas y sucesos. Se orienta a los hechos, a las cosas ya existentes y reales, no a los procesos del devenir y de la creación. La primavera y el verano de las cosas y acontecimientos se le escapan o no entran en consideración sino en su aspecto de otoño, como etapas preparatorias. Germinación y crecimiento sólo se examinan con relación a la cosecha. Ambas son, en efecto, movilidad y devenir, mientras la cosecha es lo ya llegado a ser: el producto.

«En el comienzo existía el Verbo, y el Verbo estaba con Dios, y el Verbo era Dios. Todo se hizo por él, y sin él no se hizo nada de cuanto existe. En él estaba la *vida,* y la vida era la *luz* de los hombres» (Jn 1,1-4).

Así dice el *Evangelio de san Juan,* que asienta el principio de la intuición de la fe, el principio de la primavera. El *Evangelio de san Juan* tiene por objetivo el *comienzo,* la primavera de las cosas del mundo, y proclama al Verbo creador, la movilidad misma en lo más hondo de la vida y de la luz de la conciencia, como punto de partida de todo lo que ha de seguir.

Ya de entrada nos invita a un acto de inaudita violencia para con nuestro intelecto, haciéndolo pasar del otoño en que se encuentra feliz a la plena primavera, de la cosecha a la siembra, de las cosas creadas al Verbo creador, de las cosas vivificadas a la propia vida, de las cosas iluminadas a la luz misma.

En la carta sobre el decimonono arcano del tarot –el Sol–, que es el arcano de la primavera, nos ocuparemos más por menudo de la *intuición creadora* o misterio de la fe. Aquí no se trata sino de poner más claramente de relieve, por contraste, el principio lunar y otoñal de la inteligencia, contraponiéndolo al principio de la intuición creadora tal como aparece enunciado en el primer capítulo del *Evangelio de san*

---

8. Ibid., p. 156.

Juan. La presente carta gira *también* en torno al principio mismo de la inteligencia, que es el tema y el objetivo del decimoctavo arcano del tarot.

El *Evangelio según san Juan* invita al alma humana, como decíamos, a que transfiera su inteligencia desde el otoño hasta la plena primavera, a que la rejuvenezca pasándola al plano de la creatividad en vez de dejarla en el plano de lo creado; por expresarlo en términos astrológicos, la invita a que efectúe la «conjunción» del Sol y la Luna. Ello significa

–que, pese a su postulado según el cual «nada nuevo hay bajo el sol», la inteligencia es llamada a adaptarse a la pura creatividad expresada en la fórmula: «En el comienzo existía el Verbo»;

–que, aun cuando la inteligencia sólo se represente claramente la inmovilidad, está obligada a sumirse en el acto puro, creador, del Verbo;

–que, aun si la inteligencia sólo se representa claramente lo discontinuo, se encuentra encarada con el Verbo, en quien está la vida que es la luz de los hombres;

–que, aun teniendo por objeto principal lo sólido inorganizado, ahora le incumbe el cometido de comprender el mundo entero como acto organizador del Verbo y a Jesucristo como Verbo cósmico hecho carne;

–que, finalmente, aun cuando la inteligencia se caracterice por una incomprensión natural de la vida, debe ahora comprender al Verbo en el fondo de la vida y a ésta en el fondo de la luz de la conciencia.

La inteligencia hará todo esto no para *entender* –es decir, cosechar– *lo que es*, sino para efectuar un acto de devenir, un acto creador, para provocar el nacimiento de *lo que no es*, de lo nuevo. En efecto,

«...a todos los que lo recibieron les dio *poder de hacerse hijos de Dios*, a los que creen en su nombre; los cuales no nacieron de sangre, ni de deseo de hombre, sino que nacieron de Dios» (Jn 1,12-13).

Tal es la diferencia entre la naturaleza de la inteligencia y la de la intuición de la fe, entre el principio del otoño y el de la primavera. El primer principio consiste, pues, en la *comprensión de lo que es;* el segundo en la *participación en el devenir de lo que será*.

Cuando Abraham abandonó Ur y se dirigió a un país extranjero a través del desierto para dar origen a un pueblo futuro que perduraría durante siglos después de él, actuó como hombre de primavera y de fe. Salomón, al resumir los frutos de su experiencia y reflexión en el tratado conocido por el nombre de *Eclesiastés*, actuaba como hombre de otoño, hombre de inteligencia. Abraham fue sembrador, Salomón segador.

El hermetismo es la historia del esfuerzo continuo y tenaz para llegar a la alianza entre la intuición de la fe y la inteligencia, al matrimonio alquímico entre el Sol y la Luna. ¿Es posible este matrimonio? Santo Tomás de Aquino, Henri Bergson y Pierre Teilhard de Chardin, entre otros, dicen que sí, cada uno a su manera. Selecciono estos tres nombres porque representan respectivamente la teología, la filosofía y la ciencia. Y es alentador que tan eminentes representantes de la religión, la filosofía y la ciencia contribuyan a nuestra tarea. Pero, aun si tal no fuera el caso, ¿podríamos aspirar a otra cosa? ¿Podríamos renunciar al trabajo y esfuerzo milenario tendente a la alianza, matrimonio y unión de la inteligencia y la fe? *No*, ya que, para bien o para mal, estamos definitivamente comprometidos en esa vía, aun cuando no se tratara más que de un espejismo.

Digo bien «aun cuando no se tratara más que de un espejismo», porque esa alianza, ese matrimonio, esa unión, inspiraron y siguen inspirando un esfuerzo milenario, sin que tal esfuerzo, que yo sepa, haya sido nunca coronado por un éxito completo. La inteligencia y la intuición de la fe se acercan una a otra, colaboran como aliadas, incluso a veces se completan hasta dar pie a las mayores esperanzas; mas su verdadera *fusión*, su genuino y duradero matrimonio alquímico, no se ha realizado todavía.

En las mentes y corazones de ciertos trabajadores de esa gran obra, la inteligencia y la intuición de la fe actúan ya como *desposados*, pero no como auténticos cónyuges. Todavía no se ha logrado obtener la *aleación* de esos dos metales. Sigue aún tratándose siempre o de oro plateado o de plata dorada.

En santo Tomás de Aquino, por ejemplo, es oro plateado, mientras en la mayoría de los ocultistas es plata dorada. Orígenes, Dionisio Areopagita, Jakob Böhme, Claude de Saint-Martin, Vladimir Soloviev y Nikolai Berdiaiev, por no citar más que a unos pocos, manifiestan en sus obras un notable progreso en el acercamiento *sustancial* de la inteligencia y la intuición de la fe. Otro tanto puede decirse de Henri Bergson y Pierre Teilhard de Chardin.

El esfuerzo de Henri Bergson por fundir la inteligencia y la intuición le lleva al siguiente resultado: Tras haber dejado claro que «la inteligencia se caracteriza por una incomprensión natural de la vida», Bergson arroja luz sobre la naturaleza del instinto, y dice:

«El instinto, al contrario, se modela según la forma misma de la vida. Mientras la inteligencia lo trata todo mecánicamente, el instinto procede, como si dijéramos, orgánicamente. Si la conciencia que en él dormita se despertara, *si se interiorizara en conocimiento en vez de exteriorizarse en acción*, si supiéramos interrogarlo y él pudiera respondernos, nos revelaría los secretos más íntimos de la vida»[9].

«Instinto e inteligencia son dos desarrollos divergentes de un mismo principio..., que, en un caso, permanece inmanente en sí, y en el otro se exterioriza y absorbe en la utilización de la materia bruta»[10].

«Es un hecho notable el vaivén de las teorías científicas del instinto entre lo *inteligente* y lo simplemente *inteligible*, es decir, entre la asimilación del instinto a una inteligencia caída y su reducción a un puro mecanismo. Cada uno de estos dos sistemas de explicación triunfa en la crítica que hace del otro: el primero cuando nos muestra que el instinto no puede ser mero reflejo, el segundo cuando dice que es algo diferente del propio intelecto caído en la inconsciencia...

»La explicación concreta, no ya científica sino metafísica (o hermética, añadiríamos nosotros. Nota del autor), debe buscarse por una vía bien distinta, que no se orienta ya a la inteligencia, sino a la simpatía.

»El instinto es simpatía. Si esta simpatía pudiera ampliar su objeto y reflexionar también sobre sí misma, nos proporcionaría la clave de las operaciones vitales, así como la inteligencia, desarrollada y enderezada, nos introduce en la materia. En efecto, no nos cansamos de repetirlo, la inteligencia y el instinto se orientan en dos sentidos opuestos, aquélla a la materia inerte, éste a la vida. El intelecto, por medio de la ciencia que es su obra, nos revelará cada vez con más claridad el secreto de las operaciones físicas; de la vida, en cambio, no nos da ni pretende darnos otra cosa que una traducción en términos de inercia. Gira en torno del objeto, tomando del mismo, desde fuera, el mayor número posible de vistas, y lo atrae hacia sí en lugar de entrar en él. La *intuición*, por el contrario, nos conduciría al interior de la vida; por intuición entiendo el instinto desinteresado, hecho consciente de sí mismo, capaz de reflexionar sobre su objeto y ampliarlo indefinidamente»[11].

He ahí, en suma, la tarea práctica que se nos propone. Su meta consiste en *volver desinteresado el instinto*, fin que persigue toda *ascética*. Nos señala la parte del camino hacia la unión mística, camino que la tradición llama «vía purgativa», vía de la *purificación* del discípulo espiritual, o si se trata de la vía del *destino* humano, purgatorio *(purgatorium)*. A continuación se orienta al *devenir del instinto que se vuelve consciente de sí mismo*, lo que la tradición denomina «vía iluminativa», vía de la *iluminación* del discípulo espiritual o, cuando se trata del destino humano, cielo *(caelum)*. Por último, tiende a que el instinto llegue a ser *capaz de reflexionar sobre su objeto y ampliarlo indefinidamente*, lo que la tradición conoce por el nombre de «vía unitiva» o vía de la *unión*, cuyos frutos son la gnosis (donde «el instinto es capaz de reflexionar sobre su objeto») y la mística contemplativa (donde el instinto es capaz de ampliar el objeto indefinidamen-

---

9. Ibid., p. 166.
10. Ibid., p. 169.
11. Ibid., p. 177-178.

te), o también visión beatífica, de la que gozan las almas humanas en el cielo después del purgatorio y de su escuela celestial donde aprenden a no dejarse cegar por la luz divina y a ver por ella, cuando es cuestión del destino humano.

Tal es la tarea práctica. Mas ¿cuál es el camino para realizarla? ¿Cómo llevarla a efecto? En este empeño se trata de hacer salir la inteligencia de su propio medio. He aquí cómo lo explica Bergson:

> «En vano, nos dirán, pretendéis ir más lejos que la inteligencia: ¿Cómo lo lograréis, sino con la inteligencia misma? Todo cuanto hay de luminoso en vuestra conciencia es inteligencia. Estáis metidos en vuestro pensamiento y no saldréis de él. Decid, si queréis, que la inteligencia es capaz de progreso, que verá cada vez más claro en un creciente número de cosas. Mas no habléis de engendrarla, pues aun esta génesis la haréis con vuestra inteligencia.
> »Esa objeción nos viene espontáneamente. Pero, con tal razonamiento, se probaría también la imposibilidad de adquirir cualquier nuevo hábito. Pertenece a la esencia del intelecto encerrarnos en el círculo de lo dado, *mas la acción rompe ese círculo*. Si nunca hubierais visto a un hombre nadar, me diríais quizá que nadar es imposible, pues para aprender a nadar hay que empezar por mantenerse en el agua, y esto es ya saber nadar. El razonamiento me atará siempre, en efecto, a la tierra firme. Pero si de pronto me arrojo al agua sin ningún temor, me mantendré primero en ella bien o mal, debatiéndome, y así, poco a poco, me iré adaptando al nuevo medio: aprenderé a nadar. En teoría, por consiguiente, parece cosa absurda querer conocer de otra manera que mediante la inteligencia; pero si se acepta con toda valentía el riesgo, la acción cortará tal vez el nudo fabricado por el razonamiento y que éste es incapaz de deshacer.
> »El riesgo, por otra parte, nos parecerá menor a medida que vayamos adoptando este nuevo punto de vista. Hemos mostrado que la inteligencia se ha desprendido de una realidad más amplia, pero sin que haya habido nunca una ruptura neta entre ambas: en torno al pensamiento conceptual subsiste una franja indistinta que recuerda su origen. Es más, podríamos comparar la inteligencia a un núcleo sólido formado por condensación. Este núcleo no difiere radicalmente del fluido que lo envuelve. Si no se reabsorbe en él, es porque está hecho de la misma sustancia. Quien se lanzara al agua sin haber conocido otra resistencia que la de la tierra firme se ahogaría de inmediato y no se debatiría contra la fluidez del nuevo medio; no le queda más solución que aferrarse a lo que el agua le brinda todavía de sólido, por así decirlo. Sólo con esta condición acaba uno por adaptarse al fluido en lo que tiene de inconsistente. *Así le sucede a nuestro pensamiento cuando se ha decidido a dar el salto.*
> »Pero es preciso que salte, que salga de su medio. Jamás la razón, razonando sobre sus poderes, llegará a extenderlos, aunque esta extensión no parezca en modo alguno irracional, una vez efectuada. En vano ejecutaréis mil y mil variaciones sobre el tema de la marcha: no sacaréis de ahí ni una sola regla para nadar. Entrad en el agua y, cuando sepáis nadar, comprenderéis que el mecanismo de la natación se asemeja al de la marcha. Aquél es prolongación de éste, mas la marcha no os habría introducido en la natación. Así, podéis especular todo lo inteligentemente que queráis sobre el mecanismo de la inteligencia, pero por este método no llegaréis nunca a superarla. Lograréis cosas más complicadas, pero no superiores, ni tan siquiera diferentes. *Hay que forzar las cosas y, merced a un acto de voluntad, empujar la inteligencia fuera de sí misma*»[12].

---

12. Ibid., p. 193-195.

Ahí tenemos lo esencial del yoga bergsoniano, es decir, el método que ha de seguirse para que la inteligencia se aúne con el instinto o principio de la simpatía, a fin de que este último pueda llegar a ampliar su objeto y reflexionar sobre sí mismo; en otras palabras, desarrollar la *intuición*.

El esfuerzo de que habla Bergson es lo que la cábala llama *kawanah*, y su resultado es aquello a lo que Bergson da el nombre de «intuición» y que la cábala designa por el término *da'at*. *Kawanah* es la meditación profunda, o sea el esfuerzo de la inteligencia tendente a sumirse en las profundidades de la oscuridad que la rodea. La *kawanah* difiere esencialmente de la meditación cartesiana, donde se trata, en particular, de una concentración de la claridad de la propia inteligencia dentro de sí misma. Difiere también de la meditación kantiana, donde la inteligencia se afana por elevarse sobre sí misma haciéndose su propio objeto de observación, análisis y crítica. La meditación profunda o *kawanah* no es ni la mera concentración de la luz de la inteligencia para intensificar su claridad, ni el solo esfuerzo de la inteligencia para llegar al conocimiento de sí. La meditación profunda es el esfuerzo de la inteligencia con vistas a sondear las oscuras profundidades que la envuelven y a las que encuentra acceso por medio de la *simpatía*, en lugar del ejercicio de sus propias facultades lógicas, analíticas y críticas. Se trata aquí, pues, en términos de la cábala, del matrimonio del principio de la inteligencia –la *sefirah* llamada *Binah*– con el principio de la sabiduría– la *sefirah* llamada *Ḥokmah*– en la columna media del árbol de las *sefirot:*

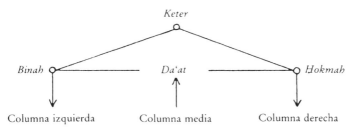

Da'at es, por tanto, el estado de conciencia donde la inteligencia y la sabiduría, el saber adquirido o capaz de adquirirse, por un lado, y el saber latente y actualizable, por otro, se vuelven uno. Es el mismo estado de conciencia que la Iglesia llama «intelecto iluminado por la gracia» *(intellectus gratia illuminatus),* donde la gracia es el principio que actualiza el saber latente de la «imagen y semejanza de Dios» en nosotros, y el intelecto representa la inteligencia bergsoniana que se une a la gracia y aprende de ella lo que jamás habría aprendido por cuenta propia. La inteligencia queda así iluminada.

En cuanto al árbol sefirótico de la cábala, debemos hacer notar que *da'at* no figura en él como *sefirah* o elemento constitutivo del sistema (árbol) de las *sefirot*. *Da'at* es algo por crear, algo por añadir al árbol sefirótico; en la columna media hay, en cambio, *cuatro sefirot*: Corona *(Keter)*, Belleza *(Tiferet)*, Fundamento *(Yesod)* y Reino *(Malkut)*. Esto significa que la síntesis entre la columna de la Sabiduría, que comprende las *sefirot* Grandeza *(Guedulah)* y Victoria *(Netsah)*, y la columna de la Inteligencia, con las *sefirot* Poder *(Gueburah)* y Gloria *(Hod)*, sólo está prevista en el árbol sefirótico para el mundo de la creación *('olam haberi'ah)* y el mundo de la formación *('olam hayetsirah)*, mientras en el mundo de la emanación *('olam ha'atsilut)* la síntesis constituye el *punto de partida* de la emanación, creación y formación del mundo, y el mundo de la acción *('olam ha'asiah)* es de por sí la síntesis de las dos columnas enteras.

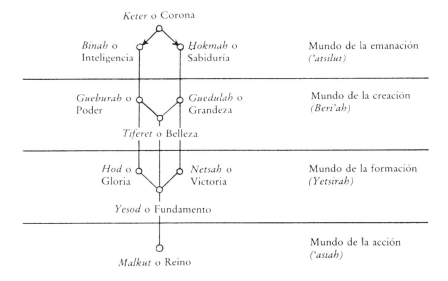

Este esquema del árbol de las *sefirot* pone bien de manifiesto que la síntesis de los principios de la sabiduría y la inteligencia o es anterior a la división de esos dos principios *(Keter)*, o se da en el mundo de la acción *(Malkut)*, o se efectúa en la creatividad artística *(Tiferet*-belleza), o, finalmente, se lleva a cabo en el amor sexual *(Yesod)*, pero no está prevista para el *acto de conocimiento*, es decir, el campo de la gnosis.

Ahora bien, en el caso de *da'at*, se trata precisamente de ese acto de conocimiento que es la meta de la escuela espiritual de la cábala, así como del hermetismo en general y de la tarea emprendida por Bergson en orden a la intuición donde quedan unidos el instinto y el intelecto desinteresados. Los cabalistas, los herméticos y Bergson persiguen, pues, el mismo fin, la unión de inteligencia y sabiduría (o saber espontáneo), unión distinta de la realizada en la creatividad artística o estética y en el amor sexual. Todos ellos quieren lograr una *tercera* clase de unión entre inteligencia y sabiduría: la unión gnóstica, *da'at* o intuición.

Hemos hablado con anterioridad de esta tarea milenaria del hermetismo, de este trabajo prolongado de siglo en siglo que tiende a la fusión completa o matrimonio de los principios representados por la inteligencia y por la sabiduría, de las potencias respectivas del saber adquirido por argumentación y del saber que se revela espontáneamente. Hemos citado también algunos hechos concretos –y algunos

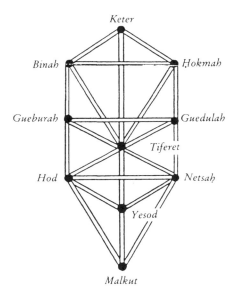

nombres de personalidades– que nos permiten abrigar la esperanza de que esta obra llegue un día a realizarse. Si ello no ha sucedido aún, es porque se trata nada menos que de la realización del *tercer gran arcano* de la tradición hermética.

Ésta enseña la existencia de tres grandes arcanos, el último de los cuales es *da'at* o el matrimonio entre la inteligencia y la sabiduría. Veamos cómo estos grandes arcanos se sitúan en la *tradición oral* del hermetismo, usando para ello el árbol de las *sefirot*. El árbol sefirótico consta, como sabemos, no sólo de las *sefirot* que se encuentran en los cuatro «mundos» (de la emanación, creación, formación y acción), sino también de las líneas de comunicación entre las propias *sefirot*; estas líneas (cf. gráfico, p. 545) se llaman «canales».

Hay, por tanto, 22 «canales» que enlazan unas con otras las diez *sefirot* del árbol. Además de las propias *sefirot,* cobran un significado especial los tres puntos de cruce de los canales horizontales con los verticales, en la columna del centro. Estas tres intersecciones, marcadas en el esquema siguiente por el aspa o cruz de San Andrés, denotan los lugares metafísicos y psicológicos donde han de realizarse las tres tareas denominadas grandes arcanos.

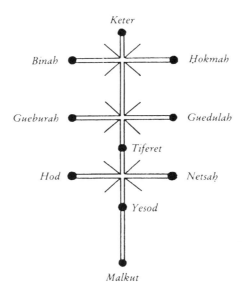

El primer gran arcano –llamado gran arcano mágico– se halla situado en el punto de intersección o cruce entre el canal horizontal, que enlaza las *sefirot Netsah* (Victoria) y *Hod* (Gloria), y el canal vertical que pone en comunicación *Tiferet* (Belleza) y *Yesod* (Fundamento). Pertenece al «mundo de la formación».

El segundo gran arcano, el de la genialidad moral, se encuentra en el punto de intersección entre el canal horizontal que une *Guedulah* (Grandeza) y *Gueburah* (Poder), y el canal vertical por el que se comunican *Keter* (Corona) y *Tiferet* (Belleza). Pertenece al «mundo de la creación».

El tercer gran arcano, el de la genialidad en la esfera del conocimiento, el arcano gnóstico, está situado en el cruce entre el canal horizontal que une *Ḥokmah* (Sabiduría) y *Binah* (Inteligencia), y el canal vertical que enlaza *Keter* (Corona) y *Tiferet* (Belleza). Es el estado de conciencia llamado por los cabalistas *da'at*, por los yoguis hindúes *samādhi* y por nosotros aquí, con Henri Bergson, «intuición». Pertenece esencialmente al «mundo de la emanación», es decir, a la esfera de la respiración divina o Espíritu Santo.

El gran arcano mágico constituye, pues, el punto central de la cruz formada por las corrientes «belleza-amor» y «elevación inspirada-certeza del saber». Trátase de consumar el matrimonio del fuego creador de la imaginación con la límpida claridad de las aguas del pensamiento, en la corriente que brota de la belleza y desemboca en el amor.

El gran arcano de la vida moral es el centro de la cruz formada por el binario «magnanimidad-justicia» en la corriente «irradiación divina-belleza». Se trata de consumar el matrimonio de la caridad, que perdona todo a todos, con el juicio de la justicia estricta, en la corriente que emana de la esencia divina y desemboca en la realización de la belleza.

El gran arcano del conocimiento es el centro de la cruz formada por el binario «sabiduría-inteligencia» en la corriente «irradiación divina-belleza». Tiende a consumar el matrimonio de la revelación de lo alto con el intelecto argumentativo basado en la experiencia.

Estos tres grandes arcanos de la tradición representan, por tanto, tres cruces formadas por la columna media, vertical, y tres canales horizontales del árbol de las *sefirot*. Por eso la triple cruz es el símbolo tradicional de la iniciación completa, y por ello también se le atribuye al fundador del hermetismo, al autor de la *Tabula smaragdina*, el título de Trismegisto (tres veces grande).

Mucho se ha escrito –y se escribirá todavía, sin duda– sobre los grandes arcanos gnósticos, moral y mágico, pues sus temas son a la vez céntricos e inagotables. Aquí nos ocupamos especialmente del gran arcano del matrimonio de la inteligencia y la sabiduría, en el contexto de los otros dos grandes arcanos de la tradición. Efectivamente, los tres grandes arcanos no son, a decir verdad, sino tres aspectos en tres planos del único gran arcano del matrimonio de los contrarios, en la cabeza, el corazón y la voluntad. En otras palabras, se trata de tres aspectos del único *gran arcano de la cruz*, ya que siempre es la cruz la que realiza esa alianza de los contrarios, incluida la del conocimiento formal de la inteligencia con el saber material debido a la revelación de lo alto.

La intuición de que habla Henri Bergson es el fruto de la transmutación gradual de la inteligencia que ha puesto sus luces a disposición del susurro del negro abismo del instinto-sabiduría. El voto de *obediencia*, hecho por el intelecto al elemento que lo trasciende, obra su transmutación gradual que lo convierte de órgano del conocimiento formal, o sea el conocimiento de las *relaciones* de las cosas y seres, en órgano del conocimiento material, es decir, el conocimiento de las *cosas y seres como tales*.

El voto de *pobreza*, hecho igualmente por el intelecto al elemento que lo trasciende, lo capacita para percibir ese elemento y asimilar su enseñanza íntima, a la que habría estado sordo y ciego si no se hubiera vaciado de su propia riqueza, reduciéndose él mismo al silencio para escuchar.

Por último, el voto de *castidad*, hecho por el intelecto al elemento que lo trasciende, lo transforma progresivamente de ente ávido de la cantidad de conocimiento en ente que sólo busca lo profundo y esencial, es decir, la calidad.

El aspecto gnóstico del gran arcano de la *coniunctio oppositorum* o matrimonio de los contrarios consiste, pues, en la transmutación de la inteligencia, que se ocupa del cómo de las cosas, en órgano intuitivo al que interesa el qué de las cosas; es también, al mismo tiempo, la transformación de la revelación de la sabiduría de allende el umbral del intelecto –la cual, desde el punto de vista de este último, procede de un modo tan espontáneo y dogmático que al intelecto le parece oscuridad completa del inconsciente– tanto en lenguaje inteligible como en comunicaciones asimilables por la propia inteligencia. En otros términos, el inconsciente, en vez de desconcertar a la inteligencia, se alía con ella, la penetra y se vuelve así luminoso. Esto, sin embargo, sólo tiene lugar tras la experiencia más o menos larga y dolorosa de la crucifixión de la conciencia en la cruz formada por dos pares de contrarios: «subjetividad-objetividad» e «inteligencia-sabiduría inconsciente».

Los cuatro elementos de esta cruz corresponden a las tres primeras *sefirot (Keter, Ḥokmah, Binah)* y a la «columna media» entre la subjetividad *(Keter)* y objetividad *(Malkut)* absolutas.

Tal es la cruz donde se efectúan el acercamiento gradual, la alianza y, por fin, la unión entre la inteligencia y la sabiduría inconsciente. Al comienzo de este proceso, la inteligencia y la sabiduría inconsciente tienen tan pocos puntos comunes que la comunicación entre ambas queda casi exclusivamente reducida a los *sueños*, o sea al estado de conciencia donde el intelecto, aunque presente, se encuentra, como mucho, pasivo. Luego esta comunicación se extiende también al estado de vigilia. El lenguaje para entenderse es entonces el de los *símbolos*, incluidos los del tarot. Por último, la inteligencia y la sabiduría –que ha dejado de ser inconsciente– llegan a tal grado de comprensión mutua que les es posible comunicarse directamente, sin necesidad de sueños ni símbolos. En este momento tiene lugar su unión o, dicho de otro modo, alcanzan el estado de conciencia llamado «intuición» por Bergson y *da'at* por los cabalistas.

La comunicación directa entre la inteligencia y la sabiduría no es, en realidad, sino el desarrollo de la *conciencia* en sentido moral (*Gewissen*, en alemán; *sóviest'*, en ruso), que se extiende del campo de los actos al del conocimiento y se despierta aquí hasta convertirse en luz de la inteligencia.

La conciencia presenta, efectivamente, dos aspectos, uno negativo (bien conocido y tenido en cuenta en la vida cotidiana), que se manifiesta como advertencia y desaprobación de un acto antes de su ejecución o como remordimiento tras un acto ya ejecutado, y otro positivo (prácticamente ignorado en la vida ordinaria), de impulso que recomienda un acto antes de su ejecución o de alegría serena después de ejecutarlo. Es sobre todo este aspecto positivo de la conciencia el que se convierte en principio iluminador y revelador de la inteligencia ya unida a la sabiduría inconsciente (lo cual no es otra cosa que el principio de la conciencia en el sentido moral antes mencionado).

Así, pues, la intuición no es, en definitiva, más que el matrimonio de la inteligencia, que ha renunciado a su autonomía absoluta, con la conciencia ya despierta hasta el punto de constituir para el intelecto una fuente de revelaciones concretas y precisas. Podría también decirse, sencillamente, que la intuición es la inteligencia ya del todo concientizada y la conciencia ya del todo inteligible para el intelecto.

La conciencia, por tanto, le ofrece al intelecto un mundo de experiencia interior tan vasto como el mundo empírico exterior. La inteligencia puede así desarrollarse y crecer simultáneamente en dos direcciones: hacia el mundo empírico exterior, gracias a los sentidos, y hacia el mundo empírico interior, por medio de la conciencia. La conciencia es la única puerta legítima y sana de un mundo al menos tan amplio y mucho más profundo que el mundo percibido con los sentidos. Y lo que abre esta puerta es la decisión de la inteligencia de hacerse «sierva de la conciencia» *(ancilla conscientiae)*, tal y como en la edad media la filosofía se consideraba «sierva de la teología» *(ancilla theologiae)*.

El principal papel de la conciencia (moral) en el paso del mundo superficial al mundo profundo era ya conocido por la tradición. Solía dramatizarse y concretarse mediante la alusión al «guardián del umbral» y al encuentro con él. A este encuentro se le atribuía una importancia decisiva en el acto de franquear el umbral que separa los dos mundos citados, ya que de él dependía que el aspirante fuera admitido o rechazado. El que no podía soportar la verdad sobre sí mismo, revelada por el guardián del umbral, retrocedía decidido a contentarse con el mundo superficial –el mundo de la experiencia exterior y de las construcciones de la inteligencia argumentativa–, mientras que quien reunía la audacia y humildad necesarias para aceptar la verdad sobre sí mismo traspasaba el umbral y era admitido en la escuela de la vida esotérica, es decir, en el mundo de la profundidad. El guardián del umbral figura en la tradición (incluidas sus más recientes contribuciones) ya como una especie de doble, que incorpora todo el pasado de la persona en cuestión, ya como ente jerárquico del orden de los arcángeles, que instruye la conciencia proyectando –lo cual es uno de tantos medios– el doble de la persona humana que aspira al mundo de la profundidad. Esta última noción del guardián del umbral y la naturaleza del encuentro con él es más completa y, por consiguiente, más justa. El guardián del umbral no es un espantajo moral destinado a asustar al burgués espiritual, sino nuestro hermano mayor y servidor de Dios quien, con infinita bondad y sabiduría sobrehumana, a la vez que con perfecta veracidad, nos ayuda a progresar desde la superficie hasta lo más profundo. Tal es el testimonio de la experiencia de al menos cinco personas de nuestro siglo a quienes he conocido.

El guardián del umbral de la tradición es el gran juez encargado de preservar el equilibrio entre lo que está arriba y lo que está abajo. La iconografía tradicional de la Iglesia lo representa con la espada y la balanza. La espada simboliza su actividad vivificante y curativa, que da el arrojo de la humildad al alma con hambre y sed de profundidad; la balanza denota la presentación de la cuenta exacta que uno ha de liquidar para tener derecho a ir más lejos.

Philippe de Lyón llegó, que yo sepa, a la más honda comprensión y al conocimiento más completo del manejo práctico de esta balanza. No se cansaba de repetir:

> «¡*Pagad* vuestras deudas, *pagad* las deudas de vuestros prójimos! Porque todos y cada uno han de pagar sus deudas, y poco importa que ello suceda en este mundo o en el otro, con tal que se paguen.»

Por eso, antes de sanar a un enfermo, pedía con frecuencia a éste y a las personas circundantes que pagaran el precio de la curación, fijándolo en cierto tiempo de abstención de toda maledicencia para con los demás; podía tratarse, según los casos, de horas o semanas.

Otro modo de pagar las propias deudas y las del prójimo consiste en dar dinero a los pobres o por una buena causa. Nuestros antepasados obraban con buen acuerdo al legar bienes a los pobres, la Iglesia o los hospitales, o cuando a sus novenas para obtener el perdón de los pecados o una curación añadían dones en dinero a los pobres o a obras benéficas. Sabían instintivamente que tenían que pagar sus deudas y que más valía pagarlas aquí abajo que después de la muerte. Sentían todavía la realidad de la balanza del guardián del umbral.

El guardián del umbral de la tradición es, pues, el administrador de la justicia de la conciencia y, al mismo tiempo, el maestro de su escuela. La balanza representa el aspecto negativo de la conciencia; la espada su aspecto positivo, el aspecto de revelación y curación. No es posible sustraerse al encuentro con el guardián del umbral si se quiere franquear esa línea divisoria entre el mundo superficial y el mundo profundo. Hay que entrar en este último por la puerta de la conciencia. Y la *intuición* reveladora del mundo profundo no es otra cosa que la inteligencia sometida a la conciencia, hasta el punto de formar un todo con ella.

No hay, por tanto, ninguna técnica esotérica u oculta que pueda ayudarnos a pasar del mundo superficial al mundo profundo, fuera del acto puramente moral del *sacrificium intellectus*, el sacrificio del intelecto a la conciencia. Sólo cuando la inteligencia reconoce de una vez para siempre la primacía de la lógica moral y su superioridad sobre la lógica formal, se efectúa la transición del estado racional al intuitivo. Ningún ejercicio de concentración, atención o supresión de movimientos mentales nos permitirá, por sí solo, llegar a la intuición.

Ningún ejercicio respiratorio ni técnica mental son aquí útiles, ya que, para alcanzar un fin superior al cuerpo y a la inteligencia, deben emplearse medios también superiores al cuerpo y a la inteligencia. Lo espiritual no puede lograrse sino por medios espirituales, y éstos no incluyen ninguna técnica, salvo el acto y el esfuerzo estrictamente morales.

¡Cosa insólita! El Occidente cristiano, que tanto ha desarrollado la técnica y tecnología en el plano material, carece prácticamente de una técnica y tecnología psicoespiritual, mientras el Oriente budista y panteísta, que ha descuidado casi por completo la técnica material, ha llegado a constituir un cuerpo de técnicas y tecnologías psicoespirituales sumamente avanzadas. Parece como si el genio tecnológico de la inteligencia se hubiera volcado allí totalmente en la vida interior, hasta agotarse tal vez, en tanto el mismo genio, en Occidente, consume su creatividad en la vida exterior.

De ahí resulta que la vida espiritual de Occidente –su mística, gnosis y magia– se desarrolla bajo el signo del *principio de la gracia,* mientras la mística, gnosis y magia orientales progresan a la sombra del *principio de la tecnología,* es decir, el principio científico-empírico de la observación y utilización del encadenamiento de las causas y efectos, de los esfuerzos y sus resultados. Por ejemplo, la obra clásica sobre el yoga, *Aforismos sobre el yoga* (Doncel, Madrid 1972), de Patañjali, recomienda, *como útil a la concentración,* la devoción a un Dios personal, para abandonarla más tarde una vez que haya perdido su utilidad, en cuanto el yogui posea ya la capacidad de concentrarse en lo informe e impersonal. En *Aforismos sobre el yoga* se dice:

«El yoga es la supresión de los movimientos (involuntarios) de la sustancia mental.»

Esto significa que, según la ley de la causalidad, de la concatenación de causas y efectos, la supresión de los movimientos mentales constituye la causa, mientras el yoga, la unión con el ser absoluto, es el efecto.

También san Juan de la Cruz, que en múltiples ocasiones quedó arrobado o sumido en la unión con el ser absoluto, habla en sus escritos del estado de completo silencio de la inteligencia, imaginación y voluntad personales, o sea del estado de supresión de los movimientos mentales, mas no se cansa de repetir que ese silencio, ese paro total de los movimientos de la mente, es debido a la presencia divina de que el alma está prendada y no a la voluntad humana. El estado de completo silencio de la inteligencia –así como de la imaginación y voluntad– *se presenta* en el alma inflamada de amor a Dios. No hay aquí ninguna tecnología psicoespiritual; el amor mutuo entre Dios y el alma lo hace todo.

Tal es la diferencia entre el conocimiento de la técnica psicoespiritual o *raja-yoga* y la «dichosa ventura» espiritual del amor en la «noche oscura del sentido y del espíritu», de un san Juan de la Cruz. La expresión «dichosa ventura», empleada por el santo, tiende a precisar esa diferencia. En sus *Canciones del alma en la noche oscura*[13], dice:

> «En una noche oscura,
> con ansias, en amores inflamada,
> ¡oh *dichosa ventura!*,
> salí sin ser notada,
> estando ya mi casa sosegada.»

Y en la explicación de la estrofa, por el mismo san Juan de la Cruz, leemos:

> «...por eso dice que salió *estando ya* su *casa sosegada*, que es la parte sensitiva, sosegados ya y dormidos los apetitos en ella...
> »Y esto fue *dichosa ventura* meterla Dios en esta *noche*, de donde se le siguió tanto bien, en la cual ella no atinara a entrar, porque no atina bien uno por sí solo a vaciarse de todos los apetitos para venir a Dios.»

Queda así bien clara la diferencia exacta entre la vía cristiana de la purificación, iluminación y unión, donde no hay nada técnico, y la del yoga, que abarca toda una escala de técnicas, desde la preparación física o *hatha-yoga* hasta las técnicas psicoespirituales del *raja-yoga*. No hay nada técnico en la mística, gnosis y magia cristianas; todo es en ellas arte y gracia.

¿Qué decir, entonces, del rezo del rosario entre los católicos y del hesicasmo palamítico (repetición ininterrumpida día y noche, al compás de los latidos del corazón, de la plegaria *Kyrie, Iesou Khriste eleison*) practicado por los ortodoxos? ¿O del Salterio, que los ermitaños irlandeses recitaban diariamente por entero después de haberlo aprendido de memoria? ¿No se trata también aquí de una técnica?

El *principio del ritmo* y *el de la técnica* (o del máximo efecto con el mínimo esfuerzo) son tan distintos uno de otro como la biología y la mecánica, o como un organismo vivo y una máquina. La repetición de las edades y generaciones, las fiestas del ritual religioso, la respiración, los latidos del corazón, la plegaria reiterativa del rosario y del hesicasmo, así como la recitación diaria de los Salmos, son manifestaciones y

---

[13]. San Juan de la Cruz, *Subida del Monte Carmelo*, libro 1, cap. 1, canción y n. 4 y 5, en *Vida y obras completas de san Juan de la Cruz*, Ed. Católica (BAC 15), Madrid ⁵1964, p. 367s.

aplicaciones del principio del ritmo, mientras que, por ejemplo, la rueda tibetana de la oración, que gira en el viento, es una aplicación del principio mecánico o principio fundamental de la técnica del mínimo esfuerzo para lograr el máximo efecto. El ritmo hace pasar la oración del campo psicológico al de la *vida*, del plano de las tendencias y humores personales al de los impulsos básicos y universales de la vida misma. Trátase, hablando en términos de ocultismo, de transferir la plegaria desde el cuerpo astral o anímico hasta el cuerpo etéreo o vital, de suerte que esa oración se sirva del *lenguaje de la vida* en lugar del de los sentimientos y deseos personales. Y así como la vida es semejante a un río que fluye sin cesar, de igual manera la oración del rosario, por ejemplo, fluye también sin cesar *y sin fatiga*, porque lo que vive es a la vez *vivificante:* la oración apacible y rítmica no cansa, sino, al contrario, da fuerzas al que ora. Por eso el autor anónimo de *Relatos de un peregrino ruso*[14], que relatan la experiencia de alguien entregado a la práctica del hesicasmo o plegaria del corazón, nos habla de la plenitud de alegría serena que le embargaba día y noche, procurándole ya en la tierra un sabor anticipado de la bienaventuranza celestial. Otro tanto sucede con la práctica del rosario. Sus ciento cincuenta avemarías y quince padrenuestros nos introducen en el río universal de la vida espiritual –río que se revela oración universal–, es decir, en el elemento de la gozosa serenidad. En el tercero de sus *Relatos*, el peregrino hace notar que, antes de su experiencia de la plegaria ininterrumpida del corazón e incluso antes de conocer su existencia, él y su mujer sentían ya gusto en rezar,

«...y así, recitábamos externamente largas oraciones que no entendíamos, sin que ello nos diera fatiga y haciéndolo más bien con gozo. El maestro, al parecer, tenía razón cuando me dijo una vez que en el hombre mismo debía de existir una oración secreta, sin que él lo sospechara, y que esta oración secreta es quizá la que estimula a cada uno a orar lo mejor posible»[15].

A esta oración secreta en el inconsciente del alma se refiere tal vez san Pablo en su epístola a los Gálatas, cuando dice:

«La prueba de que sois hijos es que Dios ha enviado a nuestros corazones el Espíritu de su Hijo que clama: ¡*Abbá*, Padre!» (Gál 4,6).

Ahora bien, el ritmo es, ni más ni menos, lo que une la plegaria consciente a esa oración inconsciente, y de resultas de esta unión la

---
14. Obra escrita originalmente en ruso; esta traducida al francés (Paris 1930), alemán (Friburgo de Brisg. 1959, [10]1980), castellano (Taurus, Madrid 1982), y a otras lenguas.
15. Ibid., p. 86 de la ed. alem., de 1980.

oración-esfuerzo se transforma en oración-vida, la oración anímica se vuelve oración espiritual. El rosario, el hesicasmo ortodoxo, las letanías, los salmos repetidos, etc., obran así la conversión del esfuerzo en vida, al rezar. Lejos de mecanizar la oración, la *espiritualizan*.

No te escandalices, querido amigo desconocido, al verte encarado con el rosario en una meditación *hermética* sobre el decimoctavo arcano del tarot, el arcano que enseña cómo superar la inteligencia lunar eclipsada. El esoterismo no es un conjunto de cosas extraordinarias e ignotas; es sobre todo una manera poco ordinaria y poco conocida de *ver* las cosas ordinarias y conocidas, de verlas en su profundidad. Y el rosario, por exotérico y archiconocido que sea, revela verdades profundas de la vida espiritual, incluida la unión de la oración anímica con la oración espiritual. Por lo demás, está estrechamente ligado al tema del decimoctavo arcano del tarot, el arcano del paso de la inteligencia eclipsada por el tecnicismo terrenal al de la inteligencia iluminada por el sol espiritual, es decir, por la *intuición*. En otras palabras, el salto que Henri Bergson propone a nuestra inteligencia puede darse recitando el rosario. ¿Consejo de mojigato? Quizá. Mas ¿por qué el mojigato no ha de tener razón alguna vez? Sea lo que fuere, declaro en voz bien alta que el hermetismo práctico es principalmente el deseo y la capacidad de aprender de todos y de todo y que la sabiondez es su ataúd.

La sabiondez —ese estado de conciencia que se presenta cuando uno ha revisado ya la totalidad de los esfuerzos hechos y de los resultados obtenidos en el pasado, observando las reglas del juego establecidas— sumerge al intelecto en una charca de agua cenagosa con un reborde geométrico y preciso, haciéndolo retroceder, como un cangrejo, ante todo lo que es nuevo y exige un esfuerzo creador.

En su elemento de agua estancada, la inteligencia retrocede frente a la antinomia del psiquismo mental —obediencia crédula y rebelión crítica— y la antinomia intelectual de la tesis y antítesis, antinomias que se yerguen ante ella como dos torres pétreas, inquebrantables e inmóviles en su oposición. Y por encima de esas antinomias, allí donde debería hallarse el *tercer* término, la síntesis, la inteligencia sólo ve el rostro humano, la proyección de la voluntad humana deseosa de una componenda intelectual que la libere de toda contradicción inquietante. Sin embargo, aunque retroceda, aunque se niegue a decidirse a saltar o volar sobre el perro de la sumisión a la autoridad y el lobo de la crítica que rechaza toda autoridad, sobre la torre de Babel de las tesis y antítesis, la inteligencia sigue inquieta. Gotas imperceptibles, procedentes de la irradiación de la síntesis eclipsada por la proyección de la sombra de la voluntad arbitraria del hombre, continúan cayendo en el subconsciente y no la dejan tranquila. Aun cuando la luna –la inteligencia iluminada por el sol– esté eclipsada, ejerce todavía un constante influjo en el intelecto merced a una especie de lluvia cuyas gotas caen en el subconsciente y producen allí un movimiento acompañado de un ruido tan confuso como perturbador.

Sí, la sabiondez, ya dueña de la inteligencia, pone a ésta en el centro de la lámina del decimoctavo arcano del tarot, la Luna. La contextura de la lámina –la luna eclipsada arriba, dos torres y dos representantes de la especie canina en el medio, la ciénaga con el cangrejo abajo– nos dice: Frente a las dos antinomias, anímica e intelectual, no tienes más opción que *avanzar,* lo que significa o elevarte o *retroceder,* hundiéndote en el elemento fangoso. ¡Escoge!

Dada la importancia capital de esta elección, hay que tratar de ver su lógica con la mayor claridad posible. He aquí la figura casi geométrica que esquematiza básicamente la situación descrita:

Lo cual nos da:

Esta figura, un cuadrado con dos triángulos opuestos, es *mágica.* Es, en particular, la figura clásica de la *hechicería,* operación o mecanismo mágico que inmoviliza la voluntad consciente por medio de dos antinomias en la horizontal (el cuadrado) y una antinomia en la vertical (sendos vértices de los triángulos opuestos).

Huelga decir que no se trata aquí de la magia envenenadora que utiliza el agua tofana, ramos de flores emponzoñados, túnicas de Neso y otros instrumentos de muerte aún más extraños y desconocidos, de los que habla Éliphas Lévi[16] al comentar el decimoctavo arcano del tarot. No, se trata de algo mucho más serio y profundo, a saber, del *arcano de la inteligencia con la conciencia eclipsada*. Es éste el arcano del mecanismo mágico que actúa bajo la superficie del intelecto en estado de esforzarse en explicar el movimiento por lo inmóvil, la vida por lo no vivo, la conciencia por el inconsciente, lo moral por lo amoral. ¿Cómo es posible, en efecto, que tantos hombres inteligentes –y aun ilustres personajes entre ellos– hayan podido ver en el cerebro no el instrumento sino el productor de la conciencia, en la química no el instrumento sino el productor de la vida, en lo económico no el instrumento sino el productor de la cultura? ¿Cómo ha podido llegar la inteligencia humana, en muchos de sus representantes, a ver el hombre sin alma y el mundo sin Dios? ¿Qué fuerza secreta y escondida está en acción para que la inteligencia humana se diga, primero, que los problemas esenciales son insolubles, pues las cosas que trascienden los sentidos y la mente no puede conocerse, y luego niegue su existencia misma? ¿Cómo, en suma, acaba la inteligencia humana por encontrarse en *estado de eclipse metafísico?*

La magia de la hechicería, el decimoctavo arcano del tarot, puede darnos la respuesta a esas preguntas. «Respuesta» significa aquí, como en el hermetismo en general, «hacer ver» o «abrir los ojos». Porque todo arcano, en cuanto tal, es no una doctrina sino una apertura de ojos, el despertar de un sentido interior que permite *ver* las cosas de manera nueva. Y de esto precisamente se trata en el contexto de los problemas que suscita el decimoctavo arcano del tarot.

La inteligencia humana ha experimentado los efectos de lo que no es ni más ni menos que hechicería mágica. Su voluntad consciente y motriz ha quedado inmovilizada en el cuadrado de dos antinomias: autoridad-autonomía y afirmación-negación. Para salir de él, es necesario o *retroceder* a la región de lo infrainteligente o *avanzar* a la de lo suprainteligente. Retroceder, a la manera del cangrejo en su charca; avanzar, superándose a sí mismo, elevándose sobre sí mediante el *salto* o el *vuelo*, y no por la construcción de torres de Babel ni por el ladrido gemebundo o el furioso aullido, al modo del perro y el lobo.

Muchos representantes de la inteligencia humana, como decíamos, han preferido retroceder. Otros no hacen más que suspirar por un pasado romántico, recordando cómo la inteligencia humana se hallaba sumida en la luz de lo alto. Otros, con su dogmatismo y autoritarismo, se limitan a lanzar anatemas contra los errores y a fustigar los

---

16. *Dogme et rituel de la haute magie*, Paris 1854.

pecados del pasado trágico. Otros, por fin, sin preocuparse de lo que acontece a su alrededor en el medio intelectual, siguen edificando nuevas torres de Babel, con sus sistemas de afirmación y negación. Y mientras unos retroceden hacia el plano de lo infrainteligente adoptando el método que les permite ver en lo primitivo la causa de lo avanzado y evolucionado, en la materia bruta la causa de la conciencia, en lo irracional la causa de lo racional y en lo amoral la causa de lo moral, mientras otros se deshacen en elegías cantando el siglo de oro del pasado o denunciando sus imperfecciones, y mientras otros, por último, construyen torres de Babel intelectuales, la conciencia reveladora y rectora se eclipsa.

Comiénzase por no ver ni esperar más que la proyección de los impulsos primarios y elementales de la naturaleza humana: placer (Freud), voluntad de poder (Nietzsche, Adler), interés material y económico (Marx). La proyección del elemento terrestre de la naturaleza humana sobre el luminar nocturno –la conciencia moral– acaba por eclipsarlo. No se ve ya ni se espera gran cosa.

La luna eclipsada con un rostro humano en vez del reflejo de la luz solar, la árida llanura con dos torres y con el perro y el lobo ladrando y aullando respectivamente hacia el cielo, la ciénaga geométricamente encuadrada con el cangrejo dentro..., toda esta imaginería ¿no evoca primero sentimientos y luego ideas inquietantes respecto a una operación mágica de gran envergadura, una hechicería cuya víctima es la inteligencia humana?

Efectivamente, este embrujamiento de la inteligencia no ha hecho sino crecer, ganando en peso y certeza, desde los tiempos de Kant, que puso de manifiesto los límites del intelecto, demostrando su encarcelamiento y dirigiendo a la humanidad una grave advertencia que podría formularse como sigue, en el lenguaje de las imágenes del decimoctavo arcano del tarot: ¡El luminar nocturno se ha eclipsado! ¡Encontráis en él el *rostro del hombre,* en lugar de la luz pura de la objetiva verdad cósmica! ¡Sólo es posible salir de la prisión de este eclipse volviendo a la conciencia moral del sí mismo trascendente!

Henri Bergson, de quien hemos citado extensos fragmentos, demuestra este hecho de manera lúcida y bien fundada. Mas no es él el único en haber comprobado el encarcelamiento subjetivo de la inteligencia y pedido su liberación. Schopenhauer, Deussen, Vladimir Soloviev y Berdiaiev –por no mencionar sino las figuras más conocidas– coinciden, pese a sus diferencias en otros puntos, en lo relativo al tema del decimoctavo arcano del tarot. Hegel llegó incluso a proponer una nueva lógica metafísica: la dialéctica entre tesis, antítesis y síntesis, lo que sólo es, en el fondo, reafirmación del aspecto intelectual del método hermético de la neutralización de los binarios, tal como aparece expuesto en los tratados alquímicos de Jakob Böhme, Saint-Martin, Fabre d'Olivet, etc., y cuyo fin consiste en que la inteligencia salga de su cárcel y se eleve al conocimiento objetivo merced a la intuición intelectual. En nuestra época, por último, Pierre Teilhard de Chardin ha divulgado una dialéctica de la evolución de carácter objetivo, dialéctica no ya solamente intelectual, sino que más bien constituye un *modo de ver* los procesos químicos, biológicos, psíquicos, intelectuales, morales y espirituales *en su evolución* y que procede conforme a la dialéctica *objetiva* —es decir, verificable en todo y por todos los medios experimentales— entre divergencia, convergencia y emergencia; aquí no se revela ya un solo aspecto del hermetismo, sino el hermetismo como tal, que abarca, además de la mística, gnosis y magia, toda experiencia del mundo físico en cuanto unidad. El *hecho* de la hechicería o embrujamiento de la inteligencia humana está, pues, bien reconocido, y son muchos los esfuerzos realizados para que la inteligencia se libere de esa condición.

Queda por resolver la cuestión de la técnica de tal hechicería, cuya víctima resulta ser la inteligencia. Esta técnica se resume en una sola palabra: *duda*. La duda *(dubium, doute, Zweifel, somnenie,* etc.) es el estado en que se encuentra la conciencia frente a una antinomia, esto es, frente a dos tesis contradictorias que le parecen igualmente fundadas. Immanuel Kant, por ejemplo, formuló cuatro antinomias básicas:

1.ª *Tesis:* «El mundo tiene un comienzo en el tiempo y límites en el espacio.» *Antítesis:* «El mundo no tiene comienzo ni límites en el espacio, y tanto en el tiempo como en el espacio es infinito.»
2.ª *Tesis:* «Todas y cada una de las sustancias compuestas en el mundo constan de unidades simples, y en ninguna parte existe nada más que lo simple o lo que se compone de lo simple.» *Antítesis:* «Nada compuesto en el mundo consta de unidades simples, y en ninguna parte del mundo existe nada simple.»
3.ª *Tesis:* «La causalidad según las leyes de la naturaleza no es la única de la que pueden derivarse en su totalidad los fenómenos del mundo. Para explicar éstos, es preciso admitir también otra causalidad que viene de la libertad.» *Antítesis:* «No hay ninguna libertad, sino que todo acaece simplemente en el mundo según las leyes de la naturaleza.»
4.ª *Tesis:* «El mundo presupone algo que, como parte suya o como causa, es un ser absolutamente necesario.» *Antítesis:* «No existe ningún ser absolutamente necesario ni en el mundo ni fuera del mundo, como causa suya»[17].

Dicho de otro modo, las antinomias de la creación y la eternidad del mundo, de la simplicidad e infinita complejidad de la materia, de la

---

17. I. Kant, *Kritik der reinen Vernunft,* B 454-B 290; trad. cast., *Crítica de la razón pura,* Ibéricas, Madrid 1970.

libertad y el determinismo, del teísmo y el ateísmo, pueden, según Kant, reducir a la impotencia y paralizar el entendimiento que se encara con ellas. Sean o no estas antinomias kantianas las únicas o las principales, bastan para demostrar su *efecto desalentador y paralizante* en la inteligencia.

Ahora bien, la técnica del embrujamiento de la inteligencia en la historia del género humano consiste sobre todo en enfrentarla primero con antinomias –reales o falsas– que la desaniman, paralizan e impiden seguir avanzando hacia lo más profundo. Luego se intensificaba este efecto demostrando la *relatividad subjetiva* de las soluciones correspondientes y el carácter contradictorio de tales soluciones, de donde se deducía que el *gusto* personal determina, en definitiva, las bases, estructura y arquitectura de los edificios intelectuales levantados por los filósofos. El idealismo de Platón, el realismo de Aristóteles, el racionalismo de Descartes, el monadismo de Leibniz, el monismo de Spinoza, el voluntarismo pesimista de Schopenhauer, el voluntarismo optimista de Fichte, el absolutismo dialéctico de Hegel, etc., sólo son, en esta perspectiva, obras de poesía intelectual cuyas diferencias no dependen sino del gusto y talento de sus autores: he aquí el segundo elemento constitutivo de la hechicería de la inteligencia humana.

Por fin, una vez atrapada en el lazo de la duda, la inteligencia no ve ni puede ver en las luces de lo alto otra cosa que la manifestación de la mera psicología humana, el rostro del hombre dentro de la luna: ¿Es inmortal el alma? Esta tesis sólo expresa el deseo de la propia conversación. ¿Es el hombre un microcosmo? El afán de llegar a ser importante constituye la raíz de esta idea. ¿Progreso, evolución? Conceptos destinados a hacer tolerables el sufrimiento, el esfuerzo y la muerte. ¿Dios? Noción que garantiza el buen fin de todo. ¿Karma? Una idea que tranquiliza al ciego, el mudo y el sordo. ¿Jerarquías celestiales? Tenemos miedo del vacío *(horror vacui),* por lo que era menester poblar el cielo de seres semejantes a nosotros... Así, en vez de preguntarse si esta o aquella tesis es *cierta,* la inteligencia restringe su campo a los motivos psicológicos que se ocultan tras el pretendido juego de la racionalización constitutivo de las superestructuras intelectuales. Proyecta el rostro del hombre sobre la luna y no ve en ella otra cosa.

Debo admitir, a este propósito, que hay dos categorías de personas con las que durante toda mi vida me ha sido dificilísimo conversar. No se trata de hombres que afirman o niegan con pasión en el plano intelectual, sino de dos clases de gentes que lo *aceptan todo* con una tolerancia aparentemente perfecta: los *psicologizantes* y los *espiritualizantes. No es posible hablar con los psicologizantes de las cosas y verdades* objetivas del mundo y la vida, pues sólo verán en ello manifestaciones psicológicas que aceptarán como hechos psicológicos indiscutibles, aunque interpretables. No hay manera de llegar ni a un acuerdo ni a un desacuerdo con esas personas sobre las cosas del mundo y de la vida, ya que, hablando de la luna, sólo verán en ella nuestro rostro, si no el suyo.

Tampoco se puede hablar con un espiritualizante, es decir, con alguien que tiene su yo superior y verdadero por idéntico a Dios –el yo superior y verdadero del mundo– y, consiguientemente, no ve ni oye sino manifestaciones de esa misma verdad absoluta, universal y eterna que se revela de diversos modos –ella sola– en todas las opiniones filosóficas y religiosas. Así como el psicologizante proyecta su *yo inferior* humano sobre el luminar que aclara la oscuridad de las hondanadas del mundo y la vida, así el espiritualizante, a su vez, proyecta su *yo superior* humano sobre el mismo luminar. El uno proyecta el rostro humano *anímico*, el otro el rostro humano *espiritual*, pero en ambos casos se trata de la faz humana.

Dile al espiritualizante que Jesucristo es el Hijo de Dios encarnado; te responderá que es cierto, pues en Jesucristo quedó realizada la verdad universal y eterna de la identidad del yo superior verdadero con Dios. Dile entonces que la Encarnación fue un acto de sacrificio del amor divino; seguirá respondiendo que tienes razón, ya que el amor es la identidad de todos los yoes individuales en el yo universal de Dios y toda individualización entraña una encarnación, debiendo necesariamente ser un acto de sacrificio por parte del yo superior universal. Si aún insistes, diciendo que la victoria sobre la muerte, la resurrección de Jesucristo, denota la unicidad de la obra llevada a cabo por el mismo Jesucristo, te contestará que no hay motivo alguno para negar el hecho de la resurrección de Cristo, puesto que el yo superior y universal puede siempre proyectar imágenes mentales –merced al *māyā-śakti*– y hacerlas aparecer visiblemente; por lo demás, ¿no es el mundo entero una manifestación de la fuerza mental que vuelve visible lo invisible? Y si le dices que Pentecostés fue el resultado de la obra de Jesucristo, te responderá, con evidente benevolencia, que, desde luego, Pentecostés tenía que resultar de la obra del avatar Jesucristo, pues también sus discípulos realizaron en Pentecostés la verdad universal y eterna de la identidad de todos los yoes individuales en el yo superior universal, lo que se exteriorizó en el hecho de convertirse su palabra en la del yo superior para quienes les escuchaban. Y si por fin, desesperado ya de llegar como mínimo a *un* desacuerdo con tu interlocutor, le afirmas que en el mundo existe el mal y existieron la caída y el pecado original, él te dirá que sin duda alguna hubo caída y pecado original, dado que los hombres abrigan la ilusión de la pluralidad de las conciencias individuales, siendo éstas, por el contrario, idénticas y formando un todo en la conciencia del yo universal; semejante ilusión sólo puede ser fruto de una caída.

En suma, ni el psicologizante ni el espiritualizante son gentes con quienes cabe tener una conversación útil sobre las cosas del mundo y la vida; no miran ni ven más que la *cara del hombre*, anímica o espiritual. Tal es el efecto del arcano de la Luna eclipsada por el rostro humano.

Poco sorprende, pues, que quienes no quieren contemplar el mundo como escaparate de la subjetividad humana y, por otra parte, ni pueden ni saben dar el *salto* intelectual de que habla Henri Bergson orienten su inteligencia a los «hechos objetivos de los cinco sentidos». Y he aquí que esta inteligencia retrocede hacia el encuadre geométrico de la ciénaga con el cangrejo dentro, que aparece en la lámina del decimoctavo arcano del tarot. La operación de hechicería –la puesta en acto de las antinomias y la proyección del rostro humano sobre el luminar llamado a esclarecer los enigmas y secretos de las profundidades de allende el umbral de la conciencia, es decir, de la noche– ha tenido éxito al hacer que la inteligencia diera marcha atrás respecto del cielo y aun se dirigiera a una región situada *debajo* de la superficie terrena, la región subyacente a los datos de los sentidos, simbolizada en la lámina por la ciénaga con el cangrejo.

¿Cuál es, en definitiva, el estado de la conciencia que ha abandonado toda metafísica y se ha resuelto a limitarse únicamente a los hechos objetivos de los sentidos?

Lo más característico de ese estado es que *la inteligencia no se mueve ya hacia adelante, sino hacia atrás*. Busca en lo menos desarrollado y lo primitivo la causa y explicación de lo más desarrollado y adelantado en el proceso de la evolución. Así, busca la causa eficiente del mundo no en las cumbres de la conciencia creadora, sino en las profundidades del inconsciente; en vez de avanzar y elevarse a Dios, retrocede hacia la materia. Lo que sería absurdo con relación a una obra de arte, lo hace de cara al mundo, explicándolo por las cualidades –y hasta las cantidades– de los materiales de que consta, en lugar de fijarse en el estilo, contextura, sentido e intención que en él se echan de ver. ¿No resultaría absurdo, por ejemplo, querer comprender un poema de Victor Hugo analizando químicamente la tinta con la que fue escrito y el papel utilizado, y contando el número de letras o palabras que lo constituyen? Esto es lo que hace la inteligencia con el mundo, del que el poema de Victor Hugo forma parte como caso particular de la manifestación del gran proceso creador del universo.

Ha llegado el momento de poner punto final a nuestra meditación sobre el decimoctavo arcano del tarot.

De los cuatro *hayot* de la cábala, los cuatro animales sagrados del hermetismo –águila, hombre, león y toro–, reaparecen *tres* entre los signos del Zodiaco: toro (Tauro), león (Leo) y hombre (Acuario), mas no encontramos el águila. El puesto del águila en el círculo zodiacal se halla ocupado por el *escorpión* (Escorpio). Allí donde debiera estar el águila, principio de la elevación, está el escorpión, principio del retroceso y el suicidio.

El decimoctavo arcano del tarot es el del águila y el escorpión, el arcano de la sustitución de aquélla por éste. En efecto, el cangrejo de la lámina del arcano la Luna tiene por prototipo y fin el escorpión. La inteligencia que ha preferido retroceder a volar debe inevitablemente llegar al callejón sin salida del absurdo. Y el absurdo es su *suicidio*.

He ahí, pues, adónde va la «inteligencia cangrejo» tras haber renunciado a convertirse en «inteligencia águila».

El decimoctavo arcano del tarot nos pregunta: ¿Quieres escoger la vía del águila que se eleva por encima de las antinomias o, al contrario, la del cangrejo que retrocede ante ellas hasta el absurdo total, es decir, hasta el suicidio de la inteligencia, propio del escorpión? Tal es el *quid* del decimoctavo arcano mayor del tarot, su mensaje a la *voluntad* humana.

Carta XIX

EL SOL

El arcano de la intuición

«Sólo cuando empecé a pintar mandalas vi que todo, todos los caminos que tomaba, todos los pasos que daba, venían a parar a un mismo punto: el centro. Cada vez me resultaba más claro que el mandala es el centro. Es la expresión de todos los caminos. Es el camino hacia el centro, hacia la individualización»[1].

«Sabía que con el mandala, como expresión del sí mismo, había llegado a lo que para mí es lo sumo. Tal vez otro sepa más de esto; yo no»[2].

«Corazón de Jesús, rey y centro de todos los corazones»[3].

«Yo soy el alfa y la omega, el primero y el último, el principio y el fin» (Ap 22,13).

«Con el esfuerzo combinado de la reflexión y las aspiraciones humanas, el universo, alrededor de nosotros, se ata y estremece ante nuestros ojos en un vasto movimiento de convergencia. No sólo especulativa sino experimentalmente, nuestra moderna cosmogonía va tomando la forma de una cosmogénesis... al término de la cual se perfila un foco supremo de personalidad personalizante... *Identifiquemos*, en efecto (al menos por su faz *natural*), el Cristo cósmico de la fe con el punto Omega de la ciencia. Todo se aclara, se amplifica, se armoniza en nuestras perspectivas»[4].

Querido amigo desconocido:

El arcano precedente, la Luna, nos enfrentaba con una importante *tarea:* la inteligencia humana debe liberarse del embrujo que la separa de la sabiduría espontánea, unirse con ésta y llegar así a la *intuición.* El

---
1. C.G. Jung, *Erinnerungen, Träume, Gedanken*, Zurich-Stuttgart 1962, p. 200; trad. cast., *Recuerdos, sueños, pensamientos*, Seix Barral, Barcelona ³1982.
2. Ibid.
3. Letanías del Sagrado Corazón de Jesús.
4. Pierre Teilhard de Chardin, *Christianisme et evolution*, en *Comment je crois*, t. 10 de *Oeuvres*, Paris 1969, p. 210.

decimonoveno arcano, el Sol, es el de la unión, ya realizada, entre la inteligencia y la sabiduría espontánea: es el *arcano de la intuición*.

La intuición es el resultado de la alianza íntima y profunda entre inteligencia y sabiduría espontánea. La lámina del decimonoveno arcano representa a dos niños bajo el sol, uno de los cuales pone la mano derecha en el cuello del otro, como para traer más cerca su cabeza, mientras el segundo coloca su mano izquierda sobre el corazón del primero. Ambos niños simbolizan la inteligencia dotada de confianza infantil en la sabiduría espontánea del corazón y la sabiduría espontánea infantil que utiliza el lenguaje del corazón y trata de atraer la atención de la cabeza, o sea de la inteligencia, sobre lo que ella misma tiene que decir. Nos hallamos, pues, ante la imagen de dos niños unidos por los lazos de una confianza recíproca y sin reservas, el uno indicando y el otro comprendiendo, los dos debajo del sol. Difícilmente podría representarse mejor la relación que existe entre la inteligencia y la sabiduría espontánea, en la intuición. Esta relación presupone una pureza de intención que sólo se encuentra en el niño; exige una confianza mutua, sin atisbo de duda o sospecha, que no es propia sino de los niños. Excluye también toda tendencia al dominio y la autoridad, todo deseo de pontificar o gloriarse de las prerrogativas del gurú o del maestro, lo que igualmente es ajeno al comportamiento del niño.

«Los niños que fraternizan bajo el sol corresponden tanto más a los *Gemelos* cuanto que esta constelación zodiacal nos vale los días más largos»[5].

Así escribe Oswald Wirth, situando el decimonoveno arcano en el círculo zodiacal de los doce misterios cósmicos o, por usar el lenguaje de C.G. Jung, de las doce imágenes-fuerzas arquetípicas del inconsciente colectivo que obran en lo más hondo de toda alma humana. El Zodiaco, en efecto, es lo que el alma humana conoce inconscientemente; es ese «libro» que el alma humana «devoró» un día y que ya no está presente ni actúa sino en «sus entrañas», en su ser más profundo, desde donde la hace fuerte o débil, fecunda o árida, ferviente o tibia, según esté o no en armonía con el impulso que la instruye.

Este impulso instructor, denominado Géminis, o Gemelos, puede expresarse como sigue, parafraseando el primer enunciado de la *Tabula smaragdina* de Hermes Trismegisto:

---

5. O. Wirth, *Le tarot des imagiers du moyen-âge*, Paris 1927, p. 208.

«Lo que está abajo sea como lo que está arriba, y lo que está arriba sea como lo que está abajo, para realizar los milagros de una misma cosa.»

Tal es el principio de analogía puesto en práctica a partir del *principio de cooperación*. Este último es el principio contrario al de la *lucha por la existencia,* proclamado por Charles Darwin como principio de la evolución y llamado Sagitario. La naturaleza en evolución nos brinda al propio tiempo múltiples pruebas, quizás en igual número por ambas partes, tanto del principio de cooperación como del de la lucha por la existencia en el proceso evolutivo, de suerte que a cualquiera de ambos principios puede razonablemente asignársele el papel rector de la evolución natural. En efecto, ¿es la lucha por la existencia dentro de un organismo, por ejemplo el cuerpo humano, lo que explica el resultado de las actividades de sus miles de millones de unidades biológicas, las células, o más bien la cooperación de éstas? Las células musculares, nerviosas, glandulares, sanguíneas, etc., ¿no cooperan entre sí, más que luchan, y no se debe a esta cooperación la vida y la salud del organismo entero? Las abejas y las plantas en flor cooperan. El aire, la luz y los vegetales cooperan en la fotosíntesis, donde se produce el milagro de la transformación de la materia inorgánica en materia orgánica, donde las «piedras se convierten en pan».

Y si la humanidad, por último, no hiciera prevalecer en fin de cuentas la cooperación sobre sus conflictos, ¿habría podido llegar a la civilización internacional de hoy sin quedar antes destruida?

No cabe duda alguna, por tanto, que el principio de cooperación debe considerarse como principio rector de la evolución al igual que el de la lucha por la existencia, pregonado por el darwinismo. En otros términos, el principio diurno de los gemelos asume en la evolución natural un papel al menos equivalente al del principio nocturno del Sagitario.

Uno de los más excelsos aspectos del principio de los gemelos es la cooperación entre la sabiduría espontánea y la inteligencia, en la intuición. Trátase del estado de conciencia donde el intelecto avanza del conocimiento formal al conocimiento material, es decir, del conocimiento de las relaciones entre las cosas al conocimiento de las cosas mismas.

Este último conocimiento comprende dos funciones: la que Henri Bergson atinadamente designó por el nombre de «simpatía» y la tenaz profundización en el objeto de la simpatía. Dicho de otra manera, hay que establecer primero un contacto de simpatía esencial (esto es, de esencia a esencia), y luego no dejarse llevar a otros contactos similares, sino *detenerse ahí,* hasta llegar a una intensidad y claridad suficientes como para poderse decir a sí mismo, con toda honradez, que de veras ha tenido lugar un acto de conocimiento material.

He aquí un ejemplo concreto: Veneras (es decir, amas y respetas) a un ser no encarnado –difunto, santo, ente jerárquico...–, y ello desinteresadamente. Tu veneración, que consta de amor, respeto, gratitud, deseo de conformarte al modelo, etc., no puede dejar de crear un lazo invisible de simpatía con su objeto. Ya de modo súbito y dramático, ya de manera lenta, gradual e imperceptible, llegará un día en que experimentarás la *presencia* de ese ser venerado. No la presencia de un fluido cuasi eléctrico junto a ti, en el espacio, como ocurre con la aparición de un fantasma o espectro, sino un hálito de serenidad radiante, del que sabes a ciencia cierta que emana de una fuente distinta de ti. Esta presencia influye en ti y te llena, mas tú no eres su origen; viene de fuera. Así como conoces, al acercarte a un hogar, que el calor que sientes no procede de ti sino del hogar, así también te das cuenta de que el soplo de serenidad que experimentas se debe a una presencia objetiva.

Ahí tienes, pues, creada una relación de simpatía. De ti depende que permanezcas luego en silencio y bien concentrado para que la relación establecida se desarrolle ulteriormente, ganando en intensidad y claridad hasta convertirse en *encuentro* efectuado con plena conciencia. El encuentro es, por tanto, la relación realizada o, dicho en otros términos, llevada a su límite de intensidad y claridad. Puede, según las circunstancias, revestir el carácter de «conversación mediante fuerzas» o «conversación mediante palabras». En el primer caso, no se comunican ideas o imágenes articuladas y precisas, sino fuerzas o impulsos-semillas espirituales y psíquicos que rebosan de ideas y juicios morales en germen. En el caso de la conversación mediante palabras, se da una revelación de ideas y representaciones articuladas. El anuncio a los pastores de Belén puede considerarse como prototipo de este segundo encuentro que llamamos conversación mediante palabras, y la experiencia de los magos de Oriente –que «vieron la estrella del rey de los judíos» en su país y, a pesar de todo, tuvieron que preguntar en Jerusalén: «¿Dónde está el rey de los judíos que ha nacido?»– es un ejemplo del encuentro que asume el carácter de conversación mediante fuerzas. La estrella del rey de los judíos dio a los magos la certidumbre de la venida de Cristo y un impulso suficiente como para buscarlo allí donde se le esperaba, pero no les proporcionó información alguna sobre el lugar de su nacimiento y la identidad de sus padres. Los pastores de Belén, en cambio, recibieron la siguiente revelación:

«Os ha nacido hoy, en la ciudad de David, un salvador, que es el Cristo Señor; y esto os servirá de señal: encontraréis un niño envuelto en pañales y acostado en un pesebre» (Lc 2,11-12).

A los pastores se les dio, pues, una información precisa y completa en cuanto al tiempo, lugar y circunstancias del acontecimiento.

El encuentro denominado «conversación mediante fuerzas» se asemeja siempre a la experiencia de la estrella de los magos de Oriente, mientras la «conversación mediante palabras» se parece a la de los pastores de Belén. La estrella no habla, sino que *mueve;* su revelación deja intacta la labor de búsqueda en el plano de la inteligencia y de los hechos. La conversación mediante palabras, al contrario, mueve y enseña, se extiende también a la esfera de la inteligencia y de los hechos: *guía.*

No estoy en condiciones de decir cuál de las dos formas de encuentro revelador es la más frecuente, y tampoco estoy seguro de cuál de ambas es objetivamente preferible, aunque, desde el punto de vista subjetivo prefiero la de los pastores de Belén a la de los magos de Oriente. En cualquier caso, la *intuición,* entendida como alianza de la sabiduría con la inteligencia *activas* –lo que constituye el tema del decimonoveno arcano del tarot, tema no sólo básico en el hermetismo, sino su mismísima razón de ser–, presupone la *cooperación* entre ambos principios y entra, por consiguiente, en la categoría de revelación que llamamos «conversación mediante fuerzas». Así como los magos de Oriente emprendieron un largo viaje, en pos de la estrella, y aportaron presentes al niño, así el hermetismo recorre a su vez ese camino de siglo en siglo para llegar al pesebre no con las manos vacías sino cargadas de regalos, que son los frutos del milenario esfuerzo de la inteligencia humana en su seguimiento de la estrella.

El pesebre..., he aquí el punto donde se encuentran los magos de Oriente y los pastores de Belén, ese punto al que se refería C.G. Jung, ya octogenario, llamándolo *mandala:*

«...todo, todos los caminos que tomaba, todos los pasos que daba, venían a parar a un mismo punto: el centro.»

El punto, también, del que Teilhard de Chardin escribía:

«Con el esfuerzo combinado de la reflexión y las aspiraciones humanas, el universo, alrededor de nosotros, se ata y estremece ante nuestros ojos en un vasto *movimiento de convergencia.* No sólo especulativa sino experimentalmente, nuestra moderna cosmogonía va tomando la forma de una cosmogénesis... al término de la cual se perfila un *foco supremo de personalidad personalizante.*»

El pesebre –el centro, la individuación de la psique, el foco supremo de la personalidad personalizante del universo o el misterio de la encarnación del Verbo en la historia, adorado por los magos de Oriente y los pastores de Belén– ¿no es también el punto céntrico del movimiento de convergencia, en el tiempo y el espacio, de todos los esfuerzos y aspiraciones de cuantos se afanaron a lo largo de los siglos por transformar lo vil en precioso, oír y entender el mensaje de las estrellas, elevar sus problemas a los ángeles, arcángeles, querubines y serafines para consultarles, no olvidar nada y conservar el recuerdo de todos los altares y cálices del pasado? En suma, ¿no es también el punto céntrico de los herméticos?

La estrella que siguen los herméticos les conduce al pesebre, al centro de la historia, al centro de la vida psíquica, a la individuación, al centro de la evolución universal o foco supremo de la personalidad personalizante, al alfa y la omega de la Revelación, al corazón que es el centro de todos los corazones. Porque hay un centro de gravitación de los corazones como lo hay de los planetas. Ese centro es la causa de las estaciones de la vida del alma. No en vano venera la Iglesia el pesebre cada año y una luz singular brilla cada Navidad en el mundo. Quiero decir que Navidad no es sólo la fiesta dedicada a la *memoria* del nacimiento del Cristo histórico, sino también el *suceso* navideño que se repite cada año, el momento en que Cristo se hace nuevamente niño y la historia de la humanidad se vuelve pesebre. Entonces, todo cuanto hay en nosotros de pastores de Belén y de magos de Oriente reacciona como antes: lo que tenemos de magos de Oriente se prenda de la estrella y se pone en camino con el poco de incienso, mirra y oro recogido durante el año que se acaba; y nuestra parte de pastores de Belén se arrodilla ante el niño cuya realidad y presencia le son reveladas desde el cielo.

La repetición anual de la natividad de Cristo como acontecimiento real en el plano espiritual –y la de sus milagros, pasión, resurrección y ascensión– significa que, así como el sol exterior repite eternamente el ciclo de primavera, verano, otoño e invierno, así el sol espiritual revela también su eterno aspecto primaveral, la infancia, en la Navidad, su eterno aspecto estival en los milagros, su eterno aspecto otoñal en la pasión y resurrección, su eterno aspecto invernal en la ascensión. Esto quiere asimismo decir que las edades son eternas, que infancia, juventud, madurez y vejez son eternas. Cristo es eternamente niño, maestro, crucificado y resucitado; el hombre lleva en sí a un tiempo el niño, el joven, el maduro y el anciano. Nada del pasado se pierde ni se destruye; el pasado no hace más que retirarse del proscenio a los bastidores, del plano de la conciencia al del inconsciente, desde donde sigue obrando no menos activamente. Lo mismo ocurre con las épocas y civilizaciones pasadas de la historia humana: no han desaparecido, sino que continúan presentes y activas en la instintividad de nuestra época y civilización.

El gran mérito de C.G. Jung consiste en haber descubierto la presencia del pasado lejano en la vida psíquica contemporánea y establecido la existencia de estratos arqueológicos en la vida psíquica del hombre, como lo ha hecho la arqueología con los objetos materiales de las civilizaciones pretéritas y la paleontología con los fósiles materiales del pasado biológico. Gracias a la obra de C.G. Jung, pueden añadirse excavaciones psicológicas a las arqueológicas y paleontológicas, lo que facilita una mejor compresión del conjunto. La diferencia entre los vestigios del pasado, con los que trabajan la arqueología y la paleontología, y los estratos psíquicos del pasado, establecidos por Jung, es que estos últimos *viven*, aunque fuera del marco de la conciencia dominada y determinada por la inteligencia, mientras que los estratos materiales de la arqueología y paleontología están *muertos*, siendo únicamente cadáveres del pasado.

El sentido de la *idea de resurrección* (tema del siguiente arcano mayor del tarot, el vigésimo) es la actualización de la plenitud de todas las fuerzas espirituales, psíquicas y corporales en estado latente (del latín *latere*, «estar oculto»), es decir, que se han retirado del plano de la acción y la inteligencia para entrar en el de la energía latente y el inconsciente (¡en el sentido de Jung!) o, expresado de otra manera, en el plano de lo que llamamos el pasado, pero que, según Henri Bergson, precursor de Jung, forma parte de la duración indestructible y, por ende, resucitable y actualizable, ya mediante la memoria, si es cuestión de la vida psíquica humana, ya por medio de la resurrección, si se trata de la memoria cósmica divina.

La resurrección es, pues, la analogía divina del acto de la memoria humana: así como el hombre evoca y actualiza, al recordarla, la parte de la duración que denominamos el pasado, de igual manera Dios actualiza lo que se ha vuelto latente y trae de nuevo a la conciencia, merced a un acto mágico análogo al de la memoria humana, lo que vive en el plano del inconsciente. La resurrección de los muertos tiene por tanto lugar cuando Dios se acuerda de toda la plenitud del pasado. Se da así el acto de magia divina cuya analogía humana es la memoria.

Ahora bien, la resurrección constituye la buena nueva del cristianismo. Por ello la historia del cristianismo es y será siempre la de la resurrección de todo cuanto la merece en el pasado de la historia de la humanidad y del mundo: es y será siempre la historia de una serie de renacimientos, a ejemplo del renacimiento de la filosofía y las artes grecorromanas al final de la edad media. A este renacimiento han de seguir otros, como el del antiguo Egipto y Caldea. El evolucionismo y cosmismo modernos son ya su amanecer. Los renacimientos que acabo de evocar representan sólo el primer grado de la resurrección: se refieren a la vida espiritual y realizan o restablecen su continuidad, es decir, la *duración espiritual*. Otra serie de renacimientos restablecerá la continuidad *psíquica* y denotará el grado de resurrección de la *vida del alma*. Luego vendrá la resurrección del *cuerpo*, que será la consumación.

La resurrección completa, o sea la de los cuerpos, va precedida, por consiguiente, de las resurrecciones –o restablecimientos de la duración en la tierra– espirituales y psíquicas, que constituyen los triunfos de la memoria sobre el olvido. La historia del cristianismo no es, en última instancia, sino la historia de esos triunfos.

Lo mismo sucede con el año litúrgico de la Iglesia. Es el esfuerzo anual de la memoria humana por unirse a la memoria divina a fin de realizar la resurrección, de hacer que el pasado *viva* en el presente.

Las palabras de la consagración eucarística –«Esto es mi cuerpo, que será entregado por vosotros. ¡Haced esto en conmemoración mía!»– son la clave del año litúrgico. Se hacen cosas en memoria de él, su madre, los apóstoles, los santos y los mártires, y tanto él como su madre, los apóstoles, los santos y los mártires están presentes, viven y actúan en el presente. Todo el año litúrgico nos dice:

> «¡No olvidéis, recordad, pues por la memoria se lleva a cabo la resurrección!»

Todas las fiestas del año están orientadas a la resurrección. La de Navidad es la resurrección del niño a quien adoraron los pastores de Belén y los magos de Oriente. Mas es también y a la vez la fiesta de la resurrección de los pastores y los magos, a saber, el tiempo de la evocación mágica de las fuerzas espirituales y psíquicas de que se sirven la revelación y la gnosis. Porque, así como el niño está presente en Navidad, de igual modo se despiertan y activan en Navidad las fuerzas –incluidas las almas individuales– capaces de recibir su revelación angélica o estelar. Acontece, pues, que también el hermetismo experimenta anualmente el efecto rejuvenecedor e inspirador de Navidad y que los herméticos, a menudo sin saberlo ellos mismos, reciben impulsos vivificantes e inspiraciones luminosas por sus esfuerzos. El misterio de la estrella se repite.

Quienes van en pos de la estrella deben, con todo, aprender de una vez para siempre esta lección: no consultar a Herodes ni a los «sacerdotes y escribas del pueblo» de Jerusalén, sino seguir la estrella que vieron en Oriente y que irá delante de ellos, sin buscar datos ni confirmaciones de Herodes y los suyos. El resplandor de la estrella y el esfuerzo por entender su mensaje bastan. En efecto, Herodes, como fuerza y principio antirrevelador, es también eterno. El tiempo de Navidad no es sólo el del nacimiento del niño; es igualmente el tiempo de la matanza de los niños de Belén, el tiempo en que la inteligencia autónoma se ve impulsada a matar –estrangular y relegar al inconsciente– todas las flores tiernas de la espiritualidad que amenazan su autonomía, esa autonomía absoluta que ella se arroga.

Quienes sigan la estrella ¡háganlo enteramente y sin reservas! Una vez la tengan a la vista ¡no busquen aprobación o sanción científica, ni –lo que aún sería peor– esperen que la ciencia los dirija! ¡Sigan la estrella y *nada más*! Como dice el adagio, «nobleza obliga».

Un ejemplo reciente, rico en enseñanzas, lo constituye Carl Gustav Jung, que siguió el camino trazado por la estrella sin recurrir a ningún apoyo externo. Lee, amigo desconocido, su autobiografía[6] y sabrás que todo un mundo está en juego detrás de esta exhortación: «¡Sigue la estrella de allá arriba y *nada más*!» Me refiero aquí a la biografía espiritual de Jung, a la historia íntima de su obra que nos proporciona un ejemplo: el de un hermético, un mago de Oriente que fue toda su vida en pos de la estrella y sólo de la estrella. No tengo en cuenta los *resultados* de su obra, ya más discutibles. No me satisfacen, lo confieso; pero ¿con qué derecho acusaré a Jung de no haber llegado más lejos en el camino que emprendió, y de una manera que pudiera servir de modelo a todo el mundo? ¿Modelo de un *método* llevado a la perfección? Lo esencial no está en los resultados que Jung nos ofrece, sino en su método de trabajo. Me refiero al método de la libre asociación, aplicado por el primer arcano del tarot, el de la concentración sin esfuerzo; al método de la interpretación de los sueños y la fantasía espontánea, que es la aplicación del segundo arcano del tarot; al método de la cooperación entre el inconsciente fecundante y el consciente fecundado, que corresponde al tercer arcano del tarot; al de la elaboración de los datos inmediatamente suministrados por el inconsciente a través de los mitos, misterios y alquimia del pasado histórico de la humanidad, donde encuentra su aplicación el cuarto arcano del tarot; al método de la curación psíquica, que consiste en dar a entender al enfermo las advertencias de su inconsciente y hacer que las siga, poniendo así en práctica el quinto arcano del tarot; a la superación valerosa de inauditas tentaciones y conflictos entre diversos deberes, tomando decisiones según la flecha de la inspiración y no según un

---

6. *Erinnerungen, Träume, Gedanken*, Zurich-Stuttgart 1962.

código de reglas de conducta, lo que constituye el sexto arcano del tarot; al método, finalmente, de identificarse con las fuerzas sobrehumanas de los arquetipos sin permitirles tomar posesión de la conciencia individual, para que ésta no llegue a ser víctima de la *inflación*, aplicando así el séptimo arcano del tarot. Tocante al decimonoveno arcano del tarot, Jung nos lo muestra en la cooperación activa de su inteligencia con su ser trascendente y revelador; esta cooperación no es sólo el fruto que maduró al final de una larga vida, sino también la tesis principal de su método de trabajo en el campo de la psicología profunda, tan insistentemente afirmada y mantenida por él. La *intuición*, que Henri Bergson juzgaba necesaria a la comprensión de la vida del mundo, fue puesta en práctica por Jung para comprender y curar la vida del alma humana. Jung no cayó en el error de los magos: no consultó a Herodes y los suyos.

Otro ejemplo de fidelidad a la estrella es la obra y la vida del padre Pierre Teilhard de Chardin. Este mago de Oriente siguió los pasos de la estrella en un largo viaje por los caminos de la evolución universal durante millones de años. ¿Qué dijo e hizo exactamente? Mostró la estrella por encima de la evolución general del mundo que

«se ata y estremece ante nuestros ojos en un vasto movimiento de convergencia... al término de la cual se perfila un foco supremo de personalidad personalizante.»

La evolución darwiniana, esa pesadilla de la lucha de innumerables especies por la existencia, ese pulular de esfuerzos febriles, titubeantes y ciegos, esas desviaciones conflictivas de la vida para producir lo más viable, todo ello será en adelante el *camino* que conduce a la personalización, un movimiento con sentido y meta. Habiendo divisado la estrella más allá y por encima de la evolución darwiniana, Teilhard de Chardin coronó esta última con la estrella-guía y la transformó, de pesadilla de pululantes tentativas, en *camino hacia el pesebre*. No se dejó apartar de la vía que le indicaba la estrella, ni por los adversarios de lo nuevo en el campo de la religión ni por los enemigos de lo trascendente en el campo de la ciencia: los sacerdotes y los escribas de Herodes. A esta fidelidad a la estrella debió la singular fuerza de ánimo que le permitió ser, hasta su último suspiro, a la vez hijo leal de la Iglesia y trabajador concienzudo de la ciencia. Jamás se rebeló contra la Iglesia o la Academia, ni rompió con ellas. Fiel a entrambas de todo corazón y hasta el fin, en verdad merece que le sea aplicada la siguiente bienaventuranza del sermón de la montaña:

«Bienaventurados los que trabajan por la paz, porque serán llamados hijos de Dios» (Mt 5,9).

La fuerza de ánimo resultante de la fidelidad a la estrella se manifiesta, por tanto, en dos cualidades: la de resistir a la flaqueza de la rebelión —pues la rebelión es una flaqueza, al dejarse el hombre llevar por una corriente de impaciencia emotiva; es la flaqueza fundamental de todos los rebeldes, la de los reformadores religiosos y de los revolucionarios políticos y sociales más célebres— y el poder de poner paz entre dos aspiraciones que son o se creen contrarias. Al escribir sobre este tema, no puedo menos de rendir homenaje a dos herméticos de nuestro siglo, reconocidos, esta vez, como tales: Francis Warrain y Paul Carton.

Francis Warrain siguió la estrella por los caminos del estudio del derecho, la creación artística en la escultura, la metafísica de Hoëne Wroński, la cábala y Jakob Böhme, «combinando en lo posible los recursos del método intuitivo propios de la Antigüedad con los instrumentos del método discursivo puestos a nuestra disposición». Definió las condiciones esenciales de una gnosis mediadora que permitiera resolver correctamente la antinomia entre lo absoluto y lo relativo, la fe y la razón. ¡Bienaventurados los que trabajan por la paz, porque serán llamados hijos de Dios!

Paul Carton siguió la estrella como médico naturista y cristiano supernaturalista por una vía estrecha entre lo natural y lo milagroso, el camino del puro hermetismo. Su libro sobre la ciencia oculta[7], donde también son objeto de estudio los arcanos mayores del tarot, atestigua el esfuerzo del autor por vincular lo sobrenatural divino y lo natural humano merced a la magia mediadora de la tradición hermética. Una vez más: ¡Bienaventurados los que trabajan por la paz, porque serán llamados hijos de Dios!

La intuición es, pues, la cooperación de la inteligencia humana con la sabiduría sobrehumana. Ella crea el vínculo —o gnosis mediadora y magia mediadora— entre lo absoluto y lo relativo, lo sobrenatural y lo natural, la fe y la razón. Sólo puede desarrollarse en las personas dotadas de fe y razón. Está reservada a los pensadores creyentes. El que cree y no piensa, nunca la alcanzará; el que piensa y no cree, jamás logrará la certidumbre de lo trascendental, que únicamente la intuición puede darle. La intuición combina dos certezas: la certeza esencial, la de la esencia, y la certeza consistencial, la de la consistencia. La primera es de *orden moral;* su fuerza de convicción reside en lo bueno y lo bello. La segunda es de *orden cognoscitivo;* su fuerza de convicción proviene de la consistencia en la percepción de las relaciones entre las cosas. La certeza intuitiva es, por consiguiente, una fe de

---
7. *La science occulte et les sciences occultes,* Brévannes 1935.

primera mano combinada con una inteligencia de primera mano. Expliquémonos. Hay una fe fundada en la autoridad extrínseca —la de una persona, una institución, un libro, etc.— y otra fundada en la autoridad intrínseca —la experiencia íntima del soplo divino y la impresión directa del medio divino—. Esta segunda es la que llamamos «fe de primera mano».

Existe todavía una tercera clase de fe —quizá la más heroica—, la fe mediadora entre la fundada en la autoridad extrínseca y la fundada en la autoridad intrínseca de la experiencia íntima: la *fe postulativa*, por la que uno cree sin apoyo alguno, ni de fuera ni de dentro. Es la fe de la «voz del que clama en el desierto», la voz misma del alma que grita en completa soledad —«en el desierto»—, que postula o exige cosas sin las que no puede vivir. Los tres postulados de Kant —libertad de la voluntad, inmortalidad del alma, y Dios— son ese grito del alma en el desierto. En efecto, no están fundados ni en la autoridad extrínseca ni en la experiencia mística, sino en las exigencias estructurales, por decirlo así, de la propia alma. Sólo la realidad de la sed y el hambre atestigua la existencia del agua y el pan. «¡Libertad, inmortalidad y Dios, o la negra desesperación de la nada!», tal fue el grito del alma de Kant en el desierto donde se hallaba.

Tal fue también la fe de Juan Bautista antes de su experiencia del descenso del Espíritu sobre Jesús durante el bautismo del Maestro en el Jordán. Esa fe, expresada en el resumen de su predicación —«¡Convertíos, porque ha llegado el reino de los cielos!»—, era un clamor en el desierto, la voz del hambre y sed supremos del reino de los cielos. Y justamente esa fe hizo de Juan Bautista el primer testigo cuasi ocular de la realidad del descenso del reino de los cielos y el primer hombre que reconoció a Cristo. Su fe quedó ratificada por la experiencia. Juan Bautista se transformó en vidente.

La fe postulativa, convertida ya en fe de primera mano o fe mística, llega, con la colaboración de la inteligencia, a la certeza perfecta de la intuición. Juan Bautista necesitaba aún esa ayuda para alcanzar la certeza completa. Por ello, a pesar de haber visto al Espíritu bajar sobre Jesús, envió a dos discípulos para preguntarle:

«¿Eres tú el que ha de venir, o debemos esperar a otro?» (Mt 11,3).

Y Jesús tuvo que responder, ateniéndose a la inteligencia sola:

«Los ciegos ven y los cojos andan, los leprosos quedan limpios y los sordos oyen, los muertos resucitan y se anuncia a los pobres la buena nueva» (Mt 11,5).

En otras palabras, Jesús dice que esos fenómenos maravillosos indican la consistencia entre la revelación del descenso del Espíritu, experimentada por Juan Bautista, y la manifestación del mismo Espíritu por Jesucristo. Utiliza el puro lenguaje de la inteligencia para colmar en la conciencia de Juan Bautista una laguna, la de la colaboración del entendimiento. A causa de esta laguna dice Jesucristo de Juan Bautista que es un profeta, sí, «y más que un profeta», y dice también:

«Entre los nacidos de mujer no hay ninguno mayor que Juan» (Lc 7,28).

Pero en seguida añade que es más pequeño que el más pequeño en el reino de los cielos; porque el reino de los cielos implica la certeza absoluta de la colaboración entre la fe de primera mano y la inteligencia: es el *reino de la intuición*.

Por eso el Maestro recurre no sólo a la fe sino también a la inteligencia, no sólo a la certeza esencial, sino también a la certeza consistencial, enunciando el principio fundamental del intelecto: juicio por los efectos, conocimiento de las cosas por sus frutos.

«¿Acaso se recogen uvas de los espinos o higos de los abrojos? Así, todo árbol bueno da buenos frutos, pero el árbol malo da frutos malos. Un árbol bueno no puede producir frutos malos, ni un árbol malo producir frutos buenos» (Mt 7,16-18).

He ahí la característica más breve y completa de la inteligencia y su papel. Éste es inmenso, si se piensa que la inteligencia está llamada a formar parte integrante de la intuición que, a su vez, determina la grandeza o pequeñez en el reino de Dios.

En los ambientes eclesiásticos de la edad media se comprendió este papel de la inteligencia. Los fieles se pusieron a pensar, y así nació la alta escolástica. No es cierto que la escolástica fuera debida al deseo de intelectualizar la fe y sustituirla por una filosofía; no brotó de ninguna duda secreta en el corazón de los creyentes del medievo. No, la escolástica tiene su raíz en el *anhelo de la plenitud de la intuición*, el de bautizar a la inteligencia para que colabore con la fe. Tratábase, pues, no de duda, sino de un acto de fe ardiente que no vacilaba en creer que la inteligencia humana era tan bautizable y cristianizable como el corazón y la voluntad.

A san Alberto Magno y santo Tomás de Aquino no les movió ninguna duda cuando acometieron su grandiosa obra intelectual: rebosaban de confianza, persuadidos como estaban de que la sangre del Calvario impregnaría, calentaría y transfiguraría el ámbito de la frígida claridad del pensamiento. Su obra fue apostólica más que apologética. Así como los misioneros viajaban a los países paganos para llevarles la buena nueva, así san Alberto Magno y santo Tomás de Aquino penetraron en el país no cristianizado de la inteligencia humana para cristianizarlo. ¿Es esto duda? ¡Claro que no! ¡Es un acto de fe y celo apostólico!

Querido amigo desconocido, no desprecies la escolástica medieval. Es, ciertamente, tan bella, venerable e inspiradora como las grandes catedrales que hemos heredado de la edad media. A ella debemos toda una serie de obras maestras del pensamiento iluminado por la fe. Y, como todas las auténticas obras maestras, las de la escolástica medieval son saludables. Curan a las almas desorientadas, febriles, confusas. Así como el médico prescribe a algunos enfermos un cambio de clima y algunos meses de estancia en la montaña, así sería también justo y saludable recetarle a más de una persona agitada por problemas existenciales y trastornada por las contradicciones de la vida que se trasladara por algún tiempo al clima de la alta escolástica y respirara al aire puro de las montañas mentales. No se trataría de una conversión a la filosofía escolástica, sino de situarse en un *nivel* intelectual más elevado y, sobre todo, de trabajar una temporada en ese nivel con las nociones claras y precisas de la escuela.

Las cinco vías *(quinque viae)* racionales de santo Tomás de Aquino no llegarán tal vez a convencerte, pero del trabajo meditativo sobre los cinco argumentos propuestos para probar la existencia de Dios *saldrás* con la cabeza despejada y el corazón en calma, equipado para buscar y encontrar otras vías que te conduzcan a la certeza. La *ocupación* de tu mente con estas cinco vías de raciocinio te hará más fuerte y sosegado, elevándote por encima del confuso juego de los complejos mezclados con sentimientos, de las preferencias del gusto personal y las ideas que sólo son sus portavoces. En esta elevación sobre los complejos psicológicos reside precisamente el efecto saludable y aun la acción curativa de la meditación escolástica.

Podría objetarse: ¿Por qué no las matemáticas? ¿No producen éstas el mismo efecto de desasimiento y exaltación más allá de los propios límites psicológicos?

Sin duda. Pero las matemáticas no comprometen a todo el ser humano como lo hace la escolástica, y su efecto saludable no puede, por tanto, tener el mismo alcance. Lo que en la escolástica está sobre el tapete es Dios, el alma, la libertad, la inmortalidad, la salvación, el bien y el mal; el triunfo sobre los factores psicológicos es algo muy distinto de la victoria obtenida ocupándose de las cantidades y sus funciones. No desprecies, pues, querido amigo desconocido, la escolástica medieval, que conserva todo su valor.

Tampoco es verdad que el florecimiento místico que se dio desde fines del siglo XIII hasta el siglo XVII fuese una mera *reacción* contra el intelectualismo seco de la escolástica. No, la flor de la mística en aquella época fue *fruto y resultado* de la escolástica, prefigurados en la biografía espiritual del propio santo Tomás de Aquino que, hacia el final de su vida, llegó a la contemplación mística de Dios y del mundo espiritual. Al regresar del éxtasis, sus escritos le parecieron «como paja», según declaraba él mismo. Y, de hecho, no escribió nada más. El pensador creyente se había convertido en místico vidente, transformación que no se produjo a pesar de su obra de pensador escolástico sino gracias a ella, como su fruto y culminación.

Lo que aconteció a santo Tomás de Aquino les sucedió también a otros personajes situados igualmente en las cumbres del escolasticismo. Así como santo Tomás alcanzó la contemplación por vía del raciocinio escolástico, así estos hombres llegaron a su vez a la mística, es decir, a la *intuición* o estado de unión entre la fe y la inteligencia, lo que constituye la meta de la escolástica. Un Maestro Eckhart, un Ruysbroek el Admirable, un san Juan de la Cruz, son espíritus en quienes vanamente buscarás la mínima oposición a la escolástica. Ésta les pareció también a ellos «como paja», pero sabían por experiencia que esa paja era un magnífico combustible. Superaron la escolástica, sí, mas después de haber logrado su fin, ya que el fin del empeño escolástico es la contemplación y el fruto del árbol escolástico es la mística.

Los místicos a que aludimos representan el éxito del esfuerzo escolástico: la inteligencia fue en ellos bautizada y cristianizada. La obra misional para con el intelecto pagano, emprendida por san Alberto Magno y santo Tomás de Aquino, triunfó en el movimiento místico que siguió a la alta escolástica. Las nupcias entre la fe y la inteligencia se consumaron y los creyentes y pensadores quedaron reforzados por un tercer grupo: el de los *hombres de la intuición*.

Te lo repito, pues, amigo desconocido, no desprecies la escolástica medieval. Sírvete de ella, no sólo para restablecer la salud de tu alma, sino también, pensando a la luz de la fe, para alcanzar la intuición, sin la que el hermetismo es mera literatura y aun de dudoso valor. El hermetismo vive de la intuición, sin la cual es algo muerto. Y como algo muerto lo ven no pocos creyentes y científicos sinceramente asombrados de que haya gentes que lo tomen en serio. Sólo lo tiene por pacotilla científico-religiosa; a lo más, por una fe débil que se apoya en muletas científicas o una ciencia infantil que todavía no distingue entre lo que cree y lo que sabe. Y no se engañan: sin el cemento invisible de la intuición, el hermetismo no es, en efecto, más que una ensambladura improvisada de elementos heterogéneos tomados de la ciencia y la religión. He aquí una analogía elocuente: no fueron ni las pajas del pesebre ni los animales allí presentes quienes guiaron a los magos de Oriente, sino la estrella que apareció en el cielo. Así en el hermetismo únicamente encontraremos paja y animales si no nos dejamos guiar por su estrella, que sólo existe para la intuición.

El decimonoveno arcano del tarot nos invita a ocuparnos muy en especial de la estrella del hermetismo en el firmamento de la intuición. ¿Qué estrella es ésta? En el *Zohar* leemos:

«Elohim creó dos grandes luces... En el origen ambas luces, íntimamente unidas, despedían igual claridad. Los nombres... *Jehovah* y *Elohim* eran en aquel entonces perfectamente iguales. Las dos luces llevaban nombres absolutamente idénticos: *Maçpac, Maçpac*. Originalmente las dos brillaban también a la vez y ocupaban el mismo rango. Pero... la Luna se humilló, disminuyendo su luz, y renunció a ocupar aquí abajo su rango superior, aun cuando su luz real sea superior a la que despide; en efecto, la mujer nunca puede brillar a no ser en unión con su marido.

»La gran luz (el Sol) designa a *Jehovah* y la pequeña luz (la Luna) designa a *Elohim*, que es el fin de todos los grados, por ser el fin del pensamiento.

»En el comienzo, *Elohim* era designado allá arriba por las letras del nombre sagrado (*YHVH*), que son cuatro; sólo después de disminuirse tomó el nombre de *Elohim*. Mas su poder se manifiesta en todas direcciones: *El* –Dios– gobierna el día, *im* –*i (a)*, mar– la noche, y la *he*, en medio, participa de entrambos»[8].

Aún nos queda por citar otro pasaje, que proviene de una antigua fuente –el libro 11 de *El asno de oro* de Apuleyo–, y estaremos así lo bastante equipados como para abordar el problema de la estrella del hermetismo y del sol del decimonoveno arcano del tarot. Apuleyo resume su gran velada en el templo de Isis, los «arcanos de la sagrada noche» *(noctis sacratae arcana)*, de la manera siguiente:

«Llegué hasta las fronteras de la muerte y hollé el umbral de Proserpina, de donde luego regresé, atravesando todos los elementos; *a medianoche vi brillar el sol con blanca y deslumbrante luz;* me aproximé a los dioses del cielo y a los infernales, los contemplé cara a cara, los adoré de cerca»[9].

Busquemos ahora la *realidad* implícita en los dos textos citados, el *Zohar* y el fragmento de Apuleyo. El *Zohar* nos dice que la Luna renunció a ocupar su rango superior –el de igualdad con el Sol– «aquí abajo, aun cuando su luz real sea superior a la que despide». «Desde entonces carece de luz propia, derivando del Sol la que tiene.» *Aquí*

---

8. *Zohar, Bereshit*, 20a.
9. Apuleyo, *Metamorphosen oder Der goldene Esel*, Darmstadt 1956, p. 347; trad. cast., *El asno de oro*, Gredos, Madrid 1978.

abajo, pues, la Luna refleja la luz del Sol, mientras que *allá arriba* –donde su nombre es *Elohim*– «su poder se manifiesta en todas direcciones»: *El* gobierna el día, *im* rige la noche, y la *he*, en medio, participa de los dos.

Según esto, la Luna, como luminar nocturno aquí abajo, refleja el Sol, pero allá en lo alto, también como luminar nocturno, es reflejada por el Sol. En otras palabras, la Luna es solar arriba y lunar abajo, mientras que el Sol es solar aquí abajo y lunar arriba. Así se entiende que *El*, parte radiante del nombre de la Luna allá en lo alto, «gobierne el día»; el Sol visible refleja el día –la Luna invisible–, como la Luna visible refleja el Sol, invisible durante la noche. *La Luna espiritual es, por tanto, el Sol que brilla a medianoche*. Y esta Luna espiritual –o Isis-*Sophia*– es la que Apuleyo vio brillar en plena noche «con blanca y deslumbrante luz», ya que su larga velada en el templo de la diosa culminó en la visión del principio cósmico de Isis, es decir, la Luna espiritual o sol de medianoche.

Esta presentación, aunque mitológica, esconde y a un tiempo revela la profunda realidad de la relación entre inteligencia y sabiduría y de la unión de ambas, la intuición. La inteligencia, en efecto, corresponde a la Luna, la sabiduría al Sol y la intuición al restablecimiento de la «unión íntima de las dos luces». La inteligencia refleja *aquí abajo* ya la sabiduría, ya el mundo terrestre conocido por la experiencia exterior, cuando está eclipsada (decimoctavo arcano). Hay empero otra inteligencia *allá arriba*, una inteligencia trascendental cuya luz «es superior a la que despide» aquí abajo y que, íntimamente unida a la sabiduría, es allí designada «por las letras del nombre sagrado, que son cuatro»; este intelecto es el que Apuleyo vio «brillar a medianoche con blanca y deslumbrante luz». Esta inteligencia superior, este «Sol de medianoche» que resulta de la conjunción del Sol y la Luna espirituales o, en otros términos, de la unión íntima entre inteligencia y sabiduría, es la estrella del hermetismo y el Sol del decimonoveno arcano. El Sol del decimonoveno arcano, lo repetimos, es el de medianoche, el que Apuleyo vio brillar en medio de las tinieblas nocturnas «con blanca y deslumbrante luz», y es también la estrella del hermetismo a través de las edades. Es el principio de la intuición o unión íntima entre la inteligencia trascendental y la sabiduría.

El arcano de la intuición es, pues, el de la capacidad de elevar la inteligencia reflectora al plano de la inteligencia creadora y efectuar allí su unión con la sabiduría; es el arcano del restablecimiento de la unión, primero, de la inteligencia cuya luz está disminuida aquí abajo con la inteligencia plenamente luminosa de arriba, y, luego, de la unión de esta inteligencia ya completa con la sabiduría divina:

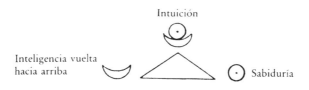

Este triángulo muestra con mayor claridad la índole de dicha unión: la inteligencia, atraída por la sabiduría, no se une a ésta en el plano de la reflexión, sino que se eleva al plano creador donde recobra su naturaleza superior de no caída y se une con la sabiduría, lo que constituye la intuición.

No es, por consiguiente, la supresión o disminución de la inteligencia lo que permite alcanzar la intuición, sino, al contrario, su intensificación, por la que se vuelve progresivamente creadora hasta unirse con su parte superior trascendental y, a continuación, con la sabiduría.

Se llega, en suma, a la intuición haciéndose más inteligente. Cierto que para ello hay también otro camino, el de la insolación o anonadamiento de la inteligencia por el resplandor de la sabiduría, lo cual es el tema del arcano XXI (o cero), el Loco. Volveremos a tratar de esto en la carta XXI sobre los arcanos mayores del tarot.

Quienes se atienen, sin embargo, a la tradición del hermetismo —mística, gnosis, magia y filosofía hermética— prescinden de la vía de la «locura divina» (fr. *folie divine;* al. *Narrheit in Gott;* rus. *yurodivost'*) y siguen el camino indicado por la parábola de los talentos (Mt 25,14-30) confiados por el amo a sus servidores para que los hicieran fructificar. Elevan la inteligencia al plano donde queda capacitada para unirse con la sabiduría, valorizándola así al máximo, como intuición.

Así como en la historia de la civilización occidental el movimiento escolástico no desembocó en un sistema perfecto de filosofía sino en la mística, así también, en lo que toca al desarrollo individual, la inteligencia desemboca en la intuición y no en un tipo de sabiduría donde todo se explica. La inteligencia no es una meta absoluta: al desarrollarse, se transforma en intuición. Está llamada a pasar del raciocinio argumentativo a la intuición comprensiva.

A propósito de este tema de la misión de la inteligencia como camino hacia la intuición, nos parece interesante subrayar que la obra filosófica de Immanuel Kant, que aniquiló las pretensiones de la inteligencia autónoma a alcanzar certezas metafísicas, demostrando el carácter tajante de los límites del conocimiento, tuvo un efecto comparable al del viento que apaga el fuego débil y aviva el intenso: los unos se volvieron escépticos, los otros místicos. Kant puso fin a la metafísica especulativa de la inteligencia autónoma y abrió camino a la mística de que es capaz la inteligencia no autónoma o «razón práctica» *(praktische Vernunft)*, es decir, la inteligencia unida a la sabiduría de índole moral, o intuición. He tenido la oportunidad de observar, muchas veces, que los kantianos evolucionan, con el tiempo, hacia el misticismo. Mencionemos, por ejemplo, al filósofo alemán Paul Deussen, autor de la síntesis entre kantismo, platonismo y vedānta[10]. La tesis fundamental de Deussen es que la incapacidad de la inteligencia autónoma —como la explica Kant— para llegar al noúmeno oculto tras el fenómeno exige recurrir a la percepción intuitiva de la esencia de las cosas, tal como aparece expuesta en el platonismo y el vedanta. Sin duda para poner de manifiesto el modo de actuar del método intuitivo, Deussen tradujo y publicó sesenta *Upanishads* del *Veda (Sechzig Upanishaden des Veda)*.

Volvamos ahora a la estrella del hermetismo, a ese sol de medianoche que es el del decimonoveno arcano del tarot.

El *Zohar* y Apuleyo nos han ayudado a comprender un importante aspecto de ese Sol, a saber, el de la unión íntima de la Luna y el Sol —o de la inteligencia y la sabiduría—, como sol de medianoche. Un tercer documento antiguo puede a su vez ayudarnos a reconocer y actualizar por completo en nosotros otro aspecto importante del problema que nos ocupa. Es el *Apocalipsis* de san Juan, donde leemos:

«Una gran señal apareció en el cielo: una mujer vestida del Sol, con la Luna bajo sus pies y una corona de doce estrellas sobre su cabeza» (Ap 12,1).

El *Zohar* y Apuleyo hablan de la Luna y el Sol reunidos, o del signo ☾, que es el de Isis. Encontramos de nuevo este signo en la visión apocalíptica: la mujer revestida del Sol, con la Luna bajo sus pies.

Mas la visión del *Apocalipsis* añade un tercer elemento: las doce estrellas. En otras palabras, la inteligencia, unida a la sabiduría en la intuición, no representa todavía el acabamiento de la obra de reintegración de la conciencia, hasta que no venga a coronarla ese tercer elemento que corresponde a las estrellas, como la inteligencia corresponde a la Luna y la sabiduría al Sol. ¿De qué elemento se trata?

Para entender su papel y naturaleza habremos de investigar una vez más y con mayor atención la experiencia de los pensadores que del intelectualismo han ido a parar al intuicionismo, como decíamos al

---

10. *Die Elemente der Metaphysik*, 1877; Leipzig ⁶1919.

hablar del efecto producido por la obra de Kant. Mencionábamos al filósofo alemán Paul Deussen, pero en este contexto parece más apropiado citar a su maestro, el mundialmente famoso filósofo, también alemán, Arthur Schopenhauer. El autor del célebre libro *El mundo como voluntad y representación* fue, de hecho, quien dio el paso decisivo de la tesis de Kant (los fenómenos ocultan la esencia de las cosas, la cual permanece inaccesible al intelecto como tal) a la introspección intuitiva de la esencia de una cosa que representa y abarca las demás cosas del mundo, a saber, la propia individualidad o sí mismo. Esta introspección intuitiva le permitió llegar a la conclusión de que la voluntad es la esencia de las cosas, no siendo éstas sino representaciones de aquélla. Y al descubrir Schopenhauer que una idéntica experiencia había llevado a casi la misma conclusión en la filosofía mística de la India, sobre todo en el vedānta, y que dicha conclusión se basaba en los *Upanishads* del *Veda,* escribió:

«Los *Upanishads* han sido mi consuelo en la vida y lo serán *también* en la muerte.»

La filosofía mística de la India es, pues, el prototipo de las filosofías intuicionistas de Occidente, como las de Schopenhauer, Deussen y Eduard von Hartmann *(Philosophie des Unbewussten,* Filosofía del inconsciente).

Examinemos, por tanto, la experiencia fundamental y la conclusión principal de la filosofía mística de la India, representada por el vedānta de la escuela no dualista *(advaita).*

Esta filosofía está basada en la introspección intuitiva como método, en la experiencia de la voluntad como elemento subyacente a todo movimiento intelectual, psicológico, biológico y mecánico, y, por último, en la experiencia del ojo interior o sí mismo trascendente, que observa desde fuera los movimientos provenientes de la voluntad. La voluntad provoca la multiplicidad de los fenómenos mentales, psíquicos, biológicos y mecánicos, mientras que el «vidente en el ver», el sí mismo trascendente, es uno. No se mueve ni cambia, luego es inmortal; no es un ente separado de la esencia real del mundo, sino que forma un todo con ella. El verdadero yo del hombre y la esencia real del mundo –Dios– son idénticos. *Aham Brahma asmi* («Yo soy Brahma»): he aquí la fórmula que resume la experiencia y conclusiones del vedānta. No basta, pues, identificarse con la voluntad y sus movimientos, sino que hay que hacerlo también con el sí mismo trascendente, el «vidente en el ver», para alcanzar el ser real y la esencia del mundo en la *experiencia intuitiva* de los vedantistas y de los filósofos intuicionistas alemanes.

Se plantea aquí, no obstante, la siguiente pregunta: ¿Es la experiencia intuitiva del sí mismo trascendental tan de veras definitiva y completa que nada pueda venir después de ella ni superarla? ¿Es, por decirlo así, el *non plus ultra* del conocimiento? No, pues le falta algo importante: la totalidad del *mundo* espiritual, es decir, la Santísima Trinidad y las nueve jerarquías espirituales. La «gran señal» de que habla el *Apocalipsis* alude no sólo al Sol y la Luna, sino también a una *corona de doce estrellas sobre la cabeza de la mujer*.

La experiencia intuitiva del sí mismo trascendente, por sublime y reconfortante que sea, no nos permite por sí sola percibir el mundo espiritual ni nos hace conscientes de él. La unión, sin más, de la Luna y el Sol en el microcosmo espiritual del hombre no implica todavía la experiencia del *macrocosmo* espiritual. No basta con elevarse al sí mismo trascendente: es necesario además que éste perciba y llegue a tener conciencia de otros sí mismos trascendentes, algunos de los cuales le son superiores. El sí mismo trascendente del hombre, eterno e inmutable como es, no representa la cima suprema del mundo en evolución: no es Dios. Es su imagen y semejanza, según la ley de la analogía o parentesco, mas no se identifican con Dios. Quedan aún en la escala de la analogía muchos grados que lo separan de la cumbre, de Dios. Esos grados, superiores a él, son sus estrellas o ideales. El *Apocalipsis* precisa su número: hay *doce* grados superiores al de la conciencia del sí mismo trascendente humano. Le falta, pues, para llegar al *Dios Uno*, elevarse sucesivamente a los grados de conciencia de nueve jerarquías espirituales y de la Santísima Trinidad. La conclusión vedantista *Aham Brahma asmi* («Yo soy Brahma»), que afirma la identidad del sí mismo trascendente con el Dios Uno, es, pues, un error debido a la confusión de valores. La imagen y semejanza divinas se confunden con Dios, al igual que la experiencia de lo divino. No es oro todo lo que reluce, como tampoco es Dios todo lo trascendente e inmortal. ¡También el Diablo es trascendente e inmortal!

Este equívoco puede darse con facilidad si uno se atiene exclusivamente al método empírico-psicológico, rehusando dejarse guiar por los principios de una metafísica trascendental. Incluso C.G. Jung estuvo a punto de identificar su experiencia psicológica del séptimo arquetipo –el sí mismo (trascendente)– con lo que las religiones llaman Dios. Sólo a su extraordinaria prudencia debemos agradecer que, a pesar de todo, dejara la puerta abierta, renunciando a la pretensión de haber tenido la experiencia psicológica de Dios. Por otra parte, está la escuela metafísica designada por el nombre de sāṃkhya, de la que dice Krishna:

«Separar sāṃkhya y yoga es hablar como un niño, no como un sabio; si alguien se aplica del todo a lo uno o lo otro, obtiene el fruto de ambos. Al estado que se alcanza por medio del sāṃkhya llegan también los hombres del yoga; quien vea sāṃkhya y yoga como una sola cosa, ése ve»[11].

Los discípulos de esta escuela tenían, pues, igual experiencia del sí mismo trascendente que los yoguis y los vedantistas, sin por ello llegar a la conclusión de que el sí mismo trascendente es Dios. Al contrario, gracias a los principios de su metafísica, reconocían la *pluralidad* de los *puruṣas* individuales, o sea la pluralidad de los sí mismos trascendentes. De esta suerte, una idéntica experiencia puede dar lugar a interpretaciones distintas y aun contrarias, si se le aplican principios metafísicos rectores también distintos. El yoga y el sāṃkhya son «una sola cosa» con relación a la *experiencia* del sí mismo trascendental, pero difieren radicalmente en cuanto a la interpretación de dicha experiencia: los unos (los hombres del yoga) creen haber alcanzado en ella a Dios, mientras los otros (los hombres del sāṃkhya) sólo pretenden haber llegado a la experiencia del sí mismo trascendente individual, el *puruṣa* individual o *mónada*, en el sentido de Leibniz.

Podría también decirse, en el lenguaje simbólico de la Biblia, que el yoga desemboca en la reunión (= *yoga*) de los luminares la Luna (inteligencia) y el Sol (sabiduría espontánea del sí mismo trascendente), sin ir más lejos, mientras el sāṃkhya llega hasta ahí, pero tiene además en cuenta otra especie de luminares, las estrellas (entes superiores del mundo espiritual). El sāṃkhya deja la puerta abierta a lo trascendido por el sí mismo trascendente, mas no se ocupa de ello de manera explícita, lo cual le ha valido el calificativo de ateo. Su ateísmo, con todo, no consiste en negar la existencia del *Puruṣa* universal, superior a todos los *puruṣas* individuales –sólo profesa no saber nada de él a ciencia cierta–, sino en negar el aserto del yoga (y del vedānta) de que el sí mismo trascendente es Dios.

Al contrario, el hermetismo judeocristiano, que se asemeja al sāṃkhya por cuanto rehúsa identificar el sí mismo trascendente con Dios, se ocupa a fondo del tercer luminar, las estrellas, en sus tres aspectos de astrología, angelología y teología trinitaria, que corresponden al cuerpo, alma y espíritu de dicho luminar. El hermetismo judeocristiano es, pues, el esfuerzo, sostenido a través de los siglos, por conocer y comprender los *tres* luminares en su *unidad*, es decir, el esfuerzo por captar la «gran señal que apareció en el cielo»:

---

11. *Bhagavadgītā*, V, 4 y 5.

«Una mujer vestida del Sol, con la Luna bajo sus pies y una corona de doce estrellas sobre su cabeza» (Ap 12,1).

En esta visión apocalíptica, es la mujer quien une los tres luminares –Sol, Luna y estrellas–, los luminares de la noche, del día y de la eternidad. Y ella también, la Virgen luminosa de la *Pistis-Sophia*, la Sabiduría cantada por Salomón, la *Shekinah* de la cábala y la Madre, Virgen y Reina del cielo, María, es el alma de la luz de los tres luminares, así como la fuente y meta del hermetismo. Porque *el hermetismo es*, en fin de cuentas, *el anhelo de participación en el conocimiento del Padre, Hijo y Espíritu Santo y el de la Madre, Hija y Alma santa*.

No se trata aquí de ver a la Santísima Trinidad con ojos humanos, sino de contemplarla con los ojos y a la luz de María-*Sophia*. Pues, así como «nadie va al padre» sino por Jesucristo (Jn 14,6), de igual modo nadie comprende a la Santísima Trinidad sino por María-*Sophia*. Y así como la Santísima Trinidad se manifiesta por Jesucristo, así también la *comprensión* de esta manifestación sólo es posible por la aprehensión intuitiva de lo que comprende de Jesucristo la Virgen María, quien no solamente lo llevó en su seno y lo trajo al mundo, sino que además asistió –como madre– a su muerte en la cruz.

La Sabiduría, dice Salomón, estuvo presente en la creación:

«Cuando asentó los cielos, allí estaba yo, cuando trazó un círculo sobre la faz del abismo... yo estaba allí... y era yo todos los días su delicia» (Prov 8,27-30).

Ella misma «se ha edificado una casa con siete columnas labradas» (Prov 9,1). De manera parecida estuvo presente María-*Sophia* en la Redención «como arquitecto» (Prov 8,30) al lado de su Hijo, y también ella «edificó su casa con siete columnas labradas», es decir, se convirtió en Nuestra Señora de los siete dolores. En efecto, los siete dolores de María corresponden, en la obra de la redención, a las siete columnas de *Sophia*, en la obra de la creación. *Sophia* es la reina de los tres luminares –Sol, Luna y estrellas–, como lo demuestra la «gran señal» del *Apocalipsis*. Y así como el Verbo de la Santísima Trinidad se hizo carne en Jesucristo, así la luz de la Santísima Trinidad se hizo carne en María-*Sophia*. La luz, esto es, la triple receptividad, la triple facultad de reacción inteligente o *comprensión*. Las palabras de María en Lc 1,38: «Hágase en mí según tu palabra», son la clave del misterio de la relación entre el acto puro y la reacción pura, entre el Verbo y la comprensión del mismo, y entre el Padre, Hijo y Espíritu Santo, por un lado, y la Madre, Hija y Alma santa, por otro. Son la verdadera clave del sello de Salomón o hexagrama:

Este símbolo no es, ni mucho menos, el del bien y el mal, sino el del triple acto puro o «fuego» y la triple reacción pura (el triple «Hágase en mí según tu palabra») o luz del fuego, a saber, agua, fuego y agua, que significan lo que actúa espontánea y creativamente y lo que reacciona reflexivamente: el sí consciente o luz del «Hágase en mí según tu palabra». He aquí el sentido como si dijéramos elemental del sello de Salomón: elemental, en virtud de los elementos «fuego» y «agua» entendidos en su grado sumo.

Pero el significado aún más excelso que este símbolo encierra –o, por mejor decir, revela– es el de la *Santísima Trinidad luminosa*, el de la comprensión de la Santísima Trinidad. Resulta entonces el siguiente hexagrama:

Estos dos triángulos de la Santísima Trinidad luminosa se revelan en la obra de la Redención, llevada a cabo por Jesucristo y comprendida por María-*Sophia*. Jesucristo es su agente, María-*Sophia* su reacción luminosa. Ambos triángulos revelan asimismo la Santísima Trinidad luminosa en la obra de la creación, realizada por el Verbo creador y animada por el sí de la Sabiduría, *Sophia*. La Santísima Trinidad luminosa es, pues, por una parte, la unidad entre el *Creador* trino y uno y la naturaleza naturante *(natura naturans)* del triple «Hágase» y, por otra parte, la unidad de este triple «Hágase en mí según tu palabra», que se manifiesta en la *natura naturata* o mundo creado anterior a la caída. El *espíritu* divino, trino y uno, y el *alma* del mundo, trina y una, se manifiestan en el *cuerpo* del mundo o *natura naturata*.

El *Zohar* pone de relieve la idea de la Santísima Trinidad luminosa. Enseña que el gran nombre de Dios *YHVH* revela al Padre *(yod)*, la Madre suprema *(he)*, el Hijo *(vav)* y la Hija (última *he* del nombre

YHVH). Tal es el Nombre eterno, pero en la historia del mundo creado se revelan todavía la *Shekinah*, identificada con la comunidad de Israel, la verdadera «Raquel que llora a sus hijos», que se lamenta en su exilio y es «la hermosa virgen sin ojos»[12]; el *rey Mesías*, que

«...por todos los cielos sube y baja, para realizar, con los espíritu de los profetas, la obra de salvación universal»[13];

y el *Ruaḥ hakodesh* (el Soplo santo o Espíritu Santo), del que habla Saadya, por cuyo medio se incorporan las treinta y dos vías de la Sabiduría al aire que respiramos y con cuya ayuda Dios se manifiesta a los profetas. En él se basa el secreto de la creación, y es llamado «El soplo del Dios vivo»[14].

El Mesías es el séptimo miembro o principio del hexagrama Padre, Hijo, Espíritu Santo; Madre, Hija, Alma santa (o *Shekinah*, o comunidad de Israel); es la *acción* del todo, el resumen activo de la Trinidad bipolar o, como antes la denominábamos, la *Trinidad luminosa*.

Tocante a la manifestación concreta de la *Shekinah*, «ésta se les aparece a los cabalistas visionarios bajo los rasgos de una mujer», así, Abraham Haleví, discípulo de Isaac Luria, la vio en 1571 junto al Muro de las lamentaciones de Jerusalén como

«mujer sumida en llanto y enlutada... lamentándose y llorando al marido de su juventud»[15].

La Señora de La Salette también lloraba, y ante un muro no menos real que el de las lamentaciones de Jerusalén: el muro del pecado universal, erigido entre la humanidad y la gracia divina. Mas la diferencia entre esta Señora y la *Shekinah* de los cabalistas y *ḥasidim* reside en que no es sólo la personificación de un principio o aspecto divino, sino también una persona humana que vivió realmente hace veinte siglos en el seno de la comunidad de Israel; de la misma manera el Mesías, a quien muchos han visto y encontrado durante los últimos veinte siglos, no es ya exclusivamente un espíritu que «sube y baja por todos los cielos, para realizar, con los profetas que allí están, la obra de salvación universal»; es además una persona humana que vivió de veras hace dos milenarios en el seno de la comunidad de Israel. Porque así como el Verbo se hizo carne en Jesucristo, así la «Hija de la voz» *(Bat kol)* se hizo carne en María-*Sophia*.

---

12. *Zohar*, II, 95a.
13. L. Schaya, *Ursprung und Ziel des Menschen im Lichte der Kabbala*, Weilheim 1972, p. 95.
14. H. Sérouya, *La kabbale*, Paris ²1957, p. 135s.
15. G. Scholem, *Die jüdische Mystik in ihren Hauptströmungen*, Francfort del Meno-Zurich 1957, p. 251.

La Iglesia la venera como a Virgen, Madre y Reina celestial, lo que corresponde a la Madre, Hija y «virgen de Israel» de la cábala y a la trinidad sofiánica de la Madre, Hija y Alma santa, de que hablábamos anteriormente.

También los atenienses tenían una tríada femenina análoga, que desempeñaba el papel principal en los misterios de Eleusis: Deméter (la Madre), Perséfone (la Hija) y Atenea (la Salvadora)[16]. Esta última era prácticamente, al mismo tiempo, la comunidad de Atenas o alma de Atenas, análoga a la virgen de Israel.

Las analogías históricas y los paralelismos metafísicos no bastan por sí solos, sin embargo, para alcanzar la certeza completa de la intuición: toca al corazón decir la palabra última y definitiva.

He aquí, pues, el argumento del corazón que se reveló decisivo hace veinticinco años para el autor de estas páginas: Nada hay más necesario y precioso en la experiencia de la infancia humana que el amor de los padres. Nada es más necesario, porque el niño humano solo no resulta viable si desde los primeros instantes de su vida no lo sitúan en el círculo de los cuidados de ese amor o, en su defecto, de su sustitutivo, la caridad. Nada es tampoco más precioso, porque el amor de los padres, experimentado durante la infancia, es el capital moral de ese ser humano para toda la vida. En nuestros años infantiles recibimos *dos* dotes, dos capitales para el resto de nuestra existencia: el capital biológico, que es el tesoro de nuestra salud y energía vital, y el capital moral, tesoro de la salud del alma, de su energía vital, de su capacidad de amar, esperar y creer. El capital moral es la experiencia del amor paterno y materno que tuvimos durante la infancia. Esta experiencia es tan valiosa que nos capacita para elevarnos a las cosas más sublimes, hasta lo divino. Gracias a la experiencia de ese amor, nuestra alma es capaz de elevarse hasta el amor a Dios; de otro modo el alma jamás podría entrar en relación viva con el Dios vivo, es decir, amar a Dios. Nunca llegaría a superar la noción abstracta del arquitecto o causa primera del mundo. Únicamente la experiencia del amor de los padres nos permite *amar* a ese arquitecto o causa primera del mundo como a *nuestro Padre* que está en los cielos. El amor paterno y materno lleva consigo analogías anímicas que constituyen auténticos sentidos –ojos y oídos del alma– para percibir lo divino.

La experiencia del amor de los padres consta, como estamos viendo, de dos elementos: el amor materno y el amor paterno. Ambos son igualmente necesarios y preciosos. Ambos nos capacitan para elevarnos hasta la divinidad. Ambos representan para nosotros los medios

---

16. Olimpiodoro, *In Platonis Phaedonem commentaria*, reimpr. Hildesheim 1968, p. 111.

de amar a Dios, es decir, de entrar en relación viva con él, que es el prototipo de toda paternidad y maternidad.

Ahora bien, el amor enseña a su manera propia –con certeza que excluye toda duda– que el mandamiento divino de «honrar al padre y a la madre» es verdaderamente *divino*, abarcando tanto la tierra como el cielo. «Honra a tu padre y a tu madre» se aplica, pues, no sólo a lo efímero sino también a lo eterno. Tal fue el mandamiento revelado a Moisés en el monte Sinaí, y tal es el mandamiento que emana de lo más íntimo del corazón humano. Hay que honrar al Padre que está en los cielos *y* a la Madre celestial.

He ahí por qué los fieles practicantes de la Iglesia tradicional, la Iglesia católica romana y la Iglesia ortodoxa, sin preocuparse de la diferencia esencial entre el Padre y la Madre del cielo en la teología dogmática, aman y honran, en su práctica de la oración, tanto a la madre celestial como al padre «que está en los cielos». En vano los teólogos dogmáticos ponen a los creyentes en guardia contra la exageración en el campo de la mariología; en vano también los críticos protestantes denuncian el culto a Santa María como idólatra; los fieles practicantes de la Iglesia tradicional siguen y seguirán honrando y amando a su Madre del cielo como si se tratara de la madre eterna de cuanto vive y respira.

Así como se dice que «el corazón tiene sus razones que la razón ignora», podría también decirse que «el corazón tiene sus dogmas que la razón teologizante ignora». De hecho, ese dogma del corazón, aunque sin formular y limitado a la esfera del inconsciente, ejerce un influjo cada vez mayor en los guardianes de la teología dogmática, de suerte que éstos, en el transcurso de los siglos, se han visto obligados a ir abandonando sus posiciones ante lo irresistible de su empuje: tanto en las formas litúrgicas como en la práctica de la oración, sancionada por la autoridad eclesiástica, el papel atribuido a Santa María no cesa de crecer en importancia. La Reina de los ángeles, de los patriarcas, de los apóstoles, de los mártires, de los confesores, de las vírgenes, de todos los santos y de la paz es también, en los textos de las plegarias litúrgicas, Madre de Dios, madre de la gracia divina y Madre de la Iglesia. Y en los templos de la Iglesia greco-ortodoxa, se canta:

> «A ti, verdadera Madre de Dios, más venerada que los querubines, más gloriosa que los serafines, te honramos.»

Notemos que los querubines y serafines pertenecen a la primera de las jerarquías celestiales y que sólo la Santísima Trinidad está por encima de ellos. Este dogma del corazón es tan potente que vendrá un día en que la Iglesia oficial acabe por reconocerlo y formularlo, pues así es como todos los dogmas de la Iglesia, en el pasado, llegaron a ser proclamados. Todos ellos vivieron primero en los corazones de los creyentes, influyeron después cada vez más en la vida litúrgica de la Iglesia y acabaron por formularse y proclamarse solemnemente como dogmas. La teología dogmática sólo es la última etapa del camino recorrido por el dogma, que comienza en lo más profundo de la vida de las almas y termina en solemne proclamación. Tal es exactamente el significado de la expresión «bajo la guía del Espíritu Santo», al hablar de la Iglesia. Ésta lo sabe, y sabe también esperar –durante siglos, si hace falta– a que llegue el tiempo en que la obra del Espíritu Santo haya alcanzado su madurez.

Sea lo que fuere, dure lo que durare el misterioso proceso del nacimiento del dogma del amor materno elevado al nivel de la Santísima Trinidad, está ya en marcha y obrando a través de los siglos. Entre tanto se trata, respetando la ley de la paciencia y absteniéndose de toda tentativa por forzar las cosas, de cultivar las ideas y sentimientos relativos al amor materno de Dios y meditar las antiguas doctrinas herméticas de las que se desprende el sentido místico, gnóstico y mágico de ese aspecto del amor divino; en otras palabras, se trata de meditar el misterio de la Trinidad luminosa cuyo símbolo es el sello de Salomón, ✡, o símbolo de la Trinidad, △, desarrollado como el de la Trinidad luminosa: ✡.

El símbolo del desarrollo de la Santísima Trinidad hasta convertirse en Trinidad luminosa, es decir, el triángulo que se vuelve hexagrama, es al mismo tiempo el sentido divino –el más elevado que conozco– del número nueve. Nos eran todavía necesarios otros diez ejercicios espirituales, después de la meditación sobre el noveno arcano del tarot, para atrevernos a abordar el tema del desarrollo de la Santísima Trinidad hasta llegar a ser Trinidad luminosa.

Decíamos hace un instante que la aceptación de las grandes verdades en la práctica de la oración y la vida litúrgica de la Iglesia precede a la proclamación oficial de dichas verdades como dogmas. Ahora bien, el misterio del número nueve, del desarrollo de la Trinidad que se vuelve Trinidad luminosa, vive asimismo en la práctica de la oración y en el ritual de la Iglesia. Me refiero al uso, universalmente extendido en la Iglesia católica, de la *novena*, cuya forma más común consiste en el rezo de un padrenuestro y tres avemarías, repitiéndolo durante nueve días seguidos. Hacer una novena es apelar simultáneamente el amor paterno del Padre (padrenuestro) y el amor materno de la Madre (*tres* avemarías) durante nueve días consecutivos en favor de una persona o una causa. ¡Qué profundidad la de esta práctica tan sencilla! En ella se manifiesta de veras, al menos para el hermético, la guía de la sabiduría sobrehumana del Espíritu Santo.

Lo mismo puede aplicarse al rosario, donde también se recurre a los dos aspectos del amor divino en la oración dirigida al Padre y a la Madre, meditando al propio tiempo en los misterios gozosos, dolorosos y gloriosos. El rosario es –al menos para el hermético– un modelo perfecto de sencillez, que encierra y revela cosas profundísimas e inagotables: ¡Una obra maestra del Espíritu Santo!

Querido amigo desconocido, el arcano del Sol, que aquí nos interesa, es el de los niños bañados en la luz del Sol. No se trata de escudriñar lo oculto, sino de ver lo ordinario y sencillo a la luz del Sol y con ojos de niño.

El decimonoveno arcano del tarot, el arcano de la intuición, es el de la *ingenuidad* reveladora en el acto de conocimiento, la cual confiere al espíritu la intensidad de una mirada no perturbada por la duda y los escrúpulos que ésta engendra, permitiéndole ver las cosas tal y como son, a la luz eternamente nueva del Sol.

Este arcano nos enseña el arte de experimentar la impresión pura y sencilla que revela por sí misma –sin hipótesis ni superestructuras intelectuales– lo que las cosas son en realidad. Devolvernos la impresión divina: tal es el objetivo del arcano del Sol, el arcano de la intuición.

Comprenderás, pues, amigo desconocido, que al hablar del amor de los padres en su doble aspecto, así como de la práctica de la novena y el rosario, etc., no nos hemos alejado del tema del decimonoveno arcano del tarot, sino todo lo contrario, puesto que hemos penetrado en su corazón mismo. Hemos intentado pasar de la *comprensión* de lo que es la intuición a su *ejercicio*, de la meditación sobre el arcano de la intuición al empleo de este arcano.

Carta XX

EL JUICIO

El arcano de la resurrección

«El estado cerebral prolonga el recuerdo; le da poder sobre el presente por la materialidad que le confiere; mas el recuerdo puro es una manifestación espiritual. Con la memoria nos encontramos de lleno en los dominios del espíritu»[1].

«Como el Padre resucita a los muertos y les da la vida, así también el Hijo da la vida a los que quiere. Porque el Padre no juzga a nadie, sino que todo juicio lo ha entregado al Hijo» (Jn 5,21-22).

Querido amigo desconocido:

La lámina que tenemos ante nosotros lleva el nombre tradicional de «el Juicio» y representa la resurrección de los muertos al toque de trompeta del ángel de la resurrección. Trátase aquí, pues, de un ejercicio espiritual donde la intuición –del decimonoveno arcano, el Sol– ha de emplearse al máximo, ya que el tema de la resurrección pertenece al orden de las postrimerías, si bien es también accesible a la cognición intuitiva.

Tales postrimerías –u horizonte espiritual de la humanidad– no son las mismas para todo el género humano. Unos estiman que todo acaba con la muerte del individuo y la completa disipación térmica del

---

[1]. H. Bergson, *Matière et mémoire*, p. 271; trad. cast., *Materia y memoria*, Aguilar, Madrid 1963.

universo, es decir, su grado máximo de entropía; otros piensan que hay un más allá, una existencia del individuo después de la muerte y una continuación del universo, en lo que tiene de inmaterial, tras el fin del mundo; para otros, no sólo hay una vida espiritual después de la muerte, sino también un retorno del individuo a la vida terrena, una reencarnación, como hay igualmente una reencarnación cósmica o alternancia de los estados *manvantara* y *pralaya;* otros ven todavía, en lo que se refiere al individuo, algo que se sitúa más allá de las reencarnaciones, a saber, el estado de paz suprema que resulta de la unión con el ser eterno y universal, el estado que recibe el nombre de nirvana; finalmente, para una parte de la humanidad, el horizonte existencial no sólo supera los límites de la vida posterior a la muerte y de la reencarnación, sino incluso los de la paz de la unión con Dios: el horizonte del espíritu lo constituye entonces la *resurrección*.

En la corriente espiritual judeocristiana e irania –o sea, en lo que hoy llamamos judaísmo, cristianismo e islam– arraigaron el concepto y el ideal de la resurrección. Su primera manifestación fue como el relámpago en el cielo que «sale por Oriente y brilla hasta Occidente» (Mt 24,27).

El inspirado profeta de Oriente, el gran Zoroastro, en Irán, y los inspirados profetas de Occidente, Isaías, Ezequiel y Daniel, en Israel, proclamaron la idea de la resurrección casi al mismo tiempo.

«Entonces el Saoshyant restaurará el mundo, que no volverá ya a envejecer ni a morir; no conocerá la ruina ni la decadencia, sino que vivirá y progresará, dotado del poder de realizar su voluntad, cuando los muertos resurjan, cuando vengan por fin la vida y la inmortalidad, y el mundo se restablezca conforme al querer (de Dios)»[2].

Tal es el concepto del *ristakhez*, la resurrección, en el *Zamyad Yasht*. Isaías, a su vez, dice:

«Despertarán y darán gritos de júbilo
los moradores del polvo;
porque rocío luminoso es tu rocío,
y la tierra echará de su seno las sombras» (Is 26,19).

¿En qué consiste, pues, la idea e ideal de la resurrección? Una parábola puede ayudarnos a entenderlo:

Junto al lecho de un enfermo se encuentran varias personas que se pronuncian respectivamente sobre el estado de la enfermedad. Uno dice: «El paciente no está enfermo. Lo que así se manifiesta es su

---

2. R.P. Masani, *Le zoroastrisme*, París 1939, p. 113.

naturaleza. Su estado es sólo natural.» Otro comenta: «Su enfermedad es temporal. Le seguirá naturalmente el restablecimiento de la salud. Los ciclos de enfermedad y salud van alternándose. Es la ley del destino.» Un tercero: «La enfermedad es incurable. El paciente sufre en vano. Más vale poner fin a su sufrimiento y darle, por piedad, la muerte.» El último, entonces, toma la palabra: «Su enfermedad es mortal. No se restablecerá sin ayuda externa. Hay que renovarle la sangre, pues la tiene infectada. Lo voy a sangrar y luego le haré una transfusión. Daré mi sangre para la transfusión.» La historia se termina con la aplicación de este tratamiento y la curación del enfermo, que abandona el lecho.

He ahí las cuatro actitudes principales frente al mundo. La actitud pagana consiste en aceptar el mundo tal como es. El pagano, o sea quien cree que el mundo es perfecto y lo identifica con el dios Cosmos, niega que el mundo esté enfermo. No ha habido caída de la naturaleza: ésta es la salud y perfección mismas.

La actitud del naturismo espiritual, es decir, la de aquellos cuyo horizonte va más allá del estado presente del mundo y que reconocen en éste una evolución cíclica –una especie de estaciones del gran año cósmico–, consiste en creer que la degeneración y regeneración proceden por ciclos, que las caídas y reencarnaciones del mundo van sucediéndose alternativamente como las estaciones del año. Para el naturismo espiritual, el mundo presente está de veras enfermo, esto es, degenerado, pero se repondrá, se regenerará necesaria y naturalmente según la ley de los ciclos. Sólo hay que esperar.

La actitud del humanismo espiritual, es decir, la de quienes se elevan sobre los simples ciclos del naturismo espiritual y protestan, en nombre de la individualidad, contra la interminable cadena de tales ciclos –ya se trate de las estaciones del mundo, ya de las reencarnaciones individuales–, donde no ven sino esclavitud y sufrimiento permanentes para el ser humano, es la *negación* radical de la naturaleza presente, pasada y futura, tanto espiritual como material, cíclica como única. La vida es sufrimiento; resulta, pues, cruel e inhumano prolongarla. Para salvar al hombre, la piedad dicta que se corten definitivamente todos los lazos que mantienen el espíritu humano unido al mundo y sus ciclos.

La cosmolatría del paganismo ingenuo es el punto de vista del primer personaje de nuestra parábola, que dice: «El paciente no está enfermo.» El naturismo espiritual del paganismo ilustrado se refleja en la opinión del segundo personaje, para quien la enfermedad sólo es un episodio cíclico. La repulsa y negación del mundo por parte del humanismo espiritual queda expresada por el tercer personaje, cuando dice que, siendo incurable la enfermedad, es mejor que el paciente muera.

Estas tres actitudes de cara al mundo –manifestadas respectivamente a través de la historia en el helenismo pagano, el brahmanismo hindú y el budismo– se distinguen de la cuarta, es decir, de la intervención activa para llevar a cabo la obra de purificación y regeneración del mundo, en su falta de *impulso y fe terapéuticos*. Al contrario, la actitud que se concreta históricamente en las religiones proféticas (irania, judaica e islámica) y en la de la salvación (cristianismo), donde la *renovación* del mundo es la fuerza motriz y la meta final, tiene un carácter esencialmente *terapéutico*. El cuarto personaje de nuestra parábola –el que *actúa* y cura al enfermo dándole su sangre– representa la actitud cristiana, que abarca y realiza la de las religiones proféticas. El ideal cristiano es la renovación del mundo, «el nuevo cielo y la nueva tierra» (Ap 21,1), es decir, la resurrección universal.

La idea y el ideal de la resurrección van más lejos que la negación de la naturaleza, como es el caso en el humanismo espiritual. Significan la transformación completa de la naturaleza –la transmutación tanto de su parte material como espiritual, del cielo y de la tierra–, una obra alquímica de envergadura cósmica. No existen idea ni ideal más osados, más contrarios a todo empirismo, más chocantes para el sentido común, que la idea y el ideal de la resurrección. Presuponen, en efecto, una fortaleza de alma que hace a esta última capaz no sólo de liberarse del influjo hipnótico de la totalidad de los hechos empíricos –es decir, de desasirse del mundo, de decidirse a ser espíritu motor en lugar de espíritu movido, de participar activamente en el proceso evolutivo del mundo–, sino también de elevarse hasta la participación de la conciencia en la obra de la magia divina, en la operación mágica de alcance cósmico cuyo fin es la resurrección.

La idea, ideal y obra de la resurrección llevan consigo una «quinta ascética». Hay una ascética natural, que consiste en moderar los propios deseos con vistas a la *salud;* una ascética del desprendimiento, la del espíritu consciente de sí mismo y de su inmortalidad frente a las cosas efímeras y de menos valor, con vistas a la *libertad;* una ascética del afecto, la del amor a Dios, donde el amante se despoja de todo cuanto constituye un obstáculo entre él y su amado, con vistas a la *unión;* una ascética del progreso, la de la participación activa en la evolución, la del trabajo y esfuerzos humanos tendentes a la *perfección;* y finalmente una ascética de la magia divina, la de la gran obra de la resurrección, que comprende todas las demás ascéticas y les da cima, ya que la obra de la magia divina implica *unión* con la voluntad de Dios, consumación y superación del proceso evolutivo, libertad total del espíritu y acción terapéutica que abarca toda la naturaleza.

La idea, ideal y obra de la resurrección apelan, pues, a lo que hay de más creador, generoso y audaz en el alma humana. La invitan a convertirse en instrumento consciente y activo de la realización nada menos que de un *milagro* de proporciones cósmicas. ¡Tales son la fe, esperanza y amor contenidos en la idea, el ideal y la obra de la resurrección!

Ante esta idea y este ideal, no podemos menos de traer a la memoria las siguientes palabras de san Pablo:

«¿Dónde está el sabio? ¿Dónde el docto? ¿Dónde el sofista de este mundo?... De hecho, como el mundo mediante su propia sabiduría no conoció a Dios en su divina sabiduría, quiso Dios salvar a los creyentes mediante la necedad de la predicación» (1Cor 1,20-21).

La necedad de la predicación... La idea, ideal y obra de la resurrección ¿deben acaso ser calificados de «necedad de la predicación» todavía hoy tras diecinueve siglos de esfuerzo y evolución del pensamiento religioso, filosófico, científico y –*last, but not least*– hermético del hombre, después de san Agustín, san Alberto Magno, santo Tomás de Aquino, san Buenaventura, los grandes místicos, los maestros alquimistas, la pléyade de filósofos idealistas, el evolucionismo científico, la física nuclear, la psicología profunda, Henri Bergson, Teilhard de Chardin y Jung?

En otras palabras, el pensamiento humano aliado a la buena voluntad ¿no está hoy, tras su gigantesco esfuerzo de diecinueve siglos de búsqueda, mucho mejor equipado y desarrollado para ver en la idea, el ideal y la obra de la resurrección algo *más* que una «necedad de la predicación»?

Una honrada y profunda meditación sobre esta idea, ideal y obra de la resurrección –es decir, sobre el vigésimo arcano del tarot– es el único medio para hallar la respuesta, afirmativa o negativa, a esa pregunta. ¡Pongamos, pues, manos a la obra!

Ante todo, caigamos bien en la cuenta del contenido de la lámina de este arcano. Tanto el tarot de Marsella (1761) como el de Fautriez (1753-1793) y el de Court de Gébelin representan a un hombre y una mujer que *contemplan* la resurrección de un *tercer* personaje, un adolescente. La lámina constituye una especie de paralelogramo de fuerzas resucitadoras: el ángel de la trompeta arriba, el amor del padre y de la madre a derecha e izquierda respectivamente, y el resucitado, que surge de una tumba abierta, abajo. El hombre y la mujer están fuera de la tumba; es su hijo, un adolescente, quien resucita. Tenemos así ante nosotros este paralelogramo:

Esta figura geométrica, sacada de la lámina del vigésimo arcano, pone de relieve la combinación de fuerzas que efectúan la resurrección: el sonido de la trompeta del ángel, el amor paterno y materno, el esfuerzo del adolescente resucitado por levantarse. Encontramos aquí la misma combinación de fuerzas que intervinieron en la resurrección de Lázaro, en Betania (Jn 11), donde Jesús desempeñó a la vez el papel de ángel, de padre y de madre:

> «Jesús se echó a llorar. Los judíos, entonces, decían: "Mirad cómo le quería"... Jesús se conmovió de nuevo en su interior y fue al sepulcro. Era una cueva, y tenía puesta encima una piedra. Dice Jesús: "Quitad la piedra"... Quitaron, pues, la piedra... (Y Jesús) gritó con fuerte voz: "¡Lázaro, sal fuera!" Y salió el muerto, atado de pies y manos con vendas y envuelto el rostro en un sudario. Jesús les dice: "Desatadlo y dejadle andar"» (Jn 11,35-36.38-39.41.43-44).

Jesús, llorando, manifiesta el tierno amor de una madre; conmoviéndose en su interior, dirigiéndose al sepulcro y diciendo: «¡Quitad la piedra!», revela el amor activo de un padre; y gritando con fuerte voz: «¡Lázaro, sal fuera!», da el toque decisivo de trompeta, en lugar del ángel de la resurrección. Esa voz fuerte que grita: «¡Lázaro, sal fuera!» es, en efecto, el sonido de la trompeta de la resurrección, que transforma en conjuro mágico el amor paterno y materno.

La magia de la resurrección, tema del vigésimo arcano del tarot, es, por consiguiente, la del sonido de la voz del amor aunado del padre y de la madre. Así como el padre y la madre terrenales dan la vida al hijo que por su medio se encarna, al tiempo que el ángel de la vida toca la trompeta para llamar a esa alma a la encarnación —y la trompeta, constituida por sus alas en forma de tubos, está entonces vuelta hacia arriba—, así también el Padre y la Madre celestiales devuelven la vida al hijo en el momento de su resurrección, cuando el ángel toca la trompeta para llamar *su alma y cuerpo* a que resuciten —la trompeta, las alas en forma de tubos, está en este caso vuelta hacia abajo—. Tal es el sentido general del arcano. Trátase ahora de comprenderlo concretamente, en sus detalles. Queda por entender el cómo de la resurrección. En la vida terrena del hombre, el olvido, el sueño y la muerte se oponen al recuerdo, el despertar y el nacer. Olvido, sueño y muerte son miembros de una misma familia. Se dice que el sueño es el hermano menor de la muerte; sería también justo decir que el olvido es el hermano menor del sueño. Olvido, sueño y muerte son tres grados de una única cosa, a saber, el proceso de eliminación de un ser consciente y vivo.

Notemos que la historia de la resurrección de Lázaro, que acabamos de citar, pone asimismo en evidencia la cadena olvido-sueño-muerte. Entre otras cosas, leemos:

> «Jesús amaba a Marta, a su hermana y a Lázaro. Cuando se enteró de que estaba enfermo, permaneció dos días más en el lugar donde se encontraba... "Nuestro amigo Lázaro duerme, pero voy a despertarlo"... Entonces Jesús les dijo abiertamente: "Lázaro ha muerto"... Entonces Tomás, llamado el Mellizo, dijo a los otros discípulos: "Vayamos también nosotros a morir con él"» (Jn 11,5-6.11.14.16).

Esto dijo Tomás, comprendiendo que el Maestro había permitido al olvido (quedándose dos días más donde estaba, tras enterarse de la enfermedad de Lázaro), el sueño («Lázaro duerme») y la muerte llevar a cabo su obra; si tal era la voluntad del Maestro, que tanto amaba a Lázaro, más les valdría también a los discípulos morir con Lázaro. Tomás no se engañaba, al menos en una cosa: el Maestro había dado en este caso carta blanca al olvido, el sueño y la muerte. De ahí su conclusión: Vayamos también nosotros a morir con Lázaro.

Examinemos ahora más de cerca las dos cadenas analógicas opuestas: la del olvido, sueño y muerte, por una parte, y la del recuerdo, despertar y nacimiento, por otra. Adquiriremos así las herramientas conceptuales que nos permitan abordar el misterio de la resurrección.

Sabemos que nuestra conciencia personal, la conciencia que tenemos cada día, en estado de vela, durante dieciséis horas, no es más que una exigua parte de la totalidad de nuestra conciencia. Sólo es una pieza del conjunto, un punto focal de la acción, es decir, del juicio, la palabra y el hecho. En efecto, a cada instante, el contenido de nuestra conciencia en estado de vigilia se limita a lo que estamos juzgando, diciendo o haciendo, o a lo que vamos a juzgar, decir o hacer. El resto, o sea todo lo no referente a la acción interna o externa, no está presente en nuestra conciencia, sino que se encuentra en otra parte. La acción implica *concentración* de la conciencia o, dicho de otro modo, selección de todas las imágenes y conceptos de nuestra conciencia que nos interesan en orden a la acción. Así, todo lo que sabes de astronomía, química, historia, jurisprudencia, etc., se halla relegado en las tinieblas del olvido cuando, por ejemplo, discutes con el jardinero de tu casa acerca del jardín. Para actuar, hay que olvidar.

La acción misma, en cambio, exige sacar de las tinieblas del olvido temporal todas las imágenes de la memoria y todos los conceptos del saber que nos puedan ser útiles. Para actuar, hay que recordar.

Olvidar significa, pues, relegar las cosas que no nos interesan a las tinieblas de la memoria latente; y recordar las cosas es traerlas de nuevo a la conciencia activa de sí mismo porque nos interesan, es hacerlas resurgir de la memoria latente. Huelga decir que las imágenes y conceptos no nacen ni perecen cuando las evocamos u olvidamos, sino que vienen a nuestra mente o se alejan de ella. Disfrutar de una buena concentración equivale, por tanto, a expulsar con rapidez y por completo de nuestra conciencia todas las imágenes y conceptos inútiles para la acción. Es dominar el arte del olvido.

Tener una buena memoria denota, al contrario, dominio del mecanismo de la evocación, que vuelve a *hacer presentes* las imágenes y conceptos necesarios en un momento dado. Es dominar el arte del recuerdo.

Hay, pues, un continuo vaivén entre la conciencia ordinaria en estado de vigilia (o conciencia cerebral) y el campo de la memoria. Cada ida corresponde a la acción de dormirse y a la de morir. Cada vuelta corresponde al despertar y a la resurrección. Toda imagen que se va del campo de la conciencia cerebral conoce un destino análogo al que expresan las palabras: «Lázaro, nuestro amigo, duerme; Lázaro está muerto.» Y toda imagen traída de nuevo a la memoria es un acontecimiento análogo al del fuerte grito de Jesús: «¡Lázaro, sal fuera!»

La *memoria* nos proporciona, por tanto, la clave de la analogía que permite a la inteligencia no quedarse simplemente parada ante el problema de la resurrección. La memoria hace inteligible este problema. De hecho, la analogía entre la «fuerte voz» que devolvió la vida a Lázaro y el esfuerzo interior que evoca un recuerdo revela, *mutatis mutandis*, la esencia de la magia del grito de Jesús y del toque de trompeta del ángel de la resurrección. He aquí de qué se trata:

La experiencia nos enseña que olvidamos con facilidad y recordamos difícilmente las cosas a las que no atribuimos ningún valor, que no amamos. El amor es lo que nos da el poder de recordar, en el momento deseado, las cosas que nuestro corazón mantiene cálidas. La indiferencia, al contrario, nos hace olvidarlo todo.

Lo mismo ocurre con el despertar y la resurrección de los muertos. La indiferencia cósmica (que llamamos materia) nada tiene que ver con ello; es el amor cósmico (Espíritu) lo que realizará el acto mágico de la resurrección, es decir, la reintegración de la unidad inseparable entre espíritu, alma y cuerpo, no por vía de nuevo nacimiento (reencarnación), sino mediante el acto mágico de la memoria divina.

¿Qué puede decirse de la memoria divina? La totalidad del pensamiento de Henri Bergson y de la experiencia clínica de la neuropatología moderna da por sentado que nada se olvida realmente de lo que pertenece al conjunto de la vida psíquica del hombre y que las cosas que uno cree olvidadas se encuentran en la parte inconsciente (extracerebral) de dicha vida psíquica. En lo profundo de lo inconsciente hay una memoria que nada olvida.

El ser humano, el microcosmo, no olvida nada, y tampoco el macrocosmo. Lo que la literatura ocultista designa por el nombre de «crónica del akasha» (sánscr. *ākāśa*) es, con arreglo a la historia que va desenvolviéndose, lo mismo que la memoria activa del yo consciente respecto a la memoria total del inconsciente psíquico. La «crónica del akasha» representa la analogía macrocósmica de la memoria microcósmica total e inconsciente (o, más bien, extraconsciente). Y así como la memoria psíquica total no permanece inactiva y a menudo afecta la salud física, así también la «crónica del akasha» desempeña con frecuencia un papel decisivo en el desarrollo de la historia universal.

Estos dos términos analógicos –memoria psíquica total del individuo y memoria cósmica o «crónica del akasha»– son demasiado generales. Aún hay que distinguirlos y especificarlos, lo que apenas hacen la psicología profunda y la literatura ocultista. Ambas, en efecto, tratan la memoria psíquica total y la «crónica del akasha» *en bloque*, como si fuera cuestión de unidades uniformes y homogéneas sin diferencias ni contrastes internos. Estas diferencias y contrastes existen, no obstante, aun en el interior de sus respectivos campos. En la memoria psíquica total hay que distinguir entre el mero *cuadro* del pasado global, la *estructura* o cuadro lógico de dicho pasado y el *camino* recorrido o cuadro moral. Estos tres cuadros de la memoria psíquica corresponden a las tres clases de memoria tal como la conocemos en nuestra vida consciente: memoria automática, memoria lógica y memoria moral. La memoria automática es la facultad psicofísica de reproducir casi automáticamente en la imaginación, gracias al funcionamiento de mecanismos asociativos, todos los *hechos* del pasado como materia prima a disposición del yo consciente para que éste la utilice y extraiga de ella los elementos que necesita. El cuadro del pasado que ofrece la memoria automática y la moral: es sólo un cúmulo de hechos pasados que desfilan ante la vista interior como una película sonora y en colores; de ella el espectador, o sea el yo consciente, ha de escoger los hechos notables y pertinentes.

La memoria automática es la baza principal de la infancia y la juventud. Gracias a ella, los niños y los jóvenes están en condiciones de aprender, con prodigiosa facilidad y rapidez, la enorme cantidad de cosas que necesitarán o podrán necesitar en este mundo.

Tal no les sucede a los hombres que han alcanzado la edad madura. La memoria automática se debilita a medida que transcurren los años. La persona de edad madura se percatará de que no puede ya fiarse de su memoria automática como diez o quince años atrás y de que le es necesario cierto esfuerzo para colmar unas lagunas cada vez más frecuentes. El esfuerzo *lógico* viene entonces en ayuda del funcionamiento relativamente automático de su deficiente mecanismo asociativo. La concatenación lógica de causas y efectos va poco a poco reemplazando el juego automático de las asociaciones. Se da una propensión cada vez mayor a sustituir en la memoria el cuadro casi fotográfico del pasado por el de los hechos pertinentes ligados entre sí mediante una relación lógica.

La memoria lógica, donde la fuerza evocadora del pasado es el entendimiento y no ya el automatismo irracional del juego de las asociaciones, compone un cuadro del pasado a partir de los encadenamientos que la inteligencia juzga pertinentes. No se recuerdan ya las cosas sólo porque acaecieron, sino porque *desempeñaron un papel* cuyos efectos están todavía presentes.

Más tarde esta memoria lógica, que ha sustituido a la memoria automática, cede a su vez la supremacía a la memoria moral. Ésta nos brinda un cuadro del pasado cuya contextura apunta a los hechos y su concatenación no por cuanto sucedieron ni en la medida en que asumieron un papel lógicamente pertinente, sino como reveladores de un *sentido y valor morales*. En la vejez, la memoria moral sustituye cada vez más a la memoria lógica, y la fuerza de la memoria depende entonces de la intensidad de la vida moral y espiritual. Y como en el mundo nada hay tan insignificante que esté por debajo de los valores morales y espirituales, ni tan elevado que esté por encima de ellos, la memoria moral de una persona de corazón despierto puede, en principio, asumir sin falla todas las funciones de la memoria automática y la memoria lógica.

Ahora bien, la triple memoria macrocósmica, la triple «crónica del akasha», corresponde a la triple memoria microcósmica: memoria automática, memoria lógica y memoria moral. Hay, de hecho, *tres* «crónicas del akasha», aunque la literatura ocultista sólo mencione una. De ésta suele hablarse comparándola a una especie de película cinematográfica del pasado del mundo, que hace desfilar ante los ojos del espectador las cosas y acontecimientos tales como fueron, con todos sus pormenores y una exactitud, por así decirlo, fotográfica. Esta crónica, que existe realmente, tiene una singular característica: cuanto más se remonta en el pasado, con mayor relieve pone de manifiesto dos tendencias contrarias, a saber, una ascensión hacia las esferas superiores y, a la vez, un descenso hacia las inferiores. Podría decirse que se divide en dos partes, una de las cuales sube y la otra baja:

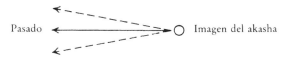

Tiene así lugar un doble proceso en la «crónica del akasha»: simultáneamente se espiritualiza y concreta, a medida que se aleja del presente remontando el pasado. Este proceso es comparable a lo que sucede en otoño con los árboles: las hojas se desprenden del árbol y caen al suelo, y el árbol mismo, reducido a lo esencial de su forma, se destaca con líneas más austeras y precisas sobre el fondo del cielo.

Se trata, en efecto, de un proceso semejante al de la *abstracción*. Así como en este último proceso queda descartado todo lo no esencial, así se da también en la «crónica del akasha» una selección análoga de lo esencial, de donde resulta una crónica espiritualizada, mientras los desperdicios subsistentes, como las hojas muertas, constituyen otra «crónica del akasha», la crónica inferior. Ésta va descendiendo de esfera en esfera para acabar en la esfera subterránea.

La «crónica del akasha», que de primeras aparece como un todo indiviso, se reparte, por tanto, en dos crónicas distintas, situadas en sendas esferas. Ambas crónicas se diferencian sobre todo en su carácter general. La una es esencialmente *cualitativa*, la otra reviste un carácter *cuantitativo*. Esto significa que la crónica superior no retiene sino los hechos simbólicos o típicos *representativos* de toda una serie, prescindiendo de su número, mientras que la crónica inferior consta precisamente de esas series de hechos rechazados por la primera como inútiles.

Así, pues, lo mismo que la memoria lógica se desprende de la memoria automática y la sustituye en la edad madura de la vida individual, la crónica superior se desprende de la «crónica del akasha», ocupando el puesto de lo que se convierte en crónica inferior y desciende a la esfera subterránea. La crónica superior es la memoria inteligente de la historia del mundo. Es el libro de la verdad, que uno puede no sólo leer, es decir, ver, sino incluso devorar, asimilándolo hasta el punto de amargarse las entrañas con él, aunque en la boca es dulce como la miel:

> «Tomé el librito de la mano del ángel y lo devoré, y fue en mi boca dulce como la miel; pero, cuando lo comí, se me amargaron las entrañas» (Ap 10,10).

El segundo libro, el libro del archivo o libro de los hechos, no está vinculado con la iniciación y no puede ser devorado; de él no es posible obtener datos sino por procedimientos como la psicometría, la clarividencia de los médiums o el recurso a los seres con acceso a la región subterránea donde se encuentra.

Hay todavía otro libro, el «libro de la vida» del que habla el *Apocalipsis,* donde se dice:

> «Fueron abiertos unos libros, y luego se abrió otro libro, que es el de la vida; y los muertos fueron juzgados según lo escrito en los libros, conforme a sus obras» (Ap 20,12).

El libro de la vida es la *tercera* «crónica del akasha», que corresponde a la memoria moral de la vida individual del hombre. Sólo contiene lo que posee valor eterno, lo digno de vivir eternamente, lo *digno de resurrección.* Contiene el pasado en la medida en que éste tiene un alcance para el futuro, y éste solamente por cuanto es válido para la eternidad.

Mas no creas, querido amigo desconocido, que la tercera «crónica del akasha» o libro de la vida sólo contiene grandes cosas, y no las cosas de la vida llamada cotidiana u ordinaria. Decíamos anteriormente que nada hay tan insignificante que esté por debajo del valor moral (esto es, eterno), ni tan excelso que esté por encima. Esta crónica comprende, de hecho, muchas cosas juzgadas pequeñas, pero que son grandes en el contexto de la vida moral. Se encuentran en ella, por ejemplo, textos completos de manuscritos confiados por sus autores a los cuatro vientos, con la intención, sin duda, de que fueran a caer en manos de alguien a quien ayudasen a crecer. Registran también sus páginas la oración articulada en su último suspiro por un moribundo tenido por ateo y agnóstico, la plegaria que nadie oyó y nadie esperaba. Allí se ve igualmente el brillo de las diminutas monedas depositadas por las pobres viudas en los cepillos de los templos, y tantas otras cosas juzgadas insignificantes por el mundo.

El libro de la vida es, pues, la memoria moral del mundo. No contiene los pecados ya perdonados y expiados. Todo perdón y toda expiación provocan un cambio en ese libro o tercera «crónica del akasha». *Por ello se modifica constantemente,* se escribe y vuelve a escribir cada día. Porque así como en la memoria moral del individuo se borran las cuentas pendientes de quienes han sido perdonados y se olvidan conscientemente, así también los pecados perdonados y expiados se borran del «libro de la vida». La memoria divina los *olvida.*

La tercera «crónica del akasha» o libro de la vida es la esencia del *karma.* Desde la encarnación de Cristo, el *karma* se ha convertido en asunto del Señor del karma, que es el propio Jesucristo. Éste, en efecto, no sólo *predicó* la nueva Ley que debe sustituir al antiguo «ojo por ojo y diente por diente», sino que la *realizó* a escala cósmica, elevando el libro de la vida por encima de los libros de cuentas de la estricta justicia. El *karma,* por tanto, no es ya únicamente la ley de las causas y efectos que obra de encarnación en encarnación; es ahora sobre todo el medio de salvación, el medio de introducir nuevas anotaciones en el libro de la vida, borrando otras. El sentido cósmico del sacramento del bautismo reside en el acto de pasar el alma del *karma* antiguo, es decir, de la ley de los ajustes de cuentas al nuevo *karma,* la ley del perdón del libro de la vida. Tal es la verdad que confesamos al recitar las palabras del credo: «Reconozco un solo bautismo para el perdón de los pecados.» Efectivamente, perdonar los pecados significa borrarlos de la tercera «crónica del akasha» o libro de la vida.

Las tres «crónicas del akasha» se encuentran en diferentes esferas:

Crónica moral
Crónica lógica
Crónica de los hechos

Sobre todo en la primera crónica, la de los hechos, es donde los entes de las jerarquías de la izquierda, o sea de la estricta justicia, hallan las pruebas de sus acusaciones. Esta crónica constituye el archivo de los fiscales cósmicos.

La segunda, la crónica lógica, es, por así decirlo, el conjunto de los informes resultantes del debate milenario entre fiscales y defensores cósmicos: entre las jerarquías de la izquierda y las de la derecha, entre el bien y el mal. Esta crónica indica a cada momento, el *equilibrio* existente en el mundo entre el bien y el mal.

La tercera crónica es la fuente de la fuerza serena de las jerarquías de la derecha; contiene las razones de la solidez de su fe en la justicia de la causa de la evolución del mundo y la humanidad, así como en la suprema salvación universal. Esta crónica se refiere a la resurrección, la reintegración de los seres, mientras que la segunda es la historia del equilibrio –*karma* del mundo– entre el bien y el mal; y la primera, la de los meros hechos, proporciona puntos de apoyo a los argumentos de las jerarquías de la izquierda que no creen en la humanidad y la acusan de todo cuanto puede ser objeto de reproches.

Leibniz enunció la fórmula clásica del optimismo filosófico más radical:

> «Éste es el mejor de todos los mundos posibles»[3].

Este optimismo básico de un hombre que fue manifiestamente desgraciado en su vida personal resultaría incomprensible si no se tuviera en cuenta su experiencia nocturna de la tercera «crónica del akasha». Aquí hemos de hacer notar que ciertas individualidades (su número carece de importancia) son a veces admitidas a la lectura del libro de la vida, es decir, les es mostrada durante el sueño, por la gracia del guardián de ese libro, la tercera «crónica del akasha». Tales hombres han de olvidar dicha experiencia en su conciencia diurna, pues ésta no podría soportar el peso suplementario de parejo conocimiento; pero les queda su resumen psíquico, prenda de la fuerza de una fe optimista como la que tuvo Leibniz. Esta fe optimista era el residuo, en su conciencia diurna, del conocimiento nocturno ya olvidado.

Puede también suceder que alguien viva la experiencia nocturna de la lectura de la segunda «crónica del akasha» y que de ella salga con la inquebrantable convicción, como la formuló, por ejemplo, Friedrich Schiller, de que «la historia del mundo es el juicio del mundo»[4]. O, dicho de otro modo, la historia del mundo es el juicio perpetuo o *karma*.

No sólo existen distintas «crónicas del akasha», sino que además pueden experimentarse o leerse de *distintas maneras*. Es posible *ver* la crónica, *oírla, estar sentado* en ella o *sumido* en ella. Esto quiere decir que algunas partes de la crónica pueden ser vistas, u oídas como una obra dramática o musical, o incluso convertirse en elemento integrante o estructural del espíritu y el alma del sujeto. Éste se identifica con la crónica, que a su vez vive y actúa en él. No otro es el significado del pasaje del *Apocalipsis* de san Juan donde se dice que un libro fue devorado, previa la advertencia del ángel:

> «Te amargará las entrañas, pero en tu boca será dulce como la miel» (Ap 10,9).

---

3. *Die Theodizee I*, 8, Hamburgo ²1968, p. 101; trad. cast., *Teodicea*, 1928.
4. F. Schiller, *Resignation (Auch ich war in Arkadien geboren...)*.

Es característico, en efecto, que la experiencia *intuitiva* de la segunda «crónica del akasha» lleve consigo un estado de depresión psíquica, en razón de la gravedad de su contenido, pero también que esta depresión se transforme en gozo tan pronto como la experiencia intuitiva es captada y comprendida por la inteligencia, es decir, en cuanto llega a ser palabra articulada. Resulta entonces, «en la boca, dulce como la miel».

Aún hemos de añadir que, sea cual fuere el modo como se realiza la lectura de la «crónica del akasha», se trata siempre de partes o fragmentos de la misma, ya que ningún espíritu humano –ni siquiera desencarnado– podría soportarla en su totalidad. Habría que tener la talla espiritual del arcángel Miguel para ser capaz de soportar toda la segunda «crónica del akasha», y la del querubín guardián de la puerta del Paraíso para cargar con todo el peso de la tercera.

Consiguientemente, las experiencias de la «crónica del akasha» por las que han pasado ocultistas, esotéricos, místicos y herméticos son siempre parciales. Por regla general, la extensión soportable es mayor en la experiencia intuitiva, disminuye en la experiencia inspirativa y se limita todavía más en la experiencia visionaria. Fabre d'Olivet[5], por ejemplo, se basó en cierto número de visiones o escenas de la segunda «crónica del akasha». Se trataba de fragmentos –algunas páginas de un extenso libro–, y su especulación intelectual fue la que vinculó entre sí las escenas aisladas de sus visiones y colmó las lagunas entre lo visto y lo no visto. Con toda razón consideró su obra una historia *filosófica* del género humano, ya que lo esencial de la misma era debido a la filosofía, o sea a la interpretación y especulación intelectuales. Sería un grave error considerar el libro de Fabre d'Olivet como una *revelación* o mera exposición de lo leído en la «crónica del akasha». Encuéntranse en él no sólo pasajes influidos por las preferencias del autor, sino también prejuicios (contra el cristianismo, entre otros), lo cual por lo demás no le quita el mérito de haber sido el «ángel de la tradición» a principios del siglo XIX y de haber evocado –salvado, quizá– algunos aspectos importantes de la tradición hermética. Él fue, en efecto, el primero en elevar la historia al plano del hermetismo, con una visión nueva hasta entonces. El aspecto místico –la gran obra alquímica, la obra interior del hombre nuevo y de la magia sagrada– desempeñó durante mucho tiempo el principal papel en el hermetismo. Gracias a Fabre d'Olivet surgió una corriente de *historia esotérica,* cuyos representantes fueron Saint-Yves d'Alveydre, Blavatsky y Rudolf Steiner, por no citar sino a los más conocidos.

---

5. *Histoire philosophique du genre humain,* Paris 1824, reimpr. Lausana 1974.

Con todo, aunque desde la época de Fabre d'Olivet el tratamiento esotérico de la historia ha experimentado un desarrollo inaudito y se han publicado en este campo obras grandiosas, por ejemplo, *Aus der Akasha-Chronik* (1904-1908) y los capítulos relativos a la historia cósmica en *La ciencia oculta* (Steiner, Madrid 1979; ed. orig. alem. *Geheimwissenschaft im Umriss*, 1910), de Rudolf Steiner; cuanto acabamos de decir acerca de la obra de Fabre d'Olivet se aplica también a sus sucesores. Por vasta que sea su experiencia e impresionantes los frutos de su esfuerzo para hacerla valer, dicha experiencia de la «crónica del akasha» sigue siendo fragmentaria. Cada uno de los autores de la historia esotérica colma las lagunas de su experiencia recurriendo a la inteligencia y erudición de que dispone.

La situación de la historiografía esotérica es hoy tal que no es posible poner las manos en el fuego por una obra en particular; hay que apoyarse en el trabajo colectivo de generaciones y generaciones, es decir, en la *tradición viva*, donde cada cual continúa la obra de sus predecesores, confirma la verdad de éstos, colma sus lagunas y subsana sus errores de interpretación o visión. Nadie debería ya hoy, en el campo de la historia esotérica, volver a empezarlo todo de nuevo, aun cuando fuera el más profundo de los videntes o el más preclaro de los pensadores. Se tratará en adelante no de relámpagos aislados de genio, sino del continuo esfuerzo colectivo de la *tradición*, lo que significa el incremento pausado, pero constante, de la luz cuya aurora fue la obra de Fabre d'Olivet.

Querido amigo desconocido, tú, que lees estas líneas escritas en 1965 tras cerca de 50 años de esfuerzo y experiencia en lo referente al hermetismo, no veas en ellas, te lo ruego, un simple deseo en favor del progreso de la historiografía hermética, sino más bien un testamento que haga de ti el mandatario de esa tarea; con tu propio consentimiento, claro está. Si a ello te avienes, haz lo que creas justo, mas no hagas, te lo suplico, una sola cosa: Fundar una organización, unión, sociedad u orden que se encargue de ese cometido en tu lugar. La tradición vive, en efecto, no gracias a las organizaciones, sino a pesar de ellas. Hay que ceñirse sola y únicamente a la *amistad*, para preservar la vida de una tradición, y no confiarla a los cuidados de esos embalsamadores y momificadores por excelencia que son las organizaciones, excepto la fundada por Jesucristo.

Volvamos ahora a la «crónica del akasha». Ésta puede revelarse en el alma humana, como ves, de dos maneras: agudizándose en forma de flecha, como en las citadas formulaciones de Leibniz y Schiller («Éste es el mejor de todos los mundos posibles», «La historia del mundo es el juicio del mundo»), o en series de cuadros o escenas dramáticas que dan pie a la redacción de voluminosas obras sobre la historia esotérica del mundo y la humanidad. Cualquiera que sea el modo de revelación –compendio máximo o despliegue casi ilimitado–, su *efecto* es siempre igual: optimismo cósmico (la fe de Pierre Teilhard de Chardin) y sentido creciente de la responsabilidad histórica (principal preocupación de Carl Gustav Jung). En otras palabras, el enriquecimiento de tu alma es el mismo, ya tengas la visión de largos pasajes de la crónica en tu conciencia diurna, ya únicamente su resumen psíquico como residuo sumarial de tu experiencia nocturna de la crónica durante el sueño.

La experiencia de la tercera crónica («libro de la vida») tiene siempre por efecto conferir una inquebrantable firmeza a la fe en Dios y en la suprema salvación universal, incluida la del Diablo (la fe de Orígenes).

Toda experiencia de la segunda crónica (la del *karma* del mundo) despierta e intensifica inevitablemente el sentido de la responsabilidad individual hacia el destino universal (base de la creencia en los diez justos que justifican el mundo).

En cuanto a la experiencia de la primera crónica (la película que reproduce el pasado con todos sus detalles), es comparable a la del espionaje organizado: suministra un cúmulo heterogéneo de informaciones útiles e inútiles, cuyo sentido y encadenamiento lógico hay que deducir mediante un trabajo esencialmente idéntico al del periodista avezado o al del historiador que ha sido testigo ocular de acontecimientos recientes. Esta crónica apenas enseña nada; simplemente informa. Proporciona una masa de datos sin selección alguna y, quizá también, sin relación con el problema que interesa. El alma humana con experiencia de la primera crónica se halla y siente perdida ante tal exceso de datos incomprendidos y aun incomprensibles.

He ahí lo esencial de la «crónica del akasha». Y lo esencial de esta esencia es su *magia*, el efecto vivificante y reanimador que produce al hacerse resumen de un resumen, ya que, por extensa que sea la crónica, puede compendiarse en una sola palabra, en un solo sonido mágico. Esta concentración mágica de la «crónica del akasha», de la memoria del mundo, es precisamente la *trompeta* del ángel que figura en el paralelogramo de las fuerzas resucitadoras representado en la lámina del vigésimo arcano del tarot.

La trompeta del ángel es la totalidad de la «crónica del akasha», concentrada en una sola palabra y un solo sonido que despierta, vivifica y resucita. El símbolo de la trompeta se refiere en general a la condensación mágica de los contenidos místicos y gnósticos. Significa siempre la transformación de un mundo de experiencia mística y conocimiento gnóstico en acción mágica. La trompeta, en el simbolismo hermético, denota la mística y gnosis convertidas en magia.

El paralelogramo de fuerzas que obra la resurrección, como lo vemos en el vigésimo arcano mayor del tarot, consta, pues, de las fuerzas siguientes: amor paterno y materno, sonido de la trompeta –o sea resumen mágico de la «crónica del akasha»– y enderezamiento del resucitado. Habiéndonos ocupado de tres de estas fuerzas –amor del padre, amor de la madre y sonido de la trompeta–, nos queda ahora por profundizar meditativamente en la cuarta fuerza, la de la reacción activa ante la acción de las tres fuerzas ya meditadas.

Los problemas aquí planteados se relacionan con el papel del esfuerzo humano (el de las obras y la gracia, en teología) y el alcance de la resurrección: ¿Es ésta completa, abarcando espíritu, alma y cuerpo, o solamente espiritual? Y por último, ¿qué naturaleza tiene el cuerpo resucitado?

Es evidente que el hombre no puede resucitarse a sí mismo. El vigésimo arcano del tarot coincide en este punto con todas las doctrinas religiosas (zoroastrismo, judaísmo, cristianismo e islamismo) sobre la resurrección. El hombre no resucitará por sí solo; será resucitado. ¿De grado o por fuerza?

En otros términos, ¿es la resurrección algo que meramente *le llega* al hombre, sin ninguna participación suya, o es, por el contrario, un acto global que comprende todo el círculo de lo que está arriba y lo que está abajo, incluida la voluntad humana?

Volvamos una vez más a la resurrección de Lázaro en Betania. Allí Jesús, después de conmoverse internamente, llorar y conmoverse de nuevo, y habiendo dado gracias al Padre por haberle escuchado, gritó con fuerte voz: «¡Lázaro, sal fuera!» «Y salió el muerto –dice el Evangelio– atado de pies y manos con vendas y envuelto el rostro en un sudario» (Jn 11,44).

¿Salió Lázaro del sepulcro como un sonámbulo que obedece la orden del hipnotizador, esto es, en virtud de una coacción mágica, o salió porque la voz que acababa de oír había despertado en él todo el amor, esperanza y fe que en ella vibraban, haciéndole experimentar el ardiente deseo de hallarse junto a quien lo llamaba? Éliphas Lévi responde conforme a la segunda hipótesis:

«Los libros sagrados nos indican el procedimiento que ha de emplearse entonces (para llamar el alma del difunto a que vuelva a su cuerpo). El profeta Elías y el apóstol san Pablo lo utilizaron con éxito. Trátase de magnetizar al difunto, poniendo los propios pies sobre sus pies, las manos sobre sus manos y la boca sobre su boca; de concentrar luego la voluntad y llamar al alma escapada para que regrese, haciéndolo con toda la amabilidad y caricias mentales de que uno sea capaz. *Si el operador inspira mucho afecto o un gran respeto al alma del difunto, si el taumaturgo, en el pensamiento que le comunica magnéticamente, puede persuadirla de que la vida le es aún necesaria y de que días felices le aguardan todavía aquí abajo, regresará de seguro, y, para la ciencia ordinaria, esa muerte no habrá sido más que aparente, un simple letargo*»[6].

Según Éliphas Lévi, el afecto y respeto que el Maestro inspiraba al alma de Lázaro, así como la persuasión de que la vida le era todavía necesaria y de que aquí abajo le estaban aún reservadas preciosas experiencias, fue lo que hizo salir a Lázaro del sepulcro. Efectivamente, quien haya tenido alguna auténtica experiencia de la espiritualidad del mundo no puede dudar de que en el milagro de la resurrección de Lázaro no hubo ni sombra de coacción, como tampoco la habrá en el milagro universal de la resurrección de los muertos.

La reacción del resucitado ante el toque de trompeta y el amor paterno y materno constituye, pues, un factor esencial en la resurrección. El acto de enderezamiento del adolescente que resucita, representado en la lámina del vigésimo arcano del tarot, no es, según esto, el resultado semimecánico de la operación efectuada desde fuera, sino un sí libre y consciente del corazón, la inteligencia y la voluntad. Así como Lázaro salió del sepulcro movido por el amor, la esperanza y la fe, así también el adolescente de nuestro arcano –es decir, del ejercicio espiritual cuyo tema es la resurrección– se endereza movido no por el toque de trompeta del ángel y la fuerza de la llamada de sus padres, sino por su propia *reacción* frente a esa llamada y ese sonido: por su amor, esperanza y fe, que responden a la llamada.

El arcano de la resurrección es, consiguientemente, el de la pura moralidad, en contraste con el acto de mera coacción. No se trata de un acto de fuerza –divino, angélico o humano–, sino de la superioridad del orden moral sobre el orden natural, incluyendo en este último la muerte. La resurrección no es un acto de la omnipotencia divina, sino el fruto del encuentro y unión entre el amor, la esperanza y la fe del hombre. En el toque de la trompeta de lo alto resuenan todo el amor, esperanza y fe divinos, además del espíritu y el alma humanos, pero también, a ese toque, todos los átomos del cuerpo humano responden a coro con un sí, lo cual es la expresión libre –el grito del corazón de todo el ser y de cada átomo en particular– del amor, la esperanza y la fe del hombre y de la naturaleza que él representa. El hombre, en efecto, representa a la naturaleza frente a Dios y representa a Dios frente a la naturaleza. Por eso, al dirigirnos al Padre que está en los cielos, decimos:

---

6. É. Lévi, *La clef des grands mystères*, Paris 1861, p. 237.

«Venga a nosotros tu reino, hágase tu voluntad así en la tierra como en el cielo.»

¿De qué serviría rogar al Padre todopoderoso para que venga su reino y se haga su voluntad en la tierra como en el cielo, si no fuéramos nosotros el lazo de unión entre él y la naturaleza, si en ésta reinara todavía el Padre, si no hubiera cedido este reino a otros y si en la tierra no se hicieran más voluntades que la suya?

La tierra —esto es, la naturaleza— es dada por el Padre a los seres humanos, libres, como campo donde se ejerce su libertad. Y sólo a esta libertad le asiste el poder y el derecho de dirigir al Padre, en su propio nombre y el de toda la naturaleza, la plegaria:

«Venga a nosotros tu reino, hágase tu voluntad así en la tierra como en el cielo.»

Esta oración significa: Deseo tu reino más que el mío, porque es mi ideal; y tu voluntad es el verdadero corazón de mi voluntad que suspira por la tuya, camino que mi voluntad busca, verdad a la que aspira y vida de la que vive. Esta plegaria no es sólo un acto de sumisión de la voluntad humana a la divina, sino sobre todo expresa el hambre y sed de unión con la voluntad divina; no se relaciona con el fatalismo, sino con el amor.

San Agustín, a quien debemos el admirable dicho de que «Dios es más yo que yo mismo», *sabía* rezar la oración dominical. Porque hay oración y oración. Se aprende a rezar la oración dominical poco a poco, haciéndose cada vez más consciente de lo que de veras está en juego. Por eso la oración dominical que figura en la misa de la Iglesia católica tras los ritos iniciales, la lectura de la epístola y el evangelio, la oblación del sacrificio y la consagración, y antes de la participación en el sacrificio (comunión), se halla introducida por las siguientes palabras:

«Fieles a la recomendación del Salvador y siguiendo su divina enseñanza, nos atrevemos a decir: Padre nuestro...»

Con esto se da a entender que la oración dominical exige una instrucción y formación previas, pues para formular genuinamente sus preces hay que haber comprendido que nuestra voluntad sólo es libre de veras en unión con la de Dios y que Dios no actúa en la tierra sino por medio de nuestra voluntad libre y libremente unida con la suya. Los milagros no son pruebas de la omnipotencia divina sino de la omnipotencia de la *alianza* entre las voluntades divina y humana. Por ello, quien predique sin más la omnipotencia de Dios estará sembrando el ateísmo para el futuro, porque hace a Dios el responsable de las guerras, campos de concentración y epidemias tanto físicas como psíquicas de que ha sufrido y sufrirá todavía la humanidad. Y tarde o temprano se llegará a la conclusión de que Dios no existe, ya que su omnipotencia no se manifiesta donde sin duda alguna tendría que manifestarse. El movimiento marxista-comunista no posee en realidad más argumento para negar la existencia de Dios que la falta de intervención directa de la omnipotencia divina. Este argumento es la repetición del de los magistrados y soldados de antaño contra la divinidad de Cristo, cuando decían ante el Crucificado:

> «"A otros salvó; que se salve a sí mismo, si él es el Cristo de Dios, el elegido." También los soldados se burlaban de él y, acercándose, le ofrecían vinagre y le decían: "Si tú eres el rey de los judíos, ¡sálvate!"... Uno de los malhechores colgados le insultaba: "¿No eres tú el Cristo? Pues ¡sálvate a ti y a nosotros!"» (Lc 23,35-39)

No obstante, el otro malhechor crucificado comprendió que no era la omnipotencia lo que estaba en juego sino el amor, y dijo:

> «"Nosotros con razón (sufrimos), porque nos lo hemos merecido con nuestros actos; éste, en cambio, nada malo ha hecho." Y decía: "Jesús, acuérdate de mí cuando vengas con tu reino"» (Lc 23,41-42).

«Tu reino», es decir, el reino del amor y no el de la mera omnipotencia.

Es, por tanto, muy peligroso predicar la omnipotencia de Dios y dejar luego que los fieles se las arreglen con los conflictos internos que no tardarán en experimentar. El ruego de la oración dominical «Hágase tu voluntad así en la tierra como en el cielo» nos guarda, si se entiende bien, de convertir la omnipotencia divina en baza única de la fe. Nos enseña que la voluntad de Dios no se hace en la tierra como en el cielo y que es menester que la voluntad humana rece –se una con ella– para que se haga.

Pasa lo mismo con la resurrección. Ésta no es un acto unilateral de la omnipotencia divina sino el acto resultante de la unión de *dos voluntades:* la divina y la humana. No es, pues, un acontecimiento como si dijéramos mecánico según el esquema voluntad activa-instrumento, sino un *acontecimiento moral,* efecto de la libre unión de dos voluntades libres. ¿Qué clase de efecto es éste?

La resurrección es la síntesis de la vida y la muerte o, si se utiliza la terminología aceptada por el hermetismo contemporáneo, la «neutralización del binario vida-muerte». Esto significa que, después de la resurrección, el resucitado puede actuar como si estuviera vivo y que, al mismo tiempo, se encuentra liberado de los *lazos* terrenales, como si estuviera muerto. Cristo resucitado aparecía en medio de sus discípulos y a continuación desaparecía; por otra parte, comía con ellos (Jn 20,19-23.26-29; Jn 21,9-13; Lc 24,15-32.36-43). Se materializaba y desmaterializaba a voluntad. Entraba por puertas cerradas y comía «pez asado» (Lc 24,42-43). Era, pues, libre como un espíritu desencarnado y podía actuar –mostrarse, hablar y comer– como una persona encarnada.

Mas hay algo, un rasgo singular, que el relato evangélico menciona en varias ocasiones: Cristo resucitado era difícil de reconocer, apenas se parecía al Maestro con quien los discípulos estaban tan familiarizados. Tanto es así que María de Magdala lo tomó por el jardinero, los discípulos de Emaús no lo reconocieron sino al partir el pan; los otros discípulos tampoco lo reconocieron de primeras, junto al lago de Tiberíades, y sólo después de hablar con ellos Juan descubrió su identidad y dijo a Pedro: «¡Es el Señor!»

«Cuando Simón Pedro oyó "Es el Señor", se puso el vestido... y se lanzó al mar» (Jn 21,7).

¿Por qué todo eso? Porque Jesucristo resucitado no tenía edad: no se asemejaba al Jesús del día del Calvario, ni al del bautismo en las aguas del Jordán. Así como apareció transfigurado en la cima de la montaña donde habló con Moisés y Elías, así ahora aparecía transfigurado después de su resurrección. El Resucitado no era sólo la síntesis de la vida y la muerte, sino también la de la juventud y la edad madura. A quienes lo habían conocido a los treinta y los treinta y tres años les resultaba difícil reconocerlo ahora: lo veían unas veces mayor, otras más joven. Esto nos lleva al fondo mismo del problema del *cuerpo de la resurrección*.

La ciencia moderna ha llegado a comprender que la materia sólo es energía condensada, lo que por lo demás ya conocían alquimistas y herméticos hace miles de años. Tarde o temprano la ciencia descubrirá también que lo que hoy llama energía no es sino fuerza psíquica condensada, y esto la conducirá por fin a darse cuenta de que toda fuerza psíquica es únicamente condensación de la conciencia, es decir, del espíritu. Se sabrá entonces con certeza que no andamos gracias a la existencia de las piernas, sino que las piernas existen gracias a la voluntad de movimiento, siendo ésta la que les ha dado forma para que le sirvieran de instrumento. Se sabrá igualmente que el cerebro no engendra la conciencia, sino que es su utensilio o herramienta para actuar.

Nuestro cuerpo físico es, pues, un instrumento compuesto de la voluntad de actuar y de percibir. Su génesis es vertical:

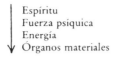

Desgraciadamente, esta vertical se halla atravesada por una horizontal que traba al espíritu en su libertad para modelarse, por condensación de las fuerzas psíquicas y de la energía, un instrumento material conforme a su tarea y misión. Si nuestro cuerpo físico fuera únicamente producto de nuestro espíritu, constituiría la herramienta perfecta de nuestra libertad espiritual. Mas no es así, por desgracia, ya que la línea vertical de la condensación está atravesada por la línea horizontal de la *herencia:*

Tal es la cruz de la existencia humana en la tierra. La herencia introduce entre el espíritu individual libre y su instrumento de acción (el cuerpo) un elemento extraño, un factor capaz de modificar considerablemente el proceso vertical espíritu-fuerza psíquica-energía-órganos materiales. *Otra voluntad* viene a mezclarse en el proceso de formación del instrumento de acción del espíritu individual, de suerte que el cuerpo se convierte también en instrumento de la voluntad colectiva de los antepasados.

Sea cual fuere el *mecanismo* de la herencia, lo esencial de la transmisión de los caracteres físicos y psíquicos de los antepasados a los descendientes lo constituye la *imitación* voluntaria o involuntaria de un modelo preestablecido en lugar del acto puramente creador *de la nada*, por así decirlo, o sea en lugar de la mera creación sin modelo externo.

Imitar o crear: he aquí la opción y prueba de toda alma a punto de encarnarse. Hay almas fuertes, creadoras, y almas débiles, imitadoras. Cuanto más fuerte es un alma, más se independiza del influjo casi hipnótico del modelo que le proponen las generaciones precedentes de la familia donde ha decidido encarnarse. Por eso un alma fuerte, encarnada, manifiesta en su personalidad psicofísica menos rasgos calcados de los padres, siendo en general menos representativa de una familia, pueblo o raza que de sí misma. Es más individualidad que tipo. Al contrario, el alma débil se transforma en una especie de individuo que parece ser mera copia de sus padres.

En el primer caso podrá decirse que, en vista de la insuficiencia de datos disponibles sobre la estirpe del sujeto, «han prevalecido los genes de un antepasado lejano e ignoto». Pero, dígase lo que se diga, es indiscutible que hay casos en que la herencia queda reducida al mínimo, y otros en que se revela casi omnipotente.

La herencia, en lo orgánico, evidencia una imitación análoga a la de los niños en el plano psíquico, cuando aprenden a hablar, a adquirir los hábitos útiles y a desarrollar las primeras cualidades sociales. Si el niño aprende a hablar imitando a sus padres, este proceso no es sino continuación de la práctica anterior y más profunda, que consistía en imitar el sistema nervioso, el circulatorio y la estructura muscular y ósea durante la fase prenatal de formación del organismo en el útero materno.

Todo hombre encarnado es, por consiguiente, el producto de dos fuerzas modeladoras: la fuerza de imitación o herencia y la fuerza creadora o autorrealización de la individualidad eterna. El hombre encarnado es a la vez representante de sus antecesores e individualidad que sólo se representa a sí misma.

Puede también decirse que el hombre encarnado resulta de dos herencias: la herencia horizontal y la herencia vertical, siendo ésta la huella de la individualidad de lo alto y aquélla el vestigio de los antepasados de aquí abajo. Ello significaría que el hombre es fruto de *dos* imitaciones, horizontal y vertical; para llegar a ser lo que es, ha tenido que imitar a sus antepasados y a la imagen de sí mismo allá arriba. En definitiva se trata de la herencia que se remonta al arquetipo (o antepasado de los antepasados) de la terrestre, *Adán,* y de la herencia que se eleva hasta el Padre que está en los cielos, *Dios.*

Por eso es tan importante permitir que la luz del dogma de la Inmaculada concepción nos persuada de su verdad, ya que en él está en juego la línea vertical de la herencia *Dios-hombre.* El verbo hecho carne, que habitó entre nosotros (Jn 1,14), presupone descender de arriba, en lugar de ser producto de las generaciones precedentes. De ahí la promesa:

«A todos los que lo recibieron les dio poder de hacerse hijos de Dios, a los que creen en su nombre; los cuales no nacieron de sangre ni de deseo de hombre, sino que nacieron de Dios» (Jn 1,12-13).

¿Es posible pregonar más alta y claramente el restablecimiento de la herencia vertical *Dios-hombre?*

Ahora bien, el cuerpo de la resurrección es el de la libertad perfecta, la manifestación perfecta de la individualidad misma, sin las trabas de la herencia. No es, pues, un instrumento utilizado por el alma, como ésta no es un instrumento del que se sirve el espíritu. La noción misma de instrumento presupone una relación casi mecánica entre el dueño y su útil: la voluntad del dueño emplea el útil sin que éste dé su consentimiento, ni aporte nada, ni participe de manera consciente y voluntaria en la acción. La relación entre el alma y el cuerpo resucitado es distinta. En la resurrección hay que concebir la relación entre espíritu, alma y cuerpo como reflejo de la Santísima Trinidad, es decir, como reposición de la imagen y semejanza de Dios. Esto denota que la relación entre espíritu, alma y cuerpo corresponderá, al resucitar, a la que existe entre Padre, Hijo y Espíritu Santo. El hombre será trino y uno como Dios es trino y uno. Su individualidad eterna será la unidad básica de su espíritu, alma y cuerpo. El cuerpo resucitado constituirá, por tanto, una de las tres personas de la trinidad humana análoga a la Trinidad divina. Será la persona de acción de la individualidad, como el espíritu y el alma serán respectivamente la persona de corazón y la persona de contemplación. En suma, el cuerpo de la resurrección será el *realizador mágico* de la individualidad que contempla la eternidad por medio de su espíritu y hace de ella calor y luz en su alma.

En el cuerpo de la resurrección no habrá, pues, nada mecánico ni automático. No será un conjunto de útiles prefabricados de una vez para siempre con miras a que los utilice la voluntad. En otras palabras, no tendrá órganos ya constituidos e invariables. No, el cuerpo de la resurrección será absolutamente plástico y creará para cada acción el órgano que le convenga. Será ya una luz radiante, como la que experimentó san Pablo en el camino hacia Damasco, ya una corriente de calor, ya un soplo de frescor vivificante, ya una luminosa forma humana, ya una forma humana encarnada. Porque el cuerpo de la resurrección será *una voluntad mágica que condensa y dilata*. Representará, lo repetimos, la síntesis entre la vida y la muerte, pudiendo actuar aquí abajo como un ser vivo y, a la vez, gozando de libertad respecto de los vínculos terrestres, como un muerto.

¿Será una nueva creación, un don súbito y gratuito de Dios? Para responder a esta pregunta hay que profundizar en la idea que tenemos del cuerpo. En general, lo concebimos como una cantidad de materia tomada de la naturaleza y organizada para que sirva de instrumento a la acción y de escenario del desarrollo de la vida psíquica hasta su desintegración, es decir, la muerte. «Todos han salido del polvo, y todos vuelven al polvo» (Ecl 3,20). Si sustituimos el término bíblico «polvos» por la expresión moderna «multitud de átomos», la fórmula del Eclesiastés da buena cuenta, todavía hoy, de nuestra idea general del cuerpo, creamos o no en la inmortalidad del alma. Materialistas y espiritualistas están de acuerdo en aceptar la evidencia empírica de la completa desintegración del cuerpo individual.

Tal no es, sin embargo, la idea que del cuerpo se hace el hermetismo. Éste admite el hecho de la desintegración material del cuerpo, pero niega la conclusión sacada de ahí, según la cual el cuerpo individual queda, al morir, completamente aniquilado. El hermetismo defiende la tesis de que *el cuerpo es en esencia tan inmortal como el alma y el espíritu,* de que la inmortalidad es triple y el hombre *entero* es esencialmente inmortal. La inmortalidad del cuerpo, como la entiende el hermetismo, difiere, por supuesto, de la inmortalidad relativa que le conceden la biología (reproducción y herencia) y la ciencia físico-química (conservación de la materia y energía). Para el hermetismo, se trata de la supervivencia de los *cuerpos individuales,* y no de la supervivencia de la especie o de la conservación de la materia amorfa.

Según el hermetismo, la esencia del cuerpo no es ni la materia que lo compone ni la energía que en él se produce, sino la voluntad que sirve de fundamento a la materia y la energía. Y esta voluntad es indestructible, porque existe antes de que naciera el cuerpo, y sin ella el nacimiento —en el sentido de encarnación, esta vez— no sería posible. Hay, a decir verdad, una diferencia esencial entre el nacimiento como encarnación y el nacimiento como propagación de la especie. El primero se adapta a la *individualidad* que se encarna, mientras que el segundo tiende a la reproducción, sin más, de los padres y antepasados, prescindiendo de la individualidad que va a encarnarse; es, por así decirlo, una carta blanca que invita a cualquier individualidad a encarnarse, adaptándose a las condiciones y facilidades que le proporciona la herencia. El nacimiento como encarnación se rige, pues, por la ley de la *vertical,* mientras que el nacimiento como propagación de la especie obedece a la ley de la *horizontal.* Aquél se orienta a la *individualidad* de arriba, éste a la *especie,* raza o familia, es decir, al pasado de abajo. En el primer caso la individualidad *se encarna,* en el segundo *cae* en la encarnación. Ello significa que la individualidad, cuando su encarnación se rige por la ley de la vertical, desciende consciente y voluntariamente para nacer en un medio donde es deseada y esperada; en cambio es arrastrada al nacimiento por la corriente general de atracción terrestre cuando su encarnación depende de la ley de la horizontal. El nacimiento como encarnación presupone el acuerdo consciente del querer de la individualidad de arriba y de la voluntad que lo recibe abajo. Por eso todos los nacimientos-encarnaciones son *anunciados* de antemano, es decir, van precedidos por el conocimiento de la individualidad que está a punto de encarnarse, conocimiento que viene ya de la intuición directa, ya de la manifestada en sueños, ya finalmente de la revelación a través de una visión experimentada en estado de vigilia por los futuros padres. Así, no sólo la Encarnación divina fue anunciada a María por el arcángel Gabriel, sino que también la de Juan Bautista le fue anunciada a su padre Zacarías, como la de Isaac lo fue a Abraham y Sara (Gén 17,16-19), la de Siddharta (Gautama Buda) a su madre Maya y a su padre Suddhodana, rey de Kapilavastu, la de Krishna a su madre Devaki, etcétera.

Sea cual fuere la diferencia entre los modos de anunciación previa de esos nacimientos-encarnaciones, así como entre el alcance de los mismos o la importancia de las individualidades en cada caso particular, se da un denominador común, a saber, la ley que rige la encarnación de la individualidad o nacimiento bajo el signo de la vertical, la cual ley exige que los dos extremos de la línea vertical –arriba y abajo– coincidan en un libre acuerdo volitivo. Por ello todo nacimiento-encarnación implica dos sucesos: la revelación de la voluntad de lo alto, o *anunciación*, y el acto de *consentimiento* de la voluntad de abajo. Estos dos sucesos, por distintos que sean en cuanto al modo, alcance y circunstancias psicológicas y externas de cada caso, corresponden a las siguientes fórmulas de la salutación angélica:

«El ángel del Señor anunció a María.»

Y

«He aquí la esclava del Señor, hágase en mí según tu palabra» (Lc 1,38).

Ambas fórmulas podrían muy bien encabezar todos los casos analógicos de nacimiento-encarnación, esto es, de nacimientos regidos por la ley de la vertical.

Resulta, pues, que el cuerpo, sobre todo en armonía con la individualidad y no con la estirpe, es obra del querer de la individualidad que desciende para encarnarse, actuando de acuerdo con la voluntad que lo recibe aquí abajo. Esta voluntad unificada es lo que constituye el *núcleo indestructible e inmortal del cuerpo*. Es la piedra filosofal que dispone la materia y energía prestadas por la naturaleza de modo que se adapten a la individualidad y que ésta llegue a ser su huella. Un cuerpo así individualizado devuelve a la naturaleza en el momento de su muerte, es cierto, las sustancias y energías que le fueron prestadas, pero su principio activo, su energía y voluntad formadora, sobrevive.

En el recuerdo viviente, el recuerdo-voluntad formadora del cuerpo nacido, y como nacido, bajo la ley de la vertical. Inspirado por el astro amoroso, escribía un poeta:

> «Te asemejarás, empero, a esta impureza,
> a esta horrible infección,
> ¡estrella de mis ojos, sol de mi naturaleza,
> ángel mío, mi pasión!
> »¡Sí! Tal serás, graciosa reina mía,
> tras los últimos sacramentos,
> cuando vayas, bajo grasas flores y la hierba fría,
> a enmohecer entre huesos.
> »Entonces, beldad mía, ¡di a los vermes,
> cuando te coman a besos,
> que conservé la forma y la divina esencia
> de mis amores descompuestos!»[7]

El autor de estos versos no será el único, ciertamente, en conservar «la forma y la divina esencia» del cuerpo de su amada. Hay todavía alguien más, alguien superior a él y cuyo amor es más grande que el suyo, que las conservará por toda la eternidad. Porque si el amor del amante guarda «la forma y la divina esencia del cuerpo descompuesto de la persona a quien amaba, con mayor razón Dios, que es el amor mismo, guardará la forma y esencia divina de ese cuerpo. Y esto es lo que volverá a la vida en la resurrección.

El cuerpo que ha de resucitar va preparándose, pues, a lo largo de las épocas. Cada encarnación humana se efectúa según la *ley de la cruz*, es decir, a la vez en la vertical y la horizontal. En realidad, sólo la proporción entre la vertical de la encarnación y la horizontal de la herencia –la preponderancia de la vertical sobre la horizontal o viceversa– determina el carácter de una encarnación particular en uno u otro sentido. Por eso el crecimiento del cuerpo de la resurrección es gradual. Va madurando de encarnación en encarnación, aunque, en principio, es posible que una sola encarnación baste. De hecho, sin embargo, suelen necesitarse varias encarnaciones para llevar el cuerpo de la resurrección a su madurez.

¿Qué destino le está reservado al núcleo indestructible, a esa «forma y divina esencia» del cuerpo, después de la muerte? ¿Sube con el alma y el espíritu al mundo espiritual, dejando aquí abajo sus despojos mortales?

La muerte, la desencarnación, significa la separación, por parte del alma y el espíritu, del cuerpo físico, incluido su núcleo indestructible

---

[7]. Ch. Baudelaire, *Les fleurs du mal*, en *Oeuvres complètes*, t. I, Paris 1975, XXIX: *Une charogne*; trad. cast., *Las flores del mal*, Alianza, Madrid 1982.

o cuerpo de la resurrección. Mientras que el alma y el espíritu, acompañados de la vitalidad (cuerpo vital o etéreo) y las fuerzas psíquicas (cuerpo astral: hábitos psíquicos, deseos, carácter y disposiciones psíquicas), suben al mundo espiritual, el cuerpo de la resurrección desciende en sentido opuesto, o sea abajo, hacia el centro de la tierra. Al haber sido en vida voluntad activa, su descenso es provocado por la distensión gradual de la voluntad. Ésta se repliega cada vez más en sí misma, mientras antes se concentraba en la tarea de hacer y mantener el cuerpo físico conforme al alma y al espíritu de la individualidad encarnada.

Este replegarse del cuerpo de la resurrección después de la muerte es lo que se entiende por descanso, al hablar de los difuntos.

«Acuérdate también, Señor, de tus siervos y siervas que nos precedieron con la señal de la fe y *duermen* –¡descansan!– *el sueño de la paz.*»

Tal es la plegaria llamada Memento de difuntos en el ordinario (es decir, la parte inmutable) de la misa católica. El descanso a que aluden tantos epitafios y el sueño de la paz de la oración por los difuntos no se aplican ni a los santos (que son activos, obrando curaciones y ayudando, después de morir, a los que aún viven) ni a las almas del purgatorio (que no duermen ni descansan en su estado de dolor), sino a los núcleos indestructibles de los cuerpos de los difuntos. Así, el pecado de Saúl, al evocar por medio de la maga de Endor al difunto profeta Samuel, no consistió en hacer que el alma inmortal de Samuel descendiera a la tierra, sino en obligar al cuerpo indestructible del profeta a que *subiera* desde el lugar de su descanso:

«La mujer (la maga) dijo: "¿A quién debo invocar para ti?" Él respondió: "Evócame a Samuel"... El rey le dijo: "...¿qué has visto?" La mujer respondió a Saúl: "Veo *un espectro que sube de la tierra*"... Samuel dijo a Saúl: "¿Por qué me perturbas haciéndome subir?"» (1Sam 28,11.13.15).

Asimismo, en el relato de san Mateo acerca de la muerte de Jesús, no se trata ni de almas descendidas de lo alto ni de fantasmas –restos abandonados y electrizados de pasiones y hábitos de los difuntos–, sino de cuerpos resucitados de santos, que surgieron o «salieron de sus sepulcros»:

«Jesús, dando de nuevo un fuerte grito, exhaló el espíritu. Y he aquí que el velo del santuario se rasgó en dos, de arriba abajo; tembló la tierra y las rocas se hendieron. Se abrieron los sepulcros, *y muchos cuerpos de santos difuntos resucitaron.* Y, saliendo de los sepulcros después de la resurrección de él, entraron en la Ciudad Santa y se aparecieron a muchos» (Mt 27,50-53).

El Evangelio es clarísimo en este punto: son los *cuerpos de los santos* los que salieron de los sepulcros abiertos y se aparecieron a numerosas personas en Jerusalén, y no sus almas descendidas del cielo las que se revelaron a los habitantes de la Ciudad Santa. Por otra parte, aquellos cuerpos de santos no eran materiales; de lo contrario se habrían dirigido en procesión a Jerusalén, en lugar de *aparecerse* allí. El Evangelio subraya que se trataba de cuerpos de *santos* y no de cualesquiera difuntos. Esto significa que tales cuerpos eran cuerpos de la resurrección que ya habían alcanzado un grado suficiente de madurez.

Tocante a la resurrección de Lázaro (el séptimo milagro del *Evangelio de san Juan*), constituye el único caso de milagro *triple:* evocación del alma del difunto para devolverlo a la vida terrena, curación del cuerpo, que llevaba ya cuatro días en el sepulcro y «hedía» (Jn 11,39), y evocación del cuerpo de la resurrección del mismo Lázaro para reunirlo con el cuerpo material y curado. Las tres frases de Jesús acerca de su amigo –«Lázaro está enfermo», «Lázaro duerme», «Lázaro está muerto»–, mencionadas en el Evangelio (Jn 11), se refieren precisamente a ese triple milagro: curar, despertar y resucitar.

La asunción de la Santísima Virgen fue el acontecimiento excepcional donde no tuvo lugar la separación del cuerpo, es decir, donde no hubo muerte tal como nosotros la conocemos. El cuerpo de la resurrección no se separó del cuerpo material y del alma para descender al «lugar del descanso, del sueño de la paz», sino que permaneció unido al alma y al cuerpo material para subir, juntamente con el alma, al mundo espiritual. El cuerpo material no se descompuso; quedó del todo absorbido por el cuerpo de la resurrección. Se desmaterializó y espiritualizó hasta el punto de hacerse uno con el cuerpo de la resurrección, unido a su vez inseparablemente con el alma de la Santísima Virgen. De hecho, el sepulcro de María quedó vacío. La tradición es exacta a este respecto. Sería inútil buscar la tumba terrestre de la Santísima Virgen; no la encontraríamos en ninguna parte, puesto que no existe. Hay sólo un lugar *designado* para que en él descansara su cuerpo, pero que nunca se utilizó con este fin.

El misterio de la asunción de la Santísima Virgen no es idéntico al de la resurrección. Ésta constituye el último acto del drama de la caída y redención de la humanidad, mientras que la asunción se relaciona con la historia del espíritu, alma y naturaleza no caídos. No se trata de la reintegración de un ser caído, sino del destino del ser que surgió en el mundo caído sin que jamás llegara a tocarlo el pecado original y la caída correspondiente: del ser *virginal,* en el sentido más profundo de la palabra.

La Santísima Virgen es, pues, la naturaleza virgen, el alma virgen y el espíritu virgen desde los albores del mundo, todo ello reunido y manifestándose en una sola persona humana: María, hija de Joaquín y Ana. Santa María es al mismo tiempo persona humana y entidad cósmica: la sabiduría (*ḥokmah, sophia, sapientia*) de Salomón, la «virgen luminosa» de la *pistis-sophia* gnóstica, la «virgen del mundo» *(kore kosmou)* de los antiguos herméticos, la *shekinah* de los cabalistas. El diálogo entre el arcángel Gabriel y María durante la anunciación tiene alcance cósmico, a la vez que humano y angélico. En nombre de la Santísima Trinidad divina el arcángel anunció la inminente Encarnación, y en nombre de su triple y santa naturaleza virgen –Madre, Hija y Alma santa– María dio la respuesta que influyó definitivamente en la historia del mundo:

«He aquí la esclava del Señor, hágase en mí según tu palabra.»

La «naturaleza naturante» *(natura naturans)* y la «naturaleza naturada» *(natura naturata)* no caída respondieron a un mismo tiempo con las palabras de María: ¡Diálogo eterno entre la voluntad creadora y la voluntad ejecutora, donde el fuego divino se vuelve luz, la luz se convierte en movimiento y el movimiento en forma, todo ello proyectado en el tiempo y condensado en el diálogo entre el arcángel y María!

La asunción de la Santísima Virgen no fue, por consiguiente, ni una desencarnación en el sentido de separación entre el alma y el cuerpo, ni una resurrección como reunión del alma con el cuerpo resucitado, sino la convergencia de la corriente de la vida, que abarca espíritu, alma y cuerpo, hacia arriba, hacia el mundo espiritual: la subida al cielo del ser integral de la Santísima Virgen.

De cuanto hemos dicho se desprende que la resurrección es la reunión de los espíritus y almas de los difuntos con sus cuerpos inmortales –cuerpos de la resurrección–, que se despertarán al toque de trompeta de lo alto y subirán a encontrarse con las almas que descienden, uniéndose entonces a ellas para no volver ya nunca a separarse. Así dará comienzo la encarnación eterna o época de la historia cósmica llamada en la Biblia «la Ciudad Santa, la nueva Jerusalén» (Ap 21,2).

La resurrección universal ofrece, con todo, otro importante aspecto que ha dado al vigésimo arcano mayor del tarot –el Juicio– su nombre tradicional. Aunque la lámina únicamente representa la resurrección, se la denomina «el Juicio», por ser el juicio final, en la tradición una parte esencial de la resurrección de que hablamos. La tradición hace algo más que asociar la resurrección al juicio final: los ve como idénticos, como dos facetas de un único acontecimiento. ¿Por qué esta identificación?

La resurrección es la victoria final no sólo sobre la *muerte*, como separación de alma y cuerpo, sino también sobre el *sueño*, como separación entre el alma y el mundo de la acción, y sobre el *olvido*, como separación entre la conciencia del mundo y los recuerdos del pasado. Esto quiere decir que, además de la reposición de la unidad integral del ser humano –espíritu, alma y cuerpo–, la resurrección denota el restablecimiento de la continuidad ininterrumpida de su actuación y de su conciencia, o sea el restablecimiento de la totalidad de su memoria. Ahora bien, el resurgir de la memoria completa de todo el pasado equivale, para la conciencia al juicio final, donde ese pasado se revisa a la luz de la conciencia moral. Esta conciencia –es decir el alma– se juzgará a sí misma. Y entonces descubrirá que es culpable de todas las acusaciones de infracción a la ley divina, que vive en su conciencia completamente despierta. No habrá entonces ni una sola alma que pueda justificarse ante su propia conciencia lúcida. Tal justificación no dependerá de ella, sino de Dios.

Se dará, pues, en primer lugar, el asentamiento de la igualdad absoluta de todos los miembros de la comunidad humana en la conciencia de sus errores y culpas. Esta conciencia será la misma para todos: grandes iniciados, príncipes de la Iglesia, jefes de Estado y simples trabajadores, en las esferas del esfuerzo humano que fueron las suyas.

Esta gran experiencia futura de la igualdad humana, a la luz de la conciencia despierta, se encuentra ya prefigurada en la preparación a la misa (ritos iniciales), y en particular en la oración común del *Confiteor* (Yo confieso), cuando tanto el sacerdote como cada uno de los fieles presentes dicen:

> «Yo confieso ante Dios todopoderoso y ante vosotros, hermanos, que he pecado mucho de pensamiento, palabra, obra y omisión. (Todos se golpean el pecho tres veces mientras pronuncian lo que sigue.) Por mi culpa, por mi culpa, por mi gran culpa.»

Este rito, que tiene por objeto despertar la conciencia de todos y cada uno, es al propio tiempo el de la absoluta igualdad humana ante la ley divina que actúa en la conciencia. Prefigura la igualdad del juicio final.

Éste será, pues, esencialmente, la experiencia, por parte de la humanidad, de la conciencia despierta y del total restablecimiento de la memoria. La propia humanidad se juzgará a sí misma, asumiendo el papel de acusador. Dios no acusará a nadie; se limitará a absolver, justificar y perdonar. En respuesta al acta de acusación, que consistirá en la rememoración completa del pasado del género humano, Dios abrirá el libro de la vida, es decir, mostrará lo que llamábamos la tercera «crónica del akasha», el panorama de la memoria divina que retiene del pasado del hombre todo cuanto es digno de la eternidad. Tal será el alegato divino en el juicio final, su acto de indulgencia, absolución y perdón. El juicio final constituirá el sacramento de la penitencia de dimensiones cósmicas que abarcará la confesión y absolución universales. Sólo los impenitentes se excluirán de la gracia de la absolución universal, aunque es difícil imaginar la impenitencia en esa situación. Orígenes, en todo caso, no pudo hacerlo, y por eso creía que todo el mundo, incluidas las jerarquías del mal con Satán a la cabeza, sería salvado. ¿Estaba o no en lo cierto? A guisa de respuesta, formularé dos preguntas:

1. ¿Hay en el mundo una sola persona o grupo de personas que sepa a ciencia cierta quién será impenitente en ese futuro lejano?

2. ¿Hay en el mundo una sola persona o grupo de personas que pueda autorizadamente precisar los límites de la misericordia y amor de Dios, o enunciar y decretar que el amor de Dios llega «hasta ahí» y nada más?

Estas dos preguntas van dirigidas a quienes se estiman capaces de afirmar que Orígenes se equivocó al creer en la salvación universal. Si en apoyo de su aserto citan la escritura –los Profetas, el Evangelio y el *Apocalipsis*–, que habla del destino de los condenados, tengan también en cuenta que ni los Profetas, ni el Evangelio, ni el *Apocalipsis* consideran inevitable para nadie ese destino.

Dicen solamente que *si* los pecadores humanos y jerárquicos se revelan impenitentes, *si* su conciencia no se despierta de aquí al fin de los tiempos, *si* las almas pecadoras se niegan definitivamente a aprovechar las incontables ocasiones que les serán brindadas para convertirse al bien, *en tal caso* conocerán la suerte descrita por la Escritura como destino de los condenados. En otras palabras, la suerte de los condenados es bien real, pero nadie queda por ello excluido de la salvación. No es el temor al infierno, sino el amor a Dios y al bien lo que debe motivar la elección de las almas.

El juicio final será, por tanto, la crisis suprema. El vocablo griego que significa «juicio» es *krisis*. Con razón dice Friedrich Schiller: «La historia del mundo es el juicio del mundo.» Con esto quería dar a entender que es una crisis continua, cuyas etapas están constituidas por las épocas históricas. El juicio final será, pues, el punto culminante de la historia. Será a la vez el fin, el sentido y el resumen de la historia, la historia condensada, *la* crisis presente en todas las crisis particulares de la humanidad. Por eso Jesucristo, centro de gravitación moral y espiritual de la historia, estará allí. Su segundo advenimiento será la manifestación objetiva de lo que la historia representa. En este sentido será Jesucristo el juez en el juicio final. Su sola presencia pondrá de relieve todo lo que no es como él, todo lo que para la conciencia despierta es incompatible con él. No se limitará, decimos, a estar presente, sino que participará de manera activa en el juicio final, como juez. Mas juzgará como él lo entiende: no acusará, ni condenará, ni impondrá penas, sino dará fuerzas a las almas que pasan por la prueba del despertar de la conciencia y la memoria completa. El juicio de Cristo es el consuelo de quienes se juzgan a sí mismo y el mandato eterno a quienes juzgan a los demás:

«El que de vosotros esté sin pecado, arroje la primera piedra» (Jn 8,7).

Así juzgó Jesucristo durante su vida, así sigue juzgando y así juzgará el día del juicio final.

Nuestra meditación sobre el vigésimo arcano del tarot, el de la resurrección y el juicio final, llega a su término. No porque hayamos dicho todo lo esencial, sino porque la esencia de lo esencial ha sido tratada dentro de los límites de un arcano, límites a los que debemos atenernos para llevar a buen fin estas meditaciones sobre los arcanos mayores del tarot. Resumimos, por tanto, lo expuesto.

La resurrección es la operación mágica, a la vez divina y humana, donde el amor divino y el amor humano triunfan del olvido, el sueño y la muerte. Porque el amor jamás olvida, vela siempre y tiene mayor fuerza que la muerte. En la resurrección, el espíritu y el alma del hombre descienden de lo alto y se reúnen con su cuerpo inmortal, que sube a su encuentro. El amor del Padre hace que desciendan, en la encarnación eterna, las almas y los espíritus; el amor de la Madre hace subir los cuerpos de la resurrección, que descansaban en su seno materno.

El hombre resucitado será la imagen y semejanza de Dios; será *trino y uno*, como Dios es trino y uno. Los tres principios del hombre –espíritu, alma y cuerpo– constituirán la trinidad humana según el modelo de la Santísima Trinidad; habrá tres personas y su unidad básica será la individualidad humana.

La resurrección es al mismo tiempo el juicio final, como lo dan a entender las palabras de san Pablo:

«La obra de cada cual quedará al descubierto; la manifestará el día, que ha de revelarse por el fuego. Y la calidad de la obra de cada cual, la probará el fuego. Aquel cuya obra construida sobre el cimiento resista recibirá la recompensa. Mas aquel cuya obra quede abrasada recibirá el daño. Él, no obstante, quedará a salvo, pero como quien pasa a través del fuego» (1Cor 3,13-15).

Carta XXI

EL LOCO

El arcano del amor

«¡Nadie se engañe! Si alguno entre vosotros se cree sabio según este mundo, hágase necio, para llegar a ser sabio; pues la sabiduría de este mundo es necedad a los ojos de Dios» (1Cor 3,18-19).

«La locura es una disposición que impide captar la verdad»[1].

«La conciencia se ve harto fácilmente sometida a influjos inconscientes, y éstos son bien a menudo más certeros y sabios que el pensamiento consciente... Personalidad no implica necesariamente conciencia. Aquélla puede estar dormida o soñar»[2].

Querido amigo desconocido:

Te debo en primer lugar una explicación por haber cambiado –de modo arbitrario aparentemente– el orden de las láminas de los arcanos mayores del tarot situando el arcano «el Loco» –o «el Tonto»–, que no lleva ningún número y corresponde por tanto al cero, a continuación del arcano XX, «el Juicio», y ello pese a que el número XXI, en el tarot de Marsella, lo lleva la lámina del arcano «el Mundo».

He aquí los motivos no del cambio de número de la lámina sino de que hayamos colocado la *meditación* del arcano «el Loco» después

---

1. Platón, *Definiciones.*
2. C.G. Jung, *Bewusstsein, Unbewusstes und Individuation*, en *Ges. Werke*, t. 9, 1, Olten-Friburgo 1976, p. 299, 301.

de la del vigésimo arcano, «el Juicio», y antes de la meditación del arcano XXI, «el Mundo»:

La razón principal es que la meditación sobre el arcano «el Loco» no puede cerrar la serie de meditaciones sobre los arcanos mayores del tarot, serie que constituye una escuela de entrenamiento espiritual, un sistema orgánico de ejercicios espirituales. En efecto, la meditación sobre este arcano no es apta, *como ejercicio espiritual*, para resumir toda la serie de 21 meditaciones sobre el tarot y desempeñar el papel de acorde final en la sinfonía que representa la experiencia posibilitada por el simbolismo del tarot.

Hay todavía otras razones para este cambio. Una es la que menciona Paul Marteau en su libro[3], donde escribe:

«Esta lámina no va precisada por ningún número, pues habrían tenido que ponerle 0 ó XXII. No puede ser 0, ya que entonces el Loco representaría lo indefinido universal, cuando de hecho es móvil y simboliza un paso de la evolución. Por otra parte, no es posible asignarle el número XXII, dándole así el carácter de dos pasividades que indican inacción, lo que es absolutamente contrario a la actitud del personaje figurado en la lámina.»

Otra razón es la siguiente: En San Petersburgo (Rusia) había, hace aproximadamente cincuenta años, un grupo de esotéricos compuesto por la flor y nata de la *intelligentsia* de la ciudad. Este grupo estaba internamente jerarquizado, dándose en él los grados de martinista, templario y rosacruz. Tratábase, propiamente hablando, de una escuela teórico-práctica con tres cursos o clases: curso primario (martinista), secundario (templario) y superior (rosacruz). La dirección de la escuela estaba en manos del profesor de matemática especial del Colegio de pajes *(Pageskii korpus)* de San Petersburgo, G.O. Meubes. A raíz de la revolución bolchevique –que por supuesto acabó con dicho grupo y sus actividades–, el autor de estas líneas se encontró con algunos de los miembros dispersos del grupo y se hizo amigo de ellos. Como la amistad era genuina, es decir, basada en una confianza mutua y sin reservas, los miembros más selectos, los rosacruces, le transmitieron cuanto sabían y le contaron todo lo relativo al trabajo de su asociación, incluidas sus crisis y experiencias dolorosas. Esto sucedía en 1920.

Fue entonces cuando el que escribe estas líneas quedó hondamente impresionado al enterarse de lo fructuosa que puede resultar la labor colectiva sobre el tarot para el estudio, investigación, ejercicio y adelantamiento en el campo esotérico, y ello a pesar de haber ya estudia-

---

3. P. Marteau, *Le tarot de Marseille*, París 1949, 1977, p. 93.

do, en 1917, la magistral obra del ingeniero Shmakov, *Velikiye arkany taro* (Los arcanos mayores del tarot) –volumen dos veces más grueso que, por ejemplo, *Le tarot des imagiers du moyen âge* de Oswald Wirth (París 1927) o *Le tarot de Marseille* de Paul Marteau–, así como el libro de P.D. Ouspensky[4], también acerca del tarot. Efectivamente, todo el trabajo del grupo martinista-templario-rosacruz se basaba en el tarot, que guiaba e inspiraba a sus miembros en el estudio de la cábala, magia, astrología, alquimia y hermetismo. Esto daba a la totalidad de sus actividades una coherencia y unidad orgánica excepcionales. Cualquier problema de cábala, magia, astrología, alquimia, etc., era allí tratado en relación con un arcano particular del tarot. Así, por poner un ejemplo, al meditar sobre las 22 letras del alfabeto hebraico para averiguar su sentido cabalístico a la luz de que cada letra de dicho alfabeto, cabalísticamente entendida, correspondía a un determinado arcano mayor del tarot.

Ahora bien, al arcano «el Loco» se le atribuía la letra *shin*, que es la vigésima primera del alfabeto hebreo. Decíase que era la letra del arcano del Loco, a lo que se añadía en tono confidencial: El *nombre esotérico* del arcano «el Loco» es «Amor».

La doctrina y experiencias de aquel grupo de esotéricos de San Petersburgo viven hoy en el alma del autor de estas cartas sólo como un impulso general recibido en su juventud para profundizar en el simbolismo del tarot. (De hecho, apenas se ha inspirado hasta ahora en aquellas enseñanzas para redactar sus cartas, habiéndosele revelado el tarot, durante los 45 años que siguieron, con una nueva luz y superando ampliamente en alcance y profundidad lo que entonces aprendió del grupo de San Petersburgo.) Hay, con todo, una excepción, que es la que acabo de citar: el arcano del Loco (o Tonto) corresponde a la letra hebrea *shin;* lleva por tanto el número 21 y su nombre esotérico es *el Amor.*

He ahí por qué, querido amigo desconocido, la meditación sobre el arcano del Loco viene inmediatamente después de la del Juicio y antes de la del arcano del Mundo. Además de las razones que se refieren al orden del trabajo meditativo sobre el tarot y al significado del número 21, tenía que rendir homenaje a aquel grupo de esotéricos de San Petersburgo que conocí a principios de siglo.

Examinemos primeramente la lámina. Representa a un hombre en traje de bufón, que camina apoyándose en un bastón y lleva un hatillo suspendido de un palo que apoya en su hombro derecho. Mientras camina, un perro le ataca por detrás, desgarrando sus calzas. El hom-

---

[4]. *Ein neues Modell des Universums*, Weilheim Obb. 1970, p. 203-236: *Die Symbolik des Tarock* (1911-1929).

bre lleva también un gorro amarillo rematado por una borla roja, así como un cuello azul cuyas puntas terminan en cascabeles. Sus calzas son azules y sus escarpines encarnados. Viste un jubón rojo con mangas amarillas, por las que salen sus brazos, de color azul. De su cinturón, amarillo, penden cascabeles. En suma, se trata del traje tradicional de los bufones o locos de las cortes medievales.

El Loco camina de izquierda a derecha. Sostiene el bastón con la mano derecha y el palo del hatillo, sobre su hombro, con la izquierda. Tiene la cabeza vuelta hacia la derecha en un giro de tres cuartos. Es, pues, el Loco de tendencia a la derecha, el Loco del bien, y no el del mal, lo que también se pone de manifiesto en el hecho de no defenderse contra el perro, al que podría fácilmente rechazar con su bastón.

¡El Loco del bien! Bastan estas palabras para evocar la figura pálida y macilenta de Don Quijote de la Mancha, el caballero andante que hacía reír a todo el mundo, el idealista que mereció durante su vida el epíteto de «el Loco» y después de su muerte el de «el Bueno».

¡Oh Don Quijote! Surgiste de las páginas de la novela de Miguel de Cervantes como personaje literario, pero cobraste luego una vida singular, mil veces más intensa y real que la de la figura literaria. Generación tras generación sigues viviendo en la fantasía de los hombres, como experiencia casi visionaria. Al crepúsculo, en un país árido y rocoso de atormentados perfiles, cuando las sombras comienzan a alargarse, ¿no se ve acaso la aparición de tu forma espigada, tiesa, montada sobre un enteco rocín?

Fantasía, visión... ¿qué digo? Se te encuentra a menudo en difíciles momentos históricos, semejantes al adusto y torturado paisaje donde los corazones se endurecen y las nucas se atirantan. Eres tú, es tu voz la que resuena con más fuerza que el redoble de los tambores junto a la guillotina un día de termidor o fructidor del año 2 ó 3, lanzando desde lo alto del cadalso el grito de ¡Viva el Rey! antes de que tu cabeza cortada ruede por el suelo. Eres tú también quien, en presencia del populacho revolucionario y vociferante, arrancaste del muro y desgarraste el cartel rojo que anunciaba al pueblo de San Petersburgo el alba de una nueva era en Rusia... para al instante ser acribillado por las bayonetas de los guardias rojos. Y tú, una vez más, quien declaraste en voz bien alta a las autoridades militares alemanas de los Países Bajos, ocupados en 1941, que Alemania, al ocupar esos países, infringía los convenios de La Haya firmados por ella treinta años atrás.

Don Quijote de la Mancha *actúa*. Cervantes no lo inventó; lo describió tal y como lo vio en Castilla cuando se estaba poniendo el sol de la caballería. Don Quijote existía y actuaba mucho antes de que naciera su autor, como sigue existiendo y actuando después de él.

Porque vive de siglo en siglo, y su vida de arquetipo continúa revelándose en el transcurso de las edades para muchas personas y de muchas maneras. Cervantes lo pintó como caballero andante, y los imagineros anónimos de la edad media nos lo presentan como el Loco o el Tonto del tarot. La imagen del Loco es medieval, con toda evidencia. Mas la idea, el arquetipo, el arcano, ¿qué origen tiene? ¿Griego? Es posible. ¿Egipcio? Lo admito. ¿Aún más antiguo? ¿Por qué no?

Las ideas, los arquetipos, los arcanos, no tienen edad. Sólo su representación, su imagen simbólica, puede atribuirse a una época determinada. Y esto se aplica no solamente al Loco, sino también al Mago, la Papisa, la Emperatriz, el Emperador, el Papa, el Enamorado, el Carro, la Justicia, el Ermitaño, la Rueda de la Fortuna, la Fuerza, el Colgado... Los arcanos del tarot son, efectivamente, algo más que símbolos y ejercicios espirituales: son entidades mágicas, arquetipos activos de iniciación.

Además de Don Quijote, otros personajes inquietan la imaginación del mundo occidental: Orfeo, el judío errante, Don Juan, Till Eulenspiegel, Hamlet, Fausto.

Orfeo es el dolor de verse arrancado del alma adorada por obra de la muerte, dolor llevado a tal extremo que se convierte en magia capaz de vadear el río del olvido, el sueño y la muerte, que separa los difuntos de los vivos. Orfeo está siempre presente allí donde el amor de un alma arrebatada por la muerte no se conforma con el recuerdo piadoso y resignado, sino que anhela encontrarla y volver a reunirse con ella más allá del umbral de la muerte. Tal fue el amor de Orfeo por Eurídice, y tal el amor de Gilgamés por su amigo y hermano Eabani. ¿Quién podrá decir cuántos corazones humanos latieron, laten hoy y latirán en el futuro al unísono con el de Orfeo y el del héroe babilónico Gilgamés.

El judío errante o Ahsevero es el arquetipo de la otra inmortalidad, la de la cristalización de que hablábamos en la carta sobre el decimotercer arcano del tarot, la Muerte. Representa el principio y alma de la magia que aspira a la coagulación del cuerpo vital (cuerpo etéreo) hasta el punto de que éste se vuelva piedra, demasiado dura para la guadaña de la Muerte. La fórmula en que se basa esta magia es el polo opuesto de la de la vida y la gracia, a saber: «No eres digno de entrar en mi morada.» La fórmula de la vida y la gracia, contraria a la que acabamos de citar, reza así: «Señor, no soy digno de que entres en mi morada, mas di una sola palabra y mi alma quedará sana.» He ahí, pues, el secreto último y el gran arcano de quienes se tallan a sí mismos en piedra y pretenden, con ese material, edificar el templo de la humanidad (cf. la meditación sobre el decimosexto arcano del tarot, la Torre). Huelga decir que sólo un puñado de ellos lo saben; los demás ni siquiera lo sospechan.

Don Juan no es, sin más, el aventurero libertino e impío que la imaginación popular se representa, sino el hierofante de ese dios pequeño, pero de gran poder, que la antigüedad conocía por el nombre de Eros o Amor. Don Juan encarna la magia de Eros y preside sus misterios en calidad de sacerdote. De lo contrario, si no fuera más que un simple libertino, ¿cómo habría podido ejercer tamaño influjo en la imaginación de poetas como Molière, Corneille, Lord Byron, Lorenzo da Ponte, Mozart (en música) y Alexei Tolstoi? Sobre todo el poema-misterio de este último revela la esencia profunda de Don Juan. Según Alexei Tolstoi, Don Juan no era ni libertino impío, ni pérfido seductor, ni aventurero brutal, sino obediente y audaz servidor de aquella divinidad infantil que ama el impulso, el arrebato y el ardor, a la vez que odia y prohíbe sopesar, medir y calcular conforme a la razón y a sus leyes de utilidad y provecho, de circunspección y respeto a lo convencional, de preponderancia de la cabeza fría sobre el corazón cálido. Empero el amor no sólo tiene su razón de ser, sino también su metafísica, filosofía y mística trascendentes. Para Alexei Tolstoi, Don Juan es algo más que una víctima de los engaños del amor, de ese dios caprichoso en apariencia; habiendo abrazado su filosofía y su mística, es su colaborador consciente, el hierofante iniciado en sus misterios. Por ello se ha convertido en arquetipo, el *arquetipo del amor por el amor,* el enamorado por excelencia.

Don Juan vive por la energía del dominio amoroso y para ella; la alimenta y mantiene como un fuego que jamás ha de extinguirse, porque es consciente del valor de ese fuego y de la misión del mismo en el mundo. En el eterno conflicto entre la ley –derecho, razón humana y divina– y el amor, ha tomado partido por el amor, por lo que requiere de valentía. Y así Don Juan representa una idea, un arquetipo, un arcano. Representa el joven de la lámina del sexto arcano del tarot, el Enamorado, que escogió el fuego del amor como tal y su multiplicidad, en lugar de la unicidad del amor a su eterna alma-hermana, convencido de ello por Babilonia, la mujer que preside los misterios y la magia de Eros.

Till Eulenspiegel (o, más exactamente, Tijl Ulenspiegel), el pícaro flamenco de Damme, cerca de Brujas, héroe de numerosos relatos populares de burlas y travesuras y protagonista trágico de la epopeya de De Coster, es el arquetipo del anarquista revolucionario que no teme rey ni roque, desengañado como está de toda autoridad humana. Es el espíritu de rebelión contra toda autoridad en nombre de la libertad individual, la libertad del vagabundo que nada posee, a nadie obedece, de nada tiene miedo, que no espera ninguna recompensa ni teme ningún castigo, ni en la tierra ni en el más allá. Espíritu guasón al mismo tiempo, que derriba los templos y altares de la humanidad con el toque de su varita mágica: el ridículo. Al tocar las cosas, esa varita las transforma, convirtiendo lo solemne en pomposo, lo emocionante en sentimental, lo audaz en presuntuoso, lo triste en sensiblero, el amor en amorío. Esa varita, en efecto,

«no tiene otro fin que condensar una gran cantidad de fluido, que emana del operador..., y dirigir la proyección de dicho fluido a un punto determinado»[5].

Este fluido condensado del operador es su fe condensada en que todo no es más que una farsa. Till Eulenspiegel es un arquetipo, ya que actúa con su varita siempre y en todas partes, cada vez que una mente satírica se decide a aclarar, por medio del ridículo, las cosas, ideas e ideales a los que otros se aferran. Así, no sólo los versos del poeta del ateísmo militante ruso-bolchevique Demian Bednii, sino también las obras de un escritor y pensador tan respetable como Voltaire, atestiguan la presencia y el influjo de Till Eulenspiegel. Como arquetipo, no obstante, Till Eulenspiegel no es meramente un guasón. Esto sólo constituye un aspecto de su ser. Hay otro más: el del anarquista militante, el del pueblo sencillo que se subleva contra quienes le imponen leyes y le prescriben lo que ha de hacer o no hacer. He aquí un ejemplo reciente:

Los marineros de la flota rusa del Báltico contribuyeron decisivamente al éxito de la revolución bolchevique en octubre de 1917, al abrir fuego con los cañones del crucero «Aurora» contra el último reducto de resistencia de las tropas regulares del gobierno democrático (el batallón de mujeres voluntarias) en el Palacio de invierno de San Petersburgo, del que se apoderaron a continuación. No cabe duda que fueron los héroes incontestables y célebres de la revolución de octubre. Pero es también un hecho incontestable –aunque jamás haya sido celebrado– que esos mismos marineros de la flota báltica se sublevaron de nuevo en febrero de 1921 contra el régimen que habían ayudado a instaurar en 1917. Comenzaron por tomar la fortaleza naval de Kronstadt, a lo que siguió una guerra de asedio sistemático. Tras un mes de sitio, Kronstadt fue invadida por los llamados Cadetes, la flor de los Guardias Rojos.

¿A qué se debió ese cambio radical de actitud de los marineros de la flota báltica? A que en octubre de 1917 combatían por la libertad

---

5. Papus, *Traité methodique de magie pratique*, Paris '1970, p. 204.

anárquica, por los *soviets* (consejos) de obreros, campesinos, soldados y marinos, sin generales, almirantes, ministros ni nadie que estuviera por encima de los *soviets*. Lo que deseaban era el restablecimiento de la comunidad de camaradas que había existido en los siglos XVI, XVII y XVIII y se conocía por el nombre de *Siech de los zaporogos* o cosacos de Ucrania; su ideal era el de una sociedad comunista anárquica. Empero en 1921 cayeron en la cuenta de que les habían engañado. De la revolución de octubre no había resurgido esa comunidad de hermanos y amigos que esperaban, sino el estatismo de un nuevo régimen fuerte, policiaco, dictatorial, gobernado por una camarilla que tenía todos los derechos frente a una masa amordazada. Conscientes del fraude, los marineros de Kronstadt volvieron a recurrir a las armas. Y una vez más fueron invisiblemente capitaneados por Till Eulenspiegel, como antaño lo habían sido las muchedumbres francesas que tomaron la Bastilla y que en 1793 cantaban y bailaban la Carmañola, cuyo autor era él también.

Søren Kierkegaard, el pensador religioso danés que inició la corriente filosófica y psicológica llamada existencialismo, dice:

«En la filosofía moderna se ha hecho mucho ruido, demasiado, en torno a la tesis de que la especulación comienza por la duda. Por mi parte... yo he buscado en vano una respuesta a la pregunta de en qué se distingue la duda de la desesperación... La duda es la desesperación del pensamiento, la desesperación es la duda de la personalidad; por ello insisto tanto en la elección, que se ha convertido para mí en consigna, en el nervio mismo de mi visión de la vida»[6].

La filosofía existencialista de nuestros días difiere, pues, de la tradicional filosofía especulativa en que aquélla se funda en la desesperación, es decir, en la duda de la personalidad integral, mientras la filosofía especulativa se basa en la duda –o desesperación– únicamente del pensamiento. Ahora bien, toda desesperación, toda duda de la personalidad se resume en el famoso dilema de Hamlet: «Ser o no ser.» Pues así como Kierkegaard, el pensador danés, es el autor del existencialismo moderno, así Hamlet, príncipe de Dinamarca, héroe de la leyenda referida por Saxo Grammaticus y del drama de Shakespeare, es el arquetipo exacto del existencialismo, de la desesperación de la personalidad. Es el arquetipo del aislamiento de la conciencia enteramente autónoma, desarraigada tanto de la naturaleza como del mundo espiritual, el hombre situado en el *punto cero,* entre dos campos de gravitación: terrestre y celeste.

La duda es algo más que un estado psicológico de indecisión; es la

---

6. S. Kierkegaard, *Entweder-Oder*, ed. de H. Diem y W. Rest, Colonia-Olten 1960, p. 768s.

permanencia del alma en la esfera intermedia entre ambos campos de atracción, terrestre y celeste, de donde no hay otra salida que la del acto de pura fe, surgido de la propia alma, sin que el cielo y la tierra tengan nada que ver con él. Se trata de un acto de la personalidad libre frente al total silencio de la tierra y el cielo. Hamlet es el arquetipo de esta prueba cuyo desenlace es o el acto de fe o la desesperación y la locura.

El doctor Fausto es la síntesis de las locuras o sabidurías de los *seis* arquetipos de que acabamos de hablar: como Don Quijote, aspira a la realización de grandes proezas; como Orfeo, intenta el regreso de su amada de las tinieblas de la muerte, busca a Helena de Troya, a quien ama con pasión a despecho de los siglos y el umbral de la muerte que de ella lo separan; como Don Juan, «ve a Helena en toda mujer» y busca el «eterno femenino» *(das Ewig-Weibliche)* en los amores particulares; como Ahsevero, se hace rejuvenecer por medio de una tenebrosa magia para comenzar otra vida y una nueva biografía terrena que no venga a ser interrumpida por la muerte, es decir, una nueva encarnación sin desencarnación precedente; como Till Eulenspiegel, se ha deshecho de toda autoridad religiosa, científica y política, y, en compañía de Mefistófeles, se mofa de los frenos morales y otros que obstaculizan la libertad de osar y querer; como Hamlet, finalmente, sufre la prueba de la gran duda existencial de ser o no ser, que en él adopta la forma de «vivir o no vivir».

Además de todo lo que comparte con esos seis arquetipos, Fausto –al menos como lo concibió Goethe– representa todavía otro, un arquetipo eterno: el del hombre tentado y probado que hallamos en la Biblia, *el eterno Job.* Fausto es el Job de la época del humanismo, o sea del alba de los tiempos modernos. Al igual que el Job de la Biblia, es objeto de la apuesta hecha por Mefistófeles a Dios y aceptada por éste. Mas la prueba y tentación de Fausto difieren de las del Job bíblico en que no redundan en reveses de fortuna y desgracias, sino en logros y triunfos. Mefistófeles tenía el poder, concedido desde arriba, de satisfacer todos los deseos de Fausto. Y la prueba en cuestión se reducía a saber si el mundo de lo relativo y efímero conseguiría dejar para siempre satisfecho a Fausto, al hombre moderno salido de la edad media; en saber si todos los goces de aquí abajo, por menudo y globalmente, pueden llegar a adormecer el anhelo humano de lo absoluto y lo eterno, dando al hombre entera satisfacción y felicidad. Job demostró que el dolor que el mundo puede infligir al alma humana es incapaz de arrancarla de Dios; Fausto demostró la misma incapacidad por parte de la dicha que el mundo puede brindar.

Oswald Spengler, autor de *La decadencia de Occidente,* llama al hombre moderno, con toda razón, el hombre «fáustico». Fausto es, en efecto, el arquetipo dominante de la época posterior a la edad media, caracterizada por el enorme incremento del poder de la humanidad sobre la naturaleza y de la facilidad con que satisface sus deseos, aun los de los magos más audaces del pasado: el vuelo por los aires, la visión y audición a gran distancia, el vehículo sin caballos, la evocación de imágenes y sonidos vivos de acontecimientos pretéritos o lejanos, etc. Es como si el príncipe de este mundo hubiera obtenido carta blanca para cumplir uno tras otro todos los deseos de la humanidad contemporánea y demostrarle así, desde su punto de vista, que el poderío y goce del mundo de aquí abajo, esto es, lo relativo y pasajero, pueden hacer que el hombre olvide lo absoluto y eterno, hacerle olvidar a Dios; y, desde el punto de vista de Dios, demostrar a las jerarquías del mal que el hombre es superior a lo relativo y pasajero y que ningún poderío ni goce de aquí abajo podrá jamás satisfacerle. La prueba de nuestra época es la de Fausto. Es la prueba de los deseos satisfechos.

El fenómeno más reciente de nuestro tiempo es el comunismo o, si lo prefieres, el estatismo social y colectivo. Esta ideología persigue abiertamente el fin de satisfacer al máximo las necesidades y deseos del mayor número posible de personas que habitan la tierra. Supongamos que tuviera éxito, por ejemplo, en Rusia. Cada cual dispondrá de una vivienda bien amueblada, con teléfono, radio, televisión, frigorífico, lavadora... ¿Y qué más? Cine, teatro, conciertos, ballet, deportes... ¿Y qué más? La ciencia proporcionará nuevas ocasiones y orientaciones para la actividad, la imaginación y... el deseo. Se visitarán la luna, los planetas... ¿Y qué más? Tendrán lugar inauditas aventuras de experiencia y conocimiento que ni siquiera podemos ahora concebir, como el descubrimiento de la existencia de otros seres inteligentes, de otras humanidades, en remotos planetas... ¿Y qué más? Ya no hay respuesta.

Sí, hay una. Nos la proporciona la parábola del hijo pródigo. ¿Qué valor tienen los televisores, las lavadoras, los aviones supersónicos, las naves espaciales, los planetas, las exploraciones galácticas, en comparación con el abrazo del Padre al regresar su hijo a casa?

La prueba de nuestro tiempo es la del deseo satisfecho. Esto se aplica no sólo a comunistas, capitalistas y materialistas, sino también —no diré a los esotéricos— a ocultistas y magos. También a ellos les afecta la misma prueba.

Claude de Saint-Martin, por ejemplo, tomó parte en las operaciones de magia ceremonial del círculo de discípulos de Martines de Pasqually. Esta magia se le reveló real y eficaz. Y una vez convencido de la realidad y eficacia de la magia ceremonial, volvió la espalda –con pleno conocimiento de causa– a las prácticas mágicas, para abrazar el misticismo de Jakob Böhme, el mundo de las experiencias inefables, de las relaciones entre el alma y Dios. Paso, pues, por la prueba. Los fenómenos mágicos –los «pases»– no consiguieron detenerlo en su movimiento hacia lo absoluto y eterno, mientras su compañero y condiscípulo de otrora, Jean-Baptiste Willermoz, aunque espiritualista y creyente sincero, continuó fiel hasta su muerte a la magia ceremonial y al ritualismo de iniciación.

Éliphas Lévi, autor de una obra sobre el dogma y el ritual de la magia[7], fue sin duda el pionero de la teoría y práctica de la magia ceremonial del siglo XIX. Tuvo el valor –o la audacia– de presentar la magia a cara descubierta, como cosa a la vez real e inteligible, ¡y ello con la moda de la ilustración todavía reciente y en plena era del materialismo! ¿Puede de veras reprochársele falta de valentía? Esto es, sin embargo, lo que hace H.P. Blavatsky, al afirmar que Éliphas Lévi acabó renegando de sus propias doctrinas mágicas y entregándose a la mística cristiana por miedo a que las autoridades eclesiásticas la tomaran con él. La verdad es muy otra: El intrépido mago que evocaba en Londres a Apolonio de Tiana, habiendo superado los límites de la magia ceremonial, se concentró en la mística y gnosis del hermetismo cristiano. Resistió a la prueba de Fausto, al igual que Saint-Martin. Por eso, lo que Saint-Martin escribía a Liebistorf acerca de las razones de su conversión de la magia ceremonial al misticismo se aplica también al caso de Éliphas Lévi:

> «...aquellas iniciaciones por las que pasé en mi primera escuela y que ya hace mucho tiempo he abandonado, para dedicarme a la única que se ajusta verdaderamente a los anhelos de mi corazón... Puedo asegurarle que he recibido, por la vía interior, verdades y alegrías mil veces mayores de lo que jamás me viniera del exterior. No hay más iniciación que la de Dios y su Verbo Eterno que está en nosotros»[8].

Esto mismo vale también para Paul Sédir (Yvon Le Loup), que igualmente se había dedicado a la magia práctica, utilizando para ello durante dos años un gabinete alquilado en la planta baja de un inmueble de la rue de Savoie, 4, en París[9], y era miembro y dignatario de un mínimo de 20 hermandades más o menos secretas (por ejemplo, la orden cabalística de la rosacruz, la Orden martinista, la *H.B. of L.*, la

---

7. *Dogme et rituel de la haute magie*, Paris 1854; trad. alem., *Dogma und Ritual der Hohen Magie*, 2 vols., Planegg, Munich 1927.
8. *La correspondance inédite de L.-C. de Saint-Martin et Kirchberger, Baron de Liebistorf*, Paris 1862, cartas CX y XIX.
9. Ph. Encausse, *Sciences occultes ou 25 années d'occultisme occidental: Papus, sa vie, son oeuvre*, Paris 1949, p. 49.

F.T.L., etc.). Su actividad en este campo había comenzado en 1888, pero en febrero de 1909 se retiró de esas hermandades y renunció a todos los títulos y puestos que en ellas ostentaba, lo cual sorprendió no poco a sus antiguos amigos.

> «Se dio en su vida una circunstancia externa, un acontecimiento solemne y decisivo que le hizo tocar de cerca el vacío de las ciencias y sociedades secretas, situándolo para siempre en la vía del Evangelio»[10].

Este suceso fue su encuentro con Philippe de Lyón. El propio Sédir, en una carta dirigida al «Écho du merveilleux», en mayo de 1910, escribía:

> «En lo que a mí toca, he recorrido con algunos compañeros todos los esoterismos y explorado todas las criptas lleno de ardorosa sinceridad, con la más viva esperanza de tener éxito. Mas ninguna de las certidumbres logradas me ha parecido ser *la* certeza.
> »Manuscritos desconocidos me han sido comunicados por rabinos; no pocos alquimistas me han admitido en su laboratorio; sufíes, budistas y taoístas me han hecho pasar largas veladas en los lugares donde moran sus dioses; un brahmán me permitió copiar sus tablas mántricas; un yogui me inició en los secretos de su contemplación. Pero una noche, después de cierto encuentro, todo cuanto esos admirables hombres me habían enseñado me pareció ser como el tenue vapor crepuscular que se eleva desde la tierra recalentada»[11].

Ese encuentro decisivo que menciona Sédir lo tuvo también Papus, con los mismos efectos irrevocables en lo tocante a la relación entre certidumbres y certeza, entre valores y valor. Mas, siendo médico y teniendo por costumbre considerar el bien de los pacientes que se ponían en sus manos, no abandonó ninguna de las responsabilidades aceptadas en el pasado ni se retiró de ninguna agrupación donde ejercía importantes funciones, por más que su corazón estuviera ya en otra parte. Lo que en él había cambiado era su visión del espiritualismo cristiano, cuya primacía ponía ahora de relieve radicalmente, lo que le valió el reproche, por parte de Robert Ambelain, de experimentar «ternura hacia el catolicismo», y el que los francmasones le aplicaran el inevitable epíteto de «jesuita». Sin embargo, dígase lo que se diga y guste o no, la evolución de Papus es únicamente la prueba fáustica coronada de éxito.

Estos ejemplos, entre otros muchos que podríamos citar, bastan para ilustrar la experiencia de dicha prueba y su índole en la esfera del ocultismo. Todo ocultista ha de pasar por ella. Sólo después de atravesarla, es decir, de conocer la magia arbitraria, descubrirá el ocultista

---

10. Ibid., p. 50s.
11. «Bulletin des amitiés spirituelles», abril 1933, ibid., p. 51s.

la magia divina, la gnosis y la mística del hermetismo cristiano. Entonces se transformará de erudito en sabio, de manipulador mágico en mago, de gnosticista en gnóstico y de amante del misterio en místico. Así sea.

La prueba fáustica y el prototipo humano de Fausto fueron prefigurados en la antigüedad por el personaje –legendario o real, poco importa– llamado Cipriano el Mago, que se hizo cristiano, llegando a ser más tarde obispo de Nicomedia, para acabar muriendo mártir durante la persecución del emperador Diocleciano. He aquí algunos pasajes de la versión copta de su *Confesión* (la leyenda de Cipriano consta de tres escritos: Conversión, Confesión y Martirio):

«Sigue a continuación el arrepentimiento (*metanoia*) de Cipriano el Mago (*magos*), que se volvió cristiano gracias a la virgen Justina, siendo luego obispo en la ciudad de Nicomedia y obteniendo, por fin, la corona del martirio con Justina bajo el rey Diocleciano el 20 de Faopi, en paz. Amén...

»Soy Cipriano, consagrado desde mi adolescencia en el templo de Apolo y a quien desde la infancia instruyeron en las imposturas del dragón. Porque, sin haber llegado aún a la edad de siete años, me dedicaba ya a los misterios de Mitra... Y a los quince años serví a Deméter y marché ante ella en la procesión, llevando antorchas. En cuanto a su hija, a quien llaman "la virgen" (*parthenos*), llevé por ella luto, vestido de ropas brillantes... Fui al Olimpo..., denominado el "monte de los dioses". Me inicié en los secretos de la imagen (*eikon*), en cómo habla, que consiste en la sucesión de ruidos que se producen de ordinario con motivo de la manifestación (*phantasia*) de demonios, cuando se dan a conocer... Y vi también allí coros de demonios, los unos cantando, los otros, al contrario, tendiendo emboscadas, engañando y sembrando la confusión. Y vi surgir ante mí la cohorte de cada uno de los dioses y diosas. Pasé 40 días y 40 noches en aquellos lugares alimentándome solamente de la savia de los árboles, tras la puesta del sol... Al cumplir los 15 años, fui instruido por los sacerdotes, por los siete profetas y por la profetisa del Diablo (*antekeimenos*), con quienes éste conversa boca a boca. Ellos son, en efecto, los que procuran trabajo a cada demonio... El Diablo (*diabolos*) me enseñó cómo la tierra está sólidamente asentada en sus cimientos. Me enseñó la ley del aire y del éter. Visité el mar hasta el Tártaro (*tartaros*). Luego fui a Argos. Celebré la fiesta de Hera, y allí me enseñaron cómo las mujeres son separadas de sus esposos y cómo se fomenta el odio entre hermanos y amigos. Aprendí la unidad del aire y el éter, la manera en que la tierra se asocia con el agua y en que el agua se asocia con el éter. Y viajé también a una ciudad llamada Talis (¿Élida?), sita en el país que lleva por nombre Lacedemonia. Me enteré de los misterios de Helios y Artemisa, de la ley de la luz y las tinieblas, conocí los astros y sus órbitas... A continuación fui al país que llaman de los frigios, de quienes aprendí el arte divinatorio... Conocí también los miembros del cuerpo que hacen un movimiento convulsivo y brusco, los nervios que se contraen, provocando picores, y otros que se enganchan mutuamente; me instruí en el arte de tender una trampa en las palabras, en los números que se obtienen con los dedos, extendiéndolos hacia adelante, y también en los que se escapan de pronto de los labios de los hombres. Creé cosas con mis palabras y comprobé que eran reales... Fui igualmente a Menfis y a Heliópolis... Visité sus lóbregos subterráneos, donde los demonios del aire se reúnen con los demonios que moran en la tierra; me enteré de cómo hacen caer a los hombres en la tentación... y cómo los espíritus (*pneuma*) luchan contra los demonios. Y aprendí a distinguir cuántos arcontes de las tinieblas había y las relaciones que tienen con las almas y cuerpos privados de razón, aun con los peces; y conocí la obra que habían realizado (los arcontes), uno provocando la fuga de un hombre, otro influyendo en la inteligencia para que el hombre se le entregue, otro interviniendo en su memoria, otro inspirándole terror, otro procediendo por astutas artimañas, otro actuando por sorpresa, otro induciendo el olvido, otro fomentando la rebelión de la muchedumbre; asistí también a otros muchos fenómenos similares... Vi las almas de los gigantes presos en las tinieblas, soportando la sombra de la tierra, como quien lleva una pesada carga. Vi cómo los dragones entraban en contacto con los demonios y sentí el gusto amargo del veneno que salía de sus fauces..., del cual se sirven los espíritus del aire para causar todos estos males a los hombres... Vi en aquellos lugares al espíritu de la mentira, con apariencia múltiple; al espíritu de la lujuria, con su triple rostro...; al espíritu de la ira, que es como dura piedra...; al espíritu de la astucia, con un gran número de afiladas lenguas...; al espíritu del odio, semejante a un ciego, con los ojos detrás de la cabeza, huyendo continuamente de la luz...; al espíritu de la maldad, que se presenta como un hueso seco... Vi también la faz de la vanagloria, de la virtud y justicia estériles con las que los demonios engañaron a los filósofos griegos, todas impotentes y sin fuerza. Algunas son como el polvo y otras como las sombras... Los demonios que hacen actuar a los ídolos, induciendo a error a los filósofos griegos, son 365.

»Si quisiera deciros todas estas cosas una a una, tendría que escribir muchos libros; pero os contaré algunas que bastarán para poner en evidencia el ardor de mi impiedad.

»Al llegar a la edad de 30 años abandoné Egipto y me dirigí a la tierra de los caldeos, para aprender cómo es el éter. Aquellas gentes dicen que está por encima del fuego, mas sus sabios pretenden que se encuentra más allá de la luz... Me enumeraron las 365 partes del éter, cada una de las cuales posee su propia naturaleza y entra en contacto con la fuerza de las sustancias materiales que son nuestros cuerpos... Algunas, empero, no obedecen, observando una actitud contraria a la palabra de la luz. Me enseñaron también cómo han sido persuadidas a participar en el designio de los seres materiales, cómo se les ha dado a conocer la voluntad de la luz y cómo obedecen a ésta. Y vi asimismo a los mediadores *(mesites)* que se encuentran entre ellas. Me sorprendió el número de espíritus de las tinieblas que habitan en el aire... Conocí los acuerdos *(diatheke)* que elaboran entre sí, y me extrañó mucho comprobar que se sometían a ellos. Existe en aquel lugar una constitución *(diathesis)*, una buena voluntad *(spoude)*, un mandamiento *(entole)* y un buen juicio que les permiten disfrutar de la vida en común...

»Si queréis creerme, lo vi a él, al Diablo, cara a cara. Le obligué a aparecérseme mediante ofrendas. Os fiáis de mi palabra, le saludé boca a boca. Le hablé y pensó que yo era uno de los grandes que comparecían ante él. Me llamó "joven inteligente, fácil de instruir", y también "pequeño candelero, digno de mi trato"... Dijo: "Te ayudaré por medio de ellas (todas las potencias, *exousiai*) en tu vida *(bios)*." Me tenía, efectivamente, en gran consideración... Cuando estuve a punto de irme, gritó mi nombre: "Oh celosísimo Cipriano, sé hombre fuerte y perseverante en todo lo que hagas"... Y su aspecto era como el de una flor de alegría, adornada de piedras preciosas; llevaba en la cabeza una corona salpicada de esas mismas piedras, cuyo resplandor se esparcía por todo aquel lugar. Y su atuendo *(stole)* brillaba tanto que el sitio donde él estaba se estremecía...»[12]

Viene luego el relato de la conversión propiamente dicha de Cipriano. Aquí tenemos, pues, a un hombre rico en experiencias y conocimientos a quien, como dice Sédir, «después de cierto encuentro»

---

12. Festugière, *La révélation d'Hermès Trismégiste*, I, apéndice 2, París ²1950, p. 374-381.

(con la virgen cristiana Justina), todo cuanto le habían enseñado los sabios de Grecia, Frigia, Egipto y Caldea le pareció «como el tenue vapor crepuscular que sube de la tierra recalentada»; a un hombre que, tras haberse topado cara a cara con el maestro mismo de la sabiduría de este mundo, renunció a ella para entregarse a la sabiduría del amor divino, que es locura para los sabios de este mundo.

En otras palabras, Cipriano, obispo y mártir, metió en un hato la varita, la copa, la espada y el pentáculo mágicos de Cipriano el Mago y, echándoselo al hombro, se puso en camino, sin defensa alguna contra los perros que le atacaban y como bufón ridículo delante del mundo, para llegar... al martirio que le aguardaba. «¡Mirad al loco!», debían decirse sus compañeros de iniciación griegos, frigios, egipcios y caldeos. «¡Mirad al tonto!», exclamaban las gentes instruidas y sensatas de la sociedad de su tiempo. Porque, a sus ojos, Cipriano había vuelto la espalda al principio mismo de la cultura y civilización humanas: el intelecto.

El intelecto, con cuyo genio rector se había encontrado cara a cara. Y este genio le había llamado «joven inteligente, fácil de instruir». El espíritu de «la ciencia por la ciencia» le había hablado «boca a boca» y exhortado a ser «hombre fuerte y perseverante en todo lo que hiciera».

Cipriano se reveló más fuerte que la fuerza de la magia arbitraria y más perseverante que la perseverancia requerida para la ciencia por la ciencia; fue más allá de la voluntad arbitraria y se consagró a la ciencia superior, a la ciencia divina, es decir, la ciencia del amor divino. El paso decisivo que dio no es otra cosa que el arcano del Loco, del tarot. Tal es su sentido y su magia constructiva.

El arcano del Loco –o el Tonto– enseña el arte de pasar de la intelectualidad, movida por el deseo de saber, al conocimiento superior que procede del amor. Trátase de pasar de la conciencia que la literatura teosófica llama «pequeño *manas*» a la conciencia denominada «gran *manas*» o *manas-budhi*, lo que corresponde al paso de la conciencia de sí mismo a la conciencia del «yo, o sí mismo espiritual» *(Geistselbst)* de la literatura antroposófica. Dicho de otro modo, el arcano representado por el Loco se refiere a la transformación de la conciencia personal en conciencia cósmica, donde el yo ha dejado de ser el autor del acto de conocimiento para recibir en adelante el conocimiento sometiéndose a la ley de la pobreza, obediencia y castidad.

Ahora bien, el arcano del Loco puede entenderse de dos maneras distintas: como modelo y como advertencia. Por una parte, enseña la libertad de la conciencia que trasciende las cosas de este mundo, y, por otra, representa un aviso muy claro e impresionante del peligro que lleva consigo esa elevación: despreocupación, insuficiencia, irresponsabilidad, ridículo... En una palabra, locura.

El arcano del Loco tiene, en efecto, esos dos significados. Da a conocer la conciencia trascendente y avisa del peligro que entraña. Trata de las dos clases de sacrificio de la inteligencia *(sacrificium intellectus)*. Ésta puede sacrificarse de dos maneras: puede ser *puesta al servicio* de la conciencia trascendente o puede ser sin más *abandonada*. El hermetismo escoge el primer modo de superación de la intelectualidad, mientras algunos místicos cristianos optan por el segundo. No hay que confundir, sin embargo, estas dos distintas actitudes con el puro éxtasis místico, por una parte, y con la mística llamada sobria, o sea razonable y prudente, por otra.

San Juan de la Cruz experimentó en varias ocasiones éxtasis que llegaban hasta hacerle levitar, lo cual no le impidió escribir tratados de mística cuya claridad, hondura y sobriedad de pensamiento son difícilmente superables. En él, como él mismo lo dice, el intelecto enmudecía ante la Presencia divina y quedaba absorto en ella durante cierto tiempo, antes de volver a ser activa –*más activa*, de hecho–, una vez salido de su inmersión en la luz absoluta, cuya claridad deslumbra la inteligencia y parece sumirla en tinieblas. Mas esta inmersión en las tinieblas de la luz absoluta dejaba una profunda huella en el intelecto, que se veía dotado de nuevas tendencias al contacto con los arcanos de lo alto. Cada éxtasis de san Juan de la Cruz fue, pues, una *iniciación*, es decir, la huella directa de la absoluta verdad de Dios, no en la esfera del pensamiento consciente, sino en la de la voluntad de pensar, que *produce* los pensamientos conscientes.

No se trata, por tanto, de la antinomia éxtasis-crecimiento progresivo de la conciencia. No. En la superación del intelecto hay que escoger entre la decisión de *reemplazar* definitivamente el intelecto por el soplo de lo alto y la de *ponerlo al servicio activo* de ese soplo, produzca o no el éxtasis. Así, un derviche que gira y recurre a la danza para excluir la inteligencia, o un monje budista de la secta zen que permanece en un estado de adormecimiento meditativo durante el cual no medita nada y no hace sino quedarse despierto con la conciencia vacía en espera de una repentina iluminación, este derviche y este monje zen, digo, han hecho su elección: se han resuelto no a superar la conciencia intelectual, sino a prescindir de ella.

Otro es el caso de un monje contemplativo cristiano que medita, por ejemplo, la pasión del Señor, intentando comprenderla, sentirla y ahondar en ella hasta identificarse con la misma, cuando alcanza un estado en que su pensamiento e imaginación se detienen, colmados de luz. Este monje supera el intelecto y la imaginación, que dejan de actuar al llegar a su límite. En realidad, esta parada sólo es aparente, pues así como una rueda que gira a gran velocidad parece estar inmóvil, así también el intelecto y la imaginación de un alma en éxtasis le parecen inmóviles a la conciencia ordinaria, aun cuando estén –o, más bien, porque están– hiperactivos.

Superar el intelecto significa, pues, volverlo hiperactivo, mientras prescindir del intelecto es reducirlo a una total pasividad. Tales son las dos clases, muy diferentes, de sacrificio de la inteligencia *(sacrificium intellectus)*.

El hermetismo, lo repito, profesa la superación activa del intelecto. Por eso abarca no sólo las experiencias místicas, sino también la gnosis, la magia y la ciencia esotérica. Si así no fuera, únicamente consistiría en ejercicios o métodos prácticos para lograr iluminaciones debidas a la supresión de la intelectualidad. Toda la historia del hermetismo en el transcurso de las épocas es, por un lado, la de la continua inspiración de siglo en siglo, y, por otro lado, la de la reacción activa de la inteligencia humana de siglo en siglo.

El vigésimo primer arcano del tarot es, por consiguiente, el del método utilizado por el hermetismo para sacrificar el intelecto a la espiritualidad, a fin de que crezca y se desarrolle en lugar de debilitarse y atrofiarse. Es el arcano de la *coniunctio oppositorum*, el matrimonio de los contrarios, a saber, el de la intelectualidad discursiva y la espiritualidad iluminadora o, en otros términos, la obra alquímica de la unión de la sabiduría humana, que es locura para Dios, con la sabiduría divina, que es locura para los hombres, de suerte que de ahí no salga una doble locura, sino una sabiduría única, constituida tanto por lo que está arriba como por lo que está abajo.

Examinemos primero, para mejor comprender de qué se trata, las fases decisivas que se dan en la relación entre intelectualidad y espiritualidad, entre conocimiento y revelación, en el plano histórico.

San Pablo escribe:

> «Así, mientras los judíos piden señales y los griegos buscan sabiduría, nosotros predicamos a Cristo crucificado: escándalo para los judíos, necedad para los gentiles; mas para los llamados, lo mismo judíos que griegos, un Cristo fuerza de Dios y sabiduría de Dios» (1Cor 1,22-24).

Al decir esto, da cuenta con precisión del estado de cosas en las relaciones entre la intelectualidad pagana y la espiritualidad profética de los judíos, refiriéndose a su época. En efecto, las aspiraciones de los mejores entre los paganos –los filósofos– convergían todas en el *logos* del cosmos, es decir, en la racionalidad del mundo, mientras los dirigentes espirituales del pueblo judío vivían en espera –y de la espera–

del milagro transformador del mundo: la manifestación del poder del rey celestial por medio de su ungido, rey terreno. Los primeros querían entender el mundo; los segundos esperaban su transformación mágica y milagrosa.

La predicación acerca de Cristo crucificado chocaba, empero, con la idea básica de los filósofos de que el mundo entero era la encarnación del *logos,* así como con la tesis fundamental del profetismo judío de que el rey celestial está por encima del mundo y no interviene en los sucesos de aquí abajo sino enviando desde su trono supramundano rayos de su poderío por medio de los profetas, los taumaturgos y el Mesías. Cristo crucificado no satisfacía, pues, ni a quienes deseaban comprender el mundo, ya que sólo era un fenómeno particular entre otros fenómenos del mundo, ni a los que aguardaban la manifestación mágico-transformadora del poder de Dios, dado que la muerte en cruz constituía el fracaso y no el triunfo de ese poder. Escándalo, en verdad, para los judíos y locura para los griegos.

Mas san Pablo no desespera: Cristo crucificado, dice, revela el poderío y la sabiduría de Dios a los llamados, tanto judíos como griegos, lo que significa que la cruz de Cristo sólo puede entenderse mediante la cruz de la revelación (milagro) y de la sabiduría (*logos* inmanente). San Pablo plantea consiguientemente a la humanidad un problema por resolver –o más bien le propone una tarea por realizar–, y desde entonces la historia espiritual del género humano consta de las etapas que van superándose en cumplimiento de esa tarea de unión de la revelación con el conocimiento, de la sabiduría divina con la sabiduría humana. He aquí dichas etapas:

En primer lugar, la mera *oposición,* como la presenta san Pablo:

«Si alguno entre vosotros se cree sabio según este mundo, hágase necio, para llegar a ser sabio; pues la sabiduría de este mundo es necedad a los ojos de Dios» (1Cor 3,18-19).

Luego, esta oposición se convertirá en *paralelismo* admitido y tolerado, una especie de coexistencia pacífica de los campos espiritual e intelectual. La idea básica de este paralelismo de espiritualidad e intelectualidad se encuentra admirablemente formulada en este pasaje del Evangelio:

«Los hijos de este mundo son más astutos con los de su generación que los hijos de la luz» (Lc 16,8).

Paralelismo que se manifestará históricamente en la dualidad, admitida y tolerada, de filosofía y teología.

Más tarde, el paralelismo de que hablamos irá siendo sustituido por la *cooperación* entre la espiritualidad y la intelectualidad. La sabiduría de los griegos –la de Platón y Aristóteles, sobre todo– que en tiempos de san Pablo sólo veía una locura en la predicación sobre Cristo crucificado, se volverá aliada de la revelación. Primero los padres griegos (Clemente de Alejandría y Orígenes, entre otros) y después san Agustín no vacilarían en recurrir al pensamiento platónico; ulteriormente san Alberto Magno y santo Tomás de Aquino darían paso al pensamiento aristotélico en el campo de las verdades reveladas.

A los dominicos, en especial, debe la historia espiritual de la humanidad el acercamiento progresivo entre espiritualidad e intelectualidad, la etapa caracterizada por la escolástica. Ésta significó un gran esfuerzo humano, mantenido en el transcurso de los siglos, con vistas a la cooperación máxima entre espiritualidad e intelectualidad. A la vez que trataba de hacer inteligible la revelación, es decir, captarla con la inteligencia, la escolástica no se servía de esta última sino como medio de apuntalar la revelación merced al pensamiento argumentativo o filosófico. Según la tesis fundamental de la escolástica, la filosofía era «sierva de la teología» *(philosophia ancilla theologiae)*. La inteligencia cooperaba en esto, mas sólo desempeñaba un papel subordinado. La escolástica no logró, pues, llevar a feliz término la obra alquímica de la *fusión* entre espiritualidad e intelectualidad –la obra del matrimonio entre el Sol y la Luna–, de la que resulta un *tercer principio,* llamado en alquimia la «piedra filosofal». Lo que la alquimia espiritual conoce por el nombre de «piedra filosofal» es descrito de la manera siguiente en la *Tabla de esmeralda* de Hermes Trismegisto:

> «Su padre es el sol, su madre la luna; y el viento lo llevó en su seno, la tierra lo alimentó. Aquí está el padre de toda voluntad radical *(thelema)* del mundo entero. Intacta queda su fuerza, una vez vuelta a la tierra. Separarás la tierra del fuego, lo sutil de lo denso, con suavidad y gran destreza. Sube de la tierra al cielo, y de nuevo desciende a la tierra, recibiendo la fuerza de lo superior e inferior.»

Esto quiere decir que los procedimientos de inducción (que sube de la tierra al cielo) y deducción (que desciende a la tierra), de oración (que sube de la tierra al cielo) y revelación (que desciende a la tierra), de esfuerzo humano y actuación de la gracia venida de lo alto, se unen para formar un círculo completo que se va encogiendo y concentrando hasta transformarse en un punto donde ascenso y descenso son simultáneos y coinciden. Este punto es la «piedra filosofal» o principio de identidad de lo humano y lo divino, de humanismo y profetismo, de inteligencia y revelación, de intelectualidad y espiritualidad.

Es, dicho todavía de otro modo, la solución del problema planteado por san Pablo, o más bien la realización de la tarea por él propuesta, al hablar de la Cruz que es locura para los griegos y escándalo para los judíos, pero también «fuerza y sabiduría de Dios para los llamados, lo mismo judíos que griegos» (1Cor 1,22-24).

La misión histórica y evolutiva del hermetismo es hacer progresar la obra alquímica que sigue su cuerpo, la gran obra de la «piedra filosofal» o de la *unión* entre espiritualidad e intelectualidad. El hermetismo tiene por vocación ser punta de lanza del esfuerzo humano de nuestros días que aspira a la fusión de espiritualidad e intelectualidad. Este esfuerzo y esta aspiración exceden del grupo de herméticos propiamente dichos, dispersos por el mundo. Hay con toda probabilidad muchas personas que, sin ser herméticos consagrados, participan en el esfuerzo por llegar a fundir espiritualidad e intelectualidad. Ni Vladimir Soloviev, ni Nicolai Berdiaiev, ni Pierre Teilhard de Chardin, ni Carl Gustav Jung, por ejemplo, fueron herméticos en sentido estricto, a pesar de haber contribuido no poco al progreso de la obra en cuestión. El existencialismo cristiano (Berdiaiev), la gnosis cristiana (Soloviev), el evolucionismo cristiano (Teilhard de Chardin), la psicología de la revelación (Jung) son, en efecto, otras tantas aportaciones inestimables a la causa de la unión entre espiritualidad e intelectualidad. Aunque no hicieran profesión de herméticos, esos hombres sirvieron la causa del hermetismo y se inspiraron en sus mismas fuentes. El hermetismo cuenta, pues, con muchos colaboradores aparte de sus adeptos. El Espíritu sopla donde quiere, mas la tarea de la tradición hermética –sin pretensiones de ejercer monopolio alguno, ¡Dios no lo quiera!– consiste en mantener el antiguo ideal del «*thelema* del mundo entero... (que) sube de la tierra al cielo y de nuevo desciende a la tierra, recibiendo la fuerza de lo superior e inferior».

La tarea del hermetismo es ser el guardián de la gran obra espiritual. Ser guardián entraña dos cosas: primero, el estudio y aplicación práctica de la herencia del pasado; segundo, un continuo esfuerzo creador tendente al progreso de la obra. La tradición, en efecto, no vive sino por cuanto va ganando en profundidad, elevación y amplitud. Su mera conservación no basta. Sólo un cadáver se presta a ser conservado en forma de momia.

La gran obra espiritual, siempre desde el punto de vista histórico, se lleva a cabo merced a la acción simultánea que proviene de dos fuentes opuestas, la de arriba y la de abajo, es decir, la de la revelación continua y la del esfuerzo de la conciencia humana. En otros términos, es el producto de la colaboración entre revelación y humanismo, o entre avatares y budas, por usar el lenguaje de la tradición espiritual indotibetana. Esta tradición espera tanto una nueva ola reveladora, cuyo punto culminante será el avatar *Kalki,* como la manifestación de un nuevo Buda, el *Maitreya.* Al propio tiempo, el islam esotérico *(bāṭin)* –chiísmo y sufismo– espera la parusía del duodécimo imam.

«Éste –el duodécimo imam– al final de nuestro eón, traerá la plena revelación esotérica de todas las revelaciones divinas»[13].

Y los judíos creyentes esperan la venida del Mesías, por no hablar de nuestra espera de la segunda venida de Cristo.

Hay, pues, en el mundo, un ambiente de espera, una espera mantenida, meditada e intensificada a lo largo de los siglos. Si no estuviera alimentada y dirigida desde arriba, esta energía de la espera humana se habría agotado ya mucho tiempo atrás. Mas no se agota; muy al contrario, crece. Y crece, porque su meta es una realidad y no una ilusión. Esta realidad es el cumplimiento histórico de la gran obra de la unión entre espiritualidad e intelectualidad, entre revelación y humanismo, a escala universal.

A escala universal, como decimos, o sea en el plano de toda la historia de la humanidad, esta Obra se presenta así: Acabamos de aludir a las nociones orientales de «avatares» e «imames», por un lado, y «budas», por otro. Los avatares e imames representan personalidades que constituyen puntos culminantes de la revelación de lo alto, mientras los budas (Gautama Buda no fue más que un eslabón en la cadena de budas) son puntos culminantes, en ciertas épocas de la historia humana, no de la revelación de lo alto, sino del despertar de la conciencia humana; la palabra *buddha* significa «el despierto», y *avatāra* se traduce por «descenso»:

«Es el descenso de lo divino por debajo de la línea que separa lo divino del mundo humano o condición humana»[14].

Según esto, si los avatares son *descensos* de lo divino, los budas son *ascensiones* de lo humano. Son puntos culminantes de las etapas del *humanismo* en vías de evolución. La diferencia entre «revelados» (avatares e imames) y «despiertos» (budas) es análoga a la que existe entre «santos» y «justos» en el mundo judeocristiano. Aquí los santos corresponden a los avatares por cuanto representan la revelación de la gracia divina mediante ellos y en ellos, y los justos se equiparan a los

---

13. H. Corbin, *Histoire de la philosophie islamique,* Paris 1964, p. 21.
14. Śri Aurobindo, *Oeuvres complètes,* I: *La Bhagavad-Gita,* Paris 1942, p. 120.

budas por cuanto ponen en evidencia los frutos del esfuerzo humano.

Así, Job no es un santo, sino un justo, uno de esos justos que «mantienen el mundo» gracias a sus méritos. Los justos demuestran lo que vale la naturaleza humana cuando su esencia misma se despierta y revela. Los justos son verdaderos humanistas, flores de humanismo puro. Atestiguan que la esencia de la naturaleza humana está constituida a imagen y semejanza de Dios. Tal fue el testimonio de Job, y también el de Sócrates. El filósofo alemán Immanuel Kant proclamaba insistentemente que, fuera cual fuese el estado de abandono del alma humana respecto a la gracia iluminadora y a la revelación de lo alto, esa alma lleva en sí misma el imperativo *categórico,* la ley moral inmanente (llamada *dharma* por los sabios de la India), que la hace actuar y pensar como si fuera eterna, inmortal y aspirara a la infinita perfección. Kant daba así testimonio de la índole fundamentalmente noble de la naturaleza humana; tal es su aportación a la *fe en el hombre,* sean cuales fueren sus límites y errores en el campo de la metafísica. Pues así como hay dos amores inseparables, el amor a Dios y el amor al prójimo, así hay también dos clases de fe, la fe en Dios y la fe en el hombre, que son igualmente inseparables. Ahora bien, los santos y los mártires dan testimonio de Dios, mientras que los justos dan testimonio del hombre como imagen y semejanza de Dios. Los unos restablecen y refuerzan la fe en Dios, los otros restablecen y refuerzan la fe en el hombre. Y la fe en Jesucristo, el Hombre-Dios, es la que une las dos clases de fe, en Dios y en el hombre, como el amor a Jesucristo une los dos amores, a Dios y al prójimo. En Jesucristo tenemos la unión perfecta entre la revelación divina y el más puro humanismo. Esto quiere decir que en Jesucristo se resumen no sólo todos los avatares, sino también todos los budas del pasado y del futuro, por ser él el *Logos* hecho carne y porque su humanidad realizó el despertar más completo de todo cuanto en ella hay de esencia divina. Jesucristo, en efecto, es la revelación de que Dios es amor y el testimonio de que la esencia de la naturaleza humana es amor. ¿Puede concebirse o imaginarse algo a la vez más divino y humano que el amor? Por eso todos los avatares, incluidos todos los profetas, imames, budas, sabios, iniciados y bodhisattvas, no fueron ni son ni serán más que grados y aspectos de la revelación divina y del despertar humano realizados en Jesucristo.

Esta verdad, evidente para toda persona cuya cabeza y corazón se aúnan en el pensamiento, es decir, para toda persona que se sirve de la *lógica moral,* les resulta, no obstante, muy difícil de entender y aceptar a quienes utilizan la *lógica formal* en el contexto de la historia de la humanidad o en el campo filosófico. Sri Aurobindo, por ejemplo, comenta el siguiente pasaje del *Bhagavadgītā*, relativo a la doctrina de los avatares:

> «Numerosas son mis vidas pasadas, y también las tuyas, oh Arjuna... Aunque yo soy el no-nacido, aun siendo imperecedero en mi existencia propia, aunque soy el señor de todas las existencias, reposo sin embargo en mi propia naturaleza y nazco por mi propio *māyā*. Cada vez que el dharma se disipa y sube la injusticia, yo nazco. Para liberación de los buenos, para destrucción de quienes obran el mal, para poner en el trono la justicia. Nazco de era en era...»[15]

Y dice:

> «Viene el avatar, manifestación de la naturaleza divina en la humana naturaleza, apocalipsis en su calidad de Cristo, Krishna, Buda, a fin de que la naturaleza humana, modelando su principio, pensamiento, sensibilidad y actuación en conformidad con esa naturaleza de Cristo, Krishna, Buda, pueda trasfigurarse en lo divino. La ley, el dharma que determina la encarnación, se da principalmente con este fin: Cristo, Krishna, Buda, cada uno de ellos está en el centro, como arco de entrada, y hace de sí mismo la vía que deben seguir los hombres. Por eso cada avatar presenta a los hombres su propio ejemplo, declarándose vía y puerta; declara igualmente la identidad de su ser humano con el ser divino; declara que el Hijo del hombre y el Padre que está en los cielos y de quien él ha salido son una misma cosa; que Krishna, en su cuerpo humano... y el Señor supremo y amigo de todas las criaturas no son sino dos revelaciones de un solo *puruṣottama* divino, revelado aquí en forma humana y allá en su ser propio»[16].

¡Nada más claro y convincente! Los avatares son, pues, encarnaciones periódicas de lo divino; se encarnan a intervalos regulares para restablecer la ley, lo mismo que los profetas, y son cada vez puertas y vías, hijos de Dios e hijos del hombre, una misma cosa con su Padre que está en los cielos. De todo lo cual deduce Śrī Aurobindo:

> «Cualquiera que sea la forma, nombre o aspecto de lo divino en que venga el avatar, poco importa esencialmente, ya que, de todos modos, variando según su naturaleza, los hombres siguen la vía que les ha sido asignada por lo divino, quien acabará por conducirlos a él, y ese aspecto suyo que conviene a la naturaleza de cada hombre es precisamente el que mejor pueden seguir cuando él viene a conducirlos; sea cual fuere la manera como los hombres aceptan a Dios, lo aman y se gozan de él, de esa misma manera Dios acepta al hombre, lo ama y se goza en él»[17].

¡Todo esto, se dirá, respira pura razón, el más resuelto ecumenismo y la tolerancia universal! Mas esta tolerancia, este ecumenismo y esta racionalidad de la doctrina de los avatares, tal como la profesa Śrī Aurobindo, ¿no son, en principio, idénticos a la racionalidad, ecume-

---

15. *Bhagavadgītā* IV, 5-8.
16. Śrī Aurobindo, o.c., p. 122.
17. Ibid., p. 125s.

nismo y tolerancia manifestados por los dirigentes del Imperio Romano que concibieron la idea de dedicar un templo a todos los dioses, el Panteón? ¿El Panteón, donde Jesucristo tenía reservado un puesto de honor junto a Júpiter, Osiris, Mitra y Dionisos? Porque todos los dioses tienen en común el ser inmortales y superiores a los hombres. Y Cristo ¿no es acaso inmortal, puesto que resucitó de entre los muertos, y superior a los hombres, como lo prueban sus milagros? Pertenece, por tanto, a la categoría de los dioses y tenía derecho a figurar junto a los otros en el Panteón.

Los avatares de Vishnú, en el hinduismo, son teóricamente diez (p. ej. *Matsyavatāra, Varahāvatāra, Narasimhāvatāra, Vamanāvatāra*), pero Rāma y Krishna son los más populares y festejados. En cuanto a Kalkin, el avatar por venir, *Kalki-Purāna* habla de él como del avatar que significará el fin de la edad de hierro y adoptará la forma de un gigante con cabeza de caballo, símbolo que apela a nuestra facultad de profundización meditativa. Śrī Aurobindo sólo menciona, aunque reiteradamente, a Cristo, Krishna y Buda.

Sin embargo, Buda (a quien el hinduismo, es cierto, ha incluido en su panteón, análogamente a como el islam ve en Jesucristo a uno más entre los profetas, el último de los cuales fue Mahoma) no corresponde en absoluto a la característica fundamental de los avatares como la describe Śrī Aurobindo:

> «Cada avatar presenta a los hombres su propio ejemplo, declarándose vía y puerta; declara igualmente la identidad de su ser humano con el ser divino…, que el Hijo del hombre y el Padre que está en los cielos y de quien él ha salido son una misma cosa»[18].

Es un hecho incontestable que el Sākyamuni, el Buda histórico, no declaró jamás la identidad de su ser humano con el ser divino, y todavía menos haber salido del Padre que está en los cielos y ser uno con él. El *Dighanikāyā*, la larga colección de discursos de Buda en pali, lo desmiente en cada página y emplea multitud de argumentos y datos con el único fin de persuadir al lector (u oyente de los discursos de Buda) de que Buda era el *hombre despierto*, es decir, por entero consciente de la experiencia común y ordinaria en la tierra –nacimiento, enfermedad, vejez y muerte–, de donde sacó las conclusiones prácticas y morales que resumió en su vía óctuple. El punto puesto de relieve por el *Dighanikāyā* es que lo que convirtió al príncipe de Kapilavastu en Buda no fue la experiencia extraordinaria de una revelación mística o gnóstica sino el despertarse a una nueva comprensión de la experiencia ordinaria de los hombres, de la condición humana

---
18. Ibíd., p. 122.

como tal. Fue un hombre –y no un mensajero del cielo– quien despertó del sueño de la aceptación pasiva, de la rutina, del asombroso influjo de los deseos pasajeros, de la fuerza hipnótica del convencionalismo humano en su totalidad.

La doctrina de Buda es la de un espíritu humano que cayó en la cuenta, con entera lucidez, de la condición humana en general y de las consecuencias prácticas y morales que de ahí se desprendían. Es el análisis de la realidad de la vida humana y la constatación de los únicos medios derivados de ese análisis llevado a cabo cinco siglos antes de Jesucristo y al margen de la tradición profética irania y judía. La doctrina de Buda es, pues, puro humanismo, y nada tiene que ver con revelaciones de lo alto, como las de profetas y avatares. Así, hay que excluir a Buda de los tres avatares –Cristo, Krishna y Buda– mencionados por Śrī Aurobindo.

Tocante a Jesucristo, no sólo vino «para liberación de los buenos, para destrucción de quienes obran el mal, para poner en el trono la justicia»[19], sino sobre todo para triunfar del mal y la muerte, para hacer que reine el amor.

Jesucristo no es sólo un *nacimiento* divino sino también y especialmente la *muerte* divina, es decir, la resurrección, lo que no es el caso de ningún avatar pasado o venidero. La obra de Jesucristo difiere de la de los avatares en que representa el *sacrificio expiatorio* por la humanidad caída. Esto significa que la humanidad, que antes de Jesucristo solamente podía elegir entre la renuncia al mundo del nacimiento y de la muerte o su afirmación, es puesta en condiciones, a partir del misterio del Calvario, de *transformar* ese mundo, ya que el ideal cristiano es «un cielo nuevo y una nueva tierra» (Ap 21,1), mientras la misión de los avatares consiste en la «*liberación* de los buenos» de este mundo caído, sin ninguna tentativa de cambiarlo. En la obra de Jesucristo se trata de la salvación universal, y no sólo de la liberación de los buenos; es cuestión de la magia y alquimia divinas de la transformación del mundo caído. La obra de Jesucristo es la operación mágico-divina del amor que aspira a la salvación universal mediante la transformación de la humanidad y la naturaleza. Además de Buda, tenemos, pues, que eliminar a Jesucristo de la lista abreviada de avatares que nos ofrece Śrī Aurobindo. Queda únicamente Krishna, que, con Rāma, es el avatar hinduista por excelencia.

Pese a nuestra exclusión de Buda y Jesucristo de la categoría de avatares en que los clasifica Śrī Aurobindo, debemos, con todo, hacer justicia a este autor. Su noción de Jesucristo es, en efecto, infinitamen-

---

19. *Bhagavadgita* IV, 8.

te más elevada y próxima a la verdad que la de los teólogos autodenominados cristianos de la escuela protestante que llaman liberal, los cuales ven en Jesucristo a un simple carpintero de Nazaret que enseñó y vivió el ideal moral del amor al prójimo y a Dios. Cualquier muecín de El Cairo o de Bagdad tiene también una noción más justa de Jesucristo que esos teólogos, al considerarlo profeta inspirado por Dios. En cuanto a Śri Aurobindo, ve en Jesucristo una encarnación divina y da a entender, colocándolo siempre a la cabeza de los demás avatares (Cristo, Krishna, Buda), que personalmente lo tiene por un luminar de primera magnitud en el cielo de los avatares divinos.

Volvamos ahora al arcano de la obra alquímica de la fusión de espiritualidad e intelectualidad, desde el punto de vista histórico.

Después de Jesucristo, el Hombre-Dios que constituyó la unidad completa no sólo de la espiritualidad y la intelectualidad, sino también de las voluntades y aun de las esencias divina y humana, la obra de fusión de la espiritualidad e intelectualidad no puede ya ser nada más que la germinación de la semilla cristiana en la conciencia y naturaleza humanas. En otras palabras, trátase del progreso de la *cristianización* de la humanidad, tanto en el sentido de incremento del número de bautizados como sobre todo en el de transformación cualitativa de la conciencia y naturaleza humanas. Esta transformación se da de acuerdo con la siguiente ley: anhelo y nostalgia generales –punto culminante de su triunfo en una individualidad– difusión universal escalonada en varias generaciones. Dicho de otro modo, el clima general de espera culmina en la realización particular, que luego se vuelve general. Por ello los budistas esperan la venida del buda Maitreya y los hinduistas la del avatar Kalkin. La manifestación de este nuevo buda y de este nuevo avatar supondrá un paso adelante en la evolución espiritual de la humanidad, y ese paso no será sino la fusión de espiritualidad e intelectualidad.

La espera de que hablamos no se limita, por lo demás, al Oriente. Los teósofos iniciaron a su vez un movimiento de alcance nacional con vistas a preparar las mentes a la venida –supuestamente próxima– del nuevo maestro. Con este fin fundaron la orden de la Estrella de Oriente *(Order of the Star of the East),* que llegó a contar unos 250 000 miembros, organizaba congresos y conferencias y publicaba centenares de libros y folletos. A la vez que difundía la idea de la inminente venida del nuevo maestro de la humanidad, la orden de la estrella de Oriente centró su espera, desgraciadamente, en una persona particular, escogida no por el cielo sino por los dirigentes de la Sociedad teosófica que la celebraron de antemano, lo que en definitiva desagradó a esa persona, que acabó por dejar plantada a la orden.

De manera más discreta y sin apuntar a nadie en particular, Rudolf Steiner, fundador de la Sociedad antroposófica, predijo para la primera mitad del siglo XX la manifestación no del nuevo buda Maitreya ni del nuevo avatar Kalkin sino del bodhisattva, es decir, la individualidad convirtiéndose en el futuro Buda, cuyo campo de actividad sería –¡así lo esperaba él!– la Sociedad antroposófica.

¡Nuevo fracaso! Éste no se debió ahora ni a un error sobre la individualidad esperada ni a una falsa estimación de la época de su actividad, sino a una exagerada valoración de la Sociedad antroposófica por su fundador. Así, pues, a nada condujeron estas esperanzas.

En todo caso, la idea de la espera del nuevo buda y del nuevo avatar sigue viva hoy, tanto en Occidente como en Oriente. Los teósofos han sembrado no poca confusión en torno a esta idea, pero hay también hombres que la ven con claridad, por ejemplo Rudolf Steiner. De cuanto se ha dicho y escrito públicamente al respecto, lo declarado por Rudolf Steiner parece, efectivamente, ser lo más exacto. Él, al menos, seguía la buena pista.

En una línea análoga a la suya, cuyo punto culminante es la fusión de espiritualidad e intelectualidad, podríamos decir lo siguiente: Puesto que se trata de la obra de fusión de la revelación y el conocimiento, de la espiritualidad y la intelectualidad, es también cuestión de fundir el principio del avatar con el del buda. En otras palabras, el avatar Kalkin, esperado por los hinduistas, y el buda Maitreya, que esperan los budistas, se manifestarán en *una sola personalidad*. En el plano histórico, el buda Maitreya y el avatar Kalkin serán una misma cosa.

Esto significa que el avatar «con cuerpo de gigante y cabeza de caballo» y el buda «que traerá el bien» no serán sino una misma persona. Y esta persona representará la completa unión del humanismo más elevado –el principio de los budas– con la revelación más excelsa –el principio de los avatares–, de suerte que tanto el mundo espiritual como el mundo humano hablarán y actuarán por su medio. Dicho de otra manera, el futuro buda-avatar *no sólo hablará del bien, sino que hablará el bien;* no sólo enseñará el camino de la salvación, sino que hará avanzar por ese camino; no sólo será testigo del mundo espiritual y divino, sino que transformará a los hombres en testigos genuinos de ese mundo; no sólo explicará el sentido profundo de la revelación, sino que hará llegar a los hombres a la experiencia iluminadora de la revelación, no siendo él quien gane en autoridad, sino aquel que es «la luz verdadera que ilumina a todo hombre que viene a este mundo» (Jn 1,9). A saber, Jesucristo, el Verbo hecho carne, que es el camino, la verdad y la vida.

La misión del buda-avatar por venir no consistirá, pues, en fundar una nueva religión, sino en hacer que los hombres lleguen a la experiencia de la fuente de toda revelación que la humanidad haya nunca recibido de lo alto, la fuente también de toda verdad esencial jamás captada por los hombres. No tendrá por objeto la novedad, sino la certeza consciente de la verdad eterna.

El buda-avatar Maitreya-Kalkin representará la fusión de *oración* y *meditación*, por ser estas dos formas de actividad espiritual las fuerzas motrices de la religión y del humanismo espirituales. La aparente incompatibilidad entre el estado de conciencia figurado por las imágenes del maestro de la meditación Gautama Buda, en la postura llamada *asāna*, y el de san Francisco de Asís recibiendo los estigmas de rodillas, quedará superada por el futuro buda-avatar, y el fuego de la oración se unirá así con el agua clara de la paz de la meditación; en él tendrá lugar el matrimonio alquímico del Sol y la Luna, del fuego y el agua.

La unión de ambos principios, oración y meditación, representada por el futuro buda-avatar, no será más que la culminación de una larga serie de esfuerzos tendentes a este fin en el transcurso de los siglos, así como el resultado de una larga preparación a través de la historia espiritual de la humanidad. En efecto, así como en Oriente la oración fue introducida en las escuelas estrictamente meditativas del budismo indotibetano Mahāyāna, en forma de lamaísmo, y en las del hinduismo, en forma de *bhakti-yoga,* así también la meditación entró en Occidente como ayuda y complemento de la vida de oración en la práctica espiritual de las grandes órdenes religiosas. San Buenaventura, por ejemplo, la introdujo en la orden franciscana, santa Teresa y san Juan de la Cruz hicieron lo mismo entre los carmelitas, y san Ignacio de Loyola fue un maestro tanto de oración como de meditación. Podría decirse que este santo prefigura en buena parte la fusión de espiritualidad e intelectualidad, de oración y meditación, que es precisamente la misión del futuro buda-avatar. El *ardor sosegado* de la absoluta certeza basada en la cooperación entre el esfuerzo humano y la revelación de lo alto que poseía san Ignacio y que sus seguidores extraían de los *Ejercicios espirituales* –donde se aúnan meditación y oración– constituye una impresionante prefiguración del buda-avatar venidero.

Bien sé que san Ignacio no goza de una admiración sin reservas ni de grandes simpatías entre los protestantes, y ni siquiera entre los católicos. A lo más ha logrado ganarse el frío respeto de algunos intelectuales destacados de ambas confesiones. Mas ni la popularidad ni las aclamaciones serán lo que caracterice el futuro buda-avatar, sino, al contrario, la fusión de la espiritualidad y de la intelectualidad, guste o no guste. Y habrá seguramente más oposición –cuantitativa– que estima, pues los partidarios de la fe pura y del saber puro no tardarán en objetar que se da ahí una peligrosa desaparición de la línea divisoria entre fe y ciencia. Sírvanos de ejemplo la controversia, todavía reciente, en torno a la obra de Pierre Teilhard de Chardin.

En san Ignacio de Loyola no nos interesa tanto su heroico esfuerzo por unir espiritualidad e intelectualidad –a nosotros, que estamos ahora meditando el arcano del Loco– como sobre todo que comenzara su obra a manera de «loco de espíritu» y consiguiera así alcanzar la sabiduría del perfecto equilibrio entre el mundo de las revelaciones místicas y el de las tareas y acciones humanas. Aprendió y vivió delante de todos la lección del vigésimo primer arcano del tarot. ¿No fue acaso un «loco de espíritu» (como el Loco de nuestro arcano) cuando, «poniendo toda su confianza, esperanza y seguridad sólo en Dios, dejó en un banco junto a la playa, en Barcelona, las cinco o seis blancas que le habían dado pidiendo por las puertas»[20], antes de embarcarse en un navío con destino a Italia? ¡Y comparemos al Ignacio del tiempo de su peregrinación a Tierra Santa con el Ignacio de Roma, a la cabeza de la orden por él fundada, dirigiendo las diversísimas actividades primero de sesenta, luego de cuatrocientos y por fin de tres mil hijos espirituales! El paso decisivo que dio –aunque en dirección contraria al de Cipriano– es asimismo la puesta en práctica del arcano representado por el Loco. Porque este arcano es, por así decirlo, el de la higiene de la experiencia del hombre colocado en calidad de mediador entre dos mundos, divino y humano. Es el arcano del franqueamiento del umbral de estos dos mundos en dos sentidos: de abajo arriba (como Cipriano) y de arriba abajo, después de haber hecho el camino de ida (como san Ignacio). Es, en suma, el arcano donde uno ve cómo la locura, la esquizofrenia, la doble conciencia en desacuerdo, se transforman en *sabiduría*.

Hemos hablado aquí especialmente del futuro buda-avatar, porque servirá de guía para transformar la potencial locura esquizofrénica en la sabiduría del acuerdo entre los dos mundos y sus experiencias. Será el vivo ejemplo y modelo de la realización del arcano que nos ocupa. Por eso, como buda, el arte canónico budista lo representa no con las piernas cruzadas, en la típica postura de la meditación, sino sentado a la europea, simbolizando así la síntesis entre el principio de la oración y el de la meditación. Y por eso también, como avatar, la mitología india lo imagina en forma de gigante con cabeza de caballo,

---

20. *Monumenta Historica Societatis Iesu, Monumenta Ignatiana, Scripta de Sancto Ignatio*, vol. II, Madrid 1918.

o sea como un ser cuya voluntad humana es gigantesca y cuya intelectualidad, al propio tiempo, está puesta al servicio de la revelación de lo alto, toda vez que el caballo es el servidor obediente del jinete. Representará, pues, la prodigiosa medida de las tres actividades de la voluntad humana: buscar, llamar a la puerta y pedir, conforme a la enseñanza del Maestro de todos los maestros:

«Pedid y se os dará; buscad y hallaréis; llamad y se os abrirá. Porque todo el que pide recibe, el que busca halla, y al que llama se le abrirá» (Mt 7,7-8; Lc 11,9-10).

Al mismo tiempo, no propondrá opiniones personales ni hipótesis verosímiles, ya que su intelectualidad —su «cabeza de caballo»— estará únicamente movida por la revelación de lo alto. Como el caballo, será dirigida por el jinete. Nada arbitrario saldrá de ahí.

Así obra el arcano en el plano histórico. Tocante a su aplicación en el campo de la vida interior de cada individuo, es análoga a la alquimia espiritual que se da en el plano histórico. El alma individual comienza por vivir la experiencia de separación y oposición de los elementos espiritual e intelectual, para luego alcanzar un cierto paralelismo, resignándose a una especie de coexistencia pacífica de ambos elementos. A continuación logra que cooperen entre sí —cooperación que se revelará fructuosa— la espiritualidad y la intelectualidad, y por fin consigue la fusión completa de estos dos elementos en un tercero, la piedra filosofal de la alquimia espiritual del hermetismo.

El comienzo de esta última etapa será anunciado por la transformación de la lógica, que, de lógica formal, es decir, general y abstracta, habrá pasado a ser *lógica moral,* o sea material y esencial, atravesando la etapa intermedia de la lógica orgánica. Para ilustrar la transformación de la lógica formal en lógica orgánica, y de ésta en lógica moral, sírvanos de ejemplo el axioma de la lógica formal: «La parte es menor que el todo.» Esto es un axioma, porque la noción de parte no significa otra cosa que una cantidad inferior a la del todo. Es obvio... si se trata de cantidades; pero este axioma ya no tiene un valor absoluto cuando se aplica a las *funciones* de un organismo vivo. Aquí una parte —aun pequeña— puede ser tan esencial como el organismo entero. El corazón, por ejemplo, sólo es una pequeña parte del cuerpo, pero separémoslo de éste y el organismo entero dejará de existir como organismo vivo. Es preciso, pues, en lo que toca a las funciones orgánicas, modificar nuestro axioma en el sentido de que «la parte puede ser igual al todo».

Si todavía nos elevamos del mundo orgánico al mundo de los *valores,* al mundo moral, habremos de cambiar una vez más el axioma. Diremos entonces que «la parte puede ser superior al todo». Recordemos aquí el razonamiento de Caifás: «Os conviene que muera uno solo por el pueblo y no perezca toda la nación» (Jn 11,50). Este razonamiento no se justifica sino desde el punto de vista cuantitativo; es falso en la esfera de los valores morales. En efecto, ese hombre que Caifás se proponía sacrificar para salvar a la nación era precisamente la razón de ser de la existencia de dicha nación: el Mesías. Por lo demás, como lo prueba la historia, la medida adoptada por consejo de Caifás para evitar la intervención de los romanos se reveló inútil: los romanos vinieron a pesar de todo en el año 70 y destruyeron Jerusalén y el templo, después de una gran matanza, lo que justamente Caifás había tratado de impedir.

La lógica moral, a diferencia de las lógicas formal y orgánica, maneja *valores* y no conceptos gramaticales, matemáticos o relativos a funciones biológicas. Así, cuando se trata de Dios, la lógica formal no puede ir más allá del postulado de la necesidad de admitir un comienzo en la cadena de causas y efectos: la causa primera o primer motor. La lógica orgánica, la de las funciones, sólo puede establecer el postulado de la existencia de Dios como principio ordenador –o ley de leyes– del mundo. En cambio, la lógica moral llega al postulado de que Dios es el valor por excelencia, el amor.

Puesto que el odio y la indiferencia no son creadores, la fuente, causa y motivo de la creación del mundo no puede ser más que el amor. No se crea lo que se detesta; no se crea tampoco en la indiferencia y la falta de interés. Dios es, por consiguiente, amor creador, el Padre, creador del mundo visible e invisible. Es el Padre, decimos, lo cual significa que da el ser a los seres creados. El ser es un don, no un préstamo temporal, y por ello el Padre no recupera lo que ha dado de una vez para siempre; los seres creados por el Padre son, pues, *inmortales*. En lógica moral, la inmortalidad es una conclusión necesaria de la idea de que Dios es amor.

Y así podríamos seguir con los demás artículos esenciales de la fe, que asimismo se revelan como postulados necesarios de la lógica moral. Tales postulados son después objeto de confirmación, ampliación y profundización merced a la experiencia espiritual que no tarda en venir en ayuda del pensamiento, donde la cabeza y el corazón están igualmente comprometidos. La lógica moral es, en efecto, el idioma del mundo espiritual, y utilizarla equivale a ponerse a *dialogar* con ese mundo. A dialogar, sí, porque el mundo espiritual no permanece mudo e indiferente cuando se le habla en su propia lengua. La lógica moral, hemos precisado, es la lógica de la cabeza y del corazón reunidos. Ella es, pues, lo que aúna la *oración* y la *meditación*.

La oración, que pide, agradece, adora y bendice, es la irradiación, soplo y calor del corazón despierto, expresados en fórmulas verbales, en inarticulados suspiros interiores del alma y, finalmente, en el silencio externo e interno de la respiración del alma sumida en el elemento del hálito divino y respirando al unísono con él. La oración tiene por tanto varios aspectos: mágico, es decir, en fórmulas; gnóstico, cuando se convierte en inefable suspiro interior; y místico, cuando penetra en el silencio de la unión con lo divino. Nunca es, pues, vana o ineficaz: aun una fórmula de oración rápida y casi impersonalmente pronunciada tiene un efecto mágico, porque la suma total del ardor puesto antaño en esa fórmula por los creyentes, los santos y los ángeles se evoca por el mero hecho de volverla a pronunciar. Toda fórmula de oración consagrada por el uso posee una virtud mágica, ya que se trata de una plegaria *colectiva:* las voces de todos cuantos la pronunciaron en otros tiempos responden a la evocación uniéndose a la voz de quien la recita con buenas intenciones. Esto se aplica sobre todo a las fórmulas litúrgicas de oración. Cada frase de la misa católica romana o de la liturgia ortodoxa griega, por ejemplo, es una fórmula de magia sagrada y divina. Nada hay aquí de extraño, ya que la misa y la liturgia constan de oraciones tomadas de los profetas, los santos y Jesucristo mismo.

¡Lo que al contrario resulta curioso es ver a esotéricos (Fabre d'Olivet, por ejemplo) improvisar cultos, fórmulas de oración y nuevos *mantras* como si hubiera algo que ganar con la novedad! ¿Creen acaso que las fórmulas procedentes de la Sagrada Escritura o de los santos han acabado por gastarse y perder su virtud? Lejos de gastar una fórmula de oración, el uso acrecienta su efecto. Por eso se nos antoja deplorable que en ciertas iglesias protestantes se haya implantado la costumbre de hacer improvisar por el pastor o el predicador las plegarias de su culto divino, pensando probablemente que lo personal tiene mayor eficacia que lo colectivo y tradicional.

Has de saber, querido amigo desconocido, que uno no reza nunca solo; allá arriba o aquí, en el pasado, otros están rezando simultáneamente en el mismo sentido, con el mismo espíritu y las mismas palabras. Rezarás siempre como representante de una comunidad visible o invisible y en unión con ella. Si oras por una curación, representas a todos los enfermos y terapeutas, y la comunidad de unos y otros está entonces orando contigo. Por eso la oración de Nuestro Señor no dice «Padre mío que estás en los cielos», sino «Padre *nuestro* que estás en los cielos»; y pide al Padre que *nos* sea dado el pan *nuestro* de cada día, que *nos* sean perdonadas *nuestras* deudas, que no *caigamos* en la tentación y que *nos* libre del mal. Sea cual fuere, pues, la intención particular del que recita la oración dominical, la reza en nombre de la humanidad entera.

En cuanto a la oración de indecibles suspiros interiores, que llamábamos gnóstica, es, a diferencia de la oración en fórmulas o mágica, la transformación de la respiración psicofísica en plegaria. Por ello puede hacerse perpetuamente: día y noche, en vela y durmiendo, sin interrupción, en tanto se sigue respirando. Esta clase de oración (practicada sobre todo en el Oriente cristiano), tiene una virtud más que mágica: transforma al hombre en espejo del mundo espiritual y divino. Por eso la hemos llamado «gnóstica», dado que la experiencia gnóstica es reflejo de la experiencia mística.

La experiencia mística propiamente dicha, o sea el estado del alma humana unida con lo divino, donde el alma ni siquiera tiene ya respiración propia, sino que respira únicamente en el aliento y por el aliento de la respiración divina, consiste en el silencio profundo de todas las facultades anímicas —inteligencia, imaginación, memoria y voluntad—, tal como lo describe en sus obras, por ejemplo, san Juan de la Cruz. Es la consumación del amor entre el alma y Dios.

La *meditación*, o profundización gradual del pensamiento, tiene también sus etapas: mera concentración en un tema, comprensión del tema en el conjunto de sus relaciones con la realidad y, por último, penetración intuitiva en la esencia misma del tema. Así como la oración desemboca en la unión mística del alma con lo divino, así la meditación desemboca a su vez en un conocimiento directo de los principios eternos e inmutables. René Guénon llama «metafísica» a esta experiencia de unión del intelecto particular con el Intelecto universal —el *nous* de Plotino y los estoicos—, así como a las doctrinas que de ahí resultan. Sus ideas directrices al respecto las resumió en una conferencia sobre la metafísica oriental que dio en la Sorbona en 1925:

> «La metafísica es el conocimiento por excelencia. No es un conocimiento natural, ni por su objeto, ni por las facultades mediante las cuales se adquiere. En particular, nada tiene que ver con la esfera científica y racional. No se trata de abstracciones, sino de extraer un conocimiento directo de los principios eternos e inmutables.
>
> »La metafísica no es un conocimiento humano. Por eso el hombre, en cuanto hombre, no puede llegar a ella; la alcanza mediante una toma efectiva de conciencia de los estados supraindividuales. La identificación por medio del conocimiento —según el axioma de Aristóteles: "Un ser es todo lo que conoce"— es el principio mismo de la realización metafísica.
>
> »El medio más importante es la concentración. La realización consiste, primero, en el desarrollo indefinido de todas las posibilidades virtuales del individuo; luego, en la superación definitiva del mundo de las formas hasta alcanzar el grado de universalidad que es propio del ser puro.
>
> »El fin último de la realización metafísica es el estado absolutamente incondiciona-

do, libre de todo límite. El ser así liberado está entonces de veras en posesión de la plenitud de sus posibilidades. Tal es la unión con el principio supremo.

»La verdadera metafísica no puede determinarse en el tiempo; es eterna. Es un orden de conocimiento reservado a unos pocos»[21].

Añadamos con Sédir que «estos pocos» son seres constituidos sólo de inteligencia.

«Y así todas las manifestaciones existentes del absoluto no están ahí para que uno se aparte de ellas; abandonarlas porque nos estorban, como lo hace el yogui *(sic)* o el *arhat*, no es ni generoso ni cristiano...»[22]

La metafísica como «conocimiento directo de los principios eternos e inmutables», y como logro de la «superación definitiva del mundo de las formas hasta alcanzar el grado de universalidad que es propio del ser puro», no es sino una de las aplicaciones de la meditación. Hay todavía otras.

Puesto que los orientales aspiran a la liberación refugiándose en el punto abstracto del origen de todas las formas espaciales, emplean la meditación con este fin.

Por su parte, los esotéricos judíos –los cabalistas– tratan de llegar a una adoración y amor a Dios que sean más dignos de él. Así, sus esfuerzos meditativos tienden a profundizar en los misterios divinos revelados en la Escritura y la creación. El *Zohar* es una inagotable fuente de datos sobre esta escuela de meditación y sus frutos.

También la meditación cristiana persigue el fin de profundizar en las dos revelaciones divinas: la Sagrada Escritura y la creación. Lo hace, sin embargo, para despertar la conciencia y apreciación más completa de la obra redentora de Jesucristo. Por ello culmina en la contemplación de las siete etapas de la pasión: lavamiento de pies, flagelación, corona de espinas, vía crucis, entierro y resurrección.

La meditación del hermetismo cristiano, que tiene por objeto comprender y hacer progresar la obra de transformación alquímica del espíritu, el alma y la materia, para que pasen del estado de pureza primordial de antes de la caída al estado posterior a la caída y de éste al de la reintegración de la salvación, procede, por ejemplo, de los siete días de la creación del *Génesis* a las siete etapas de la caída, de aquí a los siete milagros del *Evangelio de san Juan*, luego a los siete enunciados de Jesús sobre sí mismo (yo soy la resurrección y la vida; yo soy la luz del mundo; yo soy el buen pastor; yo soy el pan de vida; yo soy la puerta; yo soy el camino, la verdad y la vida; yo soy la verdadera vid),

---

21. Guénon, cit. en Sédir, *Les rose-croix*, París 1964, p. 13-14.
22. Sédir, ibid., p. 15.

y finalmente a las siete palabras de Jesucristo crucificado y los siete acontecimientos de la pasión indicados anteriormente.

La meditación puede así servir de medio para alcanzar fines diversos, pero, tenga el fin que tuviere, es siempre el medio para despertar cada vez más intensamente la conciencia total, y no sólo la inteligencia, de cara a los hechos particulares, ideas, ideales y también a la realidad de la condición terrena y espiritual del hombre en general. Es asimismo el medio para despertar la conciencia a las revelaciones de lo alto. Meditar es profundizar, ir hasta el fondo de las cosas.

Por ello la práctica de la meditación entraña la transformación de la lógica formal en lógica orgánica y de ésta en *lógica moral*. Esta última, a su vez, se desarrolla, superando la comprensión hasta llegar a contemplar las cosas que van más allá del entendimiento, es decir, los misterios que, lejos de ser incognoscibles se prestan a un conocimiento infinito, los misterios en cuya comprensión y conocimiento uno puede ahondar cada vez más, sin límite. Habiendo alcanzado esta contemplación de las cosas que superan el entendimiento actual, la meditación se convierte en *oración*, así como la oración que culmina en el estado de contemplación sin palabras se convierte en *meditación*.

Tal es el matrimonio alquímico entre oración y meditación, entre el sol y la luna del cielo interior del alma, que se da en el alma del hombre que está realizando el arcano representado por el Loco, el arcano de la unión de la revelación de lo alto con la sabiduría humana, evitando la locura, el arcano de la formación de la piedra filosofal donde se halla concentrada la doble certeza de la revelación de lo alto y del conocimiento humano.

He ahí las perspectivas que surgen en el alma de quien medita sobre la lámina del arcano del Loco, que representa a un hombre en camino, vestido de bufón, llevando un hatillo y apoyándose en un bastón que no utiliza para alejar al perro que le ataca.

Otras experiencias, aún más profundas, les están reservadas a los espíritu venideros, que llevarán todavía más lejos su meditación de este arcano. Desde aquí les saludo, deseándoles que hagan brotar nuevas luces de la meditación del arcano cuyo nombre esotérico es el *Amor*.

Carta XXII

EL MUNDO

El arcano de la alegría

«Cuando asentó los cielos, allí estaba yo, cuando trazó un círculo sobre la faz del abismo... Yo estaba allí, como arquitecto, y era yo todos los días su delicia, jugando en su presencia, en todo tiempo, jugando por el orbe de su tierra; y mis delicias están con los hijos de los hombres» (Prov 8,27.30-31).

«¡Oh dicha!, más honda que el dolor:
El dolor dice: ¡pasa!
Mas toda dicha ansía eternidad,
¡quiere profunda, profunda eternidad!»[1]

«Sólo se vive de veras cuando
se baila» (Isadora Duncan).

Querido amigo desconocido:

Las citas precedentes son el preludio musical del vigésimo segundo arcano mayor del tarot, el Mundo, cuya lámina representa a una mujer desnuda danzando en el interior de una guirnalda, con una varita en la mano izquierda y un filtro en la derecha. Echado descuidadamente sobre los hombros, lleva un velo o banda de tela. En los cuatro ángulos de la lámina se ven: arriba, el ángel y el águila; abajo, el toro y el león. Los cuatro sagrados animales encuadran así la guirnalda dentro de la cual baila la danzarina desnuda con su velo flotante.

Las primeras ideas que se nos ocurren al contemplar la lámina son,

---
1. F. Nietzsche, *Also sprach Zaratustra*; trad. cast., *Así habló Zaratustra*, Alianza Madrid ¹¹1983.

pues, las de la danza, la floración y los cuatro elementos, lo que nos lleva a considerar, de entrada, problemas como los de la esencia del movimiento, del crecimiento y de la sabiduría espontánea que llamamos instinto. Nuestra primera impresión de este arcano mayor del tarot sugiere el concepto del mundo como movimiento rítmico o danza de la psique femenina, con el acompañamiento de la orquesta de los cuatro instintos primordiales, lo cual hace que aparezca el arco iris de los colores y formas. En otros términos, el mundo se nos presenta como obra de arte, idea puesta de relieve de manera impresionante por Edward Carpenter en su libro *The world as a work of art* (El mundo como obra de arte). Esto equivaldría a la tesis de que el mundo no es, en el fondo, ni un mecanismo ni un organismo ni una comunidad social ni una escuela de gran envergadura ni una institución pedagógica para los seres vivos sino una divina obra artística: obra a la vez coreográfica, musical, poética, dramática, pictórica, escultórica y arquitectónica.

¿Es éste, en verdad, el último de los veintidós arcanos mayores del tarot? La serie de veintidós ejercicios espirituales destinados a proporcionar una clave del misterio del mundo y a enseñarnos a utilizarla ¿culmina verdaderamente en la meditación y comprensión del mundo como obra de arte?

La lámina parece sugerirlo. En cuanto a la certeza de este hecho, no hay otro medio para alcanzarla que la meditación profunda, puesto que de ello deriva. ¡Meditemos, pues, lo que nos da a entender la contextura general de la lámina!

La idea del mundo como obra de arte está implícita en todas las cosmogonías que explican su origen mediante un acto creador o una serie de actos creadores, como es el caso en el *Génesis* de Moisés. La creación sólo es inteligible por analogía con el arte mágico o magia del arte, sean cuales fueren sus modalidades: reorganización demiúrgica de una materia preexistente llevándola del caos a un estado cósmico (= ordenado), trasformación del caos primordial en cosmos, etcétera.

«En el principio creó (acto mágico) Dios *(Elohim)* los cielos y la tierra (obras de arte).» Así empieza el relato de la creación del mundo en el *Génesis.* ¿Puede acaso percibirse en él otra idea que la del acto transformador de lo ideal en real, de lo inteligible en sensible? Y esta transformación en realidad objetiva de lo que sólo existía en el pensamiento y voluntad divinos ¿no es análoga tanto al acto mágico como al de la creación artística? La magia y el arte divinos, implícitos en el relato de la creación del mundo según Moisés ¿no son una sola y la misma cosa?

La filosofía platónica entiende también el mundo visible como realización del mundo invisible de los arquetipos o ideas. Así, el neoplatónico Plotino dice:

> «La idea de hombre preexiste, y al realizarse en un hombre particular produce el hombre, que es a la vez una idea. El hombre concretado de esta suerte en la materia procede, pues, del hombre ideal, del que ha salido la multitud de los hombres, al igual que de un sello salen multitud de reproducciones»[2].

¡He aquí expuesta con asombrosa claridad la metafísica de la magia y, a un tiempo, del arte! Edgar Dacqué descubre, sirviéndose de los conocimientos biológicos disponibles en el siglo XX, la naturaleza de ese «sello» de Plotino, «del que salen multitud de reproducciones». Veamos dos pasajes pertinentes, tomados de su obra *Leben als Symbol* (La vida como símbolo):

> «Schopenhauer dice que las cosas le parecen al niño tan esplendorosas y la naturaleza tan paradisíaca porque en cada cosa particular experimenta ingenuamente la idea de la especie. Este brillo de la realidad interna se le escapa enteramente al hombre llegado a la madurez del pensamiento racional, una vez que ha salido del estado infantil de la percepción animada y viva para entregarse a la abstracción pura. Siempre, pues, que nos sentimos capaces de experimentar la idea en la forma nos hallamos, como el niño, en el interior de la naturaleza. Goethe era uno de estos niños»[3].

> «Si, como he tratado de demostrar concretamente, el hombre es el arquetipo filogenético y el centro de la naturaleza viviente; si el reino animal, como los antiguos sabían ya, es el hombre desintegrado, lo cual podemos ahora entender en sentido realista, tenemos en tal caso un fundamento sólido, radicado en las ciencias naturales, del totemismo y el culto a los animales»[4].

En otras palabras, Edgar Dacqué –lo mismo que Pierre Teilhard de Chardin– ve el mundo, con sus reinos animal, vegetal y mineral, como variaciones sobre un mismo tema: el hombre, arquetipo de la naturaleza en evolución. El hombre es, por tanto, el «sello» de que habla Plotino, y los demás seres de la naturaleza son sus reproducciones parciales. El mundo en evolución ¿no es, según Dacqué, una obra de arte en proceso de creación, donde la idea «hombre» cobra realidad?

Tocante a Goethe, citado por Dacqué como ejemplo de percepción del mundo arquetípico en los fenómenos particulares, concebía el acto de creación artística como parte integrante de la actividad

---
2. Plotino, VI 5, 6.
3. E. Dacqué, *Leben als Symbol*, Munich-Berlin 1928, p. 114.
4. Ibid., p. 191.

creadora que actúa en la naturaleza y continúa en el hombre. Para él, una flor que brota de la tierra y un poema que brota de esa otra tierra que es el alma del poeta no constituían sino dos manifestaciones particulares de la misma fuerza de creación mágico-artística. A esta fuerza la llamaba «metamorfosis». Por eso Goethe se consagró durante toda su vida tanto a la observación de la metamorfosis en acción como a la composición de obras científicas sobre la metamorfosis. Su doctrina sobre los colores no es nada más que la descripción y análisis de la metamorfosis de la luz; su libro *La metamorfosis de las plantas* y su poema *La metamorfosis de los animales* son únicamente lo que denotan ambos títulos; y su obra magistral *Fausto* no es otra cosa que la metamorfosis del alma humana desde la época del renacimiento.

En resumen, hay que admitir que quien cree que lo invisible se vuelve visible en la creación y evolución del mundo cree también que el acto creador, por el que la idea se transforma en realidad objetiva del arte (y de la magia), es análogo a lo que sucede en el mundo en proceso de formación y transformación. No puede pensar de otro modo a menos de ser materialista y detener su pensamiento en el vestíbulo del edificio de lo inteligible. El materialismo, en efecto, procede como el lector de un manuscrito que, en lugar de leerlo y comprender el pensamiento del autor, se fija en las letras y sílabas que componen dicho manuscrito, creyendo que las letras se escriben y combinan por sí mismas para formar sílabas, las cuales se atraen mutuamente de resultas de las propiedades químicas o moleculares de la tinta como materia común a todas las letras y de la que las letras y sílabas son epifenómenos. No me refiero aquí al *método* materialista, sino a la *fe* materialista.

En cuanto a la relación existente entre arte y magia, Joséphin Péladan, él mismo artista y mago, escribe:

> «Los genios son personas intuitivas que expresan las leyes sobrenaturales por medio de imágenes; atraen el influjo del más allá y están en relación directa con lo oculto. Ni Dante, ni Shakespeare, ni Goethe hacían evocaciones, y los tres, no obstante, entendían de lo oculto; se contentaron sabiamente con crear imágenes eternas, y en esto fueron magos incomparables. Crear en lo abstracto, en el alma humana, reflejos vivificantes del misterio: tal es la gran obra»[5].

La creación artística difiere, pues, de la operación de magia ceremonial en que ésta es más interior que aquélla. Tocante a la magia sagrada, la relación entre arte sacro y magia sagrada equivale a la que existe entre la belleza y el bien, es decir, entre los colores y el calor de

---
5. J. Péladan, *Introduction aux sciences occultes*, Paris 1911.

la misma luz. La belleza es el bien que se hace amar; el bien es la belleza que cura y vivifica.

Pero el bien cuya belleza se pierde de vista acaba por anquilosarse, transformándose en puros principios y leyes, en mero deber; a su vez, la belleza desprendida del bien hasta perderlo de vista se reblandece, volviéndose puro goce sin obligaciones ni responsabilidad. La rigidez del bien convertido en código moral y la desintegración de la belleza transformada en puro goce y puro placer resultan de la separación mutua de lo bueno y lo bello, en moral, religión o arte. Tal es el origen de la moral legalista y de la estética pura. Y así se engendró también aquel tipo humano, rígido como un poste, que hizo en Inglaterra las delicias del puritanismo, forma de vida y de religión sin alegría ni arte; al cual podría añadirse el típico representante del «tedio hugonote», que vivió en gran parte de Francia y Suiza, o todavía ese tipo humano del artista barbudo, desaliñado y licencioso que vemos hoy (1966) por todas partes.

El vigésimo segundo arcano del tarot sugiere la idea de que el Mundo debe aprehenderse artística más que intelectualmente, puesto que es movimiento y ritmo (la figura central, que baila). ¿Consiste su fin sólo en comunicarnos esta enseñanza o nos ofrece también, como el vigésimo primer arcano, el Loco, una advertencia? Dicho de otro modo, ¿tiene asimismo este arcano dos aspectos, enseñanza y advertencia? Porque, si el arcano cuya lámina representa a un loco itinerante nos conduce hasta su nombre más profundo, el Amor, ¿no es posible que el arcano donde vemos a una bailarina desnuda dentro de una guirnalda nos conduzca hasta su segundo nombre oculto, la Loca?

Comprobaremos si es así cuando hayamos llevado nuestra meditación del arcano representado por el Mundo lo bastante lejos para poder ver con claridad la profunda belleza del mundo y, a la vez, el peligro de esa belleza. ¡Sea, pues, *sobria* nuestra meditación, y no deje escapar ni la enseñanza del arcano ni la advertencia que el mismo encierra!

Meditación sobria, digo. Empero, tratando de meditar sobre el mundo como obra de arte y no como sistema de leyes, ¿no nos condenamos de antemano a la esterilidad y renunciamos a los arrebatos de la exaltación? Baudelaire, artista genial, ¿no nos legó la embriaguez como clave única e indispensable de la creación y creatividad artísticas?

Esta pregunta nos sitúa en el fondo mismo del arcano representado por el Mundo, con sus dos aspectos. Pues así como hay arte y artes humanas, así existen también el arte creador cósmico de procedencia divina y el arte cósmico de los espejismos; y así como hay éxtasis e iluminaciones del Espíritu Santo, hay igualmente exaltaciones que vienen del espíritu del espejismo, de lo que el hermetismo cristiano llama el «falso espíritu santo». He aquí un criterio que permite distinguirlos: si buscas la *alegría* de la creación artística, de la iluminación espiritual y de las experiencias místicas, te aproximas inevitablemente a la esfera del espíritu del espejismo, al cual te haces cada vez más accesible; si buscas en cambio la *verdad* por medio de la creación artística, la iluminación espiritual o las experiencias místicas, te acercas a la esfera del Espíritu Santo y te abres cada vez más a él.

Las revelaciones de la verdad procedentes del Espíritu Santo *llevan consigo* alegría o consuelo (Espíritu consolador = Paráclito), mas la alegría viene después, como consecuencia de la verdad revelada (Espíritu de la verdad, Jn 16,13), mientras que las revelaciones de lo que acabamos de llamar espejismo (que no se identifica con la simple mentira, pues el espejismo es el reflejo flotante de una realidad: «flotante», es decir, fuera del contexto de la realidad objetiva con sus dimensiones morales, causales, temporales y espaciales) son posteriores a la alegría y nacen de ésta.

La sobriedad que nos proponemos mantener en esta meditación sobre el arcano del Mundo no es por tanto, en modo alguno, un programa de sequedad (¡aunque más vale esta última que el goce de la productividad creadora como tal!), sino la conciencia del deber de alejar el espíritu del espejismo mediante la fidelidad a los votos de castidad, pobreza y obediencia, siendo estos votos el *único medio* para evitar los peligros de la esfera de tal espíritu.

La alegría resultante de la verdad, por una parte, y la fe resultante de la alegría, por otra, constituyen la clave de la comprensión del arcano del Mundo como obra de arte. Ambas, en efecto, nos revelarán el mundo como obra del arte creador de Dios, y también como obra de arte de falaces espejismos: del mundo de la sabiduría, «que estaba allí (junto a él), jugando en su presencia en todo tiempo» (Prov 8,30), y del mundo de *māyā*, la gran ilusión, entregada sin cesar a su juego *līlā*[6]; o, si se prefiere, del mundo que revela a Dios, manifestándolo, y del que lo oculta, oscureciéndolo. Pero, ya se trate del mundo revelador o del mundo engañador, ya del mundo contemplado a la luz de la esfera del Espíritu de la verdad o a la de la esfera del espíritu del espejismo, la *alegría*, la doble alegría, desempeña el papel clave.

¿Qué es la alegría? ¿Cuál es su sentido profundo? En la perspectiva del arcano del Mundo –el arcano del movimiento rítmico o danza– la alegría es la consonancia de los ritmos, mientras el sufrimiento es su

---

6. *Līlā* es una palabra sánscrita que se traduce por «juego de los mundos».

disonancia. El placer experimentado en invierno al sentarse junto al fuego no es más que la armonización del ritmo del cuerpo con ese otro ritmo del aire que llamamos temperatura. La alegría que procura la amistad es la consonancia de los ritmos anímicos y mentales entre dos o más personas. La alegría de una buena conciencia es el acuerdo entre los ritmos morales del yo inferior y del yo superior. La bienaventuranza prometida a quienes tienen un corazón puro y «verán a Dios» es la armonía de su propio ritmo con el ritmo divino. La alegría es, pues, el estado de armonía entre el ritmo interno y el externo, entre el ritmo de abajo y el de arriba, entre el ritmo de la criatura y el de Dios.

Ahora bien, el mundo entero es la armonía entre innumerables ritmos. Porque su vida se funda en la preponderancia del acuerdo entre los ritmos particulares, y no de su desacuerdo. Esencialmente, pues, la vida es alegría. No sin razón los Setenta –versión griega de la Biblia, del siglo III a. de C.– traducen así el versículo 23 del capítulo 3 del *Génesis*:

> «Y le echó el Señor Dios (a Adán) del *jardín de las delicias* para que labrase la tierra, de donde había sido tomado.»

A esta misma versión se atiene la Vulgata (vers. 23):

> *Et emisit eum Dominus de paradiso voluptatis ut operetur terram de qua sumptus est.*

La Biblia hebrea, en cambio, sólo dice:

> «Y le echó Yahveh Elohim del jardín de Edén para que labrase el suelo *('adamah)*, de donde había sido tomado.»

Los Setenta, al traducir la voz hebrea *gan-'eden* por «paraíso de delicias», sostienen la tesis de que el estado primordial del hombre y de la naturaleza era la alegría y de que el hombre, como creación divina, es el reino de la alegría. Sólo después de la caída el sufrimiento vino a añadirse a la alegría.

Este concepto tradicional queda bien ratificado tanto por la lógica como por la experiencia. ¿Podemos, en efecto, imaginar un mundo en perpetuo movimiento vivo y animado, desprovisto de todo impulso vital, de toda satisfacción y alegría de vivir? La idea misma del movimiento –biológico, físico o intelectual– ¿no presupone un impulso afirmativo, un sí consciente o inconsciente, voluntario o instintivo, a menos que se trate de un movimiento puramente mecánico? En biología y psicología se habla mucho del instinto de conservación, pero este instinto ¿es acaso algo más que la afirmación de la existencia, la manifestación de la dicha de vivir? Si tal no fuera del caso, la lasitud y el hastío universales habrían puesto fin hace ya tiempo a toda vida.

Aun el más austero ascetismo da testimonio en favor de la alegría de vivir, toda vez que trata de purificar al hombre de los elementos que se le añadieron después de la caída: aspira a la original y auténtica alegría de ser. El ideal del budismo y del yoga, que consiste en liberarse de las ataduras de la vida terrena, no hace otra cosa, en definitiva, que afirmar el ser, preconizando la superación del mundo de las formas hasta alcanzar el grado de universalidad propio del ser puro. El yoga valora este estado del ser puro –no el de la nada– como bienaventuranza o felicidad *(ānanda)*, estableciendo la ecuación *sat* (ser) = *cit* (conciencia) = *ānanda* (bienaventuranza). En cuanto al nirvana budista, es la ausencia total del sufrimiento que entraña la encarnación terrestre. Si el nirvana significara la nada, sin más, y no la bienaventuranza del ser puro, nadie –ni siquiera Buda– podría encontrar en sí mismo esa considerable energía que exige el esfuerzo moral e intelectual del camino que a él conduce: para esforzarse hay que querer, y no se puede querer la nada, donde nada es objeto del querer. ¿Suicidio total? No, porque el suicidio es un acto de desesperación, mientras el nirvana es esperanza en la dicha de la paz a la que se puede –o se cree poder– llegar tras haber recorrido un largo camino de disciplina, renuncia y meditación. Nosotros, cristianos, ¿no rezamos también por las almas de los difuntos: «¡Dales, Señor, el descanso eterno!» y «Descansen en paz»? Tampoco los budistas desean otra cosa que este «descanso eterno», al que dan el nombre de nirvana.

Queda, por último, la cuestión del suicidio. Suele decirse: Fulano se ha saltado la tapa de los sesos porque ya no quería vivir. ¿Es cierto que ya no quería vivir? ¿O se ha suicidado porque quería vivir *de otra manera* y estimó que no podía cambiar de vida? En lo más hondo de la depresión y desesperación que llevan al suicidio hay un factor de *descontento*, es decir, de deseo y afirmación de otra forma de vida o modo de vivir. No se está descontento si no se quiere otra cosa. Nadie desespera si no espera nada. Uno no se mata si no toma la vida en serio. Todo descontento presupone afirmación de una dicha imaginada. Toda desesperación presupone una esperanza virtual. Todo suicidio implica, por tanto, la apasionada afirmación de algún valor de la vida: amor, gloria, honra, salud, felicidad...

Aun en el mundo caído, en el mundo que no conserva sino reflejos de su estado primordial, el de la alegría sin mezcla, el del «jardín plantado por Dios», aun en este mundo nuestro del que dice Schopenhauer que la suma total de sufrimientos excede con mucho a la de las alegrías, aun en este mundo, digo, todo se mueve por la alegría. Schopenhauer tiene tal vez razón al sostener que la *cantidad* de sufrimientos excede la de las alegrías, pero la *calidad* de la alegría, más rara y de menor duración que el sufrimiento, hace que uno piense en ella, la guarde en su memoria, la espere; en suma, hace que la alegría mueva el mundo.

> «¡Oh dicha!, más honda que el dolor:
> El dolor dice: ¡pasa!
> Mas toda dicha ansía eternidad,
> ¡quiere profunda, profunda eternidad!»

Tales son las palabras de Nietzsche en *Así habló Zaratustra*. Y está en lo cierto: las fuentes de la alegría son más hondas que las del dolor. Brotan todavía del río que salía del Edén «para regar el jardín» (Gén 2,10). La alegría es más antigua que el sufrimiento, y el mundo de la alegría precede al del sufrimiento. El paraíso existía ya antes del mundo de la lucha por la existencia y de la supervivencia del más apto. Así como la vida es anterior a la muerte, así también la alegría es anterior al sufrimiento.

Por eso el rey Salomón, en el libro de los *Proverbios*, habla de la «alegre sabiduría», tema que reasumirá Nietzsche veintiocho siglos más tarde, contraponiendo la «gaya ciencia» *(fröhliche Wissenschaft)* al «espíritu de pesantez» *(Geist der Schwere)* o gravedad de la ciencia de su tiempo y del nuestro.

He aquí lo que escribe Salomón acerca de la alegre sabiduría:

«Desde la eternidad fui fundada, desde el principio, antes que la tierra... No había hecho aún la tierra ni los campos, ni el polvo primordial del orbe. Cuando asentó los cielos..., cuando trazó un círculo sobre la faz del abismo..., cuando asentó los cimientos de la tierra, yo estaba allí, como arquitecto, y era yo todos los días su delicia, jugando en su presencia en todo tiempo, jugando por el orbe de su tierra; y mis delicias están con los hijos de los hombres» (Prov 8,23.26-31).

Este texto pone de relieve no sólo el espíritu artístico que predominó en los albores del mundo, no sólo la alegría de la creación, sino también la idea de que la alegría es la consonancia de los ritmos. En efecto, la sabiduría (*Sophia*, *Ḥokmah*) «estaba allí», junto al Creador, «y era todos los días su delicia», lo que significa que había allí alegría divina o armonía entre el ritmo del Creador y el de la sabiduría que «jugaba en su presencia en todo tiempo»; y asimismo que la sabiduría «encuentra sus delicias con los hijos de los hombres», es decir, los hombres cuyo ritmo se armoniza con el de la sabiduría «hacen sus delicias», así como ella misma «hace las delicias» del Creador obrando en consonancia con él. Podemos aquí observar que la parte del texto citado que reza «...jugando en su presencia en todo tiempo, jugando por el orbe de la tierra» aparece representada en la lámina del arcano del Mundo de un tarot impreso en París el año 1500 y cuya existencia fue señalada por Oswald Wirth[7]. En ese tarot, el Mundo se representa mediante un globo, análogo al que el Emperador del cuarto arcano lleva en la mano izquierda; encima de ese globo baila una mujer enteramente desnuda que levanta con la mano derecha una inmensa cortina cuyos extremos recoge con la mano izquierda. Oswald Wirth dice al respecto:

«Es la verdad que se manifiesta sin reservas, apartando el velo de las apariencias para comunicar el secreto de la esencia de las cosas»[8].

Esta variante del tarot representa obviamente la sabiduría «jugando en su presencia en todo tiempo, jugando por el orbe de su tierra».

La alegría, decíamos, es la consonancia de los ritmos. Salomón habla de la alegría primordial, que es la consonancia entre los ritmos creadores de Dios y los ritmos artístico-formadores de la sabiduría. Mas da también cuenta de otra alegría, la de la consonancia con el ritmo de la locura:

«La mujer necia es alborotada, todo simpleza, no sabe nada. Se sienta a la puerta de su casa, sobre un trono, en las colinas de la ciudad, para llamar a los que pasan por el camino, a los que van derechos por sus sendas: ¡Si alguno es simple, véngase acá! Y al falto de juicio le dice: ¡Son dulces las aguas robadas, y el pan a escondidas es sabroso! No sabe el hombre que allí moran las sombras; sus invitados van a los valles del *sheol*» (Prov 9,13-18).

Los Setenta añaden al último versículo:

«Apresúrate, pues, a alejarte de ahí, no te detengas ni la mires con fijeza, ya que de lo contrario habrás de atravesar un agua extraña; mas abstente de esa agua extraña y no bebas de fuente extranjera, para que vivas mucho tiempo y a tus días se añadan años.»

Existen, por consiguiente, la alegría de la sabiduría y la alegría de la embriaguez, llamada «agua extraña» en el texto de los Setenta; la primera brota de la sabiduría, mientras que la segunda produce una falsa sabiduría que consta de espejismos. Efectivamente, se da en el mundo invisible una esfera de espejismos que constituye la trampa

---

7. *Le tarot des imagiers du moyen âge*, Paris 1927 y 1966.
8. Ibid., p. 221.

principal para esotéricos, gnósticos y místicos, es decir, para todos cuantos buscan una auténtica experiencia espiritual. Rudolf Steiner la llamó «cinturón de la mentira» *(Lügengürtel),* y en el hermetismo cristiano tradicional se la denomina «esfera del falso espíritu santo».

Esta esfera –o cinturón– es más próxima a la conciencia ordinaria, llamada «conciencia del yo», que la «esfera del Espíritu Santo», morada de los santos desde donde éstos influyen en la conciencia terrena del hombre. Así, pues, para elevarse a la esfera de los santos y jerarquías celestiales, hay que atravesar la esfera del falso espíritu santo, o sea resistir a su atracción. Al discípulo falto de juicio va precisamente dirigido el citado pasaje de los Setenta: «No te detengas ni la mires con fijeza, ya que de lo contrario habrás de atravesar un agua extraña; mas abstente de esa agua extraña y no bebas de fuente extranjera.» Y a ese mismo discípulo falto de juicio se dirige también el falso espíritu santo, el espíritu de la locura, cuando dice: «¡Son dulces las aguas robadas, y el pan a escondidas es sabroso!» El aliciente de la esfera del espejismo, según el libro de los *Proverbios,* consiste, pues, en las «aguas robadas», es decir, el elemento plástico que fluye y arrastra la conciencia en una deliciosa corriente de fáciles iluminaciones e inspiraciones, sin que la conciencia tenga que hacer el esfuerzo moral que se resume en estas tres palabras: cruz, oración y penitencia.

La conciencia se encuentra aquí en un estado de exaltación y libertad que la dispensa de toda ley, de toda obligación de rendir cuentas a quien sea y de lo que sea –como si la cruz ya no existiera–, recibiendo iluminaciones gratuitas, que ella no ha pedido, y liberada de todo recuerdo del pecado, de todo remordimiento y responsabilidad por sus pecados y errores pretéritos, como si el pecado y el error fueran meras bagatelas indignas de conservarse en la memoria. Henchida de alegría, saboreando el impulso creador, se entrega sin reservas a la especulación visionaria e inspirada donde toda imagen y pensamiento que se presentan le parecen revelaciones de lo alto, reproducciones de los sellos de la sabiduría sobrehumana. Estas «aguas robadas» son tanto más peligrosas cuanto que *inundan* el alma de olas de energía psíquica, lo que le resulta una experiencia enteramente nueva y la lleva a creer que se trata de una intervención sobrenatural. Por otra parte, las iluminaciones que esas olas traen consigo concuerdan con las inclinaciones y deseos más íntimos del alma, lo cual redobla su fuerza persuasiva y su influjo en el alma misma.

Así surgen los falsos profetas y mesías. Y así también algunas sectas gnósticas vieron florecer en sus filas iluminaciones que acababan dando lugar a prácticas inmorales. He aquí, por ejemplo, el cuadro que esboza Epifanio, testigo y probablemente actor de las reuniones de la secta de los barbeliotas, acerca de tales prácticas, porque, como él mismo dice, le era imposible callar:

«Tienen sus mujeres en común y, si se presenta alguien ajeno a su doctrina, utilizan, de hombres a mujeres y de mujeres a hombres, una señal de reconocimiento que consiste, al darse la mano para saludarse, en provocar una especie de cosquilleo en la palma de la mano en caso de que el recién llegado pertenezca a su religión. En cuanto se han reconocido mutuamente, pónense sin tardanza a banquetear. Sirven manjares deliciosos, comen carne y beben vino, incluso los pobres. Cuando el festín ha durado ya bastante y, por decirlo así, se han llenado las venas de un suplemento de fuerza, se entregan al desenfreno. El hombre abandona el sitio que ocupa junto a su mujer, diciendo a ésta: "¡Levántate y realiza el ágape con el hermano!"... Aunque en verdad debiera darme vergüenza referir sus reprobables actos..., no me avergonzaré de decir lo que ellos no se avergüenzan de hacer, a fin de suscitar un espasmo de indignación, en todos los sentidos, entre los lectores de sus desmanes. Una vez así unidos, elevan al cielo, como si el crimen de la prostitución no les bastara, su propia ignominia: hombre y mujer recogen en sus manos la emisión del hombre, avanzan, con los ojos puestos en el cielo y su inmundicia en las manos, y oran al modo de los estratióticos y gnósticos, ofreciendo al Padre, a la naturaleza del todo, lo que llevan en las manos y diciendo: "Te ofrecemos este don, el cuerpo de Cristo" (etc.: sigue la descripción de su comunión)»[9].

También así finalizaban a veces las reuniones de la secta rusa *Khlysty*, en el siglo XIX, después del «descenso del Espíritu Santo», con orgías de amor libre resultantes de la libertad comunicada por el Espíritu.

Gracias igualmente a las revelaciones de la esfera del espejismo, muchas familias de campesinos estonios del mismo siglo XIX liquidaron sus bienes y se dirigieron a un lugar de la costa del mar Báltico, Lasnamägi (Laksberg), para esperar allí la llegada del «buque blanco» que debía llevarlos al país de la libertad predicho por sus jefes proféticamente inspirados, al país donde no habría ni barones ni impuestos.

Y así, finalmente, los brujos curanderos *(medicine men)* de cierto número de tribus indias de América del Norte, exasperados por la desaparición de los rebaños de bisontes en el último cuarto del siglo pasado, recibieron la revelación de un nuevo culto mágico –la danza del bisonte–, cuya práctica debía hacer que reaparecieran en sus praderas los rebaños extintos y se alejaran los blancos de los hereditarios terrenos de caza de los pieles rojas. Una intervención sangrienta del ejército de los Estados Unidos puso fin a este culto mágico.

Alucinaciones intelectuales de alcance todavía mayor han hecho estragos, en nuestro siglo, entre pueblos enteros. No es necesario leer *El retorno de los brujos* de Louis Pauwels y Jacques Bergier[10] para comprender que la aventura nacionalsocialista de Hitler se debió al

---

9. H. Leisegang, *Die Gnosis*, Stuttgart ⁴1955, p. 190s.
10. Plaza Janés, Barcelona ²1982; ed. orig. francesa, *Le matin des magiciens*, Gallimard, Paris.

dinamismo desencadenado por una alucinación intelectual de extraordinaria fuerza; basta conocer los hechos históricos de que muchos de nosotros hemos sido testigos.

Otro ejemplo del poder casi mágico de una alucinación intelectual sobre naciones enteras lo constituye el marxismo-leninismo-estalinismo-maoísmo. En efecto, el sistema intelectual y los principios en que se basa este movimiento están tan en desacuerdo con la realidad del mundo como el «mito del siglo veinte» del nacionalsocialismo alemán. El espejismo intelectual marxista traza un bosquejo del mundo y de la historia humana donde el espíritu no es más que una especie de emanación de las cosas e intereses materiales, la cual suplanta ideologías, religiones y códigos morales. El espíritu es sólo una superestructura epifenoménica de los factores biológicos y económicos, producida y formada por ellos. El éxito del marxismo-leninismo radica parcialmente en el eco que este sistema ideológico despierta en los resentimientos de las clases desheredadas, pero también y de modo más general en la activación de una prodigiosa cantidad de energía psíquica volcada en las masas de los militantes a partir del contacto de algunos de sus dirigentes y profetas inspirados con la esfera del falso espíritu santo. Esta esfera de espejismos explica no sólo el ascendente casi mágico del bolchevismo sobre las masas, sino igualmente su doctrina. Esta última es hija de dos experiencias distintas: la experiencia de la esfera del espejismo y la de las realidades económico-materiales. La primera de ambas engendra el dogma básico del marxismo-leninismo, según el cual el espíritu –ideologías, religiones y códigos morales– no es sino una proyección de los intereses y las ambiciones que expresan la voluntad de poder del hombre; esto sería cierto si la experiencia de la vida espiritual no se extendiera más allá de la esfera del espejismo, ni se detuviera ahí y no llegara a la esfera del Espíritu Santo, es decir, a la de los santos y las jerarquías angélicas. Los autores del marxismo-leninismo descubrieron, pues, la realidad de la esfera del espejismo como fuente prácticamente inagotable de energía, por una parte, y como inmensa fábrica de superestructuras donde todo interés terreno se reviste de un hábito ideológico, religioso y moral, por otra. Y puesto que los intereses y aspiraciones puramente terrestres se reducen a la voluntad de poder, base de la lucha por la existencia y de la supervivencia del más apto propias de la evolución general de las especies tal como la presentó Charles Darwin, y dado también que el poder en el ámbito de la vida terrena del hombre equivale a la riqueza, o sea al dominio de los medios de producción y al goce de los frutos de la misma, resulta que la voluntad de poder se reduce, en definitiva, al dominio de los medios de producción y al goce de los frutos de esta última. Añádanse ahora a tales conclusiones, sacadas de la experiencia de la esfera del espejismo, las que se deducen de la experiencia de lo económico terreno, con su desigualdad tocante al dominio de la producción y al goce de sus frutos, y se llegará inevitablemente al segundo dogma fundamental del marxismo-leninismo, según el cual los medios de producción deben pertenecer a la colectividad o sociedad entera y no a individuos o grupos de individuos. Todas las demás proposiciones de la doctrina marxista-leninista (revolución social, dictadura del proletariado, sociedad sin clases, extinción gradual del Estado, etc.) derivan de esas dos formas básicas, radicadas en el entrelazamiento de dos órdenes de experiencias: las de la esfera del espejismo y las del campo económico visto como terreno de lucha por la existencia y la supervivencia del más apto, es decir, como terreno de lucha entre explotadores y explotados.

En lo que toca al «mito del siglo veinte» del nacionalsocialismo alemán, tanto su poder sobre las masas como los dogmas de su doctrina se deben igualmente al flujo de energía y al efecto iluminador de la esfera del espejismo. Trátase esta vez no ya de la vida económica, sino de la vida biológica tal y como aparece a la luz de dicha esfera. Los factores de herencia, de «sangre», ocupan en la doctrina nacionalsocialista el lugar que ocupaban los factores económicos en el marxismo-leninismo. Ambas doctrinas tienen una cosa en común: la voluntad de poder –de las clases en un caso y de las razas en el otro– es la que mueve y debe mover la historia de la humanidad.

El espejismo nacionalsocialista se disipó súbitamente con la dura experiencia de la derrota militar. En cuanto al espejismo marxista-leninista, va disipándose poco a poco con la amarga y decepcionante experiencia de la realidad económica y de la realidad de la naturaleza humana. Tras el abandono del estalinismo, el revisionismo ha entrado en acción y nadie podrá detenerlo. Los espejismos se desvanecen, pero ¡a qué precio!

La esfera del espejismo o esfera del falso espíritu santo no es sólo una tesis de la doctrina del hermetismo, sino también su prueba y su peligro. Ocultistas, magos, gnósticos y místicos son sus víctimas –¿o deberé decir «sus timados»?–, tan a menudo como los pueblos y los dirigentes de movimientos sociales y políticos. Hemos ya citado el caso de la aberración moral de los gnósticos barbeliotas en Egipto y el de los sectarios *khlysty* en Rusia, que son casi nuestros contemporáneos. Estos casos podrían parecerte poco pertinentes, querido amigo desconocido, ya que se refieren a *sectarios* antiguos y modernos, y no a los esotéricos de espíritu independiente que tenían por divisa: «ni Loyola, ni Voltaire» (Papus). Es sin embargo un hecho observable en todas partes que tales espíritus independientes, celosos de su libertad y reacios a toda sumisión a una autoridad fuera de la de su propia conciencia, acaban por hacerse sectarios de sus revelaciones e iluminaciones personales. Y como no están acostumbrados a la disciplina y nadie tiene suficiente autoridad para advertirles a tiempo de los peligros que les reserva la experiencia espiritual, caen fácilmente en las redes de la esfera del espejismo, contra las que nos previene Salomón. ¡Qué se le va a hacer! La humanidad es una sola, y la experiencia de los unos está destinada a servir y ayudar a los otros. No es posible prescindir de la experiencia de los demás –la autoridad– si se quieren evitar las celadas tendidas a lo largo del camino de la experiencia espiritual. En verdad, si el ocultismo es oculto y el esoterismo esotérico, si exigen la protección del secreto, es sobre todo para proteger a los espíritus libres contra los peligros de la servidumbre que vienen de la esfera del espejismo y que Carl Gustav Jung llama «inflación». Por otro lado, la reserva y reticencia generales hacia el ocultismo, el esoterismo, la gnosis y la mística –por no hablar de la pura magia–, manifestadas por la opinión pública de todo tiempo, obedecen a la misma razón: la esfera de los espejismos desempeñó en tales disciplinas, en el pasado, un papel demasiado importante. El público sobrio no quiere ilusiones; ya ha tenido bastantes.

El juego de la esfera del espejismo es, pues, la causa histórica del velo secreto con que el esoterismo protege a los neófitos demasiado audaces, como es también el motivo de la desconfianza con la que el público exotérico se protege a sí mismo contra el peligro de las ilusiones implicadas en el esoterismo. En efecto, el camino de la genuina y personal experiencia espiritual del esoterismo pasa necesariamente por el enfrentamiento con la esfera de los espejismos o esfera del falso espíritu santo. Por ello los místicos de Oriente no se cansan de advertir a los principiantes del peligro que llaman «iluminación seductora» (*prelestnoye prosveshchnie*, en ruso) e insisten en la *desnudez* de la experiencia espiritual, es decir, en la experiencia del mundo espiritual desprovista de toda forma, color, sonido e intelectualidad. La intuición del amor divino y sus efectos en la conciencia moral constituyen la única experiencia a la que hay que aspirar. Ladyzhenski, en su libro *Vnutrennii svet* (La luz interior), publicado en San Petersburgo en 1915 ó 1916, expone muy documentadamente la doctrina de los místicos que rechazan de entrada todas las visiones e iluminaciones de naturaleza intelectual, mientras reprocha a los místicos del Occidente cristiano que las admitan con ciertas condiciones. A los místicos orientales les impresionan, pues, de tal manera la realidad y el peligro de la esfera de los espejismos, que prefieren renunciar a toda experiencia espiritual de carácter visionario o intelectual, sea cual fuere, antes que afrontar la realidad de esa esfera.

También los místicos del Occidente cristiano conocen la realidad de esa esfera y sus peligros, pero no rechazan sin más toda visión e iluminación intelectual. Su experiencia, acumulada bajo la disciplina de las órdenes religiosas (en Oriente no hay órdenes religiosas) y de la Iglesia jerárquica y centralizada (en Oriente no hay un centro de dirección capaz de acumular y hacer valer la experiencia secular y aun milenaria de la vida espiritual de la humanidad cristiana), les ha permitido deducir los criterios de discernimiento de las revelaciones privadas que provienen de la esfera del Espíritu Santo, la esfera de los santos y jerarquías celestiales. Estos criterios se resumen en la estricta observancia de la letra y el espíritu de los votos de obediencia, pobreza y castidad.

El espíritu casto busca la verdad, y no la alegría de la revelación de la verdad, así como el amor casto busca la unión con el amado o la amada, y no el placer carnal de esta unión. El espíritu casto es, pues, sobrio; no se deja arrastrar por las «aguas robadas» que son dulces, es decir, por la embriaguez del aflujo gratuito y fácil de oleadas de iluminaciones, contra las que nos pone en guardia Salomón en el libro de los *Proverbios*.

El espíritu pobre se negará a beber de esas «aguas robadas», puesto que sólo busca lo esencial para la vida del cuerpo, alma y espíritu. No busca lo superfluo, aun espiritual, ni aceptará la invitación a la orgía de iluminaciones espirituales venidas de la esfera de los espejismos.

El espíritu obediente posee un sentido despierto y desarrollado de la obediencia, a saber, el *oído espiritual de la voluntad,* que lo capacita para reconocer la *voz* de la verdad y distinguirla de otras voces. A este oído espiritual, desarrollado por la obediencia, se refiere el siguiente pasaje del *Evangelio de san Juan*:

> «En verdad, en verdad os digo: el que no entra por la puerta en el redil de las ovejas, sino que escala por otro lado, ése es un ladrón y un salteador; pero el que entra por la puerta es pastor de las ovejas. A éste le abre el portero, y las ovejas escuchan su voz; y a sus ovejas las llama una por una y las saca fuera. Cuando ha sacado todas las suyas, va delante de ellas, y las ovejas le siguen, porque conocen su voz. Pero no seguirán a un extraño, sino que huirán de él, porque no conocen la voz de los extraños» (Jn 10,1-5).

La auténtica obediencia no es, en modo alguno, sujeción de una voluntad a otra, sino claridad moral, facultad de conocer y reconocer la voz de la verdad. Gracias a ella el alma se vuelve inaccesible a los atractivos de la esfera del espejismo. Aunque ningún espiritualista practicante esté al abrigo de esta esfera, quien haya hecho de los votos de obediencia, pobreza y castidad un asunto íntimo saldrá victorioso del enfrentamiento con ella. San Antonio dice radicalmente: «Sin tentación no hay salvación.» Podríamos nosotros añadir: «Sin los tres votos no hay tentación vencida.»

Por desgracia, a diferencia de los religiosos y religiosas, los esotéricos hacen en general poco caso de los votos de obediencia, pobreza y castidad. Parecen haber adoptado una actitud científica que les impele a apostar únicamente por la inteligencia. El resultado es muy a menudo un fuego de artificio intelectual que, al contrario de la luz del sol, ni ilumina, ni calienta, ni vivifica.

Mas la esterilidad no es el principal peligro de la exaltación intelectual a expensas del progreso moral y espiritual. Este peligro reside sobre todo en la realidad de la esfera del espejismo, siempre pronta a suministrar no sólo visiones, sino también iluminaciones o espejismos intelectuales. Esboza cuadros intelectuales deslumbrantes para el hombre que se olvida de la necesidad de los votos de obediencia, pobreza y castidad. Ofuscado por la riqueza y amplitud artística del edificio intelectual que se le ofrece a la vista, acaba por aceptarlo, creyéndose favorecido por una revelación de lo alto.

Este espejismo intelectual es tanto más peligroso cuanto que no se trata generalmente de una simple mentira o ilusión. Verdad y mentira están inextricablemente mezcladas. Lo verdadero presta apoyo a lo falso, y lo falso confiere a lo verdadero un nuevo esplendor. Tenemos aquí un *espejismo* y no una pura mentira. Y puesto que se da una aleación de verdad y falsedad, lo verdadero aparece a la luz de lo falso. Las ideas verdaderas en sí mismas adquieren, por su asociación con ideas falsas, un significado distinto. Una red de verdad y mentira entretejidas envuelve así al alma obcecada.

La esfera de los espejismos realiza también constantemente nuevas mezclas de hechos referentes a vidas anteriores y a relaciones kármicas. Puede evocar, por ejemplo, una serie de reminiscencias subjetivas o escenas del pasado lejano, que, mezclando verdades y mentiras, llegan a desorientar por completo al beneficiario –o más bien la víctima– de tales revelaciones. De ahí, en efecto, derivan tareas y misiones por cumplir en la vida presente, las cuales tienen poco o nada que ver con las auténticas tareas de esta vida. Los espejismos son especialmente frecuentes en las relaciones entre personas de sexo contrario que experimentan una atracción mutua. A menudo sucede entonces que las cualidades y hasta la identidad de un alma se proyecten en la otra. Más de un Tristán cree reconocer a su Isolda en cierta gracia ingenua, como más de una Elsa de Brabante ve a su Lohengrin en cualquier galán.

Se impone, pues, la conclusión de que el esoterismo práctico exige al menos la misma prudencia que la ciencia exacta, pero esta prudencia no es sólo de naturaleza intelectual, sino también y sobre todo de naturaleza moral. De hecho, engloba al hombre entero con sus facultades de raciocinio, imaginación y volición. Hay que ser sumamente prudente.

Por eso la regla de todo esotérico serio debiera consistir en *guardar silencio* –con frecuencia durante largos años– sobre toda nueva iluminación o inspiración, a fin de darle el tiempo necesario para *madurar*; callarse, decimos, hasta haber adquirido la certeza que resulta de la conformidad de dicha iluminación o inspiración con la conciencia moral, la lógica moral, el conjunto de la experiencia espiritual y ordinaria de la persona, la experiencia de los compañeros y guías espirituales del presente y el pasado, y la Revelación divina cuyos dogmas eternos son guías en el firmamento intelectual y moral. Sólo después de haber llegado a esta conformidad, una iluminación o inspiración individual puede considerarse comunicable y digna de ser presentada.

Ello se aplica tanto a los esotéricos como a los artistas. Éstos –sobre todo los que mantienen el principio del «arte por el arte»– son por regla general juguetes de la esfera del espejismo. Ateniéndose al dogma de la autonomía e independencia del arte respecto a la moral y la verdad, se dejan a menudo manipular por la esfera de los espejismos hasta el punto de identificarla con la fuente de su inspiración. Pues si uno no se preocupa del qué, si sólo busca el cómo en la creación artística, acaba por abandonarse a las iluminaciones e inspiraciones de la esfera del espejismo, la esfera por excelencia de la llamada imaginación creadora, sustraída al control moral.

Ciertas personalidades artísticas comprendieron bien este estado de cosas. Por ejemplo, Goethe, que tardó sesenta años en escribir *Fausto*, no sólo quiso alejar de sí la esfera del espejismo sino que puso al descubierto, en la obra citada la realidad y el mecanismo de acción de esa esfera. Para él, el arte no era mero producto del juego imaginativo sino la continuación, en el campo de la subjetividad, del trabajo creador que la naturaleza desarrolla en el plano objetivo. Insistía en la imaginación dirigida, la «imaginación exacta» *(exakte Phantasie)*, tanto para el conocimiento como para la creación artística.

Claro está que se pueden descartar los principios del método de Goethe relegándolos a la categoría de clasicismo literario, o sea, haciendo de los mismos una cuestión de gusto literario en vez de reconocer en ellos una vocación a la conciencia artística, a terminar con ese arte cuyas aspiraciones vienen de la esfera de los espejismos, ¡aunque pagando, como Goethe, el elevado precio de sesenta años de trabajo para componer el *Fausto*! Los artistas, como los esotéricos, están obligados a someter sus obras a la prueba del tiempo, para que las hierbas dañinas de la esfera del espejismo sean arrancadas y sólo quede el trigo puro y maduro.

Hay, pues, un arte sagrado que se distingue del arte profano, como la magia sagrada se distingue de la magia profunda y de la brujería. Dice Titus Burckhardt:

«Todo arte sagrado presupone una ciencia de la regularidad de las formas y de la esencia de su simbolismo. Ésta no es meramente un signo convencional que expresa algo metafísico, sino que denota una realidad basada en una ley inherente a la forma; *es, pues, en cierto sentido, lo que significa.* Ello no contradice el principio de que el arte debe ante todo estar al servicio de la belleza; prescindiendo de toda cuestión de gusto, la belleza de una cosa no es más que la transparencia espiritual de su envoltura existencial»[11].

El arte sagrado se funda, por consiguiente, en una *ciencia de las formas,* y no en el impulso subjetivo del creador artístico ni en el tema como tal.

«Se acostumbra hoy a llamar sacro o sagrado todo arte cuyo tema tiene algo que ver con la fe religiosa, sin preocuparse de que su forma, es decir, su lenguaje artístico, provenga o no de la verdad que representa esa fe, o de si se trata simplemente de una obra profana, aun de tema religioso, como muchas del renacimiento o el barroco. Arte sacro o sagrado en el auténtico sentido de la palabra es sólo aquel cuyas formas reflejan un contenido espiritual independiente de tiempos o épocas. El arte es esencialmente forma, mientras que entre el tema de una obra de arte y su forma plástica no siempre existe una relación forzosa, como lo prueba el arte eclesial de los últimos siglos. De por sí, el arte sagrado consiste en una relación sólida entre forma y visión espiritual»[12].

«Es doctrina común a toda cultura tradicional que el arte sacro debe imitar el arte divino, lo que hace que se trate en él de evitar todo naturalismo: no hay que copiar la creación multiforme y acabada de Dios tal y como la vemos, el mundo tal y como se nos presenta, pues esto sería pretencioso, sino la manera en que obra el espíritu divino, aplicando sus leyes al campo limitado en que el hombre modela con sus medios humanos, es decir, a la artesanía»[13].

Sólo hemos de añadir a lo dicho por Titus Burckhardt que la trasposición al campo de la artesanía humana del modo de obrar del Espíritu divino presupone los tres tradicionales votos de pobreza, castidad y obediencia. La iluminación y perfección deben ir precedidas de la purificación. El arte sacro, que imita el modo de actuar del

---
11. *Vom Wesen heiliger Kunst in den Weltreligionen*, Zurich 1955, p. 2.
12. Ibid., p. 1.
13. Ibíd., p. 5.

Espíritu divino, exige al alma del artista tres cosas: deshacerse de sus inclinaciones y hábitos propios, ser pobre, a fin de hallarse en condiciones de recibir la riqueza del Espíritu divino; reducir al silencio su propia fantasía y predilecciones, siendo casta, para no perturbar las límpidas aguas que fluyen de la fuente divina; y ser obediente, para poder imitar al Espíritu divino en acción, obrando de concierto con él.

La lámina del vigésimo segundo arcano del tarot, el Mundo, nos presenta a la danzarina con su varita mágica en una mano y un filtro en la otra. La varita simboliza el poder creador de la realización aquí abajo de lo que está arriba. La sostiene verticalmente: tal es el gesto de la realización abajo de lo que está arriba, el gesto del arte sagrado, es decir, el que imita la manera de actuar del Espíritu creador de Dios. En cuanto al filtro que la danzarina tiene en la otra mano, Paul Marteau nos dice lo siguiente:

> «Es el filtro creador de la ilusión en todos los planos de la naturaleza, pues el hombre puede experimentar tanto el engaño del amor como el de la espiritualidad. El filtro es lo contrario de la varita, por cuanto, la ilusión creada por el hombre es capaz de conferirle una realeza efímera»[14].

En otras palabras, el arcano del Mundo tiene un doble sentido: por una parte *enseña* que la alegría, o sea, la consonancia de los ritmos, está en lo más hondo de la creación, y por otra *advierte* del peligro de buscar la alegría creadora en vez de la verdad creadora. El que busca primero la alegría creadora beberá el filtro embriagador de la ilusión de la esfera del falso espíritu santo o esfera del espejismo, mientras que quien va ante todo en pos de la verdad creadora no sólo la encontrará merced al sobrio esfuerzo de la elevación vertical, sino que tomará también parte activa en la armonía de los ritmos, es decir, en la alegría creadora. Aprenderá a manejar la varita mágica, a ponerse verticalmente en contacto con la esfera del Espíritu Santo, la esfera de los santos y jerarquías celestiales, atravesando imperturbablemente la esfera del espejismo.

El arcano el Mundo nos transmite, pues, una enseñanza de inmenso alcance práctico: el mundo es una obra de arte. Está animado por la alegría creadora. La sabiduría que manifiesta es una sabiduría alegre, la del impulso de la creación artística, y no la de un ingeniero técnico o un delineante industrial. ¡Bienaventurado el que busca primero la sabiduría, pues encontrará una sabiduría dichosa! ¡Desgraciado quien busque primero la alegría de la sabiduría dichosa, pues será víctima de

---

14. P. Marteau, *Le Tarot de Marseille*, Paris (1949), 1977, p. 90.

engaños! Buscad primero la sabiduría creadora del mundo, y la dicha de la creatividad os será dada por añadidura.

De esta enseñanza se deduce una importante regla de higiene espiritual, a saber, que quien aspira a auténticas experiencias espirituales nunca confunde la *intensidad* de la experiencia vivida con la *verdad* que se revela –o no– por su medio. No vea, pues, en la *fuerza* del impacto de una experiencia interior el criterio de su autenticidad y verdad. Porque una ilusión procedente de la esfera del espejismo puede trastornar, mientras que una revelación genuina de lo alto puede presentarse en forma de susurro íntimo, apenas perceptible. Lejos de imponerse por la fuerza, la auténtica experiencia espiritual exige a veces una atención muy despierta y concentrada para no pasar inadvertida.

A menudo es difícil *notarla,* y más aún quedar sobrecogido o trastornado por ella. Si así no fuera, ¿de qué servirían los ejercicios de concentración y meditación profunda? Estos ejercicios, que todo esoterismo serio prescribe, son necesarios para despertar e intensificar la atención, para hacerla capaz de percibir lo que ocurre en los apacibles y silenciosos dominios de la profundidad del alma, donde se revela la verdad espiritual. Y la verdad actúa suave y gradualmente, aunque haya excepciones como en san Pablo, por ejemplo. Generalmente, sin embargo, el mundo espiritual no se parece a la fuerte marejada que derriba diques para inundar la tierra firme. No, lo característico del mundo espiritual, es decir, de la esfera del Espíritu Santo, es su miramiento por la condición humana. La dosis y frecuencia de la revelación de lo alto destinada a un ser humano se miden con sumo cuidado, para evitar toda posible perturbación del equilibrio moral y físico. Lo que el mundo espiritual prefiere a toda otra cosa es la inspiración razonable, la suave corriente inspiradora que se intensifica a medida que crecen y maduran las fuerzas intelectuales y morales del destinatario. Los elementos de una gran verdad van revelándose poco a poco, hasta que la verdad completa resplandece en la conciencia humana así preparada. Entonces hay alegría, ciertamente, mas no esa perturbación del equilibrio que es la embriaguez, ni tampoco sobreexcitación nerviosa o insomnios.

He ahí, pues, la ley de la varita mágica que el personaje central de la lámina del vigésimo segundo arcano sostiene en una de sus manos. Exactamente lo contrario se aplica al filtro que tiene en la otra mano, donde se trata en primer lugar de la alegría y embriaguez que dan pie a revelaciones engañosas. El modo de actuar de la esfera del falso espíritu santo consiste en convencer a las almas humanas de la verdad de su espejismo intelectual o de sus visiones mediante la intensidad de la impresión producida. «Es verdadero lo que más excita»: tal parece ser el criterio de la esfera de los espejismos.

Cierto que la moderna escuela de psicología profunda que más lejos penetra en el ámbito del inconsciente psíquico, la de Carl Gustav Jung, considera lo *numinoso* en la experiencia psíquica –es decir, lo que el alma experimenta, como algo que se le impone irresistiblemente sin que ella lo pueda dominar, e incluso sin que pueda en absoluto ser dominado– como manifestación de la *realidad dinámica* del inconsciente (o bien del subconsciente, o del supraconsciente). Lo numinoso es, pues, una experiencia psíquica (sueño, fantasía, fantasía-visión y visión) que subyuga por su fascinación irresistible.

> «...lo numinoso... un efecto no causado por un acto arbitrario. Al revés, el efecto se apodera del sujeto humano y lo domina, siendo tal sujeto más bien su víctima que su creador. Lo numinoso... es una condición del sujeto, independiente de su voluntad»[15].

Según Jung, la acción de carácter numinoso en la conciencia es lo que atestigua la *realidad* del inconsciente. He aquí lo que dice a este respecto:

> «El inconsciente, por definición y de hecho, no puede ser circunscrito. Hay que imaginarlo como algo sin fronteras, en lo pequeño y en lo grande. Si hemos de llamarlo microcosmos depende únicamente de que pueda demostrarse la existencia, en el inconsciente, de partes constitutivas del mundo de más allá de la experiencia individual, es decir, de que se den en él ciertas constantes no adquiridas individualmente, sino existentes a priori. Estas cosas han sido ya puestas en evidencia desde hace mucho tiempo por las investigaciones llevadas a cabo sobre los instintos y por las experiencias biológicas acerca de las simbiosis que tienen lugar entre insectos y plantas... Una prueba general en apoyo de la exactitud de esta tesis reside en la extensión ubicua de mitologemas paralelos, lo que Bastian denomina *pensamientos de los pueblos* o ideas primordiales; y una prueba especial de lo mismo la constituye el resurgimiento autóctono de tales mitologemas en el alma de sujetos en los que queda excluida toda transmisión directa... Los mitologemas son esas *partes constitutivas del mundo* de las que hablábamos antes, que van incluidas en la estructura de la psique. Representan esas constantes que se expresan en todo tiempo y lugar de manera relativamente idéntica»[16].

El inconsciente, como campo de la actividad numinosa, no se ciñe, por tanto, al alma individual, sino que la supera en todos los sentidos. Por constituir algo sin fronteras, el inconsciente es el *mundo* visto en su aspecto psíquico. Ello significa que consta no sólo de las tendencias e inclinaciones innatas del individuo, sino también de lo que antes designábamos por el nombre de «esferas», a saber, la esfera del Espíri-

---

15. C.G. Jung, *Psychology and religion*, Conferencias pronunciadas en la Universidad de Yale, 1937; trad. cast., *Psicología y religión*, Paidós Ibérica, Barcelona 1981.
16. C.G. Jung, *Medizin und Psychoterapie*, en *Ges. Werke*, t. 16, Zurich-Stuttgart 1958, p. 97s.

tu Santo y la del falso espíritu santo. La acción numinosa del inconsciente así concebido es amplio criterio para distinguir entre la manifestación de la *realidad* del inconsciente y la manifestación de la subjetividad del alma individual por medio de la fantasía, sentimiento e intelectualidad prácticamente espontáneos, pero *no basta* para distinguir en esa realidad también la *verdad,* es decir, para distinguir entre la actuación de la esfera del Espíritu Santo y la de la esfera de los espejismos. Ésta es asimismo real, mas en ella no coinciden *realidad* y *verdad*. Un espejismo es muy real, pero no es verdadero sino engañoso.

Jung se da perfecta cuenta a la vez del papel compensador –corrector y director– del inconsciente y de la gravedad del peligro que corre la conciencia humana sometida sin freno al nefasto influjo del inconsciente. Para dicho autor, este influjo puede ser fasto o nefasto, lo que corresponde a la doctrina del hermetismo acerca de las dos esferas, la del Espíritu Santo y la del espejismo. Jung escribe lo que sigue sobre el peligro que amenaza a la humanidad por parte del inconsciente:

«La psicología es, con todo, la ciencia que nos resulta más indispensable; de hecho, aparece cada vez con mayor claridad que ni el hambre, ni los terremotos, ni los microbios, ni el cáncer constituyen el máximo peligro para el hombre, sino el hombre mismo. La causa es sencilla: aún no existe ninguna protección eficaz contra las epidemias psíquicas. ¡Sin embargo, estas epidemias son infinitamente más asoladoras que las peores catástrofes naturales! El peligro supremo que amenaza tanto al ser individual como a los pueblos en su totalidad es el *peligro psíquico*. En este punto, la razón ha dado pruebas de completa incapacidad, explicable por el hecho de que sus argumentos obran en la conciencia, pero sólo en ella, sin influir lo más mínimo en el inconsciente. De ahí que un gran peligro para el hombre venga de la masa, en cuyo seno se acumulan los efectos del inconsciente, quedando entonces amordazadas y sofocadas las instancias razonables de la conciencia. Toda organización de masas representa un peligro latente, lo mismo que una reserva de dinamita. ¡De aquí resultan efectos que nadie ha querido, pero que nadie tampoco está en condiciones de evitar! Por eso hay que desear ardientemente que la psicología, sus conocimientos y conquistas, vayan extendiéndose progresivamente hasta que los hombres acaben por comprender la procedencia de los mayores peligros que se ciernen sobre sus cabezas. No es armándose hasta los dientes, cada una por cuenta propia, como las naciones podrán preservarse, a la larga, de esas terribles calamidades que son las guerras modernas. ¡Las armas actualmente almacenadas reclaman la guerra! ¿No sería preferible para el futuro, al contrario, desconfiar y guardarse de las condiciones –hoy manifiestas– que permiten al inconsciente romper los diques de la conciencia y desalojarla, haciendo así correr al mundo el riesgo de incalculables desastres?»[17]

---

17. C.G. Jung, Epílogo a *L'Home à la decouverte de son âme,* Ginebra, s.a., p. 402 (escrito y fechado por el propio Jung para la edición en francés: Küsnacht-Zurich, enero de 1944).

Tal es la advertencia de un hombre que habla con conocimiento de causa y con más competencia que muchos esotéricos avezados, gracias a la prodigiosa experiencia acumulada durante una larga vida cuyo norte fue siempre la voluntad de curar. Esta voluntad de curar le hizo primero explorador y luego especialista del mundo de las profundidades cuya puerta de acceso es el alma humana.

Pero volvamos al arcano del Mundo, que nos instruye sobre el movimiento y, en particular, sobre cómo lo movido es movido por lo que mueve.

Hasta aquí nos hemos ocupado de la figura central de la lámina, es decir, de la alegre sabiduría con su varita y su filtro, así como del modo en que la varita y el filtro nueven la conciencia. El movimiento procedente de la esfera del Espíritu Santo y el que viene de la esfera de los espejismos –y que corresponden respectivamente a la varita y al filtro– coinciden en que ambos mueven, como desde fuera o desde lo alto, el alma humana y el mundo de las acciones. Para comprender en su totalidad al arcano del movimiento, o sea el mundo, hay que considerar también el *movimiento inmanente* a los seres y cosas. La lámina representa este movimiento por medio de la guirnalda que rodea la figura central y por las otras cuatro figuras: los tres animales y el ángel, que ocupan los cuatro ángulos exteriores.

La guirnalda simboliza el movimiento inmanente al *crecimiento*, y las cuatro figuras exteriores el movimiento inmanente al *instinto* primordial o, como decían los antiguos, «los cuatro elementos». En efecto, estos cuatro elementos –fuego, aire, agua y tierra– no son sustancias químicas, ni tampoco estados de la materia –ígneo, gaseoso, líquido y sólido–, sino distintas modalidades del movimiento inmanente a toda sustancia tanto inorgánica como orgánica, psíquica y mental. Constituyen, pues, los cuatro instintos primordiales inmanentes al mundo en movimiento; por eso la tradición iconográfica religiosa y la lámina del arcano del Mundo los representa mediante el cuaternario cosmogénico: toro, águila, león y ángel.

> «El ángel y los tres animales sagrados están representados en el firmamento por las estrellas de primera magnitud situadas en los cuatro puntos cardinales: *Alderabán* u ojo del Toro, *Régulo* o corazón del León, *Altair* o luz del Águila y *Formalhaut* del Pez austral que absorbe el agua vertida por el Acuario. Estos astros marcan los extremos de una cruz cuyo centro es la estrella Polar, la cual, por su inmovilidad en medio del círculo celeste, corresponde en el arcano del Mundo a la joven encuadrada en el óvalo vegetal que simboliza la zona de la eclíptica»[18].

---

18. O. Wirth, *Le tarot des imagiers du moyen âge*, Paris 1927, p. 220.

La idea en que se basa esta correspondencia entre los cuatro sagrados animales de los evangelistas y las estrellas de los signos del Zodiaco es el *alcance cósmico* o zodiacal de los cuatro instintos cósmicos o «elementos». Esta idea les atribuye una función universal y tan estable en el mundo planetario del movimiento como las estrellas fijas del Zodiaco.

Mas no son las constelaciones del Zodiaco las que manifiestan el principio del cuaternario de los elementos o instintos primordiales del cosmos. Este principio aparece revelado en el nombre inefable de Dios, en el Tetragrámaton YHVH *(yod-he-vav-he)*, cuya huella cósmica constituye el cuaternario en cuestión. Efectivamente, lo que conocemos por la categoría (disposición estructural de la inteligencia) de causalidad (con su cuaternario de causas eficientes, formales, materiales y finales) no es más que un caso particular de esa huella. No podríamos percibir, de hecho, ningún orden en el movimiento universal que llamamos mundo si no le aplicáramos el principio de causalidad, es decir, si no distinguiéramos lo que mueve de lo movido, lo que forma de lo formado, la fuente de la meta, el comienzo del fin. Sin aplicar la causalidad al movimiento universal, sólo podríamos contemplarlo boquiabiertos, en vez de deducir del mismo una evolución universal, una historia universal, una ley de gravitación, y de encontrar en él las causas de las enfermedades, catástrofes y todos los peligros que nos acechan, a fin de poder preverlos y protegernos contra ellos.

Ahora bien, lo que se manifiesta en la estructura de nuestra inteligencia como categoría de la causalidad, lo que los cabalistas veneran como nombre inefable de Dios, lo que ocupa el puesto central en la filosofía pitagórica bajo la forma de tétrada sagrada, todo eso es lo que revela el cuaternario de los instintos cósmicos (o sagrados animales del *Apocalipsis* y del profeta Ezequiel), los instintos de la motricidad espontánea, la reactividad, la transformabilidad y la replegabilidad (aptitud para contraerse), en otras palabras, los cuatro elementos: fuego, aire, agua y tierra.

Impulso, movimiento, formación y forma: estos cuatro elementos actúan por doquier. Su influjo se extiende tanto a la actividad intelectual como a la psíquica y la biológica, tanto a la materia llamada inorgánica como a la orgánica, tanto al macrocosmo como al microcosmo.

El malogrado Paul Carton, eminente hermético cristiano, enriqueció la tradición viva del hermetismo con su obra magistral sobre los cuatro temperamentos (bilioso, nervioso, sanguíneo y linfático), descritos no sólo desde el punto de vista fenomenológico sino también como manifestación de la ley universal del cuaternario. Así, leemos:

> «La sabiduría antigua extrajo del enigma de la esfinge las cuatro reglas fundamentales de la conducta humana: *saber*, con la inteligencia del cerebro humano; *querer*, con el vigor del león; *osar*, o elevarse con el audaz poderío de las alas del águila; *callar*, con la fuerza sólida y concentrada del toro. Aplicada a la conducta de los temperamentos, la alegoría de la esfinge enseña que el hombre, para construirse integralmente y desarrollarse de manera armoniosa, debe cultivar, equilibrar y jerarquizar en sí mismo con normalidad las cuatro funciones esenciales de la vida humana: la fuerza de voluntad del bilioso, la comprensión reflexiva del nervioso, la potencia vital del sanguíneo, la sangre fría del linfático»[19].

Los cuatro temperamentos son además un caso particular del cuaternario universal (impulso, movimiento, formación, forma) o de los cuatro elementos (fuego, aire, agua, tierra). Y en el fondo de estos cuatro elementos se encuentra el cuaternario del *instinto* motor inmanente al mundo. A su vez este instinto refleja los cuatro entes cósmicos que arrastran el carro divino *(merkabah):* el ángel, el águila, el león y el toro de la visión del carro de Ezequiel y de la visión de san Juan. Este último los describe así:

> «El primer viviente (era) como un león; el segundo viviente, como un novillo; el tercer viviente tiene un rostro como de hombre; el cuarto viviente es como un águila en vuelo» (Ap 4,7).

Ezequiel, por su parte, acentúa su unidad radical diciendo:

> «En cuanto a la forma de sus caras, era una cara de hombre, y los cuatro tenían cara de león a la derecha, los cuatro tenían cara de toro a la izquierda, y los cuatro tenían cara de águila» (Ez 1,10).

Son uno, porque el nombre divino, el Tetragrámaton, es uno, aunque conste de los cuatro elementos que representan ese nombre, que es el carro divino. El *Zohar* dice que los cuatro vivientes *(Hayot)* de la visión de Ezequiel tenían rostro de hombre:

> «... el cual es síntesis de todos los rostros, puesto que lleva la impronta del santo Nombre, grabado en cuatro letras que corresponden a los cuatro puntos cardinales del mundo: Este, Oeste, Sur y Norte. Miguel permanece en el Norte, y todos los semblantes (de los ángeles) están vueltos hacia él...
> »Asimismo el rostro del hombre, compuesto de varón y mujer, se halla grabado en el carro de Dios, que rodean miríadas *(shin'an)* de ángeles (Salmo 68, 18): la palabra *shin'an* expresa, mediante las iniciales que la componen, los cuatro rostros de los

---

19. P. Carton, *Diagnostic et conduite des tempéraments*, Paris 1926, ⁴1961, p. 17.

ángeles: la letra shin *(sh)* designa *shor* (toro), la letra nun *(n)* constituye la inicial del vocablo *nesher* (águila), la letra álef (') es la inicial de la palabra *'aryeh* (león), y la nun *(n)* final designa al hombre con el cuerpo en posición vertical y que es místicamente macho y hembra»[20].

Todos los ángeles, prosigue el *Zohar*, reciben sus rostros del misterio de la palabra *shin'an*. Todos los ángeles con semblante no humano tienen *dos* rostros: primero el que les es propio y además «el que han tomado del hombre al mirarlo» (al mirar a Miguel), reflejando el rasgo de la fuerza *('el)* en los ángeles con rostro de toro, el rasgo de la grandeza *(gaddol)* en los de rostro de águila, el rasgo del poder *(guibbor)* en los de rostro de león.

«Como el que tiene rostro de hombre los mira a todos y todos lo miran, de esto se sigue que todos reciben la impronta propia del hombre, denominada *nora'*, porque inspira *temor*.»

Por ello el Santo es llamado en la Escritura: «Tú, Dios grande, poderoso y temible» (Neh 9,32). Estos cuatro nombres están grabados en el carro de Dios, «del que emana el misterio de los cuatro rostros simbolizados por las cuatro letras del nombre YHVH». Cuando sale, el carro de Dios

«proyecta una luz viva; despide flechas luminosas, desplegando haces resplandecientes que caen fragmentándose en infinitos destellos. Cual árbol frondoso y grávido de frutos, el carro de Dios, distinguido por los cuatro semblantes, da origen a todas las almas que constituyen la semilla del mundo»[21].

Tal es el impresionante relato del *Zohar*, de donde brota no sé que especie de frescor que fascina y rejuvenece, el relato del carro de Dios y de los cuatro espíritus de los cuatro elementos, cuyos símbolos figuran en los cuatro ángulos de la lámina del arcano del mundo.

La guirnalda que rodea al personaje central pone de relieve la *inmanencia* a toda pasividad (color azul), actividad (color rojo) y neutralidad (color amarillo) del mundo en movimiento, del mundo de los impulsos que emanan de los cuatro espíritus de los elementos. Esos tres colores denotan las tres clases esenciales de energía –pasividad y latencia, actividad y despliegue, neutralidad y armonía del equilibrio– designadas y descritas en el *Bhagavadgītā* como las tres cualidades –*tamas*, *rajas* y *sattva*– que constituyen los tres modos de manifestación de los cuatro elementos.

---
20. *Zohar* I, 19a.
21. Ibid.

«Una acción exactamente regulada, efectuada desapasionadamente, es decir, sin apego ni aversión, realizada por quien no ansía ningún fruto: tal acción es llamada *sáttvica*.

»La acción que un hombre emprende bajo el dominio del deseo o el provecho propio, haciendo para ello un esfuerzo desmesurado: tal acción recibe el nombre de *rajásica*.

»Una acción emprendida con ceguera, sin considerar la propia fuerza o capacidad, sin preocuparse de sus consecuencias como el desperdicio del esfuerzo o el mal causado al prójimo: tal acción se denomina *tamásica*.

»A quien está libre de todo celo, libre de egoísmo, lleno de resolución, firme en su propósito e imbuido de tranquila rectitud, a quien así actúa se le llama *sáttvico*.

»El que se apega con ardor a la acción, anhela apasionadamente su fruto, es codicioso, impuro y a menudo violento, cruel y brutal en sus métodos, se alegra con el éxito y se apena con el fracaso, ése es llamado *rajásico*.

»El que obra con mentalidad mecánica, es obstinado, perezoso, se desanima con facilidad y aplaza siempre lo que ha de hacer, a ése se le llama *tamásico*»[22].

Las manifestaciones de las tres *gunas* pueden amplificarse indefinidamente en todos los campos de la existencia. Así, el reino mineral se encuentra en estado de *tamas*, el reino animal en estado de *rajas* y el reino vegetal en estado de *sattva*. El sabio *(brāhmana)* se encuentra en estado de *sattva*, el guerrero *(kṣattriya)* en estado de *rajas* y el sirviente *(ṣudra)* en estado de *tama*. El sol es sáttvico, el relámpago rajásico y la luna tamásica, etc. Trátase en todos los casos del equilibrio *(sattva)*, la actividad *(rajas)* y la pasividad *(tamas)* como modos de manifestación de los cuatro elementos.

Ahora bien, la guirnalda tricolor es el *campo* de manifestación de los cuatro elementos que actúan en los fenómenos de la vida en forma de impulso vital inherente al flujo de esa misma vida. Es el «río» de que nos habla el *Génesis*:

«De Edén salía un río que regaba el jardín, y desde allí se repartía en cuatro brazos» (Gén 2,10).

Los antiguos griegos designaban ese río, que se reparte en cuatro brazos, por el nombre de «éter», el cual se divide en cuatro elementos: fuego, aire, agua y tierra. La doctrina hinduista llama al quinto elemento, que es la raíz de los otros cuatro, *ākāśa*, generalmente traducido por «éter». Y la alquimia medieval atribuía un gran papel a esa «quintaesencia» *(quinta essentia)*, base y raíz de los cuatro elementos. Por ejemplo, leemos:

---

22. *Bhagavadgita*, XVIII, 23-28.

«Divide tu piedra en cuatro elementos... y reúnelos en uno, y tendrás la totalidad del magisterio»[23].

Esto significa que el magisterio o «ciencia de la obra» consiste en la separación de los cuatro elementos de la *prima materia* y, luego, en la realización de su unidad en la quintaesencia o, como decían los antiguos, el «éter»[24].

Ello corresponde a la contextura de la lámina del arcano que representa el Mundo, con las cuatro figuras en los ángulos y la bailarina en el centro. La guirnalda tricolor que rodea a la bailarina representa la etapa intermedia del análisis 1-3-4 o de la síntesis 4-3-1 (es decir, el progreso de los cuatro elementos hacia las tres cualidades *[gunas]*, y de éstas a la unidad de la quintaesencia). Las tres cualidades corresponden a los tres regímenes *(regimina)* de la alquimia, mediante los cuales los cuatro elementos se transforman y sintetizan en la quintaesencia. Así, el primer régimen, transforma la tierra en agua, el segundo el agua en aire, y el tercero el aire en fuego ($\triangledown$ en $\triangledown$, $\triangledown$ en $\triangle$, y $\triangle$ en $\triangle$).

El arcano del Mundo es, pues, el del análisis y la síntesis. Enseña el arte de *distinguir*, en la totalidad de la experiencia del movimiento, entre lo ilusorio y lo real (las dos manos de la bailarina con el filtro y la varita), luego entre las tres coloraciones (o *gunas*, o *regimina*) del movimiento y, por último, entre los cuatro elementos o impulsos inherentes a todo lo que se mueve. Enseña también el arte de percibir (realizar, en alquimia) la unidad radical entre los cuatro elementos, las tres coloraciones y los dos efectos, en suma, la quintaesencia.

Dicho en lenguaje cabalístico, este arcano es el del *despliegue* del sagrado nombre de Dios y su repliegue ulterior, siendo ambas operaciones respectivamente análogas a la obra de la creación y a la de la salvación[25].

Es evidente que podríamos llevar mucho más lejos el análisis y luego la síntesis del arcano del Mundo. Podríamos, por ejemplo, establecer el papel que desempeñan los cuatro elementos en los cuatro planos o mundos: de la emanación *('atsilut)*, de la creación *(beri'ah)*, de la formación *(yetsirah)* y de la acción *('asiah)*, según el árbol de las sefirot, tomando la década sefirótica en cada plano y resumiendo por medio de la síntesis, en cada uno de esos planos, el resultado obtenido:

---
23. *Hermetis Trismegisti tractatus vere aureus, De lapidis philosophici secreto, cum scholiis Dominici Gnosii,* Leipzig 1610.
24. Aristóteles, *Del cielo*, I, 3.
25. Quien desee profundizar en todos los detalles de esta tesis lea la obra maestra de F. Weinreb, *De Bijbel als Schepping*, La Haya 1963; trad. alem., *Der göttliche Bauplan der Welt*, Zürich 1966.

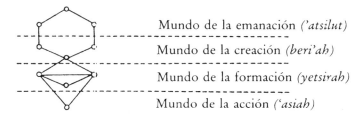

Mundo de la emanación *('atsilut)*
Mundo de la creación *(beri'ah)*
Mundo de la formación *(yetsirah)*
Mundo de la acción *('asiah)*

¿Qué obtendríamos entonces? *Obtendríamos el sistema de los arcanos menores del tarot,* es decir, cuatro veces diez láminas, del uno al diez, y cuatro veces las cuatro figuras que sintetizan en cada plano la enseñanza numérica de cada elemento. Nos encontraríamos, así, con las cuarenta láminas numéricas y dieciséis láminas figurativas del sistema de los arcanos menores del tarot: diez láminas numéricas de oros, diez láminas numéricas de espadas, diez láminas numéricas de copas y otras diez numéricas de bastos, así como cuatro láminas figurativas de oros, cuatro láminas figurativas de espadas, cuatro láminas figurativas de copas y cuatro láminas figurativas de bastos: sota (para el mundo de la acción), caballero (para el mundo de la formación), reina (para el mundo de la creación) y rey (para el mundo de la emanación), y esto en cada color o palo. Tocante a los cuatro palos –oros, espadas, copas y bastos–, corresponden exactamente a la estructura del nombre sagrado YHVH y, por consiguiente, a los cuatro elementos. Los bastos representan el principio emanante o *yod* del nombre, las copas el principio de la concepción o primera *he* del nombre, las espadas el principio fundador o *vav* del nombre, y los oros el principio de la forma o segunda *he* del nombre.

Los cincuenta y seis arcanos menores del tarot no son, pues, más que el desarrollo del último arcano mayor, el Mundo, desarrollo rigurosamente cabalístico y matemático cuya sistematización ha sido llevada tan lejos que uno se pregunta involuntariamente si no se tratará de una pura realización racionalista. En efecto, resulta difícil aceptar los arcanos menores del tarot, de buenas a primeras, como *arcanos* en el sentido de los arcanos mayores que acabamos de meditar. Su disposición racional salta de tal manera a la vista que nos viene la tentación de rechazarlos como un simple acertijo o algo en todo caso muy inferior a los arcanos mayores.

No obstante, hubo una escuela (la ya citada de San Petersburgo, en el primer cuarto de este siglo) donde se enseñaba que los llamados arcanos menores del tarot son en realidad los auténticos arcanos *mayores,* por cuanto suponen un grado más alto de conocimiento y experiencia que el de los arcanos comúnmente denominados mayores.

Según la tesis de la escuela de San Petersburgo, los arcanos menores son respecto a los mayores lo que la escuela superior es respecto a la escuela secundaria.

Ahora, después de más de 45 años de esfuerzo y estudio, debo decirte, querido amigo desconocido, que esa tesis no hace justicia a los arcanos del tarot, tanto mayores como menores. En efecto, reduce los arcanos mayores al papel de escuela preparatoria para los arcanos menores, papel que únicamente asumían en el uso que de ellos hacía dicho grupo. Y los arcanos mayores eran simplemente utilizados como contexto para la enseñanza enciclopédica de la cábala, la magia, la astrología y la alquimia. Como estos arcanos se prestan de maravilla a tal enseñanza, los miembros de la escuela de San Petersburgo los utilizaban así. Los arcanos mayores servían, pues, de programa de enseñanza general de las ciencias ocultas tradicionales, proporcionando conocimientos generales sobre su naturaleza y métodos. A los arcanos menores se les reservaba, en cambio, el papel de práctica psicúrgica, es decir, de transformación de la conciencia que se va elevando de plano en plano; esta práctica se presentaba como escuela superior, que venía después de la escuela secundaria de los arcanos mayores.

Sin embargo, los arcanos mayores *no son*, en conjunto, ningún programa de enseñanza de ciencias ocultas, sino una escuela de meditación que tiene por objeto despertar la conciencia a las leyes y fuerzas que actúan bajo la superficie intelectual, moral y fenomenal, es decir, los *arcanos*. Y los arcanos menores constituyen un resumen sistemático de las experiencias tenidas durante la meditación de los arcanos mayores, en forma de amplificación –análisis y síntesis llevados al extremo– del arcano mayor representado por el Mundo. Son, si lo prefieres, una elaboración detallada de este arcano mayor, o también la aplicación de este arcano a los planos de la conciencia que se eleva del plano de la acción al de la emanación.

No quisiera abusar de tus fuerzas, querido amigo desconocido, proponiéndote, además de estas veintidós meditaciones sobre los arcanos mayores del tarot, cincuenta y seis meditaciones más sobre los arcanos menores; por otra parte, me falta el tiempo necesario para llevar a feliz término tamaña tarea. Así, pues, te invito a realizar por ti mismo este trabajo, o sea, a escribir, a ejemplo de estas meditaciones, tus propias meditaciones sobre los arcanos menores del tarot. Para facilitarte la labor, te presento las siguientes consideraciones que pueden servirte de clave para la comprensión de los arcanos menores.

Éstos representan el camino de la subida de la conciencia desde el mundo de la acción –o de los fenómenos– hasta el punto de la emanación, pasando sucesivamente por el mundo de la formación y el mundo de la creación. Se trata, por tanto, de cuatro grados, incluida la cumbre, de la ascensión de la conciencia desde el mundo de la imaginería sensual e intelectual, que corresponde a los *oros*, al mundo o grado de la destrucción de la imaginería, o desierto, que corresponde a las *espadas*, y luego a ese grado de pobreza de espíritu necesaria para convertirse en receptáculo de la revelación de lo alto, el cual corresponde a las *copas*. La cima se alcanza cuando la conciencia-copa que recibe la revelación de lo alto se transforma, cooperando con la acción reveladora. Ella misma se vuelve entonces actividad reveladora, por estar activamente unida al mundo de la emanación. Llega así el grado de los *bastos* o cetros, es decir, al de la pura actividad creadora.

El camino comienza, pues, en el mundo de los oros o pentáculos. Es el mundo de la imaginería de los hechos, de las construcciones intelectuales y de los ideales imaginados. En él la conciencia se rodea de toda una trama de imágenes, recuerdos de la experiencia, fórmulas y esquemas intelectuales, y también los de la imaginación moral, a saber, los ideales. Ese mundo de imágenes no es ni realidad ni ilusión. Consta de valores-imágenes que corresponden a la realidad y pueden, por consiguiente, llegar a ser reales. Por ello sus símbolos son los *oros*, pues así como las monedas no son en sí mismas alimento, abrigo y habitación, mas pueden llegar a convertirse en estas cosas, así las imágenes de la memoria, las fórmulas y esquemas intelectuales o morales, que *representan* realidades, pueden también volverse tales.

Ahora bien, este mundo de oros, de imágenes, tiene un doble significado. Simboliza, por una parte, la *riqueza* adquirida por la conciencia y, por otra, el conjunto de aquello a lo que la conciencia habrá de renunciar si quiere llegar a la realidad espiritual. En efecto, para transformar el dinero en cosas reales, o sea, para comprarlas, hay que pagar. Para poseer el reino de los cielos, hay que hacerse pobre de espíritu.

Este pago, este desprendimiento de la propia riqueza de espíritu, son las espadas. Aquí, las imágenes-valores (u oros) acuñadas por el esfuerzo intelectual, moral y artístico quedan destruidas una tras otra, en el mismo orden (sefirótico) en el que se formaron. Ello puede durar un instante, una hora o hasta decenas de años. En santo Tomás de Aquino duró el tiempo de un solo éxtasis, mientras a Platón el mismo proceso le llevó, al parecer, varios años. Santo Tomás experimentó, probablemente hacia fines de 1273, un éxtasis tan largo, que su hermana, en cuya casa se alojaba entonces, manifestó gran inquietud e interrogó a fray Reginaldo:

> «Éste le dijo: "A menudo el maestro es arrebatado en el Espíritu cuando contempla alguna cosa, pero nunca lo vi, como ahora, enajenado así durante tanto tiempo." Algunas horas después, acudió el compañero adonde estaba su maestro y, tirándole fuertemente de la capa, lo despertó, como quien dice, del último sueño de la contemplación. Y él, suspirando, le habló así: "Reginaldo, hijo, te voy a revelar algo en secreto, prohibiéndote que se lo cuentes a nadie mientras yo viva. *Mis escritos tocan a su fin, pues tales cosas me han sido reveladas que las que hasta ahora he escrito y enseñado me parecen mezquinas*, y así espero en Dios que mi vida se termine tan pronto como han de terminarse mis enseñanzas"»[26].

El éxtasis experimentado por santo Tomás le persuadió de que «lo que hasta entonces había escrito y enseñado era mezquino». He ahí un ejemplo del paso por la esfera de las espadas.

Tocante al otro «rico», Platón (cuyas obras en ocho volúmenes tengo aquí delante mientras escribo estas líneas), hizo esta sorprendente declaración en la carta que escribió a la edad de setenta y cinco años a los parientes y amigos de Dión (carta VII de Platón, 341c,d, que los antiguos designaron por el nombre de «La gran carta».

> «De mí, en todo caso, no hay sobre ese tema (la realidad, *to on*) ningún escrito, ni es de prever que lo haya nunca. Estas cuestiones no pueden expresarse al modo de las demás ciencias: sólo tras una prolongada dedicación al objeto, una verdadera vida común con él, surge súbitamente en el alma, como cuando brota una chispa, esa claridad que en adelante se alimenta ella sola»[27].

Así juzga Platón, a los setenta y cinco años, su obra filosófica: «Jamás he escrito nada sobre lo que constituye el objeto de mi esfuerzo.»

O Platón está ironizando –lo que encaja mal con el tono general de la carta VII– o habla en serio. En este último caso se declara contemplativo, lo que significa que el inmenso trabajo realizado por él en el campo de la argumentación con sus cuatro elementos –palabras o nombres *(onoma)*, definiciones *(logos)*, imágenes *(eidolon)* y ciencia *(episteme)* resulta inadecuado para llegar al conocimiento de la esencia o el ser *(ousia, to on)*, que él llama sencillamente «objeto de mi esfuerzo» *(peri hon eidolon)*, un esfuerzo que tiende precisamente a la intuición mística del ser mismo. Y este esfuerzo le absorbió hasta tal punto en los últimos años de su vida que le pareció posible afirmar que jamás había escrito nada al respecto.

Ahí tenemos otro ejemplo del paso por la esfera de las espadas. Platón, al igual que santo Tomás de Aquino, alcanzó esa pobreza de

---
26. *Vita S. Thomae Aquinatis*, contada por Guillermo de Tocco, en P. Mandonnet, *Mélanges Thomistes*, Bibliothèque thomiste III, Kain 1923, p. 8.
27. Platón, *Briefe*, Berlin 1960, 76; trad. cast., *Cartas*, Instituto de estudios políticos, Madrid ²1970.

espíritu necesaria para convertirse en copa y cetro (o basto), es decir, primero receptáculo de la revelación del ser y luego cooperador activo, *iniciado*.

Los mundos o esferas de los oros, espadas, copas y bastos corresponden respectivamente a las etapas de la vía tradicional: preparación, purificación *(purgatio, katharsis)*, iluminación *(illuminatio, photismos)* y perfección *(perfectio, unio mystica, ta tele)*.

Lo adquirido por medio de la observación, el estudio, el raciocinio y la disciplina constituye la *etapa de la preparación* o mundo de los oros.

Ese mundo, expuesto a la acción del soplo de lo real, pasa a ser la *etapa de la purificación* o mundo de las espadas.

Lo que queda tras esta prueba se convierte en virtud o facultad del alma para recibir la luz de lo alto. Es la *etapa de la iluminación* o mundo de las copas.

Finalmente, a medida que el alma se eleva desde la mera conceptividad hasta la cooperación activa con lo divino, va llegando a la *etapa de la perfección* o mundo de los bastos (o cetros).

He aquí, amigo desconocido, las sugerencias que pueden servirte de clave para tu trabajo sobre los arcanos menores del tarot. Y con ellas te digo adiós.

21 de mayo de 1967   Fiesta de la Santísima Trinidad

GLOSARIO

Accidente (del latín *accidere*, caer, recaer, acaecer): Lo que sobreviene, lo casual. En filosofía, el ser no existente por sí mismo sino adherido a la sustancia (véase este vocablo) como determinación próxima de la misma.

Advaita (en sánscrito, no dualidad): Nombre de una escuela védica, no dualista; doctrina que tiene a Brahma por la única realidad.

Ahaṃkāra: En la filosofía india, ilusión de un yo sustancial separado y existente de por sí.

Ahrimán: Designación zoroástrica del principio negativo o del mal, el adversario o enemigo. La antroposofía de Rudolf Steiner distingue dos adversarios: Lucifer (Diablo) –embriagador, fascinador, enemigo del mundo– y Ahrimán (Satanás) –cínico, frío, materialista–.

Alegoría (del griego *allegorein*, decir otra cosa): Representación figurada de un concepto abstracto, a menudo personificándolo.

Alfa: Primera letra del alfabeto griego; en el cristianismo simboliza el comienzo. A Cristo se le llama en diversas ocasiones alfa y omega (véase esta última palabra).

Alquimia: Conjunto de especulaciones teóricas y experimentales en torno a sustancias químicas, punto culminante del pensamiento simbólico. Originada en Egipto, floreció en la edad media y hasta principios de la edad moderna. Sus prácticas tendían sobre todo a ennoblecer las sustancias manipuladas y a purificar el alma.

Anāhata: En la filosofía india, el «loto de doce pétalos», centro cardiaco, lugar y símbolo del amor.

Analogía (del griego *analogos*, conforme a la razón): Correspondencia; en filosofía escolástica, relación de semejanza o coherencia interna entre todo lo existente.

Antinomia (del griego *anti*, contra, y *nomos*, ley): Contradicción, par contradictorio, incompatibilidad de dos proposiciones válidas.

Árbol de la bodhi: La higuera bajo la cual Gautama tuvo la «iluminación» *(bodhi)*, transformándose en Buda. Por eso este árbol es el símbolo de la iluminación.

Árbol sefirótico: Figura de árbol que, en la cábala, representa la serie de las diez *sefirot* (véase esta palabra).

Arcano (del latín *arcanus*, secreto): Secreto o misterio esotérico; símbolo que a la vez oculta y permite descifrar secretos, proporcionando una clave de los mismos.

Arjuna: Héroe guerrero del *Bhagavadgītā*, a quien Krishna enseña que combatir es necesario, pero ha de hacerse sin afectos.

Arquetipo (del griego *arkhe*, principio o comienzo, y *typos*, tipo): Ejemplar o tipo primordial; aplicado a los tipos primordiales que existen en el mundo anímico-espiritual; en la psicología de C.G. Jung, designación de las estructuras psicológicas primitivas que pueden manifestarse en los sueños, fábulas, mitos, etc. (inconsciente colectivo).

Arrianismo: Doctrina del presbítero Arrio (hacia 260-336), según la cual Cristo, como criatura de Dios Padre, tiene una esencia parecida a la del Padre, pero no la misma.

Ascética, ascetismo (del griego *askesis*, ejercicio): Austeridad en sentido ético, acompañada de ejercicios de meditación en la mayoría de los casos.

Asideos: Véase **Ḥasidim**.

Ātman (en sánscrito, soplo): En todas las religiones de la India, el sí mismo divino y eterno, que tiende como suprema liberación a la unión con Brahma, el ser y principio creador del mundo.

Avatar (del sánscrito *avatāra*, descenso): Designación india de la encarnación de un dios.

Avatar Kalki(n): Según la Sabiduría india, el dios Vishnú se encarnará de nuevo en Kalkin al final de la era presente para salvar al género humano.

Avidyā: En la filosofía india, la «ignorancia» (en sentido esotérico), condición previa o presupuesto de la individuación (véase esta palabra).

Axioma (del griego *axioun*, tener por digno, juzgar recto): Proposición básica que no se deduce de proposiciones lógicamente anteriores y, por tanto, no puede probarse, pero que se aprehende de modo inmediato como evidente.

Basar (del hebreo *basar*, carne, cuerpo, hombre): Uno de los cinco principios del hombre en la cábala.

Bhagavadgītā: Libro sagrado de la secta Bhāgavata, escrito en forma poética; muy popular en la India; existen diversas refundiciones del mismo.

Bhakti-yoga: Forma del yoga que recorre el camino o vía del sentimiento o del amor.

Bodhisattva (en sánscrito, futuro buda): Rudolf Steiner lo interpretó en el sentido de maestro de perfeccionamiento cristiano, nacido a principios de este siglo y debiendo iniciar sus actividades a partir de los 30 años; es también el anunciador de la nueva manifestación de Cristo en lo etéreo; véase **Buda Maitreya**.

Brahma: En la filosofía india, fuerza divina, alma universal, fuerza creadora; personificado en la divinidad masculina del mismo nombre.

Buda (en sánscrito, El Despierto): Fundador del budismo.

Buda Maitreya (en sánscrito, lleno de amor y bondad): Nombre del quinto Buda, esperado para el futuro. Cf. **Bodhisattva**.

Cábala (del hebreo *qabbalah*, tradición): Designación de la mística judía.

Cella: Alumno (de yoga).

Conceptualismo (del latín *conceptus*, concepto, idea): Originalmente, en la controversia medieval sobre los universales, la posición media entre el nominalismo y el realismo, según la cual los conceptos o nociones de las cosas tienen existencia propia e independiente en el pensamiento.

Consagración (del latín *consecrare*, consagrar, santificar): En la liturgia latina, nombre que se da a todas las consagraciones litúrgicas y, más específicamente, a la transustanciación eucarística.

Contemplación (del latín *contemplari*, contemplar): Sobre todo en mística, forma de concentración en la que se contemplan apaciblemente objetos o circunstancias concretas.

Corpus Hermeticum: Colección del siglo I d.C. de unos cuarenta textos de contenido gnóstico en griego, latín y árabe; se atribuyen a Hermes Trismegisto (cf.).

Credo (en latín, yo creo): En la liturgia latina, confesión de fe que comienza por esta palabra; también se denomina Símbolo de la fe o Símbolo de los Apóstoles.

Cristalización (del griego *krystallos*, hielo): Formación de un cristal en torno a un núcleo de cristalización; también, en sentido figurado, condensación.

Crónica del akasha: (del sánscrito *ākāśa*, memoria del mundo): Memoria cósmica (automática, lógica y moral) a la que el hombre contemplativo puede tener acceso; una especie de crónica (anales, archivo) de toda la historia de la humanidad.

Cuerpo astral (del latín *astrum*, astro): Cuerpo sutil y anímico.

Cuerpo etéreo (del griego *aither*, éter, aire o atmósfera superior [donde moran los dioses]) Cuerpo vital, sede de las fuerzas vitales; también, en antroposofía, cuerpo de las fuerzas imaginativas.

Chakra: En el yoga hindú, loto o flor de loto, es decir, órgano de percepción en el cuerpo astral (véase *Cuerpo astral*)

Demiurgo (del griego *demos*, pueblo, y *ergein*, crear, obrar, hacer): En Platón y otros pensadores posteriores, arquitecto o constructor del mundo, sometido generalmente a una divinidad superior; en general, hombre que ejerce una profesión pública.

Derecha e izquierda: En la creencia popular y en muchas religiones, el lado derecho se considera el mejor y el de la buena suerte.

Dhammapada: Colección budista de sentencias ético-religiosas.

Dhāraṇā: En la práctica del yoga, concentración de los pensamientos en un punto.

Dhyāna: En la filosofía india, sumersión, meditación.

Docetismo (del griego *dokein*, parecer, tener tal o cual apariencia): Opinión, defendida especialmente por los gnósticos, según la cual Dios se hizo hombre en Jesús sólo aparentemente; algunos docetas estimaban también que la divinidad se retiró del cuerpo humano de Jesús antes de la pasión.

Docta ignorantia: Expresión latina para significar la «sabia ignorancia» de sí mismo. Tema principal del pensamiento de Nicolás de Cusa, según el cual Dios y la esencia del mundo no pueden ser captados conceptualmente por el hombre, por mucha ciencia y sabiduría que éste posea.

Dualismo (del latín *duo*, dos): Principio de dualidad; en filosofía, consiste en suponer que todo lo existente se reduce a dos principios independientes entre sí.

Egrégor: Demonio engendrado artificialmente por una perversa fuerza de la imaginación y voluntad colectivas.

Elohim (en hebreo, dioses o potencias): Una clase de entes espirituales, en el Antiguo Testamento; uno de los nombres por los que se designa a Yahveh.

Emanación (del latín *emanare*, emanar, proceder): Especialmente en las doctrinas neoplatónicas, el hecho, por parte de todo cuanto existe, de proceder del uno.

Encarnación (del latín *incarnatio*): El hecho de hacerse carne o tomar para sí un cuerpo.

En-Sof (en hebreo, ilimitado sin fin): En la cábala, el Dios incognoscible.

Énstasis (del griego *en*, en, dentro, adentro, y *stasis*, estado, situación, posición). Experiencia o vivencia de lo más profundo e íntimo de sí mismo; véase **Éxtasis**.

Ente (del latín *ens*, lo que es, lo que tiene ser): Un ser determinado.

Escepticismo (del griego *skepsis*, objeción, duda): Corriente filosófica que considera la duda como principio general de todo conocimiento; el escepticismo absoluto niega la posibilidad de llegar a conocer la verdad.

Escolástica, escolasticismo (del latín *scholasticus*, perteneciente a la escuela): Sistema teológico y filosófico elaborado en las escuelas medievales, que trataba de conciliar la doctrina revelada con el pensamiento filosófico; en parte estaba vinculado con tradiciones de la antigüedad clásica.

Esencia (del latín *essentia*): En filosofía, el esencialismo (filosofía del ser) se contrapone al existencialismo, orientado a la existencia concreta o hecho de existir.

Esfinge (del griego *sphinx*): Monstruo fabuloso, mezcla de animal y hombre, con cuerpo de león y cabeza de un rey o una reina; símbolo antiquísimo del dominio de un monarca o soberano.

Esoterismo (del griego *esoteros*, interno, interior): Doctrinas sólo accesibles a los iniciados.

Espiral: Símbolo del desarrollo cíclico de orden superior, tanto biológico como espiritual, en contraposición con el círculo de la serpiente que se muerde la cola (véase **Ouroboros**).

Eutiques: Archimandrita de un monasterio cercano a Constantinopla (hacia 378-454); defendía la doctrina de que Cristo, después de la encarnación, poseía una *única* naturaleza humano-divina.

Eutiquianismo: véase **Eutiques.**

Existencia (del latín *exsistere*, existir, venir a la vida lo que ya antes era): Dicho de otro modo, ser en el tiempo, en contraposición con el ser en sí o fuera de todo tiempo.

Exoterismo (del griego *exoteros*, externo, exterior): En contraposición con el esoterismo, doctrinas accesibles a todos.

Éxtasis (del griego *ek*, de, fuera de y *stasis*, estado, situación, posición). Arrebato con exaltación de sentimientos; estado en el que uno sale fuera de sí.

Fantasma (del griego *phantasma*, aparición, manifestación, forma ilusoria, figura de la imaginación, imagen engañosa): En general, imagen ilusoria o engañosa; en parapsicología, un aparecido.

Fenómeno (del griego *phainomenon*, lo que aparece o se manifiesta): Todo objeto que se ofrece a la percepción o al conocimiento.

Filosofía perenne: véase **Philosophia perennis.**

Flor de loto: véase **Loto.**

Gnosis (en griego, conocimiento): Comprensión de los mundos metafísicos o trascendentales. Se les llama especialmente gnósticos a los filósofos y teólogos de los primeros siglos de la era cristiana que trataban de entender las verdades de la fe por vía de especulaciones filosóficas.

Gurú: Nombre indio para designar a un maestro espiritual.

Hasidim (en hebreo, piadosos, asideos): En el judaísmo, movimientos religiosos que fomentaban de modo especial la piedad.

Hatha-yoga: Forma de yoga centrada en el ejercicio corporal (postura del cuerpo y dominio de la respiración).

Hayah (en hebreo, viviente): Uno de los cinco principios del hombre en la cábala.

Hermes Trismegisto (en griego, Hermes tres veces grande): Iniciado egipcio, fundador de la tradición, escritura y ciencia herméticas; en la literatura hermética desempeña el papel de sabio legislador. Más adelante se aplicó este nombre al dios egipcio (véase) **Thot.**

Hexagrama (del griego *hex*, seis, y *graphein*, escribir, dibujar): Estrella de David o estrella de seis puntas, formada por dos triángulos superpuestos o entrelazados; es a menudo un símbolo de la compenetración o unión de los contrarios.

Hīnayāna (en sánscrito, pequeño vehículo): La más antigua forma del budismo, que enseña una autoliberación pluralista; véase **Mahāyāna.**

Iconoclasta (del griego *eikon*, imagen y *klaein*, romper): Destructor de imágenes.

Idealismo: En lenguaje ordinario, concepto del mundo y de la vida determinado por ideales, en contraposición con el materialismo. En metafísica, teoría según la cual espíritu, idea y razón constituyen la verdadera realidad.

Imam: El que dirige la oración en una mezquita. Según la doctrina chiíta, el guía, directamente inspirado por Dios, de la comunidad islámica.

Individuación (del latín *individuus*, indivisible): Especificación de lo general en singularidades o seres particulares.

Inflación (del latín *inflare*, inflar, hinchar): En C.G. Jung, estado de exaltación de la conciencia del yo.

Inspiración (del latín *inspirare*, inspirar): En sentido religioso, recepción sensitiva de comunicaciones sobrenaturales.

Intuición (del latín *intueri*, ver, mirar, contemplar): Visión o comprensión inmediata; también, inspiración, visión espiritual.

Isis: Diosa egipcia, esposa y hermana de Osiris. La magia desempeñaba un gran papel en su culto.
Izquierda: Véase **Derecha e izquierda.**

Jerarquías (del griego *hieros*, sagrado, y *arkhein*, gobernar, regir, dominar): Autoridades escalonadas en grados o rangos diversos, tanto en el mundo como en la esfera religiosa.
Jñāna-yoga: «Yoga del conocimiento», que aspira a la supresión de la ignorancia y, con ella, del apego a la vida.

Kalki(n): Véase **Avatar Kalki(n).**
Kalpa: En las doctrinas sapenciales de la India, un día de Brahma, que comprende un millar de grandes eras del mundo, a cada una de las cuales corresponden 320 000 años terrestres.
Karma (en sánscrito, hecho, acto): Noción fundamental de budismo, hinduismo y jainismo. Significa que el destino del hombre después de su muerte –incluidas sus futuras formas de existencia, si se reencarna– depende de sus acciones durante la vida.
Karma-yoga: Vía por la que el yogui se libera de las ataduras que lo mantienen ligado a sus actos; se alcanza el fin propuesto al ejecutar los propios actos indiferente y desinteresadamente.
Kore kosmou (en griego hija, o pupila, del mundo): Extracto del libro sagrado de **Hermes Trismegisto** (véase).
Krishna (en sánscrito, el negro): Octava encarnación terrena de **Vishnú** (véase), mítico rey indio.
Kuṇḍālinī: En la filosofía india, fuente cósmica de energía y fuerza vital, imaginada como una serpiente que se enrosca hasta morderse la cola.

Lemniscata (del griego *lemniskos*, cinta de lana): Curva matemática de orden superior (un ocho tumbado).
Levitación (del latín *levis*, ligero): Elevación espontánea de objetos en las sesiones de espiritismo; también, elevación del cuerpo humano despegándose de la tierra y manteniéndose en el aire por sí solo.
Logos (en griego, palabra razón): Concepto fundamental en la filosofía griega. En el cristianismo, también sinónimo de Cristo.
Loto: Nombre de una especie de nenúfar o planta ninfeácea típica de Egipto y el Sudeste asiático; desempeña un importante papel en la cultura y religión de Egipto, la India y Asia oriental. El hinduismo y el budismo la utilizan a menudo como símbolo de cosas diversas, p. ej. nacimiento de la Tierra, luz, armonía cósmica, conocimiento, etc. Órgano de percepción del cuerpo astral. Véase **Chakra.**

Magnetismo (animal, vital): Noción según la cual todo organismo posee un fluido en relación con el fluido o éter que penetra la totalidad del cosmos.
Mahātmā: En la India, título honorífico aplicado a dioses y eminentes personalidades espirituales. En teosofía, maestro espiritual de la humanidad.
Mahāyāna (en sánscrito, gran vehículo): Forma tardía del budismo cuya doctrina, monista, presupone una sola causa primera (espiritual) del mundo.
Maniqueísmo: Doctrina gnóstica fundada por Manes en el siglo III después de C., la cual reposa en un dualismo radical (luz-tinieblas, espíritu-materia).
Mantra-yoga: Forma de **yoga** (véase) centrada en fórmulas de meditación.
Manvantara: En las doctrinas sapienciales de la India, un período de Manu, que equivale a $71 \times 12\,000 \times 360$ años. Manu es considerado como el fundador o primer padre del género humano.
Materia prima (en latín, materia prima o primera): En alquimia, materia o elemento de base, que ha de transformarse en la piedra filosofal.
Māyā-śakti: Conceptos de la filosofía india. **Māyā:** Creencia ilusoria en la existencia real del mundo de los fenómenos, cuando de hecho sólo existe el uno, el absoluto, es decir, **Brahma** (véase). **Śakti:** El aspecto dinámico y visible del absoluto.

Meditación (del latín *meditari*, meditar, reflexionar): Actitud de recogimiento espiritual a la que se tiende mediante ejercicios corporales y psicoespirituales.

Mística (del griego *myeomai*, ser iniciado): Forma de experiencia o vivencia religiosa donde se tiende a la unión del yo humano con la realidad divina.

Mito (del griego *mythos*, palabra, dicho, discurso): Relato primitivo, no racional, sobre el mundo y su origen, las más de las veces en forma poética. Con frecuencia se remonta a los orígenes más remotos de los pueblos.

Modo geométrico, more geometrico (en latín, de manera geométrica, con método geométrico): Proceder filosófico que, de manera análoga a la metodología matemática, construye un sistema deductivo a partir de **axiomas** (véase) y proposiciones doctrinales (especialmente utilizado por Descartes y Spinoza).

Mónada (del griego *monas*, unidad): En filosofía, la unidad última, no compuesta, indivisible.

Monismo (del griego *monos*, uno solo, único): Nombre de todos los sistemas filosóficos que, al contrario del **dualismo** (véase), reducen la multiplicidad del mundo a un único principio.

Monofisismo (del griego *monos*, uno solo, único, y *physis*, naturaleza): En el cristianismo, doctrina según la cual en Cristo no hay dos naturalezas (divina y humana) unidas, sino una sola, la del Verbo o **Logos** (véase) hecho carne.

Natura naturans (en latín, naturaleza naturante o creadora, engendradora, productora): La naturaleza considerada como principio creador, en contraposición con la naturaleza creada. Véase **Natura naturata**.

Natura naturata (en latín naturaleza naturada o creada): La naturaleza desde el punto de vista de cosa creada, en contraposición con su faceta dinámica y creadora. Véase **Natura naturans**.

Nefesh (en hebreo, aliento, alma, persona): Uno de los tres principios del alma en la cábala; el aspecto «del lado de acá».

Neshamah (en hebreo, hálito, aliento, soplo, alma, ser viviente): Uno de los tres principios del alma en la cábala; el aspecto «del lado de allá», el que viene de Dios.

Nestorio: Patriarca de Constantinopla (hacia 380-450), que enseñaba, contrariamente a los monofisitas (véase **Monofisismo**), la doctrina de la doble naturaleza de Jesús, separando la naturaleza divina de la humana.

Nestorianismo: Véase **Nestorio**.

Nigromancia (del griego *nekros*, muerto, y *manteia*, adivinación): Adivinación o magia mediante la evocación de los muertos.

Nihilismo (del latín *nihil*, nada). Toda ideología que repose en la negación de los órdenes ontológico, epistemológico o social.

Nirvana (en sánscrito, extinción): En el budismo, extinción de la conciencia del yo, con sus límites, y de todo apego a la vida; liberación definitiva del ciclo terreno de las reencarnaciones. Suele describirse como la nada, porque no lo podemos imaginar, pero ontológicamente no es equiparable a la nada.

Niyama: En la práctica del **yoga** ejercicios que consisten en la observancia de estrictos preceptos morales.

Nominalismo (del latín *nomen*, nombre): En filosofía, toda doctrina según la cual los conceptos generales –los Universales– carecen de existencia real; sólo son reales los nombres *(nomina)* que designan esos conceptos generales. Los nominalistas asumieron un importante papel en la controversia medieval sobre los universales. Véase **Conceptualismo, Realismo**.

Noúmeno (del griego *noumenon*, lo pensado): La realidad espiritual, en contraposición con la realidad sensual y empírica.

Numen, Numinoso (del latín *numen*, voluntad divina): Lo santo, lo sagrado, poder divino, fuerza divina.

Omega: Última letra del alfabeto griego. En el cristianismo, símbolo del fin y consumación del mundo. Teilhard de Chardin llama «punto Omega» a la meta suprema del desarrollo de la humanidad. Véase **Alfa**.

Ouroboros: Serpiente (a veces también dragón o pájaro) mordiéndose la cola, símbolo de la irremediable sujeción del espíritu en el eterno retorno del mundo terrenal; en alquimia, símbolo de la materia que se transforma.

Padmasana: Postura llamada del loto en el **hatha-yoga** (véase), en la que el sujeto, sentado, coloca el pie derecho sobre el izquierdo y éste sobre el muslo derecho.

Panteísmo (del griego *pan*, todo, y *theos*, dios): Toda doctrina en la que se identifican Dios y el mundo o en la que una divinidad imaginada como impersonal se considera estrechamente vinculada con el mundo.

Pelagianismo: Doctrina que deriva su nombre del monje Pelagio (siglos IV-V); negaba el pecado original y la predestinación, haciendo en cambio hincapié en el libre albedrío del hombre.

Pentagrama (del griego *pente*, cinco, y *graphein*, escribir, dibujar): Estrella de cinco puntas representada con un solo trazo. En la edad media se utilizaba a menudo como signo defensivo contra las potencias demoníacas.

Philosophia perennis (en latín, filosofía perenne): Dábase este nombre, en la **escolástica** (véase) sobre todo, al núcleo de la filosofía occidental, que permanecía invariable desde la antigüedad a pesar de todas las transformaciones.

Prakṛti: En la filosofía india, materia primordial.

Pralaya: En las doctrinas sapienciales indias, disolución total del cosmos en pura energía.

Prāṇa: En las doctrinas sapienciales indias, aliento, vida, fuerza vital.

Prima materia: Véase **Materia prima**.

Punto Omega: Véase **Omega**.

Puruṣa: En la filosofía india, el yo superior e inmortal.

Quietismo (del latín *quies*, calma, tranquilidad, descanso): Pasividad en religión, anonadamiento de la propia voluntad para dejar que Dios actúe.

Racionalismo (del latín *ratio*, razón): Doctrina según la cual el mundo está racionalmente estructurado y, por tanto, es accesible al conocimiento racional.

Raja-yoga (del sánscrito *raja*, rey): Yoga real, que recorre la vía de la concentración y meditación.

Realismo (del latín *realis*, real): En filosofía, doctrina según la cual los conceptos e ideas existen realmente. Véase **Nominalismo** y **Conceptualismo**.

Reencarnación: Nueva encarnación del alma, que vuelve así a vivir en la tierra; puede tener lugar muchas veces sucesivas.

Reintegración: Estado de nueva unión.

Riṣi: Poeta y cantor de himnos védicos; vidente del pasado.

Sahasrāra: En la filosofía india, «loto de mil pétalos» (véase) o centro coronal, símbolo de la totalidad de todos los conocimientos posibles.

Samādhi: Estado de identidad del yo con Brahma, al cual puede llegarse aun durante la vida.

Sāṃkhya o **Sāṇkhya** (en sánscrito, método numérico-filosófico): Doctrina filosófica de la India, que distingue dos principios: el alma puramente espiritual y la materia, a la que se atribuye todo el obrar; esta última consta de tres elementos primordiales: pasión, tinieblas y bien, de cuyas cambiantes relaciones surge el mundo plurifacético de los fenómenos.

Satán, Satanás (en hebreo, adversario, enemigo): En el judaísmo tardío y el cristianismo, el Enemigo de Dios.

Sefirah, Sefirot (en hebreo, número[s], relación, relaciones): En la tradición cabalística, se designan así las diversas relaciones entre los elementos de la realidad, en especial los diez números primordiales.

Serpiente: Véase **Ouroboros**. Como

símbolo, lo contrario de la **espiral** (véase).

Shekinah (del hebreo *shakan*, plantar su asiento, morar): En el **Zohar** (véase), la fuerza de la Virgen.

Shiva (en sánscrito, el bondadoso): Uno de los principales dioses hindúes; se le representa ya como destructor, ya como salvador o dispensador de bienes.

Silogismo (del griego *syn*, juntamente, y *logizesthai*, calcular, sopesar, reflexionar): En la lógica aristotélica, argumento que consta de tres proposiciones, la última de las cuales o conclusión se deduce de las otras dos, llamadas premisas.

Símbolo (del griego *symbalein*, amontonar, reunir): Imagen que expresa una correspondencia o semejanza determinada con algo, a modo de fórmula, signo o representación gráfica; no es explicable conceptualmente.

Sincretismo (del griego *synkretizein*, vincular, unir): Mezcla de elementos de diversas religiones e ideologías.

Sinopsis (en griego, visión de conjunto): Cotejo de varios pasajes de un texto en busca de ideas de conjunto; aplicado especialmente a los Evangelios del Nuevo Testamento, recomposición conjunta de relatos de igual contenido.

Sublimación (del latín *sublimare*, elevar, exaltar): Paso de cuerpos sólidos al estado de conglomerado gaseoso. En psicología, transformación de los impulsos instintivos en logros de orden espiritual.

Sufismo: Mística del islam.

Sustancia (del latín *substantia*, lo que subsiste o queda de las cosas, lo esencial): En general, lo esencial de algo. En filosofía, lo permanente en una cosa, en contraposición con sus cualidades cambiantes o accidentes. Véase **Accidente.**

Tabla de esmeralda: Texto atribuido a **Hermes Trismegisto** (véase).

Tabula smaragdina: En latín, **Tabla de Esmeralda.**

Tantra-yoga: Forma de yoga (véase) centrada en la destreza, posturas corporales y ejercicios de respiración y relajación.

Tarot: Baraja o juego de cartas conocido desde el siglo XIV en Francia y luego en Italia. Consta de 78 naipes, 22 de los cuales representan figuras cuya serie, a lo largo de la historia, ha sido reiteradamente interpretada como camino simbólicamente cifrado de iniciación.

Tetragrama, Tetragrámaton (en griego, de cuatro letras): Designación de las cuatro consonantes del nombre israelita de Dios, Yahveh (*YHVH*). Utilizado a veces supersticiosamente como signo protector.

Teurgia (del griego *theos*, dios, y *ergon*, trabajo, obra, hecho): Evocación mágica de divinidades para utilizar sus fuerzas en provecho propio.

Thelema: En griego, voluntad, mandamiento, complacencia.

Thot: Dios egipcio, representado sobre todo en forma animal, de ibis o de cinocéfalo. Se le consideraba el dios de la Luna, de la escritura y de la ciencia; era también tenido por mensajero de otros dioses y por guía o conductor de las almas. Véase **Hermes Trismegisto.**

Transmutación: Transformación. Término muy usado en alquimia.

Transustanciación (del latín *trans*, más allá, y *substantia*, sustancia). Según la fe católica, transformación del pan y vino, durante el sacrificio eucarístico, en el cuerpo y la sangre de Cristo.

Tsimtsum: En la cábala, «retirada» o «repliegue» de Dios. Esto significa que la existencia del universo fue posible porque Dios se replegó en sí mismo, dejando a su omnipotencia un espacio para crearlo.

Tulpa: Demonio engendrado artificialmente (en el Tíbet).

Universales (del latín *universalis*, universal, general): Conceptos o ideas generales cuyo contenido puede aplicarse a muchos objetos o seres concretos unívocamente.

Universalismo: En la historia de la filosofía, tiene casi el mismo sentido que el realismo (de las ideas o conceptos). Cf. **Realismo, Nominalismo, Conceptualismo.**

Upaniṣads (en sánscrito, doctrina esotérica): Conjunto de escritos filosófico-teológicos de la antigua India, que datan de distintos siglos.

Veda (en sánscrito, sabiduría): Libros sagrados del hinduismo, redactados en sánscrito.

Vedanta (en sánscrito, fin de veda): Nombre colectivo de las doctrinas sistematizadas de los **Upaniṣads**, que corresponde a diversas escuelas.

Vishnú (en sánscrito, el penetrante): Uno de los principales dioses hindúes, conservador y protector del mundo.

Voluntarismo (del latín *voluntas*, voluntad): Doctrina filosófica según la cual la voluntad es la potencia fundamental del hombre.

Yama: Primer grado o etapa del **rajayoga**, que comprende diversos preceptos morales. También, nombre del primer ser humano que murió, así como del dios de la muerte.

Yoga: Enseñanza india de la concentración mediante ejercicios espirituales y corporales. Véanse **Bhakti-yoga, Dhāraṇa, Hatha-yoga, Jñāna-yoga, Karma-yoga, Mantra-yoga, Niyama, Raja-yoga, Tantra-yoga.**

Yuga: Era o unidad cronológica en las doctrinas sapienciales de la India. Hay cuatro: *Kṛta-yuga, Dvāpara-yuga, Tretā-yuga* y *Kali-yuga*; esta última es la era tenebrosa en la que hoy vivimos.

Zaratustra: Véase Zoroastro.

Zodiaco: Zona del firmamento por cuyo centro pasa aparentemente el Sol una vez al año a ambos lados de la eclíptica; sus estrellas componen doce constelaciones en figura de animales. En astrología, cada signo de Zodiaco corresponde a una forma de vida.

Zohar (en hebreo, esplendor): Principal libro de la cábala.

Zoroastro o **Zaratustra:** Fundador de la religión de la antigua Persia.